제4판

# 부가가치세법론

VALUE ADDED TAX ACT

김두형·유호림

정독
DEEP READING

4th edition PREFACE

# 제4판 머리말

올해 제4판으로 발간하는 『부가가치세법론』은 경희대학교 법학전문대학원 김두형 교수님의 오랜 연구 성과와 학문적 통찰을 바탕으로 2016년에 출간된 초판에 기초한다. 제4판의 출간에 부쳐 부가가치세법을 연구하는 후학들을 위하여 일찍부터 각고면려하며 옥고를 준비해오신 김두형 교수님께 깊이 머리 숙여 감사와 경의를 표해 드린다.

본서 제3판이 출간된 2022년 이후 국내외 경제 및 산업 환경에 많은 변화가 있었다. 무엇보다도 코로나 팬데믹 상황이 종료되면서 세계 각국의 거시정책에 커다란 변화가 발생하였으며 제4차 산업혁명을 추동하고 있는 기술의 급속한 진보로 인해 전 세계의 산업 구조 또한 '대전환'으로 표현될 만큼 천변만화하고 있다. 이에 따라 재화와 용역의 공급 과정에서 창출되는 부가가치를 세원으로 포착하여 과세하고 있는 세계 각국의 부가가치세제도 지속적으로 개편되면서 구조적으로나 법률적으로 나날이 복잡해지고 있다.

우리나라도 예외는 아니어서 지난 제3판 출간 이후 부가가치세법과 조세특례제한법의 부가가치세 관련 규정에 적지 않은 개정이 있었다. 부가가치세법의 경우 예외적으로 규정하고 있던 수입세금계산서의 수정 발급 사유를 네거티브 방식으로 전환하면서 관련 법령이 대폭 개정되거나 신설되었으며 매입세액불공제의 예외 사유 관련 규정 또한 부분적으로 개정하였다. 부가가치세 관련 조세특례제한법은 코로나 팬데믹 기간 중 경제적 피해를 입은 영세사업자 및 업종을 중심으로 기존 조세특례를 연장하거나 신설하는 등 미세조정이 이루어졌는데 이와 관련 있는 부가가치세법 규정 또한 일부 개정하여 영세사업자 관련 세제의 정합성을 도모하였다.

제4판은 제3판 출간 이후 약 2년간 진행된 부가가치세법 개정 사항을 꼼꼼히 반영하고 부가가치세 관련 쟁점이 되었던 주요 판례를 추가하거나 변경하였으며 일부 문맥이 매끄럽지 못하거나 설명 또는 표현이 미흡하였던 문장을 새로이 기술하는 등 독자의 가독성을 제고하고자 노력하였다. 혹시 여전히 미진한 점이 있다면 모두 공동저자로 참여한 필자의 책임이다. 앞으로도 김두형 교수님의 명저에 티가 되지 않도록 최선을 다할 것을 다짐한다.

본서가 제4판까지 속간될 수 있었던 것은 많은 독자들의 성원에 힘입은 바가 크다. 일찍부터 후학들을 위해 부가가치세법을 연구해 오신 김두형 교수님의 바람처럼 본서가 세무사, 공인회계사, 조세법을 공부하는 학생들은 물론 부가가치세에 관심이 많은 일반 독자들에게도 도움을 주는 책이 되리라 믿는다.

마지막으로 제4판 출간까지 아낌없이 격려해 주시는 도서출판 정독 김중용 대표님과 본서의 출간을 위해 애써 주시는 편집부 임직원 여러분께도 감사의 말씀을 드리며, 여전히 미숙한 제자임에도 공동저자로 참여하여 미력하나마 일조할 수 있는 기회를 주신 존경하는 김두형 교수님께 다시 한번 감사의 말씀을 드린다.

2024년 2월

공동저자 유호림

3rd edition PREFACE

# 제3판 머리말

이번에 『부가가치세법론』 제3판을 간행하게 되었다. 2020년 제2판 발간부터 2년이 경과하였고, 그 동안 부가가치세법 관련 판례와 논문도 상당히 축적되었다. 무엇보다 많은 독자들의 성원에 따라 본서를 격년으로 속간할 수 있게 되어 대단히 감사하고 기쁘다.

그간 끝이 보이지 않는 코로나 팬데믹 상황 속에서도 우리나라는 선진국 대열에 진입하였고, 우리가 사는 세상은 경제적으로 엄청난 기술의 진보와 사회의 급속한 변화가 진행되고 있다. 이러한 산업환경에 대응하여 부가가치세제도 한층 더 구조적으로 복잡화하고, 국제적 이슈도 증가하고 있는 것으로 보인다.

제2개정판 후 큰 폭은 아니지만 일부 부가가치세법 개정이 있었다. 그 동안 논란이 많았던 신탁재산과 관련된 재화·용역 공급의 경우 납세의무자를 명확히 하여 입법하는 한편 신탁재산 관련 과세기준을 보완하는 등 신탁관련 과세체계를 정비하였다. 특히 간이과세 적용 기준금액을 인상하고 의제매입세액 공제를 폐지하는 등 간이과세 관련 제도를 크게 변경하였다. 나아가 부가가치세액의 지방소비세 전환비율을 인상하였고, 전자적 용역을 공급하는 국외사업자에 대한 세원 관리 강화를 도모하였다.

본서는 이러한 일련의 개정사항을 적절히 반영하여 수정하고, 설명과 표현이 미흡하였던 일부 문장을 새로이 정리하여 서술하였다.

본서 제3판이 세무사, 공인회계사, 조세법을 공부하는 학생들은 물론 일반 독자들이 부가가치세법을 이해하기 위하여 즐겨보는 책이 되기를 바라마지 않는다.

끝으로 늘 저자를 격려해 주시는 도서출판 정독 김중용 대표님과 뒤에서 수고해 주시는 편집부 임직원의 노고에 깊은 감사의 말씀을 드린다.

2022년 2월

저자 김두형

2nd edition PREFACE

# 제2판 머리말

2016년 본서가 출간된 후 4년 사이에 부가가치세법령에도 적지 않은 개정이 있었다. 아울러 부가가치세법 분야에서 의미 있는 판례도 여러 건이 잇따라 선고되었다. 연례행사처럼 이루어지는 법령의 개정과 새로운 판례의 출현은 우리나라 조세제도와 세법해석이 좋은 방향으로 발전해 나가는 증거이기 때문에 다소 번거롭더라도 환영할 일이라고 본다.

나아가 우리사회의 발전과 기술의 진보에 따라 국민들의 경제활동과 사업의 내용 또한 다양하고 복잡한 형태와 특성을 지닌 경우가 점차 많아지고 있다. 이에 따라 거래의 실질을 제대로 파악한 객관적 세법해석과 변화된 환경 및 상황에 맞는 입법론에 대한 연구가 더욱 필요하다는 생각이 든다.

저자는 본서가 대학의 강의교재 또는 각종 시험의 수험서로 사용된다는 점을 감안할 때 변화하는 개정법령과 판례의 내용을 신속히 반영함으로써 그 내용에 오류가 없어야 한다는 책임감을 깊이 느끼고 있다. 이 문제는 본서에 대한 독자의 신뢰와 관련되는 문제이기 때문에 시급성을 요하는 것이 사실이다.

그럼에도 우리나라의 경우 현재 개별 세법 분야의 단행본 교재 수요가 매우 한정적이기 때문에 그 작업이 수월하지 않은 현실적 어려움을 고백하지 않을 수 없다.

마침 강남대학교 세무학 전공 유호림 교수가 공동저자로 참여하기로 하면서 이에 대한 고민을 해결할 수 있었고 한결 편안하게 개정판을 내게 되었다.

최근 코로나 19가 초래한 유례 없는 재난으로 많은 국민이 삶의 현장에서 고통을 받고 있다. 출판업계도 예외 없이 경기침체의 위험이 현실화하는 상황 속에서 개정판에 관한 격려와 성원을 해주시고, 기꺼이 본서의 출간을 허락해 주신 도서출판 정독 김중용 대표님께 진심으로 감사의 말씀을 드린다.

2020년 4월
저자 김두형

PREFACE

# 머리말

현재 세계 약 160여 개 국가의 보편적 세금이 소비세이다. 국민들은 일상생활을 하면서 소비세의 한 형태인 부가가치세를 부담하고 있다. 사업자가 아니라면 납세의무자가 아니므로 부가가치세를 체감하지 못하지만 세금 부담은 재화 또는 용역을 소비하는 국민이 지는 것이다. 우리가 구입하여 사용하는 거의 모든 재화 또는 용역의 가격에 부가가치세가 포함되어 있거나 아니면 별도로 부담하여야 한다.

우리나라 부가가치세는 비교적 짧은 역사를 갖고 있다. 부가가치세 도입 전 우리나라 소비세제는 일반소비세로서 매상세적 성격의 영업세와 개별 소비세로서 물품세·석유류·유흥음식세 등 복잡다기한 세목으로 구성되어 있었다. 1977년 부가가치세제의 도입으로 소비세 체계를 간소화하고 특별소비세·주세·인지세로 개편하는 획기적인 전환이 있었다. 부가가치세법은 1976년 제정된 이래 부분적으로 시행상의 문제점을 수정하고 행정절차상 납세자의 편의를 위한 법개정을 해왔다. 그런데 2013년 6월 법률의 형식체계와 법률의 내용을 변경하는 전면 개정이 있었다.

부가가치세법의 전면 개정에 따라 부가가치세법 조문의 수는 배로 늘어나게 되었고, 법률 조문번호와 시행령 등 하위법령도 정비되어 대폭 개편되었다고 평가할 수 있다. 하지만 종전 법령 내용은 대부분 그대로 유지되었기 때문에 부가가치세제의 큰 변화라고 보기는 어렵다.

부가가치세는 조세중립성의 특성을 갖는 반면에 소득재분배적 요소가 적어 조세부담의 역진성이라는 단점을 가진다. 또한 징세의 관점에서 세원이 가장 넓어 낮은 세율로 많은 세수를 거둘 수 있는 세목인데 간접소비세여서 조세저항 없이 효과적으로 세금을 징수할 수 있는 장점이 있다. 그리하여 많은 선진국들은 증대하고 있는 막대한 복지수요를 충당하기 위해 부가가치세를 활용하고 있다. 우리나라도 인구의 고령화가 급속하게 진행되고 있고 여러 가지 복지사업에 많은 재원이 필요한 상황에 직면하고 있어 소비세를 통한 과세기반의 확충이 절실하지만 물가상승 등 고려해야 할 여러 가지 상황도 적지 않아 세제개편이 쉽지 않을 것으로 전망된다.

본서의 특징은 부가가치세법의 이론 및 실무서로서 부가가치세의 주요 내용 중 법학적으로 중요하다고 생각되는 부분을 깊이 있게 설명하고, 실무에서 발생하는 해석론을 균형 있게 서술하였다는 점이다. 아울러 부가가치세제의 현황과 문제점을 검토하고, 이를 토대로 앞으로 해결해야 할 과제들이 무엇인지를 살펴보려고 하였다.

국제적으로 경제상황이 좋지 않아 투자 및 소비가 침체되는 힘든 시기임에도 흔쾌히 본서의 출판을 허락해 주신 피앤씨미디어 김중용·박노일 대표님께 감사의 말씀을 올린다. 아울러 편집에 정성을 쏟으신 심성보 이사님과 교정작업에 도움을 준 문응필 변호사에게도 고마움을 표시하고 싶다.

저자로서 책을 출간할 때에는 늘 오류가 없는 내용으로 구성하려고 각별히 신경을 쓰지만 출간된 다음에 보면 비로소 부족한 부분이 많음을 알게 된다. 이러한 현실에 따르는 책임감이 막대하지만 독자의 넓은 이해와 조언을 바랄 뿐이다.

2016년 2월<br>경희대학교 법학전문대학원 연구실에서<br>저자 씀

INTRODUCTORY REMARKS

# 일러두기

인용한 법령 등은 각각 다음의 약어를 사용하였다.

국기법---국세기본법

국기령---국세기본법 시행령

부　법---부가가치세법

부　령---부가가치세법 시행령

부가칙---부가가치세법 시행규칙

조처법---조세범 처벌법

조특법---조세특례제한법

조특령---조세특례제한법 시행령

통　칙---부가가치세법 기본통칙

CONTENTS

# 차 례

## 제1장 부가가치세의 기초이론

## 제 2 장 부가가치세법 총칙

## 제 3 장 과세거래



## 제 4 장 영세율과 면세

## 제 5 장 과세표준과 세율

## 제 6 장 거래징수와 세금계산서

## 제 7 장 신고와 납부 등

## 제 8 장 경정과 징수



## 제 9 장 간이과세

## 제10장 보 칙

# 제1장

# 부가가치세의 기초이론

# 제1절 부가가치세의 의의

## Ⅰ. 부가가치세의 도입 역사

### 1. 부가가치세의 등장

현재 대표적인 소비과세로 일반화되어 있는 부가가치세는 1919년 독일의 Willhelm Von Siemens에 의해서 최초로 제안되었다. 당시 주요 유럽 국가는 소득세제에 대한 비판으로부터 소비세제의 개혁을 논의하였고, 소비세제인 일반판매세(Turnover Tax)를 대체할 세목으로 부가가치세가 등장하였다. 그러나 당시 독일에서는 부가가치세를 수용할 정치적 상황이 아니었던 관계로 채택되지 아니하였고 1921년 미국에서 T. S. Adams가 기업과세 방식으로 제안하기도 하였으나 역시 채택되지 않았다. 그 후 1950년 일본에서 세계 최초로 부가가치세제가 입법화된 적이 있다. 제2차 세계대전 후 일본의 조세제도에 가장 큰 영향을 끼친 미국의 세제사절단 Carl S. Shoup의 권고에 따라 지방세로서 부가가치세를 도입하였고 입법까지 마쳤으나 실제 시행을 앞두고 반대여론이 심해져 결국 시행도 해보지 못하고 폐지되었다. 그 후 비로소 1950년대에 미국 미시간주와 프랑스 등에서 채택되었지만 그다지 알려지지 않았다.

오늘날과 같이 널리 부가가치세가 보급된 계기는 1967년 4월 구주경제공동체(EEC) 이사회가 만장일치로 향후 회원국 공통의 일반소비세제로서 부가가치세를 시행하도록 부가가치세 지침(VAT Directives)을 발령하면서부터다. 이후 1967년부터 1973년까지 덴마크·독일·네덜란드·영국 등 모든 EU 회원국들이 부가가치세를 도입하여 현재까지 시행하고 있다. 어느 나라보다 부가가치세제의 도입에 앞장섰던 일본의 경우는 1989년에 이르러 부가가치세제인 「소비세법」을 제정하여 시행하고 있다.

한편 미국에서는 1920년경부터 도입에 관한 논의가 있었지만 미시간주에서 1953년부터 1967년까지 소득형 부가가치세라고 할 수 있는 사업활동세(Business Activities Tax)를 잠시 시행한 적이 있으나 1967년 법인소득세로 대체되었을 뿐 아직 부가가치세를 도입하지 않고 연구만 계속하고 있다. 미국은

OECD 회원국 중 유일하게 부가가치세를 시행하지 않는 국가이다.

## 2. 우리나라의 부가가치세 도입

우리나라 부가가치세제는 비교적 짧은 역사를 갖고 있다. 부가가치세 도입 전 우리나라 소비세제는 일반소비세로서 판매세적 성격의 영업세와 개별소비세로서 물품세·석유류세·직물류세·통행세·입장세·전기가스세·유흥음식세 등 복잡다기한 세목으로 구성되어 있었다. 부가가치세의 도입과정을 살펴보면, 유럽의 부가가치세제 도입 추세에 따라 1971년 재무부가 부가가치세 도입계획을 발표하고, 1972년 IMF의 조세전문가 James C. Duignan이 한국의 부가가치세 도입 가능성에 관하여 연구한 결과를 바탕으로 도입을 건의하였다.

그 후 미국의 재정학자 Carl S. Shoup의 자문을 토대로 각계의 연구와 검토를 거쳐 1976년 12월 22일 법률 제2934호로 「부가가치세법」을 제정하였고, 1977년 7월 1일부터 시행하여 현재에 이르고 있다.[1] 당시 부가가치세의 도입으로 전반적인 소비세체계를 간소화하고 특별소비세·주세·인지세로 개편하는 획기적인 전환이 있었다. 현재는 일반소비세로서 부가가치세와 별도의 개별소비세·주세·인지세로 개편되어 있다.

부가가치세 도입 당시 국민 세부담의 역진성을 심화시키고 물가상승을 자극할 것이며 세무행정도 혼란시키는 등 시기상조라는 반대여론도 있었다. 그럼에도 부가가치세를 도입한 가장 큰 이유는 1970년대 초 국방비와 방위산업에 필요한 재원조달이 구 조세체계로는 어렵다고 판단되었을 뿐 아니라, 그 외에 경제발전에 따른 정부 지출수요의 증대를 뒷받침할 수 있는 재원수단이 요구된데 따른 것으로 알려져 있다. 이 밖에도 종전 소비세제의 문제점을 보완하여 조세행정에서 여러 가지 장점이 많다고 알려진 것이 부가가치세를 채택한 중요한 이유로 보인다.[2] 이와 같은 연혁을 거친 부가가치세는 매년 내국세 조세수입 중 큰 비중을 차지하고 있다.[3]

---

1) 이후 「부가가치세법」의 주요 개정 내용에 대하여는 이성식, 『부가가치세법해설』, 조세신보사, 2012, 83~89면.

2) 이태로·한만수, 『조세법강의』, 박영사, 2013, 839~840면.

3) 국세통계연보 http://www.nts.go.kr/info 참조.

# Ⅱ. 세계 각국의 부가가치세제

## 1. 유럽연합(EU) 부가가치세의 개요[4)]

### 가. 부가가치세의 도입 과정

유럽연합의 전신인 EEC이사회는 1967년 부가가치세를 도입하기로 합의하였고, 이를 실행하기 위하여 동년 4월 11일에 EEC위원회 제안의 부가가치세 지침 제1호와 제2호를 각 채택하였다. 제1호 지침은 역내 관세연맹의 범위 내에서 국내시장과 마찬가지의 공동시장 확립을 목적으로 1972년 1월 1일까지 가입국이 종래의 판매세로부터 공동의 기초 위에서 과세하는 부가가치세로 변경할 것을 규정하였다. 나아가 부가가치세의 과세방법으로 소비형 부가가치세를 채택하는 것으로 규정하였고 제2호 지침은 공통 과세제도로서 판매세에서 부가가치세로 명칭을 변경하고 부가가치세의 주요 절차를 광범위하게 규정하였다. 특히 1977년 5월 17일 발표한 EEC 제6차 부가가치세 지침(EEC 6th VAT Directive)이 중요한데 유럽연합(EU) 대부분의 국가는 이 지침을 근간으로 부가가치세를 시행하고 있다.

제6차 부가가치세지침은 2006년에 전면적인 개편이 이루어졌는데, 2006년 EU 부가가치세 지침에 의하면 유럽연합 국가들은 세율과 관련하여 공통규정(common rules)을 따라야 한다. 그 주요 내용을 보면, 재화와 용역의 공급에 통상적으로 최소 15%의 표준세율을 적용해야 하고 5% 이상의 경감세율을 한 개 내지 두 개 설정할 수 있다.[5)] 다만 신문에 관해서는 0%의 세율을 적용한다. 2006년 부가가치세 지침은 2008년에 환급과 관련된 부분, 2009년 면세와 관련된 부분, 2010년에는 세금계산서와 관련된 부분에 대하여 개정이 이루어져 현재에 이르고 있다.[6)]

---

4) 박종수, "유럽연합의 부가가치세법제에 관한 연구", 한국법제연구원, 2002, 83면 이하; 監査法人 トーマツ編, 『歐洲主要國の稅法』, 中央經濟社, 2002, 37~40면.

5) VAT Directive 2006/112/EC.

6) 강성모, "부가가치세 공급의제에 관한 연구", 서울대학교 박사학위논문, 2013, 68면 이하.

### 나. EEC 제6차 부가가치세 지침(EEC 6th VAT Directive)의 주요 내용[7)]

(1) 부가가치세의 구조

과세사업자는 모두 당국에 사업자등록을 하고 정기적으로 세무관청에 신고서를 제출할 의무를 진다. 이 신고서에는 일정 기간 동안 고객에게 청구한 재화 및 용역에 관계된 매출세액(output tax)과 전단계 거래상대방 사업자가 청구한 재화 또는 용역에 과세된 매입세액(input tax)을 표시하여야 한다. 매출세액이 매입세액을 초과하는 경우 그 초과액은 신고와 동시에 납부하고, 매입세액이 더 많은 경우에는 일정 기간 경과 후 과세당국으로부터 환급을 받는다.

(2) 과세대상

납세의무자의 국내에서의 모든 재화·용역의 제공 및 수입품이 부가가치세의 과세대상이 된다.

(3) 납세의무자

납세의무자에는 제조·상거래·광업·농업 및 전문업을 영위하는 개인 또는 법인 사업자 모두가 포함된다.

(4) 과세대상 거래

과세대상이 되는 재화의 양도에는 유형자산의 양도, 전기·가스 등 광열비가 포함된다. 용역의 공급에는 임대·리스 및 그 밖의 용역 제공이 포함된다.

(5) 과세시점

과세시기는 재화가 인도되거나 용역이 제공되는 시점이다. 그러나 재화 또는 용역이 제공되기 전에 현금수수가 이루어진 경우에는 현금수수가 이루어진 시점에서 과세가 이루어진다. 수입품의 경우에는 재화가 가입국에 통관되는 시점에 과세된다.

(6) 과세대상 금액

각 가입국에서 이루어지는 재화 또는 용역의 제공에 대하여는 고객·구입자·제3자에 대한 청구금액을 과세표준으로 한다. 이 금액에는 부가가치세를 제외한 조세공과금이 포함되고 수수료·운임·보험료 등이 가산된다. 이와 같이 여

7) http://eur-lex.europa.eu/legal-content/EN/TXT/?uri=URISERV%3Al31006.

러 가지 부담금을 별도로 청구한 경우에도 과세표준에 포함되지만 할인액·에누리·리베이트 등은 과세대상에서 제외된다. 재화의 수입에 대해서는 FOB가격에 국내에서 발생한 수송비·보험료 등의 제부담금 및 수입관세가 과세표준에 포함되고 무상에 의한 수입의 경우에는 공개시장가격(통상의 수입업자에게 적용되는 과세대상 금액)에 의한다.

(7) 세 율

각 가입국은 부가가치세의 표준세율을 설정해야 하며 과세표준 금액에 세율을 곱하여 계산한 금액이 부가가치세 매출세액이 된다. 이러한 계산방법은 재화 및 용역에 동일하게 적용되며 수입품의 경우에도 마찬가지이다. 특정의 항목에 대하여는 고세율 또는 감경세율을 설정할 수 있다.

(8) 면 세

면세대상 재화 또는 용역을 공급하는 사업자는 과세대상 품목을 취급하지 않는 한 소비자에 대해 매출세액을 청구할 수 없으며 부가가치세의 등록·기록 및 세무당국에 대한 신고의무도 없다. 한편 면세품목의 공급과 관련하여 원자재를 매입할 때 부담한 매입세액은 공제되지 아니한다. 면세품목에는 우편·교육·의료·사회보험 등 공익사업 관련 및 부동산임대·보험·은행·증권 등이 해당한다.

(9) 국제적 적용

재화 및 용역의 수출에는 영세율이 적용된다. 국제간 운행하는 선박 및 항공기에 관한 용역도 영세율이 적용된다. 영세율은 일시적으로 수입하여 가공 또는 수리 후 재수출되는 물품에도 적용된다. 가입국에서 사업자등록을 한 사업자가 다른 가입국 부가가치세를 부담한 경우에는 해당 가입국에 대하여 환급청구가 가능하다.

(10) 부분 면세

사업자가 과세대상 품목과 면세대상 품목을 겸영하여 공급하는 경우에 부담한 매입세액은 과세사업과 면세사업으로 분할한다. 면세사업에 직접 관련된 매입세액은 매출세액에서 공제 또는 환급할 수 없으며 과세사업에 관련된 경우에만 공제 또는 환급이 가능하다. 과세와 면세에 공통된 부분에 대해서는 안분하여 계산한다.

## 2. 주요 국가의 부가가치세[8)]

### 가. 미 국

미국은 현재 연방정부 차원의 대형소비세를 가지고 있지 아니하므로 부가가치세는 존재하지 않고 각 주의 경우는 일반판매세(sales taxes)를 주된 세원으로 하고 있을 뿐이다. 그러나 연방정부에서도 1970년경 이래 부가가치세를 포함한 개인지출세나 기업이전세(Business Transfer Tax)와 같은 여러 종류의 소비세제를 고려한 바 있고 학계에서도 계속 논의되고 있다. 부가가치세는 1980년 처음으로 입법 움직임이 있었으나 1984년경 연방 차원의 소비세 도입은 비용이 지나치게 많이 든다는 이유로 논의가 중단되었다. 그 후 1985년 세제개정 논의 과정에서 기업이전세(BTT)안이 마련되었다.[9)] 이것은 일종의 전단계거래액공제법에 따른 부가가치세제로서 원칙적으로 모든 기업에 대해서 그 매출액에서 자본재와 원재료 등의 구입에 소요된 매입액을 공제한 순매출액에 5%의 세율로 과세하는 것으로 최종적으로는 소비에만 과세하는 것을 그 내용으로 하고 있다. 그러나 이 법안은 법인세와 마찬가지로 기업과세라는 기업가들의 반발과 저소득층을 압박하는 역진적 조세라는 이유로 채택되지 아니하였다. 현재 미국 의회는 부가가치세의 도입에 소극적이고 세입의 증가는 개별소비세에 의할 것이라는 의견이 지배적이어서 미국에서 가까운 장래에 부가가치세를 채택할 가능성은 매우 낮게 전망되고 있다. 반면에 미국 대부분의 주(州)정부는 소매판매세(RST)를 부과하고 있다.

---

8) 이하는 주로 한국조세연구소편, 『주요국의 소비과세제도 — 영·미·독편』 (1998)와 Ernst & Young, *VAT & SALES TAXES WORLDWIDE*, John Wiley & Sons, 1995를 기초로 하고 金井惠美子, "消費税の複數税率制度", 『税法學』 573호, 2015; *Consumption Tax Trends 2014(OECD)*, Chapter 2, Value added taxes: Rates and structure 등 최근의 법개정 내용을 반영하였다.

9) 자세한 것은 水野忠恒, 『消費税の制度と理論』, 弘文堂, 1999, 35~40면.

### 나. 영 국

1973년 4월 1일에 부가가치세를 도입하였다. 도입 당시의 제도는 1983년 the Value Added Tax Act(VATA)에 따라 대폭 개정이 있었고, 1989년 개정법 시행 후 현재에 이르고 있다.[10] 법인세나 소득세 등 직접세는 내국세청(the Inland Revenue)에서 세무행정이 수행되는 데 비하여 부가가치세는 소비관세국(H.M. Revenue & Customs)에 의해 수행되고 있다. 부가가치세는 각 거래단계의 부가가치를 과세표준으로 하는 일반소비세이다.

영국에서는 사업의 일환으로서 행하는 재화 또는 서비스 공급의 가치에 대하여 부가가치세를 과세한다. 재화 또는 서비스의 공급은 ① 표준세율, 경감세율 또는 영세율 대상 공급, ② 면세공급, ③ 대상외 공급으로 분류된다. 또한 수입거래도 부가가치세의 과세대상이다. 재화 또는 서비스를 공급하는 사업자는 그 공급의 가치에 대한 부가가치세를 징수하여(output tax) 매입 또는 경비에 관련된 부가가치세(input tax)를 공제한 금액을 소비관세국에 납부해야 한다.

영국의 부가가치세 세율은 2023년 현재 20%의 표준세율, 5%의 경감세율과 0%의 3개이다. 현재 경감세율의 대상이 되고 있는 것은 가정용 광열비와 주거용 부동산의 개축비용 및 여성용 생리용품 등이다. 영세율(0%) 적용대상은 VATA 1994의 스케쥴8에서 규정하고 있다. 이에 해당하는 것은 식료품·거주용 주택의 건설, 일정한 서비스의 수출, 어린이 옷, 여객운송, 의약품 및 의료용기 등이다. 면세대상 공급거래에 대하여는 VATA 1994의 스케쥴9에서 규정하고 있다. 이에 해당하는 것에는 미개발토지 등의 판매 및 보험·금융·우편·교육서비스 등이다. 사업자가 행하는 영세율 대상 공급의 경우 상대방에 대하여 매출세액을 징수하지 않지만 매입 또는 경비에 대한 매입세액은 환급을 청구할 수 있다. 한편 사업자가 행하는 공급이 면세대상 공급인 경우에는 매입세액의 환급을 청구할 수 없다. 사업자가 과세대상 공급과 면세대상 공급의 양자를 겸영하는 경우가 있다. 이때는 매입세액을 과세대상과 면세대상 공급에 관련된 것으로 분류하고 분류되지 않는 매입세액은 일정 기준에 의해 안분하여 계산한다. 이 경우 매출세액으로부터 공제되는 매입세액은 과세대상 공급에 속하게 되는 부분

---

10) 상세한 내용은 David Goy & John Walters, *VAT AND PROPERTY*, SWEET & MAXWELL, 1989, pp.5~11.

이다. 안분계산은 일반적으로 12개월에 걸친 과세대상 공급과 면세대상 공급 가액의 비율에 따라 이루어지지만 해당 사업에 적당한 기준을 소비관세국과 합의하는 것도 가능하다.

한편 소매업자가 부가가치세를 포함한 개별 공급가액이 100파운드 이하인 경우에는 매입자가 정식 세금계산서를 요구하지 않는 경우에 한하여 기재사항이 간단한 간이세금계산서를 발행할 수 있다.[11)]

### 다. 독 일

독일은 1968년에 부가가치세(Umsatzsdteuer)를 도입하였으나 현행 부가가치세는 1994년 제정되어 1995년 1월 1일부터 적용되고 있는 규정에 기초하여 시행되고 있다. 사업자가 그 사업의 범위 내에서 대가를 받고 수행하는 재화의 공급 또는 그 밖의 용역의 제공에 대하여 과세한다. 일반적으로 판매 또는 용역의 대가가 과세표준이 되지만 부가가치세 그 자체는 제외된다.[12)] 수입재화에 대해서는 수입부가가치세가 과세된다. 이것은 통관세액을 기준으로 국내 부가가치세와 동일한 세율로 과세된다.

재화의 공급은 재화의 처분권이 부여된 시점에서 그 재화가 존재하는 장소에서 발생한다. 재화가 거래처에 선적·출하된 경우 재화의 공급은 선적개시에 의해 발생한다. 용역 제공의 발생장소에 관한 원칙은 사업자의 주된 사무소가 존재하는 곳이지만 그 예외가 널리 인정된다. 그룹 내의 회사는 한 개의 과세객체로서 취급된다. 따라서 자회사에 의한 재화·용역의 제공은 「부가가치세법」상 모회사에 귀속하는 것이 된다.

금융거래·부동산거래·보험 및 그 외 의료활동 관련 사업 등은 원칙적으로 면세이다. 매입 또는 용역의 수입에 대해서 과세되는 부가가치세가 면세거래에 관련되는 경우는 매입세액을 공제하지 아니한다. 그러나 매입세액공제를 받기 위해서 면세거래를 포기하는 선택을 인정하는 경우도 있다.

면세거래와 과세거래가 함께 있는 경우의 공통매입세액은 안분계산한다. 수출거래는 영세율을 적용하여 매입세액공제가 인정된다. 그 외 영세율 거래로 연

---

11) 박정수, 『주요국의 조세제도-영국편』, 한국조세연구원, 2009, 188면.

12) Doralt, Werner & Ruppe, Hans G, *Steuerrecht. Band I*, 9 Aufl., LexisNexis, 2007, S.407.

방철도회사의 용역, 외국거래처에 대한 물품가공 및 국제계약에 관한 운송 등이 있다. 1968년 세율 10%(경감세율 5%)로 도입되어 그 후 6회에 걸쳐 세율이 인상되었으며 2007년부터 표준세율은 19%이다. 1983년 이래 경감세율은 7%이고 경감세율은 식료품·극장·근거리 여객운송·서적·신문판매 등에 적용된다.

### 라. 프랑스

프랑스는 유럽국가 중 최초로 부가가치세를 도입하여 1968년에 전면적으로 실시하였다. 부가가치세(taxe sur la valeur ajoutée)는 특별한 경우를 제외하고 프랑스 국내에서 하는 모든 제조 및 상업상의 거래에 대해서 과세한다. 거래란 사업자가 그 사업목적을 위해서 제공하는 모든 재화의 공급 및 서비스의 제공을 말한다.

과세기간은 소득세 및 법인세와 동일하게 1년 단위로 하고 있다. 재화의 공급에 대해서 일반적으로 재화가 발송되는 장소 내지 발송하는 시점에서 존재하고 있는 장소가 프랑스 국내라면 프랑스에서 재화가 공급된 것으로 본다. 서비스의 제공에 관해서는 일반적으로 서비스의 제공자가 사업소를 가지고 있는 장소 또는 서비스가 제공되는 사업거점이 존재하는 장소가 프랑스 국내라면 프랑스에서 서비스가 제공된 것으로 본다. 이와 같은 사업소 내지 사업거점이 존재하지 않는 경우에는 서비스 제공자의 주소가 제공 장소로 간주된다. 하지만 서비스 공급의 예외로서 부동산 관련 서비스에 관해서는 부동산이 존재하는 장소, 여객 화물의 운송서비스에 관해서는 그것이 실제로 수행되는 장소, 문화·스포츠·예능·오락서비스 등에 관해서는 그 서비스가 물리적으로 수행되는 장소가 제공 장소로 된다.[13)]

EU 가입국 이외의 나라로부터 수입되는 상품은 프랑스 영토에 도착한 단계에서 부가가치세가 부과된다. 이 경우에 부가가치세는 수입업자에 의해서 납부된다. 사업자는 사업목적을 위해서 구입한 물품 및 설비 내지 제공을 받은 서비스 등에 대해서 지급한 매입세액의 총액을 거래상대방에 대한 재화의 판매 또는 서비스를 제공할 때 청구한 매출세액의 총액에서 공제할 수 있다. 사업의 일부에 면세거래가 포함된 경우는 원칙적으로 과세사업과 관련된 매입부가가치세밖

---

13) 안창남, 『주요국의 조세제도 — 프랑스편』, 한국조세연구원, 2009, 264면 이하.

에 공제할 수 없다.

공제가 가능한 매입세액을 산정하는 방법으로는 매출액안분법과 사업을 과세부문과 면세부문으로 나누는 방법이 있다. 사업상 불필요한 지출 내지는 임원·종업원 또는 고객을 위해서 지출한 숙박비·식대·교제비 등에 대해서는 매입세액공제가 인정되지 아니한다. 은행 내지 금융기관 서비스의 대부분과 공공교육·의료·증권거래업 및 일부의 부동산거래와 일정의 자선사업이나 공익활동 그리고 등록세 또는 이전세의 대상이 되는 거래는 면세이다. 이러한 거래에 대해서 구입할 때 지급한 매입세액의 공제는 인정되지 아니한다. 매입세액공제를 받고자 하는 은행업이나 그 외 다른 금융기관은 일정 조건에 따라 그 사업이 부가가치세 과세대상이 되도록 선택할 수 있는 길이 있다. 다만 국제무역 관련 서비스 및 수출에 수반된 보험 내지 신탁업의 제공은 영세율 적용대상거래로서 매입세액이 공제된다. 한편 프랑스의 과세사업자가 국외에서 계약을 체결한 거래에 대하여는 해당 거래가 국내에서 이루어지는 경우와 마찬가지로 매입세액공제가 인정된다.

부가가치세는 부가가치세가 포함되지 아니한 재화 내지 서비스의 본래의 가격에 대하여 과세한다. 세율을 살펴보면 2023년 현재 표준세율은 20%이나, 보험이 적용되는 의약품·신문·잡지 및 가축 등은 2.1%의 초경감세율, 대부분의 식료품과 보험이 적용되지 않는 의약품 및 서적과 여객운송 등은 5.5%의 경감세율, 문화상품·레스토랑 또는 개인의 주거에서 행한 공사는 10%의 경감세율이 적용된다. 소규모사업자의 기장이나 신고절차를 간소화하고 과세당국과 조세마찰을 줄이기 위하여 간이과세자에 대하여는 협의과세제도가 있는 것이 특징이다.

### 마. 일 본

일본의 경우 1949년 Carl S. Shoup의 권고에 의하여 부가가치세 도입을 위한 입법을 하였으나 실시되지 못하였다. 1988년 부가가치세 도입의 기본방침을 정한 세제조사회의 '세제개혁에 관한 중간답신'에 따라 근본적인 세제개혁의 일환으로서 1988년 12월 제정된 「소비세법」에 따라 1989년 4월 1일부터 소비세(부가가치세)가 도입되었다.[14] 1991년부터 현재까지 네 차례의 법개정을 거치

14) 金子 宏編, 『租稅法の發展』, 有斐閣, 2010, 397면.

면서 소비세율이 점차 인상되었고 증세를 위한 조치로서 중소사업자에 대한 특례조치가 축소되었다. 소비세는 국내에서 사업자가 행한 자산의 양도, 자산의 대여, 용역의 제공 및 보세지역에서 인도되는 외국재화를 과세대상으로 한다. 소비세는 재화나 서비스의 가격에 더하여 다음 단계로 전가되고 최종적으로 최종소비자가 부담하는 것으로 예정되어 있다. 과세방법은 종전에 매출액에서 매입액을 공제하여 세율을 곱하는 전단계거래액공제법을 채택하였으나 현재는 매출소비세액에서 매입소비세액을 공제하는 전단계매입세액공제법에 따라 과세하고 있다(「소비세법」 제30조 제1항).

세액계산에서 전단계매입세액공제법을 채택하고 있는데도 사업자의 매출 및 매입에 관계되는 소비세액을 계산하는 경우에 세금계산서 같은 엄격한 법정서류를 필요로 하지 아니하고 장부상의 기록이나 물품납품서 또는 청구서 등을 기초로 하는 점에서 특색이 있다. 이는 납세사무 부담의 간소화를 이유로 하는 것이나 세무조사시 장부 등의 불제시나 기재미비 등을 이유로 매입세액공제가 부인되는 사례가 많다. 장부에 근거하는 방식은 거래내용의 진실성과 불공정의 문제를 확대시킬 가능성이 있으므로 무엇보다 납세환경의 정비가 중요하다고 할 것이다.

종전 5%이던 소비세율은 2014년 4월에 8%로 인상되었고, 2019년 10월에 다시 10%로 인상되었다. 기준기간의 과세매출액이 1천만 엔 이하의 사업자는 납부면제하고 5천만 엔 이하의 사업자에 대하여는 간이과세를 적용하고 있다. 토지의 양도 및 대여와 유가증권 또는 이와 유사한 것과 지급수단 등의 양도나 금전의 대여, 신용보증·보험용역 및 상품권의 양도, 그리고 사회보험의 대상이 되는 의료 또는 간병서비스·조산서비스 및 신체장애자용 물품의 양도 또는 대여, 입학금 및 시설설비비·교과용 도서의 양도·주택의 임대 등은 비과세(면세)이다. 수출거래·수출물품 판매장·외항선박 등에 납품한 물품 및 외국공관 등에 대한 과세자산의 양도 등은 면세(영세율)로 되어 있다.[15]

한편 일본에서는 소비세 인상에 맞추어 유럽처럼 경감세율을 도입함으로써 복수세율을 채택하고 있다.[16]

---

15) 일본의 「소비세법」에서는 우리나라 면세에 해당하는 것을 비과세로 표현하고, 영세율은 면세라 한다.

16) 金井惠美子, 앞의 논문, 39면 이하.

### 바. 중 국

중국은 1993년 최초로 부가가치세제(이하, '증치세')를 도입하였다. 도입 초기 중국의 증치세는 일종의 생산형 부가가치세로서 자본투자에 대한 매입세액공제를 허용하지 아니하여 증치세의 징수 및 환급관리에 많은 문제를 야기하였다. 특히 주변국보다 월등히 높은 적용세율과 상품가격에 전가된 불공제매입세액 등은 중국 기업의 상품이 글로벌시장에서 가격경쟁력이 하락하는 주요 원인이 되었다. 이에 중국 정부는 2005년 동북지역의 3개 성과 2007년 중부지역의 6개 성을 각각 시범지역으로 지정하여 생산형 증치세제의 소비형 증치세제로의 전환을 단계적으로 추진하였으며, 2009년에는 일반납세의무자가 매입하거나 자가제작한 기계설비 등 자본재에 대한 매입세액도 전액 공제받을 수 있도록 하여 소비형 증치세제로 완전히 전환하였다.[17)]

2009년에는 또한 영세한 중소기업과 자영업자의 증치세 부담을 경감하기 위하여 구 증치세조례의 소규모납세자에 관한 적용세율을 과거의 6%(공업기업) 또는 4%(상업기업)에서 3%로 인하하였다. 2011년 11월에는 매월 기준 2천 위안~5천 위안(재화의 매출) 또는 1천5백 위안~3천 위안(용역의 공급) 또는 매 회(일) 기준 15위안~2백 위안이었던 증치세의 과세점을 매월 기준 5천 위안~2만 위안(재화의 매출과 용역의 공급)과 매 회(일) 기준 3백 위안~5백 위안으로 인상하였다.[18)] 2013년 8월에는 월 매출액 2만 위안 이하인 영세사업자에 대하여는 증치세를 완전히 면제하였으며,[19)] 2014년에는 또다시 과세점을 월 매출액 3만 위안으로 인상하고 간이과세방식으로 6%의 세율을 적용하던 몇몇 재화에 대한 세율도 3%로 인하하여 소규모납세자의 증치세 부담을 대폭 경감하였다.[20)]

중국의 증치세제 관련 가장 중요한 내용은 영업세제의 증치세제로의 전환이다. 과거 중국의 영업세는 일종의 판매세로서 과세용역의 공급 등을 매출액을 과세표준으로 하여 과세되기 때문에 그 조세부담이 증치세보다 무거울 뿐 아니라 증치세의 과세와 영업세의 과세가 교차되는 거래단계(교통운수·건축설치 등)에

17) 유호림, 『최신 중국세법』, 세학사, 2011, 789면 이하; 财政部国家税务总局关于〈全国实施增值税转型改革若干问题的通知〉(财税[2008] 170号).

18) 〈中华人民共和国增值税暂行条例实施细则的决定〉(财政部令第65号).

19) 〈关于金融支持小微企业发展的实施意见〉(国务院办公厅).

20) 〈财政部 国家税务总局关于进一步支持小微企业增值税和营业税政策的通知〉(财税[2014]71号).

서는 매입세액을 공제받을 수도 없어 서비스업에 종사하는 조세부담은 매우 무거운 수준이었다. 중국은 이를 해결하기 위하여 2012년 1월 상해시로부터 영업세제를 증치세제로 전환하는 개혁을 시범적으로 시행하였다. 이후, 2013년 7월에는 상해시와 북경시 등 대도시와 중부 6성을 포함한 11개 성시(省市)의 교통운수업과 일부 인적 용역을 대상으로 범위를 확대하였으며, 2016년 5월부터는 모든 영업세 과세대상용역을 증치세의 과세대상으로 포함하여 재화와 용역의 특성에 따라 4단계 복수세율구조를 가진 부가가치세제로 전환되어 현재까지 시행되고 있다.[21]

가장 최근인 2018년과 2019년에는 증치세의 기본세율에 대한 조정도 이루어졌다. 중국의 증치세율은 2016년 영업세의 증치세로의 전환 이후 기본적으로 17%(기본세율), 11%(경감세율), 6%(우대세율), 3%(간이과세)로 설정되어 있었다. 그러나 2018년 미·중 무역분쟁 등으로 인한 경기하강으로 인해 기본세율과 경감세율을 16%와 10%로 각각 1%p 인하하고 소규모납세자의 적용범위를 연 매출액 500만 위안으로 대폭 상향조정하였으며,[22] 2019년에는 다시 또 기본세율과 경감세율을 13%와 9%로 인하하는 등 경기방어를 위한 지속적인 감세정책을 이어가고 있다.[23]

한편 중국의 증치세 기본세율(13%)은 일반적인 재화의 공급과 수입재화 및 가공·수리수선 용역에 대하여 적용된다. 경감세율(9%)은 교통운수 및 건축업과 부동산·토지사용권·무형자산의 양도, 기초통신 및 우편서비스업, 양식 및 식용식물유, 수돗물·열기·냉기·온수·석탄가스·액화석유가스·천연가스·메탄가스·가정용 연탄과 사료·화학비료·농약·농기계 및 도서·신문·잡지 등 기초생활에 필수적인 재화와 용역 등의 공급에 대하여 적용된다. 이 밖에 방송·금융·현대

---

21) 유호림·박석진, “최근 일본과 중국의 소비세제 개편동향과 시사점”, 『조세와 법』, 서울시립대학교 법학연구소, 2018, 25면.

22) 〈财政部 税务总局关于调整增值税税率的通知〉财税〔2018〕32号.

23) 〈财政部 税务总局 海关总署关于深化增值税改革有关政策的公告〉财政部 税务总局 海关总署公告2019年第39号. 2012년부터 시작된 “영개증(營改增)개혁”을 통한 감세규모는 2016년말 기준 약 1조 6,100억 위안(약 270조원)에 달하는 것으로 집계되고 있다(http://www.baidu.com/link?url=4PoyTFm4bF0etbRqA9Rrr4344jLJb2tbWG5vuNkU5Jv6Db1ynY8X3CdOe9kqbcz-Uz9ZnLAgqHhpX7Fqgyq71_&wd=&eqid=a42389420000eef20000000459d6f68f).

서비스 및 부가가치증가형 통신업 등 금융 및 기타의 서비스용역에 대하여는 6%의 우대세율이 적용되며 월 매출액 3만 위안 이하 간이과세자에 대하여는 1%의 저세율이 적용된다.

## Ⅲ. 부가가치의 개념과 부가가치세

부가가치(value added)란 재화의 생산 및 유통 또는 용역의 제공에서 각 거래단계의 사업자가 새로이 창출하여 증가한 부의 가치라고 정의할 수 있다. 이를 순수경제학적 의미로 살펴보면 다음과 같이 설명할 수 있다. 재화 또는 용역의 생산부터 유통에 이르기까지 각 단계에 참여하고 있는 여러 사업자가 전단계에서 생산된 재화 또는 용역을 구입하여 사용하고, 여기에 생산요소인 토지·노동·자본·경영 등을 투입하여 새로운 생산물을 만들어 이를 소비자에게 판매한다. 이 때 생산한 물건을 제조하기 위하여 투입한 여러 가지 재화와 자본 및 노동 등의 가치 총합계분을 넘는 생산물가치가 산출된다.[24] 그리하여 새로운 생산물가치에서 구입·사용한 전단계 생산물가치를 공제한 부분이 각 사업자 단계에서의 생산물가치 증가분이 된다. 더 요약하면 각 사업자의 생산물 총수입금액에서 원재료·자본·노동 등에 소요된 금액을 공제한 것이 그 사업자가 창출한 부가가치이다.

소비세의 한 형태인 부가가치세(value added tax)는 재화 또는 용역의 생산·제공 및 유통의 모든 단계에서 사업자에게 생성되는 부가가치를 과세대상으로 하는 조세이다. 부가가치세는 이렇게 재화 또는 용역의 생산·유통의 모든 단계에서 사업하는 자를 납세의무자로 하고 있지만 이론적으로는 결국 최종소비자에 대한 공급가액에 대하여 과세하게 된다. 그리고 그 세액을 전가장치에 의해 개인의 소비지출에 부담시키게 된다. 이와 같이 사업자가 재화를 공급하거나 용역을 제공하는 때에 그 사업자에게 과세하는 조세가 과연 소비세에 부합하는지 의문이 제기될 수 있다. 이에 대하여는 공급하는 재화 또는 용역에 대한 대가로 나타나는 공급가액에 대한 부가가치세액 그 자체는 소비자에게 전가될 것을 예

---

24) Murray L. Weidenbaum/David G. Raboy/Ernest S. Christian, *The Value-Added Tax: Orthodoxy and New Thinking*, Kluwer Academic Publishers, 1989, p.46.

정하고 있기 때문에 소비세의 성질을 지닌다고 설명할 수 있다.

## Ⅳ. 부가가치세와 소득세

경제학적 의미에서 소비의 개념은 소득의 개념과 상호 밀접하게 연관되어 있다. 다른 측면에서 개인의 욕구를 충족시키기 위해 제공되는 서비스의 합계를 소득으로 보기도 한다. 일정 기간 동안에 걸친 개인의 소비와 저축의 합계는 소득과 일치하기 때문이다. 이론적으로 볼 때 생산재를 제외한 모든 소비재에 대하여 과세하는 소비세는 가계의 소비지출에 대하여 과세하는 소득세와 동일한 대상에 과세하는 것이 된다.

국가경제 전체적으로 볼 때도 사업자가 생산한 총생산물가치로부터 중간재 구입액과 자본재의 감가상각을 공제한 금액을 부가가치라고 말할 수 있다. 이것은 각 사업자가 새로운 생산물을 만들기 위하여 투입한 생산요소의 각 대가인 지대·임금·이자·이윤을 합한 가치의 합계액과도 일치한다. 따라서 부가가치에 대한 과세는 곧 국민소득에 대한 과세와 다름없는 것이 된다. 부가가치세는 다른 측면에서 소득에 대한 조세라고 말할 수 있는 근거이다.

그리하여 부가가치세는 개인의 소비지출에 대한 조세로서 소득세가 갖는 구조상의 결함을 해결하는 조세라는 주장도 설득력 있게 성립할 수 있다.[25] 그렇지만 부가가치세와 소득세는 본질적인 차이가 있다. 부가가치세는 소비자에 대하여 직접 과세하는 것이 아니라 사업자가 공급하는 재화 또는 용역의 공급가액을 과세대상으로 한다. 부가가치세는 소비자 개인의 인적 사정이 고려되지 아니하고 과세되지만 소득세는 개인의 주관적 사정을 고려하고 비사업적 지출도 공제되는 점에서 과세표준에 차이가 있고, 부가가치세는 면세되는 재화와 용역이 있는 점 등에서 양자는 크게 다르다.

---

25) 소득세의 결함이라는 것은 조세행정에 있어서 개인의 소득을 정확히 파악하기 어렵고 납세의무자의 탈세 및 조세회피 문제가 심각하다는 점이다.

# 제 2 절 부가가치세의 유형과 계산방법

## Ⅰ. 부가가치세의 유형

부가가치세는 부가가치의 범위를 어디까지로 볼 것인가에 따라 그 유형이 달라진다. 구체적으로 부가가치세의 유형은 부가가치세에서 공제되는 매입금액의 범위에 따라 국민총생산형·소득형·소비형 등 세 가지로 나누어진다.

### 1. 국민총생산형(GNP Type) 부가가치세

국민총생산형 부가가치세는 부가가치를 국민총생산(GNP), 즉 일정 기간 동안 생산된 모든 최종생산물의 가치로 파악한다. 이것은 생산요소들에게 분배되는 임금·이자·이윤·지대·감가상각비의 합계액인 국민총생산과 일치한다. 부가가치를 계산함에 있어서 총매출액에서 중간재 구입액(원재료·반제품 등)은 공제하나 자본재 매입비용과 감가상각비 등은 공제하지 아니한다. 이에 따라 소비재와 자본재 모두 부가가치세 과세대상에 포함하고 있다.

부가가치세 유형 중 과세범위가 가장 넓어서 최대의 세수를 올릴 수 있는 반면에 자본재에 대해서도 과세함으로써 투자를 억제하는 단점이 있다.

부가가치 = 총매출액 − 중간재 구입액 = 임금 + 이자 + 이윤 + 지대 + 감가상각비

### 2. 소득형(NNP Type) 부가가치세

소득형 부가가치세는 부가가치를 국민순생산(NNP), 즉 일정 기간 동안 생산된 모든 최종생산물의 가치에서 감가상각비를 공제한 것으로 파악한다. 부가가치에는 총소비액과 순투자액(총투자액에서 감가상각비를 공제한 것)이 포함되며 이는 생산요소들에게 분배되는 임금·이자·이윤·지대의 합계액과 일치한다. 부가가치를 계산함에 있어서 총매출액에서 중간재 구입액과 자본재의 감각상각비를 공제한다.

이 유형은 부가가치세를 계산할 때 감가상각비를 공제하는 점에서 합리적이지만 국민총생산형과 마찬가지로 투자액도 부가가치에 포함됨으로써 투자가 억제되고 감가상각비의 적정 계산이 어렵다는 단점도 있다.

| 부가가치 = 총매출액 − 중간재 구입액 − 감가상각비 = 임금 + 이자 + 이윤 + 지대 |
|---|

### 3. 소비형(Consumption Type) 부가가치세

소비형 부가가치세는 부가가치를 일정 기간 동안 생산된 모든 최종생산물의 가치에서 중간재 구입액 및 자본재(투자재) 구입액을 공제한 것으로 파악한다. 부가가치는 개인의 총소비지출과 일치하며 이는 생산요소들에게 분배되는 임금·이자·이윤·지대의 합계액에서 순투자액을 차감한 금액과 같게 된다.

이 유형은 자본재(투자재)에 대해 과세하지 않기 때문에 투자촉진 효과가 있으며 부가가치 계산에서 중간재와 자본재의 구분이 필요 없고 감가상각비의 계산방법을 규정할 필요가 없는 점, 소득과세의 경우처럼 복잡한 회계가 필요 없는 점 등을 이유로 다른 유형보다 우월하다고 평가되고 있다. 이에 따라 현재 우리나라를 비롯한 부가가치세를 시행하고 있는 대부분의 국가에서 소비형 부가가치세를 채택하고 있다.

| 부가가치 = 총매출액 − 중간재 구입액 − 자본재 구입액 = 국민소득 − 투자지출액 |
|---|

## Ⅱ. 부가가치세의 계산 방법

### 1. 개 요

부가가치세는 이론상 부가가치를 과세대상으로 하는 조세이다. 부가가치를 계산하는 방법에는 가산법과 공제법이 있다.[26] 가산법이란 일정 기간 동안 사업

26) Alan Schenk & Oliver Oldman, *Value Added Tax*, Transnational Publishers. Inc. 2001, p.36.

자가 지급한 임금·이자·이윤·지대를 각각 계산하여 이를 합계함으로써 부가가치를 구하는 방법이고, 공제법이란 매출에서 부가가치 창출을 위해 투입한 중간재 등을 공제하여 부가가치를 구하는 방법이다. 이 중 공제법은 다시 전단계거래액공제법과 전단계세액공제법으로 나누어진다. 전단계거래액공제법은 일정 기간 동안 사업자가 공급한 매출가액에서 매입가액을 공제한 금액을 부가가치로 보아 이를 과세표준으로 한다. 전단계세액공제법은 일정 기간 동안 사업자의 매출가액 전체에 대해 세율을 적용하여 계산한 매출세액에서 매입할 때 징수당한 세액을 뺀 금액을 납부세액으로 함으로써 결과적으로 부가가치에 세율을 적용한 것과 같은 방법으로 부가가치세를 계산한다. 우리나라와 유럽 등 부가가치세를 시행하고 있는 대부분의 국가에서 전단계세액공제법에 따라 부가가치세를 계산하고 있다.

## 2. 계산 방법

### 가. 가산법(Addition Method)

가산법이란 어떤 거래 단계의 사업자가 일정 기간 동안 창출한 부가가치를 먼저 계산한 후 여기에 세율을 적용하여 납부세액을 계산하는 방법이다. 가산법에서 부가가치란 그 생산요소인 노동·토지·자본에 대해서 지출한 총액인 것으로 본다. 그리하여 일정 기간 동안 각 사업자가 지급한 임금·지대·이자에 이윤을 계산하여 합계한 금액을 과세표준으로 하고 이에 세율을 곱하여 부가가치세 납부세액을 계산하는 방법이다.

> 납부세액 = 부가가치의 합계액(임금 + 지대 + 이자 + 이윤) × 세율

이 방법은 일정 기간 종료 후가 아니면 거래의 단계별 세액을 정확히 측정할 수 없는 단점이 있고, 생산요소 등을 합산하기 때문에 소득세 또는 법인세와 비슷한 소득과세로서의 성격을 가지게 되어 소비세인 부가가치세의 성질과는 다소 거리가 있다. 또한 이 방법은 소득세 과세제도에 매우 유사하기 때문에 이윤의 계산에서 소득과세제도의 문제점을 그대로 지니고 있다. 따라서 소득세제와 별도로

채택될 이유가 특별히 존재하지 않는다는 이유로 지지를 얻지 못하고 있다.

### 나. 공제법(Subtraction Method)

#### (1) 전단계거래액공제법(Sales-subtraction Method)

전단계거래액공제법은 일정 과세기간 동안 사업자가 공급한 매출가액에서 매입가액(전단계거래액)을 뺀 금액을 부가가치로 보아 이를 과세표준으로 하고, 여기에 세율을 적용하여 납부세액을 계산한다.

납부세액 = (매출가액 − 매입가액) × 세율

이 방법은 각 사업자가 세금계산서를 사용하지 아니하고 자기의 장부상의 기록에 의하여 세액을 산정하게 되므로 장부방식(Accounts Method)이라고도 한다. 이 방법은 매출가액에 부가가치세가 포함되어 과세표준이 포괄적이고 세금계산서에 따른 개별 거래가 파악되지 아니하므로 적정과세는 오로지 납세자의 협력과 납세환경의 정비에 의존하게 된다. 따라서 이 방법은 매출가액과 매입가액에 대한 성실한 기장을 전제로 하지 않으면 조세회피의 가능성이 높아지는 문제점이 있다. 또 개별 거래의 파악이 어렵게 되므로 품목별 복수세율이나 면세제도를 두는 경우에 이론상 적용하기 어렵고 세부담의 전가도 불확실하다는 단점이 있다. 1980년대 말 미국과 캐나다에서 전단계거래액공제법에 기초한 부가가치세의 도입 여부를 검토한 적이 있으나 소득세 과세체계와의 유사성으로 인해 소득세제의 문제점이 그대로 나타나는 문제가 있어 실제로 입법되지는 못한 것으로 알려진다.

#### (2) 전단계세액공제법(Credit-invoice Method)

전단계세액공제법은 일정 기간 동안 각 사업자의 매출가액 전체에 대하여 세율을 적용하여 계산한 세액(매출세액)에서 매입할 때 징수당한 세액(매입세액)을 공제한 금액을 납부세액으로 계산한다. 이 방법은 어떤 거래단계의 부가가치를 직접 계산하여 과세하는 것이 아니라 매출세액을 먼저 계산하고 매입세액을 차감함으로써 간접적으로 그 단계에서 창출된 부가가치에 과세된 결과가 되도록 한다.

납부세액 = (매출가액 × 세율) - 매입세액

이 방법에 따르면 매 거래 시에 품목별·용역별로 계산이 가능하게 되어 거래의 파악이 확실하게 된다. 이에 따라 개개의 재화 또는 용역이 부담하는 세액의 파악이 쉽고, 품목별로 면세나 차등세율을 설정하는 데 편리하다. 또 수출용 재화 등에 영세율을 적용하여 세액을 확실히 환급할 수 있다. 무엇보다도 세액 계산이 간편하고 세부담의 전가가 명료하여 소비세의 성질에 부합하는 장점이 있다. 나아가 거래당사자 간에 있어서 세금계산서를 매개로 한 세액공제의 이점으로 인하여 상호대조 및 견제작용이 이루어짐으로써 과세관청의 입장에서는 적정한 과세정보를 확보할 수 있기 때문에 소득세 및 법인세 과세에서도 크게 도움을 받을 수 있다. 반면에 이 방법에서는 세금계산서를 발행하는 것이 필수적이므로 납세자에게 불편이 따르고 세금징수에 소요되는 행정비용과 납세협력비용이 높다는 단점도 있다.

## 제 3 절 부가가치세의 성격

### Ⅰ. 다단계 일반소비세

소비과세는 재화·용역의 소비에 담세력을 찾아내 과세하는 조세이다. 우리나라가 채택하고 있는 부가가치세는 모든 거래단계에서 창출되는 부가가치에 과세하되 이론상 조세부담의 전가를 예상하는 '다단계 일반소비세'이다. 이것을 구체적으로 설명하면 다음과 같다.

#### 1. 일반소비세

부가가치세는 원칙적으로 모든 재화나 용역의 공급에 대하여 광범위하게 과세한다는 의미에서 일반소비세로 분류된다. 이 점에서 특정한 재화나 용역의 공급에 대해서만 또는 특정 단계에서만 과세하는 개별소비세나 주세 등과 구별된다. 부가가치세는 매출세액에서 빼는 매입세액 계산에 있어서 실제 사용된 중간생산물뿐 아니라 투자액에 대한 세액을 전액 공제하기 때문에 국가 경제 전체적으로 볼 때 최종적으로 국민총생산에서 투자를 뺀 금액인 소비에 대한 과세가 된다. 따라서 부가가치세는 소비세로 분류된다.

## 2. 간접세

부가가치세는 이론적으로 그 세부담의 전가를 예정하는 간접세로 분류된다. 소비세는 재화·용역을 직접 소비하는 자를 납세의무자로 하는 직접소비세와 제조업자·판매업자 등 사업자를 납세의무자로 하되 소비자가 실제 세금을 부담하는 간접소비세로 구분된다. 법률상 부가가치세의 납세의무를 지는 자는 재화나 용역을 공급하는 사업자지만, 그 세액은 다음 거래단계로 전가되어 궁극적으로 최종소비자에게 전가되는 것이 예정되어 있다. 따라서 경제적 관점에서 볼 때 담세자는 최종소비자이다. 이와 같이 부가가치세는 간접소비세이다.

## 3. 다단계 과세

부가가치세는 각 거래단계에서 창출한 부가가치에 대하여 과세하는 다단계 과세방식이다. 그리하여 제조 또는 소매단계에서만 과세하는 단단계 판매세와 구별될 뿐만 아니라 각 거래단계의 거래액에 대하여 과세하는 다단계 판매세와도 구별된다.

다단계 과세방식은 일단 조세징수행정 측면에서 볼 때 다른 방식보다 우수한 것으로 평가된다. 소매단계에서 세금을 일괄 징수하는 방법도 생각할 수 있으나 소매단계는 사업자 수가 너무 많아 세무행정상 관리하기가 어렵기 때문에 과세누락의 우려가 있다. 그 이전 단계일수록 규모가 큰 사업자이므로 세무행정상 관리가 쉽다. 부가가치세는 모든 거래단계의 사업자가 과세관청에 귀속되는 총세액을 분산 납세함으로써 특정 단계의 과세누락에도 전체적으로 세수 부족의 위험성이 적어지는 것이다.[27]

27) 구두의 유통을 예로 들면, 가죽공장·구두공장·구두가게를 하는 사업자와 소비자가 있을 때 가죽공장이 가죽을 1,000원에 팔고 구두공장이 이를 사서 구두를 만들어 3,000원에 구두가게에 팔고, 구두가게가 구두를 소비자에게 5,000원에 판다고 해보자. 정부는 소비자가 부가가치세로 부담한 500원을 징수하는 셈이지만 실제로는 각 거래단계의 사업체인 가죽공장으

## Ⅱ. 부가가치세의 장점 및 단점

부가가치세는 조세중립성의 특성을 갖는 반면에 소득재분배적 요소가 적어 조세부담의 역진성이라는 단점을 가진다. 반면 징세의 관점에서 보면 세원이 가장 넓어 낮은 세율로 많은 세수를 거둘 수 있는 세목이면서 간접소비세이므로 조세저항 없이 효과적으로 세금을 징수할 수 있는 장점이 있다. 그리하여 다수의 선진국들은 날로 증대하는 막대한 복지수요를 충당하기 위해 부가가치세를 적절히 활용하고 있다.

### 1. 소득세제의 보완

소득세는 각 개인의 소득을 담세력의 지표로 삼고 있으며 적정한 소득과세는 과세관청이 납세자의 소득을 정확히 파악하는 데서 출발한다. 그러나 현실적으로 소득세는 납세자의 납세순응률이 크게 떨어져서 소득신고에서 허위·누락신고가 빈번하며 과세관청의 소득포착률도 매우 저조한 것이 일반적이다. 이 때문에 과세형평성의 문제가 심각하게 제기되고 있다. 이를 보완하는 세제가 소득세의 선행세라 불리는 부가가치세제이다. 일단 소비행위를 과세대상으로 하여 과세하면 자연스럽게 그 과세물건은 소득세의 과세대상으로 포착되어 소득세 과세표준 및 세액의 계산에 연결된다. 이로써 쉽게 소득세를 과세할 수 있고 과세의 누락도 방지될 수 있는 것이다.

### 2. 경제적 중립성

오늘날 개인의 소비활동과 기업의 경제활동에 큰 영향을 미치는 조세제도 및 조세정책을 수립함에 있어서 조세의 경제적 중립성이 중요하게 부각된다. 조세의 경제적 중립성이란 조세제도가 개인이나 기업의 경제행위에 간섭하지 아니하고 개인이나 기업이 조세로 인하여 자신의 소비·경제활동에서 어떤 의사결정이나 선택을 하는 데 영향을 받지 아니하는 것을 의미한다.[28)]

조세의 경제적 중립성 측면에서 볼 때 부가가치세의 우수한 점 중 하나는 거

---

로부터 100원, 구두공장으로부터 200원, 구두가게로부터 200원을 각각 납부받는 것이다.

28) James M Bickley, *Value Added Tax*, Novinka, 2003, p.23.

래의 각 단계에 있어서 사업자가 스스로 만들어낸 부가가치에 대해서만 과세된다는 점이다. 일반소비세 중 거래액에 대하여 과세하는 다단계 판매세(turnover tax)는 매입세액공제 없이 모든 거래단계에서 외형금액에 대하여 과세함으로써 누적과세가 이루어진다. 이로 인하여 기업의 생산과 유통과정 간 수직적 통합의 유인이 있게 되고 경제의 효율을 해치는 문제가 발생한다. 반면에 소비형 부가가치세는 자본재에 대한 매입세액이 공제되기 때문에 생산이나 투자에서 의사결정을 왜곡시키지 아니한다.

또한 과세대상도 원칙적으로 광범위하고, 세율이 단일세율이라면 최종소비가격에 대한 세부담의 비율이 일정하여 소비자의 소비행위의 선택을 간섭하지 아니하게 된다. 이처럼 소비형 부가가치세는 소비에 대한 중립성을 유지하는 데에 장점을 가진 조세로 볼 수 있다.

### 3. 세부담의 역진성

부가가치세는 여러 가지 장점을 가진 조세지만 조세부담의 배분이 역진적이고 소비자 가격구조에 반영되어 물가상승의 효과를 수반한다는 점에서 단점도 가지고 있다.

여기서 역진성이란 소득에 대한 조세부담률이 고소득자보다 저소득자 편에 높은 상태라고 정의할 수 있다.[29] 일반적으로 부가가치세율이 높은 국가는 식료품 등에 경감세율을 적용함으로써 역진성에 대한 문제를 해결하고 있다.

## Ⅲ. 부가가치세와 소매판매세의 비교

부가가치세와 구분되는 소매판매세는 제조·유통단계 중 소매단계에서 원칙적으로 모든 재화·용역을 과세대상으로 한다. 세율과 과세범위가 같다면 과세관청에서 볼 때 부가가치세와 소매판매세는 동일한 세수를 거둘 수 있고, 경제효과의 관점에서도 양자의 차이점은 보이지 않는다.[30] 양자의 차이는 오로지 세무

29) Alan Schenk, *Value Added Tax: A Comparative Approach*, Transnational Publishers. 2015, p.7.

30) 知念 裕,『附加價値稅の理論と實際』, 稅務經理協會, 1995, 22면.

행정의 관점에서 찾아볼 수 있다.

첫째, 징수방법에서 부가가치세는 세액이 각 거래단계에 배분되어 징수된다는 점에서 소매단계에서만 부과되는 소매판매세와 다르다.

둘째, 실제 제도의 구성에서 부가가치세는 소매판매세에 비하여 자본재나 중간재 등 생산 목적에 사용되는 재화·용역 등에 대하여 보다 효과적으로 비과세로 설정할 수 있다. 반면에 소매판매세는 특히 용역을 과세대상으로 하는 경우 부가가치세보다 어려운 점이 많다.[31] 즉 소매판매세는 최종소비자에 대한 판매에 대하여 과세하지만 실제는 판매의 상대방이 제조업자인 경우가 적지 않다. 이로 인해 용역에 대하여 소매판매세를 과세하게 되면 누적과세를 초래하고 최종적으로 판매물품에 대한 조세부담비율에 차이가 생겨 경제적 중립성을 훼손하게 된다. 이 때문에 재화의 판매에 있어서 재판매되거나 원재료로 사용되는 경우와 용역의 경우에 최종소비자에게 제공되는 경우 외에는 과세에서 제외해야 타당하지만, 소매업자로부터 구입한 해당 재화·용역이 어떻게 사용되는가를 추적하는 것은 어렵기 때문에 비과세로 처리하기가 쉽지 않다.

셋째, 사업 측면에서 볼 때 생산·유통과정에 사용되는 용역에 과세한다면 기업 내부에서 그 용역을 자급하도록 유인하여 기업의 수직적 결합 및 대기업화가 추구될 우려가 있다. 이와 같은 점에서 소매판매세의 과세대상으로 하는 용역은 생산·유통과정에 사용되지 않는 용역에 한정할 필요가 있으며 과세대상으로 하기에 적합한 용역은 개인이나 가족에 의해 소비되는 것에 한정시키는 것이 바람직하다.[32] 소매판매세를 채택한 미국의 45개 주(州) 가운데 대다수의 주에서 용역에 한하여 과세대상을 한정적으로 열거하고 있는 것도 그 이유다. 그중 일부의 주는 공익사업, 호텔·숙박용역, 영리시설 입장, 클럽 입장 등의 이용행위에 과세하는 데에 불과하다. 이에 비하여 부가가치세에서는 용역의 과세대상을 한정시킬 필요가 없다. 생산·유통과정에서 사용된 용역은 재화와 마찬가지로 전단계세액공제가 인정되기 때문에 누적과세가 발생하지 않기 때문이다. 따라서 부가가치세에서는 과세에 적당한 용역이 따로 있는 것이 아니라 포괄적으로 과세대상으로 하는 것이 가능해진다.

---

31) 水野忠恒, 앞의 책, 126면.

32) 예를 들어 세탁업, 이·미용업, 유흥·오락업, 가정용가구·비품의 임대업, 가정용품의 수리업 등.

# 제 4 절 부가가치세의 기본 구조

**제1조(목적)** 이 법은 부가가치세의 과세요건 및 절차를 규정함으로써 부가가치세의 공정한 과세, 납세의무의 적정한 이행 확보 및 재정수입의 원활한 조달에 이바지함을 목적으로 한다.

**제2조(정의)** 이 법에서 사용하는 용어의 뜻은 다음과 같다.

1. “재화”란 재산 가치가 있는 물건 및 권리를 말한다. 물건과 권리의 범위에 관하여 필요한 사항은 대통령령으로 정한다.
2. “용역”이란 재화 외에 재산 가치가 있는 모든 역무와 그 밖의 행위를 말한다. 용역의 범위에 관하여 필요한 사항은 대통령령으로 정한다.
3. “사업자”란 사업 목적이 영리이든 비영리이든 관계없이 사업상 독립적으로 재화 또는 용역을 공급하는 자를 말한다.
4. “간이과세자”란 제61조 제1항에 따라 직전 연도의 공급대가의 합계액이 대통령령으로 정하는 금액에 미달하는 사업자로서, 제7장에 따라 간편한 절차로 부가가치세를 신고·납부하는 개인사업자를 말한다.
5. “일반과세자”란 간이과세자가 아닌 사업자를 말한다.
6. “과세사업”이란 부가가치세가 과세되는 재화 또는 용역을 공급하는 사업을 말한다.
7. “면세사업”이란 부가가치세가 면제되는 재화 또는 용역을 공급하는 사업을 말한다.
8. “비거주자”란 「소득세법」 제1조의2 제1항 제2호에 따른 비거주자를 말한다.
9. “외국법인”이란 「법인세법」 제1조 제3호에 따른 외국법인을 말한다.

## Ⅰ. 우리나라의 부가가치세 구조

### 1. 전단계세액공제법

현행 부가가치세 구조에 의하면 사업자가 재화 또는 용역을 제공할 때 거래상대방으로부터 부가가치세(매출세액)를 받아 전단계에서 재화 또는 용역을 구입하면서 부담한 부가가치세(매입세액)를 뺀 나머지 금액을 납부세액으로 납부한다. 이러한 방식을 전단계세액공제법이라고 앞에서 설명한 바 있다. 우리나라가 채택한 부가가치세의 전단계세액공제법이 헌법상 재산권 보장 및 실질적 조세법률주의에 위배되는지 여부가 문제된 바 있다. 헌법재판소는 어떠한 방식으로 부가가치세를 부과할 것인지는 나라마다 입법정책적으로 결정할 문제로서 재산권 보장 원칙 및 실질적 조세법률주의에 위배된다고 할 수 없다고 결론지었다.33)

전단계세액공제법에 의하여 부가가치세액을 계산하면 소비자가 지급하는 금액은 재화 또는 용역의 가액과 그 가액의 10%인 부가가치세로 구성되는데, 어떤 재화 또는 용역의 가액은 제조·도매·소매업자의 부가가치 합계액과 일치하고 최종소비자가 부담하는 부가가치세는 제조·도매·소매업자가 각각 납부한 부가가치세액의 합계액과 일치하게 된다. 결국 재화 또는 용역을 구입하여 최종 소비하는 자가 부가가치세를 전부 부담하는 셈이고 중간의 생산·유통단계에서 각 사업자가 부가가치세를 징수하여 납부하는 역할만 하게 된다. 최종재인 구두의 생산 및 유통과정을 통하여 부가가치세의 구조를 설명해보면 아래와 같다.

| 거래당사자 (사업자·소비자) | 매출시(수령액) | | 매입시(수령액) | | 부가가치 창출액 | ⑤ 납부세액 (②-④) |
|---|---|---|---|---|---|---|
| | ① 매출액 (공급가액) | ② 매출세액 (①×10%) | ③ 매입액 (매입가액) | ④ 매입세액 (③×10%) | | |
| 원료 채취업자 (피혁 제조업자) | 10,000원 | 1,000원 | | | 10,000원 | 1,000원 |
| 제조업자 (구두 제조업자) | 40,000원 | 4,000원 | 10,000원 | 1,000원 | 30,000원 | 3,000원 |
| 도매업자 (구두 도매상) | 50,000원 | 5,000원 | 40,000원 | 4,000원 | 10,000원 | 1,000원 |
| 소매업자 (구두 소매상) | 70,000원 | 7,000원 | 50,000원 | 5,000원 | 20,000원 | 2,000원 |
| 최종소비자 | | | 70,000원 | 7,000원 | | |
| **합계** | | | | | **70,000원** | **7,000원** |

* ④ 매입세액은 전단계까지 납부한 세액 ⑤의 합계액

## 2. 부가가치세의 구조적 특징

우리나라 부가가치세 체계의 핵심적 내용을 요약하여 설명하면 다음과 같다.

---

33) 헌법재판소 2011.2.24. 선고 2009헌바203 결정.

### 가. 납세의무자

사업자가 부가가치세의 납세의무자이다. 하지만 그 세부담은 사실상 소비자에게 전가되는 것을 예정하고 있다. 이것은 부가가치세가 간접소비세임을 의미한다. '예정하고 있다'는 뜻은 뒤에서 상세히 보듯이 법적으로 소비자가 부가가치세를 부담할 것으로 정하고 있지는 않다는 것이다.

### 나. 과세대상

이론상 부가가치세의 과세대상은 각 거래단계에서 창출한 부가가치이므로 논리적으로 과세표준도 당연히 각 거래단계의 부가가치액이어야 한다. 그런데 전단계세액공제법은 어떤 거래단계의 부가가치를 직접 파악하여 과세하는 것이 아니라 공급가액에 세율을 곱한 매출세액에서 매입가액에 세율을 곱한 매입세액을 뺌으로써 간접적으로 그 단계에서 창출된 부가가치에 과세가 이루어지는 구조이다. 이는 주로 징세기술적인 이유에 따른 것이다. 우리나라 「부가가치세법」은 국내에서 사업자가 제공하는 재화 또는 용역의 공급 등을 과세대상으로 규정하고 있다.

### 다. 과세표준

「부가가치세법」은 과세대상을 각 사업자가 창출한 부가가치 그 자체가 아니라 재화나 용역의 공급으로 규정하고 있기 때문에 해당 과세기간의 과세표준도 재화 또는 용역의 공급가액을 합계한 금액으로 규정하고 있다. 앞의 표에서 보듯이 어느 단계의 과세표준인 공급가액은 해당 거래단계까지 창출되어 누적된 부가가치의 합계액과 동일하다. 여기에는 해당 단계에서 창출된 부가가치액뿐만 아니라 그 전단계까지 창출되어 이미 과세된 바 있는 부가가치액이 포함되어 있다. 따라서 과세표준만 놓고 보면 다단계소비세인 부가가치세 납부세액 계산에서 그 전단계까지 창출된 부가가치에 대해서 중복적으로 과세되는 결과가 초래될 위험성이 있게 된다.

### 라. 매입세액공제

부가가치세의 계산구조에서 기술적으로 매출세액과 매입세액이라는 두 개의 요소가 가장 중요하다. 매출세액은 해당 사업자가 사업을 수행함에 있어서 재화 등을 공급한 가액에 부가가치세율을 곱한 것이다. 매입세액은 전단계까지 이미 부과된 부가가치세의 총합계액인데 납부세액을 계산할 때에 이를 공제함으로써 비로소 그 전단계까지 창출된 부가가치에 대한 중복과세가 회피된다. 그리하여 해당 거래단계까지 창출되어 누적된 부가가치 합계액(공급가액)을 과세표준으로 함에도 불구하고 사업자는 오직 해당 거래단계에서 창출된 부가가치에 대해서만 납세의무를 지는 결과가 된다.[34]

이처럼 매입세액공제는 누적효과의 발생을 방지하는 제도적 장치로서 전단계세액공제법에서 가장 핵심적인 내용이고 부가가치세의 근간이 되는 매우 중요한 특징을 구성한다. 이상의 내용을 수식으로 나타내면 다음과 같다.

> ① 공급가액 = 해당 단계에서 창출된 부가가치 금액(A)
> + 전단계까지 창출되어 이미 과세된 부가가치 금액(B)
> ② 매입세액 = 전단계까지 이미 과세된 부가가치세의 합계액
> = (B) × 세율
> ③ 납부세액 = 공급가액 × 세율 − 매입세액
> = (A + B) × 세율 − (B × 세율)
> = 해당 단계에서 창출된 부가가치 금액(A) × 세율

### 마. 거래징수와 세금계산서

「부가가치세법」상 사업자가 재화나 용역을 공급할 때에 공급가액에 세율(10%)을 곱하여 계산한 부가가치세를 공급받는 자로부터 징수하여야 한다. 이를 '거래징수'라 한다. 아울러 사업자는 공급받는 자에게 '세금계산서'를 발급하여야 한다. 이것은 거래징수 사실을 증명하는 영수증이다. 실제 부가가치세 납부세액 또는 환급세액을 계산할 경우 매입세액은 매입가액에 세율을 곱하여 계산하는 것이 아니라 매입할 때 발급받은 세금계산서에 의해 거래징수되었음이 확인되는 금액으로 계산하도록 하고 있다. 그 취지는 세금계산서의 수수를 강제하기 위한 것이다. 이로 인하여 발급받은 세금계산서는 매입세액공제를 받기 위한

---

34) 매입세액공제 여부 문제는 부가가치세와 부가가치세 도입 전에 존재하였던 물품세를 구분짓는 요소이기도 하다.

필수적 자료가 된다.

이와 같이 전단계세액공제법에서 부가가치세 납부세액의 계산은 매입세액이 공제됨으로써 가능한 것이며 이는 세금계산서의 적정한 수수에 의하여 비로소 실현된다. 만일 사업자의 거래징수와 세금계산서 수수가 제대로 이행되지 아니하고 이에 따른 매입세액공제가 정확하게 이루어지지 않는다면 납부세액은 사업자가 실제 창출한 부가가치에 대해 세율을 적용한 것과 크게 다르게 된다. 과세관청은 각 거래단계의 사업자가 제출한 세금계산서를 상호 대조해 봄으로써 거짓 세금계산서 제출로 인한 매입세액공제를 방지할 수 있고 매출가액을 축소 또는 누락하는지도 쉽게 알 수 있다. 이런 의미에서 세금계산서의 적정한 수수는 전단계세액공제법을 채택하고 있는 부가가치세에서 그 성패를 좌우하는 근간이 되고 있다.

이에 비하여 전단계거래액공제법에서는 부가가치 자체를 직접 포착하여 과세하기 때문에 이론적으로 세금계산서가 수수되지 아니하여 거래징수된 매입세액이 확인되지 않더라도 사업자의 납부세액이 그가 창출한 부가가치와 괴리되는 문제점이 발생하지 아니한다.

### 바. 납세의무의 성립과 확정

#### (1) 납세의무의 성립

납세의무의 성립시기가 언제인가 하는 점은 법령의 개폐시 적용되는 법령을 적용함에 있어서 중요하고, 아울러 제2차 납세의무를 지는 과점주주의 판정시기, 사해행위취소의 소에 있어서 피보전채권의 판단, 채무자회생법상 회생채권인지 공익채권인지 여부, 재단채권의 해당 여부 등을 판단하는 데 기준이 된다.

납세의무는 과세요건을 충족하는 사실이 발생하는 때에 성립한다. 부가가치세의 납세의무 성립시기에 관하여 「국세기본법」 제21조는 과세기간이 끝나는 때를 원칙으로 하고 있다. 다만 재화수입에 대한 부가가치세는 세관장에게 수입신고를 하는 때이다(동조 제1항). 그리고 예정신고기간·예정부과기간에 대한 부가가치세는 예정신고기간·예정부과기간이 끝나는 때를 납세의무가 성립하는 때로 하고 있다(동조 제2항).

(2) 납세의무의 확정

과세요건의 충족에 의하여 부가가치세 납세의무가 성립되었다 하더라도 세법에 정한 절차에 따라서 세액이 구체적으로 확정되어야 납부 또는 징수가 가능하게 된다. 납세의무의 확정방법 내지 시기는 국세의 우선권에 있어서 법정기일과 담보물권설정일 비교에 있어서 기준이 되고, 사업양수인의 제2차 납세의무의 기준이 되기 때문에 중요하다.

납세의무를 확정하는 방식에는 크게 신고납세방식과 부과과세방식의 두 가지 방식이 있으며 그 외 자동확정방식이 있다. 부가가치세는 전형적인 신고납세방식의 조세 중 하나로서 그 세액이 확정되는 때는 부가가치세의 과세표준과 세액을 정부에 신고하는 때이다. 다만 부가가치세의 과세표준과 세액을 정부가 결정하는 경우는 그 결정하는 때이다(국기법 제22조 제2항). 한편 부가가치세를 중간예납하는 경우에 납세의무의 확정시기가 언제인지 문제가 될 수 있는데 이에 관하여는 제7장에서 상세히 언급하기로 한다.

납세의무의 확정방법으로서 신고납세방식이란 과세요건의 충족에 의하여 성립한 납세의무를 납세의무자가 스스로 확인·계산하여 과세표준과 세액을 정부에 신고하면 과세관청의 별다른 처분 없이 신고한 그대로 조세채무가 구체적으로 확정되는 것이다. 조세를 정부가 확정하여 징수하는 것보다 납세의무자가 스스로 결정하여 신고·납부하게 하는 것이 거래내용을 누구보다도 가장 정확하게 파악하고 있다는 점에서 능률적인 조세징수의 요청에 부합한다고 볼 수 있다. 다만 세액 계산에는 고도의 전문성과 기술성을 요하고 납세의무자의 조세회피성향 때문에 고의 또는 과실로 부실한 신고를 할 우려가 있으므로 신고납세방식을 채택하더라도 과세관청의 납세의무자에 대한 조사·확정권이 전면적으로 배제되지 않는다. 즉 납세의무자가 신고를 하지 않거나 신고를 성실하게 하지 않은 경우에는 과세관청의 결정권 또는 경정결정권이 행사되어 사실상 부과과세방법으로 세액을 추징한다.

## Ⅱ. 국경세 조정과 소비지 과세원칙

어떤 나라 사업자가 자기 나라에서 생산한 재화를 다른 나라에 수출하여 그 다른 나라 국민이 소비한다고 할 때 그 재화에 대한 부가가치세는 어느 나라에서 과세하여야 하는지 문제가 된다.

국제적으로 거래되는 재화에 대하여 부가가치세를 과세하는 방법은 다음의 두 가지가 있다.[35] 첫째는 재화의 생산지(수출국)에서 과세하고 재화의 소비지(수입국)에서는 비과세하는 방법이다. 둘째는 재화의 생산지(수출국)에서 비과세로 하고 재화의 소비지(수입국)에서 과세하는 방법이다. 소비세는 속지주의에 따라 세수를 분배한다는 원칙이 있는데 이것은 넓게 보면 전 세계가 소비한 재화나 용역에 대한 소비세의 세수를 분배하는 문제라고 볼 수 있다.[36] 이와 같이 국제간 거래되는 재화 등에 부과하는 소비세에 대한 조정을 '국경세 조정'이라 한다. 국경세 조정에 관하여는 거의 대부분의 국가가 소비지 과세원칙을 채택하고 있다.[37]

우리나라도 소비지 과세원칙의 구현을 위해 「부가가치세법」에 다음과 같은 제도를 두고 있다.

① 수출재화 등에 영세율을 적용하여 우리나라에서 과세한 부가가치세를 완전히 제거한다.

② 재화의 수입을 과세거래의 하나로 규정하여 내국물품과 동일하게 과세한다.

결국 국경세 조정은 수출재화에 대해 그것이 부담한 내국소비세액을 환급하고 수입재화에 대해 내국소비세를 과세하는 일련의 절차를 말한다.[38] 이 경우 부가가치세 납부세액 계산에서 전단계세액공제법은 수출품에 영세율을 적용함으로써 수출품에 대하여 과세하지 아니함과 아울러 그 단계까지 과세된 부가가치세 전액의 공제 또는 환급을 가능하게 하기 때문에 전단계거래액공제법보다 장점이 있다고 볼 수 있다.

---

35) 최명근·나성길, 『부가가치세법론』, 세경사, 2005, 86면.

36) 이창희, 『세법강의』, 박영사, 2014, 996면.

37) 우리나라의 경우 거래장소의 개념 규정에 따라 거래장소가 우리나라이면 사업자가 외국인이든 내국인이든 우리나라에서 부가가치세를 징수할 수 있다.

38) 가령 북한과 거래를 하는 경우에 부가가치세법이 적용되는가? 이에 대해서는 「남북교류협력에 관한 법률 시행령」 제42조 제1항 및 제3항에서 북한으로부터 반입되는 물품 등은 재화 또는 용역의 공급으로 간주하여 세관장이 부가가치세를 징수하고, 북한으로 반출되는 재화나 용역은 수출로 간주하여 「부가가치세법」을 적용하는 것으로 규정하고 있다.

## Ⅲ. 영세율과 면세

부가가치세는 원칙적으로 모든 재화 또는 용역의 공급에 대하여 과세하는 일반소비세이다. 그럼에도 저소득층에 대한 부가가치세 부담의 역진성을 완화시켜 세부담을 덜어 주고자 하는 취지 또는 특정 재화나 용역의 성질에 비추어 과세가 적절하지 아니하다고 보는 경우 등은 과세를 면제한다. 부가가치세를 면제하는 방법에는 영세율과 면세가 있다.

### 1. 영세율

영세율이란 일정한 재화 또는 용역의 공급에 대하여 영의 세율을 적용하는 제도를 말한다. 이 경우에 그 거래의 매출세액은 '0'이 되므로 영세율 사업자의 거래상대방은 부가가치세를 거래징수당하지 않게 된다. 다른 한편 해당 사업자는 그 재화 또는 용역과 관련하여 이미 부담한 매입세액을 전액 환급받게 된다. 이것은 이론상 징세관청이 해당 거래 전단계까지 납부받은 부가가치세를 모두 반환하는 것과 다르지 않다.

따라서 영세율 제도는 해당 적용단계에서 창출된 부가가치에 대해 과세하지 아니할 뿐만 아니라, 그 전단계까지 창출된 부가가치에 대해 이미 과세된 것까지도 모두 취소하는 의미를 갖는 제도라고 할 수 있다. 그 결과 해당 재화·용역의 부가가치세 부담이 완전히 제거되고 거래상대방은 부가가치세를 전혀 부담하지 않게 된다. 그리하여 영세율을 이론상 부가가치세의 '완전면제'라고 부르고 있다.

### 2. 면 세

면세란 일정한 재화 또는 용역의 공급에 대하여 부가가치세 납세의무를 면제하는 제도를 말한다. 따라서 면세사업자는 해당 거래단계에서 창출한 부가가치에 대하여 납세의무가 없다. 이 경우 거래의 공급가액에 과세하는 매출세액이 존재하지 아니하며 그 면세되는 재화 등을 생산·취득하기 위하여 부담한 매입세액도 공제 또는 환급되지 아니한다. 다만 모든 거래단계에서 창출된 부가가치 전체에 대하여 면세하는 것이 아니라 면세에 해당하는 단계에서 창출된 부가가치에 대해서만 부가가치세를 면제한다. 따라서 면세사업자는 재화 또는 용역을 매입할 때 거래징수된 부가가치세를 자연스럽게 면세재화 또는 용역을 공급할 때에 그 매출가격에 포함시켜 공급받는 자에게 전가할 개연성이 높다. 그렇게 되면 면세의 전단계까지 이미 부과된 부가가치세는 면세재화 또는 용역의 가격에 포함되어 여전히 잔존하게 되며, 해당 재화 또는 용역에 대한 부가가치세의 부담이 완전히 제거되지 않는다. 그리하여 면세를 이론상 부가가치세의 '부분면제'라고 부르고 있다.

# 제2장

# 부가가치세법 총칙

## 제 1 절 납세의무자

**제3조(납세의무자)** ① 다음 각 호의 어느 하나에 해당하는 자로서 개인, 법인(국가·지방자치단체와 지방자치단체조합을 포함한다), 법인격이 없는 사단·재단 또는 그 밖의 단체는 이 법에 따라 부가가치세를 납부할 의무가 있다.

1. 사업자
2. 재화를 수입하는 자

② 제1항에도 불구하고 대통령령으로 정하는 신탁재산(이하 "신탁재산"이라 한다)과 관련된 재화 또는 용역을 공급하는 때에는 「신탁법」 제2조에 따른 수탁자(이하 이 조, 제3조의2, 제8조, 제10조 제9항 제4호, 제29조 제4항, 제52조의2 및 제58조의2에서 "수탁자"라 한다)가 신탁재산별로 각각 별도의 납세의무자로서 부가가치세를 납부할 의무가 있다.

③ 제1항 및 제2항에도 불구하고 다음 각 호의 어느 하나에 해당하는 경우에는 「신탁법」 제2조에 따른 위탁자(이하 이 조, 제3조의2, 제10조 제8항, 같은 조 제9항 제4호, 제29조 제4항 및 제52조의2에서 "위탁자"라 한다)가 부가가치세를 납부할 의무가 있다.

1. 신탁재산과 관련된 재화 또는 용역을 위탁자 명의로 공급하는 경우
2. 위탁자가 신탁재산을 실질적으로 지배·통제하는 경우로서 대통령령으로 정하는 경우
3. 그 밖에 신탁의 유형, 신탁설정의 내용, 수탁자의 임무 및 신탁사무 범위 등을 고려하여 대통령령으로 정하는 경우

④ 제2항에 따라 수탁자가 납세의무자가 되는 신탁재산에 둘 이상의 수탁자(이하 "공동수탁자"라 한다)가 있는 경우 공동수탁자는 부가가치세를 연대하여 납부할 의무가 있다. 이 경우 공동수탁자 중 신탁사무를 주로 처리하는 수탁자(이하 "대표수탁자"라 한다)가 부가가치세를 신고·납부하여야 한다.

⑤ 제2항부터 제4항까지에서 규정한 사항 외에 신탁 관련 납세의무의 적용에 필요한 사항은 대통령령으로 정한다.

**제3조의2(신탁 관련 수탁자의 물적납세의무)** ① 제3조 제2항에 따라 수탁자가 납부하여야 하는 다음 각 호의 어느 하나에 해당하는 부가가치세 또는 강제징수비(이하 "부가가치세등"이라 한다)를 신탁재산으로 충당하여도 부족한 경우에는 그 신탁의

수익자(「신탁법」 제101조에 따라 신탁이 종료되어 신탁재산이 귀속되는 자를 포함한다)는 지급받은 수익과 귀속된 재산의 가액을 합한 금액을 한도로 하여 그 부족한 금액에 대하여 납부할 의무(이하 "제2차 납세의무"라 한다)를 진다.

1. 신탁 설정일 이후에 「국세기본법」 제35조 제2항에 따른 법정기일이 도래하는 부가가치세로서 해당 신탁재산과 관련하여 발생한 것
2. 제1호의 금액에 대한 강제징수 과정에서 발생한 강제징수비

② 제3조 제3항에 따라 부가가치세를 납부하여야 하는 위탁자가 제1항 각 호의 어느 하나에 해당하는 부가가치세등을 체납한 경우로서 그 위탁자의 다른 재산에 대하여 강제징수를 하여도 징수할 금액에 미치지 못할 때에는 해당 신탁재산의 수탁자는 그 신탁재산으로써 이 법에 따라 위탁자의 부가가치세등을 납부할 의무(이하 "물적납세의무"라 한다)가 있다.

③ 제1항 및 제2항에서 정한 사항 외에 제2차 납세의무 및 물적납세의무의 적용에 필요한 사항은 대통령령으로 정한다.

# Ⅰ. 부가가치세의 납세의무자

## 1. 납세의무자와 담세자

부가가치세의 납세의무자는 부가가치를 창출하는 제조 및 유통(도매·소매) 단계의 각 사업자와 재화를 수입하는 자이다(부법 제3조). 부가가치세는 일반소비세로서 법적으로는 사업자가 납세의무자이고 이론상 최종소비자인 개인이나 자기의 사용자를 위하여 재화 등을 소비하는 사업자만이 조세를 부담한다. 그리고 담세력을 나타내는 소비는 최종 소매업자의 매출(공급)가액에 나타남으로써 부가가치세는 최종소비자에게 전가될 것으로 전제한다.

이를 사업자와 소비자 및 정부 간의 법률관계로 설명하면, 재화 또는 용역을 공급하는 사업자는 부가가치세를 스스로 부담하는 자가 아니지만 정부와 조세법률관계의 일방 당사자로서 국가에 대한 납세의무가 발생한다. 반면에 실제 부가가치세를 부담하게 되는 최종소비자는 담세자일 뿐 납세의무자가 아니어서 법적으로 국가에 아무런 의무도 지지 않는다. 「부가가치세법」에서 최종소비자는 부가가치세에 관해 권리도 없고 의무도 없는 것이다.

그러므로 사업자가 부담하는 부가가치세의 납세의무란 그 실질이 재화·용역을 공급받는 자로부터 부가가치세를 거래징수하여 정부에 납부하여야 하는 납부사무의 대행에 불과한 것이다. 물론 부가가치세가 위와 같이 원칙적으로 사업자의 매출거래 당사자에게 전가되는 것을 예정할 때 그렇다는 것이다. 이 때 사업자가 공급받는 자로부터 실제 거래징수를 하였는지 여부나 거래징수를 하지 못한 사유 또는 거래징수를 하지 못한 책임이 누구에게 있는지 등은 납세의무의 성립에 상관이 없다.

이렇게 본다면 이론상으로 부가가치세는 사업자의 부담도 아니고 사업자의 이익을 침해하는 것도 아니지만, 현실에서는 동업자 간의 경쟁이나 매입 및 매출거래처와의 힘의 관계 또는 재화 및 용역에 대한 수요의 탄력성에 의해 사업자의 부담이 될 수도 있다.[1] 따라서 법적으로 소비자가 부가가치세를 납부할 의무가 없고 사업자가 납부한 부가가치세는 소비자에게 전가되어야 함에도 이를 강제할 권리나 의무를 법령으로 정하고 있지 아니하다.[2]

## 2. 신탁재산의 납세의무자

종전에 「신탁법」상 신탁된 재산에 대하여 수탁자가 신탁업무를 처리함에 있어 그 신탁재산을 처분하는 경우 부가가치세 납세의무자를 위탁자, 수탁자 또는 수익자 중 누구로 할 것인지에 대하여 학설과 판례가 크게 대립함으로써 논란이 되었다. 주로 「부가가치세법」상 위탁매매의 경우 수탁자가 아닌 위탁자를 사업자로 규정하고 있으므로 신탁에 있어서도 위탁자 또는 수익자가 납세의무자라는 견해,[3] 신탁계약의 수탁자는 위탁매매제도의 수탁자와는 다르게 제3자와의 관계에 있어서 독립성을 가지고 있다는 이유 등으로 수탁자가 납세의무자가 되어야 한다는 견해가 대립하였다.[4]

한편 판례는 신탁재산의 관리·처분 등 신탁업무를 처리함에 있어서 「부가가치세법」상 사업자 및 납세의무자는 원칙적으로 위탁자라고 보았다. 반면에 신

1) 西山由美, “消費課税における事業者と消費者”, 『稅法學』 제573호, 2015, 208면 각주(3).
2) 金子 宏編, 『租稅法の發展』, 有斐閣, 2010, 275면.
3) 이중교, “신탁법상의 신탁에 관한 과세상 논점”, 『법조』, 639호, 2009. 12, 354면.
4) 백승재, “신탁재산의 관리처분상 부가가치세 납세의무자 등”, 『Jurist』 제401호, 청림인터렉티브, 2004. 2., 54~65면.

탁의 수익이 우선적으로 수익자에게 귀속하게 되어 있는 타익신탁의 경우에는 그 우선수익권이 미치는 범위 내에서는 신탁재산의 관리·처분 등으로 발생한 이익과 비용도 최종적으로 수익자에게 귀속되어 실질적으로는 수익자의 계산에 따른 것이므로 부가가치세 납세의무자는 위탁자가 아닌 수익자로 보아야 한다고도 하였다.[5] 그 후 대법원은 종전 판례를 변경하여 신탁계약이 관리·처분신탁이든 부동산담보신탁이든, 자익신탁이든 타익신탁이든 관계없이 신탁재산의 관리·처분시 재화 또는 용역의 공급자는 수탁자가 되므로 그에 따른 부가가치세 납세의무자도 수탁자가 된다고 정리하였다.[6]

현행법은 이상의 논의를 반영하고 신탁재산에 관한 법적 특수성을 고려하여 신탁재산을 둘러싼 부가가치세 납세의무자를 수탁자와 신탁자로 구분하여 별도로 규정하고 있다.

### 가. 수탁자

신탁재산과 관련된 재화 또는 용역을 공급하는 때에는 「신탁법」 제2조에 따른 수탁자가 신탁재산별로 각각 별도의 납세의무자로서 부가가치세를 납부할 의무가 있다(부법 제3조 제2항). 이 경우 수탁자가 납세의무자가 되는 신탁재산에 둘 이상의 수탁자가 있는 경우 공동수탁자는 부가가치세를 연대하여 납부할 의무가 있다. 이 경우 공동수탁자 중 신탁사무를 주로 처리하는 수탁자(대표 수탁자)가 부가가치세를 신고·납부하여야 한다(동조 제4항).

### 나. 신탁자

반면에 다음에 해당하는 경우에는 「신탁법」 제2조에 따른 위탁자가 부가가치세를 납부할 의무가 있다(동조 제3항).

(1) 신탁재산과 관련된 재화 또는 용역을 위탁자 명의로 공급하는 경우

(2) 위탁자가 신탁재산을 실질적으로 지배·통제하는 경우로서 아래에 해당하는 경우(부령 제5조의2)

① 수탁자가 위탁자로부터 「자본시장과 금융투자업에 관한 법률」 제103조 제1항 제5호 또는 제6호의 재산을 수탁받아 부동산개발사업을 목적으로 하는

---

5) 대법원 2008.12.24. 선고 2006두8372 판결.

6) 대법원 2017.5.18. 선고 2012두22485 전원합의체 판결.

신탁계약을 체결한 경우로서 그 신탁계약에 따른 부동산개발사업비의 조달의무를 수탁자가 부담하지 않는 경우

다만 수탁자가 「도시 및 주거환경정비법」 또는 「빈집 및 소규모주택 정비에 관한 특례법」에 따른 재개발사업·재건축사업 또는 가로주택정비사업·소규모재건축사업의 사업시행자인 경우는 제외한다.

② 수탁자가 「도시 및 주거환경정비법」 또는 「빈집 및 소규모주택 정비에 관한 특례법」에 따른 재개발사업 · 재건축사업 또는 가로주택정비사업·소규모재건축사업의 사업대행자인 경우

(3) 그 밖에 신탁의 유형, 신탁설정의 내용, 수탁자의 임무 및 신탁사무 범위 등을 고려하여 대통령령으로 정하는 경우

### 3. 신탁 관련 제2차 납세의무 및 물적 납세의무

#### 가. 수익자의 제2차 납세의무

수탁자가 납부하여야 하는 다음에 해당하는 부가가치세 또는 강제징수비를 신탁재산으로 충당하여도 부족한 경우에는 그 신탁의 수익자(「신탁법」 제101조에 따라 신탁이 종료되어 신탁재산이 귀속되는 자를 포함)는 지급받은 수익과 귀속된 재산의 가액을 합한 금액을 한도로 하여 그 부족한 금액에 대하여 납부할 의무, 즉 제2차 납세의무를 진다(부법 제3조의2 제1항).

① 신탁 설정일 이후에 「국세기본법」 제35조 제2항에 따른 법정기일이 도래하는 부가가치세로서 해당 신탁재산과 관련하여 발생한 것

② 위의 금액에 대한 강제징수 과정에서 발생한 강제징수비

#### 나. 수탁자의 물적납세의무

부가가치세를 납부하여야 하는 위탁자가 앞의 ①, ② 어느 하나에 해당하는 부가가치세 등을 체납한 경우로서 그 위탁자의 다른 재산에 대하여 강제징수를 하여도 징수할 금액에 미치지 못할 때에는 해당 신탁재산의 수탁자는 그 신탁재산으로써 위탁자의 부가가치세 등을 납부할 의무가 있다(동조 제2항).

이 때 신탁의 수익자에게 귀속된 재산의 가액은 신탁재산이 그 수익자에게 이전된 날의 시가로 하며, 신탁의 설정일은 원칙상 「신탁법」 제4조에 따라 해당

재산이 신탁재산에 속한 것임을 제3자에게 대항할 수 있게 된 날로 하지만 다른 법률에서 제3자에게 대항할 수 있게 된 날을 「신탁법」과 달리 규정하고 있는 경우에는 그 법률에서 정한 날에 따른다(부령 제5조의3).

이는 수탁자의 물적납세의무라 할 수 있다. 신탁법률관계에서 위탁자가 체납한 상태로 파산하는 등 조세채권이 일실되는 경우가 많아 과세권을 확보하고 납세의무의 이행을 담보하겠다는 취지로 이해된다.

## Ⅱ. 사업자

### 1. 사 업

「부가가치세법」은 '사업'을 기본개념으로 하여 납세의무자와 과세대상 등 과세요건을 규정하고 있고 뒤에 설명하는 바와 같이 납부세액 계산에서 중요한 매입세액공제도 사업과 관련된 것으로 한정하고 있다. 그럼에도 현행법상 '사업자'의 정의는 있으나 '사업'이 무엇인지에 대한 개념규정이 별도로 없고 '사업'의 범위만 정해놓고 있다. 이에 따라 '사업'이 무엇을 의미하는지 해석상 논란의 소지가 있으므로 이하에서는 '사업'의 개념정의를 살펴보기로 한다.

#### 가. 사업의 개념

사업은 어느 정도 상업적인 모습을 띠지만 「부가가치세법」상 사업자를 판단하기 위해서 영리 목적 여부를 불문하므로 반드시 상업행위를 할 것을 요건으로 하지 아니한다. 어떤 업무활동이 사업인지 여부는 그 형태와 규모 및 물적·인적 설비를 기준으로 판단할 수밖에 없다. 또한 비록 사업자라 하더라도 사업과 관련 없이 하는 개인적 취미활동이나 소비목적의 경제활동은 사업으로 볼 수 없으나 때로는 그 구분이 확실치 않은 경우가 있다. 이에 따라 특정 거래행위에서 사업의 징표, 즉 '사업성'을 어떻게 발견할 수 있을 것인지 중요한 문제가 된다.

국내외 통설은 「부가가치세법」에서 사업이란 부가가치를 창출해 낼 수 있는 정도의 사업형태를 갖추고 자기의 위험과 계산으로 계속·반복적인 의사로 독립하여 재화 또는 용역을 공급하는 경우라고 해석하고 있다.[7] 그런데 「소득세

---

7) 이창희, 『세법강의』, 박영사, 2014, 1012면; 金子 宏編, 앞의 책, 400면.

법」상 사업소득 개념을 기준으로 해서 사업의 정의를 도출하는 방법도 생각해볼 수 있다. 판례의 입장이 명확하지는 않지만 「부가가치세법」상의 사업성과 「소득세법」에서 사업소득의 사업 개념을 특별히 구분하지 않고 동일하게 보는 것이 아닌가 생각된다.[8] 하지만 사업소득의 요건으로는 사회통념상 영리성·계속성·반복성·독립성·유상성 외에 사회적 객관성 등의 징표를 중시하고 있는 것으로 보인다. 여기서 사회적 객관성이란 인적·물적 설비의 유무와 같은 사업의 규모나 횟수 등 거래의 실태에 따른 사업활동을 의미한다.[9] 「부가가치세법」에서 사업의 개념은 「소득세법」상의 사업소득과 비교할 때 사회적 객관성이 요구되지 않는다는 점에서 차이가 있다고 해석하여야 한다.[10] 나아가 부가가치세는 소득에 대한 조세가 아니라 소비에 대한 조세이기 때문에 「소득세법」상 과세에서 제외되는 자에 의한 거래에도 적용되는 것이 있다. 이와 같이 「소득세법」의 사업소득 개념과 비교할 때 「부가가치세법」상 사업의 개념은 더 넓은 것으로 해석하여야 한다.

### 나. 사업의 판단

사업은 일반적으로 기업이 인적·물적 설비를 갖추어 생산과 영리를 목적으로 하는 지속적인 경제활동이라고 정의할 수 있다. 단순히 한두 번 정도의 재화·용역의 공급이 있다고 해서 사업으로 인정될 수 없으며, 여러 차례 재화 또는 용역의 공급이 계속해서 반복되어야 사업성이 인정될 수 있는 것이다. 그러나 계속적이고 반복적인 의사를 가지고 재화 또는 용역을 공급하여 사업의 실체를 객관적으로 갖추었다면 재화 또는 용역의 공급이 1회에 그치고 사업 부진 등으로 그 사업을 종료하였다 하더라도 납세의무가 성립한다고 볼 수 있어 그 판단은 사실인정 여부에 달려 있다.[11]

---

8) 대법원 2013.2.28. 선고 2010두29192 판결; 대법원 2010.7.22. 선고 2008두21768 판결; 대법원 2001.12.26. 선고 99두6071 판결.

9) 伊川正樹, "消費税法における資産の譲渡の意義", 『税法學』 제573호, 2015, 21면.

10) 만일, 「소득세법」상 사업에 해당하여도 사회적 객관성의 요건이 충족되지 아니하면 사업소득이 아니라 양도소득 또는 기타소득으로 소득분류할 수 있다.

11) 예를 들어, 건물을 분양받아 슈퍼마켓에 관한 사업자등록을 하고 일시 영업을 하다가 건물을 양도하였다 하더라도 그 양도행위가 부동산매매업자로서의 사업활동에 해당하는 것이라고 볼 수 있는 경우라면 부가가치세의 과세대상이 된다(대법원 2001.12.26. 선고 99두6071 판결).

그런데 부동산매매업처럼 애당초 사업의 특성상 인적·물적 설비 등을 갖추지 아니하였지만 사업의 형태를 띠는 경우도 있다.12) 온라인 오픈마켓 회원인 판매자들도 오픈마켓 운영자들에게 고용되거나 위임을 받음이 없이 스스로 판매할 상품이나 그 가격을 결정하여 구매자와 매매계약을 체결하고 구매자에게 상품을 배송하는 행위를 반복적으로 해온 경우에 사업성이 인정되어야 할 것이다.13)

재화나 용역을 공급하는 사업의 구분은 특별한 규정이 없는 한 통계청장이 고시하는 해당 과세기간 개시일 현재의 한국표준산업분류에 따른다(부령 제4조 제1항).14) 용역을 공급하는 경우에 재화 이외의 재산가치가 있는 역무와 그 밖의 행위에 유사한 사업은 한국표준산업분류에도 불구하고 「부가가치세법」상 사업에 포함되는 것으로 본다(부령 제4조 제2항). 다만 「부가가치세법 시행규칙」 제2조에서 사업의 범위를 제한하고 있다. 전·답·과수원·목장용지·임야 또는 염전의 임대업은 부동산업에서 제외하는데, 이러한 경우는 지적공부상의 지목과 관계없이 실제로 경작하거나 해당 토지의 고유 용도에 사용하는 것으로 한다(부가칙 제2조 제1항).

### 다. 부동산매매업의 사업성

사업을 영위하지 아니하는 일반인도 자신의 주택을 판매하거나 그 밖의 여러 사정으로 부동산을 여러 차례 취득하고 양도하는 경우가 있다. 우발적인 부동산 취득·양도행위를 계속적·반복적 의사가 있는 행위로 볼 수는 없으나 사업성 여부를 명확히 구분지어야 할 필요가 있다. 이는 부가가치세의 납세의무가 있는지 여부를 결정하는 중요한 문제이고, 나아가 부동산매매의 결과로 인하여 발생하게 되는 양도차익에 대하여 「소득세법」상 양도소득으로 볼 것인지 사업소득으로 볼 것인지를 구분하여야 하기 때문이다.

---

12) 대법원 1993.2.23. 선고 92누14526 판결.

13) 서울행정법원 2008.11.20. 선고 2008구합18083 판결.

14) 한편, 일종의 행정규칙에 해당하는 통계청장이 고시하는 한국표준산업분류에 따라 「부가가치세법」상 사업을 구분하는 것과 관련하여 위임입법의 범위를 일탈하는 것인지 여부에 대한 다툼이 있었다. 이에 대하여 헌법재판소는 이처럼 통계청장의 '고시'를 통하여 「부가가치세법」상 사업을 구분하도록 하는 현행 규정이 조세법률주의에 위배되지 아니한다고 명확히 판시한 바 있다(헌재 2014.7.24. 선고 2013헌바183 전원재판부 결정).

「부가가치세법 시행령」 제3조 제2항은 용역으로 보는 건설업과 부동산업 중 일정한 범위를 정하여 부동산매매업으로 보고 이를 재화를 공급하는 사업으로 취급하고 있다. 구체적으로 같은 법 시행규칙 제2조 제2항에서 부동산의 매매(주거용 또는 비거주용 및 그 밖의 건축물을 자영건설하여 분양·판매하는 경우 포함) 또는 그 중개를 사업목적으로 나타내어 부동산을 판매하는 사업(제1호)과 사업상 목적으로 1 과세기간 중에 1회 이상 부동산을 취득하고 2회 이상 판매하는 사업(제2호)에 한하여 재화의 공급에 해당하는 부동산매매업을 영위한 것으로 보고 있다.

이 법문을 그대로 문리해석하면 「부가가치세법」상 부동산매매업에 해당하려면 다음 두 가지 요건 중 하나를 갖추어야 한다. 첫째, 부동산의 매매 또는 그 중개를 사업목적으로 나타내고 있으면 1 과세기간 중의 취득횟수나 판매횟수와 관계없이 부동산매매업으로 본다. 사업목적은 법인등기부·법인정관·사업자등록증상에 표시되는 것이 일반적이지만 주택의 분양공고문에 표시되더라도 인정할 수 있을 것이다.[15] 둘째, 부동산의 매매 또는 그 중개를 사업목적으로 나타내고 있지 않더라도 사업의 목적으로 1 과세기간 중에 1회 이상 부동산을 취득하고 2회 이상 판매한 경우 부동산매매업을 영위한 것으로 간주한다. 여기서 과세기간은 「부가가치세법」 제5조의 과세기간 규정에 따르므로 신규사업자와 폐업자의 경우 등에 대하여 특별히 정한 과세기간도 포함되는 것으로 해석할 수밖에 없다.[16] 이는 사업상의 목적 여부를 가리는 판단의 기준을 정하기 매우 어렵기 때문에 과세기간별로 행해진 취득이나 판매횟수에 의하여 사업성을 의제하는 것이다.

판례에 따르면 부동산의 거래행위가 부가가치세의 과세요건인 부동산매매업에 해당하는지 여부는 그 거래행위가 수익을 목적으로 하고, 그 규모·횟수·태양 등에 비추어 사업활동으로 볼 수 있는 정도의 계속성과 반복성이 있는지 여부 등을 고려하여 사회통념에 비추어 판단되어야 한다. 그리고 「부가가치세법 시행규칙」 제2조 제2항은 부동산매매업으로 볼 수 있는 경우를 예시적으로 규정한 것에 불과하여 그 부동산 거래가 전체적으로 사업목적 하에 계속성과 반복성을 갖고 이루어진 이상 위 규정상의 판매횟수에 미달하는 거래가 발생하였다

15) 한장석·김용관, 『부가가치세』, 광교TNS, 2003, 114면.
16) 최명근·나성길, 『부가가치세법론』, 세경사, 2005, 115면.

고 하더라도 그 과세기간 중에 있은 거래의 사업성이 부정되는 것이 아니다.17) 생각건대 「부가가치세법 시행규칙」 제2조 제2항 제2호의 '사업상 목적으로'라는 문언에 비추어보면 사실상 부동산 거래의 횟수는 사업성 판단에 결정적 기준이 아님을 의미하고 있으므로 판례의 입장은 타당하다.

여기의 부동산매매업을 「소득세법」상 부동산매매업과 같은 뜻으로 해석하여야 하는지 의문이 들지만, 판례는 「부가가치세법」이나 「소득세법」이 정한 부동산매매업은 같은 뜻이라고 판단하고 있는 것으로 보인다.18)

## 2. 사업자

### 가. 정 의

부가가치세의 납세의무자인 사업자는 법에서 정의하고 있는데 「부가가치세법」상 사업자란 사업목적이 영리이든 비영리이든 관계없이 사업상 독립적으로 재화 또는 용역을 공급하는 자를 말한다(부법 제2조 제3호). 부가가치세를 채택한 각국의 입법례는 공통으로 부가가치세의 납세의무자를 사업자로 한정하고 있다. EU 가입 국가의 부가가치세 공통규정을 정한 2006년 부가가치세 지침은 납세의무자를 "그 목적이나 효과를 불문하고 어떤 장소에서 어떤 경제활동을 독립해서 행하는 자"를 말한다고 하므로,19) 그 경제활동을 독립해서 하는 자를 사업자라고 할 수 있다.

부가가치세가 소비세라는 점에서 이론적으로 따지면 사업소득과 같이 영리성이나 계속성·반복성의 특징을 요건으로 할 필요도 없고 비사업자인 재화의 소유자가 직접 사용하는 것도 모두 과세대상이 되어야 마땅한 것으로 생각된다. 하지만 비사업자까지 과세하는 것은 세무행정상 거의 불가능하고 어려움도 예상되기 때문에 이를 입법적으로 해결하고자 부가가치세의 납세의무자로서 사업자를 정한 것으로 이해할 수 있다. 다만 재화의 수입의 경우에는 사업자가 아닌 자도 부가가치세 납세의무자로 하고 있다.

---

17) 대법원 2000.12.26. 선고 99두6071 판결; 대법원 1996.12.6. 선고 96누3913 판결; 대법원 1997.4.25. 선고 96누18557 판결 등 다수.

18) 대법원 1996.2.23. 선고 95누10969 판결.

19) 2006.11.28. Directive 2006/112/EC.

위와 같이 정의하고 있는 사업자 개념에 특별히 제한은 없다. 그러나 법 제4조 제1호에서 과세대상을 사업자가 행하는 재화 또는 용역의 공급이라고 함으로써 구체적으로는 사업으로서 재화 또는 용역을 공급하는 자를 말하는 것으로 해석하여야 한다. 우리나라의 경우 사업자등록제도를 두고 있으므로 사업을 시작하려는 자는 스스로 사업자등록을 하여 부가가치세 납세의무자가 된다. 그럼에도 불구하고 경제활동의 목적이나 외관 또는 경제적 효과와 같은 법형식보다도 그 활동내용 자체를 기준으로 실질적으로 사업자에 해당되는지 여부를 판단하여야 할 것이므로, 사업자 개념은 「부가가치세법」 제2조 제3호의 정의보다 더 넓고 유연하게 해석하여야 한다. 「부가가치세법」에서 납세의무자는 신고·납부의무를 지기도 하지만 이와 동시에 매입세액공제를 요구할 수 있기 때문에 사업자의 범위를 굳이 협소하게 해석하여야 납세의무자에게 유리하다고 볼 법적 근거가 없기 때문이다.

개인 또는 법인과 법인격 없는 사단·재단 및 그 밖의 단체는 납세의무의 주체인 사업자가 될 수 있다. 법인에는 국가·지방자치단체와 지방자치단체조합이 포함된다.[20] 특히 개인의 경우 대가를 얻기 위하여 하는 활동을 사업자로서 하는지 비사업자인 개인으로서 하는지 구분이 어려운 경우가 있다. 예를 들어 농민이 생산력 증진을 위해 자기 농지의 토사석을 일시적으로 채취하는 경우는 사업자가 아니므로 납세의무가 없으나 사업목적으로 채취하는 경우에는 납세의무가 있다.

사업자인지 여부의 판단은 국내거래에 있어서 과세문제와 매입세액공제의 문제에 그치지 아니한다. 경제적 활동의 디지털화와 글로벌화로 국경을 넘어 이행되는 디지털서비스의 제공에 있어서도 해당 거래의 당사자가 사업자인지 여부는 특히 중요한 의미를 가진다. 이러한 디지털·전자상거래와 소비과세 문제를 해결하기 위하여 현행법은 전자적 용역공급에 대한 특례규정을 신설하였다. 이에 대하여는 제7장에서 살펴본다.

20) 지방자치단체조합은 「지방자치법」 제176조에 의하여 설립되는 법인으로 2개 이상의 지방자치단체가 하나 또는 둘 이상의 사무를 공동으로 처리할 필요가 있을 때에 설립되는 조합이다. 예를 들면 수도권광역교통조합 등이다.

### 나. 영리목적 유·무

#### (1) 영리목적 불문

사업자는 영리를 목적으로 재화 또는 용역을 공급한다고 보는 것이 사회통념이다. 그런데 법은 사업의 영리목적 유·무를 묻지 아니하고 영리를 목적으로 하지 않는 사업자라 하더라도 과세대상인 재화 또는 용역의 공급에 대하여 부가가치세를 납부할 의무가 있다고 규정하고 있다. 이에 따라 영리법인뿐 아니라 비영리공익법인 심지어 국가·지방자치단체 등도 부가가치세 납세의무자가 되는 경우가 있다. 그 이유는 다음과 같이 설명할 수 있다.

첫째, 부가가치세는 성질이 일반소비세로서 물세이기 때문에 재화 또는 용역을 공급하는 사업 자체에 과세하는 것이지 사업자가 얻은 소득에 대하여 과세하는 것이 아니다. 둘째, 부가가치세는 간접세로서 그 세액을 최종소비자에게 전가하여 부담하도록 법이 처음부터 예정하고 있기 때문에 사업자의 소득과는 직접 관계가 없다. 셋째, 영리를 목적으로 하는 다른 사업자와의 관계에서 조세의 중립성을 유지하기 위한 것이다. 만일 영리를 목적으로 하지 않는 사업자에게 부가가치세 납세의무가 없다고 한다면 동일한 재화를 영리사업자가 부가가치세를 부가하여 공급하는 경우에 비하여 가격 면에서 유리하게 되므로 재화 등을 구입하는 최종소비자의 선택이 큰 영향을 받게 된다. 그리하여 영리·비영리를 불문하고 사업자로 보아 부가가치세 납세의무를 지우고 있는 것이다.

다만, 사업자에 해당하더라도 법에서 면세사업자로 규정한 경우가 있고, 비영리사업자로서 부가가치를 창출하지 아니하면 매출세액과 매입세액이 일치하여 사실상 납부세액이 없게 된다.

#### (2) 비영리단체

학교 등 교육기관, 병원 등 의료기관, 교회 등 종교단체, 사회복지 등 자선단체 등 각종 비영리단체가 요금을 받고 제공하는 재화 또는 용역에 대하여 원칙적으로 부가가치세 납세의무를 지울 수 있다. 다만 유럽 등 대부분의 나라에서는 사회정책적 관점에서 부가가치세를 면제하고 있다.

앞서 보았듯이 「부가가치세법」상 사업자인 법인에는 비영리단체인 공익법인도 포함되는 것에 비하여 법인세는 수익사업에서 발생하는 소득에 대해서만 과세하고 있다. 그리하여 공익법인이 부가가치세 납세의무를 지는 것은 수익사업의 범위에 속하는 재화 또는 용역의 제공에 한정되는지 아니면 수익사업에 포함되지 않는 사업의 대가도 모두 포함하는지 문제된다. 부가가치세가 소비에 대한 조세인 점에서 공익법인이 대가를 받고 행하는 재화 또는 용역의 공급은 수익사업인지 여부와 무관하게 모두 포함하는 것으로 해석하여야 타당할 것이다. 따라서 종교·자선·학술 등 공익을 목적으로 하는 단체가 재화 또는 용역을 공급하는 경우에 비수익사업이라 하더라도 과세대상으로 하는 것이 원칙이다. 다만 고유의 사업을 목적으로 한 일시적 공급이나 실비 또는 무상공급에 해당하는 것으로서 면세대상이 되는 재화 또는 용역의 범위를 법령에 한정적으로 열거하여 규정하고 있다(부법 제26조).

(3) 국가·지방자치단체의 활동

부가가치세 납세의무자에는 국가 및 지방자치단체와 지방자치단체조합도 포함된다.[21] 국가·지방자치단체 등을 부가가치세 납세의무자로 규정하더라도 그 조세부담이 전가되기 때문에 결국 부가가치세의 부담은 국가·지방자치단체 등이 공급하는 재화·용역을 소비하는 자에게 귀속된다. 따라서 국가 또는 지방자치단체가 전기·가스·수도·우편 등에 대하여 요금을 징수하고 재화 또는 용역을 제공하는 경우 민간사업자와 동일하게 부가가치세를 거래징수하여 납부하도록 해야 이론적으로 옳다. 그런데 현행 법은 물가 및 서민경제 등을 고려하여 정책적으로 국가 등이 공급하는 재화 또는 용역에 대해 부가가치세를 면제하도록 규정하고 있다. 다만 종전과 달리 민간기업과 경쟁관계에 있는 부동산임대업 등 일부 수익사업에 대해서는 부가가치세 과세대상으로 하고 있다.

## 다. 독립성

재화 또는 용역의 공급이 사업상 독립적이어야 한다. 사업상 '독립적'이란 자기계산 및 자기의 책임 하에 사업을 수행한다는 것으로 사업의 경제적·법적 효과가 자기에게 귀속된다는 의미이다. 이를 인적 독립과 물적 독립으로 나누어 살펴볼 수 있다.

---

21) 이 점에서 국가·지방자치단체가 납세의무자에서 제외되는 법인세·지방세의 경우와 다르다. 공법인 등의 조세주체성에 대한 문제점을 자세히 알고 싶으면 박종수, "공법인 과세에 관한 현행법제의 개선방안 연구"(한국법제연구원 연구보고 2001-06), 2001 참조.

(1) 인적 독립

재화 또는 용역을 공급하는 자가 다른 사람에게 고용되어 있지 아니하여야 한다. 근로계약에 기해 고용주에게 고용된 지위에서 재화 등을 공급하는 자는 사업자가 될 수 없다. 화장품 외판원이나 순수성과급 광고수탁사원의 경우처럼 비록 경제적 조직관계상 다른 사업자에게 예속되어 있어도 법적으로 자기책임과 자기계산에 입각하여 활동하고 있으면 독립성이 인정되어 사업자로 볼 수 있을 것이다. 판례도 화장품 외판원들이 화장품 판매업자로부터 일정한 출고가격에 화장품을 공급받아 독자적으로 판매가격을 정하여 소비자들에게 판매하는 경우에는 독립된 사업자로 인정한 바 있다.[22]

(2) 물적 독립

사업 자체가 다른 사업에 부수되거나 종속되어 있지 아니하여야 한다. 외형적으로는 독립적인 사업으로 보여도 어떤 기업의 지시에 따를 의무가 부여된 관계에 있는 개인이나 경제적·조직적으로 다른 조직의 일부에 편성된 관계에 있는 법인은 독립해서 활동하고 있는 것으로 볼 수 없다. 판례에서는 개인이 보증금을 지급하고 병원의 구내식당을 임차한 다음 독립된 사업형태를 갖추고 급식을 제공한 경우는 병원에 종속되어 용역을 제공하였다고 보기 어렵고 독립적으로 용역을 공급하는 경우로서 계속성·반복성을 갖추고 있다면 사업자로 보아야 한다고 판시하고 있다.[23]

(3) 구체적 사례

실무에서 사업자의 독립성과 관련하여 판단이 어려운 경우가 많이 발생하는데 주로 용역의 제공에 관련된 것들이다. 여기서 몇 가지 사안을 살펴보기로 한다.

**① 건축공사의 경우**

건축공사와 관련하여 자주 문제되는 것은 형식상 건설회사가 하도급을 받았지만 실제 공사용역을 책임지고 수행하는 자는 건설회사가 지정한 다른 사업자인 경우이다. 현장소장 등의 직책으로 일하는 자가 단순히 근로를 제공한 것

22) 대법원 1997.12.26. 선고 96누19024 판결.
23) 대법원 2002.11.8. 선고 2001두4849 판결.

이 아니라 공사대금을 수령하고 자기계산과 책임 하에 건물 신축공사 용역을 제공하였다고 볼 수 있으면 그 현장소장을 독립된 사업자로 보아 납세의무를 부담하도록 하여야 한다.[24]

**② 단체의 구성원에 대한 공급의 경우**

어떤 단체에서 해당 구성원을 상대로 공급행위를 하는 경우 그 사업성 판단이 매우 어렵다. 만일 단체 등이 그 구성원에게만 재화·용역을 공급하는 경우로서 그 공급가액이 실제 비용 정도에 불과하다면 해당 단체의 구성원이 단체를 통하여 최종적으로 소비하였다고 볼 수 있다. 그러므로 단체가 사업상 독립하여 재화·용역을 공급하였다고 볼 수 없게 되고 사업성이 인정되지 아니한다.

협회 등 단체가 재화의 공급 또는 용역의 제공에 따른 대가관계 없이 회원으로부터 받는 협회비·찬조비 및 특별회비 등은 부가가치세 과세대상이 아니다.[25] 예를 들면 개인택시사업자들이 임의 조직한 콜서비스센터가 회원들에게 제공하는 콜서비스는 사업자가 제공하는 것으로 볼 수 없으며, 또 집단상가의 입주상인들이 자치적으로 상가를 관리하기 위하여 조직한 상가번영회가 각 입주상인들로부터 받는 상가관리비에 대하여는 부가가치세가 과세되지 않는다.[26]

그러나 단체의 구성원 외에 비구성원에게도 재화·용역을 공급하거나 구성원에게 공급하는 경우에도 실비를 넘는 대가를 수령하는 경우에는 과세대상 사업자에 해당하는 것으로 보아야 한다. 판례에서는 이 경우 납세의무를 폭넓게 인정하는 경향이다. 시장시설의 관리와 보수, 시장 내의 도난방지와 방화대책, 보건위생에 관한 사업 등을 위하여 설립된 비영리사단법인이 실제로 그 목적사업을 수행하면서 시장의 점포임차인들로부터 관리비 명목으로 금원을 수령하여 이를 그 목적사업을 위한 비용으로 지출하고 있는 경우, '사실상 독립적으로 용역을 공급하는 자'에 해당된다고 판단하였다. 그리고 관리비라는 명목으로 수령한 금원은 그 회원이 아닌 법인 자신에게 귀속되는 것이므로 그 관리비에 대하여 부가가치세를 부과한 처분이 타당하다고 하였다.[27]

---

24) 국심 2005서1051, 2005.11.16; 국심 2005서1898, 2006.5.11.
25) 예규, 부가 452 2014.5.15.
26) 예규, 부가 1265.1-1766.
27) 대법원 1984.6.26. 선고 84누236 판결.

공동주택의 입주자대표회의가 단지내 주차장 등 부대시설을 관리·운영하면서 입주자들로부터 실비 상당의 이용료를 받는 경우는 부가가치세의 납세의무가 없지만 외부인으로부터 받는 경우에는 부가가치세의 납세의무가 있다.[28]

**③ 농가부업**

「소득세법」 시행령 제9조 제1항에 따라 소득세가 과세되지 아니하는 농가부업은 독립된 사업으로 보지 아니하므로 농가부업자는 부가가치세 납세의무가 없다. 다만 민박·음식물판매·특산물제조·전통차 제조 및 그 밖에 이와 유사한 활동의 경우에는 독립된 사업으로 보게 된다(부가칙 제2조 제3항).

### 라. 재화 또는 용역의 공급

「부가가치세법」상 재화 또는 용역의 공급은 사업자가 되기 위한 기본적 요건이고 사업의 개념에서 가장 중요한 구성요소이다. 재화 또는 용역의 공급이란 거래상대방이 해당 재화나 용역을 사용·소비할 수 있도록 하는 일체의 행위를 말한다. 재화 또는 용역의 공급에 대하여는 법 제9조 및 제11조에 상세히 규정되어 있다.

중요한 것은 사업자가 부가가치세가 과세되는 재화 또는 용역을 공급하는 경우에 해당 사업자가 과세관청에 사업자등록을 했는지 여부, 그리고 부가가치세를 거래상대방으로부터 거래징수했는지 여부 등과 관계없이 해당 재화 또는 용역의 제공에 대하여 부가가치세를 신고·납부할 의무가 있다는 점이다.[29]

## Ⅲ. 사업자의 구분

사업자는 개인사업자와 법인사업자 및 법인격 없는 사단·재단 그리고 그 밖의 단체 사업자로 구분된다. 원칙적으로 모든 사업자는 부가가치세 납세의무를 지는 것이지만 특별히 「부가가치세법」에서 면세대상으로 열거하고 있는 품목을 공급하는 사업자는 납세의무를 지지 않는다. 결국 「부가가치세법」상 납세의무자는 이러한 면세사업자를 제외한 사업자, 이른바 '과세사업자'에 한하며 영

28) 통칙-30-4.
29) 통칙 3-0-1.

세율의 적용을 받는 사업자도 여기에 포함된다.

과세사업자는 다시 일반과세자와 간이과세자로 구분된다. 일반과세자의 경우는 실제의 매입세액을 공제하여 납부세액을 계산하는 데 비하여 간이과세자의 경우는 실제의 매입세액을 공제하는 대신 업종별 부가가치율을 적용하여 보다 간편한 방식으로 납부세액을 산출한다. 이에 대하여는 제9장에서 상세히 살펴보기로 한다.

## Ⅳ. 재화를 수입하는 자

「부가가치세법」 제3조 제2호는 재화를 수입하는 자를 납세의무자로 한다고 규정하고 있어 비사업자가 재화를 수입하는 경우 납세의무가 있는지 해석상 논란이 있을 수 있다. 법문에 사업자와 재화를 수입하는 자를 구분하여 규정하고 있고 재화의 수입에 사업성을 언급하고 있지 아니하므로 문리해석상 사업자인지 여부를 가리지 않는다고 해석할 수 있다. 이처럼 소비지 과세원칙에 입각하여 재화를 수입하는 자는 사업자인지 여부 또는 영리목적성이 있는지 여부를 불문하고 부가가치세 납세의무자가 된다.[30)]

일반적으로 수입 재화는 수입하는 자가 직접 소비하기도 하지만 사업자가 수입 후 국내의 소비자에게 공급하는 경우가 많다. 수입하는 자가 사업자인 경우에는 재화를 수입할 때 관세와 함께 부가가치세를 신고·납부하지만(부법 제50조), 나중에 사업과 관련된 매입세액으로 공제를 받을 수 있다. 따라서 과세관청의 입장에서 보면 해당 재화의 수입자가 사업자인 경우보다 개인 소비자인 경우에 부가가치세 징수라는 세수확보의 의미가 있게 된다. 그럼에도 수입하는 자가 사업자인지 여부를 불문하고 재화의 수입을 부가가치세 과세거래로 규정한 것은 행정편의적 성격이 강하기도 하지만 조세정책적 목적도 있다. 외국의 물품을 국내로 반입하는 경우에 예외 없이 과세대상으로 함으로써 부가가치세가 일반적으로 과세되는 국내 물품과의 과세형평을 기하고 가격경쟁력을 통하여 국내 산업

---

30) 재화를 수입하는 자는 사업자에 한하여 납세의무가 있을 뿐 사업자가 아닌 자는 납세의무가 없다는 견해도 있다. 신동승, "재화와 용역의 수입에 따른 부가가치세 납세의무", 『조세법연구 Ⅵ』, 세법연구회편, 2000, 12면 참조.

을 보호하기 위한 것이다.

## V. 실질소득자 과세의 원칙

「부가가치세법」에서 명문으로 실질과세의 원칙을 규정하고 있지 않지만 「국세기본법」의 실질과세 규정은 「부가가치세법」의 해석 및 적용에서 중요한 원칙이 된다는 데 이의가 없다. 「국세기본법」 제14조 제1항에서 선언한 “과세의 대상이 되는 소득·수익·재산·행위 또는 거래의 귀속이 명의일 뿐이고 사실상 귀속되는 자가 따로 있을 때에는 사실상 귀속되는 자를 납세의무자로 한다”라는 원칙은 「부가가치세법」에서도 그대로 적용된다.[31]

부가가치세의 과세대상은 재화 또는 용역의 공급이므로 실질과세는 ‘행위 또는 거래’에 대해서 적용된다. 따라서 과세대상 재화 또는 용역의 공급에 의해서 실질적으로 대가를 받는 자를 부가가치세의 납세의무자로 보아야 한다. 판례도 부가가치세 과세대상의 귀속 명의자와 실질적 지배 및 관리자가 다른 경우에 납세의무를 부담하는 자를 판단하는 기준을 정하는 데 부가가치세 영역에서도 실질과세가 적용됨을 판시한 바 있다.[32]

실무에서 애당초 사업자등록을 한 사업자에게 부가가치세 부과처분을 하자, 해당 사업자가 자신은 명의만 대여하였을 뿐 실사업자가 아니며 실사업자는 따로 있다고 주장하는 사례가 많이 있다. 이 경우 사업에 따른 각종 조세는 누구 명의로 신고·납부하였는지, 사업장의 임대차계약은 누구 명의로 하였고, 인건비는 누가 지급하였는지 등을 따져 실제 사업을 한 자가 누구인지를 가려내야 할 것이다. 하지만 대부분 사업자등록상의 사업자가 명의대여 사실을 숨긴 채 부가가치세 등을 자신의 명의로 신고·납부하고 각종 납세협력의무를 잘 이행하다가 사업부진으로 고액의 체납이 발생한 경우에 태도를 바꾸어 과세관청에 대해 실질과세의 원칙을 주장하는 경우가 많다. 이 경우 과세관청의 입장에서는 납세자

---

31) 대법원 1990.4.10. 선고 89누992 판결. 「부가가치세법」은 「소득세법」이나 「법인세법」과 과세의 대상이나 과세표준을 달리하고 있음에도 과세요건에 관한 기술적 규정에 대하여는 공통적으로 취급하는 규정을 두고 있다. 그 이유는 「부가가치세법」이 기업의 거래활동에 관한 매출과 매입을 세액계산의 기초로 하고 있기 때문이다.

32) 대법원 2014.5.16. 선고 2011두9935 판결.

의 행위에 과세관청에 대한 신의성실의 원칙 위배가 있다고 주장함이 통상이지만 이는 별개의 문제이다.

생각건대 실질과세의 원칙을 규정한 「국세기본법」 제14조 제1항의 규정을 「부가가치세법」에 적용·해석함에 있어서는 소득세 또는 법인세 등의 과세에 적용하던 실질소득귀속자 과세의 원칙과 구분해서 살펴볼 필요가 있다. 왜냐하면 부가가치세의 경우 이론상으로는 납세의무자인 사업자가 거래상대방이 부담하는 부가가치세를 거래징수하여 단지 정부에 납부만 이행하는 간접세이므로 사업자 자신의 경제적 이득이나 실질소득의 귀속 여부와는 크게 관계없이 거래의 외형에 대하여 부과하는 거래세라는 점, 부가가치세 신고를 사업자등록증상 명의자로 꾸준히 해온 점, 납세의무자가 거래상대방에게 세금계산서를 자신의 명의로 발행하여 거래행위를 해온 점 등을 고려해야 하기 때문이다. 따라서 「부가가치세법」의 납세의무자 판단에서 사업자등록을 하고 세금계산서에 공급자로 기재되는 등 외관상 사업자로 표시된 자의 계속적 거래행위를 실질사업자의 거래행위가 아니라고 사실인정을 하는 것은 대체로 어렵다고 보아야 한다.

## Ⅵ. 공동사업자의 연대납세의무

「부가가치세법」에는 「소득세법」 제2조의2 제1항과 같은 공동사업 등에 관한 납세의무의 특례규정이 없다. 다만, 2인 이상의 개인이나 법인이 하나의 사업을 공동으로 경영하는 경우에도 부가가치세는 사업장 소재지를 기준으로 신고·납부하여야 한다(부법 제6조 제1항).

따라서 공동사업의 경우에 공동사업자는 1인을 대표자로 하여 사업자등록을 하여야 하며, 하나의 사업자로 취급하게 된다. 공동사업자는 부가가치세의 신고·납부, 부과결정 및 경정에 있어서도 하나의 사업자로 보아 납세의무를 이행하게 한다.

「국세기본법」 제25조 제1항에서 "공유물, 공동사업 또는 그 공동사업에 속하는 재산에 관계되는 국세와 체납처분비는 공유자 또는 공동사업자가 연대하여 납부할 의무를 진다"고 규정한 바에 따라 공동경영하는 사업에 관련된 부가가치세에 대하여는 그 공동사업자에게 연대납세의무가 있다.

## 제 2 절 과세기간

제5조(과세기간) ① 사업자에 대한 부가가치세의 과세기간은 다음 각 호와 같다.

1. 간이과세자 : 1월 1일부터 12월 31일까지
2. 일반과세자

| 구 분 | 과세기간 |
|---|---|
| 제1기 | 1월 1일부터 6월 30일까지 |
| 제2기 | 7월 1일부터 12월 31일까지 |

② 신규로 사업을 시작하는 자에 대한 최초의 과세기간은 사업 개시일부터 그 날이 속하는 과세기간의 종료일까지로 한다. 다만, 제8조 제1항 단서에 따라 사업개시일 이전에 사업자등록을 신청한 경우에는 그 신청한 날부터 그 신청일이 속하는 과세기간의 종료일까지로 한다.

③ 사업자가 폐업하는 경우의 과세기간은 폐업일이 속하는 과세기간의 개시일부터 폐업일까지로 한다. 이 경우 폐업일의 기준은 대통령령으로 정한다.

④ 제1항 제1호에도 불구하고 제62조 제1항 및 제2항에 따라 간이과세자에 관한 규정이 적용되거나 적용되지 아니하게 되어 일반과세자가 간이과세자로 변경되거나 간이과세자가 일반과세자로 변경되는 경우 그 변경되는 해에 간이과세자에 관한 규정이 적용되는 기간의 부가가치세의 과세기간은 다음 각 호의 구분에 따른 기간으로 한다.

1. 일반과세자가 간이과세자로 변경되는 경우: 그 변경 이후 7월 1일부터 12월 31일까지
2. 간이과세자가 일반과세자로 변경되는 경우: 그 변경 이전 1월 1일부터 6월 30일까지

⑤ 간이과세자가 제70조에 따라 간이과세자에 관한 규정의 적용을 포기함으로써 일반과세자로 되는 경우 다음 각 호의 기간을 각각 하나의 과세기간으로 한다. 이 경우 제1호의 기간은 간이과세자의 과세기간으로, 제2호의 기간은 일반과세자의 과세기간으로 한다.

1. 제70조 제1항에 따른 간이과세의 적용 포기의 신고일이 속하는 과세기간의

개시일부터 그 신고일이 속하는 달의 마지막 날까지의 기간
2. 제1호에 따른 신고일이 속하는 달의 다음 달 1일부터 그 날이 속하는 과세기간의 종료일까지의 기간

과세기간이란 과세의 시간적 단위로서 세법에 따라 국세의 과세표준 계산에 기초가 되는 기간을 말한다(국기법 제2조 제13호). 부가가치세의 과세기간을 유형별로 구분하여 구체적으로 살펴보면 다음과 같다.

## Ⅰ. 일반적(계속사업자)인 경우

사업자의 부가가치세는 1년을 2개의 과세기간으로 나누어 매 6월을 하나의 과세기간으로 하고 있다. 이에 대한 예외조치인 간이과세자의 경우에는 부가가치세 신고의무를 연간 1회로 줄여주기 위하여 12월을 하나의 과세기간으로 하고 있다(부법 제5조 제1항).

① 간이과세자는 1월 1일부터 12월 31일까지를 과세기간으로 한다(제1호).

② 간이과세자 외의 사업자는 1월 1일부터 6월 30일까지를 제1기, 7월 1일부터 12월 31일까지를 제2기 과세기간으로 한다(제2호).

## Ⅱ. 신규사업자의 경우

최초의 과세기간은 사업개시일부터 그 날이 속하는 과세기간의 종료일까지로 한다. 예를 들어 2015년 4월 15일 사업을 개시하였다면 2015년 4월 15일부터 6월 30일까지가 최초의 과세기간이다. 다만 사업개시일 이전에 사업자등록을 신청한 경우에는 그 신청한 날부터 그 신청일이 속하는 과세기간의 종료일까지를 최초의 과세기간으로 한다(부법 제5조 제2항).

여기서 '사업개시일'이란 제조업에 있어서는 제조장별로 재화의 제조를 시작한 날, 광업에 있어서는 사업장별로 광물의 채취·채광을 시작하는 날, 그 밖의 사업에 있어서는 재화 또는 용역의 공급을 시작하는 날을 말한다(부령 제6조).

## Ⅲ. 폐업하는 경우

과세기간은 폐업일이 속하는 과세기간의 개시일로부터 폐업일까지로 한다(부법 제5조 제3항). 예를 들어 2015년 4월 15일 폐업하였다면 2015년 1월 1일부터 4월 15일까지가 최종 과세기간이다. 폐업의 기준일은 구체적으로 다음과 같다(부령 제7조 제1항).

① 합병으로 인한 소멸법인의 경우는 합병법인의 변경등기일 또는 설립등기일(제1호)

② 분할로 인하여 사업을 폐업하는 경우는 분할법인의 분할변경등기일(분할법인이 소멸하는 경우에는 분할신설법인의 설립등기일)(제2호)

③ 그 외의 경우는 사업장별로 그 사업을 실질적으로 폐업하는 날. 다만 폐업한 날이 분명하지 아니한 경우에는 폐업신고서의 접수일(제3호). 그러나 해산으로 인해 청산이 진행 중인 내국법인(「법인세법」 제1조 제1호에 따른 내국법인을 말함) 또는 「채무자 회생 및 파산에 관한 법률」에 따라 법원으로부터 회생계획인가 결정을 받고 회생절차를 진행 중인 내국법인이 사업을 실질적으로 폐업하는 날부터 25일 이내에 납세지 관할 세무서장에게 신고하여 승인을 받은 경우에는 잔여재산가액 확정일(해산일부터 365일이 되는 날까지 잔여재산가액이 확정되지 아니한 경우에는 그 해산일부터 365일이 되는 날)을 폐업일로 할 수 있다(부령 제7조 제2항).

④ 사업개시일 전에 사업자등록을 한 자로서 사업자등록을 한 날부터 6개월이 되는 날까지 재화와 용역의 공급실적이 없는 자에 대해서는 그 6개월이 되는 날을 폐업일로 본다. 다만 사업장의 설치기간이 6개월 이상이거나 그 밖의 정당한 사유로 인하여 사업개시가 지연되는 경우에는 그러하지 아니하다(부령 제7조 제3항).

## Ⅳ. 과세유형 변경의 경우

간이과세자에 관한 규정이 적용되거나 적용되지 아니하게 되어 일반과세자가 간이과세자로 변경되거나 간이과세자가 일반과세자로 변경되는 경우, 그 변경되는 해에 간이과세자에 관한 규정이 적용되는 기간의 부가가치세 과세기간은

① 일반과세자가 간이과세자로 변경되는 경우는 그 변경 이후 7월 1일부터 12월 31일까지, ② 간이과세자가 일반과세자로 변경되는 경우는 그 변경 이전 1월 1일부터 6월 30일까지로 한다(부법 제5조 제4항).

## V. 간이과세 포기의 경우

간이과세자가 간이과세를 포기하여 일반과세자로 되는 경우에는 ① 간이과세 적용 포기의 신고일이 속하는 과세기간의 개시일로부터 그 신고일이 속하는 달의 마지막 날까지의 기간을 간이과세자의 과세기간, ② 그 신고일이 속하는 달의 다음 달 1일부터 그 날이 속하는 과세기간의 종료일까지의 기간을 일반과세자의 과세기간으로 하여 각각 별개의 과세기간으로 한다(부법 제5조 제5항).

예를 들어, 2011년 4월 15일 간이과세를 포기하였다면 2011년 1월 1일부터 4월 30일, 그리고 2011년 5월 1일부터 6월 30일까지가 각각의 과세기간이다. 따라서 이 경우에는 일반적인 1과세기간이 2개의 과세기간으로 나누어질 수 있다. 간이과세자와 일반과세자는 납부세액 계산방식이 다르므로 세액계산을 위하여 부득이 위와 같이 과세기간을 구분하는 것이다.

# 제 3 절 납세지와 사업장

**제6조(납세지)** ① 사업자의 부가가치세 납세지는 각 사업장의 소재지로 한다.
② 제1항에 따른 사업장은 사업자가 사업을 하기 위하여 거래의 전부 또는 일부를 하는 고정된 장소로 하며, 사업장의 범위에 관하여 필요한 사항은 대통령령으로 정한다.
③ 사업자가 제2항에 따른 사업장을 두지 아니하면 사업자의 주소 또는 거소를 사업장으로 한다.
④ 제1항에도 불구하고 제8조 제3항 후단에 따른 사업자 단위 과세 사업자는 각 사업장을 대신하여 그 사업자의 본점 또는 주사무소의 소재지를 부가가치세 납세

지로 한다.
⑤ 다음 각 호의 장소는 사업장으로 보지 아니한다.
1. 재화를 보관하고 관리할 수 있는 시설만 갖춘 장소로서 대통령령으로 정하는 바에 따라 하치장으로 신고된 장소
2. 각종 경기대회나 박람회 등 행사가 개최되는 장소에 개설한 임시사업장으로서 대통령령으로 정하는 바에 따라 신고된 장소
⑥ 재화를 수입하는 자의 부가가치세 납세지는 「관세법」에 따라 수입을 신고하는 세관의 소재지로 한다.
**제7조(과세 관할)** ① 사업자에 대한 부가가치세는 제6조 제1항부터 제5항까지의 규정에 따른 납세지를 관할하는 세무서장 또는 지방국세청장이 과세한다.
② 재화를 수입하는 자에 대한 부가가치세는 제6조 제6항에 따른 납세지를 관할하는 세관장이 과세한다.

## Ⅰ. 사업장 과세의 원칙

납세의무자가 납세 및 협력의무를 이행하고 과세권자가 세법에 따른 부과·징수권을 행사하는 기준이 되는 장소를 납세지라 한다. 납세지의 토지관할에 따라 부가가치세에 대한 관할 과세관청과 징세관청이 정해진다. 사업자의 부가가치세 납세지는 각 사업장의 소재지로 한다(부법 제6조 제1항). 이를 '사업장 과세의 원칙'이라 한다.

부가가치세는 납세의무자의 인적 사정이 고려되지 않는 물세로서의 성격을 가지므로 납세의무자의 주소지보다 과세대상인 재화 또는 용역의 공급과 관련되는 사업장이 더 중요한 의미를 갖게 된다. 이에 따라 사업장 소재지 관할 과세관청으로 하여금 납세의무자를 관리하게 하는 것이 적당하다고 보기 때문에 사업장을 기준으로 하여 납세지를 정하도록 한 것이다.

둘 이상의 사업장을 가지고 있는 사업자는 원칙적으로 사업장마다 사업자등록을 하여야 하며, 각 사업장별로 구분하여 세금계산서를 발급하고 수령하여야 한다. 또 사업장별로 각각 과세표준과 납부(환급)세액을 계산하여 이를 각 사업장 관할 세무서장에게 신고·납부하여야 한다. 이에 대한 경정처분도 각 사업장 관할 세무서장이 하게 된다. 이처럼 부가가치세 납부에서 각 사업장은 독립

된 장소적 단위가 된다.

한편 재화를 수입하는 자의 부가가치세 납세지는 관세법에 따라 수입을 신고하는 세관의 소재지로 한다(부법 제6조 제6항).

## Ⅱ. 사업장의 개념

### 1. 사업장의 의의

'사업장'이란 사업자가 사업을 하기 위하여 거래의 전부 또는 일부를 수행하는 고정된 장소를 말한다(부법 제6조 제2항). 통상 사업자 또는 사용인이 사회통념상 인정되는 시간에 상시 주재하는 곳을 의미한다. 여기서 '거래'란 일반적으로 사업자가 매출세액을 발생시키는 재화 또는 용역을 공급하는 거래를 의미한다.[33]

그런데 '사업장'이란 재화 또는 용역의 공급장소와 반드시 일치하는 개념이 아님에 주의를 요한다. 사업장은 '거래의 전부 또는 일부를 수행하는 장소'이므로 단순히 견본품을 전시하거나 물품을 판매하지 아니하고 판매업무에 수반하는 상품의 수주나 신용조사 또는 주문처와의 단순한 업무연락만을 취급하는 연락사무소 등은 사업장에 해당하지 않는다. 또 독자적으로 매매거래 행위를 하지 않고 다만 상품을 보관·관리하면서 타 사업장의 지시에 의하여 상품을 인도해 주는 것에 불과한 장소는 사업장으로 볼 수 없다.

실제로 사업의 형태는 매우 다양하므로 사업장의 개념은 거래의 실질내용에 따라 사실관계를 판단해야 할 사항이다. 예를 들어 자동차서비스회사가 지점사업소 외의 원격지에 서비스코너를 설치하고 지점사업소의 직원을 상주시켜 한정된 범위 내의 정비용역을 제공하는 경우 해당 원격지 서비스코너는 사업장에 해당하고,[34] 사안에 따라 건설공사현장이나 감리현장도 사업장이 될 수 있다.[35] 한 건물 내에서 둘 이상의 사업을 하고 있는 경우에는 두 사업장이 인접하여 사업자가 상시 주재하여 거래의 전부 또는 일부를 행하는 장소가 동일한 것으로

33) 최명근·나성길, 앞의 책, 126면; 한장석·김용관, 앞의 책, 57면.
34) 예규, 부가 46015-47, 1994.2.28.
35) 대법원 1993.7.27. 선고 92누9715 판결.

볼 수 있으면 하나의 사업장, 그렇지 않으면 별개의 사업장으로 본다.[36]

그리고 사업자 단위 과세 사업자는 각 사업장을 대신하여 그 사업자의 본점 또는 주사무소의 소재지를 부가가치세 납세지로 한다(부법 제6조 제4항).

### 2. 사업장을 두지 아니한 경우

사업자가 사업장을 두지 아니하면 사업자의 주소 또는 거소를 사업장으로 한다(부법 제6조 제3항). 사업장을 설치하지 아니하고 사업자등록을 하지 아니한 경우에는 과세표준 및 세액을 결정 또는 경정할 당시의 사업자의 주소 또는 거소를 사업장으로 한다(부령 제8조 제5항). 사업자가 비거주자인 경우에는 「소득세법」 제120조(비거주자의 국내사업장), 외국법인은 「법인세법」 제94조(외국법인의 국내사업장)에 따른 장소를 각각의 사업장으로 한다(동조 제6항). 「부가가치세법」에서 비거주자 또는 외국법인이란 「소득세법」 제1조에서 규정하는 비거주자(국내에 주소를 두지 아니하거나 또는 국내에 1년 미만 거소를 둔 개인) 또는 「법인세법」 제1조에서 규정하는 외국법인(외국에 본점 또는 주사무소를 둔 법인)을 말한다.

### 3. 사업장의 범위

전형적인 사업에서 사업장의 구체적 판정 기준에 대하여는 법 시행령에서 아래와 같이 상세히 규정하고 있다(부령 제8조 제1항).

#### 가. 광 업

광업사무소의 소재지가 사업장이다. 다만 광업사무소가 광구 밖에 있는 때에는 그 광업사무소에서 가장 가까운 광구에 대한 광업원부의 맨처음에 등록된 광구 소재지가 사업장이다.

#### 나. 제조업

최종 제품을 완성하는 장소가 사업장이다. 다만 따로 제품의 포장만을 하거나 용기에 충전만을 하는 장소와 「개별소비세법」 제10조의5에 따른 저유소는 제외한다.

---

36) 2층 이상의 상가건물 소유자가 1층은 소매약국업, 2층 이상은 부동산임대업을 영위하는 경우에 이를 하나의 사업장으로 본다(예규, 부가 22601-812, 1985.5.1).

### 다. 건설업·운송업·부동산매매업

① 법인인 경우 법인의 등기부상 소재지(등기부상의 지점소재지를 포함)가 사업장이다.

② 개인인 경우 사업에 관한 업무를 총괄하는 장소가 사업장이다. 건설업에서 법인이 아닌 공동사업자의 경우에도 개인과 마찬가지로 그 업무를 총괄하는 장소를 사업장으로 보아야 한다.37)

③ 운송업에서 법인의 명의로 등록된 차량을 개인이 운용하는 경우에는 법인의 등기부상 소재지가 사업장이고, 개인의 명의로 등록된 차량을 다른 개인이 운용하는 경우에는 등록된 개인이 업무를 총괄하는 장소가 사업장이다.

### 라. 수자원을 개발하여 공급하는 사업

사업에 관한 업무를 총괄하는 장소가 사업장이다.

### 마. 지방공기업법에 따라 설립된 대구시설관리공단이 공급하는 사업

사업에 관한 업무를 총괄하는 장소가 사업장이다.

### 바. 다단계판매원이 재화 또는 용역을 공급하는 사업

「방문판매 등에 관한 법률」에 따른 다단계판매원이 재화 또는 용역을 제공하는 사업의 경우 해당 다단계판매원이 같은 법 제13조의 규정에 따라 등록한 다단계판매업자의 주된 사업장 소재지가 사업장이다. 다만 다단계판매원이 상시 주재하여 거래의 전부 또는 일부를 수행하는 별도의 장소가 있는 경우에는 그 장소를 사업장으로 본다.

### 사. 전기통신사업자

「전기통신사업법」에 따른 전기통신사업자가 기획재정부령으로 정하는 통신요금통합청구의 방법으로 요금을 청구하는 전기통신사업은 사업에 관한 업무를 총괄하는 장소가 사업장이다. 이에 비하여 「전기통신사업법」에 따른 전기통신사업자가 기획재정부령으로 정하는 이동통신역무를 제공하는 전기통신사업의 경우로 사업자가 법인인 경우에는 그 법인의 본점소재지, 개인인 경우에는 사업에

---

37) 대법원 2000.9.29. 선고 99두1373 판결.

관한 업무를 총괄하는 장소가 사업장이다.

아. 무인자동판매기에 의해 재화·용역을 공급하는 사업

사업에 관한 업무를 총괄하는 장소가 사업장이다.

자. 한국철도공사가 운영하는 사업

「한국철도공사법」에 따른 한국철도공사가 경영하는 사업은 사업에 관한 업무를 지역별로 총괄하는 장소가 사업장이다.

차. 우정사업조직이 소포우편물을 방문접수하여 배달하는 용역을 공급하는 사업

사업에 관한 업무를 총괄하는 장소가 사업장이다.

카. 전기판매사업

기획재정부령으로 정하는 전기요금 통합청구의 방법으로 요금을 청구하는 전기판매사업은 사업에 관한 업무를 총괄하는 장소가 사업장이다.

타. 국가·지방자치단체 또는 지방자치단체조합이 공급하는 사업

사업에 관한 업무를 총괄하는 장소가 사업장이다. 다만 위임·위탁 또는 대리에 의하여 재화나 용역을 공급하는 경우에는 수임자·수탁자 또는 대리인이 그 업무를 총괄하는 장소를 사업장으로 본다.

파. 송유관설치자가 공급하는 사업

송유관을 통하여 재화 또는 용역을 공급하는 사업은 사업에 관한 업무를 총괄하는 장소가 사업장이다.

하. 부동산임대업

원칙적으로 부동산의 등기부상 소재지가 사업장이다. 예외적으로 부동산상의 권리만을 대여하거나, 한국자산관리공사·농업협동조합자산관리회사·기업구조조정부동산투자회사·예금보험공사 및 정리금융기관·전기사업자·전기통신사업자·지방공사로서 기획재정부령이 정하는 지방공사·한국농어촌공사·한국도로공사·한국철도시설공단·한국토지주택공사가 부동산을 임대하는 경우에는 그 사업에 관한 업무를 총괄하는 장소를 사업장으로 한다(부령 제8조 제2항).

## 4. 직매장과 하치장

사업자가 자기의 사업과 관련하여 생산하거나 취득한 재화를 직접 판매하기 위하여 특별히 판매시설을 갖춘 장소를 '직매장'이라 한다. 직매장은 「부가가치세법」에서 별개의 사업장으로 본다(부령 제8조 제3항). 그리고 후술하는 바와 같이 사업자가 자기의 사업과 관련하여 생산 또는 취득한 재화를 직접 판매할 목적으로 제조장에서 직매장으로 재화를 반출하는 경우도 재화의 공급으로 본다. 다만 주사업장 총괄납부 사업자가 총괄납부의 적용을 받는 과세기간에 직매장에 반출하는 경우는 재화의 공급으로 보지 않는다(부법 제10조 제3항 단서 제2호).

한편 단순히 재화를 보관하고 관리할 수 있는 시설만 갖춘 장소로서 사업자가 관할 세무서장에게 그 설치신고를 한 장소를 '하치장'이라 한다. 하치장은 판매행위가 이루어지지 않는 장소로서 별개의 사업장으로 보지 않는다(부법 제6조 제5항). 이러한 하치장을 설치한 자는 하치장을 둔 날로부터 10일 이내에 하치장 관할 세무서장에게 하치장 설치신고서를 제출하여야 하며, 설치신고를 받은 하치장 관할 세무서장은 10일 이내에 사업장 관할 세무서장에게 통보하여야 한다(부령 제9조 제2항).

## 5. 사업장의 추가

앞에서 열거한 사업장 외의 장소도 사업자의 신청에 따라 추가로 사업장으로 등록할 수 있다(부령 제8조 제4항). 사업장의 추가를 인정하는 이유는 제조업의 경우 일반적으로 사업장인 공장을 공급장소로 하지 아니하고 본점을 공급장소로 하는 사례가 많기 때문이다. 따라서 과세행정의 편의를 위하여 두 개 이상의 본점·지점·공장 등을 가진 제조업자의 경우 공장을 사업장으로 하지 아니하고 사업자의 희망에 따라 사업자등록 신청에 있어 본점을 사업장으로 추가할 수 있다.

그러나 무인자동판매기를 통하여 재화 또는 용역을 공급하는 사업의 경우에는 추가로 사업장을 등록할 수 없다(부령 제8조 제4항 단서). 무인자동판매기 설치장소마다 사업자등록을 한다면 수입금액이 사업장마다 분산되어 간이과세가 적용되거나 납부의무가 면제되는 경우가 발생하여 부가가치세를 고의로 회피할 수 있기 때문에 제한을 둔 것이다.

### 6. 임시사업장

사업장이 있는 사업자가 기존 사업장 이외에 각종 경기대회나 박람회 등 행사가 개최되는 장소에 임시사업장을 개설하는 경우에 그 임시사업장은 사업장으로 보지 아니하고 기존사업장에 포함되는 것으로 한다(부령 제10조 제1항). 예컨대 바자회나 시장조사 목적 또는 피서철의 해수욕장 등에서 일시적 사업을 목적으로 단기간 임시로 개설된 판매장소 등을 설치한 경우가 이에 해당된다.[38) ] 따라서 기존사업장이 있는 경우에는 임시사업장 관할세무서에 별도의 사업자등록을 하지 아니하고 기존사업장에서 부가가치세를 신고·납부를 할 수 있다.

이처럼 임시사업장을 개설하고자 하는 자는 ① 사업자의 인적사항, ② 임시사업장의 소재지, ③ 임시사업장의 설치기간, ④ 그 밖의 참고사항을 기재한 임시사업장개설신고서를 해당 임시사업장의 사업개시일부터 10일 이내에 임시사업장 관할 세무서장에게 제출(국세정보통신망에 의한 제출을 포함)하여야 한다. 다만 임시사업장의 설치기간이 10일 이내인 경우에는 임시사업장 개설신고를 하지 않아도 무방하다(부령 제10조 제2항). 임시사업장개설신고를 받은 세무서장은 임시사업장 설치의 타당성 여부를 확인하여 이를 신청인과 기존사업장의 관할 세무서장에게 통지하여야 한다(부령 제10조 제3항). 한편 임시사업장을 폐쇄한 때에는 그 폐쇄일로부터 10일 이내에 ① 사업장의 인적사항, ② 폐쇄연월일 및 폐쇄사유, ③ 그 밖의 참고사항 등을 기재한 임시사업장폐쇄신고서를 제출하여야 한다(부령 제10조 제4항).

## Ⅲ. 사업자 단위 과세와 주사업장 총괄 납부

한 사업자가 둘 이상의 사업장을 가지고 있는 경우 사업장마다 사업자등록을 하여야 하고 각 사업장별로 구분하여 세금계산서를 발급하고 수령하여야 한다. 또 사업장별로 각각 과세표준과 납부(환급)세액을 계산하여 이를 각 사업장 관할 세무서장에게 신고하고 납부하여야 하는 것이 원칙이다.

이에 따른 불편을 해소하기 위해 사업장 과세의 원칙에 대한 예외로서 사업

38) 예규, 부가 46015-809, 1994.4.21.

자 단위 과세 제도와 주사업장 총괄 납부 제도를 두고 있다(부법 제6조 제4항). 사업장이 둘 이상인 사업자는 사업자 단위로 해당 사업자의 본점 또는 주사무소 관할 세무서장에게 사업자등록을 신청할 수 있다. 2010년부터 관할 세무서장의 승인 없이 납세의무자의 사업자등록만으로 사업자 단위 과세를 적용받을 수 있게 하였다. 이 경우 사업자등록 및 세금계산서의 발급도 본점 또는 주사무소에서 일괄하여 할 수 있도록 함으로써 사업자의 부담을 완화하고 납세편의를 제고하고 있다.

한편 각 사업장의 납부세액 또는 환급세액을 통산하여 주된 사업장에서 납부하거나 환급받을 수 있는데 이를 주사업장 총괄 납부 제도라 한다(부법 제51조 제1항). 역시 납세편의 및 세무행정의 능률을 기하는 취지에서 도입된 것이다. 주사업장 총괄 납부는 말 그대로 납부만을 총괄할 뿐이지 과세표준 및 세액의 신고, 세금계산서합계표 제출, 그 밖의 의무는 각 사업장별로 이행하여야 한다.

## 제4절 사업자등록

**제8조(사업자등록)** ① 사업자는 사업장마다 대통령령으로 정하는 바에 따라 사업 개시일부터 20일 이내에 사업장 관할 세무서장에게 사업자등록을 신청하여야 한다. 다만, 신규로 사업을 시작하려는 자는 사업 개시일 이전이라도 사업자등록을 신청할 수 있다.

② 사업자는 제1항에 따른 사업자등록의 신청을 사업장 관할 세무서장이 아닌 다른 세무서장에게도 할 수 있다. 이 경우 사업장 관할 세무서장에게 사업자등록을 신청한 것으로 본다.

③ 제1항에도 불구하고 사업장이 둘 이상인 사업자(사업장이 하나이나 추가로 사업장을 개설하려는 사업자를 포함한다)는 사업자 단위로 해당 사업자의 본점 또는 주사무소 관할 세무서장에게 등록을 신청할 수 있다. 이 경우 등록한 사업자를 사업자 단위 과세 사업자라 한다.

④ 제1항에 따라 사업장 단위로 등록한 사업자가 제3항에 따라 사업자 단위 과세 사업자로 변경하려면 사업자 단위 과세 사업자로 적용받으려는 과세기간 개시 20일

전까지 사업자의 본점 또는 주사무소 관할 세무서장에게 변경등록을 신청하여야 한다. 사업자 단위 과세 사업자가 사업장 단위로 등록을 하려는 경우에도 또한 같다.
⑤ 제4항 전단에도 불구하고 사업장이 하나인 사업자가 추가로 사업장을 개설하면서 추가 사업장의 사업 개시일이 속하는 과세기간부터 사업자 단위 과세 사업자로 적용받으려는 경우에는 추가 사업장의 사업 개시일부터 20일 이내(추가 사업장의 사업 개시일이 속하는 과세기간 이내로 한정한다)에 사업자의 본점 또는 주사무소 관할 세무서장에게 변경등록을 신청하여야 한다.
⑥ 제3조 제2항에 따라 수탁자가 납세의무자가 되는 경우 수탁자(공동수탁자가 있는 경우 대표수탁자를 말한다)는 해당 신탁재산을 사업장으로 보아 대통령령으로 정하는 바에 따라 제1항에 따른 사업자등록을 신청하여야 한다.
⑦ 제1항부터 제6항까지의 규정에 따라 신청을 받은 사업장 관할 세무서장(제3항부터 제5항까지의 규정에서는 본점 또는 주사무소 관할 세무서장을 말한다. 이하 이 조에서 같다)은 사업자등록을 하고, 대통령령으로 정하는 바에 따라 등록된 사업자에게 등록번호가 부여된 등록증(이하 "사업자등록증"이라 한다)을 발급하여야 한다.
⑧ 제7항에 따라 등록한 사업자는 휴업 또는 폐업을 하거나 등록사항이 변경되면 대통령령으로 정하는 바에 따라 지체 없이 사업장 관할 세무서장에게 신고하여야 한다. 제1항 단서에 따라 등록을 신청한 자가 사실상 사업을 시작하지 아니하게 되는 경우에도 또한 같다.
⑨ 사업장 관할 세무서장은 제7항에 따라 등록된 사업자가 다음 각 호의 어느 하나에 해당하면 지체 없이 사업자등록을 말소하여야 한다.

1. 폐업(사실상 폐업한 경우로서 대통령령으로 정하는 경우를 포함한다)한 경우
2. 제1항 단서에 따라 등록신청을 하고 사실상 사업을 시작하지 아니하게 되는 경우로서 대통령령으로 정하는 경우

⑩ 사업장 관할 세무서장은 필요하다고 인정하면 대통령령으로 정하는 바에 따라 사업자등록증을 갱신하여 발급할 수 있다.
⑪ 개별소비세 또는 교통·에너지·환경세의 납세의무가 있는 사업자가 「개별소비세법」 또는 「교통·에너지·환경세법」에 따라 다음 각 호의 구분에 따른 신고를 한 경우에는 해당 각 호의 구분에 따른 등록신청 또는 신고를 한 것으로 본다.

1. 「개별소비세법」 제21조 제1항 전단 또는 「교통·에너지·환경세법」 제18조 제1항 전단에 따른 개업 신고를 한 경우: 제1항 및 제2항에 따른 사업자 등록의 신청

2. 「개별소비세법」 제21조 제1항 후단 또는 「교통·에너지·환경세법」 제18조 제1항 후단에 따른 휴업·폐업·변경 신고를 한 경우: 제8항에 따른 해당 휴업·폐업 신고 또는 등록사항 변경 신고
3. 「개별소비세법」 제21조 제2항 및 제3항 또는 「교통·에너지·환경세법」 제18조 제3항 및 제4항에 따른 사업자단위과세사업자 신고를 한 경우: 제3항에 따른 사업자 단위 과세 사업자 등록 신청 또는 제4항에 따른 사업자 단위 과세 사업자 변경등록 신청
4. 「개별소비세법」 제21조 제4항 및 제5항 또는 「교통·에너지·환경세법」 제18조 제2항에 따른 양수, 상속, 합병 신고를 한 경우: 제8항에 따른 등록사항 변경 신고

⑫ 제1항부터 제11항까지에서 규정한 사항 외에 사업자등록, 사업자등록증 발급, 등록사항의 변경 및 등록의 말소 등에 필요한 사항은 대통령령으로 정한다.

## Ⅰ. 사업자등록의 의의와 등록일

### 1. 의 의

'사업자등록'이란 「부가가치세법」상 납세의무가 있는 사업자가 사업장마다 그의 인적사항과 사업자등록 신청사유 및 사업개시 연월일 등 사업 내용의 주요 사항을 적은 사업자등록신청서를 사업장 관할 세무서장에게 제출함으로써 그 관할세무관청의 대장에 등재하는 것을 말한다.[39] 사업자는 재화 등을 공급하거나 공급받을 때마다 거래상대방과 세금계산서를 수수하여야 하는데 사업자등록과 그에 따른 사업자등록번호의 부여는 이러한 세금계산서제도의 존립 기초가 된다. 이에 따라 「부가가치세법」은 사업자등록을 강제하기 위하여 제도적으로 사업자에게 납세협력의무 이상의 강한 의무사항을 규정하고 있다.

비사업자인 개인의 중고 재화 공급에 대하여 부가가치세를 과세하지 않는 이유는 「부가가치세법」상 사업자로 등록되지 아니한 개인 간의 매매에 따른 거래이기 때문이다. 하지만 소비세의 성질상 개인 간의 거래라 하여도 등록 등에

39) '사업자등록'은 1950년 12월 영업세법 개정시 '영업감찰'이란 이름으로 신설된 제도로서 '납세자번호증'으로 개칭되었다가 부가가치세가 도입됨으로써 현재에 이르고 있다. 이에 대한 내용은 김정식, "면세사업자가 과세사업을 겸영하는 경우에 발생하는 사업자등록에 관한 문제점", 『계간 세무사』 2015 여름호, 한국세무사회, 116면.

의해 그 파악이 가능한 경우에는 과세하여야 마땅한 점이 있다. 결국 부가가치세 납세의무자를 사업자에 한정하고 있는 것은 무엇보다도 세무행정의 실행가능성에 기인한 것으로 볼 수밖에 없다.

사업자등록은 부가가치세 납세의무가 있는 자에게만 의무사항이므로 면세사업자에게는 「부가가치세법」상 사업자등록 의무가 없다.[40] 하지만 면세사업자라도 소득과세를 피할 수는 없으므로 이를 위하여 「소득세법」 및 「법인세법」의 규정에 따른 사업자등록 의무가 별도로 마련되어 있다.

사업자등록은 과세관청으로 하여금 사업자와 그 사업의 동태를 파악할 수 있게 하고 과세자료의 양성화를 기함으로써 과세행정의 능률화를 도모하려는 목적을 가진 것이다. 사업자의 입장에서는 과세관청에 대한 납세협력의무의 이행으로서 사업을 하겠다는 의사의 통지행위에 해당하는 것이라고 할 수 있다.[41] 이러한 협력의무를 이행하지 아니할 때에는 가산세 등 불이익이 가해지는 외에도 사업자등록과 관련해서 매입세액불공제와 같은 가혹한 불이익이 더해진다. 그 이유는 사업자등록이 부가가치세제의 기본이 되는 세금계산서의 수수와 밀접하게 관련되어 있기 때문이다.

사업자등록의 신청과 등록증의 발급행위에서 사업자등록일을 언제로 볼 것인가 하는 점이 중요한 문제이다. 사업과 관련하여 거래징수된 매입세액을 공제받을 수 있는 시점과 등록 전 매입세액불공제를 판단하는 데에 사업자등록일이 기준이 되기 때문이다.

## 2. 사업자등록일

「부가가치세법」 시행령 제11조 제5항에 의하면 사업자등록신청을 받은 세

---

40) 대법원 1995.11.7. 선고 95누8492 판결은 "사업자등록에 관련된 각 규정의 취지를 종합하면 「부가가치세법」 제5조 제1항 소정의 사업자등록 의무자는 부가가치세의 납세의무 있는 사업자에 한하고 부가가치세의 면세사업자는 그 등록의무가 없다고 할 것이므로, 같은 법 제17조 제2항 제5호 소정의 '제5조 제1항의 규정에 따른 등록'이란 부가가치세의 납세의무 있는 사업자의 사업자등록만을 의미하며, 부가가치세의 면세사업자가 사업자등록신청을 하여 '면세사업자용'이라고 기재된 사업자등록증을 교부 받았다고 하더라도 이는 「소득세법」상의 사업자등록을 한 것이거나 「부가가치세법」상의 고유번호를 부여받은 것으로 볼 수 있을 뿐 「부가가치세법」 제5조 제1항에서 정한 사업자등록을 한 것이라고는 볼 수 없다"고 한다.

41) 송쌍종, 『부가가치세법론』, 조세문화사, 2014, 237면.

무서장은 등록내용을 조사하여 원칙적으로 2일 이내에 사업자등록증을 신청자에게 발급하여 주도록 하고 있다. 이 때 사업자등록일은 그 사업자등록을 신청하는 날이라고 보아야 한다. 사업자등록증의 발급은 과세관청이 사업자등록 신청을 수리하여 그 등록사실을 증명하는 증서의 발급행위에 불과한 것이라고 볼 수 있기 때문이다. 판례도 「부가가치세법」상의 사업자등록은 과세관청으로 하여금 부가가치세의 납세의무자를 파악하고 그 과세자료를 확보케 하려는 데 입법취지가 있는 것으로서 이는 단순한 사업사실의 신고로서 사업자가 소관 세무서장에게 소정의 사업자등록신청서를 제출함으로써 성립된다고 보고 있다. 아울러 사업자등록증의 발급은 이와 같은 등록사실을 증명하는 증서의 발급행위에 불과한 것이라고 하였다.[42]

이와 같이 과세관청의 사업자등록증 교부행위는 사업자로서의 지위에 법적으로 어떤 변동을 가져오는 것이 아니다. 따라서 처분성을 가지는 행정행위로 볼 수 없기 때문에 항고소송의 대상으로 삼을 수 없다.[43]

## Ⅱ. 사업자등록의 신청절차

### 1. 신청방법

신규로 사업을 개시하는 자는 사업장마다 사업개시일로부터 20일 이내에 일정한 서류를 첨부한 사업자등록신청서를 사업장 관할 세무서장에게 제출하여야 한다. 다만 신규로 사업을 개시하고자 하는 자는 사업개시일 전이라도 등록할 수 있다(부법 제8조 제1항). 이는 개업 준비기간 중에 공장신축·비품구입 등으로 발생하는 매입세액을 환급하여 줌으로써 자금 부담을 덜어주기 위한 것이다. 여기서 '사업개시일'이란 제조업의 경우 제조장별로 재화의 제조를 개시하는 날, 광업의 경우 광물의 채취 또는 채광을 개시하는 날, 그 밖의 경우는 재화 또는 용역의 공급을 개시하는 날을 말한다. 사업자등록신청서에는 사업자의 인적사항, 사업자등록 신청사유, 사업개시 연월일 또는 사업장 설치 착수연월일, 그 밖의 참고사항을 기재하여야 한다(부령 제11조 제1항).

---

42) 대법원 2000.12.22. 선고 99두6903 판결; 대법원 2000.2.11. 선고 98두2119 판결.
43) 대법원 2011.1.27. 선고 2008두2200 판결.

사업자는 사업자등록의 신청을 사업장 관할 세무서장이 아닌 다른 세무서장에게도 할 수 있다. 이 경우 사업장 관할 세무서장에게 사업자등록을 신청한 것으로 본다(부법 제8조 제2항). 또 사업장이 둘 이상인 사업자는 사업자 단위로 해당 사업자의 본점 또는 주사무소 관할 세무서장에게 등록을 신청할 수 있다. 이 경우 등록한 사업자를 '사업자 단위 과세 사업자'라 한다(동조 제3항). 사업장 단위로 등록한 사업자가 사업자 단위 과세 사업자로 변경하려면 사업자 단위 과세 사업자로 적용받으려는 과세기간 개시 20일 전까지 사업자의 본점 또는 주사무소 관할 세무서장에게 변경등록을 신청하여야 한다. 사업자 단위 과세 사업자가 사업장 단위로 등록을 하려는 경우에도 또한 같다(동조 제4항).

사업장이 하나인 사업자가 추가로 사업장을 개설하면서 추가 사업장의 사업개시일이 속하는 과세기간부터 사업자 단위 과세 사업자로 적용받으려는 경우에는 추가 사업장의 사업개시일로부터 20일 이내에 사업장의 본점 또는 주사무소 관할 세무서장에게 변경등록을 신청하여야 한다(동조 제5항).

한편 신탁재산과 관련하여 수탁자가 납세의무자가 되는 경우에는 수탁자(공동수탁자가 있는 경우에는 대표수탁자)는 해당 신탁재산을 사업장으로 보아 사업자등록을 신청하여야 한다(동조 제6항). 이 경우 해당 신탁재산의 등기부상 소재지 또는 그 사업에 관한 업무를 총괄하는 장소를 사업장으로 보아 사업자등록을 해야 한다(부령 제8조 제7항).

### 2. 첨부서류

법령에 의하여 허가를 받아야 하는 사업의 경우에는 사업허가증 사본, 등록을 하여야 하는 사업은 사업등록증 사본, 신고를 하여야 하는 사업은 신고필증 사본을 첨부하여야 한다. 다만 사업개시 전 등록의 경우로서 해당 법인의 설립등기 전 또는 사업의 허가·등록이나 신고 전에 등록을 하는 때에는 법인설립을 위한 발기인의 주민등록표등본 또는 사업허가신청서 사본, 사업등록신청서 사본, 사업신고서 사본이나 사업계획서로 이에 대신할 수 있다(부령 제11조 제4항).

### 3. 겸업사업자의 사업자등록

부가가치세 과세사업과 면세사업을 겸업하는 사업자는 「부가가치세법」에 따른 과세사업자로서 사업자등록을 하여야 한다.[44] 면세사업을 영위하던 개인사업자가 과세사업으로 업종 변경을 할 경우에는 사업자등록을 정정하는 것만으로는 아니되는바, 면세사업에 대해서는 폐업신고를 하고 신규로 「부가가치세법」에 따른 사업자등록을 하여야 한다. 그러나 「소득세법」 제168조 및 「법인세법」 제111조에 따라 등록한 자로서 면세사업을 경영하는 자가 추가로 부가가치세 과세사업을 경영하려는 경우에는 '사업자등록 정정신고서'를 제출하면 「부가가치세법」상 사업자등록 신청을 한 것으로 본다(부령 제11조 제10항).

만일 면세사업자용 사업자등록증을 발급받은 사업자가 사업자등록 정정신고를 하지 아니하고 과세사업을 영위하는 경우 사업자등록 미등록 가산세는 물론 사업자등록 전 매입세액도 불공제된다.

## 4. 공동사업자의 사업자등록

둘 이상의 사업자가 공동사업을 하는 경우 공동사업자 중 1인을 대표자로 하여 대표자 명의로 사업자등록을 신청한다. 공동사업자 중 일부의 변경이나 탈퇴 및 새로이 공동사업자를 추가하는 경우에는 사업자등록을 정정하여야 한다.[45] 공동사업의 경우에 공동사업자 간 지분과 손익분배의 비율 등을 정한 동업계약서를 제출하여야 하는데 공동사업장을 하나의 사업자로 보게 되므로 대표자 명의로 사업자등록증을 발급한다. 세금계산서의 수수는 사업자등록증에 기재된 대표자 명의로 세금계산서를 발급하거나 발급받아야 한다.

## 5. 다단계판매원의 사업자등록

다단계판매원이 「방문판매 등에 관한 법률」 제15조의 규정에 의하여 다단계판매업자에게 등록을 하고 도·소매업을 영위할 목적으로 다단계판매업자에게 도·소매업자로 신고한 자에 대하여, 다단계판매업자가 그 신고일이 속하는 달의 다음 달 10일까지 사업장 관할 세무서장에게 다단계판매원의 인적사항, 사업개시연월일 및 그 밖의 국세청장이 정하는 사항을 신고하는 경우에는 해당 다단계판매원이 등록신청을 한 것으로 본다(부령 제11조 제8항). 이 경우 다단계판매원

44) 통칙 8-11-2; 예규; 부가 1235-2701, 1978.7.18.
45) 통칙 8-14-1.

에 대하여는 다단계판매업자가 「방문판매 등에 관한 법률」 제15조에 따라 발급한 다단계판매원 등록증을 관할 세무서장이 해당 다단계판매원에게 발급한 사업자등록증으로 본다(부령 제11조 제9항). 그 외 다단계판매원에 대하여는 국세청 제2002-10호로 2002.2.5.자 '다단계판매업자가 지켜야 할 사항'이라는 고시가 적용된다.

## Ⅲ. 사업자등록증의 발급

### 1. 발급 및 발급기한

사업자등록 신청을 받은 사업장 관할 세무서장(사업자 단위 과세 사업자의 경우는 본점 또는 주사무소 관할 세무서장)은 사업자등록을 하고 등록된 사업자에게 등록번호가 부여된 등록증(사업자등록증)을 발급하여야 한다. 이 경우 사업장 관할 세무서장은 신청일부터 2일(토요일, 관공서의 공휴일에 관한 규정 제2조에 따른 공휴일 또는 근로자의 날 제정에 관한 법률에 따른 근로자의 날은 제외한다) 이내에 사업자의 인적사항과 그 밖에 필요한 사항 및 등록번호가 기재된 사업자등록증을 발급하여야 한다. 다만 사업장시설이나 사업현황을 확인하기 위하여 국세청장이 필요하다고 인정하는 경우에는 발급기한을 5일 이내에서 연장하고 조사한 사실에 따라 사업자등록증을 발급할 수 있다(부령 제11조 제5항).

### 2. 등록 거부

사업개시 전 사업자등록 신청을 받은 경우에 관할 세무서장은 신청자가 사업을 사실상 개시하지 않을 것으로 인정되는 때에는 등록을 거부할 수 있다(부령 제11조 제7항). 허가를 받아야 할 사업인데 허가를 받지 아니하였다거나 사업장의 전 사업자가 체납세금이 있다거나 폐업신고를 하지 아니한 사실들이 사업자등록의 거부요건이 될 수 없다.[46)]

사업자등록신청서에 기재된 사업의 내용이 공서양속에 위반되거나 반사회질서 행위일 때에 사업자등록을 거부할 수 있을까? 이를 거부할 법적 근거를 찾

46) 예규, 부가 1265-2186, 1980.10.17.

아 볼 수 없을 뿐만 아니라 사업자등록은 단순한 사업사실의 신고행위에 불과하고, 납세의무도 그 원인행위의 적법 여부에 불문하고 성립한다는 점에서 사업자등록을 거부할 수 없다고 해석해야 할 것으로 생각한다.

실무에서는 사업자의 과거 납세의무 위반 여부 등 사업행태에 비추어 납세의무를 이행할 가능성이 매우 낮은 경우, 제조업으로 사업자등록을 신청하였으나 사업장이 확인되지 않는 경우, 실물거래 없는 세금계산서 발급 등 가장거래를 위한 사업자등록이라고 인정할 만한 정황 등으로 판단하여 사업자등록을 거부하는 경우가 있다.

### 3. 등록번호의 부여

사업자등록을 하면 관할 세무서장은 사업장마다 등록번호를 부여하여야 한다(부령 제12조 제1항). 이는 과세자료를 관리하고 전산처리하는 데 있어서 매우 중요한 사항이다.

관할 세무서장은 과세자료를 효율적으로 처리하기 위하여 사업자 등록번호에 준하는 고유번호를 부여할 수 있다. 세금계산서를 발급하는 세관장 또는 세금계산서를 발급받은 국가·지방자치단체·지방자치단체조합, 그리고 세금계산서합계표의 제출의무가 있는 것으로 규정된 부가가치세가 면제되는 사업자 중 소득세 또는 법인세의 납세의무가 있는 자(「조세특례제한법」에 의하여 소득세 또는 법인세가 면제되는 자 포함), 「민법」 제32조의 규정에 의하여 설립된 법인과 특별법에 의하여 설립된 법인 및 각급 학교 기성회·후원회 또는 이와 유사한 단체 등이 이에 해당한다(부령 제12조 제2항). 다단계판매업자에게 도·소매업자로서 등록을 하고 신고를 한 다단계판매원에 대하여는 다단계판매업자가 「방문판매 등에 관한 법률」 제15조의 규정에 의하여 부여한 등록번호를 사업자등록번호로 본다(부령 제12조 제3항).

### 4. 직권 등록

사업자가 법에 따른 사업자등록을 하지 아니하는 경우에는 사업장 관할 세무서장이 조사하여 직권으로 등록할 수 있다(부령 제11조 제6항).

## Ⅳ. 휴업·폐업의 신고와 등록정정

사업자등록을 한 사업자가 휴업 또는 폐업하거나 그 밖의 등록사항 변동이 발생한 때에는 지체 없이 그 사실을 사업장 관할 세무서장에게 신고하여야 한다.

### 1. 휴업·폐업의 신고

#### 가. 신 고

등록한 사업자가 휴업 또는 폐업하는 때에는 지체 없이 휴업신고서에 사업자등록증과 폐업신고확인서를 첨부하여 관할 세무서장에게 제출하여야 한다. 사업개시일 전에 신규로 사업자등록을 한 자가 사실상 사업을 개시하지 아니하게 되는 때에도 같다(부법 제8조 제8항).

사업자등록을 한 사업자가 휴업 또는 폐업을 하거나 사업자등록을 한 자가 사실상 사업을 시작하지 아니하게 될 때에는 ① 사업자의 인적사항, ② 휴업 연월일 또는 폐업 연월일과 그 사유, ③ 그 밖의 참고 사항을 적은 휴업(폐업)신고서를 세무서장(관할 세무서장 또는 그 밖의 세무서장 중 어느 한 세무서장을 말함)에게 제출(국세정보통신망에 의한 제출을 포함)하여야 한다(부령 제13조 제1항). 폐업신고서에는 사업자등록증을 첨부하여야 한다. 다만 사업자가 부가가치세 확정신고서에 폐업연월일 및 사유를 기재하고 사업자등록증을 첨부하여 제출하는 경우에는 폐업신고서를 제출한 것으로 본다(부령 제13조 제3항).

법령에 따라 허가를 받거나 등록 또는 신고 등을 하여야 하는 사업의 경우에는 허가·등록·신고 등이 필요한 사업의 주무관청에 휴업(폐업)신고서를 제출할 수 있으며, 휴업(폐업)신고서를 제출받은 주무관청은 지체 없이 관할 세무서장에게 해당 서류를 송부(정보통신망을 이용한 송부를 포함)하여야 하고, 허가·등록·신고 등이 필요한 사업의 주무관청에 제출하여야 하는 해당 법령상의 신고서를 관할 세무서장에게 제출한 경우에는 관할 세무서장은 지체 없이 해당 서류를 관할 주무관청에 송부하여야 한다(부령 제13조 제5항).

### 나. 법인합병에 따른 신고

법인이 합병할 때에는 합병 후 존속하는 법인(신설합병의 경우에는 합병으로 설립된 법인) 또는 합병 후 소멸하는 법인이 ① 합병 후 존속하는 법인 또는 합병으로 설립된 법인의 인적사항, ② 소멸법인의 인적사항, ③ 합병연월일, ④ 그 밖의 참고사항을 적은 법인합병신고서에 사업자등록증을 첨부하여 소멸법인의 폐업 사실을 소멸법인의 관할 세무서장에게 신고하여야 한다(부령 제13조 제4항).

### 다. 휴업일의 기준

휴업이란 사업자가 일시적으로 주된 사업 활동을 정지하였으나 사업 활동을 재개할 의사를 가지고 사업시설의 유지·관리 또는 개량행위 등을 행하는 것을 말한다. 휴업을 하는 날은 원칙적으로 사업장별로 그 사업을 실질적으로 휴업한 날이나 휴업한 날이 분명하지 아니한 경우에는 휴업신고서의 접수일을 휴업일로 본다(부령 제13조 제6항). 또한 해수욕장업이나 야외 스케이트장업 등 계절적인 사업의 경우는 휴업신고서에 적힌 휴업기간을 산정할 때 그 계절이 아닌 기간을 휴업기간으로 본다(부령 제13조 제7항).

### 라. 폐업일의 기준

폐업은 사업자가 사업을 계속할 의사가 없어 사업 활동을 영구적으로 종료하는 것이다. 폐업일은 다음의 기준에 의한다(부령 제7조 제1항).

① 합병으로 인한 소멸법인의 경우는 합병법인의 변경등기일 또는 설립등기일

② 분할로 인하여 사업을 폐업하는 경우는 분할법인의 분할변경등기일(분할법인이 소멸하는 경우에는 분할신설법인의 설립등기일)

③ 그 외의 경우는 사업장별로 그 사업을 실질적으로 폐업하는 날. 다만 폐업한 날이 분명하지 아니한 경우에는 폐업신고서의 접수일

그럼에도 불구하고 해산으로 청산 중인 내국법인(「법인세법」 제2조 제1호에 따른 내국법인을 말함) 또는 「채무자 회생 및 파산에 관한 법률」에 따라 법원으로부터 회생계획인가 결정을 받고 회생절차를 진행 중인 내국법인이 사업을 실질적으로 폐업하는 날부터 25일 이내에 납세지 관할 세무서장에게 신고하여 승인을 받은 경우에는 잔여재산가액 확정일(해산일부터 365일이 되는 날까지 잔여재산가

액이 확정되지 아니한 경우에는 그 해산일부터 365일이 되는 날)을 폐업일로 할 수 있다(부령 제7조 제2항). 법인의 경우 사업폐지일을 원칙으로 하되 청산절차를 밟는 경우에는 잔여재산을 처분할 수 있는 기간까지 폐업일을 연장하도록 한 것이다.

사업 개시일 전에 사업자등록을 한 자로서 사업자등록을 한 날부터 6개월이 되는 날까지 재화와 용역의 공급실적이 없는 자에 대해서는 그 6개월이 되는 날을 폐업일로 본다. 다만 사업장의 설치기간이 6개월 이상이거나 그 밖의 정당한 사유로 인하여 사업 개시가 지연되는 경우에는 그러하지 아니하다(부령 제7조 제3항).

주의할 점은 사업의 개시나 폐지 등은 「부가가치세법」의 등록·신고 여부와 관계없이 그 해당 사실의 실질에 따라 결정한다는 것이다.[47] 이는 조세법 해석 및 적용의 기본원칙인 실질과세의 원칙에 따르면 당연하다.

### 3. 등록의 정정

#### 가. 등록사항의 변경신고

사업자가 다음 어느 하나에 해당하는 경우에는 지체 없이 사업자의 인적사항과 사업자등록의 변경 사항 및 그 밖의 필요한 사항을 적은 사업자등록 정정신고서를 세무서장(관할 세무서장 또는 그 밖의 세무서장 중 어느 한 세무서장)에게 제출(국세정보통신망에 의한 제출을 포함)하여야 한다(부령 제14조 제1항).

① 상호를 변경하는 경우(제1호)

② 법인 또는 법인으로 보는 단체 외의 단체로서 기획재정부령으로 정하는 단체가 대표자를 변경하는 경우(제2호)

③ 사업의 종류에 변동이 있는 경우(제3호)

④ 사업장(사업자 단위 과세사업자의 경우에는 사업자 단위 과세 적용 사업장)을 이전하는 경우(제4호)

⑤ 상속으로 사업자의 명의가 변경되는 경우(제5호)

⑥ 공동사업자의 구성원 또는 출자지분이 변경되는 경우(제6호)

⑦ 임대인·임대차목적물 및 그 면적·보증금·임차료 또는 임대차기간이 변

---

47) 대법원 2000.10.24. 선고 99두7609 판결; 대법원 1998.9.18. 선고 97누20625 판결; 대법원 1997.6.27. 선고 96누16193 판결.

경되거나 새로 상가건물을 임차한 경우(제7호)

⑧ 사업자 단위 과세 사업자가 사업자 단위 과세 적용 사업장을 변경하는 경우(제8호)

⑨ 사업자 단위 과세 사업자가 종된 사업장의 사업을 신설하거나 이전하는 경우(제9호)

⑩ 사업자 단위 과세 사업자가 종된 사업장의 사업을 휴업하거나 폐업하는 경우(제10호)

⑪ 사이버몰(부가통신사업을 하는 사업자가 컴퓨터 등과 정보통신설비를 이용하여 재화 등을 거래할 수 있도록 설정한 가상의 영업장을 말함)에 인적사항 등의 정보를 등록하고 재화 또는 용역을 공급하는 사업을 하는 사업자(통신판매업자)가 사이버몰의 명칭 또는 「인터넷주소자원에 관한 법률」에 따른 인터넷 도메인 이름을 변경하는 경우(제11호)

사업자등록 정정신고서에는 사업자등록증을 첨부하여야 한다. 다만 ⑦에 해당하는 경우로서 임대차의 목적물 또는 그 면적이 변경되거나 「상가건물 임대차보호법」 제2조 제1항에 따른 상가건물의 일부분을 새로 임차할 때에는 임차한 상가건물의 해당 부분 도면을 함께 첨부하여야 한다(부령 제14조 제2항). 한편 사업장과 주소지가 동일한 사업자가 사업자등록 신청서 또는 사업자등록 정정신고서를 제출하면서 「주민등록법」에 따른 주소가 변경되면 사업장의 주소도 변경되는 것에 동의한 경우에는 사업자가 「주민등록법」 제16조 제1항에 따른 전입신고를 하면 사업자등록 정정신고서를 제출한 것으로 본다(부령 제14조 제5항).

### 나. 재발급

사업자등록 사항의 변경신고를 받은 세무서장은 변경내용을 확인하고 다음의 기한 내에 사업자등록증의 기재사항을 정정하여 재발급하여야 한다(부령 제14조 제3항).

① 상호를 변경하는 경우, 사이버몰의 명칭 또는 인터넷 도메인 이름을 변경하는 경우에는 신고일 당일(제1호)

② 그 밖의 경우에는 신고일부터 2일 이내(제2호)

사업장을 이전하거나 사업자 단위 과세 사업자가 사업자 단위 과세 적용 사업장을 이전하거나 변경하는 등의 사유로 사업자등록의 정정신고를 받은 사업장 관할 세무서장은 종전의 사업장 관할 세무서장에게 지체 없이 사업장의 이전 또는 변경사실을 통지하여야 한다(부령 제14조 제4항).

## Ⅴ. 등록의 말소 및 갱신

### 1. 등록말소

사업자 관할 세무서장은 등록한 사업자가 폐업한 경우 또는 사업자등록을 하고 사실상 사업을 시작하지 아니하게 되는 경우 지체 없이 그 사업자등록을 말소하여야 한다(부법 제8조 제9항). 이 경우 관할 세무서장은 지체 없이 사업자등록증을 회수하여야 하며, 이를 회수할 수 없는 경우에는 사업자등록 말소의 사실을 공시하여야 한다(부령 제15조 제1항).

사실상 사업을 시작하지 않게 되는 경우란 다음 어느 하나에 해당하는 경우이다(부령 제15조 제2항).

① 사업자가 사업자등록 후 정당한 사유 없이 6개월 이상 사업을 시작하지 아니하는 경우(제1호)

② 사업자가 부도발생·고액체납 등으로 도산하여 소재 불명인 경우(제2호)

③ 사업자가 인가·허가의 취소 또는 그 밖의 사유로 사업을 수행할 수 없어 사실상 폐업상태에 있는 경우(제3호)

④ 사업자가 정당한 사유 없이 계속하여 둘 이상의 과세기간에 걸쳐 부가가치세를 신고하지 아니하고 사실상 폐업상태에 있는 경우(제4호)

⑤ 그 밖에 사업자가 위와 유사한 사유로 사실상 사업을 시작하지 아니하는 경우(제5호)

사업자등록의 말소는 폐업사실의 기재일 뿐 그로 인하여 사업자로서의 지위에 변동을 가져오는 것이 아니라는 점에서 과세관청의 사업자등록 직권 말소행위는 불복의 대상이 되는 행정처분으로 볼 수 없다. 이러한 관점에서 과세관청이 사업자등록을 관리하는 과정에서 위장사업자의 사업자명의를 직권으로 실사업자 명의로 정정하는 행위 또한 사업사실 주체에 관한 정정기재일 뿐 그에 의하여 사업자로서의 지위에 변동을 가져오는 것이 아니므로 항고소송의 대상이 되는 행정처분으로 볼 수 없다.[48]

### 2. 등록증의 갱신

사업장 관할 세무서장은 부가가치세 업무의 효율적 처리를 위하여 필요하다고 인정하는 때에는 사업자등록증을 갱신 발급할 수 있다(부법 제8조 제10항).

### 3. 등록간주

개별소비세 또는 교통·에너지·환경세의 납세의무가 있는 사업자가 「개별소비세법」 또는 「교통·에너지·환경세법」에 따라 다음에 따른 신고를 한 경우에는 「부가가치세법」에 따른 등록신청 또는 신고를 한 것으로 본다(부법 제8조 제11항).

① 「개별소비세법」 제21조 제1항 전단 또는 「교통·에너지·환경세법」 제18조 제1항 전단에 따른 개업 신고를 한 경우는 사업자 등록의 신청

② 「개별소비세법」 제21조 제1항 후단 또는 「교통·에너지·환경세법」 제18조 제1항 후단에 따른 휴업·폐업·변경 신고를 한 경우는 휴업·폐업 신고 또는 등록사항 변경 신고

③ 「개별소비세법」 제21조 제2항 및 제3항 또는 「교통·에너지·환경세법」 제18조 제3항 및 제4항에 따른 사업자 단위 과세 사업자 신고를 한 경우는 사업자 단위 과세 사업자 등록 신청 또는 사업자 단위 과세 사업자 변경등록 신청

④ 「개별소비세법」 제21조 제4항 및 제5항 또는 「교통·에너지·환경세법」 제18조 제2항에 따른 양수·상속·합병 신고를 한 경우는 등록사항 변경 신고

## Ⅵ. 미등록에 대한 제재

### 1. 등록 전 매입세액 불공제

부가가치세 납부세액은 매출세액에서 매입세액을 공제하여 계산하지만 사업자등록을 하기 전의 매입세액은 원칙적으로 매출세액에서 공제하지 않는다(부

48) 대법원 2011.1.27. 선고 2008두2200 판결.

법 제39조 제1항 제8호). 이는 사업자등록을 강제하기 위한 것이다. 다만 공급시기가 속하는 과세기간이 지난 후 20일 이내에 등록신청을 한 경우 등록신청일부터 공급시기가 속하는 과세기간의 기산일까지 역산한 기간 내의 것은 사업자등록 전의 매입세액도 공제가 인정된다.

판례를 보면, '사업자등록을 하기 전의 매입세액'이란 사업자가 적법한 사업자등록을 신청하기 전의 매입세액이라고 해석하고 있다.[49] 그리고 사업자등록 신청이 적법하였다면 설령 과세관청이 면세사업자등록증을 교부하였더라도 미등록 상태로 보고 매입세액공제를 적용하지 아니한 것은 잘못이다. 납세의무자가 사업자등록을 마친 후 사업을 영위해 왔는데 과세관청이 내부지침에 의거하여 사업자등록을 직권으로 말소한 후 미등록사업자로 분류하여 매입세액을 매출세액에서 공제하지 아니하고 미등록가산세를 적용한 사안에서, 납세의무자가 사업을 계속하여 과세기간 중 매출세액과 매입세액이 발생하였다면 그와 같은 매입세액은 매출세액에서 공제하지 아니할 경우의 하나인 '사업자등록을 하기 전의 매입세액'에 해당하는 것이라 할 수 없고, 또 이를 사업자등록 신청을 하지 아니한 때에 해당한다 하여 가산세를 부과할 수도 없다고 하였다.[50]

## 2. 미등록 가산세

사업자가 법정기한 이내에 사업자등록을 신청하지 않은 때에는 미등록 가산세가 부과된다. 개인과 법인 구분 없이 사업개시일부터 등록을 신청한 날의 직전일까지의 공급가액의 합계액에 1 퍼센트를 곱한 금액이다(부법 제60조 제1항 제1호).

## 3. 세금계산서 발급 불가능

사업자등록을 하지 아니하면 세금계산서상의 기재요건 중 공급하는 자 또는 공급받는 자에 해당하는 각 사항을 기재할 수 없어 거래상대방에게 세금계산서를 발급하거나 발급받을 수 없다.

---

49) 대법원 2003.11.27. 선고 2002두318 판결; 대법원 1999.10.22. 선고 97누15814 판결.
50) 대법원 1993.12.10. 선고 93누17355 판결.

# 제3장

# 과세거래

# 제 1 절 과세대상

제4조(과세대상) 부가가치세는 다음 각 호의 거래에 대하여 과세한다.
1. 사업자가 행하는 재화 또는 용역의 공급
2. 재화의 수입

## Ⅰ. 과세거래

### 1. 부가가치세의 담세력

납세의무자의 담세력을 추정할 수 있는 소득·재산·소비 등을 과세대상 또는 과세물건이라 한다. 부가가치세의 담세력은 소비자의 소비행위나 소비지출 또는 사업자의 판매능력이나 사업자가 창출한 부가가치 등 여러 가지로 측정될 수 있다. 현행법은 이 중에서 소비행위나 소비지출을 고려하여 과세대상을 규정한 것으로 볼 수 없다. 사업자의 판매능력인 매출을 담세력으로 고려할 수도 있는데 간접적으로 소비에 과세하는 것이라고 볼 수 있어 논리적으로 가능한 생각이다.[1] 하지만 사업자는 자신이 부담해야 할 부가가치세를 재화 등의 가격에 포함시켜 소비자에게 전가할 것으로 예정하고 있을 뿐이지, 실제 부가가치세의 전가는 시장에서 사업자 상호간, 사업자와 소비자 간에 힘의 관계에서 결정되기 때문에 매출을 부가가치세의 담세력으로 보기도 어렵다. 그리하여 부가가치세의 담세력은 사업자가 사업을 수행함으로써 창출한 부가가치라고 해야 옳을 것이다.

이와 같이 부가가치세의 과세대상은 사업자가 생산 또는 거래단계에서 창출한 부가가치라고 할 수 있지만 우리나라는 전단계세액공제법을 채택하고 있기 때문에 각 사업자 단계의 부가가치를 직접 포착하여 과세하지 아니한다. 이론적으로 사업자의 부가가치는 사업으로서 재화 또는 용역을 공급한 것에 대한 대가가 사업과 관련하여 다른 자로부터 공급받은 재화 또는 용역에 대하여 지급한

1) 金子 宏編, 『租稅法の發展』, 有斐閣, 2010, 276면.

대가를 넘는 가액으로 구성하고 있다. 이에 따라 부가가치세는 재화 또는 용역의 공급에 대한 매출세액에서 그 매입세액을 공제하여 납부할 세액을 계산함으로써 간접적으로 부가가치에 대한 과세를 실현하는 구조이다. 여기에는 최종소비단계에서 조세를 징수하기가 어렵고 곤란하다는 징세기술상의 이유도 있다.

이러한 부가가치세의 성질과 세무행정의 사정은 「부가가치세법」을 해석함에 있어서도 존중되어야 한다. 따라서 적정한 담세력을 파악하여 사업자가 창출한 부가가치에만 과세되도록 해야 할 것이다.

## 2. 재화 또는 용역의 공급 등

앞에서 설명한 이유로 법은 부가가치 그 자체가 아니라 사업자가 행하는 재화 또는 용역의 공급 거래를 과세대상으로 하고 있다. 이에 따라 특정 거래단계에서 납부하는 부가가치세액이 그 단계에서 창출된 경제학적 의미의 부가가치를 기준으로 한 부가가치세액과 동일하지 않은 경우도 발생할 수 있다. 하지만 이를 두고 전단계세액공제법이 부가가치세의 본질에 반한다고 단정할 수는 없다는 것이 헌법재판소의 판단이다.[2)]

재화의 수입은 본래 국외 거래이므로 과세대상이 될 수 없으나, 소비지 과세원칙에 따라 수입 재화도 국내에서 생산된 재화와 동일하게 취급하기 위하여 과세대상에 포함시키고 있다(부법 제4조). 그러나 용역의 수입은 그 성질상 생산과 사용·소비의 장소를 구분하기 매우 어렵다는 이유로 「부가가치세법」상 과세대상이 아닌 것으로 하고 있다.

사업자가 공급하는 모든 재화 또는 용역이 과세대상이 되는 것은 아니다. 법 제4조 제1호에서 '사업자가 행하는'이라고 하여 명시적으로 사업관련성을 요구하고 있고, 아울러 사업자가 제공하는 재화 또는 용역은 그 자체가 과세대상이 아니기 때문에 부가가치가 창출되는 '공급' 또는 '수입'이라는 거래행위가 있어야 한다. 법 제4조 본문에서 "부가가치세는 다음 각 호의 거래에 대하여 과세한다"고 한 것도 부가가치세 과세대상을 거래행위로 파악한 것이다. 이것을 이른바 '과세거래'라 한다. 과세대상을 재화 또는 용역의 공급 및 재화의 수입으로 각각 구분하여 규정한 이유는 그 성격이 다를 뿐만 아니라 과세시기와 과세장소

2) 헌법재판소 2011.2.24. 선고 2009헌바203 결정.

및 그 밖의 과세절차와 방법이 다르기 때문이다.

### 3. 국내에서 행하는 거래

앞의 논의를 종합할 때 과세거래가 되기 위한 기본적 요건은 사업성·대가성·재화 또는 용역의 공급(재화의 수입 포함)이라고 생각해볼 수 있다. 다만 법문에는 규정하고 있지 않지만 사업자가 국내에서 행하는 거래만 과세대상이 된다고 해석하여야 할 것이다. 법 제19조와 제20조에서 재화 및 용역의 공급장소를 규정하고 있는데 이것은 재화 또는 용역의 공급이 국내 거래인 경우에만 우리나라의 과세권이 미치는 거래로 판정하는 기준을 정한 것이기 때문이다. 입법론으로 소비지 과세원칙에 입각하여 '국내 거래'만 과세대상으로 명문화해야 할 것이다.

## Ⅱ. 재화의 공급

제9조(재화의 공급) ① 재화의 공급은 계약상 또는 법률상의 모든 원인에 따라 재화를 인도하거나 양도하는 것으로 한다.
② 제1항에 따른 재화의 공급의 범위에 관하여 필요한 사항은 대통령령으로 정한다.

### 1. 재화의 개념

「부가가치세법」상 재화(Goods)란 재산가치가 있는 모든 물건과 권리를 말한다(부법 제2조 제1호). 물건은 상품·제품·원료·기계·건물 등 모든 유체물과 무체물로서 전기·가스·열 등 관리할 수 있는 자연력을 말한다. 물·흙·퇴비 등은 재화의 범위에 포함하지만 재산가치가 없는 것은 재화가 아니다.[3] '관리할 수 있는'의 의미는 사람이 이를 지배할 수 있다는 뜻으로 이해하여야 한다. 인터넷상 게임머니나 사이버머니 등도 게임회사가 제공하는 온라인 게임 서비스를 이용할 수 있는 권리 내지 그 밖의 재산적 가치가 있는 무체물로서 거래의 객체가 되므로 재화에 해당한다.[4]

---

3) 통칙 2-2-1.
4) 대법원 2012.4.13. 선고 2011두30281 판결.

가상자산이 재화에 해당하는지 여부는 불분명한데 행정해석은 가상자산의 공급을 부가가치세 과세대상으로 보지 아니한다.[5] 이처럼 「부가가치세법」에 규정된 재화의 개념은 「민법」상 물건의 개념과 유사하지만 재산적 가치가 있어야 하는 점에서 다소 다르다.[6] 특이한 점으로 재산적 가치가 있는 권리도 재화의 범위에 포함시키고 있다. 권리는 광업권·특허권·저작권 등 물건 외에 재산적 가치가 있는 모든 것을 포함한다(부령 제2조 제2항).[7] 법령의 규정에 열거된 것은 예시에 불과하다.

재산적 가치가 있는 권리는 매우 다양한데 대법원은 그 예로 영업권을 재화에 해당한다고 보았다.[8] 하지만 영업권은 자산이전의 대가와 별도로 더 받은 대가로 양도 또는 취득의 대상이 되는 것이 아니므로 권리의 개념에 포함되지 않는다고 보는 견해도 있다.[9] 그 밖에 건설업 등의 면허권, 상표권, 건물임차권, 점포권리금, 신기술개발에 관한 권리, 주상복합건물 사업시행권 등도 재화로 보는 권리에 해당한다. 권리의 양도는 재화의 공급으로 보지만 권리의 대여는 후술하는 용역의 공급에 해당하므로 이를 구분해야 한다. 재화를 공급하는 사업의 구분은 통계청장이 고시하는 해당 과세기간 개시일 현재의 한국표준산업분류를 기준으로 한다(부령 제4조 제1항).

## 2. 재화 공급의 요건

'재화의 공급'이란 계약상 또는 법률상의 모든 원인에 따라 재화를 인도하거나 양도하는 것을 말한다(부법 제9조 제1항). 즉 재화가 타인에게 이전되어 타인이 사용하거나 소비하는 것을 말한다. 이 경우 원칙적으로 대가를 받고 재화를

---

5) 서면-2020-법령해석부가-1163, 2021.3.2

6) 재화가 재산적 가치가 있으려면 기본적으로 '이용성'과 '환가성'이 있어야 한다. 일반적으로 흙·퇴비 등은 재산적 가치가 있으나, 공기는 환가성이 없으므로 재산적 가치가 없지만 이를 용기에 담아 판매하는 경우에는 재산적 가치가 있다고 볼 수 있다.

7) 각국의 부가가치세법은 EEC의 제6차 지침에 의거 재화의 공급에 관하여 정의하고 있는데, 재화의 공급이란 유체물 처분에 관한 권리의 양도(the transfer of the right to dispose of tangible property as owner)로서 전기·열·가스 그 밖의 자연력 같은 것을 포함하는 것으로 하고 있다. Alan Schenk/Oliver Oldman, *op. cit.*, p.138.

8) 대법원 2014.1.16. 선고 2013두18827 판결.

9) 강성모·박훈, "2014년도 국세기본법 및 부가가치세법 판례회고", 『조세법연구 21-1』, 한국세법학회편, 2015, 411~413면.

공급하는 경우에만 「부가가치세법」상 과세거래에 해당한다고 해석하여야 한다.[10] 명문규정에서 명확히 대가성을 필요로 하고 있지는 않지만 대가를 받지 아니하고 타인에게 용역을 공급하는 경우는 용역의 공급으로 보지 아니한다는 규정이 있다(부법 제12조 제2항). 이에 관하여는 뒤에서 살펴보기로 한다.

「국세기본법」 제14조에 따른 실질과세의 원칙상 재화의 공급 여부도 실질에 따라 판단하여야 한다. 가령 외관상 재화가 공급된 것처럼 보이지만 단순히 재화의 공급을 가장하거나 위장한 것에 불과하고 실제로는 상품의 거래 없이 투자금만 수수된 경우에는 과세원인이 되는 재화의 공급이 있다고 볼 수 없다.[11] 재화 공급의 요건은 ① 계약상 또는 법률상의 모든 원인에 따른 것, ② 대가관계가 있을 것, ③ 재화의 인도 또는 양도가 있을 것으로 나누어 볼 수 있다. 공급의 목적은 불문한다.

### 가. 계약상 또는 법률상의 원인

계약상의 원인이란 거래당사자 간의 계약 등 법률행위에 따른 것을 말하고, 법률상의 원인이란 법률의 규정에 의하여 재화 공급의 원인이 되는 것을 말한다. 법문에 '계약상 또는 법률상의 모든 원인'이라고 규정하고 있으므로 도난·유실·손괴 또는 재해에 따른 멸실 등과 같이 계약상 또는 법률상 원인에 의하지 아니한 재화의 이전 또는 멸실은 재화의 공급으로 보지 아니한다. 예를 들어 어느 법인의 종업원이 그 법인의 재화를 횡령하여 임의로 처분한 경우 이를 해당 법인의 매출액으로 보아 부가가치세를 과세할 것인지 문제될 수 있다. 이 경우 세금계산서를 누구 명의로 발행하였는지, 대금은 누구의 계좌로 송금 받았는지 등을 종합적으로 판단하여야 한다. 특별한 사정이 없는 한 개인적으로 재화를 횡령한 경우에는 해당 법인의 거래로 인정하기 어려울 것으로 보인다. 따라서 「부가가치세법」상 법인의 재화 공급으로 볼 수 없으므로 과세대상이 되지 아니한다고 해석하여야 할 것이다.

#### (1) 재화 공급의 범위

재화 공급의 범위는 법령에 열거되어 있다. 이에 해당하는 매매·가공·교

10) 일본 「소비세법」 제2조 제1항 제8호는 '대가를 얻고 행하는 자산의 양도' 등을 과세대상으로 규정하고 있다.
11) 대법원 2008.12.24. 선고 2006두13497 판결.

환·현물출자·소비대차 그 외의 계약과 법률상의 원인을 상세히 설명하면 다음과 같다(부령 제18조 제1항).

① 현금판매·외상판매·할부판매·장기할부판매·조건부 및 기한부판매·위탁판매와 그 밖의 매매계약에 따라 재화를 인도하거나 양도하는 것(제1호)

② 자기가 주요자재의 전부 또는 일부를 부담하고 상대방으로부터 인도받은 재화를 가공하여 새로운 재화를 만드는 가공계약에 따라 재화를 인도하는 것(제2호)

이에 비하여 자기가 주요자재를 전혀 부담하지 아니하고 상대방으로부터 인도받은 재화에 단순히 가공만 해 주는 것은 용역의 공급으로 본다(부령 제25조 제2호). 단순히 가공을 위하여 제품이나 원료 등을 인도하고 가공된 제품을 반환받는 것은 재화의 공급으로 볼 수 없다.

③ 재화의 인도 대가로서 다른 재화를 인도받거나 용역을 제공받는 교환계약에 따라 재화를 인도하거나 양도하는 것(제3호)

예를 들어, 학교급식 공급업자가 급식시설을 신축하여 무상으로 사용할 조건으로 학교에 기부채납하는 것은 실질적으로 교환계약에 따른 재화의 공급으로 볼 수 있다. 토지소유자가 자기의 토지 위에 다른 사업자로 하여금 건물을 신축하게 하여 일정 기간 무상으로 사용한 후 명도받기로 약정하고 토지소유자의 명의로 신축건물을 보존등기한 경우도 재화의 공급에 해당한다.[12)]

④ 경매·수용·현물출자와 그 밖의 계약상 또는 법률상의 원인에 따라 재화를 인도하거나 양도하는 것(제4호)

개인사업자가 법인설립을 위하여 재화를 현물로 출자하는 것도 재화의 공급이다. 출자 후 출자자가 자기의 출자지분을 타인에게 양도하거나 법인 또는 공동출자자가 출자지분을 현금으로 반환하는 것은 재화의 공급에 해당하지 아니하나 출자지분을 현물로 반환하는 것은 재화의 공급으로 본다.[13)] 판례는 상가를 건축하여 임대업을 할 목적으로 결성된 조합이 사업자등록을 하고 독립 계산 하에 상가건물을 신축하여 조합명의로 상당수의 점포를 임대하고 조합원들에게는 공유물 분할의 형식으로 점포를 분양한 사안에서 조합원들에 대한 분양이 「부가

12) 국심 88광967, 88.11.21; 서면 3팀-95. 2007.1.10.
13) 통칙 6-18-2.

가치세법」상 재화의 공급에 해당한다고 판시하였다.[14] 이는 사실상 공동사업을 폐지하고 출자지분을 현물로 반환한 것으로 보기 때문이다.

사업자 간에 상품·제품·원재료 등의 재화를 차용하여 사용하거나 소비하고 동종 또는 이종의 재화를 반환하는 소비대차의 경우에 해당 재화를 차용하거나 반환하는 것은 각각 재화의 공급이다.[15]

⑤ 국내로부터 보세구역에 있는 창고에 임치된 임치물을 국내로 다시 반입하는 것(제5호)

(2) 예 외

다음에 해당하는 계약상의 원인은 재화의 공급으로 보지 아니한다(부령 제18조 제2항).

① 보세구역에 있는 조달청 창고(조달청장이 개설한 것으로서 「관세법」 제174조에 따라 세관장의 특허를 받은 보세창고를 말한다)에 보관된 물품에 대하여 조달청장이 발행하는 창고증권의 양도로서 임치물의 반환이 수반되지 아니하는 것(창고증권을 가진 사업자가 보세구역의 다른 사업자에게 인도하기 위하여 조달청 창고에서 임치물을 넘겨받는 경우를 포함)(제1호)

② 보세구역에 있는 기획재정부령으로 정하는 거래소의 지정창고에 보관된 물품에 대하여 같은 거래소의 지정창고가 발행하는 창고증권의 양도로서 임치물의 반환이 수반되지 아니하는 것(창고증권을 가진 사업자가 보세구역의 다른 사업자에게 인도하기 위하여 지정창고에서 임치물을 넘겨받는 경우를 포함)(제2호)

③ 사업자가 위탁가공을 위하여 원자재를 국외의 수탁가공 사업자에게 대가 없이 반출하는 것(영세율이 적용되는 것은 제외)(제3호)

④ 「한국석유공사법」에 따른 한국석유공사가 「석유 및 석유대체연료 사업법」에 따라 비축된 석유를 수입통관하지 아니하고 보세구역에 보관하면서 국내사업장이 없는 비거주자 또는 외국법인과 무위험차익거래 방식으로 소비대차하는 것(제4호)

또한 다음에 해당하는 법률상의 원인은 재화의 공급으로 보지 아니한다(부령 제18조 제3항).

---

14) 대법원 1999.4.13. 선고 97누6100 판결.
15) 통칙 9-18-1.

① 「국세징수법」에 따른 공매(수의계약에 따라 매각하는 것을 포함)에 따라 재화를 인도하거나 양도하는 것(제1호)

② 「민사집행법」에 따른 경매(같은 법에 따른 강제경매, 담보권 실행을 위한 경매와 「민법」·「상법」 등 그 밖의 법률에 따른 경매를 포함)에 따라 재화를 인도하거나 양도하는 것(제2호)

사업자인 채무자의 부동산이 공매 또는 경매에 의하여 타인에게 양도되는 경우 구법에서는 경매 등의 본질이 사법상 매매와 다르지 않다는 이유로 부가가치세의 과세대상이 되는 재화의 공급으로 보았다. 그런데 채무자는 실질적으로 경매절차에 개입할 수 없어 거래징수를 제대로 할 수 없을 뿐만 아니라 경매가액에 부가가치세가 포함되었는지 여부를 판단하기가 어려워 납세절차에 문제가 있고, 경락인이 사업자인 경우 매입세액만 공제받을 우려가 있기 때문에 현행법은 과세대상이 되는 재화의 공급으로 보지 아니하는 것이다.

③ 「도시 및 주거환경정비법」, 「공익사업을 위한 토지 등의 취득 및 보상에 관한 법률」 등에 따른 수용절차에서 수용대상 재화의 소유자가 수용된 재화에 대한 대가를 받는 경우(제3호)

사업자가 부가가치세가 과세되는 사업에 제공하던 건물이 법률에 따라 수용됨으로써 타인에게 양도되는 경우는 이론적으로 재화의 공급에 해당한다. 그러나 해당 수용대상 재화를 사업자의 책임 하에 먼저 철거하고 공익사업의 시행자로부터 철거로 인한 손실보상금을 받는 경우에는 건물의 소유권을 이전하지 아니하여 재화의 공급으로 볼 수 없다고 해석할 수 있다.[16] 이 경우 수용대상 토지(면세) 및 건물을 양도함에 있어서 그 소유자가 건물을 철거하고 토지만을 인도하는 경우의 토지와 건물을 함께 양도하는 경우에 과세가 달라지는 점에서

16) 대법원 2005.7.8. 선고 2004두10579 판결에 의하면, 건물이 도시계획시설(도로)사업에 편입되는 토지 위에 있던 건물로서 그 사업시행에 따라 철거될 상황이었고, 그 소유자인 원고가 사업시행자인 서울시장과 사이에 건물에 관한 양도계약을 체결하지 아니하고 구 「공공용지의 취득 및 손실보상에 관한 특례법」(2002.2.4. 법률 제6656호로 폐지)과 그 시행규칙(2002.12.31. 건설교통부령 제344호로 폐지)에 따라 손실보상에 관한 협의를 한 후 지장물 철거계약을 체결하고 서울시장으로부터 손실보상금을 받은 점, 그리고 이 사건 건물이 실제로도 위 사업의 시행에 따라 철거되고 서울시 앞으로 소유권이전등기가 마쳐지지 아니한 점 등에 비추어 볼 때 이 사건 건물에 관하여 철거협의가 이루어지고 손실보상금이 지급된 것은 「부가가치세법」에서 말하는 재화의 공급에 해당하는 것으로 볼 수 없다.

사업자의 선택에 따라 부가가치세 과세 문제가 좌우되는 문제가 발생한다. 이를 해결하기 위하여 현행법은 공익사업 등에 따른 수용절차에서 수용재화에 대한 대가를 받는 경우는 과세대상이 되는 재화의 공급으로 보지 아니하는 것이다.

### 나. 대가성

#### (1) 대가의 개념

법에 명문규정은 없지만 부가가치세의 과세대상이 되는 재화의 공급은 대가를 받고 하는 거래에 한정된다고 해석하여야 한다. 즉 무상에 의한 재화의 양도는 「부가가치세법」상 재화의 공급 거래에 해당하지 않는다. 시행령 제118조에서는 재화와 공급의 계약 및 법률상 원인을 열거하고 있는바, 이는 대가성을 전제로 한 것으로 볼 수 있다. 다만 특수관계인 간에 재화를 공급하면서 부당하게 대가를 받지 아니하는 경우에는 과세의 대상이 된다.

한편 사전적 의미의 대가란 재산이나 노력을 타인에게 해주거나 이용시키는 경우에 그 보수로서 수령하는 이익을 말한다고 이해하고 있다. 대가의 개념은 「소득세법」과 「법인세법」 등 개별 세법에서도 사용하고 있으므로 세법상의 개념을 토대로 「부가가치세법」의 취지와 목적을 감안하여 해석하여야 할 것이다.

「부가가치세법」상 대가란 개별 계약에 의한 재화의 이전에 대한 반대급부로서 수령하는 것을 의미한다. 일반적으로 매매·제조·가공 등에 대해서 지급하는 금전에 의한 반대급부를 뜻하는 대금보다 더 넓은 개념이라고 해석하여야 한다.[17] 그러므로 대가란 재화의 공급과 반대급부 사이에 반드시 등가의 관계를 필요로 하는 것은 아니라고 본다.[18] 요컨대 대가를 받기로 하고 타인에게 재화를 공급한 이상 대가가 충분한지 여부 또는 실제로 그 대가를 받았는지 여부는 납세의무의 성립에 영향이 없다.

이와 같이 대가성은 부가가치세의 과세대상을 구별할 때에 합리적인 판단기준을 제공하기 때문에 과세대상 여부를 판단하는 데 중요한 개념인 만큼 법에서 이를 명확히 정의하여야 할 것으로 생각한다.

---

17) 伊川正樹, "消費税法における資産の譲渡の意義", 『税法學』 제573호, 2015, 22면.

18) Klaus Tipke /Joachim Lang, *Steuerrecht*, 20. Aufl., Köln: Verlag Dr. Otto Schmidt KG, 2010, S.580.

(2) 대가성이 필요한 이유

재화 또는 용역의 공급 요건으로 대가성을 요구하는 이유는 사업자가 특수관계인에게 공급하는 재화 또는 용역에 대한 조세의 부담을 부당하게 감소시킬 것으로 인정되는 경우(부법 제29조 제4항) 외에는 실제로 지출된 대가의 가액만이 부가가치세 과세표준이 되고 소비자가 실제로 부담한 가액이기 때문이다.

이론적으로 살펴보면, 부가가치세는 해당 사업자가 부담하여야 할 세액을 최종적으로 소비자에게 전가할 것을 예정하고 있다. 사업자는 재화 또는 용역의 공급가액 중에 자신이 부담해야 할 부가가치세 상당액을 표시가격에 포함하여 거래함으로써 결국 최종적으로 소비자에게 전가되는 것이다. 또한 부가가치세는 중복과세를 배제하기 위해서 매출세액에서 매입세액을 공제하여 계산한다. 따라서 대가성의 판단은 공급자측이 과세대상에 해당하는지 여부에 그치지 않고 공급을 받는 자 측에서 매입세액공제가 가능한지도 중요한 문제이다. 이와 같이 어떤 행위나 거래가 부가가치세의 과세대상이 되는지 여부는 시장에서 공급하는 자와 공급받는 자 간의 객관적이고 합리적인 대가관계에 의하여 좌우된다.

대가를 받지 아니하는 거래의 경우를 과세대상으로 하지 않는 이유는 다음 거래단계에서 매입세액이 감소하고 그만큼 납부하여야 할 세액이 증가하기 때문에 거래당사자들 스스로 부가가치세 부담의 조정이 이루어지기 때문이다. 또한 사업자와 최종소비자 사이에 무상으로 거래가 이루어지는 경우에는 부가가치세가 소비 그 자체에 담세력을 인정하여 과세하는 것이 아니기 때문에 굳이 과세할 필요성이 없다고 보는 것이다.[19)]

그러나 사업자가 자기의 사업과 관련하여 생산하거나 취득한 재화를 직접 사용하거나 소비하는 경우 또는 법인이 재화를 종업원에게 증여하는 경우 등과 같이 특정의 내부거래 또는 대가를 받지 아니하는 외부거래에 대하여도 과세의 형평과 조세의 중립성 유지를 위하여 재화의 공급으로 보는 경우가 있다. 이 경우는 무상으로 재화를 공급하는 경우와 상황이 다르기 때문에 대가를 받고 재화를 양도한 것으로 간주하여 과세하고 있다.

---

19) 金子 宏, 『租稅法』, 有斐閣, 2014, 664면.

### 다. 재화의 인도 또는 양도

부가가치세의 성질에 비추어 보면 재화의 인도 또는 양도란 재화를 사용하거나 소비할 수 있도록 소유권을 이전하는 것을 의미하므로 궁극적으로 재화를 사용할 권한의 이전이 수반되는 것을 말한다.[20] 다시 말해 재화의 공급으로 인정되기 위해서는 법적인 의미에서 소유권이 이전되지는 않더라도 사실상 소유자로서 해당 재화에 대한 배타적인 이용 및 처분을 할 수 있도록 그 점유를 이전하는 행위 등이 있어야 한다.[21]

'재화의 인도'란 재화의 사실상 지배인 점유를 이전하는 것이다. 여기에는 현실의 인도뿐 아니라 민법상 인도의 형태인 간이인도와 점유개정 및 목적물반환청구권의 양도를 포함하는 것으로 해석해야 한다. 그러나 임대차에 따르는 물건의 인도는 재화의 공급이 아니라 재화를 사용하게 하는 용역의 공급에 해당한다. '재화의 양도'란 재화에 대한 법률상의 지위를 이전하는 것이다. 부동산의 경우 소유권이전등기까지 마쳐야 한다.

### 라. 공급의 목적

사업자가 계약상 또는 법률상의 원인에 의하여 재화를 인도 또는 양도하는 경우에는 부가가치세를 면제하거나 부과하지 아니한다는 특별한 규정이 없는 한 원칙적으로 부가가치세 과세대상이 된다.

사업자가 주된 사업으로서 계속적으로 반복하여 재화 등을 공급하는 것이 아니라 주된 사업과 관련하여 우연히 또는 일시적으로 공급하는 경우에도 과세대상이 된다.[22] 공급의 목적이 사업의 유지 또는 확장을 위한 것이든 아니면 사옥의 매각같이 사업의 청산정리를 위한 것이든 불문한다. 따라서 부동산임대 사업자가 소유한 부동산이 매각되어 타인에게 소유권이 이전됨으로써 사업자가 그로 인하여 비로소 사업을 계속하지 못하게 되었을 뿐 그 전에 사업을 폐지한 바가 없다면 사업자로서 자신의 사업에 제공되던 부동산을 양도한 것이다. 이와

---

20) 대법원 1999.2.9. 선고 98두16675 판결.

21) 대법원 2006.10.13. 선고 2005두2926 판결.

22) 대법원 2001.2.23. 선고 98두16644 판결은 영리를 목적으로 사업상 독립적으로 항공화물운송주선업을 영위하던 중 그 사업에 창고시설이 필요하여 창고시설물이용권을 보유하다가 양도한 경우에 비록 그 양도가 1회적으로 이루어진 것이라도 주된 사업과 관련하여 재화를 공급한 것으로서 부가가치세 과세대상이라고 판시하였다.

같이 사업자가 법률상 또는 계약상의 원인에 의하여 재화를 공급하는 이상 그 재화공급의 목적이 사업의 청산 및 정리를 위한 것이라 하더라도 과세대상이다.[23]

예컨대 숙박·여관업으로 사업자등록을 한 자가 여관을 신축하던 중 사업을 개시하기 전에 신축 중인 건물을 양도하더라도 재화의 공급으로 보게 된다. 「부가가치세법」 제10조 제6항에서 사업자가 사업을 폐지하는 때에 잔존하는 재화는 자기에게 공급하는 것으로 보도록 규정하면서 제6항 단서에서 사업개시일 이전에 사업자등록을 신청한 자가 사실상 사업을 시작하지 아니하게 되는 경우에도 또한 같다고 규정하고 있으므로, 사실상 사업을 개시하지 아니하였다 하더라도 사업자등록을 한 이상 부가가치세 납세의무자로서 사업용 자산을 양도한 경우이기 때문이다. 다만 여관 건물을 양수한 자가 건물 완공 후 사업자등록을 하여 여관을 운영한다면 후술하는 「부가가치세법」상 재화의 공급으로 보지 아니하는 사업의 양도로 볼 수도 있다.[24]

## 3. 개별적 문제

과세거래가 되는 재화의 공급과 관련하여 문제되는 것을 개별적으로 살펴보면 다음과 같다.

### 가. 수표·어음 등 화폐대용증권

수표·어음 등의 화폐대용증권은 「부가가치세법」상 과세대상에 해당하지 아니한다.[25] 화폐 등은 그 자체가 재산적 가치가 있는 유체물로서 거래의 대상이 되는 것이 아니라 거래를 완결하는 지불수단으로서 과세대상이 되지 않는 것이다. 다만 수집용 화폐는 예외이다.

재화나 용역의 공급 없이 수수하는 금전은 부가가치세가 과세되지 아니한다.[26] 하지만 화물상환증·선하증권 등 물품증권은 권리의 이전과 행사에 증권의 점유를 필요로 할 뿐만 아니라 단순히 재산적 가치로서의 사권적 효력 이외

23) 대법원 2008.7.24. 선고 2006두2459 판결; 대법원 1996.8.23. 선고 94누15424 판결.
24) 국심 2004광737, 2005.10.17.
25) 통칙 4-0-3.
26) 예규, 부가 421, 2014.5.12.

에도 「상법」에 의하여 그 교부가 운송물을 인도하는 것과 동일한 법적 효력을 가지는 점에서 과세대상이 된다.

### 나. 상품권 등

상품권을 자기의 책임과 계산으로 구입하여 판매하는 경우와 영화를 관람할 수 있는 영화예매선물권을 발행하여 판매하는 것은 과세대상에 해당하지 아니한다.[27] 그 자체가 재산적 가치가 있는 유체물로서 거래의 대상이 되는 것이 아니고 거래의 지불수단이므로 화폐대용증권과 마찬가지로 취급하는 것이다. 그러나 단순히 상품권 발행자와의 약정에 기하여 상품권을 판매하여 주고 그 대가로 판매대행수수료를 받는 경우에는 용역의 제공에 해당하여 과세대상이 된다.

### 다. 손해배상금 등

부가가치세의 전가가 이루어지지 아니하는 행위 또는 거래로서 그 지급에 임의성을 결여한 금전을 수령하는 경우가 있다. 예를 들어 손해배상금 중 신체 또는 재산에 관해 입은 손해배상의 책임이 있는 자로부터 법률상의 권리로서 수령한 손해배상금의 경우 그 수령자로부터 해당 금원에 대응하는 역무의 제공은 없다. 또한 위약금 및 취소수수료도 그것이 일실이익에 대한 손해배상금인 경우에는 대가성을 갖지 아니한다.

그리하여 다음의 각종 원인으로 사업자가 받는 손해배상금 등은 과세대상이 되지 아니한다.[28] 재화 등의 공급이 일어나지 않거나 일실이익에 대한 손해배상금의 성격을 갖기 때문에 재화 또는 용역의 제공에 대한 대가로 보지 아니하는 것이다.

① 소유재화의 파손·훼손·도난 등으로 인하여 가해자로부터 받는 손해배상금

② 도급공사 및 납품계약서상 그 기일의 지연으로 인하여 발주자가 받는 지체상금

③ 공급받을 자의 해약으로 인하여 공급할 자가 재화 또는 용역의 공급 없이 받는 위약금 또는 이와 유사한 손해배상금

27) 집행기준 15-28-2.
28) 통칙 4-0-1 제1항.

④ 대여한 재화의 망실에 대하여 받는 변상금

### 라. 협회 회비 등

협회 등 단체가 재화의 공급 등에 따른 대가관계 없이 회원으로부터 받는 회비·찬조비 및 특별회비 등은 과세대상이 아니다.[29] 이는 동업자단체나 조합 등이 그 구성원에게 받는 회비 중 그 지급이 그 동업자단체로부터의 재화 등 제공과 명확한 대응관계가 없는 경우는 과세거래로 보지 아니하는 것이다.

어떤 단체가 통상적 업무를 수행함에 따라서 그 구성원이 향수하는 해당 단체로부터의 재화 또는 용역의 제공은 구성원 전체에 그 효과를 미치는 것이고, 구성원 개인이 지출하는 회비와의 관련성이 희박하다고 볼 수 있다.

## 4. 재화의 공급의제(공급간주)

**제10조(재화 공급의 특례)** ① 사업자가 자기의 과세사업과 관련하여 생산하거나 취득한 재화로서 다음 각 호의 어느 하나에 해당하는 재화(이하 이 조에서 "자기생산·취득재화"라 한다)를 자기의 면세사업 및 부가가치세가 과세되지 아니하는 재화 또는 용역을 공급하는 사업(이하 "면세사업 등"이라 한다)을 위하여 직접 사용하거나 소비하는 것은 재화의 공급으로 본다.

1. 제38조에 따른 매입세액, 그 밖에 이 법 및 다른 법률에 따른 매입세액이 공제된 재화
2. 제9항 제2호에 따른 사업양도로 취득한 재화로서 사업양도자가 제38조에 따른 매입세액, 그 밖에 이 법 및 다른 법률에 따른 매입세액을 공제받은 재화
3. 제21조 제2항 제3호에 따른 수출에 해당하여 영(零) 퍼센트의 세율을 적용받는 재화

② 다음 각 호의 어느 하나에 해당하는 자기생산·취득재화의 사용 또는 소비는 재화의 공급으로 본다.

1. 사업자가 자기생산·취득재화를 제39조 제1항 제5호에 따라 매입세액이 매출세액에서 공제되지 아니하는 「개별소비세법」 제1조 제2항 제3호에 따른 자동차로 사용 또는 소비하거나 그 자동차의 유지를 위하여 사용 또는 소비하는 것
2. 운수업, 자동차 판매업 등 대통령령으로 정하는 업종의 사업을 경영하는 사업

---

29) 통칙 4-0-2.

자가 자기생산·취득재화 중 「개별소비세법」 제1조 제2항 제3호에 따른 자동차와 그 자동차의 유지를 위한 재화를 해당 업종에 직접 영업으로 사용하지 아니하고 다른 용도로 사용하는 것

③ 사업장이 둘 이상인 사업자가 자기의 사업과 관련하여 생산 또는 취득한 재화를 판매할 목적으로 자기의 다른 사업장에 반출하는 것은 재화의 공급으로 본다. 다만, 다음 각 호의 어느 하나에 해당하는 경우는 재화의 공급으로 보지 아니한다.

1. 사업자가 제8조 제3항 후단에 따른 사업자 단위 과세 사업자로 적용을 받는 과세기간에 자기의 다른 사업장에 반출하는 경우
2. 사업자가 제51조에 따라 주사업장 총괄 납부의 적용을 받는 과세기간에 자기의 다른 사업장에 반출하는 경우. 다만, 제32조에 따른 세금계산서를 발급하고 제48조 또는 제49조에 따라 관할 세무서장에게 신고한 경우는 제외한다.

④ 사업자가 자기생산·취득재화를 사업과 직접적인 관계없이 자기의 개인적인 목적이나 그 밖의 다른 목적을 위하여 사용·소비하거나 그 사용인 또는 그 밖의 자가 사용·소비하는 것으로서 사업자가 그 대가를 받지 아니하거나 시가보다 낮은 대가를 받는 경우는 재화의 공급으로 본다. 이 경우 사업자가 실비변상적이거나 복리후생적인 목적으로 그 사용인에게 대가를 받지 아니하거나 시가보다 낮은 대가를 받고 제공하는 것으로서 대통령령으로 정하는 경우는 재화의 공급으로 보지 아니한다.

⑤ 사업자가 자기생산·취득재화를 자기의 고객이나 불특정 다수에게 증여하는 경우(증여하는 재화의 대가가 주된 거래인 재화의 공급에 대한 대가에 포함되는 경우는 제외한다)는 재화의 공급으로 본다. 다만, 사업자가 사업을 위하여 증여하는 것으로서 대통령령으로 정하는 것은 재화의 공급으로 보지 아니한다.

⑥ 사업자가 폐업할 때 자기생산·취득재화 중 남아 있는 재화는 자기에게 공급하는 것으로 본다. 제8조 제1항 단서에 따라 사업 개시일 이전에 사업자등록을 신청한 자가 사실상 사업을 시작하지 아니하게 되는 경우에도 또한 같다.

⑦ 위탁매매 또는 대리인에 의한 매매를 할 때에는 위탁자 또는 본인이 직접 재화를 공급하거나 공급받은 것으로 본다. 다만, 위탁자 또는 본인을 알 수 없는 경우로서 대통령령으로 정하는 경우에는 수탁자 또는 대리인에게 재화를 공급하거나 수탁자 또는 대리인으로부터 재화를 공급받은 것으로 본다.

⑧ 「신탁법」 제10조에 따라 위탁자의 지위가 이전되는 경우에는 기존 위탁자가 새로운 위탁자에게 신탁재산을 공급한 것으로 본다. 다만, 신탁재산에 대한 실질적인

소유권의 변동이 있다고 보기 어려운 경우로서 대통령령으로 정하는 경우에는 신탁재산의 공급으로 보지 아니한다.

⑨ 다음 각 호의 어느 하나에 해당하는 것은 재화의 공급으로 보지 아니한다.

1. 재화를 담보로 제공하는 것으로서 대통령령으로 정하는 것
2. 사업을 양도하는 것으로서 대통령령으로 정하는 것. 다만, 제52조 제4항에 따라 그 사업을 양수받는 자가 대가를 지급하는 때에 그 대가를 받은 자로부터 부가가치세를 징수하여 납부한 경우는 제외한다.
3. 법률에 따라 조세를 물납(物納)하는 것으로서 대통령령으로 정하는 것
4. 신탁재산의 소유권 이전으로서 다음 각 목의 어느 하나에 해당하는 것
   가. 위탁자로부터 수탁자에게 신탁재산을 이전하는 경우
   나. 신탁의 종료로 인하여 수탁자로부터 위탁자에게 신탁재산을 이전하는 경우
   다. 수탁자가 변경되어 새로운 수탁자에게 신탁재산을 이전하는 경우

⑩ 제1항부터 제9항까지에서 규정된 사항 외에 재화 공급의 특례에 관하여 필요한 사항은 대통령령으로 정한다.

### 가. 공급의제의 취지

사업자가 자기 자신에게 과세 재화 또는 용역을 공급하고 이를 소비한 경우에 금전적 대가관계는 생기지 아니하지만 사업자인 자신과 소비자인 자신이 거래를 한 것이 된다. 이를 '자가소비'라 한다. 만일 사업자가 자기가 생산하거나 자기의 사업과 관련하여 매입한 재화를 최종소비자의 입장에서 자가소비하고 이를 과세대상으로 하면 그에 대한 매입세액공제가 가능하다.

반면에 자가소비를 과세대상에 포함하지 아니하면 그만큼 공급가액이 발생하지 않고 과세대상인 재화를 소비하면서 부가가치세를 부담하지 않게 된다. 이렇게 되면 소비행위에 조세를 부담시키려고 하는 부가가치세의 본질을 훼손하게 되고 다른 소비자와 비교할 때도 조세부담의 공평을 침해하는 결과가 된다. 이런 점을 보완하기 위하여 자가소비를 재화 및 용역에 대한 공급으로 간주하고 있다. 이와 같이 공급으로 보는 취지는 거래의 어느 단계에서도 부가가치세 부담을 지지 않는 재화의 소비가 없도록 하는 데 있다.

사업자가 소유한 재화를 사업자 본인이나 종업원 그 밖의 제3자가 소비하는 경우 등에는 본래의 재화 공급에 해당하지 아니하는데도 예외적으로 재화의

공급으로 간주하고 있다. 이를 '재화의 공급의제'라 한다. 재화의 공급의제 유형에는 ① 자기생산·취득재화의 자가공급, ② 판매목적 다른 사업장 반출, ③ 개인적 공급, ④ 사업상 증여, ⑤ 폐업시 잔존재화 등이 있다.

### 나. 자기생산·취득재화의 면세사업 전용 등

#### (1) 면세사업에 전용

사업자가 자기의 과세사업과 관련하여 생산하거나 취득한 재화를 자기의 면세사업을 위하여 직접 사용하거나 소비하는 것은 재화의 공급으로 본다(부법 제10조 제1항). 이를 강학상 '자가공급'이라 한다.

재화의 공급으로 보는 취지는 다음과 같이 설명할 수 있다. 첫째, 이론적 측면에서 당초부터 면세사업을 위하여 재화를 생산하거나 취득하였다면 매입세액이 공제되지 않기 때문에 해당 사업자는 최종소비자의 입장에서 그 매입세액을 부담할 수밖에 없다. 그런데 동일사업자가 과세사업과 면세사업을 겸영하는 경우에 일단 재화의 생산 및 취득이 과세사업을 위한 것이면 매입세액 공제를 받는다. 이렇게 매입세액 공제를 받은 과세사업에서 생산하거나 취득한 재화를 면세사업에 사용하게 되면 매출세액이 발생하지 않는다. 그러므로 부가가치세의 부담 없이 해당 재화를 사용하거나 소비하는 결과가 된다.

둘째, 만일 과세사업과 면세사업을 서로 다른 사업자가 영위하고 있는 경우라면 과세사업에서는 매출세액이 발생하고 면세사업에서는 그 매입세액이 공제되지 않는다. 이와 같이 사업의 형태에 따라 부가가치세 과세 여부가 달라지는 결과가 되는데 이것은 과세형평에 어긋나는 것이다. 이에 따라 과세사업과 면세사업을 같은 사업자가 경영하고 있는 경우에도 마치 이것을 서로 다른 사업자가 영위하는 것과 마찬가지로 과세사업에서 생산하거나 취득한 재화를 면세사업에 사용하거나 소비하는 경우에 재화의 공급으로 의제하는 것이다.

#### (2) 자기생산·취득 재화

자기생산·취득재화 중 일정한 경우에 한하여 재화의 공급으로 보는데 여기에 해당하는 것은 다음과 같다.

**① 매입세액이 공제된 재화**

사업자가 과세사업과 관련하여 생산하거나 취득한 재화를 자기의 면세사업을 위하여 직접 사용하거나 소비하는 것은 재화의 공급으로 본다(제1호). 여기서 '생산하거나 취득한 재화'란 해당 재화를 생산하거나 취득할 때 그와 관련하여 발생한 매입세액을 공제받은 재화만을 의미한다. 처음부터 매입세액이 공제되지 않은 재화는 재화의 공급으로 보지 아니한다.

주로 동일사업장에서 과세와 면세를 겸영하는 사업자가 이에 해당한다. 예를 들어 사료 생산업자가 직접 생산한 사료를 자기의 축산업에 사용하거나 소비하는 경우, 우등고속버스 여객자동차 운송사업에 사용하던 버스를 면세사업인 시내버스 여객자동차 운송사업에 사용하는 경우, 오피스텔을 취득하여 부가가치세 매입세액을 환급받은 다음 과세사업에 사용하지 아니하고 상시 주거용으로 임대한 경우 등이다.[30]

**② 사업양도로 취득한 재화로서 사업양도자가 매입세액을 공제받은 재화**

「부가가치세법」상 재화의 공급으로 보지 아니하는 사업양도에 의하여 사업양수자가 양수한 자산으로서 사업양도자가 매입세액을 공제받은 재화를 사업양수인이 면세사업을 위하여 직접 사용하거나 소비하는 것은 재화의 공급으로 본다(제2호).

**③ 영세율을 적용받은 재화**

내국신용장 또는 구매확인서에 의하여 재화를 해외에 수출하는 공급에 해당하는 것으로서 영세율을 적용받는 재화를 면세사업을 위하여 직접 사용하거나 소비하는 것은 재화의 공급으로 본다(제3호).

### (3) 재화의 자가공급에 해당하지 아니하는 경우

사업자가 자기의 과세사업과 관련하여 생산하거나 취득한 재화를 자기의 과세사업을 위하여 사업자적 지위에서 사용하거나 소비하는 것은 부가가치의 창출을 위한 생산 활동이므로 재화의 공급으로 보지 아니한다. 예컨대 법문에는 규정이 없으나 과세실무에서 사업자가 자기의 사업과 관련하여 생산하거나 취득한 재화를 자기의 과세사업을 위하여 다음과 같이 사용하거나 소비하는 경우에는 재화의 공급으로 보지 아니한다.[31]

30) 분양목적으로 오피스텔을 신축하였으나 분양이 되지 아니하여 임대한 경우 임차한 자가 상시 주거용으로 사용하는 경우에도 부가가치세가 과세된다.

31) 통칙 10-0-1.

① 자기의 다른 사업장에서 원료·자재 등으로 사용하거나 소비하기 위하여 반출하는 경우

② 자기사업상의 기술개발을 위하여 시험용으로 사용하거나 소비하는 경우

③ 수선비 등에 대체하여 사용하거나 소비하는 경우

④ 사후 무료서비스 제공을 위하여 사용하거나 소비하는 경우

⑤ 불량품 교환 또는 광고선전을 위한 상품진열 등의 목적으로 자기의 다른 사업장으로 반출하는 경우

그 밖에 건설업을 영위하는 사업자가 자기의 사업과 관련하여 생산 또는 취득한 재화를 자기의 해외건설공사에서 건설용 자재로 사용하거나 소비할 목적으로 국외로 반출하는 경우에는 재화의 공급으로 보지 아니한다.[32]

### 다. 자기생산·취득재화의 사용 또는 소비

사업자가 생산하거나 취득한 재화를 다음과 같이 사용하거나 소비하는 경우에는 재화의 공급으로 본다(부법 제10조 제2항).

#### (1) 개별소비세 과세대상 자동차와 그 유지를 위한 재화

사업자가 생산하거나 취득한 자동차를 매입세액이 매출세액에서 공제되지 아니하는 자동차(부법 제39조 제1항 제5호)로 사용 또는 소비하거나 그 자동차의 유지를 위하여 사용 또는 소비하는 것은 재화의 공급으로 본다(제1호). 이에 해당하는 자동차는 「개별소비세법」 제1조 제2항 제3호에 규정한 ① 배기량이 2천 씨씨를 초과하는 승용자동차와 캠핑용자동차, ② 배기량이 2천 씨씨 이하인 승용자동차(배기량이 1천 씨씨 이하인 것으로서 대통령령으로 정하는 것은 제외)와 이륜자동차, ③ 전기승용자동차 등이다. 법 제39조 제1항 제5호에 매입세액이 공제되지 아니하는 자동차를 규정하고 있는데 운수업 또는 자동차판매업 등에 직접 영업으로 사용하는 것은 매입세액 공제를 허용하고 있다.

#### (2) 비영업용 자동차와 그 유지를 위한 재화

운수업·자동차판매업·자동차임대업·운전학원업·기계경비업무를 하는 경비업의 사업을 경영하는 사업자가 자기생산·취득재화 중 자동차(「개별소비세법」 제1조 제2항 제3호 해당)와 그 자동차의 유지를 위한 재화를 해당 업종에 직접 영

32) 통칙 10-0-2.

업으로 사용하지 아니하고 다른 용도로 사용하는 것은 재화의 공급으로 본다(제2호). 이를 강학상 '비영업용 자동차의 공급간주'라 한다.

위에서 열거한 운수업·자동차판매업 등과 자동차를 이용하여 영위하는 택시운송사업·자동차임대업 등을 영업용이라 하므로 '비영업용'이란 이와 같은 업종에 직접 영업으로 사용되는 것이 아니라 그 외의 업무연락용 또는 출퇴근용으로 사용하는 것을 말한다. 예를 들면 다음과 같은 경우에 공급으로 보게 되는 것이다.

① 운수업을 영위하는 사업자가 운수사업용으로 승용자동차를 구입하여 매입세액을 공제받은 후 이를 임직원의 업무용으로 사용하는 경우

② 주유소를 운영하는 사업자가 판매용 휘발유를 자기의 업무연락용 승용자동차에 주입하는 경우

③ 자동차부품판매업을 영위하는 사업자가 타이어를 자기의 승용자동차에 사용하거나 소비하는 경우

④ 기계경비업무를 하는 업체가 출동을 위하여 구입한 승용차를 직원 출퇴근용으로 사용하는 경우

재화의 공급으로 의제하는 취지는, 자동차제조업 또는 운송업을 영위하는 사업자 등이 매입세액이 공제되는 영업용 자동차를 구입하여 고유의 사업에 사용하지 아니하고 임직원 출퇴근용 등 비영업용으로 사용한다든지, 매입세액이 공제되는 휘발유 등 재화를 자기의 비영업용 승용차의 유지를 위하여 사용하거나 소비하는 경우에 이를 공급으로 의제하지 아니하고 방치하면 회사의 임직원 또는 휘발유 등을 사용하는 자는 부가가치세의 부담이 전혀 없는 재화를 소비하게 된다. 이 경우 해당 사업자는 부가가치세를 부담하는 일반 소비자와 비교하여 우대하는 결과가 되므로 과세형평을 위하여 특별히 과세하는 것이다.

다만 「부가가치세법」 제39조 제1항 제5호(「개별소비세법」 제1조 제2항 제3호에 따른 자동차의 구입과 임차 및 유지에 관한 매입세액의 불공제)에 따른 자동차의 구입과 임차 및 유지에 관한 매입세액이 처음부터 공제되지 아니하는 것은 제외된다. 매입세액을 공제받지 못한다는 것은 사업과 무관하게 개인으로서 소비자적 지위에서 재화를 구입하는 것과 같기 때문이다.

### 라. 판매목적 다른 사업장 반출

둘 이상의 사업장이 있는 사업자가 자기의 사업과 관련하여 생산 또는 취득한 재화를 판매할 목적으로 자기의 다른 사업장에 반출하는 것은 재화의 공급으로 본다(부법 제10조 제3항). 직매장은 「부가가치세법」상 사업장으로 간주되므로 직매장에 반출하는 것은 대표적인 공급의제의 예이다. 본래 다른 사업장 반출의 경우에는 단지 재화의 물리적인 이동에 불과할 뿐 어떤 거래상대방에게 재화를 인도하거나 양도하는 것이 아니므로 재화의 공급에 해당하지 않는 것이다. 그럼에도 공급으로 의제하는 취지는 다음과 같이 설명할 수 있다.

부가가치세는 사업장별 과세를 원칙으로 하고 있으므로 사업장별로 각각 세액을 신고·납부하여야 한다. 따라서 만일 제조장에서 생산된 모든 재화가 직매장에 반출되어 판매되는 경우에 제조장에서는 매출세액이 없어서 항상 환급세액이 발생하고 직매장에서는 매입세액이 없어서 항상 납부세액이 발생하게 된다. 이렇게 될 경우 납부세액은 예정신고 또는 확정신고와 함께 납부하지만 환급세액은 원칙적으로 과세기간별로 확정신고기한 경과 후 30일 이내에 환급하도록 되어 있으므로 사업자는 그 기간 동안 불필요한 자금압박을 받게 된다.

그 결과 제조장과 직매장을 서로 다른 사업자가 영위하고 있는 경우와 비교해 볼 때 부당하게 불리한 지위에 놓이게 되어 과세형평에 어긋난다. 이에 따라 둘 이상의 사업장을 가진 사업자가 판매목적으로 한 사업장에서 다른 사업장에 재화를 반출하는 경우에 마치 그 사업장을 서로 다른 사업자가 영위하는 것처럼 간주하여 이를 재화의 공급으로 보는 것이다.

이에 대한 예외로, 주사업장 총괄납부사업자 또는 사업자 단위 과세사업자가 총괄납부 또는 사업자 단위 과세의 적용을 받는 과세기간에 반출하는 것은 위와 같은 자금의 부담이 없고 세금계산서 발급 등의 불편함이 따르므로 재화의 공급으로 보지 않는다. 다만, 주사업장 총괄납부사업자가 세금계산서를 발급하여 관할 세무서장에게 예정신고 또는 확정신고를 한 경우에는 재화의 공급으로 본다(제3항 단서).

이 경우 재화의 공급에 따른 과세표준은 해당 재화의 취득가액 등을 기준으로 한 공급가액으로 하는데(부법 제29조 제3항 제5호), 「소득세법」 시행령 제89조 또는 「법인세법」 시행령 제72조 제2항 및 제4항에 따른 취득가액으로 한다. 그러나 취득가액에 일정액을 더하여 공급하여 자기의 다른 사업장에 반출하는 경우에는 그 취득가액에 일정액을 더한 금액을 공급가액으로 본다(부령 제60조 제1항).

둘 이상의 사업장이 있는 사업자가 자기 사업과 관련하여 생산 또는 취득한 재화를 타인에게 직접 판매할 목적이 아니라 다른 사업장에서 원료·자재 등으로 사용·소비하기 위하여 반출하는 경우라면 재화의 공급으로 의제되지 않는다. 그렇다고 하여 그 재화가 비과세사업에 사용되었다고 할 수는 없다.[33]

### 마. 개인적 공급

사업자가 자기생산·취득재화를 사업과 직접적인 관계없이 자기의 개인적인 목적이나 그 밖의 다른 목적을 위하여 사용·소비하거나 그 사용인 또는 그 밖의 자가 사용·소비하는 것으로서 사업자가 그 대가를 받지 아니하거나 시가보다 낮은 대가를 받는 경우는 재화의 공급으로 본다(부법 제10조 제4항).

이 경우 재화의 사용 또는 소비에 사업관련성이 없으며 사업자 또는 그 사용자가 소비자적 지위에서 사용하거나 소비한다는 것이 특징인데 이를 강학상 '개인적 공급'이라 한다. 개인적 공급은 재화의 인도·양도가 없거나 대가의 수반이 없기 때문에 본래 재화의 공급에 해당하지 않아야 한다. 그런데 사업자가 과세재화를 자기 스스로 사용한 경우 판매해야 할 재화를 자가소비함으로써 매출가액을 감소시킬 수 있기 때문에 대가가 없어도 사용자가 소비자로서 거래를 한 것과 다르지 않게 된다. 더욱이 이를 방치하면 최종소비자임에도 부가가치세 부담이 없는 소비가 일어나게 되어 과세형평이 침해되는 문제도 있어 이를 특별히 재화의 공급으로 의제하는 것이다.

여기에는 두 가지 유형이 있는데, ① 사업자 자신의 개인적인 목적 또는 그 밖의 목적을 위하여 재화를 사용하거나 소비하는 경우[34]와 ② 사용인 또는 그 밖의 자가 재화를 사용하거나 소비하는 것으로서 사업자가 그 대가를 받지 않거나 시가보다 낮은 대가를 받는 경우이다.[35]

하지만 사업자가 실비변상적이거나 복지후생적인 목적으로 자기의 사용인

---

33) 대법원 2012.5.9. 선고 2010두23170 판결.

34) 예를 들면, 가구제조업자가 제조한 가구를 가정용으로 사용하는 경우이다.

35) 예를 들면, 타월제조업자가 회사 창립기념일을 맞이하여 종업원에게 기념 타월을 무상 공급하거나 컴퓨터 제조회사가 우수종업원에게 노트북을 무상으로 지급하는 경우 등이다.

에게 재화를 무상으로 공급하는 경우 또는 시가보다 낮은 대가를 받고 제공하는 일정한 것은 재화의 공급으로 보지 않는다.[36] 무상 또는 저가로 양도한 재화를 사용인 또는 그 밖의 자가 사용하거나 소비하는 경우에 재화의 공급을 의제하는 것으로 규정하고 있을 뿐 거래상대방을 한정하고 있지 아니하므로 사용인뿐 아니라 법인의 임원 또는 주주와의 거래에도 적용된다고 해석할 수 있다.

### 바. 사업상 증여

(1) 사업자가 자기생산·취득재화를 자기의 고객이나 불특정 다수에게 증여하는 경우는 재화의 공급으로 본다(부법 제10조 제5항). 이를 강학상 '사업상 증여'라 한다. 이러한 사업상 증여는 대가의 수반이 없는 무상거래이기 때문에 본래 재화의 공급에 해당하지 않아야 한다. 그러나 이를 방치하면 부가가치세의 부담이 없는 소비가 일어나게 되고 소비자 간 과세형평이 침해되므로 이것을 특별히 재화의 공급으로 보는 것이다.[37] 예를 들어 타월판매업자가 자기의 개업식에 참석한 고객에게 무상으로 타월을 배포하는 경우에는 사업상 증여로서 재화의 공급으로 본다.[38]

(2) 다만 자기 사업의 광고선전 목적으로 불특정 다수인에게 광고선전용 재화로서 무상으로 배포하는 경우에는 재화의 공급으로 보지 아니한다.[39] 불특정 다수인에게 광고선전 목적으로 공급되는 재화를 공급간주에 해당하는 사업상 증여로 보지 아니하는 것은 광고선전용 재화가 부가가치를 창출하는 데 기여하는 투입요소이기 때문이다. 판례는 지출 상대방이 불특정 대상인이고 지출의 목적이 구매의욕을 자극하는데 있으면 광고선전비라고 보고 있다.[40]

(3) 이 밖에도 증여하는 재화의 대가가 주된 거래인 재화의 대가에 포함되는 경우에는 재화의 공급으로 간주하는 사업상 증여로 보지 아니한다(제5항 본문

36) 「부가가치세법」 시행령 제19조의2에 따르면, 작업복·작업모·작업화의 지급과 직장 체육비·직장 연예비와 관련된 재화, 경조사와 관련된 재화와 설날·추석 또는 창립기념일이나 생일 등과 관련된 재화로서 1명당 연간 10만원을 한도로 하며 10만원을 초과하는 경우 그 초과액을 재화의 공급으로 하도록 규정하고 있다.

37) 이를 개인적 공급과 마찬가지로 보는 입장에서 사업자가 스스로 재화를 공급한 뒤 사생활영역에서 제3자에게 다시 이전하는 것으로 보는 견해도 있다. 이창희, 앞의 책, 1024면.

38) 이 경우 상대방이 자선단체인 경우에는 증여의 취지가 훼손된다는 문제점이 지적되고 있다.

39) 통칙 10-0-4.

40) 대법원 2002.4.12. 선고 2000두2990 판결.

괄호).

판례를 보면, 시식용 상품은 그 비용이 회사의 광고선전비에 해당하는 이상 그 무상배포에 대한 실질적 공급대가는 유상으로 판매하는 같은 종류 상품의 대가에 포함되어 있다고 보는 것이 타당하므로 시식용 상품의 공급이 주된 거래인 재화의 공급대가에 포함되지 아니한 재화의 공급에 해당한다고 볼 수 없다.[41] 마찬가지 이유로 칫솔제조회사가 소비자들의 구매의욕을 자극함으로써 판매를 촉진하기 위하여 칫솔을 담아 진열하는 용기인 칫솔진열대를 별도의 대가 수령 없이 공급하는 한편 그 구입에 소용되는 비용을 판매부대비용으로 처리하여 전액 손금에 산입한 경우, 칫솔진열대의 공급대가는 칫솔의 대가에 포함되어 있다고 보므로 그 공급은 사업상의 증여로 보지 아니한다.[42]

이와 같이 사업상 증여에 해당하는지는 그 재화의 대가가 주된 거래인 재화 공급의 대가에 포함되는지 여부에 달려 있다. 그러나 사업자가 자기 재화의 판매촉진을 위하여 거래상대방의 판매실적에 따라 일정률의 장려금품을 지급 또는 공급하는 경우에 재화로 공급하면 사업상 증여에 해당되어 과세한다.[43] 사업자가 자기의 제품 또는 상품을 구입하는 자에게 구입 당시 그 구입액의 비율에 따라 증여하는 기증품 등은 주된 재화의 공급에 포함하므로 과세되는 재화의 공급으로 보지 아니한다. 다만 당사자 간의 약정에 근거하여 일정기간의 판매비율에 따라 장려금품으로 공급하는 재화는 그러하지 아니하다. 사업자가 자기의 고객 중 추첨을 통하여 당첨된 자에게 재화를 경품으로 제공하는 경우에도 과세되는 재화의 공급으로 본다. 다만 자기생산·취득재화에 해당하지 아니하는 것은 그러하지 아니하다.[44]

문제는 사업상 증여된 제품에 소요된 비용은 실질적으로 제공자의 주된 공급재화의 판매가격에 포함되어 있기 때문에 증여자가 공급하는 재화에 부가가치세가 과세된다면 무상증여 재화의 부가가치에 대해서 중복하여 과세하게 된다는 점이다.[45] 그리하여 영국에서는 시공품으로서 제공되는 증여에 대하여 과세하

---

41) 대법원 1994.3.22. 선고 93누14134 판결.

42) 대법원 1996.12.6. 선고 96누5063 판결.

43) 통칙 10-0-5.

44) 통칙 10-0-6.

45) 水野忠恒, 『消費税の制度と理論』, 弘文堂, 1999, 114면.

지 않고 있다.

그 외 사업자가 사업을 위하여 증여하는 것으로서 ① 사업을 위하여 대가를 받지 아니하고 다른 사업자에게 인도하거나 양도하는 견본품, ② 「재난 및 안전관리기본법」의 적용을 받아 특별재난지역에 공급하는 물품, ③ 자기적립 마일리지 등으로만 전부를 결제받고 구입하는 재화는 과세되는 재화의 공급으로 보지 않는다(부법 제10조 제5항 단서; 부령 제20조).

### 사. 폐업시의 잔존재화

사업자가 폐업할 때 자기생산·취득재화 중 남아 있는 재화는 자기에게 공급하는 것으로 본다. 사업개시일 이전에 사업자등록을 신청한 자가 사실상 사업을 시작하지 아니하게 되는 경우에도 또한 같다(부법 제10조 제6항).

폐업할 때 잔존재화를 재화의 공급으로 보는 이유는 부가가치세가 최종소비자 단계까지 과세될 수 있도록 하기 위한 것이다. 폐업을 하면 사업자의 지위를 상실하게 되므로 「부가가치세법」상 사업자가 아니어서 재화를 공급받는 자로부터 부가가치세를 거래징수할 수 없고 세금계산서를 발급할 수도 없다. 또 폐업 후 재화의 공급은 매출세액을 발생시키지 않는다. 따라서 폐업 후에 사업자가 잔존재화를 스스로 사용 또는 소비하거나 그로부터 재화의 공급을 받는 자는 부가가치세 부담 없이 재화를 소비하게 되므로, 과세형평상 그 잔존재화를 다른 사업자로부터 구입하여 사용하거나 소비하는 경우와 동일한 부가가치세 부담을 지게 할 필요가 있다. 그리하여 법에서는 잔존하는 재화에 대하여 폐업하는 사업자 자신에게 재화를 공급하는 것으로 보아 부가가치세를 과세하고 공제받은 매입세액을 과세관청이 회복시킬 수 있도록 규정하고 있는 것이다.

그리고 다른 공급의제의 경우와 동일하게 매입세액이 공제되지 아니한 잔존재화에 대해서는 과세대상에서 제외한다. 예를 들어 사업개시 전 여관업으로 사업자등록을 하고 여관을 신축하다 자금사정으로 공사가 중단된 후에 해당 미완성 여관건물을 양도한 경우 실제 사업을 개시하지 아니하였으므로 이는 사업의 폐지나 마찬가지로 보아 동 건물을 폐업할 때 남아 있는 재화로 보게 된다.[46] 다만 구분할 것은 부동산임대업의 사업자등록까지 마친 후 임대업을 영위

---

46) 국심 2004서1379, 2004.10.19.

하던 자의 사업에 제공된 부동산이 경락되어 다른 사람에게 소유권이 이전된 경우, 사업자가 그로 인하여 비로소 사업을 계속하지 못하게 되었을 뿐 그 전에 사업을 폐지한 바가 없다면 임대사업의 폐지 후에 부동산을 양도한 것이 아니므로 그 사업자는 사업자로서 자신의 사업에 제공되던 부동산을 양도한 것이다.[47] 중간지급조건부로 재화를 공급하고 그 공급시기가 도래하기 전에 폐업하는 경우에는 폐업하기 전에 공급하는 재화의 법률상 공급시기가 폐업일 이후에 도래하는 경우에 법령에 의거 그 폐업일을 공급시기로 보게 되므로 폐업할 때의 잔존재화에 해당하지 않는다.[48]

#### 아. 위탁매매 또는 대리인에 의한 매매

자기의 명의로 그러나 타인의 계산으로 재화를 공급하거나 공급받는 위탁매매 또는 대리인에 의한 매매의 경우 원칙적으로 위탁자 또는 본인이 직접 재화를 공급하거나 공급받은 것으로 보고 있다(부법 제10조 제7항). 다만 위탁자 또는 본인을 알 수 없는 경우로서 위탁매매 또는 대리인에 의한 매매를 하는 해당 거래 또는 재화의 특성상 또는 보관·관리상 위탁자 또는 본인을 알 수 없는 경우에는 수탁자 또는 대리인에게 재화를 공급하거나 수탁자 또는 대리인으로부터 재화를 공급받은 것으로 본다(부령 제21조).

이는 그 실질에 따라 과세하도록 한 것으로서 조세법의 기본원리인 실질과세의 원칙을 구체화한 것으로 볼 수 있다. 판례를 보면, 국내 광고매체사와 일정한 계약을 맺고 광고대행계약을 체결한 광고대행사가 외국법인 광고주로부터 광고제작 및 매체게재를 의뢰받아 국내 광고매체에 광고를 게재한 다음 그 광고주로부터 광고대금을 받아 대행수수료를 공제한 나머지를 광고매체사에 지급한 사안에서 광고매체사가 직접 외국법인 광고주에게 광고용역을 제공한 것으로 보았다.[49] 이는 준위탁매매인에 의한 용역공급의 경우에도 위탁매매에 관한 현행법 제10조 제7항이 유추 적용되는 것으로 해석한 것이다.

---

47) 대법원 1996.8.23. 선고 94누15424 판결.

48) 대법원 1992.7.28. 선고 91누6221 판결.

49) 대법원 2006.9.22. 선고 2004두12117 판결. 이 판결에 대한 평석으로 유철형, “외국 광고주에 대한 광고용역의 공급과 영세율”, 『조세판례백선2』, 박영사, 2015, 528면 이하.

### 자. 위탁자의 지위 이전

「신탁법」 제10조에 따라 위탁자의 지위가 이전되는 경우에는 기존 위탁자가 새로운 위탁자에게 신탁재산을 공급한 것으로 본다(부법 제10조 제8항). 신탁재산에 대한 위탁자의 지위를 제3자에게 이전한 경우 기존 위탁자가 새로운 위탁자에게 재화를 공급한 것으로 보아 부가가치세를 과세하도록 한 것이다.

다만, 신탁재산에 대한 실질적인 소유권의 변동이 있다고 보기 어려운 경우로서 일정한 경우에는 신탁재산의 공급으로 보지 아니한다.

## 5. 재화의 공급으로 보지 않는 경우

### 가. 담보의 제공

재화를 담보로 제공하는 것에 대하여는 재화의 공급으로 보지 아니한다(부법 제10조 제9항 제1호). 질권이나 저당권 또는 양도담보의 목적으로 동산·부동산 및 부동산상의 권리를 제공하는 것이 이에 해당한다(부령 제22조). 비록 재화가 인도나 양도되더라도 그것은 채권담보의 목적을 달성하기 위한 것일 뿐 재화 자체를 사용하거나 소비할 수 있는 것이 아니기 때문이다. 그렇지만 변제기까지 채무의 변제가 이루어지지 아니하여 담보권자가 환가처분권을 행사하게 되면 과세사업용 재화인 담보물의 경우에도 재화의 공급이 이루어진다. 따라서 담보권자가 양도담보 부동산을 환가처분으로 제3자에게 양도하는 경우에 양도담보권자가 납세의무자로서 「부가가치세법」상 재화의 공급에 해당하게 된다.[50] 다만 귀속정산형의 경우는 담보권자가 재화의 공급을 받은 것으로 보아야 할 것이다.

### 나. 사업의 양도

사업장별로 그 사업에 관한 모든 권리와 의무를 포괄적으로 승계시키는 것은 「부가가치세법」상 재화의 공급으로 보지 아니한다(부법 제10조 제9항 제2호). 하지만 사업의 양도를 재화의 공급으로 볼 것인지 여부는 각 국가가 정책적으로 판단할 사항이다. 일본은 사업의 양도를 재화의 공급에서 제외하고 있지 아니하다. EEC 제6차 부가가치세 지침 제5조 제8항은 각 회원국의 선택에 의하여 이를 재화의 공급으로 보지 않을 수 있다고 규정하고 있고, 각 회원국은 양도인이

---

50) 대법원 1996.12.10. 선고 96누12627 판결.

과세받지 아니함으로써 발생하는 경쟁질서의 문란을 방지하기 위하여 필요한 조치를 취할 수 있다고 한다.[51)]

(1) 재화의 공급으로 보지 아니하는 취지

사업의 양도는 성질상 특정 재화의 개별적 공급이 아니고 물적 시설과 고객관계 등 사업체 그 자체의 공급이므로 특정 재화를 대상으로 하는 부가가치세 과세거래의 성격에 맞지 않는다. 더욱이 사업의 양도는 부가가치를 생산하는 조직을 그대로 유지 및 존속하면서 경영주체만 바뀌는 것이므로 공급 전까지의 재화를 부가가치 생산에 그대로 사용하거나 소비한다. 따라서 전 경영주가 공제받은 부가가치세 매입세액이 있다 하더라도 양수자인 경영주가 해당 재화를 공급할 때 매출세액이 발생함으로써 실제로 부가가치세의 누수는 없게 된다. 만일 사업을 양도할 때 부가가치세를 과세한다면 양도인과 양수인 모두 사업자이므로 양도인에게 매출세액을 발생시키더라도 양수인의 매입세액으로 환급되기 때문에 거래징수를 하더라도 과세실익이 없으면서 사업양수자에게 불필요한 자금부담만 주게 된다.

이에 따라 사업양도 및 양수에 편의를 도모한다는 정책적 배려에 의해 재화의 공급으로 보지 아니하는 규정을 둔 것이다. 주로 부동산임대사업용 대형건물의 매매계약이 사업의 포괄적 양도양수계약으로 체결되는 경우가 많다. 건물 매수인이 매매거래에 따른 거래징수로 부담해야 할 부가가치세액만큼 자금부담을 덜 수 있기 때문이다.

사업의 양도와 관련하여 양도인 납세의무자가 부가가치세 신고에서 사업의 양도로 처리하여 공급가액에서 빼고 재화의 공급에 해당하지 않음을 주장하는 것이 일반적이지만, 오히려 사업의 양수인이 매입세액을 공제받기 위하여 일정한 거래행위가 재화의 공급에 해당한다고 주장하는 경우도 있다.[52)] 사업양도에 해당하는지 여부가 불분명한 경우에 발생하는데, 해당 거래와 관련하여 공급자가 부가가치세를 적정히 신고하고 세액을 납부하였다면 정상적인 재화의 공급으로 보아야 할 것이다.

---

51) 이복희, "부가가치세법상 세금계산서 제도에 관한 연구", 서울시립대학교 세무학박사학위 논문, 2014. 2, 82면.

52) 예컨대, 대법원 2006.4.28. 선고 2004두8422 판결.

그리고 일정한 거래행위가 재화의 공급 또는 사업의 양도 중 어디에 해당하는지는 부가가치세 과세대상이 되는지를 판단하는 기준이 될 뿐이지 사업자의 폐업 여부를 판단하는 것과는 관련이 없으므로 폐업문제는 별개로 판단하여야 하는 점에 주의를 요한다.[53)]

(2) 사업양도의 요건

사업양도란 사업용 재산을 비롯한 물적·인적 시설 및 권리(미수금에 관한 것을 제외한다)·의무(미지급금에 관한 것을 제외한다) 등을 포괄적으로 양도하여 경영주체를 교체시키는 것을 말한다. 그러므로 그 사업은 인적·물적 시설의 유기적 결합체로서 경영주체와 분리되어 사회적으로 독립성을 인정받을 수 있는 것이어야 한다.[54)] 이를 나누어 설명하면 다음과 같다.

**① 사업양도는 사업장별로 하여야 한다**

둘 이상의 사업장을 경영하는 사업자가 그중 하나의 사업장만을 양도하는 것도 사업양도에 해당한다. 하지만 동일 사업장에서 부동산임대업과 음식점을 겸업하는 자가 부동산임대업만을 양도하는 경우와 같이 둘 이상의 사업부문이 있는 사업자가 사업부문별로 양도하는 것은 사업의 양도에 해당하지 않는다. 다만 「상법」에 따라 분할 또는 분할합병하는 경우에는 같은 사업장 안에서 사업부문별로 양도하는 경우를 포함한다.

**② 사업에 관한 모든 권리와 의무의 승계여야 한다**

양도인이 양수인에게 사업장별로 그 사업에 관한 모든 권리와 의무를 포괄적으로 승계시킴으로써 양수인이 양도인의 종전의 법률상 지위를 승계받는 것을 말한다. 이에는 「법인세법」 제46조 제2항의 요건을 갖춘 분할(소위 적격분할)의 경우, 「조세특례제한법」 제37조 제1항 각 호의 요건을 갖춘 자산의 포괄적 양도의 경우 및 양수자가 승계받은 사업 외에 새로운 사업의 종류를 추가하거나 사업의 종류를 변경한 경우가 포함한다(부령 제23조 괄호). '사업에 관한 권리와 의무' 중 다음의 것을 포함하지 아니하고 승계시킨 경우에도 그 사업을 포괄적으로 승계시킨 것으로 본다(부령 제23조).

53) 대법원 2007.7.12. 선고 2005두10002 판결.
54) 대법원 2006.4.28. 선고 2004두8422 판결 등.

㉮ 미수금과 미지급금에 관한 것

여기서 '미수금·미지급금'은 그 명칭 여하에 불구하고 사업의 일반적인 거래 외에서 발생한 미수채권·미지급채무를 말하는 것이다. 이러한 미수금 또는 미지급금이 사업에 관한 권리·의무에 포함되는지 여부는 사업양도의 요건에 해당하지 않는다. 판례를 보면, 외상매입금과 외상매출금의 경우에는 채권자·채무자 간 인적 요소가 강하므로 외상매출금 및 외상매입금을 제외하여 양도한 경우에도 다른 권리와 의무를 포괄적으로 승계하여 사업의 동일성이 유지되면 사업의 양도에 해당한다고 하였다.[55]

㉯ 해당 사업과 직접 관련이 없는 토지·건물에 관한 것

사업양도자가 법인인 경우 「법인세법」상 업무무관자산 또는 사업양도자가 법인이 아닌 사업자인 경우 이에 준하는 자산을 말한다.

㉰ 종전 종업원의 임금 및 퇴직금

법령에는 규정되어 있지 아니하지만, 판례에 따르면 종전의 종업원이 그대로 인수·인계되지 아니하고 종전 종업원의 임금 및 퇴직금 등에 대하여 양수자가 책임을 지지 않기로 했더라도 사업의 양도로 인정하는 데 장애가 되지 않는다.[56]

**③ 사업의 동일성 여부**

종전에는 경영주체만 변경되고 사업 자체는 변동이 없이 전 사업자의 사업이 그대로 계속 운영되는 것에 한정하여 사업의 양도로 인정하였다.[57] 그러나 2006년 2월 9일 개정된 「부가가치세법」 시행령 제23조에서는 양수자가 승계받은 사업 외에 새로운 사업의 종류를 추가하거나 사업의 종류를 변경한 경우도 사업양도에 포함하고 있다. 이와 같이 재화의 공급으로 보지 아니하는 사업양도의 범위를 확대한 것은 자영업자의 사업전환을 지원하고 구조조정에 관한 세제상의 걸림돌을 제거하기 위한 것이다.

(3) 세금계산서를 발급하고 부가가치세를 거래징수한 경우

사업양도의 경우는 재화의 공급으로 보지 아니함에도 단순히 사업용 자산

55) 대법원 1988.1.19. 선고 87누956 판결.
56) 대법원 2008.2.29. 선고 2006두446 판결.
57) 대법원 2001.10.26. 선고 2000두7520 판결 등.

의 양도에 불과하다고 판단하여 사업양도자가 세금계산서를 발급하고 거래징수한 세액을 예정 또는 확정 신고하고 세액을 납부하는 경우가 있다.[58)]

과거 실무는 이 경우 이미 거래징수한 경우에 해당되므로 과세실익이 있어 사업양도의 적용을 배제하고 재화의 공급으로 보았다. 그런데 사업양수인은 거래징수된 매입세액을 공제하여 부가가치세를 신고·납부하더라도 사업양도인이 거래징수한 세액을 납부세액으로 신고·납부하지 아니하는 경우가 종종 있다.

이런 경우 과세관청은 징세누락을 방지하기 위하여 사업양수인의 납부세액 계산에서 매입세액 공제를 허용하지 아니하고 신고불성실가산세를 부과하는 것이 관행이었다. 하지만 이러한 관행을 방치하는 경우 사업양수인이 부가가치세 무납부라는 거래상대방의 세법상 의무불이행으로 인하여 매입세액불공제와 신고불성실가산세라는 불리한 처분을 받게 되는 것이 타당한지 문제가 된다. 사업양도 요건에 해당하여 재화의 공급으로 보지 아니하는 것에 해당하는지 여부가 애매할 때가 있고, 상대방의 부가가치세 신고·납부 여부에 관한 사항을 사업양수인에게 직접 책임지게 할 만한 사유가 있다고 볼 수 없다. 따라서 납세자에게 그 의무해태를 탓할 수 없는 정당한 사유가 있는 것으로 보아 신고불성실가산세는 부과할 수 없다고 보는 것이 타당할 것이다.[59)]

물론 사업양도요건을 충족하는 경우라도 이미 사업양도인이 세금계산서를 발급하였고 거래징수한 세액을 신고·납부하였다면 사업양수인은 거래상대방이 발급한 세금계산서에 따른 매입세액공제가 허용되어야 한다. 부가가치세 징수의 누락이 발생하지 않도록 하고 누적효과를 배제하여야 하기 때문이다. 현행법에서는 사업을 양수받은 자가 대가를 지급하는 때에 그 대가를 받은 자로부터 부가가치세를 징수하여 납부한 경우는 재화의 공급으로 보는 것으로 명문화하였다(부법 제10조 제9항 제2호 단서). 이는 용역을 수입하는 경우의 수입자 대리납부제도를 차용한 것으로 사업의 양도에 해당하는가의 판단이 어렵고 그 때문에 납세의무자가 불필요한 부담을 지는 사례가 많은 데에 따른 것으로 보인다.[60)]

---

58) 매수인이 납부세액 계산에 있어 매입세액공제를 하여 부가가치세를 신고하였는데 과세관청이 사업의 양도로 판단하는 경우는 오히려 매수인이 사업의 양도가 아님을 주장하면서 일반적인 재화의 공급에 해당하므로 매입세액공제가 허용되어야 한다고 적극 주장·입증하여야 한다.

59) 국심 2004서2750, 2004.12.1.

60) 강성모·박훈, “2014년도 국세기본법 및 부가가치세법 판례회고”, 『조세법연구 21-1』, 한국

(4) 사업양도의 범위

다음의 경우는 재화의 공급으로 보지 아니하는 사업의 양도로 보게 된다.[61]

① 개인인 사업자가 법인설립을 위하여 사업장별로 그 사업에 관한 모든 권리와 의무를 포괄적으로 현물출자하는 경우

② 과세사업과 면세사업을 겸영하는 사업자가 사업장별로 과세사업에 관한 모든 권리와 의무를 포괄적으로 양도하는 경우

③ 과세사업에 사용할 목적으로 건설 중인 독립된 제조장으로서 등록되지 아니한 사업장에 관한 모든 권리와 의무를 포괄적으로 양도하는 경우

④ 둘 이상의 사업장이 있는 사업자가 그 중 하나의 사업장에 관한 모든 권리(미수금에 관한 것을 제외한다)와 의무(미지급금에 관한 것을 제외한다)를 포괄적으로 양도하는 경우

### 다. 조세의 물납

사업용 자산을 「상속세 및 증여세법」 또는 「지방세법」에 따라 물납하는 것은 「부가가치세법」상 재화의 공급으로 보지 않는다(부법 제10조 제9항 제3호; 부령 제24조).

본래 조세의 물납도 재화를 인도 또는 양도하는 것이므로 재화의 공급에 해당한다. 그러나 이 경우에 납세의무자는 국가로부터 부가가치세를 거래징수하는 것이 사실상 불가능한 현실임을 감안하여 조세의 물납을 재화의 공급으로 보지 않도록 하였다.

### 라. 신탁재산의 소유권 이전

「신탁법」 등 관련 법에 근거하여 이루어지는 신탁재산의 소유권 이전으로서 ① 위탁자로부터 수탁자에게 신탁재산을 이전하는 경우, ② 신탁의 종료로 인하여 수탁자로부터 위탁자에게 신탁재산을 이전하는 경우, ③ 수탁자가 변경되어 새로운 수탁자에게 신탁재산을 이전하는 경우는 「부가가치세법」상 재화의 공급으로 보지 아니한다(부법 제10조 제9항 제4호).

신탁제도의 도입취지와 그 본질 및 현행 「신탁법」과 「부가가치세법」의 관

---

세법학회편, 2015, 410면.

61) 통칙 10-23-1.

련 규정에 비추어 보면 위탁자로부터 수탁자에게 신탁재산을 이전하는 경우 등은 신탁계약의 이행 또는 신탁재산의 원소유자에 대한 소유권 회복에 불과하고 대가를 받지 아니하는 거래이므로 「부가가치세법」상 재화의 공급에 해당하지 아니하는 것이다. 예를 들면, 재개발사업 시행에 의하여 사업자가 종전의 건축물을 재개발사업 시행자에게 인도하거나 재개발사업 시행자가 신축건축물을 종전 토지 등의 소유자에게 관리처분계획에 의하여 양도하는 경우는 재화의 공급에 해당하지 아니한다.

## Ⅲ. 용역의 공급

> **제11조(용역의 공급)** ① 용역의 공급은 계약상 또는 법률상의 모든 원인에 따른 것으로서 다음 각 호의 어느 하나에 해당하는 것으로 한다.
> 1. 역무를 제공하는 것
> 2. 시설물, 권리 등 재화를 사용하게 하는 것
>
> ② 제1항에 따른 용역의 공급의 범위에 관하여 필요한 사항은 대통령령으로 정한다.

### 1. 용역의 개념

「부가가치세법」상 '용역(Services)'이란 재화 외의 재산적 가치가 있는 모든 역무 및 그 밖의 행위를 말한다(부법 제2조 제2항). 통념상 용역이란 주로 노력이나 기술 등을 제3자에게 제공하는 것이거나 민사계약에 따라 어떤 자에 의해 다른 자에게 행해져야 할 의무 내지 노무라고 해석할 수 있다. 각국의 부가가치세법은 용역의 공급에 대한 정의를 EEC의 제6차 부가가치세 지침에서 원용하고 있는데 '재화의 공급이 아닌 거래로서 서비스의 제공'을 용역의 공급이라 한다.[62] 노동 내지 일의 수행에 관련된 것이 용역공급의 중요한 요소가 된다는 데는 의문이 없으나 너무 다양한 의미로 사용되고 있어 용역의 의미를 명확히 단정적으로 정의를 내리기가 어렵다. 우리나라의 경우 「부가가치세법」 시행령 제3

62) 영국 부가가치세법은 용역의 공급을 "anything which is not a supply of goods but is done for a consideration"이라고 정의하고 있다. Alan Schenk & Oliver Oldman, *op. cit.*, p.140.

조 제1항에서 용역의 제공에 해당하는 행위를 예시하고 있다.

과세대상 용역은 재화와 마찬가지로 재산적 가치가 있어야 한다. 재화는 물건이나 권리 등인 데 비하여 용역은 물적 형태를 취하지 아니한 것으로서 생산의 필요 또는 인간의 욕망을 충족시키는 행위이다. 이런 특성으로 인하여 용역은 제공과 동시에 소비도 이루어지게 된다. 최근 우리 사회는 서비스업을 중심으로 제3차 산업이 국민총생산과 취업자 수 등에서 차지하는 비율이 높아져 경제의 서비스화가 진전되고 있고 소비에서도 개인 소비지출 중 서비스지출의 비중이 매우 높아지고 있다. 이 같은 경향은 향후 점차 심해질 것으로 전망되는데 특히 서비스산업의 확대 현상으로 용역의 상품화가 진행되고 있다. 그리하여 리스계약과 같이 재화와 용역이 대체 가능한 것으로 나타나기도 한다.

## 2. 용역 과세의 취지와 문제점

### 가. 과세의 취지

용역에 대한 과세는 일반소비세라 하더라도 소매판매세의 경우 과세의 누적이 발생하기 때문에 다단계거래세인 부가가치세에 의하여 과세하는 것이 적정한 것으로 알려져 있다. 용역은 소비자에게 공급하기도 하지만 사업자에게도 공급하므로 용역에 대한 소비과세는 전단계세액을 공제하여 과세의 누적을 배제하는 부가가치세에 있어서 적정한 것이라 할 수 있다.[63] 용역에 대해 부가가치세를 과세해야 하는 이유는 다음과 같이 설명할 수 있다.

첫째, 재화뿐 아니라 용역에 대하여 과세하게 되면 국가세수의 관점에서 볼 때 세율수준을 낮게 설정할 수 있게 된다. 둘째, 용역을 과세대상에 포함하는 것은 자원배분의 효율성을 확보하는 역할을 한다. 만일 용역에 대하여 과세하지 않는다면 소비자의 선택을 재화의 구입보다도 용역으로 이동시키게 되어 소비를 왜곡하고 조세의 중립성을 훼손할 우려가 있다. 셋째, 용역에 대한 과세는 소비과세의 문제점인 역진성을 완화하는 데 기여하는 것으로 보기도 한다. 용역의 소비는 저소득계층보다도 고소득계층에 의해서 더 많이 이루어지기 때문이다. 넷째, 자동차 등 수리서비스업이나 이·미용서비스업 등에서 보는 바와 같이 재

63) 미국이나 캐나다 같은 소매판매세를 시행하는 국가에서 일반적으로 서비스에 대하여 과세하지 않는 이유이기도 하다.

화의 판매와 용역의 제공을 함께 하는 경우에 용역을 과세대상에 포함하는 것은 납세협력 및 세무행정을 쉽게 하는 효과를 가진다. 왜냐하면 이러한 사업자는 공급가액을 재화와 용역으로 구분하는 업무를 생략해도 되기 때문이다.

### 나. 문제점

용역에 대한 과세는 이론상 몇 가지 문제점도 있다. 첫째, 세무행정 측면에서 볼 때 용역은 재화보다 매입과 매출의 관계가 약하여 포착하기가 쉽지 않고, 영세한 사업자가 많기 때문에 사업을 파악하기 어려워 행정낭비를 초래하기 쉽다. 둘째, 국제적으로 이전되는 용역은 재화와 달리 통관하는 때에 적절한 확인이 곤란하여 과세에 어려움이 있다. 셋째, 외식·세탁·이발 등의 예에서 보듯이 용역은 재화에 비하여 외부에서 구입하는 대신에 자급하기가 쉽다. 이는 자원배분의 효율성을 저해하는 결과를 초래한다. 넷째, 가계 내에서 개인적인 용역의 소비는 그 파악이 곤란한 실정이므로 이에 대하여 과세하는 것은 세무행정상 불가능에 가깝다.[64)]

법은 재화의 자가공급에 대해서 원칙적으로 공급으로 의제하여 과세하지만 용역의 자가공급에 대하여는 '다른 사업자와의 과세형평이 침해되는 경우'라는 모호한 요건 하에 과세하고 있다. 자가공급 중 하나인 개인의 가사노동은 자기에 대한 용역의 제공이면서 급여상당액의 부가가치가 생기게 된다. 이 때 얻는 소득을 '귀속소득'이라 하는데 소득획득과 동시에 귀속소비 또한 이루어진다. 「부가가치세법」에서 납세의무자는 사업자에 한정하고 있으므로 이러한 자가공급 및 귀속소비는 사업으로서 하는 것이 아니어서 본래 과세대상이 아니지만 사업자에 의한 가정 내에 있어서 용역의 자가공급에 대하여는 논란이 있다.

가령 주택을 자기 소유하는 자에게 주택 임차인이라면 지급할 임대료 상당액의 귀속소비가 이루어지는 경우 과세 문제를 생각해보자. 법에서 자기의 사업을 위하여 용역을 공급하는 경우만을 자가공급으로 규정하고 있으나 실제로 가정 내에서의 용역은 여러 가지가 있고 그 평가가 쉽지 아니하므로 세무행정상 과세하기 곤란한 점이 있다. 이런 이유로 현행법상 용역의 가정 내에서의 소비에 대하여는 과세하지 않고 있다.

---

64) 예를 들어 집의 수선, 집안청소, 정원관리, 도배, 머리손질, 음식조리 등.

앞서 보았듯이 법은 재화의 사업상 증여에 대하여 과세하고 있지만 용역의 무상거래에 대하여는 과세하지 않고 있다. 이는 영국의 부가가치세와 일본의 소비세에서도 마찬가지이다. 그 이유는 용역의 무상제공에 과세하는 것은 그 성질상 실효성을 기대할 수 없기 때문이다.

이와 같이 일반소비세인 부가가치세의 특성상 모든 용역에 대하여 과세하는 것이 원칙이지만 실제로는 세무행정에 있어 여러 가지 어려움이 따르는 실정이다. 미국 재무부보고서에서는 과세하기 적당하다고 보는 업종의 유형을 다음과 같이 열거하고 있다.65)

① 전기·가스·전화·전보·수도 등 공익사업 서비스

② 자동차수리·이용·미용·세탁 등의 확립된 상업적 시설

③ 사교·골프·건강 등의 클럽을 포함한 오락·접대 서비스

④ 호텔 그 외의 단기숙박시설 및 레스토랑에서 제공하는 식사

⑤ 자동차 및 가정용 비품 등의 내구소비재의 임대

⑥ 회계·법률·컨설팅·엔지니어링·건축 등의 서비스

### 3. 현행법상 용역의 범위

용역의 개념은 매우 넓은 것이지만 법에서 추상적으로 역무의 제공과 시설물 및 권리 등 재화를 사용하게 하는 것을 과세대상으로 하고 있다(부법 제11조 제1항). 더 구체적으로 「부가가치세법」 시행령 제3조 제1항에서 다음의 사업에 해당하는 모든 역무와 그 밖의 행위를 대표적인 용역으로 예시하여 규정하고 있다.

① 건설업(제1호)

② 숙박 및 음식점업(제2호)66)

③ 운수업(제3호)

④ 방송통신 및 정보서비스업. 다만, 출판 및 영상업 중 재화를 공급하는 사업은 제외한다(제4호).

---

65) The Treasury Department Report to the President, "Tax Reform for Fairness, Simplicity, and Economic Growth", p.47.

66) 하숙, 콘도미니엄 운영관리사업도 이에 속할 것이다.

「전기통신법」상의 별정통신사업자가 기간통신사업자로부터 임차한 전기통신회선설비를 이용하여 통신역무를 제공하는 경우, 예컨대 선불전화카드에 의하여 카드소지자에게 통신역무를 제공하는 때 부가가치세가 과세되나, 다른 유통업자를 통하여 선불전화카드를 판매하는 경우 해당 카드의 판매에 대하여는 별정통신사업자의 책임과 계산으로 볼 수 없어 과세하지 아니한다.[67]

⑤ 금융 및 보험업(제5호)

⑥ 부동산업 및 임대업. 다만 전·답·과수원·목장용지·임야 또는 염전 임대업 및 「공익사업을 위한 토지 등의 취득 및 보상에 관한 법률」 제4조에 따른 공익사업과 관련해 지역권·지상권(지하 또는 공중에 설정된 권리를 포함한다)을 설정하거나 대여하는 사업은 제외한다(제6호).

산업용 기계장비와 개인용·가정용 기계장비 및 용품 등의 임대업이 이에 속한다. 토지의 임대업도 이에 해당하지만 농지·목장용지·임야 또는 염전 임대업은 제외한다. 이 경우 공부상의 지목에 관계없이 실지로 경작하거나 해당 토지의 고유용도에 사용하는 것에 한하여 부가가치세를 과세하지 아니한다.[68] 농민이나 어민의 납세의무를 배제하기 위한 취지에서 부가가치세를 과세하지 아니하는 것이다.

주의할 것은 위 규정에 불구하고 건설업과 부동산업 중 부동산의 매매 또는 그 중개를 사업목적으로 나타내어 부동산을 판매하는 사업과 사업상의 목적으로 1 과세기간 중에 1회 이상 부동산을 취득하고 2회 이상 판매하는 사업은 재화를 공급하는 사업으로 본다는 점이다(부령 제3조 제2항; 부가칙 제2조 제2항).

⑦ 전문, 과학 및 기술 서비스업과 사업시설 관리, 사업 지원 및 임대서비스업(제7호)

⑧ 공공행정과 국방 및 사회보장행정(제8호)

⑨ 교육 서비스업(제9호)

⑩ 보건업 및 사회복지 서비스업(제10호)

⑪ 예술, 스포츠 및 여가 관련 서비스업(제11호)

---

67) 예규, 서삼 46015-11144, 2002.7.9.

68) 예를 들어, 가건물을 축조하여 창고로 사용하거나 재생폐자원 야적장으로 사용하도록 전·답 등을 임대한 경우에는 부가가치세가 과세되는 것이다.

⑫ 협회 및 단체, 수리 및 기타 개인서비스업과 제조업 중 산업용 기계 및 장비 수리업(제12호)

⑬ 가구내 고용활동 및 달리 분류되지 않은 자가소비 생산활동(제13호)

⑭ 국제 및 외국기관의 사업(제14호)

이러한 용역을 공급하는 사업의 구분은 「부가가치세법」 시행령 제3조 제1항에 특별한 규정이 있는 것을 제외하고는 통계청장이 고시하는 해당 과세기간 개시일 현재의 한국표준산업분류표에 의하되, 이들 사업과 유사한 사업은 한국표준산업분류표에 불구하고 이들 사업에 포함되는 것으로 본다(부령 제4조).

## 4. 용역 공급의 요건

'용역의 공급'이란 계약상 또는 법률상의 모든 원인에 따른 것으로서 역무를 제공하거나 시설물 또는 권리 등 재화를 사용하게 하는 것을 말한다(부법 제11조 제1항). 단, 대가를 받고 공급하는 용역만이 과세대상이 된다. 그러므로 용역 공급의 요건은 ① 계약상·법률상의 모든 원인에 따른 것일 것, ② 대가관계가 있을 것, ③ 역무제공, 시설물·권리 등 재화를 사용하게 할 것으로 나뉜다.

### 가. 계약상 또는 법률상의 모든 원인

용역의 공급은 계약상 또는 법률상의 모든 원인에 따른 것이어야 한다. 이에 대한 설명은 전술한 재화의 공급에서와 같다. 예를 들어, 타인의 무단점유로 인하여 제기한 토지의 인도 및 부당이득금 반환청구소송에서 승소한 자가 받은 부당이득금 및 지연손해금은 계약상 또는 법률상의 원인에 기한 용역 공급에 해당하지 아니하므로 부가가치세가 과세되지 아니한다.[69]

### 나. 대가관계

#### (1) 용역의 공급과 대가의 관련성

법 제12조 제2항에 따라 용역의 무상공급에 대하여 과세하지 아니하므로 실제 용역의 공급에 대가성이 있는지 여부가 문제된다. 구체적인 사안에 따라 용역의 대가성을 판단하여야 하는데, 용역의 공급은 대가의 지급방법 및 지급시기 등에서 매우 다양하므로 그 실질을 고려하여 판단해야 할 것이다.

69) 통칙 4-0-1.

사업자가 대가를 받고 용역을 공급하는 것으로 보기 위해서는 ① 용역의 제공이 미리 의무화된 것이 아니라 시장에서 용역제공자와 대금지급자 간의 합의 형성을 기본으로 할 것, ② 용역의 제공과 그것에 대응하는 대금의 지급이 있을 것, ③ 해당 용역과 대금 간에 동등의 경제적 가치를 가질 것이 요구된다고 해야 할 것이다.[70] 예를 들면 골프장·테니스장 경영자가 동 장소 이용자로부터 받는 입회금으로서 일정 기간 거치 후 반환하지 아니하는 입회금은 과세대상이지만 일정 기간 거치 후 반환하는 입회금은 과세대상이 아니다.[71] 대가성이 인정되지 아니하는 전형적인 예의 하나가 기부금이다. 기부는 통상 기부자의 임의에 의한 것이어서 특정 용역제공과의 결합관계를 찾아 볼 수 없다. 따라서 기부는 기본적으로 대가성을 갖지 아니하여 과세대상이 되지 않는다.

그리고 구성원 등의 회비 등으로 운영하는 사업의 경우 어느 정도 특정할 수 있는 범위의 구성원에 대해서 개별화된 용역을 제공하고 있는 경우에는 대가성이 인정되어 과세대상이 될 수 있다. 이 경우 용역의 제공과 반대급부의 인과관계 측면에서 관련성이 충분히 인정될 수 있다고 볼 수 있기 때문이다.[72]

(2) 판 례

판례를 보면 대가성과 납세의무를 비교적 폭넓게 인정하는 경향이다. 이와 관련된 몇 가지 사례를 들어보면 다음과 같다.

① 시장시설의 관리와 보수, 시장 내의 도난방지와 방화대책, 보건위생에 관한 사업 등을 위하여 설립된 비영리사단법인이 실제로 그 목적사업을 수행하면서 시장의 점포임차인들로부터 관리비 명목으로 금원을 수령하여 이를 그 목적사업을 위한 비용으로 지출하고 있는 경우, '사실상 독립적으로 용역을 공급하는 자'에 해당된다고 판단하였다. 그리고 여기서 관리비라는 명목으로 수령한 금원은 동 법인이 시장관리를 위하여 용역을 공급한 데 대한 대가라고 본다. 시장 내의 점포소유주들이 동 법인의 회원이고 동 법인이 회원들이 해야 할 시장관리를 대행하기 위하여 설립된 것이라 하더라도 그 회원들과는 별개의 법인으

70) 田中 治, "消費稅における對價を得て行われる去來の意義", 『納稅者權利論の課題』, 勁草書房, 2012, 559면.

71) 통칙 4-0-6.

72) Klaus Tipke & Joachim Lang, *a.a.O.*, S.586.

로서 위 관리비는 그 회원이 아닌 법인 자신에게 귀속되는 것이므로 동 관리비에 대하여 부가가치세를 부과한 처분이 타당하다고 판단하였다.[73] [74]

② 비영리사단법인이 식당·운동시설 등을 갖추고 이를 회원 및 회원이 동반한 비회원들에게 사용하게 하는 것은 용역을 공급한 것이고, 위 용역을 공급받는 상대방이 주로 회원들이라고 하더라도 자기계산 및 자기책임 하에 용역을 공급한 것이므로 사업상 독립하여 용역을 공급하는 자에 해당한다 할 것이고, 설립목적이 위와 같은 용역의 공급에 있지 않다 하더라도 달리 볼 수는 없으며, 또한 회원들로부터 받은 식대 및 회비 등은 위 용역과 경제적 대가관계가 있다고 할 것이므로 위 용역의 공급은 부가가치세 과세대상이 되고, 그 과세표준에는 부가가치세를 신고·납부한 바 있는 식대뿐 아니라 회비 등도 포함된다고 하였다.[75]

③ 비영리사단법인인 한국음악저작권협회가 회원인 음악저작권자들로부터 신탁받은 음악저작권을 자신의 이름으로 음악저작물 이용자들에게 사용시키고 그들로부터 사용료를 받아 원천소득세와 관리수수료를 공제한 나머지를 신탁자인 음악저작권자 등에게 분배하는 내용의 이른바 음악저작권 신탁관리용역을 제공한 사안에서, 비록 위 용역을 공급받는 상대방이 회원들이라고 하더라도 위 협회는 소속 회원들과는 독립된 별개의 법인체로서 위 관리수수료가 회원들이 아닌 협회에게 직접 귀속되는 것이므로 위 협회를 사업상 독립하여 용역을 공급하는 자가 아니라고 하거나 위 용역을 자가공급에 해당한다고 할 수는 없고, 또한 관리수수료가 일반적인 회비와는 달리 위탁 건수에 비례하여 징수되는 점에 비추어 그것이 실비변상에 불과한 액수라고 하더라도 위 용역과 관리수수료 사이에는 경제적 대가관계가 있다고 할 것이므로 위 용역의 공급은 부가가치세의 과세대상에 해당한다고 본 판결도 있다.[76]

④ 한국방송공사의 협찬품 고지방송이 부가가치세 과세대상인 광고용역의

---

73) 대법원 1984.6.26. 선고 84누236 판결.

74) 하지만 집합건물의 입주자들이 「집합건물의 소유 및 관리에 관한 법률」 제23조에 따른 관리단을 구성하여 자치적으로 집합건물을 관리하기 위하여 각 입주자들로부터 받는 관리비에 대하여는 부가가치세가 과세되지 아니한다고 한 행정해석도 있다(예규, 부가 22601-711, 1989.5.27).

75) 대법원 1999.7.9. 선고 97누14927 판결.

76) 대법원 1996.6.14. 선고 95누14428 판결.

유상공급에 해당하는지 여부에 관하여 적극적으로 해석한 바 있다.[77] 즉 한국방송공사의 협찬품 고지방송이 시청자 등에게 해당 상품 또는 협찬업체의 지명도와 신뢰도를 제고하여 구매욕구를 유발시키는 등의 광고효과가 있음을 부인할 수 없고, 협찬업체로서도 그에 따른 광고효과를 기대하고 그 반대급부로 협찬품을 제공한다고 보아야 할 것이며, 위 공사로서는 협찬품을 시청자 등에게 제공함으로써 프로그램에 대한 관심과 흥미를 증가시키고 참여를 촉진하여 결과적으로 방송제작의 효율성과 시청률을 높이고 협찬품 가액에 상당하는 제작비용을 절감할 수 있고, 그 밖에 일정한 경우에는 위 공사가 협찬품을 임의로 전용할 수 있도록 되어 있는 점 등에 비추어, 위 공사의 협찬품 고지방송과 협찬업체의 협찬품 제공은 실질적·경제적 대가관계에 있다고 보아야 할 것이므로 협찬품 고지방송은 광고용역의 유상공급에 해당한다는 것이다.

⑤ 구 「한국방송공사법」에 의하여 징수하는 TV수신료를 한국방송공사가 제공하는 방송용역의 대가로 볼 것인지가 논란이 된 바 있다. 대법원은 TV수신료는 공영방송사업이라는 특정한 공익사업의 경비조달에 충당하기 위하여 수상기를 소지한 특정 집단에 대하여 부과되는 특별부담금에 해당된다고 할 것이어서 방송용역의 제공에 대한 대가로 지불하는 수수료로 볼 수 없다고 판단하였다.[78] 따라서 한국방송공사가 제공하는 방송은 일반시청자에 대한 관계에서 무상 용역의 공급에 해당하므로 부가가치세 과세대상이 아니라고 하였다.

### 다. 역무 제공과 재화의 사용

역무(서비스)의 제공은 생산의 필요 또는 인간의 욕망을 충족시키는 인적 용역을 말한다. 반면에 시설물·권리 등과 같은 재화를 사용하게 하는 것은 생산의 필요 또는 인간의 욕망을 충족시키는 물적 용역을 말한다. 특히 권리를 사용하게 하는 것은 권리라는 법률적 지위를 다른 사람에게 대여하는 것을 말한다. 예컨대 오락실 사업자가 게임기 등 오락을 제공하고 게임기 투입금액을 얻는 경우, 광업권자가 광업권을 대여하고 그 대가로 분철료를 받는 경우,[79] 테니스장·냉장창고·자동차정류장 등의 재화·시설물 또는 권리를 사용하게 하고 그

77) 대법원 1997.10.10. 선고 96누3463 판결.

78) 대법원 2000.2.25. 선고 98다47184 판결.

79) 통칙 4-0-5.

대가를 받는 것 등은 모두 용역의 공급에 해당한다.[80]

용역의 공급 중 매우 흔한 사례의 하나가 부동산임대업을 영위하는 사업자가 부동산임대차 계약기간이 만료되었음에도 불구하고 임차인으로부터 임대건물을 반환받지 못하여 소송을 제기한 경우이다. 그 민사소송이 종료될 때까지 실질적으로 계속하여 임대용역을 제공하고 임차인으로부터 그 대가를 받거나 소송에서 승소하여 건물을 반환받은 날까지 임대료 상당액(임대보증금에서 공제한 금액 포함)을 받는 때에 그 대가 또는 임대료 상당액은 용역의 공급으로 인정되어 과세대상이 된다.[81]

사업자가 지방자치단체로부터 놀이시설 및 노상주차장 등에 대한 유지·보수 등의 포괄적인 관리·운영을 위탁받아 자기책임과 계산 하에 해당 시설의 이용자로부터 사용료를 받는 경우에는 과세되는 용역의 공급으로 본다.[82]

### 라. 용역 공급의 범위

용역의 공급에 해당하는지 여부의 판단이 어려운 사례에 대한 판단을 쉽게 하기 위하여 법령에서 다음과 같은 것을 용역의 공급으로 열거하고 있다(부령 제25조).

#### (1) 건설업

건설업자가 건설자재의 전부 또는 일부를 부담하는 것은 용역의 공급으로 본다(제1호). 부동산매매업자가 자영건설하여 분양판매하는 경우에는 용역의 공급이 아니라 재화를 공급하는 부동산매매업으로 취급한다. 그러므로 여기서 건설업은 건물의 신축·증축 등 순수한 건설활동만을 말한다.

문제는 사업자인 임차인이 임대인의 양해 아래 자신의 비용으로 임차목적물을 개·보수한 것이 임대인에 대한 용역의 공급에 해당하는가 하는 점이다. 임차인의 영업상 필요에 의하여 임차목적물인 건물을 개·보수하였고 이로 인한 이익이 임차인에게 귀속된다면 임대인에 대한 용역의 공급으로 볼 수 없을 것이고, 본래 임대인이 부담해야 할 개·보수 공사비용을 임차인이 대신 부담한 경우

80) 통칙 11-0-1.
81) 통칙 4-0-1 제2항.
82) 통칙 11-0-2.

라면 용역의 공급이 될 것이다. 이 경우에 판례는 임차인이 일반 백화점으로 사용하던 건물을 임차하여 의류전문백화점으로 개조하는 과정에서 보수공사를 실시한 경우, 그 공사가 임차건물과 별개의 물건에 속하게 되지 않으면서 임대인의 목적물 수선의무의 범위에 속하는 것을 임차인이 대신한 경우라면 용역의 공급으로 볼 수 있다는 취지로 판단하였다.[83)]

(2) 단순가공

자기가 주요자재를 전혀 부담하지 아니하고 상대방으로부터 인도받은 재화를 단순히 가공만 해 주는 것은 용역의 공급으로 본다(제2호).

(3) 정보 제공

산업상·상업상 또는 과학상의 지식·경험 또는 숙련에 관한 정보를 제공하는 것은 용역의 공급으로 본다(제3호).

## 5. 용역의 공급의제(간주공급)

**제12조(용역 공급의 특례)** ① 사업자가 자신의 용역을 자기의 사업을 위하여 대가를 받지 아니하고 공급함으로써 다른 사업자와의 과세형평이 침해되는 경우에는 자기에게 용역을 공급하는 것으로 본다. 이 경우 그 용역의 범위는 대통령령으로 정한다.
② 사업자가 대가를 받지 아니하고 타인에게 용역을 공급하는 것은 용역의 공급으로 보지 아니한다. 다만, 사업자가 대통령령으로 정하는 특수관계인(이하 "특수관계인"이라 한다)에게 사업용 부동산의 임대용역 등 대통령령으로 정하는 용역을 공급하는 것은 용역의 공급으로 본다.
③ 고용관계에 따라 근로를 제공하는 것은 용역의 공급으로 보지 아니한다.
④ 제1항부터 제3항까지에서 규정된 사항 외에 용역의 공급에 관하여 필요한 사항은 대통령령으로 정한다.

사업자가 자신의 용역을 자기의 사업을 위하여 대가를 받지 아니하고 공급함으로써 다른 사업자와의 과세공평이 침해되는 경우에는 자기에게 용역을 공급하는 것으로 본다(부법 제12조 제1항). 이를 강학상 용역의 '자가공급'이라 한다. 용역의 내부거래에 대하여 자가공급으로 보아 과세대상으로 한 것은 재화의 공

83) 대법원 2000.3.23. 선고 98두18053 판결.

급의제와 동일한 취지로 이해할 수 있다.

이에 해당하는 예를 보면, 외국법인 국외 소재 본점이 국내사업자에게 기계장비를 직접 공급하고 국내 지점이 본점을 대신하여 동 기계장치에 대한 설치와 시운전 및 무상보증수리를 제공하고 본점으로부터 운영경비 명목으로 그 대가를 수령하는 경우에 있어 국내 지점이 제공하는 용역,[84] 사업자가 사내 우수직원을 포상하기 위하여 여행사로부터 여행상품권을 구입하여 우수직원에게 무상으로 지급하는 경우[85] 등이다.

현행법은 구법과 달리 '다른 사업자와의 과세공평이 침해되는 경우'라는 조건을 더하여 용역의 자가공급 의제의 취지를 드러내고 있으나, 한편으로 법에서 자가공급 용역의 범위를 시행령에 위임하고 있음에도 불구하고 현재 시행령은 제정되지 아니하고 침묵을 지키고 있는 상태다. 과거에도 마찬가지로 용역의 자가공급에 대하여 실제 과세되는 경우가 거의 없었다. 이는 용역 무상공급의 경우 시장성이 없어서 공급가액을 평가하는 데 과세기술상 어려움이 있고 용역을 타인에게 무상으로 공급하는 경우에 용역의 공급으로 보지 않고 있음을 고려한 것으로 보인다. 하지만 자가공급과 관련된 매입세액은 자기의 매출세액에서 공제받을 수 있다.

행정해석에 따르면 다음과 유사한 경우에는 용역의 자가공급이지만 부가가치세를 과세하지 아니한다.[86]

① 사업자가 자기의 사업과 관련하여 사업장 내에서 그 사용인에게 음식용역을 무상으로 제공하는 경우

② 사업자가 사용인의 직무상 부상 또는 질병을 무상으로 치료하는 경우

③ 사업장이 각각 다른 여러 개의 사업을 겸영하는 사업자가 그중 한 사업장의 재화 또는 용역의 공급에 필수적으로 부수되는 용역을 자기의 다른 사업장에서 공급하는 경우

예를 들면, 여객운송업과 차량정비업을 겸영하는 사업자가 여객운송차량에 대한 정비용역을 차량정비사업에서 공급하는 경우가 이에 해당한다.

---

84) 예규, 소비 46015-122, 2003.10.30.

85) 예규, 부가 46015-771, 1998.4.18.

86) 통칙 12-0-1.

## 6. 공급으로 보지 아니하는 경우

### 가. 용역의 무상공급

사업자가 대가를 받지 아니하고 타인에게 용역을 공급하는 것은 용역의 공급으로 보지 아니한다(부법 제12조 제2항 본문). 원칙적으로 대가를 받는 유상공급만 과세거래가 되고 대가를 받기로 하고 타인에게 용역을 공급한 이상 실제로 그 대가를 받았는지 여부는 부가가치세 납세의무의 성립 여부를 결정하는 데 아무런 영향을 미치지 아니 한다. 법에서 용역의 무상공급을 과세하지 아니하는 것으로 한 이유는 재화의 공급과는 달리 시장성이 없기 때문에 용역의 무상공급에 대한 가액을 평가하여 그 과세표준을 산정하는 것이 쉽지 아니하기 때문이다.[87)]

임대인의 해지통고로 건물임대차계약이 해지되어 임차인의 점유가 불법점유가 된다고 하더라도 임차인이 그 건물을 명도하지 아니하고 계속 사용하고 있고, 임대인 또한 임차보증금을 반환하지 아니하고 보유하면서 향후 월 임대료 상당액을 보증금에서 공제하는 관계에 있다면, 무상이 아니라 경제적 대가관계가 인정되어 부가가치세 과세대상인 용역의 공급에 해당한다.[88)]

다만 사업자가 특수관계인에게 사업용 부동산의 임대용역(「산업교육진흥 및 산학연협력촉진에 관한 법률」 제25조에 따라 설립된 산학협력단과 같은 법 제2조 제2호 다목의 대학 간 사업용 부동산의 임대용역은 제외) 등을 공급하는 경우에는 사업상 무상으로 공급하더라도 용역의 공급으로 본다(동조 제2항 단서).

특수관계인 간 사업용 부동산의 무상 임대용역 등에 대해 과세하는 것은 특수관계인 사이에 사업용 부동산 무상임대를 통해 부가가치세를 부담하지 않는 것은 불공평하기 때문이다. 더욱이 특수관계에 있는 자에게 낮은 가액으로 임대하는 경우 시가를 공급가액으로 하여 과세하도록 하고 있는 것과 비교해도 형평에 어긋나기 때문이다. 여기서 '특수관계인'이란 6촌 이내 혈족, 4촌 이내 인척, 배우자 등 「소득세법」 시행령 제98조 제1항 또는 「법인세법」 시행령 제87조 제1항 각 호에 규정된 자를 말한다(부령 제26조 제1항). 이 경우 용역의 무상공급에 따른 공급가액은 자기가 공급한 용역의 시가로 한다(부법 제29조 제4항 제3호).

87) 임승순, 『조세법』, 박영사, 2015, 975면.
88) 대법원 2003.11.28. 선고 2002두8534 판결.

### 나. 근로의 제공

고용관계에 따라 근로를 제공하는 것은 용역의 공급으로 보지 아니한다(부법 제12조 제3항). 이는 당연한 것을 규정한 것으로 볼 수 있다. 「부가가치세법」상 사업자는 용역의 공급을 사업상 독립적으로 하여야 하므로 근로계약에 기해 고용주에게 고용된 지위에서 용역 등을 공급하는 자는 납세의무자가 될 수 없다.

## 7. 기부채납 등에 대한 과세

### 가. 문제의 소재

과세사업자가 공공시설을 건설하여 국가 또는 지방자치단체에 기부채납하는 대신에 그 기부를 받은 국가 또는 지방자치단체로부터 시설의 사용권을 무상으로 취득하는 경우가 있다. 법은 사업자가 국가 또는 지방자치단체 및 지방자치단체조합 등에 무상으로 공급하는 재화 또는 용역은 면세대상으로 규정하고 있다(부법 제26조 제1항 제20호). 반면에 국가 및 지방자치단체 등이 공급하는 재화 또는 용역도 면세대상으로 규정하고 있다(동항 제19호). 즉 과세사업자가 무상으로 국가 등에 기부하는 공공시설은 면세대상이고 과세사업자가 국가 등으로부터 받게 되는 시설의 사용권도 면세대상이다. 그리하여 기부채납에 대해 부가가치세가 과세되는 재화 또는 용역의 공급이라고 볼 수 있는가 하는 점이 문제된다.

### 나. 과세 여부 및 구분

형식적 법논리를 떠나 경제적 사실상태를 따져보면 사업자의 국가 등에 대한 기부채납과 사업자의 공공시설 무상이용권은 상호 경제적으로 대가관계에 있음을 부인할 수 없다. 따라서 공공시설의 기부채납행위는 실질적인 유상행위로서 그 공급은 과세대상인 재화 또는 용역의 공급에 해당한다고 보아야 할 것이다.

판례도 기부채납에 경제적 대가관계가 있다면 과세대상이라는 입장을 분명히 하고 있다.[89] 이에 따라 행정해석도 사업자가 건물 등을 신축하여 국가 또는 지방자치단체에 기부채납하고 그 대가로 일정 기간 동 건물 등에 대한 무상사용·수

89) 대법원 2003.9.5. 선고 2002두4051 판결; 대법원 2003.3.28. 선고 2001두9950 판결; 대법원 1991.3.12. 선고 90누6972 판결.

익권을 얻는 경우 해당 거래는 과세대상이 된다고 하고 있다.[90] 판례를 보면, 철도청 등의 공동출자로 설립된 회사가 화물역 건설사업을 위한 건설공사를 완공하여 철도청에 건물을 기부하겠다고 통보하고 건설 중인 자산과 구축물도 국가귀속절차를 진행하면서 폐업한 경우, 사업자가 계약상 또는 법률상 원인에 의하여 재화를 공급하여 부가가치세 과세대상이 된 이상 그 재화에 대하여는 폐업시 잔존재화에 대한 공급의제 규정이 적용될 여지가 없다고 판시한 바 있다.[91]

문제가 되는 것은 시설물 기부채납을 재화의 공급으로 볼 것인가 용역의 공급으로 볼 것인가 하는 점이다. 이에 따라 부가가치세 과세표준의 산정방식이 달라질 수 있는데 이를 구분하는 것이 명확하지 아니하다. 판례를 보면, 재화의 공급으로 본 사례로 공원시설물을 지어 기부채납하고 공원시설의 관리권을 취득한 경우,[92] 철도화물기지 내의 일부 토지 위에 양회 저장시설물을 지어 철도청에 기부채납하고 그 시설물을 사업용 고정자산으로 사용한 경우가 있다.[93] 이와 달리 용역의 공급으로 본 사례로 고속도로휴게소를 건설하여 기부채납하고 그에 대한 무상사용권을 취득한 경우,[94] 서울대공원 위락시설지구 놀이동산의 사업자로 선정된 자가 놀이동산을 준공함으로써 서울시에 원시적으로 귀속되고 서울시는 15년간 무상으로 사용할 수 있는 권리를 부여한 경우,[95] 주차장시설을 지어 기부채납하고 그에 대한 무상사용권을 취득한 경우 등이 있다.[96]

이상에서 검토한 바와 같이 재화 또는 용역의 구분이 어려운데 일단 시설물을 완공함으로써 사업자가 소유권을 취득한 다음 국가 등에 그 시설물의 소유권을 이전해 주었는지, 아니면 시설물을 준공하였을 때 국가 등에 그 시설물의 소유권이 원시적으로 귀속되었는지를 구분·판단하여 그 결과에 따라 재화의 공급 또는 용역의 공급으로 취급하여야 할 것이다.

---

90) 통칙 9-18-8.

91) 대법원 2013.10.24. 선고 2011두3623 판결.

92) 대법원 1990.2.27. 선고 89누1797판결.

93) 대법원 1996.4.26. 선고 94누15752 판결, 이 판례의 평석으로 고종주, “시설물(양회저장시설)의 기부채납이 재화의 공급인지의 여부와 그 공급시기”, 대법원판례해설 1996년 상반기(통권 제25호), 467면.

94) 대법원 1990.3.27. 선고 89누3656 판결.

95) 대법원 1991.3.12. 선고 90누6972 판결.

96) 대법원 1990.4.13. 선고 89누3496 판결.

## Ⅳ. 재화의 수입

제13조(재화의 수입) 재화의 수입은 다음 각 호의 어느 하나에 해당하는 물품을 국내에 반입하는 것[대통령령으로 정하는 보세구역(이하 이 조에서 "보세구역"이라 한다)을 거치는 것은 보세구역에서 반입하는 것을 말한다]으로 한다.

1. 외국으로부터 국내에 도착한 물품[외국 선박에 의하여 공해에서 채집되거나 잡힌 수산물을 포함한다]으로서 수입신고가 수리되기 전의 것
2. 수출신고가 수리된 물품[수출신고가 수리된 물품으로서 선적되지 아니한 물품을 보세구역에서 반입하는 경우는 제외한다]

### 1. 의 의

재화의 수입은 「부가가치세법」상 과세대상이다. '재화의 수입'이란 외국으로부터 우리나라에 들어온 물품(외국선박에 의하여 공해에서 채취되거나 잡힌 수산물을 포함)으로서 수입신고가 수리되기 전의 것이나 수출신고가 수리된 물품(수출신고가 수리된 물품으로서 선적되지 아니한 물품을 보세구역에서 반입하는 경우는 제외)을 국내에 반입하는 것(보세구역을 거치는 것은 보세구역에 반입하는 것)을 말한다(부법 제13조).

재화의 수입은 재화의 공급자가 외국인이고 우리나라 과세권이 미치지 아니하는 관계로 그 재화를 수입하는 시점에서 세관장이 「관세법」에 따라 수입하는 자에게 부가가치세를 징수하고 세금계산서를 발급한다(부법 제35조 제1항). 위에서 '보세구역'이란 「관세법」상 보세구역 및 「자유무역지역의 지정 및 운영에 관한 법률」에 따른 자유무역지역을 말한다(부령 제27조).

### 2. 과세의 취지

법문에는 명시적 규정이 없지만 재화의 수입에 대하여 부가가치세를 과세할 때에 소비지 과세원칙에 입각하여 재화를 수입하는 자가 사업자인지 여부 또는 영리목적성이 있는지 여부를 불문한다. 따라서 비사업자인 개인도 납세의무가 있다. 일반적으로 수입재화는 수입하는 자가 직접 소비하기도 하지만 사업자

가 수입 후 국내의 소비자에게 공급하는 경우가 많다. 수입하는 자가 사업자인 경우에 수입할 때 관세와 함께 부가가치세를 신고·납부하지만 나중에 매입세액으로 공제를 받게 된다(부법 제38조 제1항 제2호).

그러므로 과세관청의 입장에서는 실제 해당 재화의 수입자가 개인 소비자인 경우에만 부가가치세를 징수하게 되고 법률상 그 의미가 있다. 그럼에도 수입하는 자가 사업자인지 여부를 불문하고 재화의 수입을 과세거래로 한 것은 행정편의적 성격이 강하기도 하지만 조세정책적 목적도 있다. 외국의 물품을 국내로 반입하는 경우에 예외 없이 과세함으로써 부가가치세가 일반적으로 과세되는 국내 물품과의 과세형평을 통하여 국내 산업을 보호하기 위한 것이다. 재화의 수입과 달리 용역 수입의 경우에는 과세거래로 하지 아니하고 대리납부제도가 따로 마련되어 있으므로 후술한다.

## V. 부수 재화·용역

**제14조(부수 재화 및 부수 용역의 공급)** ① 주된 재화 또는 용역의 공급에 부수되어 공급되는 것으로서 다음 각 호의 어느 하나에 해당하는 재화 또는 용역의 공급은 주된 재화 또는 용역의 공급에 포함되는 것으로 본다.

1. 해당 대가가 주된 재화 또는 용역의 공급에 대한 대가에 통상적으로 포함되어 공급되는 재화 또는 용역
2. 거래의 관행으로 보아 통상적으로 주된 재화 또는 용역의 공급에 부수하여 공급되는 것으로 인정되는 재화 또는 용역

② 주된 사업에 부수되는 다음 각 호의 어느 하나에 해당하는 재화 또는 용역의 공급은 별도의 공급으로 보되, 과세 및 면세 여부 등은 주된 사업의 과세 및 면세 여부 등을 따른다.

1. 주된 사업과 관련하여 우연히 또는 일시적으로 공급되는 재화 또는 용역
2. 주된 사업과 관련하여 주된 재화의 생산 과정이나 용역의 제공 과정에서 필연적으로 생기는 재화

## 1. 부수 재화·용역의 의의

### 가. 의 의

부가가치세의 과세대상이 되려면 사업관련성이 있어야 하는데, 사업자가 사업을 수행하는 과정에서 본래 생산하거나 유통시키려고 했던 재화·용역 외에 다른 재화 등을 생산하거나 취득하여 유통시키는 경우가 있다. 또 제조업자가 주생산물의 생산과정에서 부수적으로 생산한 부산물도 사업관련성이 있는 재화로 볼 수 있다. 이와 같이 부수적으로 생산한 재화 또는 용역의 공급을 과세대상에서 제외하면 그 재화·용역을 공급받는 소비자는 부가가치세를 부담하지 않고 재화 등을 소비하게 되어 조세의 경제적 중립성을 해치고 과세의 형평에도 어긋나게 된다.

그리하여 법은 주된 재화 또는 용역의 공급에 부수되어 공급되는 것으로서 일정한 범위에 해당하는 재화 또는 용역의 공급은 주된 재화 또는 용역의 공급에 포함되는 것으로 본다고 규정하고 있다(부법 제14조 제1항). 예를 들어 병원에서 부가가치세 면세용역인 의료보건용역을 제공하면서 입원환자에게 음식을 제공한 경우 그 음식용역은 의료보건용역에 포함되어 면세된다. 반면에 청소용역 업체가 부가가치세 과세용역인 청소용역을 제공하면서 면세인 소독용역(의료보건용역임)을 제공하는 경우 소독용역은 청소용역에 포함되어 과세된다. 이와 같이 법에서 부수 재화·용역을 주된 거래에 포함되는 것으로 규정한 이유는 양자의 구분계산이 사실상 곤란하고 구분계산의 경제성도 없으며 거래관행이 주된 거래의 재화 또는 용역가액에 포함되는 것으로 보기 때문으로 생각된다. 아울러 과세행정상의 능률 및 편의를 고려한 것으로 보인다.

### 나. 주된 거래·사업에 부수되는 경우의 구분

현행법은 부수 재화·용역을 일괄하여 주된 재화·용역에 포함시켜 취급하던 구법과 다르게 '주된 거래인 재화 또는 용역'에 포함되는 경우와 '주된 사업'에 부수되는 경우를 구분하고, 전자는 주된 거래 또는 용역의 거래에 포함시켜 판단하되 후자는 부수 재화 또는 용역을 별도의 공급으로 보고 있다. 다만 어느 경우에나 주된 거래의 과세 또는 면세 여부와 공급시기 및 공급장소 등에 동반하여 동일하게 취급하고 있다.

종전에는 구법에서 '주된 거래인 재화의 공급에 필수적으로 부수되는 재화 또는 용역의 공급'이라고 규정하면서 시행령에서 필수적으로 부수되는 재화 또는 용역을 네 가지로 구체적으로 나열하고 있어 시행령 규정이 열거규정인지 예시규정인지 명확하지 않았다.

특히 구법에서는 주된 거래에 부수적이든지 주된 사업에 부수적이든지 구분하지 아니하였기 때문에 부수 재화·용역의 공급을 별도의 공급으로 볼 것인지에 대하여 해석론이 분분하였다. 이를 반영하여 현행법은 주된 거래 또는 주된 사업의 성질에 따라 부수 재화 또는 용역을 구분함으로써 논란의 소지를 없게 하였다.

## 2. 부수 재화·용역의 범위

### 가. 주된 거래인 재화 또는 용역에 포함되는 재화·용역

#### (1) 의 의

주된 거래인 재화·용역의 공급에 포함된 것으로 보는 부수 재화·용역의 공급범위를 다음과 같이 두 가지로 구분하여 규정하고 있으나 그 구분이 반드시 명확한 것은 아니다(부법 제14조 제1항).

① 해당 대가가 주된 거래인 재화 또는 용역의 공급에 대한 대가에 통상적으로 포함되어 공급되는 재화 또는 용역(제1호)

예를 들어 백화점 등에서 쇼핑백 등 포장용기를 제공하거나 가구·도서 등을 판매하면서 배달하여 주는 경우 등이 이에 해당한다.

② 거래의 관행으로 보아 통상적으로 주된 거래인 재화 또는 용역의 공급에 부수하여 공급되는 것으로 인정되는 재화 또는 용역(제2호)

예를 들어 빙과류 공급시 드라이아이스 공급, 항공운송업을 영위하는 사업자의 탑승객에 대한 음식물 제공, 청소용역업자의 소독용역 제공, 화장품판매원의 화장술 지도, 승강기제조업자가 승강기를 공급하면서 설치공사용역을 제공한 경우 등이 이에 해당한다.

판례는 학교법인이 병원 장례식장을 임차·운영하면서 상주 등에게 음식물 제공용역을 공급한 경우 거래의 관행상 장의용역(시신의 보관, 염습 및 매장과 그 과정에서 망인에 대한 예를 갖추기 위한 빈소와 제단 설치, 조문을 위한 장례식장의 임대 등 노무 제공 등)에 포괄적으로 부수되는 용역의 공급으로 보았다. 그 이유는 어떤 재화 또는 용역의 공급이 면세 대상인지를 가릴 때에는 관련 규정을 바탕으로 여러 사정을 종합하여 결정하여야지 면세 대상인 주된 재화 또는 용역 본래의 의미에 해당하지 않는다는 이유만으로 어떤 재화 또는 용역의 공급의 부수성을 함부로 부정할 것은 아니라고 전제한 다음, 법 문언 내용과 국민의 복지후생 차원에서 장례의식을 위한 비용의 부담을 가볍게 하기 위한 부가가치세 면세제도의 취지 등에 비추어 볼 때, 부수성 인정 여부의 핵심은 거래 관행상 장의용역 공급과정에서 누구에 의해서건 음식물 제공용역의 공급이 부수되어 이루어지고 있는 것인지에 있을 뿐, 음식물 제공용역의 공급이 장의용역 공급자에 의해 직접 이루어져야만 부수성을 인정할 수 있는 것으로 제한하여 해석할 아무런 이유가 없는 점, 장례식장에서의 음식물 제공용역의 공급은 일반인이 아니라 특정 조문객만을 대상으로 빈소 바로 옆 공간이라는 제한된 장소에서 이루어지는 것이 일반적인 점 등을 들고 있다.[97]

(2) 부수 재화·용역의 판단

법 제14조 제1항의 주된 재화나 용역의 공급에 부수되는 재화·용역의 공급에서 그 재화 또는 용역이 '부수되는' 재화 또는 용역인지 여부는 통상적으로 주된 재화나 용역에 포함되는지 여부에 따라 결정해야 한다. 이 경우 구체적 거래의 사실관계에 따라 당사자 사이에 공급의 목적과 거래의 의도를 참작하여 판단해야 할 것이다. 예를 들어 학습참고서 등의 출판업 사업자등록을 한 사업자가 컴퓨터 통신망을 통하여 문제풀이와 질의응답 방식으로 회원인 학생들에게 학습지도를 하는 회원제 과외교육사업을 운영하면서 회원들로부터 교재대 명목으로 월 회비를 받은 경우, 그 월 회비는 주로 컴퓨터 통신을 이용한 교육에 대한 대가로서 그 사업자의 주된 거래는 컴퓨터 통신을 이용한 교육용역이고 문제지의 제공은 이에 부수하여 제공되는 재화의 공급이지만 이를 전체적으로 보면 교육서비스업 용역의 공급에 해당되므로 부가가치세 과세대상이 된다.[98]

그 외에 구체적인 사안에 따라 다음과 같이 해석할 수 있다. 사업자가 자기의 제품 또는 상품을 구입하는 자에게 구입 당시 그 구입액의 비율에 따라 증여하는 기증품 등은 주된 재화의 공급에 포함하므로 별도로 과세되는 재화의 공급

97) 대법원 2013.6.28. 선고 2013두932 판결.
98) 대법원 2000.11.28. 선고 99두6460 판결.

으로 보지 아니한다. 그러나 당사자 간의 약정에 의하여 일정 기간의 판매비율에 따라 장려금품으로 공급하는 재화는 그렇지 않다.[99] 음반(녹음테이프 포함)과 함께 음악에 관련된 간단한 해설을 기재한 도서를 편집하여 공급하는 경우에는 음반과 도서는 각각 별개의 재화로 간주되나, 이 경우 도서는 과세되는 음반에 부수하여 공급되는 재화로 보아 음반 및 도서가 전부 과세된다.[100] 반면에 사업자가 도서에 부수하여 그 도서의 내용을 담은 음반과 녹음테이프 또는 비디오테이프를 첨부하여 통상 하나의 공급단위로 공급하는 경우에는 도서의 범위에 포함되어 부가가치세가 면제되는 것이다.[101] 조경공사 사업자가 관상수 납품과 조경공사 건설용역을 함께 공급함에 있어서 별개의 계약으로 동일인에게 공급하는 경우 식목의 공급은 조경공사 용역에 필수적으로 부수되는 것으로 볼 수 있으므로 부가가치세가 과세된다.[102]

### 나. 주된 사업에 부수되는 재화·용역

주된 사업에 부수되는 다음의 재화·용역의 공급은 별도의 공급으로 보되 과세 및 면세 여부 등은 주된 사업의 과세 및 면세 여부 등을 따른다(동조 제2항).

① 주된 사업과 관련하여 우발적 또는 일시적으로 공급되는 재화 또는 용역(제1호)

예를 들어, 가전회사가 사후보증관리기간 중에 하는 수선용역, 자동차판매회사가 사후보증관리기간 중 해당 자동차의 부품을 교환해 주는 행위, 보험회사가 업무용차량을 판매한 경우, 은행업을 영위하는 자가 은행 건물을 매각하는 경우 등이 이에 해당한다.

② 주된 사업과 관련하여 주된 재화의 생산 과정이나 용역의 제공 과정에서 필연적으로 생기는 재화(제2호)

예를 들어, 소다회를 생산하는 사업자가 제조과정에서 부수적으로 생산되는 소금 또는 밀가루를 생산하기 위한 밀의 제분과정에서 나오는 부산물인 밀기울 등이 이에 해당한다.

---

99) 통칙 10-6-6 제1호.
100) 예규, 소비 22601-108, 1985.1.29.
101) 예규, 부가 46015-3514, 2001.10.18.
102) 예규, 부가 1265-982, 1983.5.25.

### 다. 부수 재화 등의 공급에 대한 면세의 적용범위

면세되는 재화 또는 용역의 공급에 부수되는 재화 또는 용역의 공급은 면세되는 재화 또는 용역의 공급에 포함되는 것으로 본다. 이 때 주된 재화의 공급 등이 면세인 경우에 면세되는 부수 재화 등의 공급의 범위는 해당 면세사업자 자신의 거래 또는 해당 면세 부수 재화·용역의 공급에만 국한하게 된다.[103) 즉 이 경우 부수 재화가 해당 사업과 관련되는 한도에서 그 재화의 공급이 면세가 되는 것이지 사업과 무관하게 독립적으로 거래되는 경우에도 면세가 되는 것은 아니다. 이와 같이 한번 면세대상이 된 재화가 어느 단계에서나 항상 면세대상 재화로 취급되는 것은 아니다.

## 3. 부수 재화·용역의 과세표준

주된 거래에 포함하여 부수하여 공급되는 재화나 용역은 원칙적으로 별도의 독립된 사업으로 보지 않으므로 이러한 부수 재화 또는 용역의 공급에 관해서는 공급시기와 공급장소 등을 별도로 판단할 필요가 없다. 또 주된 사업이 면세사업일 경우에는 당초부터 과세표준 등이 문제가 되지 아니한다. 하지만 주된 과세사업과 관련된 경우 이에 부수하여 공급되는 재화·용역에 관하여 과세표준을 따로 계산하고 세금계산서도 별도로 발급하여야 하는지 문제가 된다.

구법에서는 이에 관한 명문규정이 없었으므로 본래 부수 재화·용역은 주된 거래의 재화·용역에 포함되는 것으로 보는 점에서 별도로 세금계산서를 발급할 필요가 없고 부수 재화 또는 용역의 과세표준도 따로 계산하지 않는다고 해석함이 원칙이었다. 다만, 해석론으로 '주된 거래'와 '주된 사업'을 구분하여 양자 간의 성질을 인정하고, 주된 사업과 관련하여 우발적·일시적으로 공급되는 재화·용역과 주된 재화의 생산에 필수적으로 부수하여 생산되는 재화는 단지 주된 사

103) 대법원 2002.11.8. 선고 2001두4849 판결; 대법원 1995.2.14. 선고 94누13381 판결. 특히 대법원 2001.3.15. 선고 2000두7131 전원합의체 판결은 곡물가공업체인 사업자가 외국산 밀 등을 제분하는 과정에서 밀기울 등을 부수하여 생산·공급하는 경우, 주된 재화인 밀가루가 면세대상 재화이므로 그 사업자의 그 밀가루 공급과 관련한 부수생산물인 밀기울의 공급도 그 사업자의 공급 단계에서만 면세대상으로 되는 것일 뿐, 그 사업자인 곡물가공업체로부터 밀기울을 면세로 공급받아 이를 다시 제3자에게 전매하는 중간수집판매상의 공급 단계에서까지 그 밀기울의 공급에 관한 부가가치세가 면세된다고 볼 수는 없다고 하였다.

업에 부수되는 것일 뿐 성질상 어떤 특정한 거래에 흡수되는 것이 아니라는 견해가 있었다.[104]

현행법은 양자를 구분해서 별도의 공급으로 보도록 규정하고 있다. 그러므로 주된 사업과 관련하여 우연히 또는 일시적으로 공급되는 재화·용역과 주된 재화의 생산과정이나 용역의 제공과정에서 필연적으로 생기는 재화를 부수 재화·용역으로 규정한 취지는 무엇보다도 부수 재화와 부수 용역의 과세·면세 여부를 결정하는 데에 중요한 이유가 있다고 보아야 할 것이다.

결론적으로 주된 사업이 과세사업일 경우 이에 부수하여 공급되는 재화·용역에 관하여 과세표준을 따로 계산하고 세금계산서도 별도로 발급하여야 한다. 예를 들어 주된 과세사업에 제공하던 고정자산을 매각하는 경우 과세사업에 부수되는 재화의 공급으로서 그 고정자산의 가액이 주된 사업의 공급가액에 포함될 수 없으므로 과세표준을 별도로 산정해야 한다. 또 의류회사가 영업용 차량을 매각한 경우에 주된 사업과 관련하여 우발적으로 공급되는 재화로 취급되어 과세되는데 차량매각 부분은 그 공급시기가 독자적으로 존재하며 세금계산서를 별도로 발급하여야 하고 과세표준도 별도로 계산하여야 한다. 다만 자동차판매회사가 자동차 사후보증관리기간 동안 자동차의 부품을 교환해 주는 행위는 우발적 공급에 해당하나 당초 자동차 공급가액에 하자보증책임의 대가가 포함되어 있다고 보게 되면 공급가액을 별도로 계산할 여지가 없다.

## 제 2 절 재화 또는 용역의 공급시기

**제15조(재화의 공급시기)** ① 재화가 공급되는 시기는 다음 각 호의 구분에 따른 때로 한다. 이 경우 구체적인 거래 형태에 따른 재화의 공급시기에 관하여 필요한 사항은 대통령령으로 정한다.

104) 특히 사업과 관련된 부수 생산물은 그것이 부수할 개별적인 주된 거래의 재화 공급이 존재하지 아니하므로 당연히 독립된 거래로 취급하여야 한다는 입장이었다. 최명근·나성길, 앞의 책, 165면.

1. 재화의 이동이 필요한 경우: 재화가 인도되는 때
2. 재화의 이동이 필요하지 아니한 경우: 재화가 이용가능하게 되는 때
3. 제1호와 제2호를 적용할 수 없는 경우: 재화의 공급이 확정되는 때

② 제1항에도 불구하고 할부 또는 조건부로 재화를 공급하는 경우 등의 재화의 공급시기는 대통령령으로 정한다.

**제16조(용역의 공급시기)** ① 용역이 공급되는 시기는 다음 각 호의 어느 하나에 해당하는 때로 한다.

1. 역무의 제공이 완료되는 때
2. 시설물, 권리 등 재화가 사용되는 때

② 제1항에도 불구하고 할부 또는 조건부로 용역을 공급하는 경우 등의 용역의 공급시기는 대통령령으로 정한다.

## Ⅰ. 의 의

재화 또는 용역의 공급시기는 재화·용역의 공급이 어느 과세기간에 귀속되는가를 결정하는 기준이 된다. 과세되는 재화 또는 용역의 공급을 일정한 과세기간에 귀속시키는 데 있어서 거래와 관련된 일련의 과정 중에서 어느 때를 공급시기로 할 것인지는 매우 중요한 문제이다. 이 시간적 기준에 따라 과세거래에 대한 거래징수와 세금계산서를 발급하여야 할 의무가 발생하게 된다.

더욱이 재화·용역의 공급시기는 납세의무자가 부가가치세 과세표준 신고의무를 이행하는 시기를 정하는 기준으로서도 매우 중요한 의의를 지니고 있다. 만일 공급시기를 잘못 판단하여 그 이행시기를 경과할 경우에는 공급하는 자에게 가산세가 발생하는 원인이 된다. 아울러 공급받는 자에게는 공급하는 자로부터 발급받은 세금계산서가 사실과 다른 세금계산서에 해당하게 되어 매입세액불공제 등의 불이익이 뒤따르게 된다.

이론상 재화·용역의 공급시기는 「소득세법」과 「법인세법」상 총수입금액 또는 익금의 귀속시기와 관련이 있지만 부가가치세는 실제적인 소비에 과세기반을 두고 있으므로, 원칙적으로 공급받는 자의 입장에서 재화를 사용하거나 용역의 효익을 누릴 수 있는 시점을 공급시기로 하고 있다는 점에서 소득을 과세기

반으로 하는 권리·의무 확정주의와 직접 관련이 없다.

## Ⅱ. 재화의 공급시기

### 1. 일반적 공급시기

재화가 공급되는 시기는 다음의 기준에 의한다(부법 제15조 제1항).

① 재화의 이동이 필요한 경우는 재화가 인도되는 때(제1호)

② 재화의 이동이 필요하지 아니한 경우는 재화가 이용 가능하게 되는 때(제2호)

재화의 이동이 필요하지 아니한 부동산의 공급시기인 해당 부동산을 이용 가능하게 되는 때란 원칙적으로 소유권이전등기일을 의미한다고 할 것이다. 당사자 간 특약으로 해당 부동산에 대하여 매매잔금 미지급 등의 사유로 잔금지급 이전까지 사용·수익 등 이용을 제한하는 경우에는 실제로 사용·수익한 날을 공급시기로 해석하여야 할 것이다. 다만 이처럼 사용·수익이 가능한 날을 공급시기로 보기 위해서는 특약의 존재가 입증되어야 한다. 판례에서는 매매대금이 청산되거나 소유권이전등기를 경료하기 이전이라도 해당 건물에 대한 배타적인 이용 및 처분을 할 수 있도록 그 점유를 이전하였다면 그 때를 재화의 공급이 있은 때로 보고 있다.105)

③ 위의 기준을 적용할 수 없는 경우는 재화의 공급이 확정되는 때(제3호)

④ 할부 또는 조건부로 재화를 공급하는 경우는 거래형태에 따라 아래와 같이 구분된다(제4호).

### 2. 할부 또는 조건부 등으로 재화를 공급하는 경우

#### 가. 거래형태별 기준

재화의 공급시기는 거래형태별로 다음과 같다(부령 제28조 제1항).

① 현금판매·외상판매 또는 할부판매의 경우는 재화가 인도되거나 이용 가능하게 되는 때

---

105) 대법원 2006.10.13. 선고 2005두2926 판결.

② 상품권 등을 현금 또는 외상으로 판매하고 그 후 그 상품권 등이 현물과 교환되는 경우는 재화가 실제로 인도되는 때

③ 재화의 공급으로 보는 가공의 경우는 가공된 재화를 인도하는 때

'재화의 공급으로 보는 가공'이란 자기가 주요 자재의 전부 또는 일부를 부담하고 상대방으로부터 인도받은 재화에 공작을 가하여 새로운 재화를 만드는 가공계약에 의하여 재화를 인도하는 것을 말한다. 판례를 보면, 임가공을 목적으로 원단을 수출하여 베트남의 임가공업자에게 가공하게 한 후 그 가공된 제품을 직접 제3국의 구매자에게 판매한 사안에서 재화의 공급에 관하여 규정한 법 제6조 제1항에서 말하는 '인도 또는 양도'는 궁극적으로 재화를 사용·소비할 권한의 이전이 수반되는 것이어야 하므로, 사업자가 임가공을 목적으로 원자재를 수출하여 외국의 임가공업자에게 제공하는 것만으로는 아직 재화를 사용·소비할 권한의 이전이 수반되지 아니하여 국내반입조건부인지 여부에 관계없이 영세율 적용대상 과세거래로 볼 수 없고, 이 경우 원자재의 공급시기에 대하여는 가공된 제품의 국외에서의 인도시점을 재화의 공급시기로 보아야 한다고 하였다.106)

④ 반환조건부 판매, 동의조건부 판매, 그 밖의 조건부판매 및 기한부판매의 경우에는 그 조건이 성취되거나 기한이 지나 판매가 확정되는 때(부령 제28조 제2항)

예를 들어 계약서상 공급받는 자의 검수를 필수적인 인도조건으로 하는 검수조건부매매에 따른 재화의 공급인 경우에 이동되는 재화의 공급시기는 재화의 인도 시점이 아니라 조건이 성취하는 시점으로 보아야 한다.107) 비록 매매계약서상 검수조건을 부기하지 아니하였다 하더라도 관련 증빙서류에 의거 검수가 이루어져야만 인도가 가능한 것이 확인되는 경우에 해당 재화의 공급시기는 인도조건이 성취되는 때라고 해석해야 할 것이다.

⑤ 장기할부판매의 경우, 완성도기준지급 또는 중간지급조건부로 재화를 공급하거나 전력 그 밖의 공급단위를 구획할 수 없는 재화를 계속적으로 공급하는 경우는 대가의 각 부분을 받기로 한 때(부령 제28조 제3항)

---

106) 대법원 2001.3.13. 선고 99두9247 판결.

107) 검수란 주문한 물품에 대하여 그 물품의 성상이나 품질, 물품의 파손 여부, 수량 및 가격 등을 확인하는 것을 의미한다.

여기서 '장기할부판매'란 재화를 공급하고 그 대가를 월부·연부 그 밖의 부불방법에 따라 받는 것 중, 2회 이상으로 분할하여 대가를 받고 해당 재화의 인도기일이 속하는 달의 다음 날부터 최종의 부불금의 지급기일이 속하는 달까지의 기간이 1년 이상인 것을 말한다(부가칙 第17조).

또한 '중간지급조건부'로 재화를 공급한다 함은 재화가 인도되기 전 또는 재화가 이용 가능하게 되기 전에 계약금 이외의 대가를 분할하여 받는 경우로서 계약금을 받기로 한 날의 다음 날부터 잔금을 지급하기로 한 날까지의 기간이 6개월 이상인 경우와 「국고금관리법」 제26조의 규정에 의하여 경비를 선급하는 경우 및 「지방재정법」 제73조의 규정에 의하여 선금급을 지급받는 경우를 말한다(부가칙 第18조).

재화를 중간지급조건부로 공급하는 경우는 완성도기준지급조건부와는 달리 재화가 각 대가에 상응하는 비율만큼 완성되지 않더라도 계약이 취소·해제되는 등으로 그 효력을 중도에 상실하는 사정이 없는 한 대가의 각 부분을 받기로 한 때에 공급시기가 도래한다고 보아야 한다.[108] 그런데 완성도기준지급 및 중간지급조건부로 재화를 공급하거나 용역을 공급함에 있어서 그 대가의 일부로 계약금을 거래상대방으로부터 받는 경우가 있다. 이 경우 재화의 공급시기는 언제인지 여부와 공급하는 재화가 반드시 공사 중인 재화여야 하는가, 아니면 이미 완성된 재화도 해당되는지가 분명하지 아니하므로 문제가 된다. 이에 대하여는 그 계약의 조건에 따라 계약금을 받기로 한 때를 공급시기로 보는 행정해석이 있으나,[109] 애당초 계약금은 민법상 해약금 및 손해배상의 예정으로서의 성질을 띠는 금원에 불과하므로 착수금·선취금 등 명칭 여하를 불문하고 후에 계약이 이행되어 그 금액이 대금의 일부에 충당될 때 공급시기가 도래한 것으로 해석하여야 할 것이다.[110]

또한 달리 명문의 규정이 없는 한 완성된 재화도 통상적으로 재화가 이용 가능하게 되기 전 계약금 이외의 대가를 분할하여 지급하는 경우에는 중간지급조건부 재화의 공급에 해당한다고 보아야 할 것이다.[111] 그 이유는 법령에서 거

108) 대법원 2003.11.28. 선고 2002두3089 판결.

109) 통칙 9-211-3.

110) 최명근·나성길, 앞의 책, 204면.

111) 대법원 1999.8.20. 선고 99두3515 판결; 대법원 1997.7.22. 선고 96누13064 판결.

래계약 당시 이미 완성된 재화를 공급하는 경우를 중간지급조건부 재화의 공급에서 제외하고 있지 아니하고 이를 제외해야 할 합리적인 이유도 찾아보기 어렵기 때문이다.

⑥ 재화의 공급으로 간주하는 경우에는 재화의 공급간주 유형에 따라 재화를 사용하거나 소비하는 때, 재화를 반출하는 때, 재화를 증여하는 때, 폐업일(부령 제28조 제4항)

⑦ 무인판매기를 이용하여 재화를 공급하는 경우에는 해당 사업자가 무인판매기에서 현금을 꺼내는 때(부령 제28조 제5항).

⑧ 수출재화의 경우(부령 제28조 제6항).

㉮ 내국물품의 국외반출 또는 중계무역방식의 수출의 경우는 수출재화의 선(기)적일

㉯ 원양어업 또는 위탁판매수출의 경우는 수출재화의 공급가액이 확정되는 때

㉰ 외국인도수출, 위탁가공무역방식의 수출, 원료를 대가 없이 국외의 수탁가공 사업자에게 반출하여 가공한 재화를 양도하는 경우에 그 원료의 반출의 경우는 외국에서 해당 재화가 인도되는 때

⑨ 사업자가 보세구역 안에서 보세구역 밖의 국내에 재화를 공급하는 경우가 재화의 수입에 해당할 때에는 수입신고 수리일(부령 제28조 제7항)

⑩ 보세구역에 있는 조달청 창고 또는 거래소의 지정창고에 보관된 임치물의 반환이 수반되어 재화를 공급하는 경우는 다음에 해당하는 때(부령 제28조 제8항)

㉮ 창고증권을 소지한 사업자가 해당 조달청 창고 또는 거래소의 지정창고에서 실물을 넘겨받은 후 보세구역의 다른 사업자에게 해당 재화를 인도하는 경우는 해당 재화를 인도하는 때

㉯ 해당 재화를 실물로 넘겨받는 것이 재화의 수입에 해당하는 경우는 그 수입신고 수리일

㉰ 국내로부터 조달청 창고 또는 거래소의 지정창고에 임치된 임치물이 국내로 반입되는 경우는 그 반입신고 수리일

### 나. 폐업 전에 공급한 재화의 공급시기가 폐업일 이후에 도래하는 경우

이 경우에는 그 폐업일을 재화의 공급시기로 본다(부령 제28조 제9항). 사업

자가 폐업하기 전에 공급한 재화의 공급시기가 폐업일 이후에 도래하는 경우 그 폐업일을 공급시기로 보도록 하는 것은 폐업 전에 공급받을 자와 공급가액이 정해져서 부가가치세 과세가 가능하므로 재화의 시가가 아니라 당사자 간의 실지 거래가액을 과세표준으로 하여 과세하기 위한 것이다.

'폐업 전에 공급한 재화'의 의미에 대하여는 그 재화의 인도 또는 양도의 원인이 되는 행위·공급 상대방·시기·가액을 확정할 수 있는 계약 등 법률상의 원인이 폐업 전에 발생한 경우까지 포함하는 것으로 해석하여야 한다.[112]

이 경우 주의해야 할 점은 폐업 전 공급재화와 폐업시 재고재화를 구분하여 폐업 전에 공급한 재화를 사업을 폐업하는 때 잔존하는 재화로 보아 과세해서는 안 된다는 것이다.

### 다. 위탁판매 등의 경우

위탁판매 또는 대리인에 의한 매매의 경우에는 수탁자 또는 대리인의 공급을 기준으로 하여 앞에서 설명한 공급시기에 관한 규정을 적용한다. 다만 위탁자 또는 본인을 알 수 없는 경우에는 위탁자와 수탁자 또는 본인과 대리인 사이에도 별개의 공급이 이루어진 것으로 보아 앞의 거래형태별 기준을 적용한다(부령 제28조 제10항).

납세의무가 있는 사업자가 「여신전문금융업법」에 따라 등록한 시설대여업자로부터 시설 등을 임차하고 그 시설 등을 공급자 또는 세관장으로부터 직접 인도받은 경우에는 그 사업자가 공급자로부터 재화를 직접 공급받거나 외국으로부터 재화를 직접 수입한 것으로 보아 앞의 거래형태별 공급시기에 관한 규정을 적용한다(부령 제28조 제11항).

## Ⅲ. 용역의 공급시기

### 1. 일반적 기준

용역이 공급되는 시기는 역무의 제공이 완료되는 때나 시설물·권리 등 재화가 사용되는 때로 한다(부법 제16조 제1항). 판례는 '역무의 제공이 완료된 때'

112) 대법원 2006.1.13. 선고 2005두10453 판결.

라 함은 사업자 간의 계약에 따른 역무제공의 범위와 계약조건 등을 고려하여 역무의 제공사실을 가장 확실하게 확인할 수 있는 시점을 의미한다고 해석하고 있다.[113] 예를 들면 대가를 받고 특정 물품의 독점판매권을 준 경우에는 그 물품을 판매할 때에 권리가 사용되는 것이고 그 때가 용역의 공급시기가 된다.

특히 건설용역을 공급함에 있어 건설공사기간에 대한 약정만 체결하고 대금지급기일에 관한 약정이 없는 경우의 공급시기는 다음과 같이 해석한다.[114]

① 해당 건설공사에 대한 건설용역의 제공이 완료되는 때. 다만 해당 건설용역 제공의 완료 여부가 불분명한 경우에는 준공검사일[115]

② 해당 건설공사의 일부분을 완성하여 사용하는 경우에는 해당 부분에 대한 건설용역의 제공이 완료되는 때. 다만 해당 건설용역 제공의 완료 여부가 불분명한 경우에는 그 부분에 대한 준공검사일

③ 그 외 할부 또는 조건부로 용역을 공급하는 경우 등의 용역의 공급시기는 아래와 같이 구분된다(동조 제2항).

## 2. 할부 또는 조건부로 용역을 공급하는 경우

### 가. 거래형태별 기준

다음에 해당하는 경우는 대가의 각 부분을 받기로 한 때를 할부 또는 조건부로 용역을 공급하는 경우 등의 용역의 공급시기로 본다. 다만 아래 ②와 ③의 경우 역무의 제공이 완료되는 날 이후 받기로 한 대가의 부분에 대해서는 역무의 제공이 완료되는 날을 그 용역의 공급시기로 본다(부령 제29조 제1항).

① 장기할부조건부 또는 그 밖의 조건부로 용역을 공급하는 경우(제1호)

② 완성도기준지급조건부로 용역을 공급하는 경우(제2호)

③ 중간지급조건부로 용역을 공급하는 경우(제3호)

④ 공급단위를 구획할 수 없는 용역을 계속적으로 공급하는 경우(제4호)

완성도지급기준 또는 중간지급조건부 용역의 공급시기는 기성고가 결정되

---

113) 대법원 2008.8.21. 선고 2008두5117 판결.

114) 통칙 16-29-3.

115) 사용승인일 이후라도 마무리 공사가 객관적으로 확인되는 경우에 한하여 사용승인일 이후를 공급시기로 볼 수 있다(국심 2004중1994, 2004.10.29).

어 그에 상응하는 공사대금을 지급받을 수 있게 된 날이라는 것이 판례의 확고한 태도이다.[116] 이에 따라 행정해석도 공사대금 지급기일을 명시하지 아니한 경우에 공사완성도가 결정되어 그 대금을 지급받을 수 있는 날로 보고 있다.[117] 판례를 보면, 공장증축공사 도급계약과 기계설비 제작공급계약을 체결함에 있어 선급금 또는 계약금을 제외한 나머지 대금을 기성고에 따라 여러 차례 나누어 지급하기로 약정하면서, 각 계약 체결 당시 그 지급일을 특별히 명시하지 아니하여 수급인의 기성고 대금 지급 촉구에 따라 여러 차례에 나누어 약속어음을 교부한 경우, 완성도기준 지급조건부로 재화 또는 용역을 공급받는 경우에 해당되므로 약속어음의 만기일이 아니라 각 공사의 기성고가 결정되어 그 대금을 지급받을 수 있게 된 날을 그 공급시기인 대가의 각 부분을 받기로 한 때로 보고 있다.[118]

### 나. 그 밖의 용역의 공급시기 구분

앞의 기준을 적용할 수 없는 경우에는 다음의 구분에 따라 공급시기를 결정한다(부령 제29조 제2항).

① 역무의 제공이 완료되는 때 또는 대가를 받기로 한 때를 공급시기로 볼 수 없는 경우는 역무의 제공이 완료되고 그 공급가액이 확정되는 때(제1호)

주의할 것은 역무의 제공이 완료되었음에도 공급시기가 도래하지 아니하였다고 보는 예외적인 경우는 역무제공의 완료시 공급가액이 확정되지 아니하는 경우이고, 그 대가를 역무의 완성도에 의하여 지급받기로 한 완성도기준지급조건부 용역공급의 경우에는 대가를 받기로 한 때가 공급시기가 된다. 그러므로 계약에 의하여 받기로 한 대금이 정해진 상태에서 해당 공사가 완료되어 사용검사까지 받은 이상, 그 후 계약 당사자 사이에 공사대금 정산에 관한 분쟁으로 소송까지 제기되어 그에 관한 판결에서 공사잔금이 확정되었다고 하더라도 이는 공급이 완료된 용역의 하자 및 공사지연으로 인한 손해배상의 문제이거나 별도의 추가공사용역에 관한 문제일 뿐, 그로써 역무제공의 완료시 공급가액이 확정되지 아니한 경우라고 할 수 없다.[119]

---

116) 대법원 1997.6.27. 선고 96누16193 판결.
117) 통칙 16-29-2.
118) 대법원 1995.8.11. 선고 95누634 판결.
119) 대법원 2005.5.27. 선고 2004두9586 판결.

② 사업자가 부동산 임대용역을 공급하는 경우로서 사업자가 부동산 임대용역을 공급하고 전세금 또는 임대보증금을 받은 경우와 사업자가 둘 이상의 과세기간에 걸쳐 부동산 임대용역을 공급하고 그 대가를 선불 또는 후불로 받는 경우 및 사업자가 부동산을 임차하여 다시 임대용역을 제공하는 경우로서 부동산 임대용역의 과세표준을 월수에 따라 안분계산하는 경우는 예정신고기간 또는 과세기간의 종료일(제2호)

그러나 부동산 임대수입의 경우에도 공급단위를 구획할 수 없는 용역을 계속적으로 공급하는 경우에는 그 대가의 각 부분을 받기로 한 때를 공급시기로 보아야 한다.

③ 다음에 해당하는 용역을 둘 이상의 과세기간에 걸쳐 계속적으로 제공하고 그 대가를 선불로 받는 경우는 예정신고기간 또는 과세기간의 종료일(제3호)

㉮ 헬스클럽장 등 스포츠센터를 운영하는 사업자가 연회비를 미리 받고 회원들에게 시설을 이용하게 하는 것

㉯ 사업자가 다른 사업자와 상표권 사용계약을 할 때 사용대가 전액을 일시불로 받고 상표권을 사용하게 하는 것

㉰ 「노인복지법」에 따른 노인복지시설(유료인 경우에만 해당)을 설치·운영하는 사업자가 그 시설을 분양받은 자로부터 입주 후 수영장·헬스클럽장 등을 이용하는 대가를 입주 전에 미리 받고 시설 내 수영장·헬스클럽장 등을 이용하게 하는 것

㉱ 그 밖에 위와 유사한 용역

④ 사업자가 「사회기반시설에 대한 민간투자법」 제4조 제3호의 방식을 준용하여 설치한 시설에 대하여 둘 이상의 과세기간에 걸쳐 계속적으로 시설을 이용하게 하고 그 대가를 받는 경우는 예정신고기간 또는 과세기간의 종료일(제4호)

### 다. 폐업의 경우

폐업 전에 공급한 용역의 공급시기가 폐업일 이후에 도래하는 경우에는 그 폐업일을 해당 용역의 공급시기로 본다(부령 제29조 제3항).

### 3. 기부채납의 경우

일반적으로 공공시설물을 건축하여 기부채납하는 경우에 그 기부채납시를 공급시기로 한다. 공공시설이 설치되면 그 사업완료와 동시에 해당 공공시설을 구성하는 토지와 시설물의 소유권이 그 시설을 관리할 국가 또는 지방자치단체에 직접 원시적으로 귀속된다 할 것이고 이 때 사업완료시는 준공검사를 마친 때라고 볼 것이다.120)

주의할 것은 사업자가 자기의 비용을 투입하여 공공시설인 지하도 및 상가시설 등을 완성하여 기부채납하고 그에 대한 반대급부로 일정 기간 무상사용권 등을 취득하는 것을 부가가치세 과세대상이 되는 용역의 공급에 해당한다고 보는 것은 그 기부채납과 무상사용권 등 사이에 실질적·경제적 대가관계가 있다는 점에 있다. 그러므로 「부가가치세법」에서 용역의 공급시기로 규정한 역무의 제공이 완료되는 때를 정함에 있어서는 서로 대가관계에 있는 기부채납과 무상사용권 등에 관한 구체적 사정을 종합적으로 살펴 판단하여야 한다.

하지만 기부채납의 대상이 도시계획사업의 시행에 따른 공공시설이라고 하여 그 공급시기를 일률적으로 사업완료시인 준공검사를 마친 때라고 단정할 것은 아니다. 예를 들어 준공 전 사용승인을 얻은 이후 그 기간을 계속 연장하면서도 준공검사신청을 하지 아니한 채 준공 전 사용승인기간의 연장을 요청하면서 시설물을 실질적으로 완성하여 시설물의 임대료를 받아 공사비에 충당하고 이를 기부채납한 경우에는 그 역무의 제공이 완료된 때를 최초의 준공 전 사용승인을 얻은 무렵으로 보아야 하므로 최초의 준공 전 사용승인을 얻은 시기를 공급시기로 해석하여야 한다.121)

## Ⅳ. 공급시기의 특례

**제17조(재화 및 용역의 공급시기의 특례)** ① 사업자가 제15조 또는 제16조에 따른 재화 또는 용역의 공급시기(이하 이 조에서 "재화 또는 용역의 공급시기"라 한다)

120) 대법원 2000.8.22. 선고 98다55161 판결; 대법원 1999.4.15. 선고 96다24897 전원합의체 판결.

121) 대법원 2003.3.28. 선고 2001두9950 판결.

가 되기 전에 재화 또는 용역에 대한 대가의 전부 또는 일부를 받고, 이와 동시에 그 받은 대가에 대하여 제32조에 따른 세금계산서 또는 제36조에 따른 영수증을 발급하면 그 세금계산서 등을 발급하는 때를 각각 그 재화 또는 용역의 공급시기로 본다.

② 사업자가 재화 또는 용역의 공급시기가 되기 전에 제32조에 따른 세금계산서를 발급하고 그 세금계산서 발급일부터 7일 이내에 대가를 받으면 해당 세금계산서를 발급한 때를 재화 또는 용역의 공급시기로 본다.

③ 제2항에도 불구하고 다음 각 호의 어느 하나에 해당하는 경우에는 재화 또는 용역을 공급하는 사업자가 그 재화 또는 용역의 공급시기가 되기 전에 제32조에 따른 세금계산서를 발급하고 그 세금계산서 발급일부터 7일이 지난 후 대가를 받더라도 해당 세금계산서를 발급한 때를 재화 또는 용역의 공급시기로 본다.

1. 거래 당사자 간의 계약서·약정서 등에 대금 청구시기(세금계산서 발급일을 말한다)와 지급시기를 따로 적고, 대금 청구시기와 지급시기 사이의 기간이 30일 이내인 경우
2. 재화 또는 용역의 공급시기가 세금계산서 발급일이 속하는 과세기간 내(공급받는 자가 제59조 제2항에 따라 조기환급을 받은 경우에는 세금계산서 발급일부터 30일 이내)에 도래하는 경우

④ 사업자가 할부로 재화 또는 용역을 공급하는 경우 등으로서 대통령령으로 정하는 경우의 공급시기가 되기 전에 제32조에 따른 세금계산서 또는 제36조에 따른 영수증을 발급하는 경우에는 그 발급한 때를 각각 그 재화 또는 용역의 공급시기로 본다.

### 1. 공급시기가 되기 전에 대가를 받은 경우

세금계산서는 원칙적으로 재화 또는 용역의 공급시기에 발급하도록 되어 있다(부법 제34조 제1항). 즉 사업자가 재화 또는 용역을 공급하는 시기에 대가를 지급받으면서 세금계산서를 발행하는 것이 원칙이다. 그럼에도 공급시기와 상관없이 실제 대가를 수령하였는지 여부와 무관하게 세금계산서를 발행하는 경우가 있어서 공급시기의 특례를 규정하고 있다. 그러나 사업자가 재화 또는 용역의 공급시기가 되기 전에 대가의 전부 또는 일부를 미리 받고 이와 동시에 그 받은 대가에 대하여 세금계산서 또는 영수증을 발급하는 경우에는 세금계산서 또는

간이과세자 등이 영수증을 발급하는 때를 각각 그 재화 또는 용역의 공급시기로 본다(부법 제17조 제1항).

## 2. 공급시기가 되기 전에 세금계산서를 발급한 경우

사업자가 재화 또는 용역의 공급시기가 되기 전에 세금계산서를 발급하고 그 세금계산서 발급일부터 7일 이내에 대가를 받으면 해당 세금계산서를 발급한 때를 재화 또는 용역의 공급시기로 본다(동조 제2항). 세금계산서의 원칙적인 발급시기에도 불구하고 실무에서는 세금계산서를 먼저 발급하고 재화 등을 공급하는 경우가 있다. 이는 마치 세금계산서의 발급이 상대방에게 대금청구서의 기능을 하는 것이다. 부가가치세법에서는 세금계산서의 이러한 기능을 감안하여 그 세금계산서 발급일부터 7일 이내에 대가를 받으면 해당 세금계산서를 발급한 때를 재화 또는 용역의 공급시기로 보도록 규정한 것이다. 하지만 사업자가 세금계산서 발급일로부터 7일이 지난 후 대가를 받더라도 ① 대가를 지급하는 사업자가 거래 당사자 간의 계약서·약정서 등에 대금 청구시기와 지급시기를 따로 적고 대금 청구시기와 지급시기 사이의 기간이 30일 이내인 경우, ② 재화 또는 용역의 공급시기가 세금계산서 발급일이 속하는 과세기간 내(공급받는 자가 조기환급을 받은 경우에는 세금계산서 발급일로부터 30일 이내)에 도래하는 경우에는 해당 세금계산서를 발급한 때를 재화 또는 용역의 공급시기로 본다(동조 제3항).

## 3. 사업자가 할부로 재화 또는 용역을 공급하는 경우

사업자가 할부로 재화 또는 용역을 공급하는 경우 등으로서 ① 장기할부판매로 재화를 공급하거나 장기할부조건부로 용역을 공급하는 경우의 공급시기, ② 전력이나 그 밖에 공급단위를 구획할 수 없는 재화를 계속적으로 공급하는 경우의 공급시기, ③ 그 공급단위를 구획할 수 없는 용역을 계속적으로 공급하는 경우의 공급시기가 되기 전에 세금계산서 또는 영수증을 발급하는 경우에는 그 발급한 때를 각각 그 재화 또는 용역의 공급시기로 본다(동조 제4항; 부령 제30조).

## V. 재화의 수입시기

제18조(재화의 수입시기) 재화의 수입시기는 「관세법」에 따른 수입신고가 수리된 때로 한다.

재화의 수입시기는 「관세법」에 따른 수입신고가 수리된 때이다(부법 제18조). 「관세법」에서 수입이란 외국으로부터 우리나라에 도착된 물품을 반입하는 것으로 정의하고 있다. 수입신고는 수입화주가 원칙적으로 외국물품을 적재한 선박 또는 항공기가 우리나라에 입항한 후에 한하여 할 수 있는데 세관장에게 수입신고서를 작성하여 제출한다(「관세법」 제241조 제1항).

수입신고는 전자서류에 따른 신고를 원칙으로 하고 관할 세관에서 물품검수와 통관심사를 한 후 통관요건을 갖춘 것으로 판단되면 세관장이 그 신고를 수리한다. 수입물품에 대한 관세 및 부가가치세 등은 원칙적으로 매 수입신고 건별로 수입신고가 수리된 날부터 15일 이내에 납부하여야 한다.[122]

# 제 3 절 재화 또는 용역의 공급장소

제19조(재화의 공급장소) ① 재화가 공급되는 장소는 다음 각 호의 구분에 따른 곳으로 한다.

1. 재화의 이동이 필요한 경우: 재화의 이동이 시작되는 장소
2. 재화의 이동이 필요하지 아니한 경우: 재화가 공급되는 시기에 재화가 있는 장소

② 제1항에서 규정한 사항 외의 재화가 공급되는 장소에 관하여 필요한 사항은 대통령령으로 정한다.

제20조(용역의 공급장소) ① 용역이 공급되는 장소는 다음 각 호의 어느 하나에 해당하는 곳으로 한다.

---

122) 김용일·류수현, 『관세법론』, 무역경영사, 2013, 66면.

1. 역무가 제공되거나 시설물, 권리 등 재화가 사용되는 장소
2. 국내 및 국외에 걸쳐 용역이 제공되는 국제운송의 경우 사업자가 비거주자 또는 외국법인이면 여객이 탑승하거나 화물이 적재되는 장소

② 제1항에서 규정한 사항 외의 용역이 공급되는 장소에 관하여 필요한 사항은 대통령령으로 정한다.

## Ⅰ. 의 의

'공급장소'란 재화 또는 용역의 거래장소를 말한다. 공급장소는 우리나라의 과세권이 미치는 거래인지 여부, 즉 재화 또는 용역의 공급이 국내거래인지 혹은 국외거래인지를 판정하는 기준이 된다. 거래장소가 국내라면 사업자가 비거주자 또는 외국법인이라도 국경세 조정에 따른 소비지 과세원칙에 기하여 우리나라에서 부가가치세 납세의무가 성립한다.

공급장소는 납세의무의 이행과 조세의 부과를 위하여 관할청을 판별하는 기준이 되는 납세지와는 구별하여야 한다.

## Ⅱ. 재화의 공급장소

재화가 공급되는 장소는 다음과 같이 재화의 이동이 필요한 경우와 필요하지 아니하는 경우로 나누어 판단한다(부법 제19조 제1항).

### 1. 재화의 이동이 필요한 경우

재화의 이동이 시작되는 장소를 재화의 공급장소로 한다. 수출의 경우에는 해당 재화가 국외에서 사용되거나 소비된다 하더라도 재화의 이동이 시작되는 장소가 우리나라이므로 수출업자는 부가가치세 납세의무자가 된다.

반면에 수입의 경우에는 재화의 이동이 시작되는 장소가 국외이므로 외국의 공급업자는 납세의무가 없다. 하지만 소비지 과세원칙에 따라 우리나라에서 부가가치세 과세대상으로 규정하고 있으므로 재화를 수입할 때 세관장이 부가가치세를 징수한다.

### 2. 재화의 이동이 필요하지 않은 경우

재화가 공급되는 시기에 재화가 있는 장소를 재화의 공급장소로 한다. 재화의 이동이 필요하지 않는 경우의 공급시기는 재화가 이용 가능한 때이므로 재화가 이용 가능한 때 해당 재화가 국내에 있으면 공급장소는 국내가 된다.

## Ⅲ. 용역의 공급장소

과세권이 미치는 거래인지 여부를 판단하는 용역이 공급되는 장소는 다음과 같은 곳이다(부법 제20조 제1항). 다만 외국법인이 제공한 용역의 중요하고 본질적인 부분이 국내에서 이루어졌다면 용역의 일부가 국외에서 이루어졌더라도 용역이 공급되는 장소는 국내라고 보아야 한다.[123]

### 1. 원 칙

역무가 제공되거나 시설물 및 권리 등 재화가 사용되는 장소를 용역의 공급장소로 한다(제1호). 역무가 제공되는 것과 관련하여 공급자 측면에서 파악할 것인지 공급받는 자 측면에서 파악해야 하는 것인지에 대하여 논란이 있다. 국외인 경우, 가령 국외에 있는 부동산의 임대용역과 외국의 광고매체에 광고게재를 의뢰하고 지급하는 광고료는 해당 부동산 또는 광고매체가 사용되는 장소가 국외이므로 부가가치세가 과세되지 아니한다.[124]

판례를 보면, 원고 등이 국제은행간 금융통신조직(SWIFT)이 운영하는 전용통신망을 이용한 해외은행과의 자금결제·금융거래·신용장개설 등의 거래메시지 전송 용역을 공급받고 그 대가로서 SWIFT에 사용료를 지급하여 온 사안에서, SWIFT 통신망을 이용한 메시지 전송 및 저장의 기계적 또는 기술적 작업이 해외에서 이루어졌다고 하더라도 이러한 SWIFT 통신망 접속 및 메시지의 전송이 이루어지는 곳은 국내 점포이므로 용역의 제공장소는 국내라고 하였다.[125] 여기서는 공급받는 자를 중심으로 역무가 제공되는 장소를 판단하여 용

123) 대법원 2016.2.18. 선고 2014두13829 판결.
124) 통칙 20-0-1.
125) 대법원 2006.6.16. 선고 2004두7528·7535 판결.

역의 소비지를 기준으로 과세 여부를 판단하였다고 본다.[126)]

### 2. 국제운송용역의 경우

국내 및 국외에 걸쳐 용역이 제공되는 국제운송의 경우 사업자가 비거주자 또는 외국법인이면 여객이 탑승하거나 화물이 적재되는 장소를 용역의 공급장소로 한다(제2호).

반면에 사업자가 거주자 또는 내국법인인 경우 우리나라 국적의 항공기 또는 선박에서 이루어지는 거래는 여객의 탑승 또는 화물 적재장소가 어느 곳인지를 불문하고 국내거래로 보게 된다. 다만 외국항행용역으로서 영세율을 적용한다.

---

126) 김신언, "Cross-Border에서 디지털 재화 및 용역의 공급장소와 과세권", 『조세학술논집』, 제31집 제3호, 국제조세협회, 2015, 262면.

제4장

# 영세율과 면세

# 제 1 절 영세율제도와 면세제도의 목적과 효과

## Ⅰ. 제도의 목적

부가가치세는 원칙적으로 모든 재화 또는 용역을 동일 세율로 과세하는 일반소비세이다. 그럼에도 특정 재화나 용역은 과세에서 제외하고 있다. 저소득층에 대한 부가가치세 부담의 역진성을 완화시켜 세부담을 덜어 주고자 하는 취지 또는 특정 재화나 용역의 성질에 비추어 과세가 적절하지 아니하다고 보는 경우이다.

부가가치세는 원칙적으로 납부할 부가가치세의 부담을 거래상대방에게 전가하고 납세의무자는 거래징수한 부가가치세를 납부하는 구조로 설계되어 있다. 과세거래에서 영의 세율을 적용하여 매출세액을 거래징수하지 아니하는 영세율제도는 납세의무자인 사업자의 부가가치세 부담을 면제시켜 주기 위한 것이 아니라 거래상대방의 세부담을 완전히 제거하기 위하여 마련되었다. 이에 비하여 면세제도는 그 적용대상이 되는 거래단계의 부가가치세 납세의무 자체를 면제하는 것이다. 면세사업자는 매출세액이 발생하지 아니하고 제도상 전단계의 과세거래에서 부담한 매입세액을 환급받을 수 없다. 면세제도 역시 사업자의 부가가치세 부담을 경감시켜 주는 제도가 아니라 재화 또는 용역을 구입하는 소비자의 부가가치세 부담을 덜어 주어 소비세의 단점인 조세부담의 역진성 문제를 해결하기 위한 제도이다.

다만 이와 같은 과세 면제조치는 거래당사자 간에 있어서 상호 대사작용을 어렵게 하고 거래의 추적을 불가능하게 한다. 또한 부가가치세의 장점으로 볼 수 있는 조세의 중립성을 훼손하는 등 여러 가지 문제점도 지니고 있다.

## Ⅱ. 영세율사업자와 면세사업자의 차이

### 1. 기본적 차이점

영세율과 면세의 개념 차이에서 다음과 같은 기본적 차이점이 나타난다.

① 영세율의 적용대상이 되는 거래를 하는 자는 「부가가치세법」상 납세의무자이나 면세의 적용대상자는 부가가치세 납세의무자가 아니다.

② 영세율제도는 재화 또는 용역을 거래할 때 영의 세율을 적용하여 매출세액이 영(0)이 된다. 따라서 거래상대방에게 거래징수를 하지 않는다. 면세제도는 납세의무 자체를 면제하는 것이므로 애당초 매출세액이란 것이 존재하지 않는다.

③ 영세율을 적용받는 사업자는 재화 등을 매입할 때 거래징수된 매입세액을 매출세액에서 공제받거나 환급받을 수 있다. 반면에 면세사업자는 매출세액이 면제될 뿐 아니라 매입세액을 공제받거나 환급받을 수 없다. 따라서 그 매입세액은 매출거래되는 재화 등의 원가를 구성하게 된다.

④ 우리나라의 경우 영세율제도는 수출촉진 등을 위하여 주로 수출거래에 대하여 적용하며 면세제도는 부가가치세 역진부담을 완화하기 위하여 기초생활필수품 등에 적용하고 있다. 하지만 이것은 국가의 입법정책에 따라 다르게 정할 수 있는 것이지 「부가가치세법」의 원리와는 관계가 없는 문제이다.

## 2. 납세협력의무

### 가. 영세율 적용 사업자의 협력의무

영세율이 적용되는 거래도 영의 세율이 적용된다는 점에 차이가 있을 뿐 일반적인 과세거래와 다를 것이 없다. 따라서 영세율을 적용받는 사업자도 부가가치세 납세의무자에 해당하므로 법이 요구하는 각종의 협력의무를 이행하여야 하는바, 영세율을 적용받는 사업자도 사업자등록을 하고 장부를 비치·기장하여야 한다. 거래징수하는 세액이 없어도 원칙적으로 세금계산서를 발급하여야 하며 매출·매입처별 세금계산서합계표를 제출하여야 한다. 뿐만 아니라 매출세액이 없다 하더라도 반드시 영세율 과세표준신고를 하여야 한다.

그런데 영세율 적용대상 재화 또는 용역 중 수출하는 재화, 국외에서 제공하는 용역, 선박 또는 항공기의 외국항행용역, 그 밖의 외화획득사업은 세금계산서 발급이 어렵다고 보아 세금계산서 발급의무를 면제하고 있다(부령 제71조 제1항 제4호).

### 나. 면세사업자의 협력의무

면세사업자는 부가가치세 납세의무를 지지 않기 때문에 「부가가치세법」상의 납세협력의무도 지지 않는다. 이에 따라 면세사업자는 사업자등록, 장부의 비치·기장, 세금계산서의 발급, 매출처별 세금계산서합계표의 제출 및 신고·납부 등을 이행할 의무가 없다. 면세사업자는 원칙적으로 납세협력의무를 지지 않기 때문에 「소득세법」(제168조)과 「법인세법」(제111조)에서 면세사업자에 대하여 별도의 협력의무를 부여하고 있다. 즉 「소득세법」 또는 「법인세법」의 규정에 의하여 사업자등록, 장부비치·기장, 계산서의 발급과 제출 등의 의무를 지우고 있다.

## Ⅲ. 환수효과와 누적효과

전단계세액공제법을 채택한 부가가치세에서 정책목적상 소비자의 조세부담을 경감하려고 할 경우에는 영세율이나 면세를 최종 거래단계에 설정해야 한다. 그 이전단계에 이를 설정하면 영세율 적용 및 면세의 경우 환수효과가 발생하고 면세의 경우는 누적효과도 생기기 때문이다.

### 1. 환수효과

만일 최종 유통단계에서 면세로 취급하지 아니하고 중간단계의 공급에서 면세된 재화나 용역이 다음 단계의 과세대상 공급에 사용되는 경우에는 중간단계의 공급에서 면세된 세액이 다음 단계의 공급에서 모두 다시 부과되는 효과가 생긴다. 이에 따라 다음 단계 과세공급자는 자신이 창출한 부가가치에 대하여 납세의무를 지는 것은 물론 전단계 사업자가 창출한 부가가치를 포함한 전 매출액에 대하여 납세의무를 지는 불합리한 상황이 된다. 과세권자의 입장에서는 전단계 공급에 대한 면세로 잃어버린 조세수입을 다음 단계 과세공급자로부터 환수하는 셈이다. 이를 '환수효과(catching-up effect)'라 한다.[1)]

마찬가지로 거래의 중간단계에서 영세율을 적용하고 그 다음 거래단계에서

---

1) 이태로·한만수, 『조세법강의』, 박영사, 2013, 877면.

과세할 경우에도 그 단계의 부가가치세액이 해당 단계에서 창출된 부가가치만을 기초로 하여 계산한 세액보다 많아짐으로써 영세율의 효과는 완전히 사라지고 앞 단계에서 경감된 세액을 모두 다시 국고로 환수하게 된다.

다음 표에서 도매단계에 영세율을 설정하면 매입세액이 완전 환급되었던 것이 소매단계에 와서 전액 환수됨을 알 수 있다.

| 구 분 | 매입액 | 부가가치 | 매출액 | 세 율 | 매출세액 | 결 과 |
|---|---|---|---|---|---|---|
| 사업자A (제조) | 0 | 1,000원 | 1,000원 | 10% | 100원 | 100원 납부 |
| 사업자B (도매) | 1,000원 | 500원 | 1,500원 | **0%** | 0 | **100원 환급** |
| 사업자C (소매) | 1,500원 | 500원 | 2,000원 | 10% | 200원 | 200원 납부 |
| **합계** | | **2,000원** | | | | **200원 납부** |

사업자 A가 제조단계에서 부가가치세를 100원 납부하였으나 사업자 B의 도매단계에서 영세율이 적용되어 환급세액 100원이 발생하였고 이를 환급받았지만, 사업자 C의 소매단계에서 500원의 부가가치가 창출되었음에도 50원이 아니라 200원을 납부세액으로 납부하게 되는 것이다. 이는 매입세액이 0이기 때문에 매입세액공제가 없기 때문이다. 이렇게 되면 결국 소비자 입장에서는 영세율이 적용되지 않은 것과 마찬가지의 결과가 된다.

### 2. 누적효과

면세사업자는 재화 등의 거래가 있더라도 매출세액을 납부하지 않는 대신 이미 부담한 매입세액을 공제받지 못하기 때문에 면세 이전까지 창출된 부가가치에 대한 부가가치세를 전액 부담하는 결과가 된다. 만일 거래의 중간단계에 면세를 적용하고 그 다음 단계에 과세를 하면 면세 이전의 공급단계에서 창출된 부가가치액에 대하여는 부가가치세가 이중으로 부과되는 효과가 발생한다. 이를 '누적효과(cascade effect)'라 한다.

이론적으로 부가가치세는 최종소비자가 구입하는 재화 또는 용역의 가액에 부담되는 것이지만 이를 각 거래단계에서 사업자가 나누어 납부하게 한 것이다. 그러므로 중간에 면세를 하더라도 최종 소비단계에서 정부가 징수하는 세금에는 차이가 없는 것이 당연하다. 앞에서 이를 환수효과라고 하였다. 그런데 중간단계에 면세를 적용하면 거래의 과정이 나뉘게 되어 면세사업자의 매입세액이 다시 한번 원가에 포함됨으로써 그 과세표준에 누적효과가 나타나게 된다. 다음 표에서 보듯이 거래의 중간단계에서 면세를 적용하게 되면 누적효과와 환수효과가 동시에 발생하게 된다.

| 구 분 | 매입액 | 부가가치 | 매출액 | 세 율 | 매출세액 | 결 과 |
|---|---|---|---|---|---|---|
| 사업자A (제조) | 0 | 1,000원 | 1,000원 | 10% | 100원 | 100원 납부 |
| 사업자B (도매) | 1,100원 | 400원 | 1,500원 | × | **면세** | × |
| 사업자C (소매) | 1,500원 | 500원 | 2,000원 | 10% | 200원 | 200원 납부 |
| **합계** | | **1,900원** | | | | **300원 납부** |

사업자 B가 영위하는 도매단계에 면세를 설정한 경우 사업자 B가 매입을 할 때 사업자 A에게 거래징수된 매입세액 100원을 공제할 수 없다(통상 매입세액 100원은 매입원가에 산입하게 된다). 사업자 B로부터 재화를 구입하는 사업자 C는 면세사업자 B로부터 매입세액이 기재된 세금계산서를 발급받는 것이 불가능하므로 자신의 공급가액에 대한 세액 200원이 그대로 납부세액이 된다. 그리하여 전체적으로 과세단계인 제조와 소매단계의 부가가치 합계액이 1,500원이므로 세율이 10%라면 150원의 부가가치세액이 납부되어야 한다. 그런데 실제는 300원이 납부되어 150원을 초과납부하게 된다. 그 원인은 제조단계의 부가가치 1,000원과 도매단계의 부가가치 400원이 소매단계에서 다시 중복 산입되었기 때문이고, 제조단계의 부가가치세액 100원마저 도매단계 매입원가에 포함되어 도매단계의 과세표준을 구성하였기 때문이다. 한편 도매단계에서 면세했던 부가가치 400원은 소매단계에서 부가가치세 과세표준에 산입되어 결과적으로 400원에 대한 부가가치세만큼 세액을 증가시킨다. 이는 전술한 환수효과가 나타나

기 때문이다.

## 제 2 절 영세율제도

### Ⅰ. 의의와 취지

#### 1. 의 의

'영세율(Zero-rating)'이란 일정한 재화 또는 용역의 공급에 대하여 매출세액 산출시 영의 세율을 적용하는 제도를 말한다. 매출세액 산출시 영의 세율을 적용하면 어느 경우이든지 매출세액이 영이 되므로 재화 또는 용역을 구입할 때 부담한 매입세액을 공제하면 납부세액이 부(-)가 되어 결국 재화 또는 용역을 공급받을 때 자기가 부담한 매입세액을 전액 환급받게 된다.[2] 그 결과 부가가치세를 전혀 부담하지 않게 된다. 영세율 적용을 '완전면세'라고 부르는 이유이다.

#### 2. 취 지

가. 국제적 이중과세의 방지

영세율제도는 수출 등과 같이 재화나 용역을 외국에 공급하는 거래에 주로 적용된다. 재화의 수출입에 관하여 소비세를 과세한다고 할 경우 수출재화에 대하여 만일 수출국과 수입국에서 각각 과세하게 되면 동일 재화에 대한 이중과세의 문제가 발생한다. 이러한 문제를 해결하기 위하여 국제적으로 소비지 과세원칙에 따라 해당 재화를 생산·수출하는 국가에서는 과세를 하지 아니하고 수입·소비하는 국가에서 과세하도록 하고 있다. 그러므로 수출재화에 영세율을 적용하여 국외의 소비자들이 우리나라 법에 따른 부가가치세의 부담을 지지 않도록 하는 것이다.

2) 이를 수식으로 나타내면, 공급가액×0%－매입세액＝환급세액.

나. 수출촉진

비록 국내거래라 하더라도 예외적으로 수출 등과 관련이 있는 것에는 영세율을 적용함으로써 수출을 촉진함과 동시에 외화획득을 장려하고 있다. 영의 세율이 적용되는 재화 등에는 부가가치세의 부담이 완전히 없어지게 되어 그만큼 재화 등의 가격조건이 유리하게 되고 국제경쟁력이 강화된다. 또한 영의 세율이 적용되는 경우 부가가치세 조기환급의 대상이 되므로 수출업자의 자금부담이 해소되는 측면도 있다. 한편 「조세특례제한법」에서는 수출이나 외화획득과 전혀 관계없이 국내에 재화 또는 용역을 공급하는 일정한 경우에 대하여 영세율 적용대상으로 규정하고 있다. 이는 정책적으로 특정한 재화나 용역의 소비에 대하여 부가가치세 부담을 완전히 면제하기 위한 것이다.

다. 소비자가격 인하

영세율은 면세제도와 마찬가지로 가격경쟁력에서 사업자에게 유리하게 작용하고 최종소비자 단계에 설정되는 경우 세부담이 없어 최종소비자 가격을 낮추게 되므로 결국 소비자에게 이익을 준다. 실제로 영국을 비롯하여 캐나다·멕시코·아일랜드는 부가가치세가 소득에 역진적으로 작용하지 않도록 서민들의 생활필수품에 대하여 영세율을 적용하고 있다.

## Ⅱ. 적용대상자

**제25조(영세율에 대한 상호주의 적용)** ① 제21조부터 제24조까지의 규정을 적용할 때 사업자가 비거주자 또는 외국법인이면 그 해당 국가에서 대한민국의 거주자(「소득세법」 제1조의2 제1항 제1호의 거주자를 말한다. 이하 같다) 또는 내국법인(「법인세법」 제1조 제1호에 따른 내국법인을 말한다)에 대하여 동일하게 면세하는 경우에만 영세율을 적용한다.

② 사업자가 제24조 제1항 제2호에 따라 재화 또는 용역을 공급하는 경우에는 해당 외국에서 대한민국의 외교공관 및 영사기관 등의 직원에게 공급하는 재화 또는 용역에 대하여 동일하게 면세하는 경우에만 영세율을 적용한다.

③ 제1항 및 제2항에서 "동일하게 면세하는 경우"는 해당 외국의 조세로서 우리나

라의 부가가치세 또는 이와 유사한 성질의 조세를 면세하는 경우와 그 외국에 우리나라의 부가가치세 또는 이와 유사한 성질의 조세가 없는 경우로 한다.

영세율 적용대상자는 우선 과세사업자여야 한다. 영세율이 적용되는 거래도 영의 세율이 적용되는 점을 제외하고는 일반적인 과세거래와 다를 것이 없기 때문이다. 따라서 면세사업자는 면세를 포기하지 않는 한 영세율을 적용받을 수 없다. 간이과세자는 과세사업자에 해당하므로 영세율을 적용받을 수 있다. 다만 매입세액을 환급받지는 못한다.

영세율은 원칙적으로 거주자 또는 내국법인에 대하여 적용되며 사업자가 비거주자 또는 외국법인이면 상호면세주의에 따른다. 따라서 그 해당 국가에서 대한민국의 거주자 또는 내국법인에 대하여 동일하게 면세하는 경우에만 비거주자 등에게 영세율을 적용한다(부법 제25조 제1항).

사업자가 외교공관 등의 소속직원으로서 내국인이 아닌 자에게 재화 또는 용역을 공급하는 경우에는 해당 외국에서 대한민국의 외교공관 및 영사기관 등의 직원에게 공급하는 재화 또는 용역에 대하여 동일하게 면세하는 경우에만 영세율을 적용한다(동조 제2항).

여기서 '동일하게 면세하는 경우'란 해당 외국의 조세로서 우리나라의 부가가치세 또는 이와 유사한 성질의 조세를 면세하는 경우와 그 외국에 우리나라의 부가가치세 또는 이와 유사한 성질의 조세가 없는 경우를 말한다(동조 제3항). 현재 영세율 적용에 대한 상호면세국은 33개국으로 통칙 25-0-1에 열거되어 있다.

## Ⅲ. 적용대상 거래

제21조(재화의 수출) ① 재화의 공급이 수출에 해당하면 그 재화의 공급에 대하여는 30조에도 불구하고 영 퍼센트의 세율(이하 "영세율"이라 한다)을 적용한다.
② 제1항에 따른 수출은 다음 각 호의 것으로 한다.
1. 내국물품(대한민국 선박에 의하여 채집되거나 잡힌 수산물을 포함한다)을 외국으로 반출하는 것

2. 중계무역 방식의 거래 등 대통령령으로 정하는 것으로서 국내 사업장에서 계약과 대가 수령 등 거래가 이루어지는 것
3. 기획재정부령으로 정하는 내국신용장 또는 구매확인서에 의하여 재화[금지금(金地金)은 제외한다]를 공급하는 것 등으로서 대통령령으로 정하는 것

## 1. 재화의 수출

수출이란 국내에서 외국으로 재화를 판매하는 것을 의미한다. 수출의 범위는 다음과 같다(부법 제21조 제1항).

### 가. 외국으로 반출하는 재화

(1) 내국물품(대한민국 선박에 의하여 채집되거나 잡힌 수산물을 포함)을 외국으로 반출하는 것(제1호)

국내물품을 외국에 반출하는 것을 말하므로 유상으로 반출하든지 무상으로 반출하든지 외국으로 반출하는 재화는 모두 영세율이 적용된다. 즉 대가의 수반 여부를 가리지 않으며 대금결제방식도 불문한다. 따라서 신용장의 수반 여부도 가리지 않는다. 사업자가 재화를 수출하고 수출금액과 신용장상 금액의 차액을 별도로 지급받는 경우 그 금액에 대해서도 영세율을 적용한다.[3] 다만 자기사업을 위하여 대가를 받지 않고 국외의 사업자에게 견본품을 반출하는 경우에는 재화의 공급으로 보지 아니한다.[4]

(2) 국내의 사업장에서 계약과 대가수령 등 거래가 이루어지는 것으로서 다음에 해당하는 것(제2호)

① 중계무역 방식의 수출(수출할 것을 목적으로 물품 등을 수입하여 보세구역 및 보세구역 외 장치의 허가를 받은 장소 또는 자유무역지역 외의 국내에 반입하지 아니하는 방식의 수출)(부령 제31조 제1항 제1호)

② 위탁판매수출(물품 등을 무환으로 수출하여 해당 물품이 판매된 범위에서 대금을 결제하는 계약에 따른 수출)(부령 제31조 제1항 제2호)

③ 외국인도수출(수출대금은 국내에서 영수하지만 국내에서 통관되지 아니한 수출

3) 통칙 21-31-7.
4) 통칙 21-31-4.

물품 등을 외국으로 인도하거나 제공하는 수출)(부령 제31조 제1항 제3호)

④ 위탁가공무역 방식의 수출[가공임을 지급하는 조건으로 외국에서 가공(제조·조립·재성·개조를 포함)할 원료의 전부 또는 일부를 거래 상대방에게 수출하거나 외국에서 조달하여 가공한 후 가공물품 등을 외국으로 인도하는 방식의 수출](부령 제31조 제1항 제4호)

⑤ 원료를 대가 없이 국외의 수탁가공 사업자에게 반출하여 가공한 재화를 양도하는 경우에 그 원료의 반출(부령 제31조 제1항 제5호)

### (3) 내국신용장 또는 구매확인서에 의하여 재화(금지금은 제외)를 공급하는 것 (제3호)

국내에서 공급하는 재화라 하더라도 정책적으로 수출하는 재화에 포함되는 것으로 보아 영세율을 적용하는 경우가 있다(부령 제31조 제2항).

① 사업자가 내국신용장[5] 또는 구매확인서[6]에 의하여 공급하는 재화. 다만 금지금은 제외(제1호)

재화를 직접 외국으로 수출하는 것이 아니라 수출품을 제조하여 국내에서 공급하는 경우에도 영세율을 적용받을 수 있다. 이는 수출에 준하는 경우로서 외국환의 관리 및 부가가치세의 징수질서를 해하지 않는 범위 내에서 외화획득의 장려라는 국가정책상의 목적에 부합되는 경우에만 예외적·제한적으로 인정한 것이다.[7] 따라서 반드시 내국신용장 또는 「대외무역법」에서 정하는 적법한 구매확인서를 받고 공급하는 재화여야 한다. 재화의 공급자가 구매자와 공모하여 허위의 확인서를 발급받거나 구매확인서 발급에 하자가 있음을 알고서도 영세율을 적용하여 판매한 경우 또는 구매자가 수출을 목적으로 하지 아니하고 국

---

5) 내국신용장(Local L/C)이란 사업자가 국내에서 수출용원자재, 수출용완제품 또는 수출재화임가공용역을 공급받고자 하는 경우에 해당 사업자의 신청에 의하여 외국환은행의 장이 재화 또는 용역의 공급시기가 속하는 과세기간 종료 후 25일 이내에 개설하는 신용장을 말한다(부가칙 제21조 제1호).

6) 구매확인서란 「대외무역법」 시행령 제31조 및 제91조 제11항의 규정에 의하여 외국환은행의 장이나 전자무역기반사업자가 내국신용장에 준하여 재화 또는 용역의 공급시기가 속하는 과세기간 종료 후 25일 이내에 발급하는 확인서로서 수출용 재화 또는 용역에 관한 수출신용장 등 근거서류 및 그 번호, 유효기일, 선적기일 등이 기재된 것을 말한다(부가칙 제21조 제2호).

7) 대법원 2008.5.8. 선고 2007두10082 판결; 대법원 2007.6.14. 선고 2005두12718 판결.

내에 판매함으로써 조세를 포탈하려고 하는 경우 등을 알면서도 이를 묵인하는 경우 등 부가가치세의 징수질서를 해하는 특별한 사정 등이 있는 경우는 영세율을 적용받지 못한다.[8] 또한 내국신용장 또는 구매확인서를 부가가치세신고서에 첨부하지 아니한 재화의 국내공급은 실제 해당 물품이 수출되었다 하더라도 영세율을 적용받을 수 없다.[9]

② 사업자가 한국국제협력단에 공급하는 재화(제2호)

한국국제협력단이 고유의 사업을 위하여 외국에 무상으로 반출하는 재화로 한정한다. 한국국제협력단은 개발도상국 및 후진국의 경제·사회발전을 지원하기 위하여 설립된 단체로 동 단체가 해외무상원조하는 물품은 국내에서 소비되지 않고 실질적으로 모두 수출되고 있으므로 영세율로 한 것이다.

③ 사업자가 한국국제보건의료재단에 공급하는 재화(제3호)

한국국제보건의료재단이 고유의 사업을 위하여 외국에 무상으로 반출하는 재화로 한정한다.

④ 사업자가 대한적십자사에 공급하는 재화(제4호)

대한적십자사가 고유의 사업을 위하여 외국에 무상으로 반출하는 재화로 한정한다.

⑤ 사업자가 국외의 비거주자 또는 외국법인과 직접 계약에 의하여 그 비거주자 등에게 공급할 것, 대금을 외국환은행에서 원화로 받을 것, 비거주자 등이 지정하는 국내의 다른 사업자에게 인도할 것, 국내의 다른 사업자가 비거주자 등과 계약에 따라 인도받은 재화를 그대로 반출하거나 제조·가공한 후 반출할 것 등의 요건을 갖추어 공급하는 재화(제5호)

이와 같은 경우에 영세율을 적용하는 것은 국내거래이기는 하지만 수출의 전단계 거래이거나 실질적으로 수출과 다를 바 없는 거래이기 때문이다. 이를 감안하여 일단 과세하고 다시 환급하는 번거로움을 피하기 위해 미리 영세율을 적용하는 것이며 그 결과 수출업자 등의 원자재구매가 용이해지게 되므로 수출지원 효과도 있게 된다. 하지만 수출에 준하는 경우로서 외국환의 관리 및 부가가치세의 징수질서를 해하지 않는 범위 내에서 외화획득의 장려라는 국가정책상

8) 대법원 2004.6.11. 선고 2003두3642 판결.

9) 국심 2000구489, 2000.11.23.

의 목적에 부합되는 경우에만 예외적으로 인정되는 것임에 주의를 요한다. 따라서 재화의 공급자가 구매자와 공모하여 허위의 구매확인서를 발급받았거나 구매확인서의 발급에 하자가 있음을 알면서도 영세율을 적용하여 판매하는 경우 등은 영세율을 적용받을 수 없다.[10)]

### 나. 문제점

수출하는 재화에 영세율을 적용하는 경우 제도적으로 부정한 세액의 환급을 조장하는 허점이 발생하고 이를 악용하는 경우가 있다. 우리나라의 경우 종전에 금지금 거래에서 비정상적인 회전거래를 통하여 부가가치세 매입세액의 환급을 청구한 사례가 있었는데 대법원 전원합의체 판결은 그 환급청구를 인정하지 아니하였다.

판결의 요지를 보면, "이른바 전단계세액공제 제도의 구조에서는 각 거래단계에서 징수되는 매출세액이 그에 대응하는 매입세액의 공제·환급을 위한 재원이 되므로, 그 매출세액이 제대로 국가에 납부되지 않으면 부가가치세의 체제를 유지하는 것이 불가능하게 된다. 따라서 만일 연속되는 일련의 거래에서 어느 한 단계의 악의적 사업자가 당초부터 부가가치세를 포탈하려고 마음먹고, 오로지 부가가치세를 포탈하는 방법에 의해서만 이익이 창출되고 이를 포탈하지 않으면 오히려 손해만 보는 비정상적인 거래(부정거래)를 시도하여 그가 징수한 부가가치세를 납부하지 않는 경우, 그 후에 이어지는 거래단계에 수출업자와 같이 영세율 적용으로 매출세액의 부담 없이 매입세액을 공제·환급받을 수 있는 사업자가 있다면 국가는 부득이 다른 조세수입을 재원으로 삼아 그 환급 등을 실시할 수밖에 없는바, 이러한 결과는 소극적인 조세수입의 공백을 넘어 적극적인 국고의 유출에 해당되는 것이어서 부가가치세 제도 자체의 훼손을 넘어 그 부담이 일반 국민에게 전가됨으로써 전반적인 조세체계에까지 심각한 폐해가 미치게 된다. 수출업자가 그 전단계에 부정거래가 있었음을 알면서도 아랑곳없이 그 기회를 틈타 자신의 이익을 도모하고자 거래에 나섰고, 또한 그의 거래이익도 결국 앞서의 부정거래로부터 연유하는 것이며 나아가 그의 거래참여가 부정거래의 판로를 확보해 줌으로써 궁극적으로 부정거래를 가능하게 한 결정적인 요인이

---

10) 대법원 2008.5.8. 선고 2007두10082 판결.

되었다면, 이는 그 전제가 되는 매입세액 공제·환급제도를 악용하여 부당한 이득을 추구하는 행위이므로, 그러한 수출업자에게까지 다른 조세수입을 재원으로 삼아 매입세액을 공제·환급해 주는 것은 부정거래로부터 연유하는 이익을 국고에 의하여 보장해 주는 격이 됨은 물론 위에서 본 바와 같은 전반적인 조세체계에 미치는 심각한 폐해를 막을 수도 없다. 따라서 이러한 경우의 수출업자가 매입세액의 공제·환급을 구하는 것은 보편적인 정의관과 윤리관에 비추어 도저히 용납될 수 없으므로, 이는 구 「국세기본법」 제15조에서 정한 신의성실의 원칙에 반하는 것으로서 허용될 수 없다. 이러한 법리는 공평의 관점과 결과의 중대성 및 보편적 정의감에 비추어 수출업자가 중대한 과실로 인하여 그와 같은 부정거래가 있었음을 알지 못한 경우, 곧 악의적 사업자와의 관계로 보아 수출업자가 조금만 주의를 기울였다면 이를 충분히 알 수 있었음에도, 거의 고의에 가까운 정도로 주의의무를 현저히 위반하여 이를 알지 못한 경우에도 마찬가지로 적용된다고 보아야 한다."[11]

이와 유사한 방식의 변칙적 거래 사례로 유럽연합(EU) 국가 내에서 고가치·저용량 소비재인 휴대폰이나 컴퓨터칩 등을 거래하는 소위 회전목마 사기(carousel fraud)라는 것이 있다.[12] 국내외의 사례를 볼 때 수출하는 재화에 영세율을 적용함에 있어서 그 요건을 엄격하게 해석하여야 한다는 것과 수출하는 재화에 관계된 부정환급을 방지하여 국고의 손실을 막아야 하는 것이 과세관청의

11) 대법원 2011.1.20. 선고 2009두13474 전원합의체 판결. 사실관계를 살펴보면, 금지금 수출업자인 원고는 2004.2.12. 금괴 등의 제조·도소매업을 목적으로 하여 설립된 회사로서 자본금이 1억 원에 불과하며 그 대표이사인 소외 2는 종전에 금지금업이나 무역업에 종사한 경험이 전혀 없다. 그럼에도 원고는 설립 첫해에 수십 차례에 걸쳐 거액의 이 사건 금지금을 매입하여 같은 날 또는 짧은 기일 내에 그대로 또는 금목걸이 형태로 가공하여 대부분 수출하였다. 원고의 전단계 거래자인 소외 주식회사 등의 악의적 사업자들은 오로지 매출세액을 포탈하여 이를 이윤으로 삼을 의도 하에 면세로 공급된 수입 금지금을 매입하여 의도적으로 면세추천을 받지 아니한 과세사업자들에게 저가로 공급하면서 그 매출세액을 국가에 납부하지 아니하고 폐업하였다. 원고에 의한 금지금의 매입거래와 수출거래는 모두 금지금의 시세에 못 미치는 가격으로 이루어졌다. 원고는 2004년 제1기분 및 제2기분 부가가치세를 신고하면서 금지금 중 수출된 부분에 관하여 영세율 적용을 이유로 그 매입세액의 공제·환급을 구하였다.

12) 김완석·이중교, "면세금지금 변칙거래의 매입세액공제에 관한 연구 - 유럽지역 회전목마형 사기거래(carousel fraud)와의 비교법적 고찰을 중심으로-", 『조세연구』, 제10-1집, 2010, 8~9면.

당면 과제이고 이를 위한 대책이 필요하다는 것도 알 수 있다. 나아가 거래가 다양해짐에 따라 세관을 경유하지 아니하고 국외로 수출하는 거래 등의 증가가 예상되므로 이에 대한 입증방법에 관한 것 등 절차규정의 정비가 필요하다고 생각한다.

## 2. 용역의 국외공급

**제22조(용역의 국외공급)** 국외에서 공급하는 용역에 대하여는 제30조에도 불구하고 영세율을 적용한다.

사업자가 용역을 국외에서 제공하는 것에 대하여는 속인주의에 따라 부가가치세 납세의무를 지는 과세거래로 보되 일반세율이 아닌 영세율을 적용한다(부법 제22조). 국내법인이 해외법인에게 경영자문용역을 제공하고 외화로 대가를 받는 경우 영세율 적용 대상인 것이다. 영세율을 적용하는 취지는 용역의 수출과 다름없는 국외용역 제공에 대하여 부가가치세를 완전 면제함으로써 국내에서 이미 과세된 부가가치세를 전액 환급하여 건설업체 등의 자금부담을 줄여주는 등 관련 업체들의 국외 진출을 촉진하기 위한 것이다. 이에 따라 해당 용역을 제공하는 사업의 사업장이 국내에 소재하는 경우, 역무가 제공되거나 시설물·권리 등 재화가 사용되는 장소가 국외인 한 그 용역을 제공받는 자가 내국법인인지 외국법인인지를 불문하며 그 대가를 원화로 받든지 외화로 받든지 불문하고 영세율을 적용한다. 다만 사업자가 거주자 또는 국내법인인 경우에 한하여 우리나라「부가가치세법」을 적용하여 영세율 적용대상으로 한다.

한편 국내사업자가 국내사업장이 없는 외국법인과 체결한 공급계약에 따라 그 외국법인이 지정한 내국법인에 서비스를 공급한 후 그 대가를 외국법인에 지급할 금액에서 차감·정산하는 방법으로 지급받은 경우, 동 거래가 구「부가가치세법」해석상 부가가치세 영세율 적용대상에 속하는지 불분명하여 논란이 된 바 있다. 판례는 영세율 적용대상이 아니라고 보았으나,[13] 현행「부가가치세법」시행규칙 제22조 제2호는 영세율 적용대상임을 명문으로 인정하고 있다. 그러나

13) 신동승, "부가가치세법상 영세율의 적용요건",『조세판례백선2』, 박영사, 2015, 587면.

앞서 본 수출의 방법으로 재화를 공급하는 경우를 제외하고 법에 우리나라 사업자가 외국에서 공급하는 재화에 대해 과세할 수 있는지에 대하여는 언급이 없다. 명문규정이 없음에도 불구하고 현행법상 부가가치세의 납세의무는 당연히 우리나라의 주권이 미치는 범위 내에서 적용되는 것이므로 사업자가 우리나라 과세권이 미치지 아니하는 국외에서 재화를 공급하는 경우에는 우리나라에 납세의무가 없다고 해석한다.

영세율이 적용되는 거래인지는 용역이 제공되는 장소를 기준으로 판단하여야 하고 내국법인이 단일한 용역의 중요하고 본질적인 부분이 국외에서 이루어진 경우에는 용역의 제공장소는 국외로 보아야 한다.[14] 한편 국내사업장을 가진 외국법인이 사업활동으로 내국법인에 공급한 용역의 중요하고 본질적인 부분이 국내 사업장에서 이루어진 경우의 용역의 일부가 국외에서 이루어졌더라도 용역이 공급되는 장소는 국내라고 보아야 한다.[15]

## 3. 외국항행용역의 공급

> **제23조(외국항행용역의 공급)** ① 선박 또는 항공기에 따른 외국항행용역의 공급에 대하여는 제30조에도 불구하고 영세율을 적용한다.
> ② 제1항에 따른 외국항행용역은 선박 또는 항공기에 의하여 여객이나 화물을 국내에서 국외로, 국외에서 국내로 또는 국외에서 국외로 수송하는 것을 말하며, 외국항행사업자가 자기의 사업에 부수하여 공급하는 재화 또는 용역으로서 대통령령으로 정하는 것을 포함한다.
> ③ 제1항에 따른 외국항행용역의 범위에 관하여 필요한 사항은 대통령령으로 정한다.

선박 또는 항공기에 의한 외국항행용역의 공급에 대하여는 영세율을 적용한다(부법 제23조 제1항). '외국항행용역'이란 선박 또는 항공기에 의하여 여객이나 화물을 국내에서 국외로, 국외에서 국내로 또는 국외에서 국외로 수송하는 것을 말한다. 외국항행사업자가 자기의 사업에 부수하여 공급하는 재화 또는 용역도 영세율 적용대상에 포함한다(동조 제2항).

---

14) 대법원 2016.1.14. 선고 2014두8766 판결.
15) 대법원 2016.2.18. 선고 2014두13829 판결.

외국항행용역에 대하여 각국이 영세율을 적용하는 이유는 소비지 판정이 어렵기 때문이다. 외국항행사업자가 자기의 사업에 부수하여 공급하는 재화 또는 용역의 범위는 다음과 같다(부령 제32조 제1항).

① 다른 외국항행사업자가 운용하는 선박 또는 항공기의 탑승권을 판매하거나 화물운송계약을 체결하는 것(제1호)

② 외국을 항행하는 선박 내 또는 항공기 내에서 승객에게 공급하는 것(제2호)

③ 자기의 승객만이 전용하는 버스를 탑승하게 하는 것(제3호)

④ 자기의 승객만이 전용하는 호텔에 투숙하게 하는 것(제4호)

그 밖에 운송주선업자가 국제복합운송계약에 의하여 화주로부터 화물을 인수하고 자기책임과 계산으로 선박 또는 항공기 등의 운송수단을 이용하여 화물을 운송하고 화주로부터 운임을 받는 국제운송용역과 「항공법」에 따른 상업서류 송달용역은 외국항행용역에 포함된다(부령 제32조 제2항).

### 4. 외화 획득 재화 또는 용역의 공급 등

**제24조(외화 획득 재화 또는 용역의 공급 등)** ① 제21조부터 제23조까지의 규정에 따른 재화 또는 용역의 공급 외에 외화를 획득하기 위한 재화 또는 용역의 공급으로서 다음 각 호의 어느 하나에 해당하는 경우에는 제30조에도 불구하고 영세율을 적용한다.

1. 우리나라에 상주하는 외교공관, 영사기관(명예영사관원을 장으로 하는 영사기관은 제외한다), 국제연합과 이에 준하는 국제기구(우리나라가 당사국인 조약과 그 밖의 국내법령에 따라 특권과 면제를 부여받을 수 있는 경우만 해당한다) 등(이하 이 조에서 "외교공관 등"이라 한다)에 재화 또는 용역을 공급하는 경우
2. 외교공관 등의 소속 직원으로서 해당 국가로부터 공무원 신분을 부여받은 자 또는 외교부장관으로부터 이에 준하는 신분임을 확인받은 자 중 내국인이 아닌 자에게 대통령령으로 정하는 방법에 따라 재화 또는 용역을 공급하는 경우
3. 그 밖에 외화를 획득하는 재화 또는 용역의 공급으로서 대통령령으로 정하는 경우

② 제1항에 따른 외화 획득의 증명에 필요한 사항은 대통령령으로 정한다.

앞서 본 경우 외에 외화를 획득하는 재화 또는 용역의 공급으로서 국내에서 공급하는 다음에 해당하는 것에 대하여는 영세율을 적용한다(부법 제24조 제1항).

① 우리나라에 상주하는 외교공관, 영사기관(명예영사관원을 장으로 하는 영사기관은 제외), 국제연합과 이에 준하는 국제기구(우리나라가 당사국인 조약과 그 밖의 국내법령에 따라 특권과 면제를 부여받을 수 있는 경우만 해당) 등에 재화 또는 용역을 공급하는 경우(제1호)

② 외교공관 등의 소속 직원으로서 해당 국가로부터 공무원 신분을 부여받은 자 또는 외교부장관으로부터 이에 준하는 신분임을 확인받은 자 중 내국인이 아닌 자에게 법령이 정한 방법에 따라 재화 또는 용역을 공급하는 경우(제2호)

여기서 '재화 또는 용역을 공급하는 경우'란 관할 세무서장으로부터 외교관 면세점으로 지정받은 사업장(「개별소비세법」 시행령 제28조에 따라 지정받은 판매장을 포함)에서 외교부장관이 발행하는 외교관 면세카드를 제시받아 ㉮ 음식·숙박 용역, ㉯ 「개별소비세법」 시행령 제24조 제1항 및 제27조에 따른 물품, ㉰ 「교통·에너지·환경세법」 시행령 제20조 제1항에 따른 석유류, ㉱ 「주세법」에 따른 주류, ㉲ 전력, ㉳ 외교부장관의 승인을 받아 구입하는 자동차에 해당하는 재화 또는 용역을 공급하는 경우로서 외교관 등의 성명·국적·외교관 면세카드번호·품명·수량·공급가액 등이 적힌 외교관 면세판매 기록표에 의하여 외교관 등에게 공급한 것이 확인되는 경우를 말한다(부령 제33조 제1항).

③ 그 밖에 외화를 획득하는 재화 또는 용역의 공급으로서 다음과 같은 경우(제3호)

㉮ 국내에서 국내사업장이 없는 비거주자(국내에 거소를 둔 개인, 외교공관 등의 소속직원, 우리나라에 상주하는 국제연합군 또는 미합중국 군대의 군인 또는 군무원은 제외)나 외국법인에 공급되는 일정한 재화 또는 사업에 해당하는 일정한 용역으로서 그 대금을 외국환은행에서 원화로 받거나 기획재정부령으로 정하는 방법으로 받는 것(부령 제33조 제2항 제1호).

이에 해당하는 사업은 비거주자 또는 외국법인이 지정하는 국내사업자에게 인도되는 재화로서 해당 사업자의 과세사업에 사용되는 재화, 전문(법무·회계·세무·광고업·시장조사업·경영컨설팅업), 과학 및 기술 서비스업(수의업·제조업 회사본부 및 그 밖의 산업 회사본부는 제외), 임대서비스업 중 무형재산권임대업·통신업·

컨테이너수리업·보세구역 내의 보관 및 창고업·해운대리점업 및 해운중개업·정보통신업 중 뉴스제공업, 영상·오디오 기록물 제작 및 배급업(영화관 운영업과 비디오물 감상실 운영업은 제외), 소프트웨어 개발업·컴퓨터 프로그래밍·시스템 통합관리업·자료처리·호스팅·포털 및 그 밖의 인터넷 정보매개서비스업, 그 밖의 정보 서비스업 또는 상품 중개업 중 상품종합 중개업·사업시설관리 및 사업지원 서비스업(조경 관리 및 유지 서비스업, 여행사 및 그 밖의 여행보조 서비스업은 제외), 교육서비스업(교육지원 서비스업으로 한정)·보건업(임상시험용역을 공급하는 경우로 한정), 그 밖에 이와 유사한 재화 또는 용역으로서 기획재정부령으로 정하는 것이 있다. 다만 전문 서비스업과 사업지원 서비스업 및 「자본시장과 금융투자업에 관한 법률」에 따른 투자자문업에 대하여는 국내사업자와 국외사업자 간 과세형평을 제고하기 위하여 상호주의를 적용한다.

㉯ 비거주자 또는 외국법인의 국내사업장이 있는 경우에 국내에서 국외의 비거주자 또는 외국법인과 직접 계약하여 공급하는 재화 또는 용역 중 위에 열거한 항목에 해당하는 재화 또는 사업에 해당하는 용역

다만 그 대금을 해당 국외 비거주자 또는 외국법인으로부터 외국환은행에서 원화로 받거나 기획재정부령으로 정하는 방법으로 받는 경우로 한정한다(부령 제33조 제2항 제2호).

㉰ 수출업자와 직접 도급계약에 의하여 수출재화를 임가공하는 수출재화임가공용역(수출재화 염색임가공을 포함)

다만 사업자가 부가가치세를 별도로 적은 세금계산서를 발급한 경우는 제외한다(부령 제33조 제2항 제3호).

㉱ 기획재정부령으로 정하는 내국신용장 또는 구매확인서에 의하여 공급하는 수출재화임가공용역(부령 제33조 제2항 제4호)

㉲ 외국을 항행하는 선박 및 항공기 또는 원양어선에 공급하는 재화 또는 용역

다만 사업자가 부가가치세를 별도로 적은 세금계산서를 발급한 경우는 제외한다(부령 제33조 제2항 제5호).

㉳ 우리나라에 상주하는 국제연합군 또는 미합중국군대(「대한민국과 아메리카합중국간의 상호방위조약 제4조에 의한 시설과 구역 및 대한민국에서의 합중국군대의 지

위에 관한 협정」 제16조 제3항에 따른 공인 조달 기관을 포함한다)에 직접 공급하는 재화 또는 용역(부령 제33조 제2항 제6호)

㉳ 종합여행업자가 외국인 관광객에게 공급하는 관광알선용역

다만 그 대가를 외국환은행에서 원화로 받는 것과 외화 현금으로 받은 것 중 국세청장이 정하는 관광알선수수료명세표와 외화매입증명서에 의하여 외국인 관광객과의 거래임이 확인되는 경우로 한정한다(부령 제33조 제2항 제7호).

㉴ 「개별소비세법」에 따른 지정을 받아 외국인전용판매장을 경영하는 자이거나 「조세특례제한법」에 따른 주한외국군인 및 외국인선원 전용 유흥음식점업을 경영하는 사업자가 국내에서 공급하는 재화 또는 용역

다만 그 대가를 외화로 받고 그 외화를 외국환은행에서 원화로 환전하는 경우로 한정한다(부령 제33조 제2항 제9호).[16)]

### 5. 「조세특례제한법」에 따른 영세율 적용

사회기반시설 확충 및 투자활성화 지원을 위하여 정책적 목적으로 농어업용 기자재 또는 장애인이나 노인 등을 위한 보조기기와 의료기기 등을 영세율 적용대상으로 한 것이 있다(조특법 제105조 제1항). 국가 또는 지자체에 공급하는 사회기반시설 등에 대해서 영세율을 적용하거나 국가 등에 공급하는 도시철도건설용역 등에 영세율을 적용한다(조특법 제106조 제1항).

## Ⅳ. 영세율 첨부서류

**제56조(영세율 첨부서류의 제출)** ① 제21조부터 제24조까지의 규정에 따라 영세율이 적용되는 재화 또는 용역을 공급하는 사업자는 제48조 제1항·제4항 및 제49조에 따라 예정신고 및 확정신고를 할 때 예정신고서 및 확정신고서에 수출실적명세서 등 대통령령으로 정하는 서류를 첨부하여 제출하여야 한다.
② 제1항에 따른 서류를 첨부하지 아니한 부분에 대하여는 제48조 제1항·제4항 및 제49조에 따른 예정신고 및 확정신고로 보지 아니한다.

---

16) 외국인관광객에게 부가가치세 환급을 쉽게 하기 위하여 2016. 1. 1.자로 「외국인관광객 등에 대한 부가가치세 및 개별소비세 특례규정」을 제정·시행하고 있다.

③ 제1항에 따른 서류의 작성과 제출 등에 필요한 사항은 대통령령으로 정한다.

영세율이 적용되는 재화 또는 용역을 공급하는 사업자는 부가가치세 예정신고 및 확정신고를 할 때 예정신고서 및 확정신고서에 영세율 적용대상임을 증명하는 서류를 첨부하여 제출하여야 한다(부법 제56조 제1항). 예정신고 또는 확정신고를 하는 때에 서류를 첨부하지 아니한 부분에 대하여는 예정신고 및 확정신고로 보지 아니한다(동조 제2항). 이에 따라 과세표준 신고불성실가산세가 적용된다.

그러면 영세율 적용을 받고자 하는 사업자가 영세율 적용대상임을 입증하는 서류를 첨부하지 아니한 경우에 영세율의 적용을 받을 수 없는가? 다시 말해 사업자가 부가가치세 예정신고나 확정신고를 할 때 영세율 적용대상 과세표준은 적법하게 신고하면서 영세율 첨부서류를 제출하지 아니한 경우에 추후 해당 과세표준이 영세율 적용대상임을 증명하게 되면 영세율을 적용할 수 있는지 문제된다. 영세율 증빙서류의 제출이 영세율 적용에 있어 필요적 절차요건인지 여부에 대하여 판례는 적극적 입장에서 영세율 적용을 인정하고 있다.[17)]

이 문제는 「부가가치세법」 규정의 성격과 영세율의 입법취지 및 목적 등을 종합적으로 고찰하여 판단하여야 한다. 무엇보다도 법령의 규정 형식에 따라 효력규정인지 임의규정인지를 가려야 할 것이다. 법에서 영세율이 적용되는 사업자는 예정신고 또는 확정신고를 할 때 영세율 적용대상임을 증명하는 서류를 첨부하여 제출하여야 한다고 규정한 것은 단순히 법문언의 형식으로 볼 때 납세자에게 정부에 대한 협력의무를 부과한 임의규정으로 해석할 여지가 있고, 수출 등 재화나 용역을 외국에 공급하는 거래에 부가가치세 부담을 하지 않고 수출을 촉진한다는 영세율 적용의 입법취지와 목적 및 납세자의 권리 보호를 위해서도 판례의 태도는 타당하다고 본다.

17) 대법원 2005.2.18. 선고 2004두8224 판결. 종전에 「부가가치세법」 통칙에서 규정한 바를 확인한 판결이다.

## 제 3 절 면세제도

**제26조(재화 또는 용역의 공급에 대한 면세)** ① 다음 각 호의 재화 또는 용역의 공급에 대하여는 부가가치세를 면제한다.

1. 가공되지 아니한 식료품[식용으로 제공되는 농산물, 축산물, 수산물과 임산물을 포함한다] 및 우리나라에서 생산되어 식용으로 제공되지 아니하는 농산물, 축산물, 수산물과 임산물로서 대통령령으로 정하는 것
2. 수돗물
3. 연탄과 무연탄
4. 여성용 생리 처리 위생용품
5. 의료보건 용역(수의사의 용역을 포함한다)으로서 대통령령으로 정하는 것과 혈액
6. 교육 용역으로서 대통령령으로 정하는 것
7. 여객운송 용역. 다만, 다음 각 목의 어느 하나에 해당하는 대통령령으로 정하는 것은 제외한다.
   가. 항공기, 고속버스, 전세버스, 택시, 특수자동차, 특종선박 또는 고속철도에 의한 여객운송 용역
   나. 삭도, 유람선 등 관광 또는 유흥목적의 운송수단에 의한 여객운송 용역
8. 도서(도서대여 용역을 포함한다), 신문, 잡지, 관보, 「뉴스통신 진흥에 관한 법률」에 따른 뉴스통신 및 방송으로서 대통령령으로 정하는 것. 다만, 광고는 제외한다.
9. 우표(수집용 우표는 제외한다), 인지, 증지, 복권 및 공중전화
10. 「담배사업법」 제2조에 따른 담배로서 다음 각 목의 어느 하나에 해당하는 것
    가. 「담배사업법」 제18조 제1항에 따른 판매가격이 대통령령으로 정하는 금액 이하인 것
    나. 「담배사업법」 제19조에 따른 특수용담배로서 대통령령으로 정하는 것
11. 금융·보험 용역으로서 대통령령으로 정하는 것
12. 주택과 이에 부수되는 토지의 임대 용역으로서 대통령령으로 정하는 것
13. 「주택법」 제44조 제2항에 따른 관리규약에 따라 같은 법 제2조 제14호에 따른 관리주체 또는 같은 법 제43조 제3항에 따른 입주자대표회의가 제공하는

같은 법 제2조 제9호에 따른 복리시설인 공동주택 어린이집의 임대 용역
14. 토지
15. 저술가·작곡가나 그 밖의 자가 직업상 제공하는 인적 용역으로서 대통령령으로 정하는 것
16. 예술창작품, 예술행사, 문화행사 또는 아마추어 운동경기로서 대통령령으로 정하는 것
17. 도서관, 과학관, 박물관, 미술관, 동물원, 식물원, 그 밖에 대통령령으로 정하는 곳에 입장하게 하는 것
18. 종교, 자선, 학술, 구호, 그 밖의 공익을 목적으로 하는 단체가 공급하는 재화 또는 용역으로서 대통령령으로 정하는 것
19. 국가, 지방자치단체 또는 지방자치단체조합이 공급하는 재화 또는 용역으로서 대통령령으로 정하는 것
20. 국가, 지방자치단체, 지방자치단체조합 또는 대통령령으로 정하는 공익단체에 무상으로 공급하는 재화 또는 용역

② 제1항에 따라 면세되는 재화 또는 용역의 공급에 통상적으로 부수되는 재화 또는 용역의 공급은 그 면세되는 재화 또는 용역의 공급에 포함되는 것으로 본다.

**제27조(재화의 수입에 대한 면세)** 다음 각 호에 해당하는 재화의 수입에 대하여는 부가가치세를 면제한다.

1. 가공되지 아니한 식료품(식용으로 제공되는 농산물, 축산물, 수산물 및 임산물을 포함한다)으로서 대통령령으로 정하는 것
2. 도서, 신문 및 잡지로서 대통령령으로 정하는 것
3. 학술연구단체, 교육기관, 「한국교육방송공사법」에 따른 한국교육방송공사 또는 문화단체가 과학용·교육용·문화용으로 수입하는 재화로서 대통령령으로 정하는 것
4. 종교의식, 자선, 구호, 그 밖의 공익을 목적으로 외국으로부터 종교단체·자선단체 또는 구호단체에 기증되는 재화로서 대통령령으로 정하는 것
5. 외국으로부터 국가, 지방자치단체 또는 지방자치단체조합에 기증되는 재화
6. 거주자가 받는 소액물품으로서 관세가 면제되는 재화
7. 이사, 이민 또는 상속으로 인하여 수입하는 재화로서 관세가 면제되거나 「관세법」 제81조 제1항에 따른 간이세율이 적용되는 재화
8. 여행자의 휴대품, 별송 물품 및 우송 물품으로서 관세가 면제되거나 「관세법」

제81조 제1항에 따른 간이세율이 적용되는 재화
9. 수입하는 상품의 견본과 광고용 물품으로서 관세가 면제되는 재화
10. 국내에서 열리는 박람회, 전시회, 품평회, 영화제 또는 이와 유사한 행사에 출품하기 위하여 무상으로 수입하는 물품으로서 관세가 면제되는 재화
11. 조약·국제법규 또는 국제관습에 따라 관세가 면제되는 재화로서 대통령령으로 정하는 것
12. 수출된 후 다시 수입하는 재화로서 관세가 감면되는 것 중 대통령령으로 정하는 것. 다만, 관세가 경감되는 경우에는 경감되는 비율만큼만 면제한다.
13. 다시 수출하는 조건으로 일시 수입하는 재화로서 관세가 감면되는 것 중 대통령령으로 정하는 것. 다만, 관세가 경감되는 경우에는 경감되는 비율만큼만 면제한다.
14. 제26조 제1항 제10호에 따른 담배
15. 제6호부터 제13호까지의 규정에 따른 재화 외에 관세가 무세이거나 감면되는 재화로서 대통령령으로 정하는 것. 다만, 관세가 경감되는 경우에는 경감되는 비율만큼만 면제한다.

## Ⅰ. 면세의 의의와 취지

### 1. 의 의

면세(Exemption)란 특정한 재화 또는 용역의 공급과 재화의 수입에 대하여 부가가치세의 납세의무를 면제하는 것을 말한다. 부가가치세 세액계산구조는 매출세액과 매입세액의 두 요소로 구성되어 있으며 양 요소는 세액공제라는 장치로 통합되어 있기 때문에 서로 분리해서 생각할 수 없다. 이에 따라 부가가치세에서 과세란 매출세액의 발생과 매입세액의 공제를 필수적 사항으로 하는 데 비하여 면세란 매출세액의 거래징수 면제와 매입세액의 공제 부인을 구성요소로 하는 데 큰 의미가 있다.

면세는 단지 납세의무의 면제가 아니라 부가가치세의 적용 제외를 뜻한다. 따라서 면세사업자는 세금계산서 발급의무가 없다. 하지만 면세사업자가 부가가치세가 과세되는 재화나 용역을 공급받거나 재화를 수입하는 경우 부가가치세를 거래징수당하게 된다. 이 경우 그 재화 또는 용역을 생산·취득하기 위하여 거래

징수당한 매입세액은 공제받지 못하게 됨으로써 면세사업자는 그 매입세액을 면세 재화 또는 용역을 공급할 때 가격에 포함시키는 것이 일반적이다. 그 결과 면세의 전단계에서 이미 부과된 부가가치세는 면세대상 재화·용역의 가격에 포함되어 여전히 잔존함으로써 부가가치세의 부담이 완전히 제거되지 아니한다. 그리하여 면세는 영세율과 비교할 때 '부분면세'를 의미한다. 그리고 제조부터 유통을 거쳐 소비자에게까지 전전유통되는 재화에 면세를 설정하게 되면 과세의 누적이 발생함으로써 경제활동의 왜곡을 초래할 우려가 있다.

### 2. 취 지

부가가치세는 원칙적으로 모든 재화나 용역의 공급을 과세대상으로 하고 있다. 그런데 소득세제에서 개인의 담세력에 따라 과세되는 것과 달리 일반소비세인 부가가치세는 담세자의 능력과 상관없이 일률적으로 단순비례세율이 적용되는 무차별성으로 인해 구조적으로 조세부담의 역진성이 나타나는 문제가 발생한다. 이런 점을 감안하여 주로 기초적인 생활필수품 등에 대해 부가가치세를 면제함으로써 저소득층의 부가가치세 부담을 경감시키고 있다.

그 밖에 국가의 사회·문화·공익 등 정책적 목적 달성을 위하여 의료용역·교육용역 및 종교·자선·학술·구호단체 등이 공급하는 재화에 대하여 면세한다.

하지만 면세는 영세율에 비하면 조세부담 경감의 효과가 크지 못하므로 국가의 납세환경 및 세무행정 발전 정도에 따라서 영세율 적용대상으로 분류하기도 한다. 예를 들어 영국은 모든 식품·도서·의약품·상하수도·주택건설·여객운송 용역 등에 영세율을 적용하고 있다.[18]

면세는 부가가치세의 역진성을 해소할 수 있지만 자원배분의 중립성을 해치기 때문에 조세부담의 역진성만을 중시하여 면세범위를 확대하는 것은 부가가치세의 성격상 바람직하지 않다고 생각한다. 정책적 측면에서 볼 때도 면세는 의료·복지·교육 등 최종소비자에게 제공되는 서비스 분야에 한정하여 그 범위를 설정하여야 과세의 누적이 발생하는 것을 방지할 수 있어 제도적으로 바람직하다. 그러므로 「부가가치세법」의 면세규정은 예외적 제도로서 열거적 규정으로 보아 엄격히 해석하여야 한다.

---

18) Ernst & Young, *VAT & SALES TAXES WORLDWIDE*, John Wiley& Sons, 1995, p.294.

# Ⅱ. 면세의 기준과 부수 재화·용역

## 1. 면세의 기준

### 가. 면세대상의 비교

현행 「부가가치세법」과 「조세특례제한법」에서 부가가치세 면세대상을 광범위하게 규정하고 있다. 부가가치세에서 어떤 기준을 가지고 면세와 과세의 대상을 구분할 것이냐는 매우 어려운 문제이다. 유럽 제국을 포함한 주요 국가의 경우 대개 의료·교육·주택임대·기초식품·금융·보험·신문·공공서비스 등을 면세로 하고 있다. OECD에서는 회원국들이 준용하도록 표준적인 면세범위를 규정하고 있는데 유럽국가 대부분의 경우 이 기준을 크게 벗어나지 않는 범위 내에서 면세제도를 운영하고 있다. OECD 회원국가 표준면세 범위를 우리나라 면세 범위와 비교하면 다음 표와 같다.

| 구 분 | 면세대상 |
|---|---|
| OECD 표준면세 (standard exemption) | 우편서비스, 의료서비스, 환자수송, 혈액 및 장기공급, 금융서비스, 보험 및 재보험, 교육, 문화사업(방송업 제외), 스포츠서비스, 자선사업, 부동산 임대, 복권 및 도박, 토지와 건물의 공급, 비영리단체의 비상업적인 활동, 특정기금모집활동 등 |
| OECD 표준면세를 우리나라에서 과세 | 도박, 상업용 건물의 임대와 공급, 상업적 문화사업 |
| OECD 표준면세 이외의 우리나라의 면세부문 | 미가공식료품, 수돗물, 연탄 및 무연탄, 여객운송용역, 공중전화, 담배, 국내 제작이 곤란한 스포츠 경기 관련 수입품 및 철도용 물품, 공장·광산·건설사업장 및 학교의 급식, 농·어업용 유류, 농·어업의 경영 및 작업 대행용역, 수입식용 농·임·축·수산물, 국민주택규모의 건설용역 |

우리나라도 외국의 경우와 비슷하게 일부 재화·용역의 공급을 면세로 규정하고 있으나, 자세한 내막을 들여다 보면 면세제도의 본래 취지를 벗어나 납세자단체의 압력과 조세정책적인 고려에 의하여 면세기준이 변화되어 왔음을 부인하기 힘들다. 아직도 이에 대한 논란이 끊이지 않고 있지만 부가가치세 면세의

범위를 설정하는 데 가장 중요한 기준은 특정 재화·용역의 특성에 따라서 면세 여부가 결정되어야 한다는 것이다. 현행 「부가가치세법」에서 면세대상은 크게 조세부담의 역진성을 고려한 국민후생 및 복지를 포함하는 기초생활필수품과 조세정책적인 측면에서 면세로 규정한 재화·용역으로 나뉜다.

### 나. 저출산·고령화에 따른 면세대상의 확대

우리나라는 저출산과 고령화라는 매우 심각한 사회적 문제를 안고 있다. 이에 따라 저출산 및 고령화 문제를 해결하기 위한 종합대책을 마련하고 있으며 그 재원 마련에 부심하고 있다. 이를 위한 직접적인 재정지원 대신에 간접적인 정책방향의 하나로 출산과 아동 및 노인에게 필수적인 재화 또는 용역에 대하여 부가가치세를 면제하는 세제지원 방안도 논의된 바 있다.

2003년 여성의 복리후생을 증진하고 출산을 장려하기 위하여 여성의 기초생활필수품이라고 할 수 있는 여성용 위생용품과 유아용 위생용품 등에 대하여 부가가치세를 면제하는 법안을 제안하였지만 유아용 위생용품은 제외되었으나, 2022년 영유아용 기저귀와 분유에 대한 부가가치세 면제가 확정되었다. 나아가 2005년 위 두 가지 용품에 대하여 부가가치세 영세율을 적용받도록 법안을 제출하였지만 폐기되었다. 그러나 영국에서 이미 시행되고 있는 것처럼 아동용 보호장구·의류·신발·모자, 아동용 카시트 등에 대하여 영세율을 적용하거나 면세로 하여야 할 것이다.

고령화에 따른 면세대상 개선방안으로는 노인들의 복지증진이나 생활안정을 위해 노인층에서 소비하는 재화·용역 중 필수적인 것을 면세대상에 포함시킬 필요가 있다.[19)]

## 2. 면세 재화·용역에 부수되는 재화·용역

면세되는 재화 또는 용역의 공급에 통상적으로 부수되는 재화 또는 용역의 공급은 그 면세되는 재화 또는 용역의 공급에 포함되는 것으로 본다(부법 제26조 제2항). 면세사업과 관련되어 부수되는 재화나 용역을 함께 제공하고 받는 대가

---

19) 오기수, "저출산·고령화에 따른 부가가치세 면세대상의 개선방안", 『세무와 회계저널』, 제7권 2호, 2006, 180면.

에 대하여 부가가치세가 면제되는 것이다. 이것은 앞서 「부가가치세법」 제14조에 대한 해석과 관련해서 살펴본 부수 재화 또는 용역의 공급에 대한 취급에서 설명한 그대로이다. 따라서 부수 재화 또는 용역의 면세를 규정한 위 법규정은 주의적 규정에 불과한 것으로 해석된다. 예를 들어 장의사가 면세사업인 장의용역을 제공하면서 장례용품을 판매하거나 약사가 면세사업인 조제용역을 제공하면서 조제에 필수적인 의약품 같은 것을 판매하는 경우, 「의료법」에 규정하는 의사가 환자의 시력을 교정하기 위하여 콘택트렌즈를 끼워주고 진료비를 받는 것은 부가가치세가 면제된다.[20] 반면에 종합병원 및 종합대학교에서 부설주차장을 설치하여 운영하면서 징수하는 주차료는 면세되는 의료용역 및 교육용역에 통상적으로 부수되는 용역에 해당하지 않으므로 부가가치세 과세대상이다.

특별히 「부가가치세법」 시행령에서 영리 아닌 사업을 목적으로 하는 법인 및 그 밖의 단체가 발행하는 기관지 또는 이와 유사한 출판물과 관련되는 용역은 면세되는 재화의 공급에 부수되는 용역으로 보아 부가가치세가 면제된다고 규정하고 있다(부령 제48조). 이에 따라 비영리법인 단체가 발간하는 출판물은 불특정다수인에게 판매를 목적으로 하지 아니하는 경우 그 간행물에 광고를 싣게 하고 대가를 받더라도 면세되는 도서에 필수적으로 부수되는 용역으로 보게 된다.

## Ⅲ. 재화·용역의 공급에 대한 면세

부가가치세는 일반소비세의 성격을 가지지만 법은 저소득층에 대한 조세부담의 역진성을 완화시켜 그 부담을 덜어 주고자 하는 취지와 특정 재화나 용역의 성질에 비추어 과세가 적절하지 아니한 경우에 과세에서 제외하고 있다.

현재 부가가치세 면세대상은 「부가가치세법」에 광범위하게 규정되어 있고 그 외에 다양한 정책목적에 따라 「조세특례제한법」에 다수 나열되어 있다. 종전 우리나라 부가가치세의 면제범위는 OECD 회원국가에 비해 비교적 광범위한 편이었다. 이는 자원배분의 중립성과 조세효율성을 저해하는 것이 명백하기 때문

20) 단순히 장의사가 장의용품만을 판매한다거나 약사가 약품을 판매하는 것은 여기에 해당하지 않으며 이에 대하여는 부가가치세가 과세된다.

에 면세제도에 대한 실효성과 효율성 측면에서 점차 그 범위가 축소되어 왔다. 대표적으로 근래에 의료용역과 교육용역 중 면세의 취지에 어긋나는 부분에 대한 면세 제외 조치가 있었다.

부가가치세 면세 여부는 세금계산서 교부 및 부가가치세 거래징수의무가 면세 여부에 따라 달라지는 점과 이것이 모두 재화 또는 용역을 공급할 때 이루어지는 점 등을 종합하면 개별적인 재화 또는 용역의 공급을 기준으로 판단하여야 한다.[21) 「부가가치세법」상 면세대상 재화·용역을 여러 가지로 분류하여 설명할 수 있으나, ① 기초생활필수품, ② 국민후생 및 복지, ③ 문화 관련, ④ 생산요소, ⑤ 그 밖의 경우로 나누어 보는 것이 일반적이다.

이하에서는 면세 재화·용역을 위와 같이 특별히 분류하지 아니하고 법률조문 순서대로 살펴보기로 한다(부법 제26조 제1항).

### 1. 가공되지 아니한 식료품 등(제1호)

조세부담의 역진성 문제를 해결하기 위하여 모든 국민이 생활을 영위하는데 필수적인 기초생활필수품은 면세로 하고 있다.

대표적으로 가공되지 아니한 식료품(식용으로 제공되는 농산물·축산물·수산물과 임산물을 포함) 및 우리나라에서 생산되어 식용으로 제공되지 아니하는 농산물·축산물·수산물과 임산물로서 일정한 범위의 것은 면세이다. 다만 사업자가 면세재화를 운반·가공하는 등의 용역을 제공하고 그 대가를 받는 경우에는 과세대상이 된다.

가공되지 아니한 식료품(미가공식료품)은 곡류·서류·특용작물류·과실류·채소류·수축류·수육류·유란류(우유와 분유를 포함)·생선류(고래를 포함)·패류·해조류 및 그 외에 식용으로 제공되는 농산물·축산물·수산물 또는 임산물·소금(식품위생법에 따라 식품의약품안전처장이 정한 식품의 기준 및 규격에 따른 천일염 및 재제소금을 말함)으로서 가공되지 아니하거나 탈곡·정미·정맥·제분·정육·건조·냉동·염장·포장이나 그 밖에 원생산물 본래의 성질이 변하지 아니하는 정도의 1차 가공을 거쳐 식용으로 제공하는 것을 말한다(부령 제34조 제1항).

위에서 농산물·축산물·수산물과 임산물이란 원생산물과 원생산물 본래의

21) 대법원 2022.3.17. 선고 2017두69908 판결.

성상이 변하지 아니하는 정도의 원시가공을 거친 것 및 원시가공을 하는 과정에서 필수적으로 발생하는 부산물을 말한다(부령 제34조 제3항).

미가공식료품의 범위와 분류에 관하여는 「부가가치세법」 시행규칙 제24조 제1항에 규정한 별표1 미가공식료품 분류표에 따라서 인정한다. 이에 따라 신선한 어류의 껍질·머리·뼈·내장 등을 제거하고 냉동한 순살코기와 조미하지 아니하고 단순히 분쇄 냉동한 어육으로서 식용에 공하는 것과 축산물인 돼지·소·닭 등을 도살 해체하여 정육·건조·냉장 등 본래의 성질이 변하지 아니하는 정도의 1차 가공을 거쳐 식용에 공하는 것은 미가공식료품으로 보아 면세한다. 조란(새알)과 난황(노른자) 등 유란류는 물론 난황의 생산과정에서 발생하는 부산물인 난백(달걀 흰자위)도 부가가치세를 면제하는데 이는 난백에 대한 부가가치세 과세로 인한 양계업자의 납세협력비용을 경감하기 위한 조치이다.[22]

기계정제염은 면세재화에 해당하지 않는다. 기계정제염은 대부분이 최종소비자가 아닌 중간재로 소비되므로 부가가치세를 면제할 경우 그 매입세액불공제액이 원가에 반영되어 전가됨으로써 누적효과가 발생하기 때문이다. 그러나 벼에서 껍질을 벗겨 쌀과 겉껍질인 왕겨와 속껍질인 쌀겨를 분리하는 정도의 가공은 전체로부터 개개의 구성물을 단순히 분리하는 정도에 지나지 않는 것으로서 비록 그 분리가공에 의한 어느 정도의 외형상 변화가 있다 하더라도 원생산물의 본래의 성질이 변하지 않는 정도의 원시적인 가공에 속하는 것이라고 할 수 있다. 따라서 우리나라에서 생산되는 쌀겨는 식용에 공하지 아니하는 농산물로서 그 공급에 대하여는 부가가치세가 면제된다.[23]

엄밀히 판단하면 미가공식료품이 아니지만 정책적 필요에 따라 본래의 성질이 약간 변하는 정도로 가공된 단순가공식료품 중 데친 채소류 및 그 밖에 다음의 것도 미가공식료품에 포함시켜 면세로 하고 있다(부령 제34조 제2항).

① 김치·두부·단무지·장아찌·젓갈류·메주·간장·된장·고추장·게장 등 단순가공식료품[24]

② 원생산물의 본래의 성질이 변하지 아니하는 정도로 1차 가공하는 과정

---

22) 기획재정부, 『개정세법해설』, 2004.

23) 대법원 2001.2.9. 선고 99두10810 판결.

24) 개별 포장 여부와 관계없이 면세로 하고 커피·코코아 등 수입도 면세

에서 필수적으로 발생하는 부산물

③ 미가공식료품을 단순히 혼합한 것

④ 쌀에 식품첨가물 등을 첨가 또는 코팅하거나 버섯균 등을 배양시킨 것으로서 쌀의 원형을 유지하고 있을 것, 쌀의 함량이 90% 이상일 것, 쌀전분의 호화정도가 40% 이하일 것의 세 가지 요건을 갖춘 것[25)]

판례에 따르면, 수입한 열처리 건조시킨 고사리는 과세재화에 해당하고,[26)] 식품회사가 외부의 공급하는 자로부터 공급받은 배추·무·마늘·고춧가루 등에 소금·파·조미료 등을 자체 조달 첨가하여 만든 김치를 공급하는 경우는 김치의 가공용역으로서 과세대상이다.[27)]

김치·젓갈류·간장·고추장·된장·게장 등을 제조시설을 갖추고 판매목적으로 독립된 거래단위로 관입·병입 그 밖의 이와 유사한 형태로 포장하여 최종소비자에게 직접 공급하는 것은 과세한다. 그러나 단순하게 운반편의를 위하여 일시적으로 관입·병입 등의 포장을 하는 경우는 예외이다. 예를 들어 사업자가 제조시설을 갖추고 꽃게를 주재료로 하는 간장게장을 만들어 최종소비자에게 판매목적으로 관입 또는 병입 형태로 포장하여 케이블 TV나 인터넷쇼핑몰 등을 통하여 광고한 후 소비자의 주문에 따라 배송하는 영업을 하는 경우 해당 게장은 부가가치세가 면제되는 단순가공식료품에 해당하지 아니한다.[28)] 하지만 장아찌 등 단순가공식료품을 단순히 운반편의를 위하여 일시적으로 박스에 포장된 상태로 배송하는 경우 부가가치세가 면제되는 것이다.

### 2. 수돗물(제2호)

「수도법」상의 수도사업자가 도관에 의하여 공급하는 물과 「수도법」상의 수도사업자에게 직접 공급하는 수도사업용 물을 말한다.

### 3. 연탄과 무연탄(제3호)

무연탄층과 착화를 용이하게 하기 위한 점화층으로 되어 있는 하향식 연속

---

25) 예를 들어 인삼코팅쌀·홍화쌀·버섯쌀 등 기능성 쌀.

26) 대법원 1994.4.15. 선고 93누22296 판결.

27) 대법원 1995.2.14. 선고 94누13881 판결.

28) 국심 2007서1212, 2007.9.18.

점화연탄 및 조개탄의 공급에 대하여는 면세한다. 그러나 유연탄·갈탄 및 착화탄(연탄용 불쏘시개) 공급에 대하여는 면세하지 아니한다.[29]

### 4. 여성용 생리처리 위생용품(제4호)

여성의 기초생활필수품으로서 여성의 복리후생 증진을 위하여 면세로 한 것이다.

### 5. 의료·보건용역(수의사의 용역을 포함)으로서 일정 범위의 것과 혈액(제5호)

의료·보건용역(수의사의 용역을 포함)과 혈액에 대하여는 부가가치세를 면제하고 있다(부법 제26조 제1항 제5호). 의료용역을 면세로 규정한 이유는 국민후생의 증진, 의료용역에 대한 조세부담 경감으로 부가가치세 역진성 보완, 부가가치세 도입 이전에 의료사업자는 영업세를 면제받았던 점 등을 들 수 있다.

외국의 경우에도 의료와 관계되는 용역에는 영세율로 하거나 면세로 하고 있지만 면세와 함께 환급(rebate)을 해주는 국가도 있는 등 매우 다양하게 취급하고 있다.[30]

면세하는 '의료·보건용역'에는 다음과 같은 것이 포함된다(부령 제35조).

① 「의료법」에 따른 의사·치과의사·한의사·조산사 또는 간호사가 제공하는 용역. 다만 「국민건강보험법」에 따라 요양급여의 대상에서 제외되는 다음의 진료용역은 제외한다.

㉮ 쌍꺼풀수술·코성형수술·유방확대 및 축소술(유방암 수술에 따른 유방 재건술은 제외)·지방흡인술·주름살제거술·안면윤곽술·치아성형(치아미백, 라미네이트와 잇몸성형술을 말함) 등 성형수술(성형수술로 인한 후유증 치료, 선천성 기형의 재건수술과 종양 제거에 따른 재건수술은 제외)과 악안면 교정술(치아교정치료가 선행되는 악안면 교정술은 제외)

㉯ 색소모반·주근깨·흑색점·기미·여드름 치료술, 제모술·탈모치료술·모발이식술·문신술 및 문신제거술, 피어싱·지방융해술·피부재생술·피부미백

29) 통칙 26-0-3.

30) 오스트리아는 영세율, 영국은 면세, 캐나다는 면세와 환급제도를 갖고 있다. 자세한 내용은 野一色直人, "消費税における課税對象", 『税法學』 제573호, 2015, 248면.

술·항노화치료술 및 모공축소술

② 「의료법」에 따른 접골사·침사·구사 또는 안마사가 제공하는 용역

③ 「의료기사 등에 관한 법률」에 따른 임상병리사·방사선사·물리치료사·작업치료사·치과기공사 또는 치과위생사가 제공하는 용역

④ 「약사법」에 따른 약사가 제공하는 의약품의 조제용역

⑤ 「수의사법」에 따른 수의사가 제공하는 용역. 다만 동물의 진료용역은 다음 어느 하나에 해당하는 진료용역으로 한정한다.

㉮ 「축산물 위생관리법」에 따른 가축에 대한 진료용역

㉯ 「수산생물질병 관리법」에 따른 수산동물에 대한 진료용역

㉰ 「장애인복지법」에 따른 장애인 보조견표지를 발급받은 장애인 보조견에 대한 진료용역

㉱ 「국민기초생활 보장법」에 따른 수급자가 기르는 동물의 진료용역

㉲ 기타 질병 예방 및 치료를 목적으로 하는 동물의 진료용역으로서 농식품부 장관이 고시하는 용역(예방접종, 약, 수술, 병리학적 검사 및 외이염, 결막염, 개아토피성 피부염, 무릎뼈 안쪽 탈구 등 100여개 다빈도 질병 포함)

⑥ 장의업자가 제공하는 장의용역

⑦ 「장사 등에 관한 법률」에 따라 사설묘지·사설화장시설 또는 사설봉안시설을 설치한 자가 제공하는 화장·묘지분양 및 관리업 관련 용역

⑧ 지방자치단체로부터 공설묘지·공설화장시설 또는 공설봉안시설의 관리를 위탁받은 자가 제공하는 화장·묘지분양 및 관리업 관련 용역

⑨ 「응급의료에 관한 법률」에 따른 응급환자이송업자가 제공하는 응급환자이송용역

⑩ 「하수도법」에 따른 분뇨수집·운반업의 허가를 받은 사업자와 「가축분뇨의 관리 및 이용에 관한 법률」에 따른 가축분뇨수집·운반업 또는 가축분뇨처리업의 허가를 받은 사업자가 공급하는 용역

⑪ 「감염병의 예방 및 관리에 관한 법률」에 따라 소독업의 신고를 한 사업자가 공급하는 소독용역

⑫ 「폐기물관리법」에 따라 생활폐기물 또는 의료폐기물의 폐기물처리업 허가를 받은 사업자가 공급하는 생활폐기물 또는 의료폐기물의 수집·운반 및 처

리용역과 폐기물처리시설의 설치승인을 받거나 그 설치의 신고를 한 사업자가 공급하는 생활폐기물의 재활용용역

⑬ 「산업안전보건법」에 따른 지정측정기관이 공급하는 작업환경측정용역

⑭ 「노인장기요양보험법」에 따른 장기요양기관이 같은 법에 따라 장기요양 인정을 받은 자에게 제공하는 신체활동·가사활동의 지원 또는 간병 등의 용역

⑮ 「사회복지사업법」에 따라 보호대상자에게 지급되는 사회복지서비스 이용권을 대가로 국가 및 지방자치단체 외의 자가 공급하는 용역

⑯ 「모자보건법」에 따른 산후조리원에서 분만 직후의 임산부나 영유아에게 제공하는 급식·요양 등의 용역

⑰ 「사회적기업 육성법」에 따라 인증받은 사회적기업 또는 「협동조합기본법」에 따라 설립인가를 받은 사회적협동조합이 직접 제공하는 간병·산후조리·보육 용역

⑱ 「정신건강증진 및 정신질환자 복지서비스 지원에 관한 법률」에 따라 국가 및 지방자치단체로부터 정신건강증진사업등을 위탁받은 자가 제공하는 정신건강증진사업등의 용역

위와 같은 경우에 법에서 규정하고 있는 자격을 갖춘 자가 해당 법률에서 규정하는 해당 분야의 의료행위에 대하여 면세하는 것임에 주의를 요한다. 오래전부터 의료 및 보건용역의 면세제도와 관련해서 논란이 된 문제가 있었다. 근래 유행처럼 행해지고 있는 쌍꺼풀수술·코성형수술·유방확대수술·지방흡입수술 같은 미용목적의 성형수술과 비만클리닉 같은 미용목적의 의료행위에 대하여 부가가치세를 면제하는 것이 면세제도의 취지에 부합하고 면세대상으로 타당한지에 관한 논의다. 비록 구법에서 미용목적의 성형수술이든지 재건목적의 성형수술이든지 구분하지 아니하고 의사가 시술하는 모든 보건·의료용역을 면세로 하고 있었지만 면세제도는 재화·용역의 성질을 기준으로 설정되어야 하고 무엇보다 최종소비자의 경제적 부담을 고려하여야 한다는 점에서 성형수술에 대한 일률적인 면세 적용은 문제가 있었다. 이 문제는 국민건강보험의 적용에서 제외한 미용목적의 성형수술을 국민 기초의료용역으로 볼 수 있느냐 하는 점에서도 문제되었다.[31)]

---

31) 박민, 앞의 논문, 63~65면.

오랜 논란 끝에 2010년 개정법에서 재정건전성 확보 및 부가가치세 과세기반 확대를 목적으로 국민건강보험 급여대상에서 제외되는 의사의 일부 미용목적 성형수술이나 수의사의 애완동물에 대한 진료용역을 면세에서 제외하여 과세로 전환하였다. 다만, 가축·수산물 진료용역, 장애인보조견의 진료용역, 기초수급자가 기르는 동물 진료용역, 질병 및 일부 치료를 목적으로 하는 동물 진료용역은 여전히 면세로 남겨 놓고 있다. 그리하여 「국민건강보험법」 제39조 제3항에 따라 요양급여의 대상에서 제외되는 쌍꺼풀수술·코성형수술·유방확대술·유방축소술·지방흡인술·주름살제거술 등의 진료용역은 면세에서 제외되었다. 유럽연합이나 OECD 회원국 등 선진국에서 인간의 질병치료(Medical Care) 목적의 의료용역만 면세로 하고 있어 이러한 국제적 과세기준에 접근하는 점에서 위와 같은 조치는 정책적으로 타당한 측면이 있다고 생각된다. 실제로 유럽 EC재판소는 치료목적, 건강의 유지 회복, 예방목적의 의료용역에 대해서만 면세에 해당하는 것으로 보고 있으며 다른 목적으로 의사가 제공하는 친자확인 검사 진단용역을 과세대상으로 보고 있다.[32]

하지만 미용성형수술에 대한 부가가치세 과세전환은 불가피한 것으로 이해를 하더라도 과세범위의 적정성과 제도운영상 반드시 타당한 것만은 아니다. 미용목적의 성형수술은 상당 부분 외모와 관련된 사회적·정신적 치료목적을 겸하고 있는 점, 미용목적과 재건목적의 구분은 성형외과 의사뿐 아니라 다른 전공과 의사들에게도 적용하여야 하는데 유독 성형외과에만 적용하는 점에서 조세의 중립성을 해치기 때문에 좀 더 검토와 보완이 필요하다는 생각이 든다. 또한 우리나라의 부가가치세는 과세 여부를 객관적으로 판단하기 위하여 공급자에 의해서 과세대상 여부가 결정되는 구조를 취하고 있는데, 미용목적인지 여부는 오로지 공급받는 자에 의해서 과세 여부가 결정되기 때문에 과세를 회피할 여지를 남기게 된다는 점에서 과세체계상으로 불합리하다는 문제점이 있다.[33]

이와 별도로 종래 간호사·조산사 등이 산모의 산후관리를 위한 시설을 갖추고 산모에게 침식을 제공하며 각종 시설을 이용하게 하고 이에 부수하여 건강상담·신생아관리 등의 용역을 제공하는 산후조리원을 운영하는 경우 해당 용역

32) 자세한 내용은 정규언, "의료용역 중 미용성형수술에 대한 부가가치세 면세폐지의 타당성 검토", 『세무와 회계저널』 제11권 제2호, 2010, 244~246면 참조.

33) 위의 논문, 260면.

이 부가가치세가 면제되는 의료·보건용역에 해당하는지 실무상 혼란이 있었다. 행정예규에서는 의료·보건용역에 해당하지 않는다고 보고 있었으나,[34] 행정심판에서는 산모가 의사의 진찰 및 진료를 받았고 실질적으로 간호사 등이 일반환자의 입원실에서 제공하는 용역과 동일한 용역을 제공하였음이 인정된다면 부가가치세가 면제되는 의료보건용역으로 보았다.[35] 현행법은 해석이 불분명했던 산후조리원의 제공 용역을 면세로 규정함으로써 논란을 없앴다.

### 6. 교육용역(제6호)

일정한 시설 등에서 학생·수강생·훈련생·교습생 또는 청강생에게 지식·기술 등을 가르치는 교육용역에 대하여는 부가가치세를 면제한다(부령 제36조 제1항).

교육용역을 면세하는 이론적 배경은 여러 가지로 설명할 수 있다. 국가 등 공공부문에 일차적 의무가 있는 교육에 대하여 부가가치세를 부과할 경우 교육비의 상승을 가져와 조장하여야 할 교육의 기회가 오히려 줄어들 가능성이 있다는 정책적인 점도 있지만, 교육에 대한 수업료 등의 지출이 개인의 소비인가 라는 점에 의문이 들기 때문이다. 교육을 통한 인간형성은 사회의 기초이기 때문에 교육지출은 개인의 소비가 아니라 사회자본 성격을 띠는 지출의 일부로 보아야 한다. 또한 그 교육기관의 사업에는 세금이나 보조금 등 공적자금이 투입되어 있기 때문에 사업의 부가가치를 측정하기가 곤란하다는 기술적 이유도 있다.[36]

이러한 면세제도의 취지를 감안하여 과거 영리교육에도 전면적으로 적용하던 부가가치세 면제조치를 무도학원 또는 자동차운전학원이 제공하는 교육용역에 대하여는 적용하지 아니하고 과세하는 것으로 법령을 개정하였다(부령 제36조 제2항). 면세되는 교육용역을 비영리 교육에 한정하여 부가가치세를 면제하는 국제적 과세기준에 맞추기 위한 것이다.

면세하는 '교육용역'은 주무관청의 허가 또는 인가를 받거나 주무관청에 등록되거나 신고된 학교·학원·강습소·훈련원·교습소 또는 그 밖의 비영리단체와 청소년진흥법에 따른 청소년수련시설 및 산학협력단 또는 사회적기업이나 사회

---

34) 예규, 서면인터넷방문상담3팀-994, 2006.5.30.
35) 국심 2007부2648, 2007.9.21.
36) 水野忠恒,『消費税の制度と理論』, 弘文堂, 1999, 134면.

적협동조합에서 학생·수강생·훈련생·교습생 또는 청강생에게 지식·기술 등을 가르치는 것을 말한다.

판례는 컴퓨터 통신망을 통해 제공하는 회원제 과외교육용역은 부가가치세 과세대상이라고 한 바 있다.[37] 여기서 '그 밖의 비영리단체'란 정부의 허가나 인가를 받아 설립된 모든 비영리단체를 의미하는 것이 아니라, 「초·중등교육법」, 「고등교육법」, 「영유아보육법」, 「유아교육법」, 「학원의 설립·운영 및 과외교습에 관한 법률」, 「체육시설의 설치·이용에 관한 법률」, 「평생교육법」 등과 같이 학교나 학원 등에 대한 구체적 시설 및 설비의 기준을 정한 법률에 따른 허가나 인가를 받아 설립된 비영리단체를 의미한다. 면세대상 교육용역의 요건으로 정부의 허가나 인가를 요구하고 있는 이유는 정부가 해당 학교나 학원 등의 교육기관을 지도·감독하겠다는 것이고, 법문에서 '그 밖의 비영리단체'를 학원·강습소·훈련원·교습소와 병렬적으로 나열하고 있기 때문이다.[38] 따라서 지식·기술 등 교육의 내용은 불문하나 무허가·무인가 학원에서의 교육용역은 면세되지 아니한다.

교육용역 제공시 필요한 교재·실습자재·숙박·음식 그 밖의 교육용역의 대가를 수강료 등에 포함하여 받거나 별도로 받는 때에는 주된 용역인 교육용역에 필수적으로 부수되는 재화 또는 용역으로서 면세한다. 그러나 학원 등을 운영하면서 가맹점 가입자들로부터 가맹비나 상호사용료 및 프로그램 교육비 등의 명목으로 사용대가 등을 받는 경우 그 가맹비 등은 교육용역에 필수적이거나 일시적 우발적으로 발생하는 것이 아니기 때문에 이것은 교육용역과 별도의 독립된 용역제공이어서 면세 용역으로 볼 수 없다.

우리나라는 유독 교육열이 높아 전 국민이 자녀 교육에 심혈을 기울여 매달리고 있으며 사교육시장의 규모도 대단한 규모이다. 현재는 국민들의 교육비 부담을 줄여 주고자 행정기관의 통제를 받는 학원 등에 전면적 면세로 하고 있으나 소득이 높을수록 사설학원 등 공교육을 해치는 사교육비 지출이 증가하고 있고, 저소득층은 공교육에 지출이 높은 점을 감안할 때 초·중·고교의 공교육에 관련된 용역 외에는 과세로 전환하는 것이 타당할 것이다.

---

37) 대법원 2000.11.28. 선고 99두6460 판결.
38) 대법원 2008.6.12. 선고 2007두23255 판결.

## 7. 여객운송 용역(제7호)

시내버스·시외버스 등 대중교통수단에 해당하는 부문은 면세한다. 면세로 한 이유는 여객운송용역은 일종의 공익사업으로서 교통기관이 지방자치단체나 공사 등의 정부용역이고, 기업에 의한 공급의 경우에도 정부의 보조를 받으면서 제공되는 등 그 용역의 성질에 특수성이 있기 때문이다.

반면에 항공기·우등고속버스·전세버스·택시·특수자동차·특종선박 또는 고속철도에 의한 여객운송 용역, 자동차 대여사업, 수중익선 등 선박에 의한 여객운송사업 등은 과세한다(부령 제37조 제1호). 이것들은 통상의 기업활동과 다르지 않으므로 부가가치세 과세에서 특별히 고려할 필요가 없기 때문이다. 관광 또는 유흥 등의 목적으로 설치하여 운행하는 삭도(케이블카)·관광유람선·관광용 철도 등을 이용하게 하는 것은 면세되는 여객운송용역의 범위에서 제외되므로 과세이다(부령 제37조 제2호).

## 8. 도서(대여 및 실내 열람 용역을 포함)·신문·잡지·관보·뉴스통신 및 방송(제8호)

도서·신문·잡지·관보·뉴스통신·방송으로서 일정한 경우는 부가가치세를 면제한다. 그러나 이런 매체를 통하여 제공하는 광고용역은 과세한다(동호 단서).

도서를 면세대상으로 한 취지는 교육정책적인 측면에서 지식·정보 및 교양 등의 전달을 위한 재화의 소비에 대하여 세부담을 경감시키기 위한 것이다. '도서'에는 도서에 부수하여 그 도서의 내용을 담은 음반·녹음테이프 또는 비디오테이프를 첨부하여 통상 하나의 공급단위로 하는 것과 인터넷으로 유통되는 것 등 전자출판물을 포함한다(부령 제38조 제1항). 도서에 부수한 음반이나 녹음테이프는 도서에 부수하여 그 내용을 그대로 취입하는 경우로서 도서와 그 내용상 동일성을 유지하여야 하며 또한 부수하여 공급되어야 한다. 이 같은 동일성과 부수성에서 그 가격의 고가 여부가 주된 재화와 부수재화를 판단하는 데 절대적 기준일 수 없고 해당 구체적 거래의 태양에 비추어 거래당사자 사이의 공급의 목적과 의도가 어디에 있는지를 따져서 판단하여야 할 것이다.[39] 따라서 비디오

---

39) 대법원 1995.2.3. 선고 94누11750 판결.

테이프 및 오디오테이프와 그 부속 해설도서를 하나의 단위로 함께 판매한 경우라면 테이프에 부수하여 해설도서를 공급한 것으로 보아야 할 것이므로 도서에 부수하여 음반 또는 녹음테이프를 공급한 것으로 보지 않는다.[40)]

신문·잡지는 「정기간행물의 등록 등에 관한 법률」에 규정하는 일반 일간신문, 특수 일간신문, 외국어 일간신문, 일반 주간신문, 특수 주간신문 등 정기간행물과 그 밖의 간행물을 말한다(부령 제38조 제2항).

뉴스통신은 「뉴스통신진흥에 관한 법률」이 규정하는 뉴스통신과 외국의 통신사가 제공하는 면세대상 뉴스통신용역을 말한다. 따라서 뉴스통신을 경영하는 사업자가 특정 회원을 대상으로 금융정보 등 특정한 정보를 제공하는 경우는 면세대상에서 제외한다(부령 제38조 제4항). 관보는 관보규정의 적용을 받는 것을 말한다(부령 제38조 제3항).

과거 방송은 「방송법」에 따른 위성방송·종합유선방송 및 「유선방송관리법」에 따른 텔레비전 중계유선방송에 대해 면세로 하였으나 현재 지상파방송·음악유선방송 및 인터넷방송 등과의 과세형평을 감안하여 위성방송·종합유선방송 및 중계유선방송의 수신료를 면세대상에서 제외하고 있다.

### 9. 우표·인지·증지·복권 및 공중전화(제9호)

우표·인지·증지·복권·공중전화의 공급에 대하여는 부가가치세를 면제한다. 그러나 수집용 우표 및 면세되는 복권과 승마투표권 등을 위탁판매하고 받는 수수료에 대하여는 면세에서 제외하여 과세한다. 사업자가 복권의 판매업무에 관한 계약을 체결하고 액면가액에서 할인된 가격으로 인수하여 중간판매인 등에게 공급하는 자는 부가가치세 면세대상인 복권판매업을 영위한 것이 아니라 복권판매대행용역을 공급한 것에 해당한다.[41)] 따라서 복권의 액면가액과 인수가액의 차액 상당을 수수료로 지급받은 것으로 보아야 한다.

로또복권을 판매하는 복권방과 편의점 등 로또복권 판매사업자들도 부가가치세를 납부할 의무가 있다.[42)] 복권의 공급에 대한 부가가치세 면세는 복권의

40) 대법원 1993.12.24. 선고 93누17744 판결; 대법원 1994.10.25. 선고 93누22258 판결.
41) 대법원 2004.1.29. 선고 2002두10391 판결.
42) 국세청은 2003년 7월 6일 유권해석을 통해 로또 1게임당 판매금액 2천원과 국민은행이 판매인에게 공급하는 가격 1천 890원의 차액에 대해 부가가치세가 부과된다고 하였다. 체육복

발행주체 등이 자기의 책임과 계산으로 재화인 복권을 공급하는 것을 말하는 것인데 로또복권판매인이 발행자 등으로부터 로또복권을 제공받아 액면금액으로 팔고 판매수수료를 뺀 후 정산하는 것은 면세 재화인 복권의 공급이 아니라 계약에 의해 복권판매행위를 수행하는 것이다. 이에 따라 로또복권 판매는 재화인 복권의 공급이 아니라 용역의 공급에 해당하여 과세하는 것이다.

### 10. 판매가격이 일정 금액 이하인 담배와 특수용 담배(제10조)

판매가격이 200원(20개비 기준) 이하인 담배와 특수용 담배 중 영세율이 적용되는 것을 제외한 담배는 부가가치세를 면제한다. 담배는 연초의 잎을 주원료로 하여 피우거나 씹거나 또는 냄새 맡기에 적합한 형태로 제조한 것을 말한다(담배사업법 제2조). 특수용 담배란 국가원수가 외교사절 및 그 밖의 자에게 제공하기 위하여 사용하는 담배와 국제항로에 취항하는 항공기 또는 여객선의 승객에게 판매하는 담배 등을 말한다(담배사업법 제19조).

담배에 대하여는 「지방세법」상 담배소비세가 과세되고 있으므로 이를 감안하여 종전에는 부가가치세를 일률적으로 면제하도록 규정하고 있었다. 그러나 세수의 확보를 위해서 2000년 1월 1일부터 제조담배에 대하여도 극히 예외적인 것을 제외하고는 담배소비세와 함께 부가가치세도 과세하고 있다.

### 11. 금융·보험 용역(제11호)

은행 등 금융기관은 각종 금융서비스를 제공한다. 주요 사업은 예금자와 대출자 간의 금융중개이고 부차적으로 외화의 거래·수표발행·대여금고의 임대·증권업무 등을 제공하고 있다. 은행에 의하여 제공된 금융용역의 부가가치는 대출이율과 예금이율의 차액에 의하여 측정이 가능하고, 보험용역의 부가가치는 보험회사가 받는 보험료와 보험회사가 지급하는 보험금과의 차액에 의하여 측정된다. 이러한 부가가치와 관련된 금융중개용역에 대한 취급에는 부가가치세의 과세대상에 포함하는 방법, 면세조치를 하는 방법, 영세율을 적용하는 방법 등

---

권이나 기술복권 등은 복권판매인들이 발행자에게서 복권을 매입한 뒤 다시 고객에게 판매하는 것으로 세법상 '복권 자체의 공급'에 해당하나, 로또복권 판매는 전산망을 통해 이뤄지는 만큼 판매인이 발행자인 국민은행에서 단순히 복권 판매를 위탁받은 것으로 봐야 한다는 입장이다.

3가지 유형이 있다.

### 가. 면세의 이론적 근거

금융용역의 성질은 은행이 자금으로서 받은 금전을 대출하여 용역의 대가를 얻는 중개용역 사업이고 예금자들로부터 자금의 매입을 하는 것이 용역의 매입이라고 할 수 있다. 따라서 이론상으로 은행이 대출자로부터 받은 이자에 대하여 부가가치세가 과세되나 예금자에게 지급한 이자에 대한 부가가치세에 대하여는 매입세액공제를 받을 수 있다. 마찬가지로 사업자인 금융기관의 예금자가 은행으로부터 받는 이자에 대하여 부가가치세가 과세되고 은행에 지급하는 이자에 대한 부가가치세 매입세액공제가 인정된다. 그럼에도 금융·보험용역이 전단계매입세액공제법의 부가가치세제에 적당하지 않다고 보는 견해가 많다. 금융거래를 통하여 주고받는 대가 중에 금융용역의 해당분을 구분해 내는 것이 과세기술상 매우 어렵기 때문이다. 금융·보험용역에 대하여 면세하는 이론적 근거는 다음과 같이 여러 가지가 제시되고 있다.

① 이자는 돈의 시간적 가치, 자금회수의 위험부담에 대한 수수료 및 업무처리비 등의 복합적 성격을 지니므로 여기서 용역의 대가를 구분해 내는 것이 쉽지 아니하여 부가가치세 과세에 적합하지 않다.[43)]

② 본래 이자의 지급·수령은 단지 금전의 이전에 불과하고 이자 자체가 경제학적으로 볼 때 진정한 의미의 소득이 아니어서 재화나 용역을 창출하는 것이 아니므로 이에 과세함은 타당하지 않다.[44)]

③ 부가가치세는 이자의 흐름을 무시하더라도 국민 총소비에 영향을 주지 않아 징세에서 결과에 차이가 없고, 은행 등이 제공하는 용역의 대가는 돈의 흐름 속에 묻혀 들어가므로 용역의 가치를 따로 파악하는 것이 불가능하여 이를 과세대상으로 삼을 수 없는 세무행정상의 어려움이 있다.[45)]

④ 금융기관이 금전을 대출해 주면서 세금계산서를 발급하는 것이 불가능한 것은 아니지만 다수의 예금자 중 사업자와 개인을 구분하여 사업자인 예금자

43) 안창남, "금융용역과 부가가치세", 『조세법연구 Ⅷ-1』, 한국세법학회, 2002, 183~185면.
44) 中里 實, 『キャツシュフローリスク·課稅』, 有斐閣, 1999, 18면.
45) 이창희, "금융보험업에 대한 부가가치세", 『서울대학교 법학』 제43권 제3호, 서울대학교 법학연구소, 2002, 37~41면.

에 지급하는 이자에 대해서만 세금계산서가 발급되어야 하고, 금융기관 용역의 대가가 예금의 이율과 대출금 이율의 차이에 따라 그 차액으로 나타남으로써 부가가치세 과세표준이 명확하지 아니하여 세액산출을 복잡하고 곤란하게 한다.

⑤ 금융기관이 대출을 함에 있어서 그 대출이자에 대하여 부가가치세를 징수하는데, 상대방이 사업자인 경우 부가가치세액을 매입세액으로 공제하므로 별 문제는 없지만 대출의 상대방이 정부나 지방자치단체 등인 경우 결과적으로 이자율을 인상하게 되고 금융정책에 적지 않게 영향을 미치는 문제가 있다.[46]

⑥ 금융거래에서 예금자가 대출자로부터 받은 이자수입금액은 생산요소의 하나인 자본을 사용하게 한 대가로서 창출된 부가가치를 분배받은 것이라고 볼 수 있어 부가가치세 과세대상이라고 보기 어렵다.

⑦ 보험회사는 가입자에 대하여 위험을 전보하는 용역을 행하고 있고 보험료는 보험용역의 대가로 볼 수 있다. 그렇지만 보험은 질병이나 재난 등에 대비한 것인데 이런 지출에 과세하는 것은 사회적으로 볼 때 부당하다. 특히 보험금에 대해서 보험용역에 대한 후불로서 부가가치세를 부과하는 것은 문제가 있다. 보험금은 장래의 소비에 충당되기 때문에 그것에 과세하는 것은 이중과세의 소지가 있기 때문이다.

### 나. 조세중립성의 문제

은행과 달리 증권회사 같은 직접 금융권의 경우 용역의 대가가 분명히 드러나는데도 불구하고 면세를 하는 이유는 은행·보험업 등과 서로 경쟁관계에 있어 일부를 면세하고 일부를 과세할 경우 조세의 중립성을 해하고 세무행정의 단순화에 방해가 되기 때문이라고 보고 있다. 금융·보험용역을 면세로 할 경우 금융기관은 용역의 제공자로서 자신이 용역을 제공하기 위하여 부담한 부가가치세를 전혀 공제받지 못하고 떠안게 된다. 결국 금융·보험업자가 면세로 제공하는 금융·보험용역의 가격에 그 부담의 전부 또는 일부를 전가하게 되고, 금융·보험용역에 대한 면세제도는 금융·보험용역에 부가가치세를 과세하는 국가에 비하여 금융산업의 경쟁력을 위축시켜 국가의 금융회사 간 경쟁에서 불리하게 된다. 이러한 효과는 금융회사가 사업부문을 분리하여 자회사를 만들려고 할 때

46) 水野忠恒, 앞의 책, 139면.

더욱 두드러지는데 이 문제를 해결하기 위하여 EU 국가에서는 VAT Group 제도를 도입하고 있다.[47)]

### 다. 면세의 범위

현행법상 면세하는 금융·보험용역은 다음의 사업을 하는 자가 제공하는 역무이다(부령 제40조 제1항).

① 「은행법」에 따른 은행업무 및 부수업무로서 다음의 용역(제1호)

㉮ 예금·적금의 수입 또는 유가증권 및 그 밖의 채무증서의 발행

㉯ 자금의 대출 또는 어음의 할인

㉰ 내국환·외국환

㉱ 채무의 보증 또는 어음의 인수

㉲ 상호부금

㉳ 팩토링(기업의 판매대금 채권의 매수·회수 및 이와 관련된 업무)

㉴ 수납 및 지급대행

㉵ 지방자치단체의 금고대행

㉶ 전자상거래와 관련한 지급대행

② 「자본시장과 금융투자업에 관한 법률」에 따른 다음의 사업(제2호)

㉮ 집합투자업

다만 집합투자업자가 투자자로부터 자금 등을 모아서 부동산, 실물자산 및 그 밖의 기획재정부령으로 정하는 자산에 운용하는 경우는 제외한다.

㉯ 신탁업

신탁업자가 위탁자로부터 「자본시장과 금융투자업에 관한 법률」 제103조 제1항 제1호부터 제4호까지 또는 제7호의 재산(같은 법 제9조 제20항의 집합투자재산을 포함)을 수탁받아 운용(집합투자업자의 지시에 따라 보관·관리하는 업무를 포함)하는 업무

다만 같은 법 제103조 제1항 제1호의 재산을 수탁받아 부동산, 실물자산 및 그 밖에 기획재정부령으로 정하는 자산에 운용하는 업무는 제외한다. 신탁업자가 위탁자로부터 「자본시장과 금융투자업에 관한 법률」 제103조 제1항 제5호

47) 이에 대하여 자세한 것은 오윤, 『자본과세론』, 한국학술정보(주), 2008, 266면 참조.

또는 제6호의 재산을 수익자에 대한 채무이행을 담보하기 위하여 수탁받아 운용하는 업무와 신탁업자가 위탁자로부터 「자본시장과 금융투자업에 관한 법률」 제103조 제1항 제5호 또는 제6호의 재산을 수탁받아 같은 조 제4항에 따른 부동산개발사업을 하는 업무로 한정한다.

㉰ 투자매매업과 투자중개업(「자본시장과 금융투자업에 관한 법률」 제373조의2 제1항에 따라 허가를 받은 한국거래소, 한국예탁결제원, 금융투자협회와 다자간매매체결회사의 업무를 포함)[48]

㉱ 일반사무관리회사업(집합투자기구 또는 집합투자업자에게 제공하는 용역으로 한정)

㉲ 투자일임업(다만 투자일임업자가 투자자로부터 자금 등을 모아서 부동산, 실물자산 및 그 밖에 기획재정부령으로 정하는 자산에 운용하는 경우는 제외)

㉳ 경영참여형 사모집합투자기구에 경영참여형 사모집합투자기구재산의 운용 및 보관·관리, 경영참여형 사모집합투자기구 지분의 판매 또는 환매 등 용역을 공급하는 업무(경영참여형 사모집합투자기구의 업무집행사원이 제공하는 용역으로 한정)

㉴ 단기금융업

㉵ 종합금융투자사업자의 사업(기업에 대한 신용공여 업무로 한정)

③ 「외국환거래법」에 따른 환전업(제4호)

④ 「상호저축은행법」에 따른 상호저축은행업(제5호)

⑤ 「신용보증기금법」에 따른 신용보증기금업(제6호)

⑥ 「주택도시기금법」에 따른 주택도시보증공사의 보증업(제7호)

⑦ 「보험업법」에 따른 보험업(보험중개·대리와 보험회사에 제공하는 손해사정용역, 보험조사 및 보고용역을 포함하되 보험계리용역 및 근로자퇴직급여 보장법에 따른 연금계리용역은 제외)(제8호)

⑧ 「여신전문금융업법」에 따른 여신전문금융업(여신전문금융업을 공동으로 수행하는 사업자 간에 상대방 사업자의 여신전문금융업무를 위임받아 수행하는 경우를 포함)(제9호)

---

48) 금융투자협회는 장외주식시장을 개설하여 비상장주식 매매를 중개하고 있는데 2015년 12월 개정법에서 장외주식시장 활성화를 지원하기 위하여 면세대상으로 추가하였다.

⑨ 「자산유동화에 관한 법률」에 따른 유동화전문회사 및 자산관리자가 행하는 자산유동화사업 및 자산관리사업(제10호 및 제10호의2)

⑩ 「주택저당채권유동화회사법」에 따른 주택저당채권유동화회사 및 채권관리자가 행하는 채권유동화와 관련한 사업과 주택저당채권의 관리·운용 및 처분사업(제11호)

⑪ 「한국주택금융공사법」에 따른 채권관리자가 행하는 주택저당채권, 학자금대출채권의 관리·운용 및 처분사업(제12호)

⑫ 「중소기업창업 지원법」에 따른 중소기업창업투자회사가 동법에 따른 중소기업창업투자조합 및 벤처기업육성에 관한 특별조치법에 따른 한국벤처투자조합에 제공하는 자산관리·운용용역

다만 중소기업창업투자회사가 자금을 부동산·실물자산 그 밖에 기획재정부령이 정하는 자산에 운용하는 경우를 제외(제13호)

⑬ 「한국투자공사법」에 따른 한국투자공사가 같은 법에 따라 제공하는 위탁자산 관리·운용용역(제15호)

⑭ 「농림수계산식품투자조합 결성 및 운용에 관한 법률」에 따른 투자관리전문기관 또는 업무집행조합원이 같은 법에 따른 농식품투자모태조합, 농식품투자조합에 제공하는 자산관리·운용용역

다만 투자관리전문기관 또는 업무집행조합원이 자금을 부동산·실물자산, 그 밖에 기획재정부령으로 정하는 자산에 운용하는 경우는 제외(제16호)

⑮ 「민법」 제32조에 따라 설립된 금융결제원이 한국은행법 제81조 제2항에 따른 지급결제제도의 운영기관으로서 수행하는 지급결제제도 운영업무(제17호)

⑯ 금전대부업(어음할인·양도담보 및 그 밖에 비슷한 방법을 통한 금전의 교부를 업으로 하는 경우를 포함)(제18호)

⑰ 「중소기업협동조합법」에 따른 중소기업중앙회의 공제사업 계약 체결을 대리하는 용역(제19호)

금융·보험용역업을 수행하던 사업자가 당국에 의해 영업인가 취소처분을 받더라도 그 이전에 이미 체결한 계약에 기한 용역의 공급은 계속해서 「부가가치세법」상 면세용역에 해당한다. 판례를 보면, 「여신전문금융업법」에 따라 적법한 등록을 하고 여신전문금융업 중의 하나인 시설대여업을 영위하던 종합금융회

사가 금융감독위원회로부터 영업인가 취소처분과 함께 시설대여업 등록 취소처분을 받은 후에 그 각 취소처분 전에 체결된 기존의 시설대여계약에 따라 청산의 목적범위 내에서 계약의 이행이 완료될 때까지 시설대여 용역을 계속 공급하면서 그 대가를 수령하는 행위는, 특별한 사정이 없는 한 당초 시설대여업 등록의 효력 범위 내의 것으로서 「부가가치세법」에서 정한 부가가치세 면제대상인 여신전문금융업에 해당한다고 하였다.[49]

금융·보험용역은 관련된 허가를 받고 적법하게 영위하는 사업만 면세가 적용된다. 예를 들어, 개인이 비상장주식 장외거래 사이트를 개설한 후 비상장주식의 매매를 중개·알선한 후 수수료를 수령하는 경우와 같이 증권거래법에 따른 증권업을 영위할 수 없는 자가 제공한 용역은 과세대상이 된다.

금융·보험용역을 하는 자가 위에 열거한 주된 사업에 부수하여 금융·보험용역과 동일 또는 유사한 용역을 제공한 경우에도 이를 면세하는 금융·보험용역에 포함되는 것으로 본다(부령 제40조 제2항).

그런데 위와 같은 전형적인 금융용역 외에 사업자가 주식이나 채권을 거래하는 경우에 부가가치세가 과세되는지 현행법에 특별한 규정이 없어서 해석상 논란이 된다. 주식이나 채권은 일종의 재산적 가치가 있는 권리로서 「부가가치세법」상 재화에 해당한다고 볼 수 있지만 실무에서 이를 과세대상 재화로 취급하지 않는 것으로 보인다. 그 이유는 이것이 부가가치세의 본질에 맞지 않는 것으로 보기 때문으로 짐작하고 있을 뿐이다.[50] 유럽 각국의 입법례를 살펴보면 대부분의 국가에서 화폐거래·주식거래·채권거래·신용거래 등에 대하여 면세조치를 하고 있다.

현행법은 은행업을 넓은 의미로 보아 다음의 것도 은행업에 포함되는 것으로 규정하고 있다(부령 제40조 제3항).

① 「은행법」 외의 다른 법률에 따라 설립된 은행(제1호)

② 「금융기관부실자산 등의 효율적 처리 및 한국자산관리공사의 설립에 관한 법률」에 따른 한국자산관리공사(제2호)

---

49) 대법원 2009.8.20. 선고 2007두15926 판결.

50) 이미현, "주주골프회원권 양도와 부가가치세", 『조세법연구 21-1』, 한국세법학회편, 2015, 284면.

③ 「한국주택금융공사법」에 따른 한국주택금융공사(제3호)

④ 「예금자보호법」에 따른 예금보험공사 및 정리금융기관(제4호)

⑤ 「농업협동조합의 구조개선에 관한 법률」에 따른 농업협동조합자산관리회사 및 상호금융예금자보호기금(제5호)

⑥ 「수산업협동조합의 구조개선에 관한 법률」에 따른 상호금융예금자보호기금(제6호)

⑦ 「산림조합의 구조개선에 관한 법률」에 따른 상호금융예금자보호기금(제7호)

### 라. 제2차적 용역

금융·보험용역이 대부분 면세사업으로 규정되어 있지만 금융자유화·국제화 등의 영향으로 인하여 전통적으로 금융기관이 취급하던 업무인 여·수신과 외환 등 고유의 업무형태가 보관 등 부수업무, 나아가 금융자문 등 경영업무 등으로 확대되어 가고 있다. 이에 따라 금융기관의 본질적인 업무와 관련된 용역과 다른 형태의 업무와 관련된 용역을 구분하여 취급하여야 한다. 부가가치세를 채택한 OECD 회원국 중 일부 국가에서는 재무상담과 금고대여 등 금융권의 제2차적 용역에 대하여 부가가치세를 면제하고 있지만 그 외의 국가에서는 대부분 과세하고 있다.

### 마. 금융·보험용역으로 보지 아니하는 경우

금융업을 영위하는 자와 다른 사업자 간에 조세중립성에서 문제가 발생할 소지가 있는 다음의 용역은 금융·보험용역으로 보지 아니한다(부령 제40조 제4항). 이는 대부분 면세용역인 금융·보험용역의 공급에 필수적으로 부수되는 용역이 아니라 독립적인 과세사업의 성질을 갖는 것들이다.

① 복권·입장권·상품권·지금형주화 또는 금지금에 관한 대행용역

다만 수익증권 등 금융업자의 금융상품 판매대행 용역, 유가증권의 명의개서 대행용역, 수납·지급대행용역 및 국가·지방자치단체의 금고대행용역은 제외한다(제1호).

판례는 국민주택기금을 조성하여 이를 관리하는 업무는 금융용역에 포함된다고 할 것이고, 따라서 은행업을 영위하는 주택은행이 스스로 주체가 되어 국

민주택기금 조성행위의 일환으로 '주택복권을 발행하는 업무'를 행하였다면 이는 금융용역에 포함되어 면세대상이 된다고 할 것이지만, 1999년 2월 8일 주택건설촉진법 개정 이후에 주택은행장이 행하는 업무는 스스로 주체가 되어 '주택복권을 발행하는 업무'가 아니라 건설교통부장관을 위하여 '주택복권의 발행을 대행하는 업무'에 불과하므로 이는 면세대상인 금융용역에 포함되지 아니하고, 또한 '주택복권의 발행을 대행하는 업무'는 위탁받은 복권발행업무의 수행이라는 용역의 공급이지 복권이라는 재화의 공급이 아니기 때문에 면세대상인 '복권의 공급'에도 해당하지 아니한다고 하였다.[51)]

② 기업합병 또는 기업매수의 중개·주선·대리, 신용정보서비스 및 은행업에 관련된 전산시스템과 소프트웨어의 판매·대여용역(제2호)

③ 부동산 임대용역(제3호)

④ 위 ① 및 ②와 유사한 용역(제4호)

⑤ 그 밖에 「소득세법」 시행령 제62조 또는 「법인세법」 시행령 제24조에 규정된 감가상각자산의 대여용역

단 「여신전문금융법」에 따른 시설대여업자가 제공하는 시설대여용역을 제외하되 동 시설대여업자가 「자동차관리법」 제3조의 규정에 따른 자동차를 대여하고 정비용역을 함께 제공하는 경우를 포함한다(부가칙 제28조).

문제는 위와 같이 금융·보험용역으로 보지 아니하는 경우를 규정한 「부가가치세법」 시행령 제40조 제4항이 확인적 규정인지 창설적 규정인지 명확하지 않다는 점이다. 대법원은 위 시행령 신설 이전에 발생한 사안에서, 부가가치세가 면제되는 유동화전문회사업은 그 본질적 요소가 포함된 본래의 의미의 유동화전문회사업만을 지칭하는 것으로 해석하여야 할 것이어서, 유동화전문회사가 유동화자산과 관련하여 제공하는 용역 중 유동화자산을 기초로 유동화증권을 발행하고 유동화자산의 관리·운용·처분에 따른 수익금으로 유동화증권의 원리금 또는 배당금을 지급하는 행위는 부가가치세 면제대상에 포함되지만 유동화자산인 건물을 관리하는 수단으로 제3자에게 임대하는 행위 자체는 부가가치세가 면제되는 금융용역에 해당하지 않는다고 하였다.[52)] 따라서 위 규정을 확인적 규정

51) 대법원 2005.1.27. 선고 2003두13632 판결.
52) 대법원 2004.12.9. 선고 2004두9418 판결.

으로 해석하여야 한다.

### 12. 주택과 그 부수토지의 임대 용역(제12호)

주택과 이에 부수되는 토지의 임대용역의 공급에 대하여는 부가가치세가 면제된다. 주택의 구입은 소비라고 할 수 있다. 주택은 그 이용기간이 극히 장기이고 구입은 일시이지만 그 소비의 효과는 장기간에 미치는 특성이 있다. 그럼에도 과세를 부정해야 할 이유는 특별히 찾아보기 어렵다. 그런데도 주택의 임대에 대하여 면세하는 취지는 서민에게 있어서 생활에 필수불가결한 재화 또는 용역이고 저소득층의 가계지출에서 주거 관련 비용이 큰 점을 감안한 것이다. 부수토지 임대용역의 면세도 주택의 임대료를 낮추는 효과가 있어 모두 조세부담을 덜어 주려는 정책적 판단에 따른 것이다.

여기서 '주택'이란 상시 주거용(사업을 위한 주거용의 경우는 제외)으로 사용하는 건물을 말한다. 그리고 그 부수토지의 범위는 그 면적이 주택(건물)이 정착된 연면적과 건물이 정착된 면적에 5배(도시지역 밖의 지역에 있는 토지의 경우는 10배)를 곱하여 산정한 면적 중 넓은 면적을 초과하지 않는 것을 말한다. 이를 초과하는 부분은 토지의 임대로 보아 면세되지 아니한다(부령 제41조 제1항). 임대주택에 부가가치세가 과세되는 사업용 건물이 함께 설치되어 있는 경우에는 주택과 이에 부수되는 토지의 임대의 범위는 다음과 같이 그 면세 여부에 따라 판정한다(부령 제41조 제2항).

① 주택 부분의 면적이 사업용 건물의 면적보다 큰 경우에는 그 전부를 주택의 임대로 본다. 이 경우에 그 주택에 부수되는 토지임대의 범위는 주택 부분만의 면적이 5배(도시지역 밖의 지역에 있는 토지의 경우는 10배)를 초과하지 아니하는 것으로 한다.

② 주택 부분의 면적이 사업용 건물 부분의 면적과 같거나 그보다 작은 때에는 주택 부분 외의 사업용 건물 부분은 주택의 임대로 보지 아니한다. 이 경우 그 주택에 부수되는 토지의 면적은 총토지면적에 주택 부분의 면적이 총건물면적에서 차지하는 비율을 곱하여 계산하며 그 범위는 주택(건물)이 정착된 면적의 5배(도시지역 밖의 지역에 있는 토지의 경우는 10배)를 초과하지 아니하는 것으로 한다.

한편 부동산을 2인 이상의 임차인에게 임대한 때에는 임차인별로 각각 그 면세 여부를 판정한다. 그 이유는 임차인별로 각각 세금계산서를 발급하여야 하기 때문이다. 오피스텔을 신축하거나 취득하여 임대한 경우 임차인이 상시 주거용으로 사용하는 경우가 있다. 현재 과세관청은 이를 주택의 임대용역으로 보아 부가가치세를 면제하고 있다.[53]

### 13. 공동주택 내 보육시설 임대 용역(제13호)

공동주택 관리주체와 입주자대표회의가 제공하는 공동주택의 복리시설인 어린이집 임대용역은 부가가치세를 면제한다. 공동주택 내 어린이집의 임대용역에 대한 부가가치세를 면제하여 출산장려 및 보육경비를 절감하는 데 지원하는 취지이다.

### 14. 토지(제14호)

토지의 공급에 대하여는 부가가치세를 면제한다. 면세대상인 토지의 공급은 부동산매매업자에 의한 토지공급뿐만 아니라 과세사업자가 과세 재화 또는 용역에 부수하여 토지를 공급하는 경우에도 해당 토지의 공급에 대하여는 면세이다. 토지의 공급에 대해서 면세하는 이유는 토지 자체는 기본적으로 부가가치가 아니라 생산의 요소이므로 본래 소비의 대상이 아니라고 생각하기 때문이다. 이 점에서 다른 면세대상 재화나 용역의 경우 정책적으로 또는 부가가치세 과세기술상 면세로 한 것과 다소 다르다.

앞에서 설명한 것처럼 주택에 부수되는 일정 범위의 부수토지의 임대는 면세지만 전·답·임야·과수원·염전 등을 제외한 토지의 임대용역은 면세되지 아니함에 주의를 요한다. 계속적·반복적 토지의 임대는 그 자체가 사업이기 때문이다. 그러나 자기 소유의 토지를 직접 사용하고 있어도 그 임대료 상당액에 과세하지 않는다. 「부가가치세법」이 사업자만을 납세의무자로 관리하는 세제이기 때문이다.[54]

53) 예규, 서삼 46015-1092, 2003.6.10.
54) 이창희, 앞의 책, 1055면.

### 15. 저술가·작곡가나 그 밖의 자가 직업상 제공하는 인적 용역(제15호)

저술가·작곡가나 그 밖의 자가 직업상 제공하는 인적 용역은 부가가치세를 면제한다. 여기서 말하는 '그 밖의 자가 직업상 제공하는 인적 용역'이란 독립된 사업(여러 개의 사업을 겸영하는 사업자가 과세사업에 필수적으로 부수되지 않는 용역을 독립하여 공급하는 경우를 포함)으로 공급하는 용역을 말한다.

인적 용역의 공급에 대하여 부가가치세를 면제하는 취지는 개인이 순수하게 개인의 자격으로 자기노동력을 제공한다는 데에 그 이유가 있다. 아울러 인적 용역은 사업이라고 할 정도의 규모에 이르지 못하는 수준으로 용역을 제공하는 경우가 많은데 이런 사람들에게 거래징수를 요구하기도 어려운 현실을 감안한 것으로 보인다. 따라서 독립된 자격으로 직접 창출한 용역을 제공하는 경우에 한하여 면세된다. 독립된 자격이란 물적 시설요건과 관계없는 순수한 노동의 성질을 띠는 용역을 고용관계 없이 독립하여 공급하는 것을 말한다.[55] 인적·물적 시설을 갖추고 계속적·반복적으로 용역을 제공하는 경우, 예를 들어 용역 제공자가 법인에 소속되거나 그 용역이 법인을 통하여 제공됨으로써 그 대가가 법인에 귀속되는 등의 경우에는 특별한 사정이 없는 한 부가가치세 면제대상에 해당하지 아니한다. 구법에서의 판례를 보면 TV방송이나 연극·영화에 필요한 음향·시각 등의 특수효과 연출용역이 설비와 재료 등을 이용해도 면세되는 연예에 관한 용역이라고 해석하는 등 개인사업자가 공급하는 인적 용역은 모두 면세되는 것으로 판결한 바 있다.[56]

그러나 동일한 용역의 공급에 대해 사업주체에 따라 과세 또는 면세로 차별하는 것은 과세형평에 어긋나고 인적·물적 사업설비를 갖춘 자가 계속적·반복적으로 공급하는 용역은 순수한 인적 용역으로 보기 어렵기 때문에 현행법에서는 개인의 인적 용역의 면세범위를 명확히 하였다. 한편 전문 인적 용역(변호사·공인회계사·세무사·건축사·기술사·설계 및 감리)은 1999년 1월 1일부터 면세에서 제외하였다. 부가가치세가 면제되는 인적 용역의 구체적 범위는 다음과 같다(부령 제42조).

55) 대법원 1983.6.28. 선고 92누312 판결.
56) 대법원 1998.11.27. 선고 98두14266 판결.

첫째, 개인이 기획재정부령이 정하는 물적 시설 없이 근로자를 고용하지 아니하고 독립된 자격으로 용역을 공급하고 대가를 받는 다음의 인적 용역(제1호)

① 저술·서화·도안·조각·작곡·음악·무용·만화·삽화·만담·배우·성우·가수 또는 이와 유사한 용역

② 연예에 관한 감독·각색·연출·촬영·녹음·장치·조명 또는 이와 유사한 용역

③ 건축감독·학술용역 또는 이와 유사한 용역

④ 음악·재단·무용(사교무용 포함)·요리·바둑의 교수 또는 이와 유사한 용역

⑤ 직업운동가·역사·기수·운동지도자(심판을 포함) 또는 이와 유사한 용역

⑥ 접대부·댄서와 이와 유사한 용역

⑦ 보험가입자의 모집·저축의 장려·집금 등을 하고 실적에 따라 보험회사 또는 금융기관으로부터 받는 모집수당·장려수당·집금수당 또는 이와 유사한 성질의 대가를 받는 용역과 서적·음반 등의 외판원이 판매실적에 따라 대가를 받는 용역[57]

⑧ 저작자가 저작권에 의하여 사용료를 받는 용역[58]

⑨ 교정·번역·고증·속기·필경·타자·음반취입 또는 이와 유사한 용역

⑩ 고용관계 없는 사람이 다수인에게 강연을 하고 강연료·강사료 등의 대가를 받는 용역

⑪ 라디오·텔레비전 방송 등을 통하여 해설·계몽 또는 연기를 하거나 심사를 하고 사례금 또는 이와 유사한 성질의 대가를 받는 용역

⑫ 작명·관상·점술 또는 이와 유사한 용역

⑬ 개인이 일의 성과에 따라 수당이나 이와 유사한 성질의 대가를 받는 용역

이상의 인적 용역을 제공함에 있어서는 특별한 법률상의 자격이 있어야 한다고 볼 수 없다.

---

57) 외판원이 판매실적에 따라 대가를 받는 용역은 「방문판매 등에 관한 법률」에 규정된 방문판매원, 방문판매업자로부터 사업장의 관리·운영의 위탁을 받은 자, 다단계판매원이 판매실적에 따라 대가를 받는 용역으로 한다(부가칙 제30조).

58) 저작권자의 위임을 받은 법인과 저작권 사용계약을 체결하고 사용료를 법인에 지급했다면 이는 개인에 의한 자기 노동력의 제공이라고 할 수 없어 부가가치세 면세대상에 해당되지 않는다는 판결이 있다(대법원 2003.3.11. 선고 2001두9745 판결).

둘째, 개인·법인 또는 법인격 없는 사단·재단 및 그 밖의 단체가 독립된 자격으로 용역을 공급하고 대가를 받는 다음의 인적 용역(제2호)

① 국선변호인의 국선변호와 「법률구조법」에 따른 법률구조 및 「변호사법」에 따른 법률구조사업(부가칙 제31조)

② 새로운 학술 또는 기술을 개발하기 위하여 행하는 새로운 이론·방법·공법 또는 공식 등에 관한 학술연구용역과 기술연구용역(부가칙 제32조)

③ 직업소개소가 제공하는 용역 및 상담소 등을 경영하는 자가 공급하는 인생상담, 직업재활상담 및 그 밖에 이와 유사한 상담용역(결혼상담은 제외)과 중소기업상담회사가 제공하는 창업상담 용역(부가칙 제33조)

④ 장애인보조견 훈련 용역

⑤ 외국공공기관 또는 국제금융기구로부터 받은 차관자금으로 국가 또는 지방자치단체가 시행하는 국내사업을 위하여 공급하는 용역(국내사업장이 없는 외국법인 또는 비거주자가 공급하는 용역을 포함)

⑥ 「민법」에 따른 후견인과 후견감독인이 제공하는 후견사무 용역

이상의 용역을 제공함에 있어서는 법률상 자격이나 기능을 적법하게 취득한 자가 개인의 지위에서 또는 법인 등 단체를 구성하여 그 자격에 기하여 제공하는 인적 용역에 한하여 면세로 규정한 것으로 해석하여야 한다.[59)]

### 16. 예술창작품·예술행사·문화행사 또는 아마추어 운동경기(제16호)

예술창작품·예술행사·문화행사와 아마추어 운동경기로서 일정한 경우는 부가가치세를 면제한다.

문화·예술 관련 재화 또는 용역을 면세하는 취지는 공공재인 예술창작품의 구매와 문화·예술 행사의 이용 및 관람을 장려하려는 것으로 볼 수 있다.

'예술창작품'은 미술·음악 또는 사진에 속하는 창작품을 말한다. 하지만 골동품은 면세에서 제외한다(부령 제43조 제1호). 골동품이란 제작된 지 100년을 초과한 것을 말한다.

구체적 사안에서 예술창작품에 해당하는지 여부의 판단은 쉽지 않다. 면세대상을 규정한 시행령상의 예술창작품의 범위는 한정적 열거규정으로 해석하여

59) 대법원 1995.9.29. 선고 95누7376 판결.

야 타당할 것이다. 종전에 영리목적의 뮤지컬 공연 용역이 미술·음악·사진에 속하는 예술창작품인지 해석이 분명하지 않았다.[60] 2015년 개정 시행령은 창작 공연예술 분야를 지원하기 위한 취지로 연극과 무용을 예술창작품의 범위에 추가하여 열거하였으므로 뮤지컬 공연은 면세대상이 된 것으로 해석하여야 한다. 창작품이란 최초로 제작된 것이거나 독창성이 있는 것을 말하므로 사업자가 미술품 등의 창작품을 모방하여 대량으로 제작하는 작품은 예술창작품에 해당하지 아니한다.[61] 예술창작품은 공급자가 누구인지 여부를 불문하고 면세이므로 예술을 창작한 자와 직접 거래하는 경우뿐만 아니라 유통단계에서도 계속하여 면세가 적용된다.

'예술행사'는 영리를 목적으로 하지 아니하는 발표회·연구회·경연대회 또는 그 밖에 이와 유사한 행사를 말한다(부령 제43조 제2호). '문화행사'는 영리를 목적으로 하지 아니하는 전시회·박람회·공공행사 또는 그 밖에 이와 유사한 행사를 말한다(부령 제43조 제3호). '영리를 목적으로 하지 아니한다'는 의미는 구성원의 경제적 이익을 추구하지 아니하고 종국적으로 수익을 구성원들에게 배분하지 아니하는 것이다. 그러므로 영리목적 유무는 그 구성원들에 대한 이익 분배 여부에 의하여 판단하게 된다.[62] 과거에는 순수예술에 관한 행사만을 면세로 하였지만 현행법은 그 범위를 넓혀 순수예술행사인지 여부를 묻지 아니하므로 대중예술행사도 면세에 포함된다. 예술행사 및 문화행사는 행사주최에 관계없이 영리를 목적으로 하지 아니하는 문학·미술·음악·연극 및 문화 등의 발표회·연주회·연구회·경연대회 등을 말한다. 이와 같이 대중예술행사의 활성화를 위하여 비영리목적의 대중예술행사에 대하여도 면세하므로 오페라 공연, 미스유니버스 선발대회, 문화전시회의 입장료·관람료 및 이에 부수되는 재화 등도 그 관람료에 대하여 면세한다.

'아마추어 운동경기'는 대한체육회 및 그 산하단체가 주최·주관 또는 후원하는 운동경기나 승단·승품 심사로서 영리를 목적으로 하지 아니하는 것을 말

60) 행정해석은 과거 비언어극에 해당하는 '난타' 공연에 대하여 예술창작품으로 해석한 바 있다(예규, 재소비 46015-52, 2003.2.27).

61) 통칙 26-43-1.

62) 통칙 26-43-2.

한다(부령 제43조 제4호). 따라서 아마추어가 아닌 프로스포츠 경기는 면세가 적용되지 아니한다.

### 17. 도서관·과학관·박물관·미술관·동물원·식물원 등에 입장(제17호)

도서관·과학관·박물관·미술관·동물원·식물원 그 밖의 민속문화자원을 소개하는 장소나 전쟁기념관에 입장하는 경우 영리목적 또는 공영·사영에 불구하고 부가가치세가 면제된다(부령 제44조). 해당 입장료에 대해서만 면세하므로 이들 시설이 공급하는 다른 재화나 용역에 대해서는 특별한 규정이 없는 한 과세될 수 있다.

판례를 살펴보면, 이용자들로부터 일정 기간의 대실료를 받아 책상 등의 기본적인 가구가 비치된 방을 제공하여 숙박하도록 하고 이에 부수하여 식사의 편의도 제공하는 고시원영업은 전체로서 숙박업에 해당할 뿐 면세대상인 도서관 입장용역에 해당하지 않는다고 한다.[63]

### 18. 공익을 목적으로 하는 단체가 공급하는 재화 또는 용역(제18호)

종교·자선·학술·구호·그 밖의 공익을 목적으로 하는 단체가 공급하는 일정한 재화 또는 용역은 면세이다. 여기에 해당하는 재화 또는 용역의 범위는 다음과 같다(부령 제45조).

① 주무관청의 허가 또는 인가를 받거나 주무관청에 등록된 단체(종교단체의 경우에는 그 소속단체를 포함한다)로서 「상속세 및 증여세법」 시행령 제12조 각 호에 따른 사업 또는 기획재정부령으로 정하는 사업을 하는 단체가 그 고유의 사업목적을 위하여 일시적으로 공급하거나 실비 또는 무상으로 공급하는 재화 또는 용역(제1호)

② 학술 및 기술 발전을 위하여 학술 및 기술의 연구와 발표를 주된 목적으로 하는 단체가 그 연구와 관련하여 실비 또는 무상으로 공급하는 재화 또는 용역(제2호)

③ 지정문화재를 소유·관리하고 있는 종교단체의 경내지 및 경내지 내의 건물·공작물 임대용역(제3호)

---

63) 대법원 2002.5.17. 선고 2000두4330 판결.

④ 공익을 목적으로 기숙사를 운용하는 사업자가 학생 또는 근로자를 위하여 실비 또는 무상으로 공급하는 음식·숙박용역(제4호)

⑤ 문화체육관광부장관의 허가를 받아 설립된 저작권위탁관리업자로서 기획재정부령이 정하는 사업자(부가칙 제34조 제3항)가 저작권자를 위해 실비 또는 무상으로 공급하는 신탁관리용역(제5호)

⑥ 비영리 교육재단이 「초·중등교육법」 제60조의2 제1항에 따른 외국인학교의 설립·경영 사업을 하는 자에게 제공하는 학교시설 이용 등 교육환경 개선과 관련된 용역(제6호)

위에서 '공익을 목적으로 하는 단체'란 사회 일반의 복리증진을 그 고유의 직접 목적으로 하는 단체를 말한다.[64] 따라서 특정 계층이나 지위 또는 일정한 자격을 가진 자나 특정 업종에 종사하는 자들만의 이익증진 내지 권리보호를 그 고유의 목적으로 하는 단체는 이에 해당되지 아니한다. 한국반공연맹 등이 주관하는 바자회 또는 의연금모집자산회에서 공급하는 재화, 마을문고 본부에서 실비로 공급하는 책장 등에 대하여는 면세한다.[65]

학술 등 연구단체가 연구와 관련하여 제공하는 재화 또는 용역을 면세로 규정하고 있다. 이는 학술 및 기술연구와 발표라는 목적에 주목하여 학술연구 또는 기술연구와 관련하여 공급하는 재화 또는 용역을 면세로 한 것이다. 따라서 학술 및 기술연구와의 관련성이 문제되는데 학술 등 연구단체가 제공하는 부동산임대용역 같은 것은 면세가 되지 아니한다. 반면에 이들 단체가 발행하는 기관지 또는 이와 유사한 출판물과 관련되는 재화나 용역은 학술연구 등과 관련되는 것으로서 면세로 해석해야 할 것이다.

종교 등 공익단체가 소유부동산의 임대 및 관리사업을 하거나 자체기금 조성을 위하여 생활필수품이나 고철 등을 공급하는 사업 등을 계속적으로 운영·관리하는 수익사업과 관련하여 공급하는 재화 또는 용역은 면세에 해당하지 아니한다.[66] 이에 반하여 공영주차장의 관리·운영 또는 불법 주·정차 차량의 견인과 관리(노상방치차량의 수거 포함)를 통하여 사회 일반의 복리증진을 그 고유의

64) 대법원 2000.7.4. 선고 98두9301 판결; 대법원 1996.6.14. 선고 95누14428 판결.
65) 통칙 26-45-1.
66) 통칙 26-45-2.

직접목적으로 하는 단체가 그 고유의 목적사업을 위하여 실비로 공급한 용역은 부가가치세 면제대상이 된다.

판례를 보면, 사단법인 대한요가협회의 분사무소가 일반인인 준회원에게 요가운동법의 연구 및 보급 용역을 제공하고 그 대가로 회비·교재비·교육비 등을 지급받은 사안에서, 위 사단법인이 종교·자선·학술·구호 그 밖의 공익을 목적으로 하는 단체라거나 그 고유의 사업목적을 위하여 실비로 위 용역을 제공하였다고 볼 수 없으므로 면세대상에 해당하지 않는다고 하였다.[67] 한자능력검정시험은 일정한 기준과 절차에 따라 한자의 습득 정도 등을 평가하는 것이므로 학술연구단체 등이 공급하는 재화 및 용역에 해당하지 아니하여 한자능력검정시험을 실시하고 받은 검정료는 부가가치세가 면제되지 아니한다.[68]

### 19. 국가·지방자치단체 등이 공급하는 재화 또는 용역(제19호)

국가·지방자치단체 또는 지방자치단체조합에 대하여 부가가치세 납세의무를 지우는 것은 모든 공공행정서비스에 대하여 부가가치세를 과세하여야 하는 문제점이 있으므로 부가가치세를 면제하고 있다.

그러나 국가 등이 공급하는 용역 중 ① 우정사업조직이 제공하는 소포우편물을 방문 접수하여 배달하는 용역과 선택적 우편역무 중 기획재정부령이 정하는 우편주문판매를 대행하는 용역, ② 고속철도에 의한 여객운송용역, ③ 부동산임대업·도매 및 소매업·음식점업·숙박업·골프장 및 스키장 운영업과 그 밖의 스포츠시설 운영업(다만 국방부 또는 국군조직법에 따른 국군이 군인, 군무원 그 밖에 이들의 직계존비속 등에게 제공하는 용역, 국가·지방자치단체 또는 지방자치단체조합이 그 소속직원의 복리후생을 위하여 구내에서 식당을 직접 경영하여 음식을 공급하는 용역은 제외), ④ 의료보건용역 중 과세대상으로 한 성형진료와 일부 동물의 진료용역은 과세한다(부령 제46조).

국가·지방자치단체 또는 지방자치단체조합의 용역에 대하여 과세하는 이유는 이들 사업이 민간기업과 경쟁관계에 있음에도 불구하고 공급주체에 따라 과세 또는 면세대상으로 차별하는 것은 합리적이지 아니하고 형평성에 어긋나기

67) 대법원 2008.6.12. 선고 2007두23255 판결.
68) 국심 2004서3928, 2006.3.8.

때문이다. 또한 조세부담의 불공평 해소와 공급가격의 차이로 인한 자원배분의 왜곡을 개선할 수 있는 점에서도 타당한 조치이다.

### 20. 국가 또는 공익단체에 무상으로 공급하는 재화 또는 용역(제20호)

국가·지방자치단체 및 지방자치단체조합 또는 공익단체에 무상으로 공급하는 재화 또는 용역은 부가가치세를 면제한다. 여기서 '지방자치단체조합'은 「지방자치법」에 의하여 설립된 조합을 말하고 '공익단체'란 주무관청의 허가 또는 인가를 받거나 주무관청에 등록된 단체로서 「상속세 및 증여세법」 시행령 제12조 각 호의 어느 하나에 해당하는 사업을 하는 단체를 말한다(부령 제47조 제1항). 공익사업을 위하여 주무관청의 승인을 얻어 금품을 모집하는 단체는 위 공익단체에 해당하지 아니하여도 면세를 적용하는 공익단체로 본다(부령 제47조 제2항).

### 21. 「조세특례제한법」에 따른 면세

가. 재화 또는 용역의 공급에 대한 부가가치세 면제(조특법 제106조 제1항)

(1) 「전기사업법」 제2조에 따른 전기사업자가 전기를 공급할 수 없거나 상당한 기간 전기공급이 곤란한 도서로서 산업통상자원부장관(같은 법 제98조에 따라 위임을 받은 기관을 포함)이 증명하는 도서지방의 자가발전에 사용할 목적으로 「수산업협동조합법」에 따라 설립된 수산업협동조합중앙회에 직접 공급하는 석유류(제1호)

(2) 공장·광산·건설사업현장 및 이에 준하는 것으로서 대통령령으로 정하는 사업장과 「초·중등교육법」 제2조 및 「고등교육법」 제2조에 따른 학교의 경영자가 그 종업원 또는 학생의 복리후생을 목적으로 해당 사업장 등의 구내에서 식당을 직접 경영하여 공급하거나 「학교급식법」 제4조 각 호의 어느 하나에 해당하는 학교의 장의 위탁을 받은 학교급식공급업자가 같은 법 제15조에 따른 위탁급식의 방법으로 해당 학교에 직접 공급하는 음식용역(식사류로 한정)(제2호)

(3) 농어업 경영 및 농어업 작업의 대행용역으로서 대통령령으로 정하는 것(제3호)

(4) 대통령령으로 정하는 국민주택 및 그 주택의 건설용역(대통령령으로 정하는 리모델링 용역을 포함)(제4호)

(5) 「공동주택관리법」 제2조 제1항 제10호에 따른 관리주체(아래 ①은 제외), 「경비업법」 제4조 제1항에 따라 경비업의 허가를 받은 법인 또는 「공중위생관리법」 제3조 제1항에 따라 위생관리용역업의 신고를 한 자 공동주택 중 국민주택을 제외한 주택으로서 다음의 주택에 공급하는 대통령령으로 정하는 일반관리용역·경비용역 및 청소용역(제4호의2)

① 수도권을 제외한 도시지역이 아닌 읍 또는 면 지역의 주택

② ① 외의 주택으로서 1호 또는 1세대당 주거전용면적이 135제곱미터 이하인 주택

(6) 관리주체, 경비업자 또는 청소업자가 「주택법」 제2조 제3호에 따른 공동주택 중 국민주택에 공급하는 대통령령으로 정하는 일반관리용역·경비용역 및 청소용역(제4호의3)

(7) 「노인복지법」 제32조 제1항 제3호에 따른 노인복지주택의 관리·운영자, 경비업자 및 청소업자가 「주택법」에 따른 국민주택 규모 이하의 노인복지주택에 공급하는 대통령령으로 정하는 일반관리용역·경비용역 및 청소용역(제4호의4)

(8) 「공공주택 특별법」 제50조의2 제1항에 따라 영구적인 임대를 목적으로 건설한 임대주택에 공급하는 난방용역(제4호의5)

(9) 「온실가스 배출권의 할당 및 거래에 관한 법률」 제2조 제3호의 배출권과 같은 법 제29조 제1항에 따른 외부사업 온실가스 감축량 및 같은 조 제3항에 따른 상쇄배출권(제5호)

(10) 대통령령으로 정하는 정부업무를 대행하는 단체가 공급하는 재화 또는 용역으로서 대통령령으로 정하는 것(제6호)

(11) 「국가철도공단법」에 따른 국가철도공단이 「철도산업발전기본법」 제3조 제2호에 따른 철도시설을 국가에 귀속시키고 같은 법 제26조에 따라 철도시설관리권을 설정받는 방식으로 국가에 공급하는 철도시설(제7호)

(12) 교육부장관의 추천이나 교육부장관이 지정하는 자의 추천을 받은 자가 「사회기반시설에 대한 민간투자법」 제4조 제1호의 방식을 준용하여 건설한 학교시설(「고등교육법」 제2조에 따른 학교의 시설로서 대통령령으로 정하는 것으로 한정)에 대하여 학교가 제공하는 시설관리운영권 및 그 추천을 받은 자가 그 학교시설을 이용하여 제공하는 용역(제8호)

(13) 「한국사학진흥재단법」에 따른 한국사학진흥재단이 설립한 특수목적법인이 「사회기반시설에 대한 민간투자법」 제4조 제1호의 방식을 준용하여 건설한 기숙사에 대하여 국가 및 지자체가 제공하는 시설관리운영권 및 그 법인이 그 기숙사를 이용하여 제공하는 용역(제8호의2)

(14) 다음의 요건을 모두 갖춘 전기버스(제9호의2)

① 「환경친화적 자동차의 개발 및 보급 촉진에 관한 법률」 제2조 제3호에 따른 전기자동차 또는 같은 조 제6호에 따른 수소전기자동차로서 같은 조 제2호 각 목의 요건을 갖춘 자동차

② 「여객자동차 운수사업법」 및 같은 법 시행령에 따른 시내버스, 마을버스, 농어촌버스, 운송사업용으로 공급하는 버스

(15) 「여객자동차 운수사업법」 및 같은 법 시행령에 따른 개인택시 운송사업용으로 「부가가치세법」 제61조 제1항에 따른 간이과세자에게 공급하는 자동차(제9호의3)

(16) 「관세법」 제91조 제4호 및 제5호에 따른 물품 중 희귀병치료 등을 위한 것으로서 대통령령으로 정하는 것(제10호)

(17) 영유아용 기저귀와 분유(「부가가치세법」 제26조에 따라 부가가치세가 면제되는 분유는 제외)(제11호)

(18) 농민 또는 임업에 종사하는 자에게 난방용 또는 농업용·임업용으로 공급하는 목재펠릿(제12호)

(19) 한국주택금융공사가 「한국주택금융공사법」 제43조의4에 따라 주택담

보노후연금채권을 행사하거나 주택담보노후연금 보증채무 이행으로 인한 구상권을 행사하기 위하여 처분하는 주택담보노후연금채권 담보대상 주택(제13호)

나. 재화의 수입에 대한 부가가치세를 면제(조특법 제106조 제2항)

(1) 무연탄(제1호)

(2) 과세사업에 사용하기 위한 선박(제3자에게 판매하기 위하여 선박을 수입하는 경우는 제외한다)(제3호)

(3) 과세사업에 사용하기 위한 「관세법」에 따른 보세건설물품(제4호)

(4) 농민이 직접 수입하는 농업용 또는 축산업용 기자재와 어민이 직접 수입하는 어업용 기자재로서 대통령령으로 정하는 것(제9호).

(5) 「국제경기대회지원법」 제9조에 따라 설립된 2024 강원동계청소년올림픽대회조직위원회 또는 지방자치단체가 2024 강원동계청소년올림픽대회의 경기시설 제작·건설 및 경기운영에 사용하기 위한 물품으로서 국내제작이 곤란한 것(제22호)

다. 간이과세의 적용

부가가치세 간이과세가 적용되는 개인택시운송업, 용달 및 개별 화물자동차 운송업, 그 밖의 도로화물운송업, 이용업, 미용업 및 그 밖에 이와 유사한 것으로서 대통령령으로 정하는 사업에 대해서는 간이과세가 적용되지 아니하는 사업장을 보유하고 있는 사업자에게 간이과세를 배제하는 규정(「부가가치세법」 제61조 제1항 제1호)을 적용하지 아니한다(조특법 제106조 제3항).

## 22. 재화의 수입에 대한 면세

다음 재화의 수입에 대하여는 부가가치세를 면제한다(부법 제27조).

(1) 가공되지 아니한 식료품과 식용으로 제공하는 농산물·축산물·수산물·임산물(제1호)

가공되지 아니한 식료품의 범위는 면세재화에서 설명한 것과 같다. 다만 관세가 감면되지 아니하는 수입 미가공식료품으로서 「부가가치세법」 시행규칙 별표2에 정하는 것은 제외한다(부령 제49조 제1항).

(2) 도서·신문·잡지(제2호)

「관세법」 별표 관세율표 제49류의 인쇄한 서적·신문·잡지나 그 밖의 정기간행물, 수제문서 및 타자문서와 기획재정부령으로 정하는 전자출판물로 한정한다(부령 제50조).

(3) 학술연구단체·교육기관·한국교육방송공사 또는 문화단체가 과학용·교육용·문화용으로 수입하는 재화(제3호)

여기에 해당하는 것은 다음의 재화로 한정한다. 이 경우 아래 ① 내지 ⑤의 재화는 관세가 경감되는 경우에는 경감되는 부분으로 한정하여 적용한다(부령 제51조).

① 학교(「서울대학교병원 설치법」에 따라 설립된 서울대학교병원과 「국립대학병원 설치법」에 따라 설립된 국립대학병원을 포함), 박물관 또는 그 밖의 기획재정부령이 정하는 시설에서 진열하는 표본 및 참고품·교육용의 촬영된 필름·슬라이드·레코드·테이프 또는 그 밖의 이와 유사한 매개체와 이러한 시설에서 사용되는 물품(제1호)

② 연구원·연구기관 등 기획재정부령으로 정하는 과학기술의 연구개발 시설에서 과학기술의 연구개발에 제공하기 위하여 수입하는 물품(제2호)

③ 과학기술의 연구개발을 지원하는 단체에서 수입하는 과학기술의 연구개발에 사용되는 시약류(제3호)

④ 한국교육개발원이 학술연구를 위하여 수입하는 물품(제4호)

⑤ 한국교육방송공사가 교육방송을 위하여 수입하는 물품(제5호)

⑥ 외국으로부터 기획재정부령이 정하는 영상 관련 공익단체에 기증되는 재화로서 그 단체가 직접 사용하는 것(제6호)

(4) 종교의식·자선·구호, 그 밖의 공익을 목적으로 외국으로부터 종교단체·자선단체 또는 구호단체에 기증되는 재화(제4호)

이에 해당하는 것은 다음과 같은 것이다(부령 제52조).

① 사원이나 그 밖의 종교단체에 기증되는 물품으로서 관세가 면제되는 것(제1호)

② 자선이나 구호의 목적으로 기증되는 급여품으로서 관세가 면제되는 것

(제2호)

③ 구호시설 및 사회복리시설에 기증되는 구호 또는 사회복리용에 직접 제공하는 물품으로서 관세가 면제되는 것(제3호)

(5) 외국으로부터 국가·지방자치단체 또는 지방자치단체조합에 기증되는 재화(제5호)

외국으로부터 기증되는 재화의 수입이어야 면세되며 국내에서 기증되는 것은 수입하는 때에 부가가치세가 면제되지 않는다. 결국 대한민국의 주권이 미치지 아니하는 지역으로부터 우리나라에 무상으로 물품이 이동하는 재화에 면세한다는 것을 의미한다.69)

(6) 거주자가 받는 소액물품으로서 관세가 면제되는 재화(제6호)

(7) 이사, 이민 또는 상속으로 인하여 수입하는 재화로서 관세가 면제되거나 관세법에 따른 간이세율이 적용되는 재화(제7호)

(8) 여행자의 휴대품, 별송물품 및 우송물품으로 관세가 면세되거나 간이세율이 적용되는 재화(제8호)

(9) 수입하는 상품의 견본과 광고용 물품으로서 관세가 면제되는 재화(제9호)

(10) 국내에서 열리는 박람회·전시회·품평회·영화제 또는 이와 유사한 행사에 출품하기 위하여 무상으로 수입하는 물품으로서 관세가 면제되는 재화(제10호)

(11) 조약·국제법규 또는 국제관습에 따라 관세가 면제되는 재화(제11호)

이에 해당하는 것은 다음의 것으로 한정한다(부령 제53조).

① 대한민국을 방문하는 외국의 원수와 그 가족 및 수행원이 사용하는 물품(제1호)

② 국내에 있는 외국의 대사관·공사관, 그 밖에 이에 준하는 기관의 업무용품(제2호)

③ 국내에 주재하는 외국의 대사·공사, 그 밖에 이에 준하는 사절 및 그 가

---

69) 대법원 2001.1.19. 선고 98두10158 판결.

족이 사용하는 물품(제3호)

④ 국내에 있는 외국의 영사관, 그 밖에 이에 준하는 기관의 업무 용품(제4호)

⑤ 국내에 있는 외국의 대사관·공사관·영사관, 그 밖에 이에 준하는 기관의 직원과 그 가족이 사용하는 물품(제5호)

⑥ 정부와의 사업계약을 수행하기 위하여 외국계약자가 계약조건에 따라 수입하는 업무 용품(제6호)

⑦ 국제기구나 외국정부로부터 정부에 파견된 고문관·기술단원, 그 밖에 이에 준하는 자가 직접 사용할 물품(제7호)

(12) 수출된 후 다시 수입하는 재화(제12호)

사업자가 재화를 사용하거나 소비할 권한을 이전하지 아니하고 외국으로 반출하였다가 다시 수입하는 재화로서 관세가 면제되거나 경감되는 재화에 한한다. 다만 관세가 경감되는 경우에는 경감되는 비율만큼 면제한다(부령 제54조).

(13) 일시 수입 재화(제13호)

다시 수출하는 조건으로 일시 수입하는 재화로서 관세가 감면되는 것 중 「관세법」 제97조에 따라 관세가 감면되는 것으로 한정한다(부령 제55조). 다만 관세가 경감되는 경우에는 경감되는 비율만큼 면제한다.

(14) 담배(제14호)

(15) 그 밖에 관세가 무세이거나 감면되는 재화(제15호)

이에 해당하는 것은 다음에 한정하며 관세가 경감되는 경우에는 경감되는 비율만큼 면제한다(부령 제56조).

① 정부에서 직접 수입하는 군수품(제1호)

② 국가원수의 경호용으로 사용할 물품(제2호)

③ 국내 거주자에게 수여된 훈장·기장 또는 이에 준하는 표창장과 상패(제3호)

④ 기록문서와 그 밖의 서류(제4호)

⑤ 외국에 주둔하거나 주재하는 국군 또는 재외공관으로부터 반환된 공용품(제5호)

⑥ 대한민국의 선박 또는 그 밖의 운수기관이 조난으로 인하여 해체된 경우 그 해체재 및 장비품(제6호)

⑦ 대한민국 수출물품의 품질·규격·안전도 등이 수입국의 권한 있는 기관이 정하는 조건을 충족하는 것임을 표시하는 수출물품 첨부용 라벨(제7호)

⑧ 항공기의 부분품(제8호)과 항공기의 제작·수리 또는 정비에 필요한 원재료로서 소관 중앙행정기관의 장이 국내생산이 곤란한 것으로 확인하는 것(제9호)

⑨ 국제올림픽 및 아시아운동경기 대회 종목에 해당하는 운동용구(부분품을 포함)로서 대회참가 선수의 훈련에 직접 사용되는 물품(제10호)

⑩ 대한민국과 외국 간의 교량·통신시설·해저통로 및 그 밖에 이에 준하는 시설의 건설 또는 수리에 쓰이는 물품(제11호)

⑪ 국제적십자사, 그 밖의 국제기구 및 외국적십자사가 국제평화봉사활동 또는 국제친선활동을 위하여 기증하는 물품(제12호)

⑫ 박람회, 그 밖에 이에 준하는 행사에 사용하기 위하여 그 행사 참가자가 수입하는 물품(제13호)

⑬ 국가안전보장에 긴요하다고 인정하여 수입하는 비상통신용 및 전파관리용 물품(제14호)

⑭ 수입신고한 물품으로서 수입신고 수리 전에 변질 또는 손상된 것(제15호)

⑮ 「관세법」 외의 법령(「조세특례제한법」을 제외)에 따라 관세가 감면되는 물품(제16호)

⑯ 지도·설계도·도안·우표·수입인지·화폐·유가증권·서화·판화·조각·주상·수집품·표본 및 그 밖에 이와 유사한 물품(제17호)

⑰ 시각·청각 및 언어의 장애인, 지체장애인, 만성신부전증환자, 희귀난치성질환자 등을 위한 용도로 특수하게 제작되거나 제조된 물품으로 관세의 기본세율 및 협정세율이 무세이거나 감면되는 것으로서 기획재정부령으로 정하는 물품(제19호)

⑱ 국가정보원장 또는 그 위임을 받은 자가 국가안전보장 목적 수행에 긴요하다고 인정하여 수입하는 물품(제20호)

⑲ 그 밖에 관세의 기본세율이 무세인 물품으로서 기획재정부령이 정하는 것과 관세의 협정세율이 무세인 철도용 내연기관, 디젤기관차 및 이식용 각막(제22호)

## Ⅳ. 면세의 포기

**제28조(면세의 포기)** ① 사업자는 제26조 또는 「조세특례제한법」 제106조 등에 따라 부가가치세가 면제되는 재화 또는 용역의 공급으로서 다음 각 호에 해당하는 것에 대하여는 대통령령으로 정하는 바에 따라 면세의 포기를 신고하여 부가가치세의 면제를 받지 아니할 수 있다.

1. 제21조부터 제24조까지의 규정에 따라 영세율의 적용 대상이 되는 것
2. 제26조 제1항 제12호·제15호 및 제18호에 따른 재화 또는 용역의 공급

② 제1항에 따라 면세의 포기를 신고한 사업자는 신고한 날부터 3년간 부가가치세를 면제받지 못한다.

③ 제1항에 따라 면세의 포기를 신고한 사업자가 제2항의 기간이 지난 뒤 부가가치세를 면제받으려면 대통령령으로 정하는 바에 따라 면세적용신고서를 제출하여야 하며, 면세적용신고서를 제출하지 아니하면 계속하여 면세를 포기한 것으로 본다.

④ 제1항에 따른 면세의 포기 절차에 관하여 필요한 사항은 대통령령으로 정한다.

### 1. 의 의

세금계산서를 필수적으로 요구하는 전단계세액공제법을 채택한 부가가치세에서 면세사업자는 세금계산서를 발급할 수 없기 때문에 면세사업자로부터 매입한 것에는 매입세액공제가 인정되지 아니한다. 그리하여 과세사업자는 면세사업자로부터의 매입을 극구 기피하려 할 것이다. 이 때문에 주로 제조단계의 면세사업자는 과세사업자와의 거래를 유지하기 위하여 스스로 면세를 포기하고 과세사업자로 전환하고 싶은 생각을 갖게 된다. 이에 따라 일정한 면세대상 재화 또는 용역에 대하여 사업자의 자유의사에 따라 면세를 포기할 수 있게 하는 것이다.

특히 면세의 포기를 인정하는 다른 취지는 주로 면세사업을 영위하는 수출업자 등에게 면세가 아니라 영세율을 적용받을 수 있도록 하기 위한 것이다. 면세사업에 해당하는 수출업자는 매출단계에서 매출세액이 없게 되나 매입시에 거래상대방으로부터 거래징수당한 매입세액이 있을 수 있다. 그런데 해당 매입세액을 공제받지 못함으로써 그 세액만큼 공급원가에 포함되어 최종소비자에게 전가된다. 이는 가격경쟁력을 중시하는 수출업자에게 불리한 요인이 될 수밖에 없

어 면세를 포기하고 과세사업자로서 영세율을 적용받을 수 있게 하는 것이다.

## 2. 면세포기의 대상

법에서 면세포기의 대상을 모든 재화 또는 용역에 허용하지 않는다. 조세부담의 역진성 완화와 저소득층 보호라는 면세제도의 본래 취지를 함부로 몰각시킬 수 없기 때문이다. 그리하여 일정한 재화 또는 용역에 한하여 면세를 포기할 수 있도록 규정하고 있다. 법에 규정된 면세포기 대상은 다음과 같다(부법 제28조 제1항).

① 영세율 적용대상인 재화 또는 용역

② 면세되는 주택과 이에 부수되는 토지의 임대용역

③ 저술가·작곡가 그 밖의 자가 제공하는 인적 용역

④ 종교 등 공익단체가 공급하는 재화 또는 용역

현행법은 면세포기의 구체적 절차를 시행령에 위임하고 있고 그 절차를 규정한 시행령 제57조는 부가가치세가 면제되는 재화 또는 용역의 공급이 영세율 적용의 대상이 되는 경우(부법 제28조 제1항 제1호)와 학술 등 연구단체가 그 연구와 관련하여 실비 또는 무상으로 공급하는 재화 또는 용역(부령 제45조 제2호)에 대하여 면세를 받지 아니하려는 사업자는 면세포기신고서를 제출하여야 한다고 규정함으로써 면세포기의 대상을 제한하는 듯한 규정을 두고 있다.

이에 따라 현실적으로 위 ② 면세되는 주택과 부수토지의 임대용역, ③ 저술가 등의 인적 용역은 면세포기가 인정되지 않는 것으로 해석하는 견해도 있다.[70] 그러나 모법인 법률에서 면세포기의 대상으로 규정하고 있고 시행령에 규정하고 있는 사항은 절차에 관한 사항뿐이어서 절차규정의 미비를 이유로 면세포기를 허용하지 않는다고 해석하는 것은 옳지 않다고 생각한다. 실제로 과세관청의 의사 없이 면세포기신고만으로 면세포기를 할 수 있는 이상 위 어느 경우에도 면세포기를 할 수 있다고 해석하여야 할 것이다. 법 제28조 제4항에서 특정한 사항에 대하여 행정부에 위임하여 입법하도록 하였음에도 불구하고, 행정부가 정당한 이유 없이 이를 이행하지 않는다면 이는 권력분립의 원칙과 법치국가의 원칙에 위배되는 것이다.[71] 따라서 이와 같은 시행령의 미제정으로 인하여

---

70) 최명근·나성길, 앞의 책, 317면.

71) 헌법재판소 2004.2.26. 선고 2001헌마718 결정 참조.

국민의 재산권이 침해되는 상황이 발생한다면 그 입법부작위는 위헌의 소지가 있다고 해야 할 것이다.

### 3. 면세포기의 절차

면세를 포기하고자 하는 사업자는 관할 세무서장에게 포기신고를 하고 지체 없이 변경사항에 대한 사업자등록을 하여야 한다. 면세포기신고서에는 사업자의 인적사항, 면세를 포기하고자 하는 재화 또는 용역, 그 밖의 참고사항을 기재하여야 한다(부령 제57조). 면세포기에는 시기의 제한이 없으며 언제든지 가능하다. 그리고 사업자의 포기신고로써 족하고 별도로 과세관청의 승인을 필요로 하지 않는다. 한편 신규로 사업을 개시하는 경우에는 면세포기신고서를 사업자등록신청서와 함께 제출할 수 있다.

### 4. 면세포기의 효력

면세를 포기하게 되면 과세사업자로 전환된다. 따라서 거래징수·세금계산서의 발급과 그 합계표의 제출·신고납부 등의 의무를 부담하게 되며 매입세액을 공제 또는 환급받을 수 있고 영세율을 적용받을 수 있게 된다. 면세포기신고의 효력은 「부가가치세법」에 의하여 사업자등록을 한 이후 거래분부터 적용된다.

한편 면세포기신고를 한 사업자는 신고한 날로부터 3년간은 부가가치세 면제를 적용받지 못한다(부법 제28조 제2항). 이는 행정의 안정성을 확보하기 위한 것이다. 3년이 경과한 후 다시 면세를 적용받고자 하는 경우에는 면세적용신고와 함께 사업자등록증을 제출하여야 하며 면세적용신고를 하지 않는 경우에는 계속하여 면세를 포기한 것으로 본다(동조 제3항).

면세포기를 신고한 사업자가 3년의 기간이 지난 후 부가가치세의 면제를 받으려면 사업자의 인적사항, 면세를 받으려는 재화 또는 용역, 그 밖의 참고사항을 적은 면세적용신고서와 함께 발급받은 사업자등록증을 제출하여야 한다(부령 제58조).

# 제5장

# 과세표준과 세율

# 제 1 절 과세표준의 의의

**제29조(과세표준)** ① 재화 또는 용역의 공급에 대한 부가가치세의 과세표준은 해당 과세기간에 공급한 재화 또는 용역의 공급가액을 합한 금액으로 한다.

② 재화의 수입에 대한 부가가치세의 과세표준은 그 재화에 대한 관세의 과세가격과 관세, 개별소비세, 주세, 교육세, 농어촌특별세 및 교통·에너지·환경세를 합한 금액으로 한다.

③ 제1항의 공급가액은 다음 각 호의 가액을 말한다. 이 경우 대금, 요금, 수수료, 그 밖에 어떤 명목이든 상관없이 재화 또는 용역을 공급받는 자로부터 받는 금전적 가치 있는 모든 것을 포함하되, 부가가치세는 포함하지 아니한다.

1. 금전으로 대가를 받는 경우: 그 대가. 다만, 그 대가를 외국통화나 그 밖의 외국환으로 받은 경우에는 대통령령으로 정한 바에 따라 환산한 가액
2. 금전 외의 대가를 받는 경우: 자기가 공급한 재화 또는 용역의 시가
3. 폐업하는 경우: 폐업 시 남아 있는 재화의 시가
4. 제10조 제1항·제2항·제4항·제5항 및 제12조 제1항에 따라 재화 또는 용역을 공급한 것으로 보는 경우: 자기가 공급한 재화 또는 용역의 시가
5. 제10조 제3항에 따라 재화를 공급하는 것으로 보는 경우: 해당 재화의 취득가액 등을 기준으로 대통령령으로 정하는 가액
6. 외상거래, 할부거래 및 대통령령으로 정하는 마일리지 등으로 대금의 전부 또는 일부를 결제하는 거래 등 그 밖의 방법으로 재화 또는 용역을 공급하는 경우: 공급 형태 등을 고려하여 대통령령으로 정하는 가액

④ 제3항에도 불구하고 특수관계인에 대한 재화 또는 용역(수탁자가 위탁자의 특수관계인에게 공급하는 신탁재산과 관련된 재화 또는 용역을 포함한다)의 공급이 다음 각 호의 어느 하나에 해당하는 경우로서 조세의 부담을 부당하게 감소시킬 것으로 인정되는 경우에는 공급한 재화 또는 용역의 시가를 공급가액으로 본다.

1. 재화의 공급에 대하여 부당하게 낮은 대가를 받거나 아무런 대가를 받지 아니한 경우
2. 용역의 공급에 대하여 부당하게 낮은 대가를 받는 경우
3. 용역의 공급에 대하여 대가를 받지 아니하는 경우로서 제12조 제2항 단서가 적용되는 경우

⑤ 다음 각 호의 금액은 공급가액에 포함하지 아니한다.

1. 재화나 용역을 공급할 때 그 품질이나 수량, 인도조건 또는 공급대가의 결제방법이나 그 밖의 공급조건에 따라 통상의 대가에서 일정액을 직접 깎아 주는 금액
2. 환입된 재화의 가액
3. 공급받는 자에게 도달하기 전에 파손되거나 훼손되거나 멸실한 재화의 가액
4. 재화 또는 용역의 공급과 직접 관련되지 아니하는 국고보조금과 공공보조금
5. 공급에 대한 대가의 지급이 지체되었음을 이유로 받는 연체이자
6. 공급에 대한 대가를 약정기일 전에 받았다는 이유로 사업자가 당초의 공급가액에서 할인해 준 금액

⑥ 사업자가 재화 또는 용역을 공급받는 자에게 지급하는 장려금이나 이와 유사한 금액 및 제45조 제1항에 따른 대손금액은 과세표준에서 공제하지 아니한다.

⑦ 사업자가 재화 또는 용역을 공급하고 그 대가로 받은 금액에 부가가치세가 포함되어 있는지가 분명하지 아니한 경우에는 그 대가로 받은 금액에 110분의 100을 곱한 금액을 공급가액으로 한다.

⑧ 사업자가 과세사업과 면세사업 및 부가가치세가 과세되지 아니하는 재화 또는 용역을 공급하는 사업(이하 "면세사업 등"이라 한다)에 공통적으로 사용된 재화를 공급하는 경우에는 대통령령으로 정하는 바에 따라 계산한 금액을 공급가액으로 한다.

⑨ 사업자가 토지와 그 토지에 정착된 건물 또는 구축물 등을 함께 공급하는 경우에는 건물 또는 구축물 등의 실지거래가액을 공급가액으로 한다. 다만, 다음 각 호의 어느 하나에 해당하는 경우에는 대통령령으로 정하는 바에 따라 안분계산한 금액을 공급가액으로 한다.

1. 실지거래가액 중 토지의 가액과 건물 또는 구축물 등의 가액의 구분이 불분명한 경우
2. 사업자가 실지거래가액으로 구분한 토지와 건물 또는 구축물 등의 가액이 대통령령으로 정하는 바에 따라 안분계산한 금액과 100분의 30 이상 차이가 있는 경우. 다만, 다른 법령에서 정하는 바에 따라 가액을 구분한 경우 등 대통령령으로 정하는 사유에 해당하는 경우는 제외한다.

⑩ 사업자가 다음 각 호의 어느 하나에 해당하는 부동산 임대용역을 공급하는 경우의 공급가액은 대통령령으로 정하는 바에 따라 계산한 금액으로 한다.

1. 사업자가 부동산 임대용역을 공급하고 전세금 또는 임대보증금을 받는 경우
2. 과세되는 부동산 임대용역과 면세되는 주택 임대용역을 함께 공급하여 그 임대구분과 임대료 등의 구분이 불분명한 경우
3. 사업자가 둘 이상의 과세기간에 걸쳐 부동산 임대용역을 공급하고 그 대가를 선불 또는 후불로 받는 경우

⑪ 제10조 제1항·제2항 및 제4항부터 제6항까지의 규정에 따라 재화의 공급으로 보는 재화가 대통령령으로 정하는 감가상각자산(이하 "감가상각자산"이라 한다)인 경우에는 제3항 제3호 및 제4호에도 불구하고 대통령령으로 정하는 바에 따라 계산한 금액을 공급가액으로 한다.

⑫ 시가와 그 밖에 공급가액 및 과세표준의 계산에 필요한 사항은 대통령령으로 정한다.

부가가치세는 소비세의 성격을 갖고 있고 과세방법에서 전단계세액공제법을 채택하고 있다. 부가가치세 납부세액을 계산함에 있어서 매출세액에서 매입세액을 공제하기 때문에 매출세액을 먼저 계산하여야 하고 매출세액의 산출기준이라 할 수 있는 재화 또는 용역의 공급가액이 부가가치세의 과세표준이 된다.

여기서 말하는 '공급가액'이란 대가로서 수수하거나 수수할 일체의 금전과 그 외의 물건 또는 권리의 경제적 이익의 가액을 말한다. 여기서 '수수하거나 수수할 금전'이란 거래 당사자간에 주고 받은 금전을 말하는 것이지 재화 등의 공급대가를 의미하는 것이 아니다. 그리하여 매출세액의 계산은 일정 과세기간 동안 공급가액 합계액에 부가가치세율을 적용하여 계산하는 것이지 거래상대방에게 발급한 세금계산서에서 부가가치세액의 합계액으로 하지 않는다는 점에 주의해야 한다. 다만 간이과세자의 경우 공급대가를 과세표준으로 하는 바 이에 대하여는 후술한다.

후술하듯이 「부가가치세법」은 과세표준을 계산하는 데 있어서 금전으로 대가를 받는 경우에는 그 대가를, 그 밖의 경우에는 시가를 과세표준으로 함이 원칙이며 감가상각자산의 간주공급에 대하여는 특례규정을 두고 있다.

# 제 2 절 재화 또는 용역의 공급에 대한 과세표준

## Ⅰ. 과세기간 동안 공급가액의 합계액

재화 또는 용역의 공급에 대한 부가가치세의 과세표준은 해당 과세기간에 공급한 재화 또는 용역의 공급가액을 합한 금액으로 한다(부법 제29조 제1항). 부가가치세의 과세표준은 거래상대방으로부터 받은 대금·요금·수수료 및 그 밖의 명목 여하에 불구하고 재화 또는 용역을 공급받는 자로부터 받는 금전적 가치가 있는 모든 것을 포함한다. 다만 '공급가액'은 부가가치세를 포함하지 않은 금액이다(동조 제3항). 이 점에서 간이과세자의 과세표준은 부가가치세를 포함하는 '공급대가'로 하는 것과 구분된다. 공급가액은 구체적으로 다음과 같이 계산한다.

### 1. 금전으로 대가를 받는 경우

#### 가. 실질적인 대가관계에 있는 것

재화 또는 용역을 공급하고 금전으로 대가(부가가치세 제외)를 받는 경우에는 그 대가를 공급가액으로 하되 그 대가를 외국통화나 그 밖의 외국환으로 받은 경우에는 다음과 같이 각각의 외화환산액에 따라 계산한다(부법 제29조 제3항 제1호; 부령 제59조).

① 공급시기 되기 전에 원화로 환가한 경우는 환가한 금액

② 공급시기 이후에 외국통화 그 밖의 외국환의 상태로 보유하거나 지급받은 경우는 공급시기의 외국환거래법에 따른 기준환율 또는 재정환율을 적용한 금액

공급가액이 되는 대가는 제조원가 등의 금액을 제외하지 아니한 금액을 말하며 거래 상대방과 주고받을 금액을 상계하지도 아니한 것을 의미한다. 따라서 거래 당사자 간에 받기로 한 실질적 대가금액이 공급가액이 된다. 예를 들어, 사업자가 용역을 제공하면서 받는 숙박비·식비·교통비·체재비 등 해당 용역제공에 소요되는 비용을 대가의 일부로서 받는 경우에 그 금액은 부가가치세 공급가액에 포함된다. 만일 운송업자가 운송료 외에 고속도로 통행료 명목으로 별도로

받는 금액이 있다면 운송용역과 실질적인 대가관계에 있으므로 과세표준에 포함한다. 그 외 할부판매의 이자상당액 및 대가의 일부로 받는 운송비·포장비·하역비·운송보험료·산재보험료 등도 실질적인 대가관계에 있는 것으로 본다.[1]

판례를 보면, 재화나 용역의 공급이 아닌 위약금이나 손해배상금 등은 공급가액이 될 수 없으나, 재화나 용역을 공급하는 자가 이를 공급받는 자로부터 위약금 명목의 금전을 지급받았다고 하더라도 그 실질이 재화 등의 공급과 대가관계에 있는 것이라면 이는 과세표준이 되는 공급가액에 포함된다. 따라서 이동전화 및 인터넷 통신 서비스 이용자가 선택요금제에 따라 일정 기간 서비스를 이용할 것을 조건으로 이동전화요금을 할인받았으나 중도해지하고 할인받은 금액의 일부를 반환하는 경우, 이용자가 지급하는 위약금 또는 할인반환금은 이동통신사업자의 재화 또는 용역과 대가관계에 있기 때문에 과세표준에 반영되어야 한다.[2]

### 나. 공급대가에 세액이 포함된 경우

사업자가 재화 또는 용역을 공급하고 그 대가로 받은 금액에 공급가액과 세액이 별도 표시되어 있지 아니한 경우와 부가가치세가 포함되어 있는지 불분명한 경우에는 그 대가로 받은 금액 또는 영수할 금액의 110분의 100에 해당하는 금액이 공급가액이 된다(부법 제29조 제7항).[3]

최근에는 소매업에서도 공급가액과 세액을 구분하여 매매대금 영수증을 교부하고 있지만 종전에는 합계액만 적힌 영수증을 교부하는 것이 관행이었다. 사업자가 재화 또는 용역을 공급하면서 부가가치세를 누구의 부담으로 할 것인지 민사계약으로 약정하지 아니하거나, 사업자가 미처 거래 상대방으로부터 부가가치세를 받을 생각을 하지 못하여 거래징수하지 아니한 경우, 공급하는 자는 위와 같이 거래금액의 110분의 100을 매출에 따른 공급가액으로 계산하고 그 나머지 110분의 10을 매출부가가치세로 구분하여 매출세액을 산출함으로써 납부세액을 계산할 수 있다.

정부는 음식업이나 영세소매업의 경우 오히려 공급가액과 세액을 구분하지

---

1) 통칙 29-61-2.
2) 대법원 2019.9.10. 선고 2017두61119 판결.
3) 통칙 29-61-1.

아니한 공급대가, 즉 세액을 포함한 가격을 소비자 가격으로 표시하도록 권장하고 있다. 이는 표시가격과 실제 대가지급액이 다르게 됨으로써 소비자가 겪게 될 혼란을 피하게 할 목적이 있지만 부가가치세제 측면에서 정상가격을 기준으로 세액을 정확히 별도 가산하여 대가를 지급하게 하여야 바람직하다고 생각한다. 왜냐하면 공급대가에 세액이 포함되었다고 인식하는 것이 보편적인 상황이 된다면 부가가치세에서 가장 중요한 원리의 하나인 세액의 전가가 불분명해지는 문제가 발생할 수 있다. 뒤에서 논의할 거래징수의 법적 성격과 매입세액공제의 문제도 부가가치세를 거래상대방에 전가하는 문제와 깊이 관련되어 있다. 그렇다면 위와 같이 거래금액의 110분의 10을 매출에 따른 부가가치세로 산출하는 계산식은 예외적으로 적용되어야 할 것이다.

## 2. 금전 외의 대가를 받는 경우

금전 외의 대가를 받는 경우에는 자기가 공급한 재화 또는 용역의 시가를 공급가액으로 한다(부법 제29조 제3항 제2호). 예를 들어, 물건을 교환하거나 건물을 신축하여 소유권을 넘겨 주고 일정 기간 무상사용권을 취득하는 경우 등이 이에 해당한다. '시가'란 사업자가 특수관계인이 아닌 자와 해당 거래와 유사한 상황에서 계속적으로 거래한 가격 또는 제3자 간에 일반적으로 거래된 가격을 말한다(부령 제62조 제1호). 이것은 정상적인 거래에 의하여 형성된 객관적인 교환가격을 의미한다.[4]

시가가 없는 경우에는 사업자가 그 대가로 받은 재화 또는 용역의 가격(공급받은 사업자가 특수관계인이 아닌 자와 해당 거래와 유사한 상황에서 계속적으로 거래한 재화 및 용역의 가격 또는 제3자 간에 일반적으로 거래된 가격)을 과세표준으로 한다(부령 제62조 제2호).

위와 같은 가격이 없거나 시가가 불분명한 경우에는 「소득세법」 시행령 제98조 제3항 및 제4항 또는 「법인세법」 시행령 제89조 제2항 및 제4항의 규정에 따른 가격을 과세표준으로 한다(부령 제62조 제3호). 이에 따라 ① 「지가공시 및 토지 등의 평가에 관한 법률」에 따른 감정평가법인이 감정한 가액이 있는 경우 그 가액, ② 「상속세 및 증여세법」 제38조, 제61조 내지 제64조의 규정을 준용

4) 대법원 2001.7.24. 선고 99두5535 판결; 대법원 2001.7.27. 선고 99두8169 판결 등.

하여 평가한 가액을 적용하여 계산한 금액에 의한다.

예를 들어, 사업자가 임대용역을 공급하고 임대료 일부는 금전으로 수취하고 나머지는 금전 이외의 것으로 수취한 경우 그 공급에 대한 부가가치세 과세표준은 임대료로 수취한 금전에 임대용역 중 금전 이외의 것과 대가관계에 있는 시가를 더한 금액이다.[5]

### 3. 폐업하는 경우

폐업할 때 남아 있는 재화의 시가를 공급가액으로 한다(부법 제29조 제3항 제3호). 사업자가 사업을 폐업할 때 남아 있는 재화의 시가는 사업자와 특수관계가 없는 자와의 정상적인 거래에 있어서 형성되는 가격으로서 사업자의 업태별 시가(제조업자의 제조장가격, 도매업자의 도매가격, 소매업자의 소매가격 등)를 말하며 겸업자의 경우에는 업태별 과세표준의 비율에 따라 각각 업태별 시가를 적용한다.[6]

### 4. 재화 또는 용역의 공급의제에 대한 공급가액

#### 가. 원 칙

대가를 받지 아니하는 자가공급, 개인적 공급, 사업상 증여를 함에 따라 재화 또는 용역을 공급하는 것으로 보는 경우의 공급가액은 자기가 공급한 재화 또는 용역의 시가에 의한다(부법 제29조 제4호).

만일 해당 재화가 감가상각자산인 경우에는 과세표준계산의 특례를 적용한다. 예를 들어 자기가 사업장에서 제조한 원가 80만원, 시가 100만원의 컴퓨터를 가정집으로 가져가 사용하면 개인적 공급에 해당하고 그 판매가인 100만원을 공급가액으로 한다. 또 청량음료제조사가 자기가 제조한 원가 300원, 시가 500원의 청량음료를 회사 방문 고객에게 접대용으로 주었을 때 사업상 증여에 해당되고 시가인 500원을 기준으로 공급가액을 계산한다.

#### 나. 판매목적 다른 사업장 반출의 경우

판매목적 다른 사업장 반출에 따라 재화를 공급하는 것으로 보는 경우 해당

---

5) 대법원 2022.1.27. 선고 2017두51983 판결.
6) 통칙 29-62-1.

재화의 취득가액 등을 공급가액으로 하며 「소득세법」 시행령 제89조 또는 「법인세법」 시행령 제72조 제2항 및 제4항에 따른 취득가액을 적용한다. 다만 취득가액에 일정액을 더하여 공급하여 자기의 다른 사업장에 반출하는 경우에는 그 취득가액에 일정액을 더한 금액을 공급가액으로 본다(부령 제60조 제1항).

개별소비세 또는 주세 및 교통·에너지·환경세가 부과되는 재화에 대해서는 개별소비세 또는 주세 및 교통·에너지·환경세의 과세표준에 해당 개별소비세, 주세, 교육세, 농어촌특별세 및 교통·에너지·환경세 상당액을 합계한 금액을 공급가액으로 한다(부령 제60조 제2항).

이와 같이 규정되어 있지만 부가가치세 과세표준에 소비세 유형에 해당하는 세액을 산입하여 중첩적으로 과세하는 것은 입법상 문제가 있다고 보지 않을 수 없다. 즉 개별 세법의 납세의무자에 각각 해당한다고 간접세 내에서 다른 세금이 존재하는 것이 과연 적정한가 하는 점이다. 만일 간접세 법령에 최종소비자가 납세의무자로 되어 있다면 최종소비자가 그 세부담을 타인에게 전가한다는 것을 생각하기 어렵기 때문에 각각의 해당 세금이 간접세의 성격을 가지는지조차 문제될 것이다. 조세전가의 측면에서 본다면 부담해야 할 세액보다 더 많은 세액의 전가가 이루어지기 때문에 중첩적 과세는 타당하지 않은 점이 있다. 중첩적 과세가 되면 소비자가 부담해야 할 세액은 각 개별 세법에 정해진 세율의 합계인 명목세율보다 실효세율이 높게 된다.

## 5. 거래유형과 공급가액

### 가. 공급형태와 공급가액

외상거래나 할부거래, 마일리지 등으로 결제하는 거래 등 그 밖의 방법으로 재화 또는 용역을 공급하는 경우 공급형태 등을 고려하여 공급가액을 구분한다(부법 제29조 제3항 제6호; 부령 제61조 제2항).

#### (1) 외상판매 및 할부판매의 경우

공급한 재화의 총가액을 공급가액으로 한다(제1호). 현금가격보다 이자상당액만큼 높은 외상가격을 공급가액으로 본다. 할부판매의 이자상당액은 공급가액에 포함된다.

(2) 장기할부판매의 경우

장기할부판매 및 완성도지급조건부 또는 중간지급조건부로 재화나 용역을 공급하는 경우 등 계속적으로 재화나 용역을 공급하는 경우에는 계약에 따라 받기로 한 대가의 각 부분을 공급가액으로 한다(제2호).

계약에 따라 대가를 받기로 한 날에 실지로 대가를 받지 못하였더라도 받기로 한 대가를 공급가액으로 세금계산서를 발급하여야 하는 점에 주의를 요한다. 사업자가 완성도기준지급·중간지급조건부로 재화 또는 용역을 공급하고 계약에 따라 대가의 각 부분을 받을 때 일정 금액을 하자보증을 위하여 공급받는 자에게 보관시키는 하자보증금은 공급가액에서 공제하지 아니한다.[7]

(3) 기부채납의 경우

해당 기부채납의 근거가 되는 법률에 따라 기부채납된 가액(다만 기부채납된 가액에 부가가치세가 포함된 경우 그 부가가치세는 제외)을 공급가액으로 한다(제3호).

기부채납의 근거가 되는 법률에 의하여 기부채납된 가액이란 「국유재산법」 시행령 제28조 제1항과 「지방재정법」 시행령 제83조 제1항의 규정에 의하여 지방자치단체의 장이 시가를 기준으로 결정하는 기부채납한 재산의 가액을 말한다. 이것은 기부자가 공급한 건설용역 등의 시가를 말하는 것이고 이는 곧 건설원가인 공사비총액을 의미하는 것으로 볼 것이다.[8]

(4) 매립용역을 제공한 경우

「공유수면 관리 및 매립에 관한 법률」에 따라 매립용역을 제공하는 경우 그 법에 따라 산정한 해당 매립공사에 소요된 총사업비를 공급가액으로 한다(제4호).

예컨대 사업자가 공유수면매립공사의 용역을 제공하고 그 대가로 매립지 일부의 소유권을 취득한 것이라면 이는 금전 이외의 대가를 받은 경우에 해당하여 그 공급가액은 용역의 시가, 즉 공사비 총액이 되고, 그 공사비 총액 중에 포함된 부가가치세도 국가에 공급한 용역의 시가에 포함된다고 할 것이다.[9]

---

7) 통칙 29-61-7.

8) 대법원 1990.4.27. 선고 89누596 판결 등.

9) 대법원 2003.9.5. 선고 2002두4051 판결; 대법원 1991.4.26. 선고 90누7272 판결; 대법원 1991.3.12. 선고 90누6972 판결 등 참조.

(5) 사업자가 보세구역 내에 보관된 재화를 다른 사업자에게 공급하고 그 재화를 공급받은 자가 그 재화를 보세구역으로부터 반입하는 경우

그 재화의 공급가액에서 세관장이 부가가치세를 징수하고 발급한 수입세금계산서에 적힌 공급가액을 뺀 금액을 공급가액으로 한다. 다만 세관장이 부가가치세를 징수하기 전에 같은 재화에 대한 선하증권이 양도되는 경우에는 선하증권의 양수인으로부터 받은 대가를 공급가액으로 할 수 있다(제5호).

(6) 사업자가 둘 이상의 과세기간에 걸쳐 용역을 제공하고 그 대가를 선불로 받는 경우

해당 금액을 계약기간의 개월 수로 나눈 금액의 각 과세대상기간의 합계액을 공급가액으로 한다. 이 경우 개월 수의 계산에 관하여는 해당 계약기간의 개시일이 속하는 달이 1개월 미만이면 1개월로 하고, 해당 계약기간의 종료일이 속하는 달이 1개월 미만이면 산입하지 아니한다(제6호).

(7) 사업자가 둘 이상의 과세기간에 걸쳐 용역을 제공하는 경우

그 용역을 제공하는 기간 동안 지급받는 대가와 그 시설의 설치가액을 그 용역제공 기간의 개월 수로 나눈 금액의 각 과세대상기간의 합계액을 공급가액으로 한다. 이 경우 개월 수의 계산에 관하여는 해당 용역제공 기간의 개시일이 속하는 달이 1개월 미만이면 1개월로 하고, 해당 용역제공 기간의 종료일이 속하는 달이 1개월 미만이면 산입하지 아니한다(제7호).

(8) 위탁가공무역 방식으로 수출하는 경우

완성된 제품의 인도가액을 공급가액으로 한다(제8호).

(9) 마일리지 등의 경우

마일리지란 재화 또는 용역의 구입실적에 따라 마일리지나 포인트 또는 그 밖에 이와 유사한 형태로 별도의 대가 없이 적립받은 후 다른 재화 또는 용역 구입 시 결제수단으로 사용할 수 있는 것과 재화 또는 용역의 구입실적에 따라 별도의 대가 없이 교부받으며 전산시스템 등을 통하여 그 밖의 상품권과 구분 관리되는 상품권을 말한다(부령 제61조 제1항).

마일리지로 대표되는 상용고객 우대제도는 매우 다양하고 복잡한 기술적

특징이 있어서 과세문제를 정립하는 데 어려움이 있다. 2017년 4월 1일부터 시행된 현행 제도는 자기적립 마일리지와 제3자적립 마일리지로 구분하여 법적 개념을 구성하고 있다. 자기적립 마일리지란 통상 재화와 용역을 공급하고 마일리지를 적립해 준 사업자에게서 재화나 용역을 구입할 때 사용하는 마일리지를 말한다. 반면에 제3자적립 마일리지는 자기적립 마일리지 이외의 마일리지를 말한다.

자기적립 마일리지 등으로 대금의 전부 또는 일부를 결제받은 경우는 다음의 금액을 합한 금액을 공급가액으로 한다(부령 제61조 제2항 제9호).

① 마일리지등 외의 수단으로 결제받은 금액

② 자기적립마일리지등[당초 재화 또는 용역을 공급하고 마일리지등을 적립(다른 사업자를 통하여 적립하여 준 경우를 포함한다)하여 준 사업자에게 사용한 마일리지 등을 말한다] 외의 마일리지등으로 결제받은 부분에 대하여 재화 또는 용역을 공급받는 자 외의 자로부터 보전받았거나 보전받을 금액

자기적립 마일리지에 대하여는 부가가치세 과세표준에서 제외하되 자기적립 마일리지 외의 마일리지를 사용하여 결제된 경우에는 부가가치세의 과세표준에 포함한다는 것이 법의 취지라고 할 것이다. 자기적립 마일리지를 이용하여 결제하는 경우는 사업자가 자기적립 마일리지 공급에 대한 대가로서 지불수단을 받았다기보다는 단순히 사업자가 가격을 할인해 준 것과 경제적 실질이 유사하기 때문이다.

이 경우 여러 사업자가 적립하여 줄 수 있거나 여러 사업자를 대상으로 사용할 수 있는 마일리지 등의 경우에는 고객별·사업자별로 마일리지 등의 적립 및 사용 실적을 구분하여 관리하는 등의 방법으로 당초 공급자와 이후 공급자가 같다는 사실이 확인될 것과 사업자가 마일리지 등으로 결제받은 부분에 대하여 재화 또는 용역을 공급받는 자 외의 자로부터 보전받지 아니할 것의 요건을 모두 충족한 경우로 한정한다.

따라서 자기적립 마일리지는 에누리와 유사하여 과세표준에서 제외된다. 반면에 제3자적립 마일리지는 과세표준에 포함되는 것이다. 자기적립 마일리지 등 외의 마일리지(제3자적립 마일리지) 등으로 대금의 전부 또는 일부를 결제받은 경우로서 위 ②에 따른 금액을 보전받지 아니하고 자기생산·취득재화를 공급한 경우와 ②와 관련하여 특수관계인으로부터 부당하게 낮은 금액을 보전받거나 아무런 금액을 받지 아니하여 조세의 부담을 부당하게 감소시킬 것으로 인정되는

경우에 해당하면 공급한 재화 또는 용역의 시가를 공급가액으로 한다(부령 제61조 제1항 제10호).

### 나. 공급가액 불포함

#### (1) 용기 또는 포장

통상적으로 용기 또는 포장을 해당 사업자에게 반환할 것을 조건으로 그 용기대금과 포장비용을 공제한 금액으로 공급하는 경우에는 그 용기대금과 포장비용은 공급가액에 포함하지 아니한다(부령 제61조 제3항).

#### (2) 봉사료

사업자가 음식·숙박용역이나 개인서비스 용역을 공급하고 그 대가와 함께 받는 종업원(자유직업소득자를 포함)의 봉사료를 세금계산서, 영수증 또는 신용카드매출전표 등에 그 대가와 구분하여 적은 경우로서 봉사료를 해당 종업원에 지급한 사실이 확인되는 경우에는 그 봉사료는 공급가액에 포함하지 아니한다. 다만 사업자가 그 봉사료를 자기의 수입금액에 계상하는 경우에는 그러하지 아니하다(부령 제61조 제4항).[10]

이와 같이 봉사료에 대하여 일정한 요건 하에 업주의 과세표준에서 제외하도록 한 취지는 서로 다른 재화나 용역이 동시에 제공되었다 하더라도 그 가액이 구분되고 봉사료가 본래 종업원 등에게 귀속할 수입금액이기 때문이다. 따라서 사업자가 봉사료를 자기계산과 책임으로 받은 것인지, 아니면 종업원에게 직접 귀속되는지 여부에 따라 해당 용역의 대가로서 공급가액에 포함하는지 여부가 결정된다. 만일 음식가액 등에 일정률의 금액이 명목상 봉사료로 청구되는 경우에 그 봉사료를 지급받은 사업자가 해당 서비스를 제공한 종업원이 누구인지를 불문하고 전 종업원에게 일정한 지급기준에 따라 지급하는 경우에 그 금액은 공급가액에 포함한다고 해석해야 한다.

---

10) 대법원 1992.4.28. 선고 91누8104 판결에서는 골프연습장이 고객으로부터 시설이용료와 캐디봉사료를 함께 일괄 납부받아 캐디들에게 봉사료를 전달해 준 경우에 그 봉사료를 과세표준에 포함되는 것으로 보았다.

## Ⅱ. 부당하게 낮은 대가 등을 받은 경우

### 1. 특수관계인에게 부당하게 공급하는 재화·용역

본래 사업자가 무상으로 공급하는 재화 또는 용역에 대하여는 부가가치세를 과세하지 아니하는 것이 원칙이다(부법 제12조 제2항). 하지만 「부가가치세법」은 특수관계인 간에 저가거래를 포함한 무상거래를 시가에 따른 유상거래로 간주해서 시가를 공급가액으로 하고 있다. 이는 조세법에서 부당행위계산부인에 관한 일반적 규정을 두지 아니하고 「법인세법」 제52조, 「소득세법」 제41조 등에서 개별적 부당행위계산부인을 규정하고 있는 것과 마찬가지로 「부가가치세법」에서 부당행위계산부인을 규정한 것으로 볼 수 있다. 다만 법형식상의 특색이라고 말할 수 있는 것은 「법인세법」 등에서는 소득금액계산의 특례로 규정되어 있지만 「부가가치세법」에서는 과세표준의 계산에 있어서 이를 적용하고 있다는 점이다.

2011년 12월 31일 「부가가치세법」 개정 전에는 용역의 공급을 재화의 공급과 구분하여 특수관계인간 용역에 대한 무상공급의 경우를 부당행위계산부인 적용에서 제외함으로써 논란이 되었다. 현행법에서는 특수관계인간 사업용 부동산 임대용역의 무상공급을 과세대상 용역의 공급으로 보게 됨으로써 부당행위계산부인의 적용범위에 포함시키고 있다. 용역의 무상공급에 대하여 전부 과세하지 아니하면 특수관계인 사이의 임대용역의 공급에 있어서는 낮은 임대료로 공급하는 것보다 무상으로 공급하는 것이 부가가치세 과세를 피할 수 있는 방법이 되므로 법을 개정하게 된 것이다.

이에 따라 사업자가 특수관계인에게 공급하는 재화 또는 용역에 대한 조세의 부담을 부당하게 감소시킬 것으로 인정되는 경우로서 다음에 해당하는 경우에는 공급한 재화 또는 용역의 시가를 공급가액으로 본다(부법 제29조 제4항).

① 재화의 공급에 대하여 부당하게 낮은 대가를 받거나 아무런 대가를 받지 아니하는 경우(제1호)

② 용역의 공급에 대하여 부당하게 낮은 대가를 받은 경우(제2호)

③ 용역의 공급에 대하여 대가를 받지 아니하는 경우로서 특수관계인에게

사업용 부동산의 임대용역 등(부법 제12조 제2항 단서)을 제공하는 경우(제3호)

특수관계인 사이 재화·용역의 공급에 부당하게 낮은 대가를 받거나 대가를 받지 아니하는 경우 공급한 재화 또는 용역의 시가를 부가가치세의 공급가액으로 하도록 규정한 것은 사업자가 특수관계인과의 거래를 빌미로 부당하게 부가가치세 회피를 도모하는 것을 방지하는 데 있다.

개정법은 동일한 취지에서 신탁재산의 수탁자가 위탁자의 특수관계인에게 신탁재산과 관련된 재화나 용역을 부당하게 낮은 대가를 받고 공급하는 등 조세의 부담을 부당하게 감소시킬 것으로 인정되는 경우에는 그 재화 또는 용역의 시가를 그 공급가액으로 보도록 하였다.

## 2. 요 건

「부가가치세법」에서 부당행위계산을 적용하기 위한 요건을 나누어 설명하면 다음과 같다(부법 제29조 제4항).

### 가. 특수관계인에게 공급하는 재화 또는 용역

공급하는 자와 공급받는 자 간에 특수관계가 있어야 한다. 여기서 말하는 특수관계인의 범위에 대하여 「부가가치세법」에는 별도로 규정한 바 없으므로 「국세기본법」 제2조 제20호와 동법 시행령 제1조의2에서 정의한 특수관계인의 범위, 즉 ① 친족관계, ② 경제적 연관관계, ③ 경영·지배관계 등과 같다고 해석하여야 할 것이다.

### 나. 재화 등의 공급대가가 부당하게 낮거나 대가를 받지 아니할 것

'부당하게 낮은 대가'란 사업자가 특수관계인과의 거래에서 재화 또는 용역의 공급가액에 대한 조세의 부담을 부당하게 감소시킬 것으로 인정되는 시가보다 낮은 대가를 말한다.

무상으로 공급되는 재화 또는 용역에 대하여는 부가가치세를 과세하지 아니하는 것이 원칙이다. 하지만 법은 특수관계인 간에 저가거래를 포함한 무상거래를 시가에 따른 유상거래로 간주해서 시가상당액을 공급가액으로 하고 있다.

용역을 부당하게 낮은 대가로 공급한 경우가 문제되는 대부분의 사안은 부동산임대에 관한 것이다. 가령 부동산임대사업자가 자기의 아들에게 자신 소유의 대지를 무상으로 사용하도록 하였다면 이러한 행위는 특수관계인에게 대가를 받지 아니하고 그 토지를 부당하게 임대한 것으로 「소득세법」상 부당행위계산부인과는 별개로 「부가가치세법」상 부당행위계산부인이 적용되는 것이다.

위와 같은 경우 공급가액이 되는 시가의 기준은 다음의 가격으로 한다(부령 제62조).

① 사업자가 특수관계인이 아닌 자와 해당 거래와 유사한 상황에서 계속적으로 거래한 가격 또는 제3자 간에 일반적으로 거래된 가격

② 위 가격이 없는 경우에는 사업자가 그 대가로 받은 재화 또는 용역의 가격(공급받은 사업자가 특수관계인이 아닌 자와 해당 거래와 유사한 상황에서 계속적으로 거래한 해당 재화 및 용역의 가격 또는 제3자 간에 일반적으로 거래된 가격을 말함)

③ 위에 따른 가격이 없거나 시가가 불분명한 경우에는 「소득세법」 시행령 제98조 제3항 및 제4항 또는 「법인세법」 시행령 제89조 제2항 및 제4항에 따른 가격

다시 말해 거래의 실례가 없는 경우에는 부동산의 위치, 주위환경, 이용상황, 인접 및 유사지역 내의 부동산에 대한 적정거래 가능가격 등을 참작하여 산정한 가격을 기준으로 삼아야 한다. 이는 객관적이고 합리적인 방법으로 평가한 가액도 포함하는 개념이므로 공신력 있는 감정기관의 감정가액도 시가로 볼 수 있다는 것이 판례의 입장이다.[11)]

### 다. 부당성의 판단

법 제29조 제4항은 '조세의 부담을 부당하게 감소시킬 것으로 인정되는 경우'를 부당행위계산부인의 요건으로 하고 있다. 구법에서는 '부당하게 낮은 대가'를 받는 경우를 요건으로 하고 있었고, 이를 사업자가 그와 특수관계에 있는 자와의 거래에 있어서 재화와 용역의 공급가액에 대한 조세의 부담을 부당하게 감소시킬 것으로 인정되는 시가보다 낮은 대가로 정의하고 있었다.

부당행위계산부인은 특수관계인 사이의 거래에서만 적용되도록 하고 있는 점, 비록 개정되었지만 과거 현저하게 낮은 대가로 규정하고 있었던 점, 「소득세법」·「법인세법」 등 다른 개별 세법에서의 부당행위계산부인의 취지, 특수관계

---

11) 대법원 2009.5.28. 선고 2007두24364 판결; 대법원 2008.12.11. 선고 2006두11620 판결.

가 아닌 사람과의 거래에서는 시가보다 낮은 대가를 받아도 낮은 대가를 그대로 공급가액으로 인정하는 것과의 형평성 등을 종합할 때 '부당성'의 의미에 대한 별도의 판단이 필요하다. 일반적으로 부당한 행위 또는 계산으로 판단하는 기준에 대하여는 여러 가지 논의가 있지만 판례의 기준에 따르면 해당 거래가 경제적 합리성을 구비하였는지 여부로 판단하게 된다. 즉 부당성은 경제적 합리성이 없을 정도의 낮은 대가를 의미하는 것으로 보아야 할 것이다.

구 「부가가치세법」 규정도 과거 '시가보다 현저하게 낮은 대가'라는 규정에서 '현저하게'라는 문구를 삭제함으로써 개념을 명확히 한다는 취지로 개정된 것이나 이로 인하여 해석상 논란의 소지가 있었다. 즉 법문언상으로 시가보다 낮은 대가를 받으면 예외 없이 부당성이 인정되어 그 행위계산이 부인되고 공급가액을 공급한 재화 또는 용역의 시가로 보아야 하는 것처럼 된 것이다. 예를 들어, 특수관계인 사이의 거래에서 시가 100만원의 상품을 90만원에 팔아도 과세표준을 100만원으로 보겠다는 것이 된다. 이 정도의 거래행위를 부당하다고 인정하여 부인하는 것은 사법계약 질서의 존중이나 경제적 합리성의 관점에서 볼 때 타당한 적용이라고 할 수 없다. 그러므로 '부당하게 낮은 대가'에 대한 범위 설정이 필요하다고 생각되는데 법령에 특별한 규정이 없어 문제이다. 생각건대 낮은 대가의 기준은 일견 「상속세 및 증여세법」 제35조 제1항 저가·고가 양도에 따른 이익의 증여 부분에 시가보다 낮은 대가에 대하여 증여로 보는 규정이 있으므로 이에 비추어 판단할 수 있을 것이다. 즉 시가보다 30% 이상 차이가 있는지 여부를 판단기준으로 하고 있으므로 세법의 체계적 해석을 위하여 이를 원용함이 타당할 것이다.

### 라. 조세 부담의 감소

부당행위의 결과 부가가치세의 부담을 감소시켜야 한다. 부당행위계산부인 제도의 취지가 부당하게 이루어지는 조세의 회피를 방지하는 데 있기 때문이다. 따라서 면세재화를 거래하는 경우에는 부가가치세의 부담을 상상할 수 없기 때문에 거래가 부당하더라도 부당행위계산부인이 적용될 수 없다.

## Ⅲ. 공급가액에 포함하지 않는 금액

다음에 설명하는 금액은 공급가액에 포함하지 않는다(부법 제29조 제5항). 구법에서는 과세표준에 포함하지 아니한다고 규정하여 장려금이나 대손액 등을 과세표준에서 공제하지 아니하는 것으로 규정한 것과 법조문 체계 및 해석상 문제점이 있었으나 '과세표준'을 '공급가액'으로 변경하여 이를 해결하게 되었다.

### 1. 매출에누리액

매출에누리란 일반적으로 공급한 재화에 파손이나 결함이 있어 값을 깎아 주는 것을 말한다. 구법에서는 에누리라는 용어를 직접 사용하면서 집행기준을 통하여 「법인세법」의 개념보다 넓게 에누리의 범위를 정의하였다.[12] 현행법은 「법인세법」 등과의 혼동을 피하기 위하여 에누리라는 용어를 사용하지 아니하고 재화나 용역을 공급할 때 그 품질이나 수량 및 인도조건 또는 공급대가의 결제방법이나 그 밖의 공급조건에 따라 통상의 대가에서 일정액을 직접 깎아 주는 금액을 공급가액에 포함하지 아니하는 것으로 하고 있다(동항 제1호).

에누리 상당액을 공급가액에 포함하지 아니하는 것은 공급가액이 당사자간에 최종적으로 지급하기로 약정한 금액을 의미하기 때문이다. 문제는 공급가액에 포함하지 아니하는 에누리액과 공급가액에서 제외하지 아니하는 판매장려금을 구별하기 쉽지 아니하다는 것이다. 에누리액에도 통상의 공급가액에서 일정액을 공제해 줌으로써 거래처로 하여금 판매물품을 보다 많이 구입하도록 하는 판매장려의 성격이 있고, 판매장려금 또한 매출액이나 판매수량에 대한 장려의 의미로 금품 등을 지급함으로써 사실상 공급가액을 할인해 주는 측면도 있어 양자 사이에 구별이 명확하지 않다.

이를 구별하는 기준에 대하여 생각해보면, ① 가격보상의 조건이 사전에 미리 정해져 있었는지 여부, ② 가격보상의 실시 또는 내용이 필수적인지 임의적인지 여부, ③ 거래처별 매출액이나 판매수량에 따른 적용대상의 제한 또는 적용범위의 제한이나 차등이 있었는지 여부, ④ 판매물품의 가격에 미치는 영향이 직접적인지 간접적인지 여부 등을 따져 판단하여야 한다.

---

12) 집행기준 13-52-1.

행정예규는 단통법에 따라 이동통신사업자가 대리점에 지급하는 이동통신단말장치 지원금은 대리점의 이동통신사업자에 대한 용역대가에 해당하며, 대리점이 해당 지원금을 자기계산과 책임 하에 이동통신단말장치 출고가에서 차감하여 판매하는 경우 해당 지원금은 이동통신단말장치의 매출에누리에 해당한다고 한다.[13] 한편 이동통신용역 사업자가 고객과의 별도 약정을 통해 포인트를 적립해주고 향후 고객이 제휴가맹점에서 상품을 구매하거나 용역을 공급받을 때 그 포인트를 현금으로 바꿀 수 있도록 하였더라도, 이러한 약정 내용은 사업자가 공급한 이동통신용역의 공급조건과 아무런 관계가 없다. 따라서 이를 현금과 동일한 금전적 가치가 있다고 평가하기 어렵고 이동통신용역의 대가인 통신요금 중 일정액을 고객에게 반환하였다고 볼 수 없다.[14] 정수기를 판매하는 사업자가 자사의 정수기를 사용하는 고객 중 멤버십 회원에 가입한 자에 대하여 정수기의 소모품 부품을 공급함에 있어서 그 부품 통상가액의 일정액을 직접 공제하는 금액도 에누리액에 해당하여 과세표준에 포함하지 아니한다.[15]

### 2. 환입된 재화의 가액

환입이란 일단 공급한 재화에 파손이나 결함이 있어 공급한 재화가 반환되는 것을 말한다. 이것은 당초 공급의 일부 또는 전부를 취소하는 것과 같으므로 공급가액에 포함하지 아니하는 것이다. 재화의 환입 시기가 당초 공급한 과세기간과 다른 경우에는 환입이 발생한 과세기간에 수정세금계산서를 발급할 수 있다(동항 제2호).

### 3. 공급받는 자에게 도달하기 전에 파손·훼손 또는 멸실된 재화의 가액

공급받는 자에게 도달하기 전에 공급자의 귀책사유로 인하여 발생된 것을 말한다(동항 제3호).

### 4. 국고보조금과 공공보조금

재화 또는 용역의 공급과 직접 관련되지 아니한 국고보조금과 공공보조금

---

13) 예규, 부가-46, 2015.1.14.
14) 대법원 2020.1.16. 선고 2019두43238 판결.
15) 예규, 부가 46015-993, 2000.5.2.

은 공급가액에 포함하지 아니한다(동항 제4호). 보조금이란 국가 등이 특정의 사무나 사업에 대하여 국가적 입장에서 공익성을 인정하고 그 사무 또는 사업의 실시에 투자하기 위하여 반대급부 없이 교부하는 금전적 급부라고 정의할 수 있다. 국고보조금은 국가 외의 자가 행하는 사무 또는 사업에 대하여 국가가 이를 조성하거나 재정상의 원조를 하기 위하여 무상으로 교부하는 금액을 말한다. 공공보조금은 공공단체가 산업의 육성이나 사회공공사업의 달성 등 행정상의 목적을 위하여 교부하는 금액을 말한다.

이와 같이 보조금은 성질상 반대급부 없이 교부하는 금전이라는 특징을 지닌다. 따라서 보조금의 경우 부가가치세의 과세요건인 재화 또는 용역의 제공과 반대급부의 관련성이 인정되지 아니하여 재화나 용역에 대한 대가로서의 성질을 가지지 아니한다.

국고보조금 등을 부가가치세의 공급가액에 포함하지 아니하는 것으로 한다는 의미는 재화 또는 용역을 공급함으로써 부가가치세 납세의무를 지는 사업자가 국고보조금의 교부대상이 되는 보조사업의 수행자로서 재화 또는 용역을 공급하고 직접 국고보조금을 지급받은 경우에 해당 사업자의 재화 등 공급에 따른 부가가치세 공급가액에 국고보조금 상당액을 포함시키지 않는다는 것으로 해석된다. 예를 들면, 한국전력이 도시미관 개선을 위하여 도로변의 가공전선로를 지중에 매설하는 사업을 시행하는 데 지방자치단체로부터 공사비의 일부를 보조받는 경우 그 보조금은 부가가치세 공급가액에서 제외된다.

하지만 국고보조금이 국가 또는 그 지급사무를 위탁받은 지방자치단체로부터 사업자에게 직접 지급되지 아니하고 국고보조금의 교부대상이 되는 보조사업의 수행자인 다른 기관에 지급되고 그 기관으로부터 공사를 도급받아 공사용역을 제공하고 그 대가를 지급받은 자에 불과한 경우에는 사정이 달라진다. 사업자가 받은 그 대금이 국고보조금으로 마련된 자금에서 지급된 것이라는 이유만으로 그 금액을 용역 제공에 따른 부가가치세 공급가액에서 제외할 수는 없는 것이다.[16] 가령 국가보조사업을 하는 영농조합법인이 특정 사업자로부터 용역을 공급받고 국고보조금을 재원으로 그 대가를 지급하는 경우에는 부가가치세 공급가액에 포함하여야 한다.

16) 대법원 2001.10.9. 선고 2000두369 판결.

### 5. 공급대가의 지급지연으로 인하여 받는 연체이자

계약 등에 따라 확정된 대가의 지급지연으로 인하여 지급받는 연체이자는 공급가액에 포함하지 아니한다(동항 제5호). 연체이자를 공급가액에서 제외하는 이유는 계약 등에 따른 공급과 대가관계에 있는 금전이라고 볼 수 없고 금융비용에 해당한다고 보기 때문이다. 1998년 12월 28일 「부가가치세법」 개정으로 연체이자를 공급가액에 포함하지 아니하는 것으로 하였으나 과거 명문규정이 없던 당시의 판례도 위약금이나 손해배상금 등은 물론 위약벌의 성격을 가진 연체료도 재화나 용역의 대가가 아니라고 일관되게 판단하였다.[17]

가령 아파트 분양업체가 아파트 공급대금을 계약금과 중도금 및 잔금으로 나누어 수분양자들이 각 회의 중도금과 잔금을 각 약정기일에 지급하지 아니하는 경우, 지체된 금액에 대하여 지체된 기간 동안 일정한 연체요율에 따른 연체료를 가산하여 지급받기로 약정하고 그 약정에 따라 아파트대금과 연체료를 받아 왔다면 이러한 연체료는 부가가치세의 공급가액에 포함되지 않는다.

### 6. 매출할인액

공급에 대한 대가를 약정기일 전에 받았다는 이유로 사업자가 당초의 공급가액에서 할인해 준 금액은 공급가액에 포함하지 아니한다(동항 제6호).

매출할인이란 외상판매에 대한 공급대가의 미수금을 결제하거나 공급대가의 미수금을 그 약정기일 전에 영수하는 경우에 일정액을 할인하는 금액을 말하는 것이므로, 사업자가 판매촉진 또는 원활한 수금 등을 위하여 거래처에 현금으로 지급하는 장려금은 매출할인에 해당하지 아니한다.[18]

## Ⅳ. 과세표준에서 공제하지 않는 것

사업자가 재화 또는 용역을 공급받는 자에게 지급하는 장려금이나 이와 유사한 금액 및 대손금액은 과세표준에서 공제하지 아니한다(부법 제29조 제6항).

---

17) 대법원 2001.6.29. 선고 99두12229 판결; 대법원 1997.12.9. 선고 97누15722 판결; 대법원 1989.10.10. 선고 88누1417 판결.

18) 예규, 부가가치세과 4806, 2008.12.15.

비록 그 금액만큼 대가를 지급받지 못하였다 하더라도 공급행위가 있는 것으로 보기 때문이다. 문제는 장려금과 대손금 외에 법문에서 '이와 유사한 금액'이라고 한 것이 무엇인지 알 수 없는데 입법을 함에 있어서 과세요건 명확주의에 따라 구체적 사항으로 표현해야 납세자의 예측가능성을 보장할 수 있을 것이다.

## 1. 장려금

「부가가치세법」 등에서 장려금에 대한 정의는 따로 규정되어 있지 아니하지만, 일반적으로 판매촉진·시장개척 등의 목적으로 다량 구매자나 고정거래처의 매출에 따른 반대급부로써 거래수량이나 거래금액에 따라 지급하는 금품을 말한다. 이는 재화 또는 용역의 공급을 촉진시킬 목적으로 지출하는 비용으로서 실무상 판매촉진비 또는 판매장려금이라고 한다. 「소득세법」과 「법인세법」에서는 이를 판매부대비용으로 보아 손금(비용)항목으로 처리하고 있다.

장려금은 에누리와 달리 공급조건에 미리 정함 없이 결정되고 공급거래와는 별도로 지급되는 것으로 보기 때문에 부가가치세 과세표준에 포함하게 된다. 장려금을 금전으로 지급하면 과세표준에서 공제하지 아니하나 이를 재화로 지급하면 사업상 증여에 해당하여 재화의 공급으로 간주하기 때문에 공급의제에 대한 공급가액이 적용된다(부법 제10조 제5항). 도박성 스크린경마게임장 또는 경품게임장의 부가가치세 과세표준은 게임기 이용대가인 투입금액 총액이며, 게임에서 정한 요건 충족시 경품으로 나간 상품권이 있는 경우에도 동 금액은 단순한 시상금 내지 장려금의 성격에 해당하는 것이어서 과세표준에서 공제하지 아니한다는 것이 일관된 행정해석이다.[19]

## 2. 대손금

대손금이란 거래처의 파산·폐업·행방불명 등의 사유로 인하여 외상매출금·받을어음 등 채권의 회수가 불가능하게 된 미회수채권을 말한다. 이 경우에는 공급된 재화 등이 회수되지 아니하므로 과세표준에서 공제하지 아니한다. 다만 공급받는 자의 파산 등으로 인하여 거래징수하지 못한 부가가치세 상당액은 후술하는 대손세액공제를 받을 수 있다.

---

19) 국심 2006중1952, 2006.12.22; 국심 2006서3693, 2007.2.7.

## Ⅴ. 과세표준 계산의 특례

현행법은 ① 사업자가 과세사업과 면세사업 및 부가가치세가 과세되지 아니하는 재화 또는 용역을 공급하는 사업에 공통적으로 사용된 재화를 공급하는 경우(부법 제29조 제8항), ② 사업자가 토지와 그 토지에 정착된 건물 또는 구축물 등을 함께 공급하는 경우(동조 제9항), ③ 사업자의 부동산 임대용역(동조 제10항), ④ 재화의 공급으로 의제하는 재화가 감가상각자산인 경우(동조 제11항)에 별도의 과세표준을 특례로 규정하고 있다.

### 1. 과세사업과 면세사업 등 공통사용 재화를 공급하는 경우

사업자가 과세사업과 면세사업 및 부가가치세가 과세되지 아니하는 재화 또는 용역을 공급하는 소위 겸영사업자인 경우에 면세사업에 해당하는 공급에는 부가가치세가 과세되지 아니하므로 각 사업에 속하는 과세표준을 구분하여 계산할 필요가 있다.[20] 이를 위하여 공급가액을 안분계산하게 된다.

#### 가. 공급가액의 안분계산

(1) 공급가액 기준

과세사업과 면세사업 등에 공통으로 사용되는 재화를 공급하는 경우에 그 과세표준에 포함되는 공급가액은 다음 계산식에 따라 계산한다. 다만 휴업 등으로 인하여 직전 과세기간의 공급가액이 없을 때에는 그 재화를 공급한 날에 가장 가까운 과세기간의 공급가액으로 계산한다(부령 제63조 제1항).

$$\text{공급가액} = \text{해당 재화의 공급가액} \times \frac{\text{재화를 공급하는 날이 속하는 과세기간의 직전 과세기간의 과세된 공급가액}}{\text{재화를 공급하는 날이 속하는 과세기간의 직전 과세기간의 총공급가액}}$$

---

20) 예를 들어, 성형외과 의사가 치료·재활목적과 미용목적의 의료용역에 사용하던 의료기기를 매각한 경우, 신문사가 신문판매와 광고료수입을 위하여 사용하던 윤전기를 매각한 경우, 버스여객운송사업자가 버스광고판 사업과 승객운송사업에 사용하던 버스를 매각 처분하는 경우, 한국철도공사가 과세사업인 고속철도 여객운송사업, 화물운송사업, 철도 유지보수 수탁사업 및 임대·광고 등 사업과 면세사업인 일반철도 여객운송사업(새마을호, 무궁화호 열차), 광역전철운송사업을 영위하던 건물을 매각한 경우 등.

여기서 직전과세기간을 기준으로 하는 이유는 공급가액 안분계산의 기준이 되는 금액은 해당 공통사용 재화와 관련된 공급가액이어야 합리적이라고 말할 수 있는데, 만일 해당 과세기간을 기준으로 계산할 경우에는 해당 공통사용 재화가 사용하거나 소비되지 않은 부분이 포함될 것이기 때문이다.

(2) 사용면적비율 기준

위 공급가액에 의한 안분계산규정에도 불구하고 해당 과세기간 중 과세사업과 면세사업 등의 공급가액이 없거나 그 어느 한 사업의 공급가액이 없는 경우 또는 공통매입세액의 정산(부령 제82조 제2호)에 관한 규정이나 공통매입세액의 재계산(부령 제83조)에 관한 규정에 따라 납부세액 또는 환급세액의 재계산에 있어서 납부세액이나 환급세액을 사용면적비율에 따라 재계산한 재화로서 과세사업과 면세사업 등에 공통으로 사용되는 재화를 공급하는 경우에 그 과세표준에 포함되는 공급가액은 다음 계산식에 따라 계산한다. 이 경우 휴업 등으로 인하여 직전 과세기간의 사용면적비율이 없을 때에는 그 재화를 공급한 날에 가장 가까운 과세기간의 사용면적비율에 의하여 계산한다(부령 제63조 제2항).

$$\text{공급가액} = \text{해당 재화의 공급가액} \times \frac{\text{재화를 공급한 날이 속하는 과세기간의 직전 과세기간의 과세 사용면적}}{\text{재화를 공급한 날이 속하는 과세기간의 직전 과세기간의 총사용면적}}$$

(3) 계산 사례

쥐치포가공과 천일염제조를 겸영하던 (주)A는 2020년 5월 15일에 쥐치포가공업을 폐업하고 쥐치포 가공기계를 500만원(부가세 제외), 두 사업에 공통으로 사용하던 운반용 트럭을 800만원에 각각 매각하였다. (주)A 공급가액 명세가 다음과 같다고 할 때 공급가액을 계산하면 660만원이 된다. 그 과정을 보기로 한다.

| 과세기간 | 공급가액 (원) | | 합계 (원) |
|---|---|---|---|
| | 쥐치포가공 | 천일염제조 | |
| 2019 제1기 | 90,000,000 | 90,000,000 | 180,000,000 |
| 2020 제2기 | 30,000,000 | 120,000,000 | 150,000,000 |
| 2021 제1기 | 15,000,000 | 135,000,000 | 150,000,000 |

① 과세사업 관련(쥐치포가공) 공급가액: 5,000,000원

② 과세·면세사업 공통(쥐치포가공 및 천일염제조): 공급가액 기준 안분계산

$$1,600,000\text{원} = 8,000,000 \times \frac{30,000,000}{150,000,000}$$

③ 공급가액 합계: 6,600,000원 = 5,000,000원 + 1,600,000원

### 나. 안분계산의 배제

아래와 같이 면세공급가액이 소액인 경우 또는 신규로 사업을 시작하여 안분계산의 기준이 없는 경우에는 계산의 편의를 위해 안분계산을 배제하고 해당 재화의 공급가액 전부를 과세표준으로 한다(부령 제63조 제3항). 그 대신 형평을 유지하기 위해 공통매입세액의 안분계산에서도 이를 매입세액으로 공제하도록 하고 있다.

① 재화를 공급하는 날이 속하는 과세기간의 직전 과세기간의 총공급가액 중 면세공급가액이 5퍼센트 미만인 경우. 다만 해당 재화의 공급가액이 5천만원 이상인 경우는 제외한다(제1호)

② 재화의 공급가액이 50만원 미만인 경우(제2호)

③ 재화를 공급하는 날이 속하는 과세기간에 신규로 사업을 시작하여 직전 과세기간이 없는 경우(제3호)

## 2. 토지와 건물 등을 일괄 공급하는 경우

사업자가 토지와 그 토지에 정착된 건물과 그 밖의 구축물을 함께 공급하는 경우, 토지의 공급에 대하여는 부가가치세가 면제되고 건물과 그 밖의 구축물의 공급에 대하여는 부가가치세가 과세된다. 그렇지만 일반적으로 토지와 그 위에 정착된 건물 등을 일괄하여 공급가액을 정하는 경우가 많다. 이 경우 전체 거래가액 중 과세가 되는 건물 등의 공급가액을 산출할 필요가 있다. 토지와 건물의 가액구분이 분명한 경우 실지거래가액에 따라 건물의 과세표준을 계산하지만 불분명한 경우에는 과세표준을 안분계산한다.

### 가. 토지와 건물의 가액이 구분된 경우

사업자가 토지와 그 토지에 정착된 건물 또는 구축물 등을 함께 공급하는

경우에 그 건물 또는 구축물 등의 실지거래가액을 공급가액으로 한다(부법 제29조 제9항). 판례에 따르면, 매매계약서상의 매매금액이 실지거래가액임이 확인되고 계약서상에 토지의 가액과 건물의 가액이 구분표시가 되어 있으며, 구분 표시된 토지와 건물 등의 가액이 정상적인 거래에 비추어 합당하다고 인정되는 경우에 이를 실지거래가액으로 본다. 여기서 실지거래가액은 실지거래를 한 경우 그 각 가액을 말하는 것이지 공급 당시의 객관적인 교환가치를 말하는 것은 아니다.[21] 만일 계약서상 면세되는 토지부분의 가액을 부당하게 고가로 명시하고 과세되는 건물가액을 심하게 저가로 표시한 경우라면 이를 실지거래가액으로 인정하기는 곤란할 것이다. 이러한 경우에는 공급가액이 불분명한 것으로 보아 과세표준 안분계산에 의하여 과세표준을 산출하게 된다.

### 나. 토지와 건물의 가액 구분이 불분명한 경우

실지거래가액 중 토지의 가액과 건물 또는 구축물 등의 가액이 구분이 불분명한 경우에는 각각의 경우에 따라 다음과 같이 기준시가·감정평가가액·장부가액에 비례하여 안분계산한다(부령 제64조).

토지의 가액과 건물 등의 가액 구분이 불분명한 경우란 ① 실지거래가액이 확인되지 아니하는 경우, ② 일괄양도한 매매계약서상에 토지와 건물가액이 구분기재 되어 있지 아니한 경우, ③ 구분기재가 되어 있는 경우라 하더라도 해당 토지 및 건물의 규모와 형태, 이용도와 효용도, 인근 토지 및 건물의 공급가액 등에 비추어 합당하다고 인정되지 않는 경우 등이 포함되는 것으로 해석된다.

사업자가 실지거래가액으로 구분한 토지와 건물 또는 구축물 등의 가액이 아래와 같이 안분계산한 금액과 100분의 30 이상 차이가 있는 경우에도 실지거래가액의 적정성을 의심하여 역시 안분계산한다(부법 제29조 제9항 제2호). 다만, ①다른 법령에서 정하는 바에 따라 토지와 건물 등의 가액을 구분한 경우 ②토지와 건물 등을 함께 공급받은 후 건물 등을 철거하고 토지만 사용하는 경우 등은 예외적으로 건물 등의 실지거래가액을 공급가액으로 한다(부령 제64조 제2항).

#### (1) 토지와 건물 등에 대한 기준시가가 모두 있는 경우

토지와 건물 등에 대한 「소득세법」 제99조에 따른 기준시가가 모두 있는

---

21) 대법원 1995.2.24. 선고 93누18914 판결.

경우에는 공급계약일 현재의 기준시가에 따라 계산한 가액에 비례하여 안분계산한 금액을 공급가액으로 한다. 다만 감정평가가액(법 제28조에 따른 공급시기, 즉 중간지급조건부 또는 장기할부판매의 경우는 최초 공급시기가 속하는 과세기간의 직전 과세기간 개시일부터 공급시기가 속하는 과세기간의 종료일까지 감정평가업자가 평가한 감정평가가액을 말함)이 있는 경우에는 그 가액에 비례하여 안분계산한 금액으로 한다(부령 제64조 제1항 제1호).

토지와 건물을 함께 공급하면서 계약서상에 건물가액은 없는 것으로 거래당사자간 약정하는 경우가 있다. 이 때 건물이 공급된 경우에는 해당 건물의 부가가치세 과세표준은 토지와 건물의 가액이 불분명한 경우로 보아 공급계약일 현재의 「소득세법」에 따른 기준시가에 따라 계산한 가액에 비례하여 안분계산한 금액으로 하여야 할 것이다.

(2) 토지와 건물 등 중 어느 하나 또는 모두의 기준시가가 없는 경우로서 감정평가가액이 있는 경우

이 경우에는 그 감정평가가액에 비례하여 안분계산한 금액을 공급가액으로 한다. 다만 감정평가가액이 없는 경우에는 장부가액(장부가액이 없는 경우에는 취득가액)에 비례하여 안분계산한 후 기준시가가 있는 자산에 대해서는 그 합계액을 다시 기준시가에 의하여 안분계산한 금액으로 한다(부령 제64조 제1항 제2호).

(3) 위와 같이 적용할 수 없거나 적용하기 곤란한 경우

국세청장이 정하는 바에 따라 안분하여 계산한 금액으로 한다(부령 제64조 제1항 제3호).

이상과 같이 토지와 건물의 가액 구분이 불분명하거나 시가 등과 현저한 차이가 있는 경우는 감정평가액을 우선하고 그 다음으로 기준시가, 장부가액, 취득가액 순으로 안분계산한 금액을 과세표준으로 한다.

### 3. 부동산 임대용역을 공급하는 경우

사업자가 부동산 임대용역을 공급하는 경우는 다음과 같이 구분된다(부법 제29조 제10항).

① 사업자가 부동산 임대용역을 공급하고 전세금 또는 임대보증금을 받는

경우(제1호)

② 과세되는 부동산 임대용역과 면세되는 주택 임대용역을 함께 공급하여 그 임대구분과 임대료 등의 구분이 불분명한 경우(제2호)

③ 사업자가 둘 이상의 과세기간에 걸쳐 부동산 임대용역을 공급하고 그 대가를 선불 또는 후불로 받는 경우(제3호)

이 경우 공급가액은 임대료와 간주임대료의 합계액으로 한다(부령 제65조 제1항). 사업자가 계약에 따라 전세금이나 임대보증금을 임대료에 충당하였을 때에는 그 금액을 제외한 가액을 전세금 또는 임대보증금으로 한다(부령 제65조 제3항).

### 가. 임대료

임대료는 원칙적으로 받기로 한 날에 수입할 임대료로 한다. 사업자가 부동산임대료와 부동산관리비를 구분하지 아니하고 영수하게 되면 그 금액 전체가 공급가액이 되지만, 임차인이 부담하여야 할 수도료·전기료·공공요금 등을 별도로 구분 징수한 경우에 해당 부동산관리비는 공급가액에 포함하지 아니한다고 보는 것이 판례의 입장이다.[22]

부동산임대에서 임차인이 개별소비세가 부과되는 유흥주점 등의 용도로 건물을 사용하게 되면 재산세가 중과된다. 이 때문에 임대사업자가 그 중과되는 재산세를 임차인에게 부담시켜서 임대차계약을 체결하는 경우가 흔하다. 이 경우 해당 재산세 상당액은 임대료에 포함되는 것으로 보아 부가가치세의 과세표준으로 하여야 할 것이다.[23]

### 나. 간주임대료

#### (1) 사업자가 전세금 또는 임대보증금을 받는 경우

전세금이나 임대보증금을 받는 경우에는 금전 외의 대가를 받는 것으로 보아 다음 계산식에 따라 계산한 금액을 공급가액으로 한다. 이것은 전세금 또는 임대보증금의 이자상당액이라 할 수 있는데 이를 '간주임대료'라 한다.

---

22) 대법원 1996.12.6. 선고 96누13 판결.

23) 한장석·김용관, 『부가가치세』, 광교TNS, 2003, 721면.

$$\text{공급가액} = \text{해당 기간의 전세금 또는 임대보증금} \times \text{과세대상기간의 일수} \times \frac{\text{계약기간 1년의 정기예금이자율(해당 예정신고기간 또는 과세기간종료일 현재)}}{\text{365(윤년의 경우에는 366)}}$$

현재 계약기간 1년의 정기예금이자율은 1.2퍼센트로 한다(부가칙 제47조). 한편 간주임대료는 임차인이 해당 부동산을 사용하거나 사용하기로 한 때를 기준으로 하여 계산한다. 본래 전세금 등은 그 자체로는 용역의 공급대가가 아니므로 과세표준에 포함될 수 없다. 그러나 이를 방치하면 전세금 등을 받는 경우와 임대료를 받는 경우 사이의 과세형평이 침해되므로 전세금 등에 대한 정기예금 이자상당액을 임대료로 간주하여 과세표준에 포함하는 것이다. 전세금 또는 임대보증금의 이자상당액에 대한 부가가치세는 별도로 임대인과 임차인 간의 약정에 의하여 임차인이 부담하는 것으로 정하지 않는 한 원칙적으로 임대인이 부담하는 것으로 본다.[24] 전세금이나 임대보증금 등 간주임대료를 받는 경우에 그 공급시기는 예정신고기간 또는 과세기간의 종료일이다.

(2) 임차인이 임대용역을 제공하는 경우

사업자가 부동산을 임차하여 다시 임대용역을 제공하는 경우에는 앞의 계산식 중 '해당 기간의 전세금 또는 임대보증금'을 '해당 기간의 전세금 또는 임대보증금 - 임차시 지불한 전세금 또는 임차보증금'으로 한다. 이 경우 임차한 부동산 중 직접 자기의 사업에 사용하는 부분이 있는 경우 임차시 지불한 전세금 또는 임차보증금은 다음 계산식에 따른 금액을 제외한 금액으로 한다(부령 제65조 제2항).

$$\text{임차시 지불한 전세금 또는 임차보증금} \times \frac{\text{예정신고기간 또는 과세기간 종료일 현재 직접 자기의 사업에 사용하는 면적}}{\text{예정신고기간 또는 과세기간 종료일 현재 임차한 부동산의 총면적}}$$

24) 예규, 부가 1265. 1-2249, 1981.8.25.

(3) 기부채납 지하도에 대한 특례

국가 또는 지방자치단체의 소유로 귀속되는 지하도의 건설비를 전액 부담한 자가 지하도로 점용허가(1차 무상점용기간에 한함)를 받아 대여하는 경우, 다음 계산식에 의하여 계산한 일부 건설비 상당액은 전세금 또는 임대보증금으로 보지 아니한다(부령 제65조 제1항 후단; 부가칙 제46조). 이는 간주임대료 계산상의 특칙에 해당하는 바 과세상 형평에 어긋나는 문제점이 있지만 부족한 사회간접자본 건설에 민간자본을 참여시키고 공공시설의 기부채납을 유도하기 위한 정책적 목적이 있다 할 것이다.[25]

$$\text{건설비} = \text{해당 기간 종료일까지의 국가 또는 지방자치단체에 기부채납된 지하도의 건설비} \times \frac{\text{전세금 또는 임대보증금을 받고 임대한 면적}}{\text{임대가능면적}}$$

다. 부동산 임대용역과 주택 임대용역을 함께 공급하는 경우

부동산 임대용역의 공급에 대하여는 부가가치세를 과세하지만 일정 주택 및 그 부속토지의 임대용역 공급에 대하여는 부가가치세가 면제된다. 이 경우 과세되는 부동산 임대용역과 면세되는 주택 임대용역을 함께 공급하는 때에 그 임대구분과 임대료 등의 구분이 불분명한 경우에 다음의 계산식을 순차로 적용하여 과세되는 공급가액을 계산한다(부령 제65조 제4항). 먼저 토지분과 건물분 임대료상당액을 각각 구하고 다음으로 과세되는 토지분과 건물분 임대료에 대한 공급가액을 각 계산한다.

① 임대료 등의 대가 및 간주임대료를 계산한 금액

$$\times \left(\frac{\text{토지가액 또는 건물가액}}{\text{토지가액과 정착된 건물가액의 합계액}}\right)$$

$$= \text{토지분에 대한 임대료상당액 또는 건물분에 대한 임대료상당액}$$

여기서 ‘토지가액’ 또는 ‘건물가액’은 예정신고기간 또는 과세기간 종료일 현재의 「소득세법」 제99조에 따른 기준시가에 따른다(부가칙 제48조 제1항).

---

25) 최명근·나성길, 『부가가치세법론』, 세경사, 2005, 348면.

② (①에 따른 금액) × $\frac{\text{과세되는 토지임대면적}}{\text{총토지임대면적}}$ = 토지임대 공급가액

③ (①에 따른 금액) × $\frac{\text{과세되는 건물임대면적}}{\text{총건물임대면적}}$ = 건물임대 공급가액

### 라. 임대료를 선불 또는 후불로 받는 경우

사업자가 둘 이상의 과세기간에 걸쳐 부동산 임대용역을 공급하고 그 대가를 선불이나 후불로 받는 경우에는 해당 금액을 계약기간의 개월 수로 나눈 금액의 각 과세대상기간의 합계액을 공급가액으로 한다(부령 제65조 제5항). 이 경우 개월 수는 달력에 따라 계산하되, 해당 계약기간의 개시일이 속하는 달이 1개월 미만이면 1개월로 하고, 종료일이 속하는 달이 1개월 미만이면 산입하지 않는다(부령 제61조 제1항 제6호).

선불 또는 후불로 임대료를 받는 경우에 그 공급시기는 예정신고기간 또는 과세기간의 종료일이 된다(부령 제29조 제2항 제3호). 그런데 사업자가 임대용역의 공급시기가 도래하기 전에 용역에 대한 대가의 전부 또는 일부를 받고, 이와 동시에 그 받은 대가에 대하여 세금계산서 또는 영수증을 발급하는 경우에는 「부가가치세법」 제17조 제1항에 따라 그 발급하는 때를 공급시기로 보아 과세표준을 계산하여야 할 것이다.

## 4. 감가상각자산의 공급의제의 경우

### 가. 공급의제에 대한 공급가액 계산

과세사업에 사용되던 해당 재화가 자가공급, 사업상증여, 개인적 공급, 폐업시 잔존재화 등 공급의제에 따라 재화의 공급으로 보는 재화이면서 감가상각자산인 경우에는 공급가액 계산에서 특례가 적용된다. 이와 달리 감가상각자산의 공급이 의제되는 경우가 아니라 대가를 받고서 거래하는 본래의 공급이 있는 경우에는 특례가 적용되지 아니하고 실제 수수한 대가가 바로 과세표준이 됨은 물론이다. 여기서 '감가상각자산'이란 「소득세법」 시행령 제62조 또는 「법인세법」 시행령 제24조에 규정하는 자산을 말한다(부령 제66조 제1항).[26]

---

26) 이에 해당하는 것은 다음과 같다.

감가상각자산 이외의 자산은 정상거래가격인 시가를 쉽게 산정하여 과세표준을 계산할 수 있으나, 감가상각자산은 일반적으로 거래의 대상이 되지 아니하고 사업목적에 따라 사용하던 중고재화이므로 정상거래가격을 산정하기 어렵다. 이에 따라 감가상각자산의 간주공급 시에는 장부가액에 상관없이 공급가액을 계산하는 특례를 둔 것이다. 감가상각자산이 간주공급되는 경우 다음 계산식에 의하여 계산한 금액을 공급가액으로 본다(부령 제66조 제2항).

① **건물 또는 구축물**

$$\text{공급가액} = \text{해당 재화의 취득가액} \times \left(1 - \frac{5}{100} \times \text{경과된 과세기간의 수}\right)$$

② **그 밖의 감가상각자산**

$$\text{공급가액} = \text{해당 재화의 취득가액} \times \left(1 - \frac{25}{100} \times \text{경과된 과세기간의 수}\right)$$

---

(1) 유형고정자산
  가. 건물(부속설비포함) 및 구축물
  나. 차량 및 운반구, 공구, 기구 및 비품
  다. 선박 및 항공기
  라. 기계 및 장치
  마. 동물 및 식물
  바. 그 밖의 가목 내지 마목의 자산과 유사한 유형고정자산
(2) 무형고정자산
  가. 영업권, 의장권, 실용신안권, 상표권
  나. 특허권, 어업권, 해저광물자원개발법에 따른 채취권, 유료도로관리권, 수리권, 전기가스공급시설이용권, 공업용수도시설이용권, 수도시설이용권, 열공급시설이용권
  다. 광업권, 전신전화전용시설이용권, 전용측선이용권, 하수종말처리장시설관리권, 수도시설관리권
  라. 댐사용권
  마. 개발비: 상업적인 생산 또는 사용 전에 재료·장치·제품·공정·시스템 또는 용역을 창출하거나 현저히 개선하기 위한 계획 또는 설계를 위하여 연구결과 또는 관련 지식을 적용하는 데 발생하는 비용으로서 해당 법인이 개발비로 계상한 것(산업기술연구조합육성법에 따른 산업기술연구조합의 조합원이 동 조합에 연구개발 및 연구시설 취득 등을 위하여 지출하는 금액을 포함)
  바. 사용수익기부 자산가액: 금전외의 자산을 국가 또는 지방자치단체, 「조세특례제한법」 제73조 제1항 각호의 규정에 따른 법인 또는 영 제36조 제1항 제1호의 규정에 따른 법인에게 기부한 후 그 자산을 사용하거나 그 자산으로부터 수익을 얻는 경우 해당 자산의 장부가액
  사. 「전파법」 제14조의 규정에 따른 주파수이용권 및 「항공법」 제105조의2의 규정에 따른 공항시설관리권

이 경우 '경과된 과세기간의 수'는 과세기간 단위로 계산하되 건물 또는 구축물의 경과된 과세기간의 수가 20을 초과할 때에는 20으로, 그 밖의 감가상각자산의 경과된 과세기간의 수가 4를 초과할 때에는 4로 한다. 따라서 건물 또는 구축물의 경우에는 취득 후 10년(20 과세기간), 그 밖의 경우에는 2년(4 과세기간)이 경과하면 공급가액이 없는 것으로 보아 과세하지 아니한다.

경과된 과세기간의 수를 계산할 때 과세기간 개시일 후에 감가상각자산을 취득하거나 해당 재화가 공급된 것으로 보게 되는 경우에는 그 과세기간의 개시일에 해당 재화를 취득하거나 해당 재화가 공급된 것으로 본다(부령 제66조 제5항).

공급의제에 따른 공급가액 계산의 특례가 적용되는 감가상각자산의 취득가액은 매입세액으로 공제받은 해당 재화의 가액으로 한다(부령 제66조 제4항). 따라서 매입한 경우 매입 당시의 대가와 등록세·취득세·그 밖의 부대비용의 합계액이 감가상각자산의 취득가액이 되며, 자기가 건설·제작 등에 의하여 취득한 경우는 원재료비·노무비·운임·하역비·보험료·수수료·공과금 그 밖의 부대비용의 합계금액을 감가상각자산의 취득가액으로 하고, 그 외의 자산은 취득 당시의 정상가액을 감가상각자산의 취득가액으로 한다.

### 나. 면세사업에 일부 사용하는 경우 공급가액 계산

과세사업에 제공한 감가상각자산을 면세사업에 일부 사용하는 경우가 있다. 완전한 전용이 아니라 부분적인 전용의 경우이다. 예를 들어, 전세버스사업자가 자동차수리용 기계를 취득하여 사용하다가 이를 시내버스사업용 수리에도 사용하는 경우이다. 이와 같이 과세사업과 관련하여 생산·취득한 감가상각자산을 과세사업과 면세사업에 겸용하는 경우를 말한다. 이 경우에는 면세사업에 사용되는 부분만을 도출하여 공급가액을 계산하여야 하지만 그 구분이 곤란하기 때문에 획일적으로 공급가액비율에 의해 안분계산한다.

과세사업에 사용하던 감가상각자산을 면세사업에 일부 사용하는 경우에는 다음 계산식에 의하여 계산한 금액을 해당 재화의 시가로 본다. 이 경우 해당 면세사업에 따른 면세공급가액이 총공급가액 중 5퍼센트 미만인 경우에는 공급가액이 없는 것으로 본다(부령 제66조 제3항). 한편 취득가액 및 경과된 과세기간의 수에 대하여는 간주공급을 할 때의 공급가액 계산방법을 준용한다.

① 건물 또는 구축물의 경우

$$공급가액 = 해당\ 재화의\ 취득가액 \times (1 - \frac{5}{100} \times 경과된\ 과세기간의\ 수) \times \frac{면세사업에\ 일부\ 사용한\ 날이\ 속하는\ 과세기간의\ 면세공급가액}{면세사업에\ 일부\ 사용한\ 날이\ 속하는\ 과세기간의\ 총공급가액}$$

② 그 밖의 감가상각자산

$$공급가액 = 해당\ 재화의\ 취득가액 \times (1 - \frac{25}{100} \times 경과된\ 과세기간의\ 수) \times \frac{면세사업에\ 일부\ 사용한\ 날이\ 속하는\ 과세기간의\ 면세공급가액}{면세사업에\ 일부\ 사용한\ 날이\ 속하는\ 과세기간의\ 총공급가액}$$

## 제 3 절 재화의 수입에 대한 과세표준

### Ⅰ. 통상적 재화수입의 경우

재화의 수입에 대한 부가가치세의 과세표준은 관세의 과세가격과 관세, 개별소비세, 주세, 교육세, 농어촌특별세 및 교통·에너지·환경세를 합한 금액으로 한다(부법 제29조 제2항).

### Ⅱ. 사업자가 보세구역 내에서 국내에 재화를 공급하는 경우

사업자가 보세구역 내에 보관된 재화를 다른 사업자에게 공급하고 해당 재화를 공급받은 자가 그 재화를 보세구역으로부터 반입하는 경우에 재화를 공급한 자의 과세표준은 그 재화의 공급가액에서 세관장이 부가가치세를 징수하고 발급한 수입세금계산서에 적힌 공급가액을 뺀 금액으로 한다. 다만 세관장이 부가가치세를 징수하기 전에 같은 재화에 대한 선하증권이 양도되는 경우에는 해당 재화를 공급하는 자의 과세표준은 선하증권의 공급가액으로 할 수 있다(부령 제61조 제2항 제5호).

사업자가 보세구역 내에서 보세구역 이외의 국내에 재화를 공급하는 경우에 그 재화가 수입재화에 해당되어 세관장이 부가가치세를 징수한 때에는 공급가액 중 세관장이 발급한 수입세금계산서에 적힌 관세의 과세가격과 관세, 개별소비세, 교통·에너지·환경세, 주세, 교육세 및 농어촌특별세의 합계액으로 하는 수입재화의 공급가액은 포함하지 아니하는 것이다. 외국으로부터 물품이 보세구역으로 반입되더라도 수입통관이 되기 전까지는 과세거래에 해당하지 아니하므로 세관장이 부가가치세를 징수할 수 없다. 사업자가 보세구역 내에서 수입재화를 과세지역에 있는 사업자에게 공급할 때에 비로소 과세거래에 해당하게 되는 것이다. 따라서 동일재화에 대하여 세관장과 보세구역 사업자가 이중 거래징수하는 것을 방지하기 위하여 세관장이 징수하는 부분을 공제하는 것이다.

## 제 4 절 세 율

제30조(세율) 부가가치세의 세율은 10퍼센트로 한다.

## Ⅰ. 부가가치세 세율

### 1. OECD 회원국가의 세율 구조 변화

각국의 부가가치세 제도가 동일한 원칙에 근거하여 만들어졌다 할지라도 OECD 회원국가들의 부가가치세 세율 구조는 상당히 다양하다. OECD 회원국가들이 세부담의 형평성이나 사회적 목적 또는 현실적이고 역사적인 이유로 경감세율(redused rates)·면세(exemptions)·차별세율(preferential treatments) 또는 특례제도(special regimes) 등을 폭넓게 활용하고 있는 점을 통해 알 수 있다.

현재까지 부가가치세 세율의 변천은 크게 세 시기로 나누어 살펴볼 수 있다. 첫 번째 시기는 많은 국가들이 부가가치세제를 처음으로 시행하고 점진적으로 표준세율을 인상한 1975년부터 2000년까지의 시기이다. 1995년까지 부가가치세를 도입한 31개 국가들 중 20개 국가가 부가가치세 도입 이후 최소한 한

번은 표준세율을 인상했다. 1975년에서 2000년 사이에 OECD 국가의 평균적 표준세율은 15.6%에서 18%로 상승했다. 두 번째 시기(2000년~2009년)에는 대부분의 국가에서 표준세율이 안정적으로 유지되었다. 33개 국가 중 22개 국가가 15% 내지 22% 사이에서 세율을 유지했다. 2009년 1월 1일 당시 5개국(덴마크·핀란드·아이슬란드·노르웨이·스웨덴)만이 22% 이상의 표준세율을 적용하고 있었다. 세 번째 시기(2009년~2014년)는 경제적 금융위기에 기인한 재정적 압박으로 인해 많은 국가에서 부가가치세 표준세율을 크게 인상한 것이 특징이다. 이 짧은 기간 동안 21개 국가가 최소한 한 번은 부가가치세 표준세율을 인상했다. 이러한 결과로 OECD 회원국가의 평균적인 부가가치세 표준세율은 2014년 1월 1일 현재 19.1%로 치솟았다. 22% 이상의 표준세율을 가진 국가가 현재는 10개국으로 늘었다. 일본은 2015년 5월 1일부터 표준세율을 5%에서 8%로 인상하였으며 2019년에 다시 표준세율을 인상하여 현재는 10%를 적용하고 있다.

이와 같이 대부분의 국가들이 2004년에서 2014년 사이에 부가가치세 표준세율을 최소 한 번 이상 인상했지만, 여전히 OECD 회원국가 사이에 표준세율은 상당한 차이를 보이고 있다. 캐나다 5%, 스위스 8%, 일본 10%, 덴마크·노르웨이·스웨덴 25%, 아이슬란드 25.5%, 심지어 헝가리는 27%에 달한다.

유럽연합 회원국으로 OECD에 가입한 21개 국가의 평균 표준세율(21.7%)은 OECD 평균(19.2%)보다 상당히 높다. 유럽연합 국가들은 2006년 구주위원회(EC)의 지침에 따라 부가가치세 세율과 관련하여 공통규정(common rules)을 따라야만 한다.27) 이에 따라 재화와 용역의 공급에 통상적으로 최소 15%의 표준세율을 적용해야 한다. 또한 1개 내지 2개의 경감세율을 설정할 수 있다. 경감세율은 노동집약적 서비스뿐만 아니라 제한된 재화와 용역에 적용될 수 있으나 5% 이상으로 하여야 한다. 하지만 유럽연합 국가들에게 다수의 규정위반(derogations)이 허용되기 때문에 유럽연합 내에 40개 이상의 서로 다른 표준세율과 경감세율이 존재한다. 다른 OECD 회원국가 내에도 경감세율이 적용되고 있고 표준세율보다 높은 세율을 적용하는 국가는 없다.28) 현재 OECD 회원국가의 평균 소비

27) 1977년 EEC 제6차 부가가치세 지침을 이어받은 1992년의 지침, 그 후 2006년의 VAT Directive 2006/112/EC.

28) OECD, Chapter 2 "Value added taxes: Rates and Structure", *Consumption Tax Trends 2014*, 2014, pp.60~65.

세율은 19.2%로서 소비세수가 그 국가의 전체 세수에서 차지하는 비율은 31%이다. 우리나라는 세수 비중이 35% 내외인 것으로 파악되고 있다.

여러 국가들이 재정확충을 위해 추가 세수 수입원으로 부가가치세를 검토하고 있는 중요한 이유 중의 하나는 부가가치세가 상대적으로 납세 거부감이 적은 조세로 여겨지기 때문이다. 실제로 부가가치세는 소득세보다 저축·투자·노동에 대한 유인을 왜곡하는 정도가 덜하다. 그래서 많은 국가들이 추가 세수를 확보하기 위한 방법으로 다른 조세보다 부가가치세를 선택했던 것이다.

### 2. 단일비례세율과 복수비례세율

부가가치세 세율의 형태는 크게 단일비례세율과 복수비례세율이 있다. 단일비례세율은 모든 거래단계와 모든 과세대상에 대하여 동일세율을 적용하는 것이고 복수비례세율은 표준세율을 정해 놓고 특정 과세대상에 대하여는 이보다 낮은 세율을 함께 적용하는 것이다. 단일세율구조는 제도가 간편하여 과세행정이 편하고 납세의무자의 순응이 쉬우며 조세중립성에 아무런 문제가 없다는 장점을 지니고 있다. 이에 비해 복수세율구조는 부가가치율에 상응하는 세율을 적용하고 재화 등의 성격과 사치성 기준에 따라 차등세율을 적용할 수 있다는 점에서 부가가치세의 역진부담을 완화시키는 데 가장 큰 장점이 있다. 반면에 납세의무자의 납세협력의무의 부담을 비롯해서 국민 전체의 사회적·경제적 비용을 증가시키고 대상품목과 그 이외의 가격에 영향을 주어 자원배분을 왜곡시키는 단점이 있다.

일반적으로 전단계세액공제법에 따른 납부세액 계산구조를 가진 국가에서는 복수세율을 채용하고 있는 경향이 높다. 그 이유를 보면 세금계산서를 수수하는 방식의 부가가치세제에서는 각 사업자가 거래를 할 때마다 세금계산서에 스스로 세액을 기재하여 이를 주고받기 때문에 단일세율구조에 의하든 복수세율구조에 의하든 납세행정 및 납세의무자의 사무부담이 크게 차이가 나지 않기 때문이다.[29] 다만 경감세율을 설정한 국가에서는 경감되는 세수분을 보충하기 위해서 대체로 표준세율을 높게 설정하고 있다. 소비세에 단일세율구조를 가진 국가는 노르웨이·뉴질랜드·일본·캐나다 등을 들 수 있고, 복수세율구조를 가진 주요 국가는 프랑스·독일·영국 등을 들 수 있다.

---

29) 宮島 洋 編著, 『消費課税の理論と課題』, 稅務經理協會, 1999, 112면.

우리나라의 경우 「부가가치세법」만 놓고 보면 단일비례세율을 가진 것으로 설명할 수 있으나, 실제로는 「조세특례제한법」상 영세율 항목까지 감안하여 본다면 실질적으로는 0% 세율과 10% 세율의 복수비례세율을 가진 것으로 볼 수도 있다. 「부가가치세법」에 따른 본래 의미의 국경세 조정장치인 영세율 외에 농업·축산업·임업용 기자재와 장애인용 보장구 등 광범위한 품목에 대하여 0% 세율을 적용하고 있기 때문이다.[30]

한편 전술한 바와 같이 대부분의 국가에서 부가가치세를 완전면제함으로써 소비자의 세부담을 제거해 주기 위하여 국경세 조정장치로 영세율(0%)을 채택하고 있고, 우리나라의 면세에 해당하는 일부 재화·용역의 공급에 대하여 영세율을 채택한 국가도 있는데 이 경우는 영세율도 세율의 종류로 인정하여야 할 것이다.

### 3. 우리나라의 부가가치세 세율

우리나라는 부가가치세를 처음 도입할 당시 13%의 단일세율을 기본세율로 하고 경기조절 목적으로 3% 범위 내에서 가감할 수 있는 탄력세율을 채택하였다. 그러나 탄력세율의 실효성이 의문시 되어 1988년 12월 26일 개정법에서 폐지하였다. 영국 등지에서 채택하고 있는 탄력세율이란 법률에 기본세율을 정해 놓고 일정한 범위 내에서 시행령으로 세율을 조정할 수 있게 하는 제도이다. 현재 「부가가치세법」상으로는 일반소비세로서 납세의무자의 세금계산 편의 도모와 세무행정의 간소화를 위하여 10퍼센트의 비례세율을 채택하고 있다(부법 제30조). 간이과세자의 경우도 업종의 부가가치율을 추가로 적용할 뿐 세율은 일반과세자와 같이 10퍼센트라고 할 수 있다(부법 제63조 제2항).

## Ⅱ. 우리나라 부가가치세 세율에 관한 주요 논의

### 1. 문제점

우리나라의 경우 OECD 평균(19.2%)보다 낮은 세율제도를 가지고 있으므로 복지를 위한 재정조달을 위하여 장기적으로는 부가가치세의 세수증대 요구가 불가피할 것으로 전망된다. 우리나라에서 부가가치세 세율에 대하여 현행보다 낮

30) 「조세특례제한법」 제105조 및 같은 법 시행령 제105조 제2항 참조.

추자는 견해는 찾아보기 어려운 이유도 유럽 각국에 비하여 세율이 높지 않은 수준이기 때문이다. 반대로 주요 선진국의 수준으로 세율을 높이고 법인세와 소득세 세율을 낮추어 기업의 경쟁력을 키우고 외국의 자본과 노등을 유치하자는 주장이 있다. 또 다른 견해로 부가가치세에 차등비례세율을 도입하자는 주장도 있다.31)

하지만 부가가치세는 사회보장재원으로서 그다지 어울리지 않는 세금이기 때문에 매우 신중해야 할 것으로 보인다. 부가가치세는 생활필수품을 포함한 거의 전 품목과 역무의 제공에 과세하고 있기 때문에 일생에 걸쳐 소득에 관계없이 부담하게 하고 있다. 그 때문에 조세부담이 역진적인 전형적인 불공평세제인 것은 누구나 알고 있다. 그렇다면 저소득층에서 부담한 부가가치세를 사회보장재원으로서 사용하는 것이기에 조세정책적으로 바람직하지 않다. 더욱이 일반재원으로서 징수한 부가가치세를 사회복지재원으로 사용한다는 보장도 없다는 것이 문제이다.32)

## 2. 세율 인상 문제

부가가치세 세율을 논의함에 있어서 큰 갈래는 현행 세율을 인상할 요인이 있는지 여부와 현재와 같은 세율 구조를 유지할 것인지 여부이다. 우리나라의 경우 부가가치세 세율은 10퍼센트 단일세율제도라고 설명함이 일반적이다. 먼저 생각할 것은 장래 대폭 증가할 것으로 예상되는 사회복지비용 내지 사회보장재원을 확보하기 위하여 유럽 각국처럼 불가피하게 세율을 인상해야 하는가 하는 점이다. 일본의 경우 최근 정치적으로 민감한 소비세 세율 인상을 이루어 냈는데 이는 국민을 납득시킬 수 없었지만 더 이상 재정악화를 방치할 수 없다는 데에 정부와 정치인이 공감대를 가진 데 기인한다.

우리나라도 장기적으로는 복지수요를 충당하기 위해 부가가치세의 세수증대 요구가 불가피할 것으로 전망된다. 우리나라의 경우 OECD 평균보다 낮은 세율 제도를 가지고 있으므로 복지재정조달을 위하여 세율을 2% 올리면 10조원

31) 조명연·최경식·조상진, “부가가치세법상의 차등비례세율 도입에 관한 연구-외국 입법례를 중심으로-”, 『법과 정책연구』 제11집 제4호, 2011, 1409~1413면.

32) 北野弘久 編著, 『日本稅制の總點檢』, 勁草書房, 2010, 176면.

내외의 세수확보가 가능하고 통일재원 관련 3%를 추가로 인상하여 중장기적으로 15%까지 점진적으로 인상하여야 한다는 주장이 제기되기도 하였다.[33] 국제경쟁력 확보 차원에서 법인세나 소득세를 인상하는 것이 바람직하지 아니하므로 부가가치세 세율의 인상은 장기적으로 면밀하게 검토하여야 할 문제이다.

다만 부가가치세율의 인상은 소비의 둔화와 경기침체 가능성 및 세부담의 역진성을 감안하여 매우 신중할 필요가 있다. 현재와 같이 경제가 불황일 때에 재원확보만을 염두에 둔 세율 인상은 국민적 저항만을 초래할 것으로 예상되기 때문이다. 우선 세수를 늘이기 위하여 세율을 인상하는 것보다 일단 조세저항이 적은 과세베이스의 확대를 꾀하는 것이 더 바람직하다. 현재 「부가가치세법」 및 「조세특례제한법」상 광범위한 각종 면세와 비과세의 감면을 축소 재조정하여 이를 통해 과세상의 중립성을 확보하고 세수를 늘려야 한다. 그 다음으로 경제가 성장세에 이를 때 세율 인상을 도모하되 경감세율을 도입하는 방안이 고려되어야 할 것이다.

### 3. 차등세율 도입 여부

주요 선진국에서 차등비례세율을 채택하고 있는 점은 우리나라에도 시사점을 주고 있으므로 이를 자세히 살펴볼 필요가 있다. 주요 국가에서 경감세율 등의 차등비례세율을 설정한 이유는 사회정책·문화정책·고용정책 등의 이유도 있지만,[34] 소비세가 가지고 있는 역진성을 완화하는 것이 주된 목적이라 할 것이다.

경감세율을 도입할 경우의 효과는 ① 저소득자에 필요한 적시의 구제효과가 있다는 점, ② 세부담의 역진성을 완화하는 효과가 있다는 점, ③ 가격인하의 효과가 있다는 점, ④ 소비세의 중립성과 간소성을 크게 훼손하지 아니한다는 점 등을 들 수 있다. 반면에 문제점으로는 ① 세수감소로 인한 표준세율의 인상이 불가피한 점, ② 사무집행비용이 증가하는 점, ③ 사업자의 사무부담과 리스크가 고려되어야 한다는 점, ④ 대상품목을 선정해야 하는 점, ⑤ 간이과세제도

33) 김승래, "이명박정부의 조세정책 평가와 차기정부의 조세개혁 과제", 『제7회 조세관련학회 연합학술대회 자료집』, 2012, 50면.

34) 白石浩介·矢野菜穂子, "消費税引き上げのあり方", 『MRI Monthly Review』 2004年 9月号, 三菱総合研究所, 10면.

와의 관계 등이다.[35]

단순비례세율을 경감세율을 도입한 차등비례세율로 전환할 경우 현행 간이과세자 또는 면세사업자에게 경감세율을 적용하게 됨으로써 영세한 사업자 또는 기초생활필수품 등에 대한 혜택을 주기 위한 입법취지도 훼손하지 않으면서 비록 낮은 세율이더라도 매입세액의 공제도 허용되어 전단계세액공제법에 충실하게 된다.[36] 또한 간이과세자 또는 면세사업자가 과세사업자로 전환되면서 세금계산서의 발급 및 수수의무를 지게 되므로 거래질서의 혼란을 제거하는 효과를 얻을 수 있다.

하지만 차등세율의 적용을 통해 조세부담의 역진성을 해소해 보자는 주장도 현실적으로 복수세율이 가져오는 행정의 복잡성과 비용을 고려하고 실제로 조세부담의 역진성을 해소할 수 있을지 의문이기 때문에 큰 실익을 찾아보기 힘들다는 점에서 크게 주목받지 못하는 것 같다. 오히려 현재와 같은 부가가치세제의 단순성과 단일세율의 특성으로 인하여 조세의 투명성과 효율성을 높여 세수증대에 기여하고 있다고 평가할 수도 있다. 아울러 부가가치세의 역진성 완화 문제는 덴마크 정부의 경우처럼 소득세의 누진세율 구조를 조정하여 적용함으로써 충분하다고 생각할 수 있다.[37]

무엇보다도 기본세율이 10%로 저세율 국가인 우리나라가 위와 같이 차등세율을 도입하기 위해서는 기본세율을 유럽 국가처럼 인상하거나, 아니면 기본세율은 그대로 두고 경감세율과 함께 할증세율을 새로 설정해야 하는 문제점이 있다. 우리나라의 경우 기초생활필수품에 대하여는 부가가치세를 면제하는데 독일의 경우는 부가가치세의 과세대상에 포함하는 대신에 경감세율을 적용하고 있다. 영국의 경우 기초생활필수품 등에 영세율을 적용하여 부가가치세의 역진성을 완화하고 있다. 이와 같이 주요 국가의 세율구조에 있어서 식료품 및 생산에 관련된 것, 주거에 관련된 것, 의료서비스, 일상생활에 불가피한 서비스, 문화·스포츠·연예오락, 사회복지, 노동집약적 산업에 배려할 품목 등에 경감세율을 채택하고 있다. 이는 주로 생활필수품 등 우리나라의 면세대상 거래에 해당하는 품목들과 비교할 수 있다.

---

35) 金井惠美子, "消費税の複數税率制度", 『税法學』 제573호, 2015, 49~59면.
36) 조명연·최경식·조상진, 앞의 논문, 1415면.
37) 橋本恭之, "消費税の逆進性とその緩和策", 『會計檢査研究』 제41호, 35면.

**주요 국가의 부가가치세 차등세율 현황**

| 구 분 | 영 국 | 프랑스 | 독 일 | 스웨덴 | 중 국 |
|---|---|---|---|---|---|
| 표준세율 | 20% | 20% | 19% | 25% | 13% |
| 영세율 | 수출 외 식료품, 수돗물, 신문, 서적, 국내여객운송, 의약품, 거주용 건물의 건축, 아동복, 장애자용 기구 | 수출 | 수출 | 수출 외 의약품(의료기관에 따른 처방), 혈액, 우유, 보험·금융서비스 등 | 수출 |
| 경감세율 | 5%(가정용 연료 및 전력) | 5.5%(식료품, 수돗물, 서적, 여객운송, 사료 등) 2.1%(신문, 잡지, 의료품, 연극공연 등) | 7%(식료품, 수돗물, 신문, 잡지, 서적, 여객운송 등) | 12%(식료품, 숙박시설의 이용 등) 6%(신문, 잡지, 서적, 스포츠관전, 영화, 여객운송 등) | 9%(양식 및 식용식물유, 상수도, 가스, 주민용석탄, 도서, 신문, 잡지, 사료, 농약, 농기계 등) 6%(방송·금융용역 및 기타 서비스 용역) |

자료: OECD, Chapter 2 “Value added taxes: Rates and Structure”, *Consumption Tax Trends 2022* 수정.

# 제6장

# 거래징수와 세금계산서

제1절 거래징수
제2절 세금계산서
제3절 납부(환급)세액의 계산
제4절 세액공제

# 제 1 절 거래징수

제31조(거래징수) 사업자가 재화 또는 용역을 공급하는 경우에는 제29조 제1항에 따른 공급가액에 제30조에 따른 세율을 적용하여 계산한 부가가치세를 재화 또는 용역을 공급받는 자로부터 징수하여야 한다.

## Ⅰ. 의의와 대상

### 1. 의 의

사업자가 재화 또는 용역을 공급하는 경우에는 공급가액의 합계액인 과세표준에 세율을 적용하여 계산한 부가가치세를 그 공급을 받는 자로부터 징수하여야 한다(부법 제31조). 이를 '거래징수'라 하는데 거래징수를 규정한 「부가가치세법」 제31조에 근거하여 공급을 받는 자가 국가에 대하여 직접 부가가치세를 지급하거나 납부할 의무가 있는 것은 아니다.

부가가치세는 부가가치세의 납세의무자를 사업상 독립적으로 재화나 용역을 공급하는 자로 규정하고 있으면서도 해당 부가가치세의 실질적 부담은 소비자에게 완전 전가될 것을 전제로 하고 있다. 이와 같은 세부담의 구조에 따라 사업자가 정부에 납부하여야 할 부가가치세액도 과세기간별로 자기가 공급한 재화·용역에 대한 세액인 매출세액에서 자기가 공급 받은 재화·용역에 대한 세액인 매입세액을 공제하여 계산한다. 하지만 세부담의 전가가 불완전하여 법이론과 별론으로 경제학적 측면에서 실제 부가가치세 부담을 누가 지고 있는가 하는 점은 종전부터 계속 논란이 되고 있다.[1)]

정부는 세수확보의 관점에서 법적으로 사업자만을 상대로 부가가치세를 납부하도록 의무지우고 있지만, 세부담의 전가 유무나 그 정도에 관해서는 위와 같이 공급을 받는 자로부터 징수하여야 한다고 할 뿐 거래당사자 간의 권리·의

1) Murray L. Weidenbaum/David G. Raboy/Ernest S. Christian, *The Value-Added Tax: Orthodoxy and New Thinking*, Kluwer Academic Publishers, 1989, pp.39~68.

무의 관계로 설정해 놓은 것이 없다. 다시 말해 부가가치세의 전가를 보장할 만한 어떠한 법률규정도 「부가가치세법」에서 찾아 볼 수 없다.

사업자가 「부가가치세법」에 따라 하는 거래징수는 소득세의 원천징수의무와 비슷해 보이지만 그 성격이 다르다. 원천징수의무는 소득자가 납세의무자임을 전제로 원천징수의무자가 국가 대신에 조세를 징수하여 납부하는 조세징수의 특례이다. 그러나 거래징수는 소비자가 납세의무자가 아니라 재화 또는 용역을 공급하는 사업자가 본래의 납세의무자인 점에서 차이가 있다. 거래징수는 세금계산서와 함께 부가가치세의 근간을 이루고 있어 부가가치세제의 성패는 이것에 달려 있으므로 그 중요성은 말할 필요도 없다.

## 2. 대 상

부가가치세 거래징수의 대상은 재화나 용역의 공급이다. 이 때 거래징수의 대상금액은 재화나 용역의 공급시 과세표준으로서 1 과세기간 동안의 공급가액의 합계액이 아니라 재화 또는 용역의 각 거래단위별 공급가액을 말한다. 즉 세금계산서를 교부하게 되는 거래단위의 공급가액이 거래징수의 대상금액이 된다.

원칙적으로 재화나 용역을 공급받는 자가 누구인지 여부 또는 공급받는 자가 공급받은 재화나 용역을 어떤 목적에 사용할 것인가에 관계없이 사업자가 재화나 용역을 제공하는 때에는 거래징수를 하여야 한다. 따라서 최종 소비자에게 공급하는 경우 외에도 과세사업자나 면세사업자 또는 국가나 지방자치단체 등에 공급하는 경우에도 사업자는 부가가치세를 거래징수하여야 하며, 최종소비재뿐만 아니라 원재료·반제품·완제품·고정자산 등을 공급하는 경우에도 부가가치세를 거래징수하여야 한다.

다만, 사업자가 공급하는 재화나 용역이 「부가가치세법」상 영세율 적용대상이거나 면세대상인 경우에는 부가가치세 납세의무가 없으므로 거래징수도 할 필요가 없다. 한편 간이과세자의 경우 「부가가치세법」 제61조 제1항에 따라 거래징수에 관한 규정이 적용되지 않으므로 거래징수의무는 없지만, 간이과세자의 공급대가에 부가가치세액이 포함되므로 거래징수한 것과 같은 효과가 있다.

# Ⅱ. 거래징수의 성질

## 1. 학설의 대립

「부가가치세법」 제31조는 "사업자가 재화 또는 용역을 공급하는 경우에는 부가가치세 상당액을 그 공급받는 자로부터 징수하여야 한다"고 규정하고 있는데 이와 관련하여 거래징수의 법적 성격이 문제된다. 이 규정의 법적 성격을 훈시규정으로 볼 것인지 권리·의무규정으로 볼 것인지에 따라 부가가치세의 징수에 있어서 차이점이 있게 된다. 이를 훈시규정이 아니라 권리규정으로 보게 되면 부가가치세 거래징수에 있어서 재화 등을 공급하는 사업자가 위 조문을 근거로 공급받는 자로부터 부가가치세 상당액을 직접 징수할 권리가 발생한다. 그리하여 법 제31조가 공급자에게 공급받는 자로부터 부가가치세를 거래징수할 민사상의 권리를 인정한 것으로 볼 수 있는지에 대하여 이를 부정하는 학설(훈시규정설)과 긍정하는 학설(권리의무설)이 대립한다.

### 가. 부정설

「부가가치세법」 제31조가 소비형 부가가치세제에서 전단계세액공제법에 의하여 최종소비자에게 부가가치세의 부담을 전가할 것을 정하고 있는 데서 연유하는 당연한 것을 주의적·선언적으로 규정한 훈시규정에 불과하다는 견해이다.[2] 소득세와 같은 직접세에서의 원천징수의무자는 「국세기본법」상의 납세의무자가 아닌 징수의무자이나, 「부가가치세법」상 거래징수를 하는 자는 사업자로서 그가 곧 국가에 대하여 납세의무자이고, 상대방으로부터 거래징수를 하는지 여부와는 관련이 없으며, 조세법에 일반 민사상의 권리·의무에 관한 규정을 둔다는 것은 예상할 수도 없고, 제31조의 규정 자체가 '징수하여야 한다'고 하여 공급자에게 하명하는 형식으로 되어 있으므로, 공급자에게 공급받는 자로부터 부가가치세를 거래징수할 민사상의 권리를 인정한 것은 아니라는 것이다.[3]

### 나. 긍정설

부가가치세는 세금계산서 발급을 통해 공급가액과 부가가치세액을 구분하

---

2) 김두천, 『부가가치세법의 이론과 실제』, 조세통람사, 1987, 451면.
3) 이상원, "부가가치세법 제15조와 민법 제106조", 『특별법연구』 제3권, 한국사법행정학회, 1989, 205면.

는 방식으로 세금을 전가시키고 있는데, 법 제31조는 구매자의 반발에 따른 정상적인 전가 저해와 세금계산서의 수수 지장을 초래하지 않도록 공급자에게 적극적으로 거래상대방에 대한 거래징수권을 인정하고 이를 행사하도록 명하고 있다고 봄이 타당하다는 견해이다.[4] 우리나라가 전단계매입세액공제법을 채택하고 있다는 점이 「부가가치세법」 제31조를 훈시규정으로 해석하게 하는 논리적 연결성을 지니고 있는지에도 의문을 제기한다. 오히려 이를 훈시규정으로 보면, 법률적·경제적으로 부가가치세를 공급자가 부담하는 결과가 되어 최종소비자에게 조세부담을 전가시킨다는 전단계매입세액공제법을 기초로 한 부가가치세제의 구조를 유지하기 어렵다고 한다. 또한 원천징수의무자가 원천징수의무를 이행하면 원천납세의무자에 대한 구상권을 인정하면서 재화나 용역의 공급자에게 거래징수권을 인정하지 않는 것은 부당하다고 한다.[5] 이에 따라 법문이 "징수하여야 한다"라는 하명 형식으로 되어 있다고 하나 원천징수의 경우에도 "소득세를 원천징수하여야 한다"라는 하명 형식으로 되어 있음에도 불구하고, 원천징수세액에 관해서 본래의 납세의무자에 대하여 청구권과 구상권을 갖는다고 해석하고 있음에 비추어 법문의 규정 형식이 강제력을 갖는 규정으로 해석하는 데 아무런 장애가 되지 아니한다고 본다.

이 견해는 다시 공급자가 공급받는 자로부터 부가가치세를 거래징수할 민사상의 권리를 행사함에 있어 특별한 요건을 요하지 아니한다는 견해[6]와 세금계산서 교부가 권리행사의 요건이라는 견해[7]로 나뉜다.

### 다. 제3설

거래징수는 사업자의 권리이나 의무는 아니라는 견해이다.[8] 사업자에게 거래징수할 권리가 있으나 이를 포기할 수 있다고 한다. 그러한 권리가 없다고 하면 거래상대방이 세금계산서 발급에 따른 거래징수를 거부할 수 있고 이는 부가가치세제도의 존립기반을 흔드는 것이라고 한다. 다만 거래징수를 하지 않았다고 하여 아무런 제재가 없는 점, 거래징수를 하지 않은 데 따른 불이익은 자신이

---

4) 최명근·나성길, 『부가가치세법론』, 세경사, 2005, 434면 이하.
5) 유철형, "부가가치세법상 거래징수규정의 법적 성격", 『조세판례백선 2』, 박영사, 2015, 512면.
6) 임희택, "부가가치세법상 거래징수의 의의", 『법조』 제38권 3호, 법조협회, 1989, 66면.
7) 정희장, "부가가치세법상 매입세액 공제", 『재판자료』 제61집, 법원행정처, 1993, 46면.
8) 김용대, "2000년 부가가치세법 판례회고", 『조세법연구 Ⅶ』, 한국세법학회, 2001, 390면.

부담하면 된다는 점에 비추어 의무는 아니라고 한다.

### 2. 판례의 태도

판례는 「부가가치세법」 제31조 규정에 대해 사업자로부터 징수하고 있는 부가가치세 상당액을 공급을 받는 자에게 차례로 전가시킴으로써 궁극적으로 최종소비자에게 이를 부담시키겠다는 취지를 선언한 것에 불과하다고 본다. 따라서 사업자가 위 규정을 근거로 공급을 받는 자로부터 부가가치세 상당액을 직접 징수할 사법상의 권리는 없다고 한다.[9]

이와 달리 거래당사자 사이에 부가가치세 부담에 관한 별도의 약정이 있는 경우에 사업자가 공급받는 자에게 부가가치세 상당액을 직접 청구할 수 있는가? 판례는 거래당사자 사이에 부가가치세를 부담하기로 하는 약정이 따로 있는 경우에 사업자는 그 약정에 기하여 공급을 받는 자에게 부가가치세 상당액의 지급을 직접 청구할 수 있다고 한다. 부가가치세의 부담에 관한 그와 같은 약정은 반드시 재화 또는 용역의 공급 당시에 있어야 하는 것은 아니고 공급 후에 한 경우에도 유효하며, 반드시 명시적이어야 하는 것은 아니고 묵시적인 형태로 이루어질 수도 있다고 한다.[10]

헌법재판소도 대법원과 마찬가지로 구 「부가가치세법」 제15조(현행 제31조)의 규정은 부가가치세 상당액을 공급받는 자에게 전가시켜 궁극적으로 최종소비자에게 부담시키겠다는 취지를 규정한 것에 불과한 것이고, 부가가치세를 사실상 누가 부담하며 어떻게 전가할 것인가 하는 문제는 사적 자치가 허용되는 영역이므로 거래당사자의 약정 또는 거래관행 등에 의하여 그 부담이 결정될 사항이지, 국가와 납세의무자와의 권리·의무관계를 규율하는 조세법에 따라 결정되는 사항은 아니다. ―(중략)― 또한 세금계산서가 세액지급약정을 한 증빙서류인지 여부는 국가가 관여할 성질의 것이 아니다는 취지로 판시하였다.[11]

---

9) 대법원 1991.4.23. 선고 90누10209 판결.
10) 대법원 2008.4.24. 선고 2006두13855 판결; 대법원 2006.7.13. 선고 2004다7408 판결.
11) 헌법재판소 2000.3.30 선고 98헌바7,18(병합) 결정.

### 3. 검 토

재화·용역의 공급자에게 세금계산서 발급의무를 규정하고 있는 것과 형평을 맞추기 위하여 공급받는 자에게도 부가가치세 지급의무를 인정하여야 한다는 점만을 놓고 보면 사업자에게 거래징수 권리가 있다는 견해도 타당한 점이 있다. 다만 거래상대방으로부터 부가가치세를 징수하라고 규정되어 있어도 이를 이행하지 아니할 경우 현실적으로 과세관청이 이를 강제할 수단이 없고, 거래징수하지 아니한 데 따른 불이익이 공급자에게 돌아가지만 이것을 이유로 거래징수를 공급자의 법적 의무로 인정하는 것은 무리한 해석이다. 또한 거래징수의 법적 의무가 없는 공급자에게 거래상대방에 대한 실체법상 거래징수권을 인정하는 것은 논리적으로 타당하지 않다. 따라서 법 제31조는 사업자가 전단계세액공제법에 따라 납부할 부가가치세 납부세액을 산출하기 위하여 구조적으로 필요한 매입세액 공제에서 필수적인 사항을 주의적으로 규정한 것으로 이해하여야 할 것이다.

실제로는 사업자가 부득이 부담한 부가가치세는 상품가격에 전가되는 것이어서 거래상대방에게 거래징수할 것인지 여부는 경제거래의 관계상의 힘, 즉 시장의 자유경쟁이라는 가격의 결정구조에 맡겨져 있고 국가 정책에 의해 부가가치세를 거래상대방에게 전가하는 데에 한계가 있다고 말할 수 있다.12) 따라서 앞서 설명한 바와 같이 부가가치세의 법적 납세의무자가 사업자이고 부가가치세의 전가가 법적 장치로서 보장되지 아니한다고 할 것이다.

## Ⅲ. 사업자와 거래상대방의 법률관계

### 1. 거래징수자

재화 또는 용역의 공급에 대하여 부가가치세를 징수하여야 할 자는 「부가가치세법」상 사업자로서 재화·용역 등을 공급하는 자이다. 사업자등록을 하였는지 여부는 불문하므로 미등록사업자인 경우에도 거래징수하여야 한다. 다만 간이과세자는 거래징수의무가 없으며 면세사업자는 거래징수할 수 없다. 위탁판

12) 앞서 본 부가가치세 공급가액에 포함하지 아니하는 매출에누리, 환입된 재화의 가액과 할인금 등 다양한 명목으로 부가가치세의 원활하고 적정한 거래징수가 이루어지지 아니하고 사업자의 부담으로 귀착될 수 있다.

매 또는 대리인 판매의 경우에는 위탁자 또는 본인이 직접 재화를 공급한 것으로 보게 되므로 부가가치세의 거래징수는 위탁자 또는 본인이 하여야 한다.

앞서 설명하였듯이 부가가치세 납세의무는 오로지 공급하는 사업자에게 지우고 있을 뿐만 아니라 재화 또는 용역을 공급하는 자가 공급받는 자로부터 매출세액을 받아서 납부세액을 산출하여 납부하든지, 매출세액을 받아내지 못하든지 혹은 이를 포기하여 납부세액 계산에서 자신이 손해를 보든지 전혀 상관하지 않는다. 이에 따라 거래징수를 규정한 법에도 불구하고 사업자의 거래징수가 반드시 이루어진다고 말할 수 없다. 세금계산서를 발급한 경우에도 실제에 기재된 내용대로 부가가치세가 전가되었는지는 알 수 없고 사실과 다를 수도 있으며, 거래되는 재화 등의 수요·공급의 탄력성과 그 시장 여건에 따라서 세부담 전가의 정도가 좌우되는 것이므로 경우에 따라서 법의 이론이나 취지와 달리 전혀 전가되지 않는 경우도 있을 수 있다.[13]

재화 또는 용역을 공급하고 받는 대가 중에 포함되어 있는 부가가치세는 재화 또는 용역 가격의 일부인가, 아니면 사업자인 공급자가 거래징수하여 납부해 주어야 할 일종의 예치금인가 하는 점이 문제된다. 이에 대하여 일본 판례는 부가가치세는 거래의 각 단계에서 사업자에게 과세되는 것이기 때문에 소비자는 그 실질적 부담자이지만 납세의무자는 아니고, 따라서 소비자가 사업자에게 지급하는 부가가치세는 어디까지나 재화 또는 용역의 제공에 대한 대가의 일부로서의 성격밖에 갖고 있지 않기 때문에, 사업자가 해당 부가가치세 거래징수분에 대해 과부족 없이 국가에 납부해야 할 의무를 소비자와의 관계에서 지는 것은 아니라고 판결하였다.[14] 이 판결의 뜻을 새겨보면 거래상대방에게서 거래징수한 부가가치세는 그 본질이 부가가치세가 아니라 단지 공급하는 사업자가 받은 대가의 일부를 구성하는 것이고, 거래상대방이 예치한 세액 내지는 납부하도록 맡겨 놓은 예치금이 아니라는 의미이다. 그렇기 때문에 사업자인 공급자가 거래상대방으로부터 거래징수한 부가가치세를 임의로 소비하였다 하더라도 이를 횡령죄로 형사 처벌할 수 없게 된다.

판례에 따르면, 건설사업자가 재건축조합과의 사이에 체결한 공사도급계약

---

13) 이종래, "부가가치세의 효율적인 거래징수를 위한 방안 연구", 『조세연구』 제13권 제3집, 2013. 193면.

14) 일본 동경지방재판소 평성 2년 3월 26일 판결.

에 따라 조합주택을 건설하는 용역을 공급한 경우에 그 건설사업자는 부가가치세 납세의무를 부담하는 자로서 용역을 공급받는 자인 재건축조합으로부터 부가가치세를 징수할 수 있다 할 것이나, 다만 그 부가가치세를 최종적으로 누가 부담할 것이냐의 문제는 건설사업자·재건축조합·조합원 사이의 약정에 의하여 해결해야 한다.[15)]

이와 같이 이론과 달리 실제 거래에서 부가가치세가 거래상대방에게 전가되어 거래징수가 이루어지는지 여부는 거래당사자 간에 상호 합의하여 정해질 일이므로 시장경제의 우열관계 또는 수요·공급의 원리에 맡겨져 있다고 설명하는 것이 타당한 것으로 보인다.[16)]

## 2. 세부담에 관한 명시적 약정이 있는 경우

거래당사자 사이에 공급받는 자가 해당 부가가치세를 부담하기로 하는 약정이 따로 있는 경우에는 공급자는 그 약정에 기하여 공급받는 자에게 부가가치세 상당액의 지급을 청구할 수 있는 것은 사적자치의 원칙상 당연하고, 위와 같은 약정은 반드시 재화 또는 용역의 공급 당시에 있어야 하는 것은 아니고 공급 후에 한 경우에도 유효하며, 또한 반드시 명시적이어야 하는 것은 아니고 묵시적인 형태로 이루어질 수도 있다.[17)]

그리고 도급인이 부가가치세를 지급하기로 하는 약정이 체결되었으나 그 지급에 관하여 단지 '부가가치세 별도'라고만 기재된 경우에도 「부가가치세법」 규정에 따라 공사대금의 10%를 부가가치세로 지급하기로 하는 약정이 있는 것으로 봄이 상당하다.[18)]

## 3. 세부담에 관한 명시적 약정이 없는 경우

앞서 본 바와 같이 「부가가치세법」 제31조를 공급자가 공급받는 자로부터 부가가치세를 징수할 사법상의 권리를 보장하는 것은 아니라는 판례의 입장에 따를 때, 공급자와 공급받는 자 사이에 부가가치세 부담에 관한 약정이 따로 체

15) 대법원 2002.6.28. 선고 2000다21079 판결.
16) 이창희, 『세법강의』, 박영사, 2014, 989면.
17) 대법원 2002.11.22. 선고 2002다38828 판결; 대법원 1999.11.12. 선고 99다33984 판결 등.
18) 대법원 1997.3.28 선고 96다48930 판결; 대법원 1993.9.14. 선고 92다29986 판결.

결되지 않았다면 특별한 사정이 없는 한 공급자와 공급받는 자 사이의 약정대금에 이미 부가가치세가 포함된 것으로 보아야 할 것이므로 공급자는 공급받는 자에게 별도로 부가가치세의 지급을 청구할 수 없다.

이러한 경우 공급자가 받은 대금 전부를 공급가액으로 하여 재화 또는 용역의 공급에 따른 부가가치세를 자신의 부담으로 납부하였다 하더라도 이는 자기의 납세의무를 이행한 것일 뿐 공급받는 자가 납부하여야 할 부가가치세를 대위납부한 것으로 볼 수 없으므로 공급받는 자에 대하여 위 부가가치세 상당액을 구상할 수도 없다.[19]

## Ⅳ. 거래징수의 효과

사업자가 거래상대방으로부터 거래징수한 세액은 부가가치세 매출세액을 구성한다. 그러나 실제로는 거래상대방으로부터 과세기간 동안에 징수한 부가가치세 합계액과 공급가액에 세율을 적용한 매출세액은 일치하지 아니하는 경우가 많다. 그 이유는 세액에 단수가 발생하거나 공급간주 등이 존재하기 때문이다. 특히 사업자가 거래징수를 빠짐없이 해야 하지만 실제로는 그렇게 되지 않기 때문이다.

사업자가 재화 등을 공급하였으나 실제 거래징수를 하지 아니한 경우도 있을 수 있다. 이와 같은 거래징수 불이행에 대하여는 가산세 같은 제재가 없다. 하지만 이 때 거래징수 여부에 불문하고 공급가액을 과세표준으로 하여 매출세액을 계산하게 된다. 이 경우 거래징수하지 아니한 매출세액 상당액은 거래상대방에게 전가시키지 못하고 어쩔 수 없이 공급자 자신이 부담하여야 하는 결과가 된다. 만일 거래상대방이 과세사업자인 경우에는 재화 등을 공급받은 데 대하여 부가가치세 거래징수를 요구하지 아니하면 그 자신도 나중에 매입세액공제를 받을 수 없게 된다. 따라서 거래상대방은 스스로 공급자에게 거래징수를 요구하게 될 것이므로 거래징수는 부가가치세의 틀 내에서 제도적으로 간접 강제되고 있다고 볼 수 있다.

19) 대법원 2002.11.22. 선고 2002다38828 판결; 대법원 1999.11.12. 선고 99다33984 판결; 대법원 1993.8.13. 선고 93다13780 판결.

## 제 2 절 세금계산서

**제32조(세금계산서 등)** ① 사업자가 재화 또는 용역을 공급(부가가치세가 면제되는 재화 또는 용역의 공급은 제외한다)하는 경우에는 다음 각 호의 사항을 적은 계산서(이하 "세금계산서"라 한다)를 그 공급을 받는 자에게 발급하여야 한다.

1. 공급하는 사업자의 등록번호와 성명 또는 명칭
2. 공급받는 자의 등록번호. 다만, 공급받는 자가 사업자가 아니거나 등록한 사업자가 아닌 경우에는 대통령령으로 정하는 고유번호 또는 공급받는 자의 주민등록번호
3. 공급가액과 부가가치세액
4. 작성 연월일
5. 그 밖에 대통령령으로 정하는 사항

② 법인사업자와 대통령령으로 정하는 개인사업자는 제1항에 따라 세금계산서를 발급하려면 대통령령으로 정하는 전자적 방법으로 세금계산서(이하 "전자세금계산서"라 한다)를 발급하여야 한다.

③ 제2항에 따라 전자세금계산서를 발급하였을 때에는 대통령령으로 정하는 기한까지 대통령령으로 정하는 전자세금계산서 발급명세를 국세청장에게 전송하여야 한다.

④ 제2항에도 불구하고 「전기사업법」 제2조 제2호에 따른 전기사업자가 산업용 전력을 공급하는 경우 등 대통령령으로 정하는 경우 해당 사업자는 대통령령으로 정하는 바에 따라 전자세금계산서임을 적은 계산서를 발급하고 전자세금계산서 파일을 국세청장에게 전송할 수 있다. 이 경우 제2항에 따라 전자세금계산서를 발급하고 제3항에 따른 발급명세를 전송한 것으로 본다.

⑤ 전자세금계산서를 발급하여야 하는 사업자가 아닌 사업자도 제2항 및 제3항에 따라 전자세금계산서를 발급하고 전자세금계산서 발급명세를 전송할 수 있다.

⑥ 위탁판매 또는 대리인에 따른 판매 등 대통령령으로 정하는 경우에는 제1항에도 불구하고 해당 재화 또는 용역을 공급하는 자이거나 공급받는 자가 아닌 경우에도 대통령령으로 정하는 바에 따라 세금계산서 또는 전자세금계산서를 발급하거나 발급받을 수 있다.

⑦ 세금계산서 또는 전자세금계산서의 기재사항을 착오로 잘못 적거나 세금계산서 또는 전자세금계산서를 발급한 후 그 기재사항에 관하여 대통령령으로 정하는 사유가 발생하면 대통령령으로 정하는 바에 따라 수정한 세금계산서(이하 "수정세금

계산서"라 한다) 또는 수정한 전자세금계산서(이하 "수정전자세금계산서"라 한다)를 발급할 수 있다.
⑧ 세금계산서, 전자세금계산서, 수정세금계산서 및 수정전자세금계산서의 작성과 발급에 필요한 사항은 대통령령으로 정한다.
**제34조의2(매입자발행세금계산서에 따른 매입세액 공제 특례)** ① 제32조에도 불구하고 납세의무자로 등록한 사업자로서 대통령령으로 정하는 사업자(이하 이 항에서 "사업자"라 한다)가 재화 또는 용역을 공급하고 제34조에 따른 세금계산서 발급 시기에 세금계산서를 발급하지 아니한 경우(사업자의 부도·폐업, 공급 계약의 해제·변경 또는 그 밖에 대통령령으로 정하는 사유가 발생한 경우로서 사업자가 수정세금계산서 또는 수정전자세금계산서를 발급하지 아니한 경우를 포함한다) 그 재화 또는 용역을 공급받은 자는 대통령령으로 정하는 바에 따라 관할 세무서장의 확인을 받아 세금계산서를 발행할 수 있다.
② 제1항에 따른 세금계산서(이하 "매입자발행세금계산서"라 한다)에 기재된 부가가치세액은 대통령령으로 정하는 바에 따라 제37조, 제38조 및 제63조 제3항에 따른 공제를 받을 수 있는 매입세액으로 본다.
③ 제1항 및 제2항에서 정한 사항 외에 매입자발행세금계산서의 발급 대상 및 방법, 그 밖에 필요한 사항은 대통령령으로 정한다.

## Ⅰ. 세금계산서의 의의와 기능

### 1. 의 의

'세금계산서'란 부가가치세법상 납세의무자로 등록한 사업자가 재화 또는 용역을 공급하는 때에 부가가치세를 거래징수하고 이를 증명하기 위하여 공급받는 자에게 발급하는 세금영수증이다. 법 제32조 제1항은 과세사업자가 재화 또는 용역을 공급하는 경우에 세금계산서를 그 공급을 받는 자에게 발급하여야 한다고 규정하고 있다. 사업자는 재화 등을 공급할 때 세금계산서를 발급함으로써 공급받는 자에게 부가가치세를 전가시킬 수 있으며, 공급받는 자는 발급받은 세금계산서를 요약한 매입처별 세금계산서합계표를 정부에 제출하여 거래징수당한 부가가치세를 매입세액으로 공제받을 수 있다. 이러한 의미에서 세금계산서는 부가가치세의 전가를 위한 법적 장치이면서 매입세액공제의 필수적 자료이다.

세금계산서에는 재화 또는 용역을 제공하면서 교부하는 일반세금계산서(종이세금계산서)와 특수한 형태의 전자세금계산서가 있다. 재화를 수입하는 때에 세관장이 발급하는 것은 수입세금계산서라 한다. 이 외에도 간이세금계산서의 일종인 영수증이 있다.

### 2. 기 능

세금계산서는 부가가치세제에서 중심적인 역할을 하고 있는데 주요 기능은 다음과 같다.

첫째, 부가가치세 거래징수 내용을 확인해 주는 증빙으로서 기능한다. 이로써 전단계매입세액공제방식에서 매입세액공제를 가능하게 한다.

둘째, 부가가치세 신고시 매출·매입처별세금계산서 합계표를 작성하는 과세자료로서 기능한다.

셋째, 거래당사자인 사업자 간에 공급하는 재화 등에 관한 송장·영수증·회계처리증빙 등으로서 기능한다.

그런데 공사도급계약 등 거래 실제에서는 용역의 공급이 있었음에도 상대방이 부가가치세를 지급하지 아니하여 공급자도 이에 맞서서 세금계산서를 발급하지 아니하는 경우가 종종 있다. 판례는 공사도급계약을 체결하면서 부가가치세를 별도로 지급하기로 약정하였음에도 불구하고 도급인이 수급인에게 공사대금 일부를 지급하면서 부가가치세 상당액을 지급하지 아니한 경우, 수급인이 부가가치세를 지급받지 못하여 세금계산서를 작성·발급하지 않았고 이로 인하여 도급인이 매입세액공제를 받지 못하게 된 것은 세금계산서를 발급하지 않은 수급인의 잘못에 기인한 것이 아니라 약정한 부가가치세 상당액을 지급하지 아니한 도급인 자신의 잘못에 기인하였다고 보고 있다.[20]

## Ⅱ. 세금계산서와 영수증의 발급

### 1. 세금계산서

세금계산서는 공급하는 사업자가 공급한 자 보관용 및 공급받는 자 보관용

20) 대법원 1996.12.6. 선고 95다49738 판결.

으로 각 2매를 발급하여 1매를 거래상대방에게 교부한다. 공급받는 자용 세금계산서를 발급받은 사업자는 그것을 토대로 매입세액을 공제받게 되는데, 부가가치세 납세의무자인 사업자들이 성실하게 거래 실질 그대로 세금계산서를 주고받는다면 정부가 세금계산서를 일일이 확인·조사할 이유가 없어진다. 따라서 부가가치세제가 어느 정도 정착된 요즘 세금계산서를 세무서에 직접 제출하게 요구하지 아니한다. 대신에 공급자는 발급한 세금계산서를 집계하여 요약한 매출처별 세금계산서합계표를 제출하며 공급받는 자는 발급받은 세금계산서를 집계하여 요약한 매입처별 세금계산서합계표를 제출하여 매입세액공제를 받는다.

영국·프랑스·일본 등에서는 세금계산서 서식을 법정화하지 아니하고 기재사항만을 정해 놓고 있다. 즉 세금계산서 서식을 따르지 아니하여도 이에 대한 벌칙이나 제재가 없다.[21] 또한 신용결제 수단이 선진화되었고 부당거래 거부 및 고발정신 등 세금계산서 및 영수증 제도에 대한 사회적 제반 기초가 발달했기 때문에 세금계산서를 정부에 제출하게 하지 않고 있다. 세금계산서 제도를 너무 엄격하게 운영하는 것은 납세자에게 각종 협력의무를 부과함으로써 징세비용을 높여 조세 효율성을 해치는 점에 근거하고 있다고 생각된다.

## 2. 영수증

'영수증'이란 공급받는 자의 등록번호와 부가가치세액을 따로 기재하지 않은 계산서를 말한다. 영수증은 카드단말기나 현금영수증 발급장치를 통해 출력하여 교부하거나 공급받는 자의 동의를 받아 전자문서 형태로 송신하여야 한다. 카드단말기를 통해 발급하는 경우에는 신용카드매출전표과 현금영수증 및 직불·선불지급수단 영수증이 포함된다. 또한 영수증을 전자문서 형태로 송신하는 경우에는 홈페이지나 앱 등을 통해 결제내역을 공급받는 자가 확인할 수 있는 경우를 의미한다(부령 제73조 제9항).

이러한 영수증에는 부가가치세가 포함된 금액으로 '공급대가'가 기재된다. 영수증은 간이과세자 또는 영세사업자가 주로 최종소비자에게 발급하되 2매를 발행하여 1매를 교부한다. 세금계산서와 비교하여 볼 때 발급하거나 발급받은 영

---

21) 이복희, "부가가치세법상 세금계산서 제도에 관한 연구", 서울시립대학교 세무학박사 학위논문, 2014, 54면.

수증에 대하여 그 합계표를 제출할 필요가 없으며 제출하더라도 매입세액공제의 효력이 인정되지 않는다. 또한 그 발급의무자가 이를 발급하지 않더라도 가산세의 제재를 받지 않는다. 따라서 영수증은 「부가가치세법」상 특별한 효력이 없다.

그러나 영수증도 기업의 소득세나 법인세의 계산에 있어서 매입 및 매출에 관한 기초적인 증빙자료로는 인정된다. 아울러 신용카드를 사용하는 경우에 발급하는 신용카드매출전표 등에 공급가액과 부가가치세액이 별도로 기재되어 있으며 거래사실을 객관적으로 확인한 경우에는 그에 근거하여 부가가치세 매입세액을 공제받을 수 있다.

## Ⅲ. 세금계산서의 기재사항

과세사업자가 작성·발급하는 세금계산서에 기재되어야 할 사항에는 반드시 포함되어야 하는 사항과 임의로 기재할 수 있는 사항으로 구분된다. 법 제32조 제1항 제5호에서 그 밖에 대통령령으로 정하는 사항이라고만 하여, 필요적 기재사항과 임의적 기재사항을 구분하는 명시적 규정은 없지만 법률과 시행령의 규정사항은 중요도에 있어서 구분되는 것으로 보는 것이 일반적이다. 외국의 예를 보면 이를 구분하지 않고 필요적 기재사항을 더 상세하고 구체적으로 규정한 경우가 있다.[22)]

### 1. 필요적 기재사항

세금계산서에는 다음의 사항을 반드시 기재하여야 한다(부법 제32조 제1항).

① 공급하는 사업자의 등록번호와 성명 또는 명칭(제1호)

② 공급받는 자의 등록번호. 다만 공급받는 자가 사업자가 아니거나 등록한 사업자가 아닌 경우에는 법령이 정하는 고유번호 또는 공급받는 자의 주민등록번호(제2호)

③ 공급가액과 부가가치세액(제3호)

④ 작성 연월일(제4호)

---

22) Alan Schenk & Oliver Oldman, *Value Added Tax*, Transnational Publishers. Inc. 2001, p.217.

이 중 '공급받는 자의 등록번호'는 특별한 사정이 없는 한 「부가가치세법」상 사업자등록에 의하여 교부받은 등록번호라고 해석하여야 할 것이다. 이 같은 필요적 기재사항의 일부라도 기재되지 아니하거나 그 내용이 사실과 다르게 기재된 경우에는 매입세액공제를 받을 수 없다. 소매단계 이전에 공급하는 사업자의 세금계산서는 공급에 따른 매출세액 계산과 공급받는 자의 매입에 따른 세액공제에 대하여 상호 교차검증하는 데 사용된다. 부가가치세는 매출세액에서 매입세액을 공제하는 방식으로 납부세액을 계산하는데 세금계산서는 부가가치세의 세액계산구조에서 핵심요소이기 때문이다. 사실과 다른 내용의 세금계산서는 납부세액을 산정하는 세금계산서로서의 기능을 다하지 못하는 것이기 때문에 그와 같은 세금계산서의 매입세액은 매출세액에서 공제하지 아니한다.

만일 재화나 용역을 공급받는 자가 부가가치세 면세사업자에 해당하여 「부가가치세법」상 사업자등록에 따른 등록번호를 부여받지 않은 경우, 면세사업자가 「소득세법」 또는 「법인세법」상 사업자등록에 의하여 부여받은 등록번호가 있지만 이를 기재하지 아니하고 「부가가치세법」상의 고유번호 또는 공급받는 자의 주민등록번호를 기재하였다 하더라도 세금계산서 부실기재라고 할 수 없다.[23)]

## 2. 임의적 기재사항

세금계산서에는 필요적 기재사항 이외에 다음에 정하는 사항을 임의로 기재할 수 있다(부령 제67조 제2항). 이것의 착오 또는 기재누락은 세금계산서의 효력에 아무런 영향도 미치지 아니하는 것으로 해석하여야 한다.

① 공급하는 자의 주소(제1호)

② 공급받는 자의 상호·성명·주소(제2호)

③ 공급하는 자와 공급받는 자의 업태와 종목(제3호)

④ 공급품목(제4호)

⑤ 단가와 수량(제5호)

⑥ 공급 연월일(제6호)

⑦ 거래의 종류(제7호)

⑧ 사업자 단위 과세 사업자의 경우 실제로 재화 또는 용역을 공급하거나

23) 대법원 2006.9.8. 선고 2003두9718 판결.

공급받는 종된 사업장의 소재지 및 상호(제8호)

주로 사업자가 아닌 소비자에게 재화 또는 용역을 공급하는 사업을 하는 일반과세자 중 자동차 제조업 및 자동차 판매업을 경영하는 사업자가 영수증을 발급하였으나, 공급받는 자가 해당 재화를 공급받는 날이 속하는 과세기간의 다음 달 10일까지 사업자등록증을 제시하고 세금계산서의 발급을 요구하여 그에 따라 세금계산서를 발급하는 경우에는 비고란에 영수증취소분이라고 적어야 한다(부령 제67조 제3항).

사업자는 필요적 기재사항과 그 밖에 필요하다고 인정되는 사항 및 국세청장에게 신고한 계산서임을 기재한 계산서를 국세청장에게 신고한 후 발급할 수 있다. 이 경우 동 계산서는 전자세금계산서 이외의 세금계산서로 본다(부령 제67조 제4항).

그 외 다음의 사업에 종사하는 사업자는 해당 사업과 관련하여 세금계산서의 필요적 기재사항과 그 밖에 필요하다고 인정되는 사항 및 관할 세무서장에게 신고한 전자세금계산서임을 적은 계산서를 관할 세무서장에게 신고한 후 발급할 수 있다. 이 경우 사업자는 표준인증을 받고 공급일의 다음 달 11일까지 전자세금계산서 파일을 전산매체로 제출하여야 한다(부령 제68조 제9항).

① 전기사업자가 산업용 전력을 공급하는 경우(제1호)

② 전기통신사업자가 사업자에게 전기통신역무를 제공하는 경우. 다만 부가통신사업자가 통신판매업자에게 전기통신사업법 제5조 제4항에 따른 부가통신역무를 제공하는 경우는 제외한다(제2호).

③ 도시가스사업자가 산업용 도시가스를 공급하는 경우(제3호)

④ 집단에너지를 공급하는 사업자가 산업용 열 또는 전기를 공급하는 경우(제4호)

⑤ 방송사업자가 사업자에게 방송용역을 제공하는 경우(제5호)

⑥ 일반과세자가 농·어민에게 「조세특례제한법」 제105조의2에 따른 농·어업용 기자재를 공급하는 경우(제6호)

⑦ 인터넷 멀티미디어 방송 제공사업자가 사업자에게 방송용역을 제공하는 경우(제7호)

〈세금계산서 양식〉

■ 부가가치세법 시행규칙 [별지 제14호서식] (적색)

| 책 번 호 | 권 | 호 |
|---|---|---|

## 세금계산서(공급자보관용)

일 련 번 호 □□-□□□□

| 공급자 | 등 록 번 호 | - - | | | 공급받는자 | 등 록 번 호 | | | |
|---|---|---|---|---|---|---|---|---|---|
| | 상호(법인명) | | 성 명 (대표자) | | | 상호(법인명) | | 성 명 (대표자) | |
| | 사업장 주소 | | | | | 사업장 주소 | | | |
| | 업 태 | | 종 목 | | | 업 태 | | 종 목 | |

| 작성 | | | | 공 급 가 액 | | | | | | | | | | | | | 세 액 | | | | | | | | | | | | 비 고 |
|---|---|---|---|---|---|---|---|---|---|---|---|---|---|---|---|---|---|---|---|---|---|---|---|---|---|---|---|---|---|
| 연 | 월 | 일 | 공란수 | 조 | 천 | 백 | 십 | 억 | 천 | 백 | 십 | 만 | 천 | 백 | 십 | 일 | 천 | 백 | 십 | 억 | 천 | 백 | 십 | 만 | 천 | 백 | 십 | 일 | |
| | | | | | | | | | | | | | | | | | | | | | | | | | | | | | |

| 월 | 일 | 품 목 | 규 격 | 수 량 | 단 가 | 공 급 가 액 | 세 액 | 비 고 |
|---|---|---|---|---|---|---|---|---|
| | | | | | | | | |
| | | | | | | | | |
| | | | | | | | | |
| | | | | | | | | |

| 합 계 금 액 | 현 금 | 수 표 | 어 음 | 외상 미수금 | 이 금액을 영수/청구 함 |
|---|---|---|---|---|---|
| | | | | | |

210㎜×148.5㎜ (인쇄용지(특급) 34g/㎡)

■ 부가가치세법 시행규칙 [별지 제14호서식] (청색)

| 책 번 호 | 권 | 호 |
|---|---|---|

## 세금계산서(공급받는 자 보관용)

일 련 번 호 □□-□□□□

| 공급자 | 등 록 번 호 | - - | | | 공급받는자 | 등 록 번 호 | | | |
|---|---|---|---|---|---|---|---|---|---|
| | 상호(법인명) | | 성 명 (대표자) | | | 상호(법인명) | | 성 명 (대표자) | |
| | 사업장 주소 | | | | | 사업장 주소 | | | |
| | 업 태 | | 종 목 | | | 업 태 | | 종 목 | |

| 작성 | | | | 공 급 가 액 | | | | | | | | | | | | | 세 액 | | | | | | | | | | | | 비 고 |
|---|---|---|---|---|---|---|---|---|---|---|---|---|---|---|---|---|---|---|---|---|---|---|---|---|---|---|---|---|---|
| 연 | 월 | 일 | 공란수 | 조 | 천 | 백 | 십 | 억 | 천 | 백 | 십 | 만 | 천 | 백 | 십 | 일 | 천 | 백 | 십 | 억 | 천 | 백 | 십 | 만 | 천 | 백 | 십 | 일 | |
| | | | | | | | | | | | | | | | | | | | | | | | | | | | | | |

| 월 | 일 | 품 목 | 규 격 | 수 량 | 단 가 | 공 급 가 액 | 세 액 | 비 고 |
|---|---|---|---|---|---|---|---|---|
| | | | | | | | | |
| | | | | | | | | |
| | | | | | | | | |
| | | | | | | | | |

| 합 계 금 액 | 현 금 | 수 표 | 어 음 | 외상 미수금 | 이 금액을 영수/청구 함 |
|---|---|---|---|---|---|
| | | | | | |

210㎜×148.5㎜(인쇄용지(특급) 34g/㎡)

## Ⅳ. 전자세금계산서

### 1. 의 의

법인사업자와 일정 규모 이상 개인사업자는 전자적 방법으로 세금계산서를 발급하여야 하는데 이를 '전자세금계산서'라 한다(부법 제32조 제2항). 전자세금계산서는 공급자가 세금계산서를 전자적 방법으로 발급하고 국세청에 전송함으로써 납세이행비용 절감과 과세포착률 향상을 통한 글로벌 수준의 조세행정을 달성하기 위한 목적을 가지고 있다. 전자세금계산서의 활용으로 과세당국 입장에서 기대되는 효과는 허위세금계산서 차단으로 인한 가공세금계산서 매매행위의 근절을 통한 과세포착률 향상과 이에 따른 세원투명화로 인한 공평과세기반 확충을 들 수 있다. 전자세금계산서는 당초 전자상거래의 활성화에 따라 세금계산서의 전자적 교부 필요성이 증대되어 사업자의 편의를 도모할 목적으로 도입되었으나 납세협력비용 절감은 물론 가공·허위세금계산서의 유통을 방지하는 데 효과적인 수단으로 인식되면서 2010년 1월 1일부터 전면적으로 도입되었다.

유럽연합은 2020년까지 회원국 내에서 전자세금계산서의 광범위한 도입을 목표로 제도개선 작업을 수행하였는바, 제도개선 노력의 일환으로 유럽연합이사회(EU Council)는 2010년 7월 부가가치세 시행지침 중 전자세금계산서 관련 규정을 개정하였다. 이에 따라 전자세금계산서(electronic invoice)라는 용어의 정의가 '전자적 형식(electronic format)으로 발행 또는 수령되는 세금계산서(tax invoice)'로 개정되어 그 범위가 확장되어 시행지침에 명시되었다. 아울러 종이세금계산서와 전자세금계산서를 동일하게 취급하는 근거 규정이 마련되었다.[24] 이처럼 종전의 종이세금계산서가 전자세금계산서로 완전히 대체되면 유럽연합 회원국 간 거래절차가 자동화·간소화되고 대금의 연체 및 오류가 감소되며 인쇄 및 우편비용 등이 절감될 것으로 예상하고 있다.[25]

법에서 규정한 '전자적 방법'이란 다음에 해당하는 방법으로 세금계산서의 각 필요적 기재사항을 계산서 작성자의 신원 및 계산서의 변경 여부 등을 확인할 수 있는 공인인증시스템을 거쳐 정보통신망으로 발급하는 것을 말한다(부령

24) Directive 2010/45/EU, Article1.
25) 이복희, 앞의 논문, 41면.

제68조 제5항).

① 「조세특례제한법」 제5조의2 제1호에 따른 전사적 기업자원관리설비로서 전자거래기본법에 따른 표준인증을 받은 설비를 이용하는 방법(제1호)

② 「전자문서 및 전자거래기본법」에 따른 표준인증을 받은 실거래 사업자를 대신하여 전자세금계산서 발급업무를 대행하는 사업자의 전자세금계산서 발급시스템을 이용하는 방법(제2호)

③ 국세청장이 구축한 전자세금계산서 발급시스템을 이용하는 방법(제3호)

④ 전자세금계산서 발급이 가능한 현금영수증 발급장치 및 그 밖에 국세청장이 지정하는 전자세금계산서 발급시스템을 이용하는 방법(제4호)

## 2. 발급대상자

초기에는 법인사업자에 대한 전자세금계산서 발급이 의무화되었고 전자세금계산서 발급 및 전송에 대한 한시적 세액공제제도가 채택되었다. 2011년부터는 개인사업자 중 「소득세법」에 따른 복식부기의무자도 전자세금계산서의 발급을 의무화하였다.

현행법상 법인사업자와 일정 규모 이상 개인사업자는 전자세금계산서를 발급하여야 한다. 여기에 해당하는 개인사업자란 직전 연도의 사업장별 재화 및 용역의 공급가액의 합계액이 2억원 이상인 개인사업자를 말하는데, 이를 '전자세금계산서 의무발급 개인사업자'라 한다(부령 제68조 제1항). 전자세금계산서 의무발급 개인사업자가 전자세금계산서를 발급하여야 하는 기간은 사업장별 재화 및 용역의 공급가액의 합계액이 2억원 이상인 해의 다음 해 제2기 과세기간과 그 다음 해 제1기 과세기간으로 한다. 다만 사업장별 재화와 용역의 공급가액의 합계액이 「국세기본법」 제45조에 따른 수정신고 또는 「부가가치세법」 제57조에 따른 결정 및 경정으로 2억원 이상이 된 경우 전자세금계산서를 발급하여야 하는 기간은 수정신고 등을 한 날이 속하는 과세기간의 다음 과세기간과 그 다음 과세기간으로 한다(부령 제68조 제2항). 세무서장은 개인사업자가 전자세금계산서 의무발급 개인사업자에 해당하는 경우에는 전자세금계산서를 발급하여야 하는 기간이 시작되기 1개월 전까지 그 사실을 해당 개인사업자에게 통지하여야 한다(부령 제68조 제3항).

한편 전자세금계산서를 발급해야 하는 사업자가 아닌 사업자도 전자세금계산서를 발급하고 전자세금계산서 발급명세를 전송할 수 있다(부법 제32조 제5항).

## 3. 발급 절차

전자세금계산서를 발행하는 방법에는 세금계산서 발급시스템 임대사업자 등(ASP, ERP)을 통하는 방법이 있으나 현재 국세청이 무료로 서비스하는 'e-세로'라고 하는 전자세금계산서가 널리 활용되고 있다.[26] 전자세금계산서를 발급한 때에는 전자세금계산서 발급일의 다음 날까지 세금계산서 발급명세를 국세청장에게 전송하여야 한다(부법 제32조 제3항). 처음 도입 당시에는 공급일의 다음 달 15일까지 전송하면 되는 것으로 하였으나 전송기한 단축을 통한 전자세금계산서 발급제도의 실효성을 높이고 전송기한 내 거래내역을 조작할 가능성을 줄이기 위해 기한을 대폭 단축하였다.

재화나 용역을 공급받는 자가 전자세금계산서를 발급받을 수신함을 가지고 있지 아니하거나 지정하지 아니한 경우 또는 전자세금계산서 발급이 가능한 현금영수증 발급장치 및 그 밖에 국세청장이 지정하는 전자세금계산서 발급시스템을 이용하는 방법 등 수신함이 적용될 수 없는 시스템을 사용하는 경우에는 국세청장이 구축한 전자세금계산서 발급시스템을 수신함으로 지정한 것으로 본다(부령 제68조 제11항). 전자세금계산서가 재화나 용역을 공급받는 자가 지정하는 수신함에 입력되거나 국세청장이 구축한 전자세금계산서 발급시스템에 입력된 때에 재화나 용역을 공급받는 자가 그 전자세금계산서를 수신한 것으로 본다(동조 제12항).

## 4. 전자세금계산서의 문제점과 보완 대책

본격적으로 전자세금계산서 제도를 도입하여 운용하면서 긍정적인 효과도 나타났지만 문제점도 드러날 것으로 우려되고 있다. 법률적 관점에서 문제점으로 지적할 수 있는 것은 다음과 같다.

첫째, 재화 또는 용역을 공급하는 때에 세금계산서를 발급하고 그 발급일

---

26) 자세한 이용방법은 장기용, "현행 전자세금계산서 제도의 문제점 및 개선방안", 『경영컨설팅연구』 제10권 제3호, 한국경영컨설팅학회, 2010, 96~98면 참조.

익일까지 국세청에 발급명세를 전송하여야 하는데, 공급자는 재화 또는 용역의 공급시기 판단 미숙 내지 오류로 인해 수정세금계산서의 발급이 빈번해지거나 가산세 등의 불이익을 감수해야 하는 경우가 많게 된다.

둘째, 전자적 방법의 발급을 위해 ASP업체를 선정하여 이용함에 있어서 기업매출 관련 중요정보를 제3자에게 제공해야 함에 따라 정보유출 및 기업비밀유지 등에 불안요소가 있다. 또한 발행되는 전자세금계산서가 국세청 서버에 모아지도록 되어 있어 ASP사업자나 국세청이 해킹당할 경우 많은 정보가 유출될 수 있다.

셋째, 공급하는 자와 공급받는 자 간에 재화 또는 용역의 공급이나 대금회수와 관련하여 분쟁이 있는 경우에 세금계산서 발급 여부에 대한 합의 없이 공급자가 일방적으로 발급하여 이메일로 송부하는 경우가 있을 수 있다. 현행법은 전자세금계산서가 재화나 용역을 공급받는 자가 지정하는 수신함에 입력되거나 국세청장이 구축한 전자세금계산서 발급시스템(e-세로)에 입력된 때에 재화나 용역을 공급받는 자가 그 전자세금계산서를 수신한 것으로 본다고 규정하고 있다. 이와 같은 수신인의 동의나 승인이 없는 매출세금계산서의 유효성 여부가 법적으로 문제되는데 이에 대한 대책이 없다.

넷째, 자료상의 경우 종전의 종이세금계산서 발급보다 오히려 전자세금계산서 발급이 쉽고 발급과 승인과정을 거치면 얼마든지 거짓 세금계산서를 발급할 수 있어 제도의 취지에 역행하는 현상이 나타날 수 있다.[27)]

끝으로 제도상의 문제점은 전자세금계산서제도 도입 목적 중 가장 중요한 것이 납세협력비용의 절감인데, 시스템의 구축비용과 운영 및 유지비용이 계속적으로 발생하게 되면 중소기업에게는 부담으로 작용하게 될 가능성이 높다.

## Ⅴ. 세금계산서의 발급의무자

### 1. 사업자

세금계산서의 발급의무자는 「부가가치세법」상 사업자이다(부법 제32조 제1

27) 이복희, 앞의 논문, 60면.

항). 비록 납세의무자라 하더라도 사업자등록을 하지 않으면 세금계산서를 발급할 수 없으며 면세사업자는 부가가치세 납세의무가 없으므로 세금계산서를 발급할 수 없다. 후술하듯이 영세사업자인 간이과세자는 영수증을 발급하는 것이 원칙이고 일반과세자에게 세금계산서 발급의무가 있다.

## 2. 위탁매매 등의 경우

### 가. 위탁판매·위탁매입 등

위탁판매 또는 대리인에 의한 판매의 경우 위탁자 또는 본인이 직접 재화를 공급하거나 공급받는 것으로 보게 된다. 따라서 수탁자 또는 대리인이 재화를 인도하는 때에는 수탁자 또는 대리인이 위탁자 또는 본인을 공급자(명의)로 하여 세금계산서를 발급한다. 위탁자 또는 본인이 직접 재화를 인도하는 때에는 위탁자 또는 본인이 세금계산서를 발급할 수 있다. 이 경우에는 세금계산서에 수탁자 또는 대리인의 등록번호를 덧붙여 적어야 한다(부령 제69조 제1항).

한편 위탁매입 또는 대리인에 의한 매입의 경우에는 공급자가 위탁자 또는 본인을 공급받는 자로 하여 세금계산서를 발급한다. 이 경우에도 수탁자 또는 대리인의 등록번호를 덧붙여 적어야 한다(부령 제69조 제2항).

그러나 위탁자 또는 본인을 알 수 없는 경우에는 위와 같이 세금계산서를 발급할 수 없으므로(부령 제69조 제3항), 위탁자(본인)는 수탁자(대리인)에게 수탁자는 거래상대방에게 재화를 공급한 것으로 보아 각각 세금계산서를 발급하여야 할 것이다.

### 나. 수용으로 인한 재화의 공급

수용으로 인하여 재화가 공급되는 경우에는 해당 사업시행자가 세금계산서를 발급할 수 있다(부령 제69조 제4항).

### 다. 용역의 주선·중개

용역의 공급에 대한 주선·중개의 경우에도 위탁매매에 관한 규정을 준용한다(부령 제69조 제5항). 다만 운송주선업자 甲이 자기의 책임 하에 사업자 乙의 화물을 직접 운송할 것을 약정하고 다른 운송업자에게 의뢰하여 해당 화물을 운송하는 경우, 甲은 乙로부터 받은 운임 전액에 대해 甲 명의로 세금계산서를

발급해야 한다.[28)]

### 라. 그 밖의 경우

① 「조달사업에 관한 법률」에 따라 물자가 공급되는 경우

「조달사업에 관한 법률」에 따라 물자가 공급되는 경우에는 공급자 또는 세관장이 해당 실수요자에게 직접 세금계산서를 발급하여야 한다. 다만 물자를 조달하는 때에 해당 물자의 실수요자를 알 수 없는 경우에는 조달청장에게 세금계산서를 발급하고 조달청장이 실지로 실수요자에게 해당 물자를 인도하는 때에는 해당 실수요자에게 세금계산서를 발급할 수 있다(부령 제69조 제6항). 조달청장이 발행한 창고증권의 양도로서 임치물의 반환이 수반되는 경우의 세금계산서 발급도 마찬가지이다(부령 제69조 제9항).

② 한국가스공사가 천연가스를 직접 수입하는 경우

「한국가스공사법」에 따른 한국가스공사가 가스도입판매사업자를 위하여 천연가스(액화한 것을 포함)를 직접 수입하는 경우에는 세관장이 해당 가스도입판매사업자에게 직접 세금계산서를 발급할 수 있다(부령 제69조 제7항).

③ 사업자가 시설대여업자로부터 시설 등을 임차한 경우

납세의무가 있는 사업자가 「여신전문금융업법」 제3조의 규정에 의하여 등록한 시설대여업자로부터 시설 등을 임차하고 해당 시설 등을 공급자 또는 세관장으로부터 직접 인도받는 경우에는 공급자 또는 세관장이 그 사업자에게 직접 세금계산서를 발급할 수 있다(부령 제69조 제8항).

④ 감정평가업자, 정기간행물 발행업자, 뉴스통신사업을 경영하는 법인이 제공하는 용역

감정평가업자 또는 「정기간행물등록에 관한 법률」에 따른 정기간행물 발행업자 및 뉴스통신사업을 경영하는 법인이 법원의 의뢰에 의하여 감정평가용역 또는 광고용역을 제공하는 때에 그 용역을 실제로 공급받는 자를 알 수 없는 경우, 감정평가업자 또는 정기간행물 발행업자 및 뉴스통신사업을 경영하는 법인은 법원에 세금계산서를 발급하고 그 법원이 감정평가용역 또는 광고용역을 실제로 공급받는 자로부터 그 용역에 대한 대가를 징수하는 때에 실제로 용역을

---

28) 예규, 부가 46015-1111, 1999.4.15.

공급받는 자에게 세금계산서를 발급할 수 있다(부령 제69조 제10항).

⑤ 전기통신사업자가 다른 전기통신사업자의 이용자에게 전기통신역무를 제공한 경우

전기통신사업자가 다른 전기통신사업자의 이용자에게 전기통신역무를 제공하고 그 대가의 징수를 다른 전기통신사업자에게 대행하게 하는 경우에는 해당 전기통신역무를 제공한 사업자가 다른 전기통신사업자에게 세금계산서를 발급하고 다른 전기통신사업자가 이용자에게 세금계산서를 발급할 수 있다(부령 제69조 제11항).

⑥ 발전사업자가 전력시장을 통하여 전기판매사업자 또는 전기사용자에게 전력을 공급하는 경우

발전사업자가 전력시장을 통하여 전기판매사업자 또는 전기사용자에게 전력을 공급하고 그 대가를 한국전력거래소를 통하여 받는 경우에는 그 발전사업자가 한국전력거래소에 세금계산서를 발급하고 한국전력거래소가 그 전기판매사업자 또는 전기사용자에게 세금계산서를 발급할 수 있다(부령 제69조 제12항).

⑦ 위성이동멀티미디어방송사업자 및 일반위성방송사업자가 제공하는 용역

「전기통신사업법」에 따른 전기통신사업자의 이용자에게 각각 위성이동멀티미디어방송용역 또는 일반위성방송용역을 제공하고 그 대가의 징수를 전기통신사업자에게 대행하게 하는 경우에는 위성이동멀티미디어방송사업자 및 일반위성방송사업자는 전기통신사업자에게 세금계산서를 발급하고 전기통신사업자가 이용자에게 세금계산서를 발급할 수 있다(부령 제69조 제13항).

⑧ 전기사업자가 전력을 공급하는 경우

전기사업자가 전력을 공급하는 경우로서 전력을 공급받는 명의자와 전력을 실제로 소비하는 자가 서로 다른 경우에 그 전기사업자가 전력을 공급받는 명의자를 공급받는 자로 하여 세금계산서를 발급하고, 그 명의자는 발급받은 세금계산서에 적힌 공급가액의 범위에서 전력을 실제로 소비하는 자를 공급받는 자로 하여 세금계산서를 발급하였을 때(세금계산서의 발급이 면제되는 경우로서 기획재정부령으로 정하는 경우에 그 세금계산서를 발급하였을 때를 포함한다)에는 그 전기사업자가 전력을 실제로 소비하는 자를 공급받는 자로 하여 세금계산서를 발급한 것으

로 본다(부령 제69조 제14항).

동업자가 조직한 조합 또는 이와 유사한 단체가 그 조합원이나 그 밖의 구성원을 위하여 재화 또는 용역을 공급하거나 공급받는 경우와 「국가를 당사자로 하는 계약에 관한 법률」에 따른 공동 도급계약에 의하여 용역을 공급하고 그 공동 수급체의 대표자가 그 대가를 지급받는 경우 및 「도시가스사업법」에 따른 도시가스사업자가 도시가스를 공급할 때 도시가스를 공급받는 명의자와 도시가스를 실제로 소비하는 자가 서로 다른 경우에 관하여도 위와 동일하게 준용하여 세금계산서를 발급한다(부령 제69조 제15항).

⑨ 조달청 창고 및 거래소 지정창고의 물품이 국내 반입되는 경우

보세구역에 있는 조달청 창고 및 거래소의 지정창고에 보관된 물품이 국내로 반입되는 경우에는 세관장이 수입세금계산서를 발급한다(부령 제69조 제16항).

⑩ 온실가스 배출권 거래의 경우

「온실가스 배출권의 할당 및 거래에 관한 법률」에 따라 배출권 거래계정을 등록한 자가 같은 법에 따른 배출권 거래소가 개설한 배출권 거래시장을 통하여 다른 할당대상업체 등에게 배출권(상쇄배출권을 포함)을 공급하고 그 대가를 배출권 거래소를 통하여 받는 경우에는 그 할당대상업체 등이 배출권 거래소에 세금계산서를 발급하고 배출권 거래소가 공급받은 할당대상업체 등에 세금계산서를 발급할 수 있다(부령 제69조 제18항).

⑪ 합병등기일 전에 실제로 합병한 경우

합병에 따라 소멸하는 법인이 합병계약서에 기재된 합병을 할 날부터 합병등기일까지의 기간에 재화 또는 용역을 공급하거나 공급받는 경우에는 합병 이후 존속하는 법인 또는 합병으로 신설되는 법인이 세금계산서를 발급하거나 발급받을 수 있다(부령 제69조 제19항).

### 3. 매입자발행(self-billing) 세금계산서

#### 가. 의 의

납세의무자로 등록하고 세금계산서 발급의무가 있는 사업자가 재화 또는 용역을 공급하고 「부가가치세법」에 따른 세금계산서 발급시기에 세금계산서를 발급하지 아니한 경우, 그 재화 또는 용역을 공급받은 자는 관할 세무서장의 확

인을 받아 세금계산서를 발행할 수 있다. 이를 '매입자발행 세금계산서'라 한다(부법 제34조의2).

이는 부가가치세에 따른 세금계산서 발급의무가 있는 사업자가 세금계산서를 발급하지 아니하는 경우에 매입자 스스로 매입자발행 세금계산서를 발급할 수 있게 하는 제도이다. 세금계산서 발급의무가 있는 사업자에는 소매업·음식점업·숙박업·여객운수업 등 주로 사업자가 아닌 소비자에게 재화 또는 용역을 공급하는 사업자 등 공급받은 사업자가 사업자등록증을 제시하고 세금계산서 발급을 요구하는 경우에 세금계산서를 발급해야 하는 사업자를 포함한다(부령 제71조의2 제1항).

사업자가 세금계산서를 발급하지 아니한 경우에는 사업자의 부도·폐업 등으로 인해 사업자가 수정세금계산서 또는 수정전자세금계산서를 발급하지 아니한 경우도 포함한다.

### 나. 발급방법 및 절차

매입자세금계산서를 발행하려는 자는 해당 재화 또는 용역의 공급시기가 속하는 과세기간의 종료일로부터 6개월 이내에 거래사실 확인신청서에 거래사실을 객관적으로 입증할 수 있는 서류를 첨부하여 신청인의 관할 세무서장에게 거래사실의 확인을 신청하여야 한다(부령 제71조의2 제2항). 거래사실 확인신청의 대상이 되는 거래는 세원의 투명성을 제고하고자 거래건당 공급대가가 10만원 이상인 경우로 제한하였다(부령 제71조의2 제3항). 신청을 받은 관할 세무서장은 신청서에 재화 또는 용역을 공급한 자의 인적사항이 부정확하거나 신청서 기재방식에 흠이 있는 경우에는 신청일부터 7일 이내에 일정한 기간을 정하여 보정요구를 할 수 있다(부령 제71조의2 제4항). 신청인이 위 기간 이내에 보정요구에 응하지 아니하거나 다음에 해당하는 경우에는 신청인의 관할 세무서장은 거래사실의 확인을 거부하는 결정을 하여야 한다(부령 제71조의2 제5항).

(1) 신청기간을 넘긴 것이 명백한 경우

(2) 신청서의 내용으로 보아 거래 당시 미등록사업자 및 휴·폐업자와 거래한 것이 명백한 경우

확인을 거부하는 결정을 하지 아니한 신청에 대하여는 신청인 관할 세무

서장이 거래사실 확인신청서가 제출된 날(보정을 요구한 때에는 보정이 된 날)부터 7일 이내에 신청서와 제출된 증빙서류를 공급자의 관할 세무서장에게 송부하여야 한다(부령 제71조의2 제6항). 신청서를 송부받은 공급자 관할 세무서장은 신청인의 신청내용 및 제출된 증빙자료를 검토하여 거래사실 여부를 확인하여야 한다. 이 경우 거래사실의 존재 및 그 내용에 대한 입증책임은 신청인에게 있다(부령 제71조의2 제7항). 공급자 관할 세무서장은 신청일의 다음 달 말일까지 거래사실 여부를 확인하여 공급자와 신청인 관할 세무서장에게 다음의 구분에 따른 통지를 하여야 한다. 다만 공급자의 부도나 일시 부재 등 기획재정부령이 정하는 불가피한 사유가 있는 경우에는 거래사실 확인기간을 20일 이내의 범위에서 연장할 수 있다(부령 제71조의2 제8항).

(1) 거래사실이 확인되는 경우에는 공급자 및 공급받는 자의 사업자등록번호·작성연월일·공급가액 및 부가가치세액 등을 포함한 거래사실 확인 통지

(2) 거래사실이 확인되지 아니하는 경우에는 거래사실 확인불가 통지

신청인 관할 세무서장은 공급자 관할 세무서장으로부터 위의 통지를 받은 후 즉시 신청인에게 그 확인결과를 통지하여야 한다(부령 제71조의2 제9항). 신청인 관할 세무서장으로부터 위 거래사실 확인통지를 받은 신청인은 공급자 관할 세무서장이 확인한 거래일자를 작성일자로 하여 매입자발행세금계산서를 발행하여 공급자에게 교부하여야 한다(부령 제71조의2 제10항). 다만 신청인 및 공급자가 관할 세무서장으로부터 위 통지를 받은 경우에는 매입자발행세금계산서를 교부한 것으로 본다(부령 제71조의2 제11항).

### 다. 효 과

매입자발행세금계산서를 교부한 신청인이 「부가가치세법」에 따른 예정신고 및 확정신고 또는 「국세기본법」에 따른 경정청구시 매입자발행세금계산서합계표를 제출한 경우 매입자발행세금계산서에 기재된 매입세액을 「부가가치세법」 제38조 제1항에 따라 해당 재화 또는 용역의 공급시기에 해당하는 과세기간의 매출세액 또는 납부세액에서 매입세액으로 공제받을 수 있다(부령 제71조의2 제12항).

만일 매입자가 정당한 절차에 따라 공급자 관할 세무서장에게 매입자발행

세금계산서 발행을 위한 확인을 요청하였는데 그 확인을 거부당한 경우에는 세법에 따른 처분으로서 위법 또는 필요한 처분을 받지 못함으로 인하여 권리나 이익을 침해당한 경우에 해당한다. 그러므로 「국세기본법」 제55조 제1항에 따라 그 처분의 취소 또는 필요한 처분을 청구할 수 있을 것이다.

## Ⅵ. 세금계산서의 수정

### 1. 수정세금계산서

세금계산서 또는 전자세금계산서를 발급한 후 그 기재사항에 관하여 착오나 정정사유가 발생한 경우에는 과세관청에서 부가가치세의 과세표준과 납부세액을 경정하여 통지하기 전까지 세금계산서 등을 수정하여 발급할 수 있다. 이때 발급하는 세금계산서를 '수정세금계산서'라 한다(부법 제32조 제7항).

수정세금계산서를 발급할 수 있는 구체적 사유가 「부가가치세법」 시행령 제70조 제1항에 규정되어 있으나 이는 예시적으로 해석하여야 할 것이다.

### 2. 수정세금계산서의 요건

#### 가. 적법하게 세금계산서를 발급할 것

「부가가치세법」에 정한 시기에 적법하게 발급한 세금계산서만이 수정의 대상이 되는 것이지 처음부터 잘못된 세금계산서는 수정을 할 수 없다. 따라서 처음부터 세금계산서를 발급하지 아니하였거나 발급시기 이후에 세금계산서를 발급한 경우에는 해당이 없다.

#### 나. 기재사항에 오류나 착오가 발생할 것

처음 세금계산서를 발급할 때에 기재사항에 오류 또는 착오가 발생한 경우에 이를 정정하기 위한 제도가 수정세금계산서이다. 「부가가치세법」에는 단지 기재사항에 착오나 오류가 있는 경우에 세금계산서를 수정하여 발급할 수 있는 것으로 규정하고 구체적인 발급사유 및 절차를 시행령에 열거하고 있다(부령 제70조 제1항).

(1) 수정세금계산서 발급사유

① 처음 공급한 재화가 환입된 경우(제1호)

② 계약의 해제로 인하여 재화 또는 용역이 공급되지 아니한 경우(제2호)

③ 계약의 해지 등에 따라 공급가액에 추가되는 금액 또는 차감되는 금액이 발생한 경우(제3호)

④ 재화 또는 용역을 공급한 후 공급시기가 속하는 과세기간종료 후 20일 이내에 내국신용장이 개설되었거나 구매확인서가 발급된 경우(제4호)

⑤ 필요적 기재사항 등이 착오로 잘못 적힌 경우(제5호)

⑥ 필요적 기재사항 등이 착오 외의 사유로 잘못 적힌 경우(제6호)

⑦ 착오로 전자세금계산서를 이중으로 발급한 경우(제7호)

⑧ 면세 등 발급대상이 아닌 거래 등에 대하여 발급한 경우(제8호)

⑨ 세율을 잘못 적용하여 발급한 경우(제9호)

예를 들어, 약국소매업을 운영하는 개인이 당초 약국 이전을 목적으로 점포를 분양받으면서 약국사업장의 사업자번호로 세금계산서를 발급받았으나, 점포를 임대용으로 사용하기 위하여 공급받는 자를 자신의 주민등록번호발행분으로 수정한 세금계산서를 건설회사로부터 발급받는 경우 적법한 수정세금계산서로 볼 수 없으므로 매입세액공제가 되지 아니한다. 반면에 법원의 판결에 따라 당초 용역의 공급이 무효로 된 경우 수정세금계산서 발급사유에 해당되고, 판결이 있은 날을 작성일로 한 수정세금계산서를 발급해야 한다.[29)]

(2) 가공 또는 위장세금계산서의 경우

실물거래 없이 이루어진 가공세금계산서의 발급은 착오에 따른 것이 아니므로 수정세금계산서를 발급할 수 없다고 해석하여야 한다. 실물거래는 있으나 실제 거래당사자가 세금계산서의 기재와 다른 위장세금계산서의 경우에 공급받는 자에 대한 오류는 기재사항 착오에 따른 것으로 볼 수 없을 뿐만 아니라 실질상 수정의 범위를 벗어나는 것이므로 수정세금계산서를 발급할 수 없다고 해석해야 할 것이다.[30)]

---

29) 예규, 부가 2018-1759, 2018.6.28.
30) 예규, 부가 46015-3833, 2000.11.27.; 부가 87, 2014.1.28.

### 3. 수정세금계산서의 발급시기

#### 가. 기재사항의 오류 및 착오의 경우

수정사유가 발생한 때에는 과세관청이 부가가치세의 과세표준과 납부세액 또는 환급세액을 경정하여 통지하기 전까지 발급하여야 한다. 이 수정신고기한이 지나면 수정세금계산서를 발급할 수 없는바, 과세관청의 경정 등을 알고서도 수정세금계산서를 발급할 수 있게 하면 사실과 다른 세금계산서에 대한 제재를 피할 수 있기 때문이다. 그러므로 과세관청이 경정결정을 한 이후 공급자가 새로이 세금계산서를 발급하더라도 수정세금계산서로 볼 수 없다.

#### 나. 공급가액에 변동이 있는 경우

처음 공급가액에 추가되는 금액이나 차감되는 금액이 발생하는 경우에는 그 발생하는 때에 세금계산서를 수정하여 발급할 수 있으므로 기한의 제한이 없다.

### 4. 수정세금계산서 발급절차

#### 가. 발급사유 및 절차

(1) 처음 공급한 재화가 환입된 경우

재화가 환입된 날을 작성일자로 적고 비고란에 당초 세금계산서 작성일자를 부기한 후 붉은색 글씨로 쓰거나 음의 표시를 하여 발급한다.

(2) 계약의 해제로 재화 또는 용역이 공급되지 아니한 경우

계약이 해제된 때에 그 작성일은 계약해제일로 적고 비고란에 처음 세금계산서 작성일을 덧붙여 적은 후 붉은색 글씨로 쓰거나 음의 표시를 하여 발급한다.

(3) 계약의 해지 등에 따라 공급가액에 추가 또는 차감되는 금액이 발생한 경우

증감사유가 발생한 날을 작성일자로 적고 추가되는 금액은 검은색 글씨로 쓰며 차감되는 금액은 붉은색 글씨로 쓰거나 음의 표시를 하여 발급한다.

(4) 재화 또는 용역을 공급한 후 공급시기가 속하는 과세기간 종료 후 20일 이내에 내국신용장이 개설되었거나 구매확인서가 발급된 경우

내국신용장 등이 개설된 때에 그 작성일자는 당초 세금계산서 작성일자를 적고 비고란에 내국신용장 개설일 등을 부기하여 영세율 적용분은 검은색 글씨

로 세금계산서를 작성하여 발급하고, 추가하여 당초에 발급한 세금계산서의 내용대로 세금계산서를 붉은색 글씨로 또는 음의 표시를 하여 작성하고 발급한다.

(5) 필요적 기재사항 등이 착오로 잘못 적힌 경우

처음에 발급한 세금계산서의 내용대로 세금계산서를 붉은색 글씨로 쓰거나 음의 표시를 하여 발급하고 수정하여 발급하는 세금계산서는 검은색 글씨로 작성하여 발급한다. 다만 다음 어느 하나에 해당하는 경우로서 과세표준 또는 세액을 경정할 것을 미리 알고 있는 경우는 제외한다.

① 세무조사의 통지를 받은 경우

② 세무공무원이 과세자료의 수집 또는 민원 등을 처리하기 위하여 현지출장이나 확인업무에 착수한 경우

③ 세무서장으로부터 과세자료 해명안내 통지를 받은 경우

④ 그 밖에 이와 유사한 경우로서 경정이 있을 것을 미리 안 것으로 인정되는 경우

이와 같은 경우에도 수정세금계산서 발급을 허용하면 거래당사자간 사실과 다른 세금계산서 발급을 조장하고, 적발된 다음 수정세금계산서를 발급하는 등 과세행정을 농락할 우려가 있다.

(6) 필요적 기재사항 등이 착오 외의 사유로 잘못 적힌 경우

재화 및 용역의 공급일이 속하는 과세기간에 대한 확정신고기한까지 세금계산서를 작성하되, 처음에 발급한 세금계산서의 내용대로 세금계산서를 붉은색 글씨로 쓰거나 음의 표시를 하여 발급하고 수정하여 발급하는 세금계산서는 검은색 글씨로 작성하여 발급한다. 다만 위와 같이 과세표준 또는 세액을 경정할 것을 미리 알고 있는 경우는 제외한다.

(7) 착오로 전자세금계산서를 이중으로 발급한 경우

처음에 발급한 세금계산서의 내용대로 음의 표시를 하여 발급한다.

(8) 면세 등 발급대상이 아닌 거래 등에 대하여 발급한 경우

처음에 발급한 세금계산서의 내용대로 붉은색 글씨로 쓰거나 음의 표시를 하여 발급한다.

(9) 세율을 잘못 적용하여 발급한 경우

처음에 발급한 세금계산서의 내용대로 세금계산서를 붉은색 글씨로 쓰거나 음의 표시를 하여 발급하고 수정하여 발급하는 세금계산서는 검은색 글씨로 작성하여 발급한다.

### 나. 과세유형이 전환된 경우

일반과세자에서 간이과세자로 과세유형이 전환된 후 과세유형전환 전에 공급한 재화 또는 용역에 대하여 수정세금계산서 발급사유가 발생한 경우에는 처음 발급한 세금계산서 작성일자를 수정세금계산서의 작성일자로 적고 비고란에 사유발생일을 덧붙여 적은 후, 추가되는 금액은 검은색 글씨로 쓰고 차감되는 금액은 붉은색 글씨로 쓰거나 음의 표시를 하여 수정세금계산서를 발급할 수 있다(부령 제70조 제2항).

이와 반대인 간이과세자에서 일반과세자로 과세유형이 전환된 후 과세유형전환 전에 공급한 재화 또는 용역에 대하여 수정세금계산서 발급사유가 발생한 경우의 수정세금계산서 발급방법은 전술한 일반과세자에서 간이과세자로 과세유형이 전환된 경우의 수정세금계산서 발급방법과 동일하다(부령 제70조 제2항).

### 5. 수정세금계산서 불이행에 대한 제재

수정세금계산서를 발급하지 않은 경우에 세금계산서미발급 가산세의 적용이 있다. 매출처별 세금계산서합계표를 미제출한 경우에도 가산세가 적용된다고 해석하여야 할 것이다.[31]

## Ⅶ. 세금계산서 발급의무의 면제

제33조(세금계산서 발급의무의 면제 등) ① 제32조에도 불구하고 세금계산서(전자세금계산서를 포함한다. 이하 같다)를 발급하기 어렵거나 세금계산서의 발급이 불필요한 경우 등 대통령령으로 정하는 경우에는 세금계산서를 발급하지 아니할 수 있다.

31) 한장석·김용관, 『부가가치세』, 광교TNS, 2003, 978면.

② 제32조에도 불구하고 대통령령으로 정하는 사업자가 제46조 제1항에 따른 신용카드매출전표등을 발급한 경우에는 세금계산서를 발급하지 아니한다.

### 1. 원 칙

재화 또는 용역의 공급에 대하여는 원칙적으로 모두 세금계산서를 발급하여야 한다. 이에 의하면 공공시설을 국가 또는 지방자치단체에 기부채납하는 사업자도 부가가치세를 거래징수하면서 세금계산서를 발급하여야 한다. 영세율이 적용되는 거래도 비록 부가가치세를 거래징수하지는 않지만 세금계산서를 발급하는 것이 원칙이다.

그러나 면세되는 재화 또는 용역의 공급에 대하여는 세금계산서를 발급하지 않을 뿐만 아니라 세금계산서를 발급할 의무가 없다. 다만 간이과세자의 경우와 같이 세금계산서를 발급할 수 없고 영수증 발급대상만 되는 경우(부법 제36조 제1항)와 세금계산서 발급의무가 면제되는 경우도 있다(부법 제33조).

세금계산서를 발급하기 어렵거나 세금계산서의 발급이 불필요한 경우 등 발급이 면제되는 재화 또는 용역을 공급하는 경우는 다음과 같다(부령 제71조 제1항).

(1) 택시운송, 노점 또는 행상을 하는 사람, 무인자동판매기를 이용하여 재화 또는 용역을 공급하는 자, 전력이나 도시가스를 실제로 소비하는 자를 위하여 전기사업자 또는 도시가스사업자로부터 전력이나 도시가스를 공급받는 명의자, 도로 및 관련 시설 운영용역을 공급하는 자(제1호)

(2) 소매업 또는 미용, 욕탕 및 유사 서비스업을 경영하는 자가 공급하는 재화 또는 용역. 다만 소매업의 경우에는 공급받는 자가 세금계산서 발급을 요구하지 아니하는 경우로 한정한다(제2호).

(3) 간주공급에 해당하는 재화(직매장공급의 경우는 제외)(제3호)

(4) 영세율 적용대상 재화 또는 용역(제4호)

① 수출하는 재화 중 일부

② 국외에서 제공하는 용역

③ 선박 또는 항공기의 외국항행용역 중 일부

(5) 국내사업장이 없는 비거주자 또는 외국법인에게 공급하는 재화·용역과 일반여행업자 및 외교공관 등에 공급하는 재화·용역 등(제5호)

(6) 부동산 임대용역 중 간주임대료(제6호)

(7) 공인인증기관이 같은 법 제15조에 따라 공인인증서를 발급하는 용역. 다만 공급받는 자가 사업자로서 세금계산서 발급을 요구하는 경우는 제외한다(제7호).

(8) 간편사업자등록을 한 사업자가 국내에 공급하는 전자적 용역(제8호)

(9) 그 밖에 국내사업장이 없는 비거주자 또는 외국법인에 공급하는 재화 또는 용역. 다만 그 비거주자 또는 외국법인이 해당 외국의 개인사업자 또는 법인사업자임을 증명하는 서류를 제시하고 세금계산서 발급을 요구하는 경우는 제외한다(제9호).

### 2. 신용카드매출전표 등 발행분 세금계산서 발급 배제

소매업·음식점업·숙박업 등 영수증 발급대상 사업을 영위하는 일반과세자가 재화 또는 용역을 공급한 후 신용카드매출전표 등에 부가가치세액을 별도로 기재하고 확인한 경우 그 부가가치세액은 공제할 수 있는 매입세액으로 인정하고 있다. 이 경우는 공급받는 자가 요구해도 세금계산서의 발급이 금지된다(부법 제33조 제2항). 신용카드매출전표와 세금계산서의 중복발급에 따른 매입세액의 이중공제를 방지하고 자료의 투명성을 높이기 위한 것이다.

## Ⅷ. 세금계산서의 발급시기

**제34조(세금계산서 발급시기)** ① 세금계산서는 사업자가 제15조 및 제16조에 따른 재화 또는 용역의 공급시기에 재화 또는 용역을 공급받는 자에게 발급하여야 한다.
② 제1항에도 불구하고 사업자는 제15조 또는 제16조에 따른 재화 또는 용역의 공급시기가 되기 전 제17조에 따른 때에 세금계산서를 발급할 수 있다.
③ 제1항에도 불구하고 다음 각 호의 어느 하나에 해당하는 경우에는 재화 또는 용역의 공급일이 속하는 달의 다음 달 10일(그 날이 공휴일 또는 토요일인 경우에

는 바로 다음 영업일을 말한다)까지 세금계산서를 발급할 수 있다.
1. 거래처별로 1역월의 공급가액을 합하여 해당 달의 말일을 작성 연월일로 하여 세금계산서를 발급하는 경우
2. 거래처별로 1역월 이내에서 사업자가 임의로 정한 기간의 공급가액을 합하여 그 기간의 종료일을 작성 연월일로 하여 세금계산서를 발급하는 경우
3. 관계 증명서류 등에 따라 실제거래사실이 확인되는 경우로서 해당 거래일을 작성 연월일로 하여 세금계산서를 발급하는 경우

### 1. 원 칙

세금계산서는 원칙적으로 사업자가 법에서 규정하고 있는 재화 또는 용역의 공급시기에 재화 또는 용역을 공급받는 자에게 발급하여야 한다(부법 제34조 제1항). 공급한 재화 또는 용역의 대가를 지급받았는지 여부는 세금계산서 발급과 직접 관련이 없다. 따라서 발급시기에 세금계산서를 발급하지 않은 경우에는 그 이후에 세금계산서를 발급할 수 없는 것이 원칙이고 세금계산서 미발급가산세가 적용된다.

다만 일반적인 공급시기가 도래하기 전에 세금계산서를 발급한 경우에는 그 발급하는 때를 공급시기로 보게 되어 있으므로 일반적인 공급시기가 도래하기 전에 세금계산서를 발급하는 것은 무방하다.

### 2. 발급시기의 특례

거래가 빈번한 고정거래처에 재화 또는 용역을 공급하는 때에 그 거래시기마다 세금계산서를 발급하게 하는 것은 사업자에게 큰 불편을 초래한다. 이에 따라 세금계산서 발급시기의 특례를 두고 있다.

#### 가. 고정거래처와 연속적 거래

사업자가 다음 중 어느 하나에 해당하는 경우에는 재화 또는 용역의 공급일이 속하는 달의 다음달 10일(그 날이 공휴일 또는 토요일인 경우에는 바로 다음 영업일)까지 세금계산서를 발급할 수 있다(동조 제3항).

① 거래처별로 1역월의 공급가액을 합하여 해당 달의 말일을 작성 연월일

로 하여 세금계산서를 발급하는 경우(제1호)

② 거래처별로 1역월 이내에서 사업자가 임의로 정한 기간의 공급가액을 합하여 그 기간의 종료일을 작성 연월일로 하여 세금계산서를 발급하는 경우(제2호)

③ 관계 증명서류 등에 따라 실제거래사실이 확인되는 경우로서 해당 거래일을 작성 연월일로 하여 세금계산서를 발급하는 경우(제3호)

이와 같이 규정하고 있는 것은 고정거래처와의 거래가 연속적으로 일어나는 경우 납세자의 편의를 도모하고자 하는 것이다. 거래처별로 1역월의 공급가액을 합한다고 하였으므로 고정거래처가 아닌 일반적인 거래의 경우 또는 매월 1건의 거래만 있는 경우에는 이 특례규정을 적용할 수 없다고 해석된다. 이 경우에는 법에 규정된 공급시기를 발행일자로 하여 세금계산서를 발급하여야 한다.

문제는 법령에 고정거래처에 관한 규정이 없어 고정거래처의 개념을 어떻게 이해할 것인가이다. 만일 월 1건의 거래는 특례규정을 적용할 수 없다면 첫 번째 거래의 경우는 월 1회의 거래라 하더라도 장차 고정거래처와의 거래가 월 1건 이상으로 늘어날 것으로 예상하고 세금계산서를 발급하는 경우가 있는데, 이 경우에도 일률적으로 특례의 적용을 부정할 것인지 여부이다. 이 문제의 결론에 따라 가령 고정거래처라고 주장하는 사업자가 6월 30일을 공급일로 하여 7월 1일부터 7월 10일 사이에 발급한 세금계산서를 과세기간 경과 후 발급한 세금계산서로 보아 매입세액을 불공제할 것인지, 아니면 위 특례규정을 적용하여 공제를 인정할 것인지가 결정된다.

### 나. 세금계산서 선 발급 후 대가 수령

세금계산서는 원칙적으로 재화 등의 공급시기에 대가의 지급과 동시에 발급함으로써 거래상대방에게 영수증의 기능을 하기도 하지만, 이를 먼저 발급하고 후에 대가를 지급받는 경우에는 청구서의 기능을 하는 면이 있다. 이런 실무적 특성을 감안한다면 세금계산서 발급시기에 관한 예외 규정이 필요하다.

사업자가 재화 또는 용역의 공급시기가 도래하기 전에 세금계산서를 발급하고 그 세금계산서 발급일로부터 7일 이내에 대가를 지급받는 경우에는 세금계산서를 발급한 때를 재화 또는 용역의 공급시기로 본다(부법 제17조 제2항).

또한 공급하는 사업자가 재화 또는 용역의 공급시기가 도래하기 전에 세금계산서를 발급하고 그 세금계산서 발급일로부터 7일이 지난 후 대가를 지급받더라도 대가를 지급하는 사업자가 ① 거래당사자 간의 계약서·약정서 등에 대금청구시기와 지급시기를 따로 적을 것, ② 대금 청구시기와 지급시기 사이의 기간이 30일 이내일 것, ③ 세금계산서 발급일이 속하는 과세기간에 적힌 대금을 지급받은 것이 확인될 것 등의 요건을 모두 충족하는 경우에는 재화 또는 용역의 공급시기에 세금계산서를 발급한 것으로 본다(동조 제3항).

## Ⅸ. 수입세금계산서

**제35조(수입세금계산서)** ① 세관장은 수입되는 재화에 대하여 부가가치세를 징수할 때(제50조의2에 따라 부가가치세의 납부가 유예되는 때를 포함)에는 수입된 재화에 대한 세금계산서(이하 "수입세금계산서"라 한다)를 대통령령으로 정하는 바에 따라 수입하는 자에게 발급하여야 한다.

② 세관장은 다음 각 호의 어느 하나에 해당하는 경우에는 수입하는 자에게 대통령령으로 정하는 바에 따라 수정한 수입세금계산서(이하 "수정수입세금계산서"라 한다)를 발급하여야 한다.

1. 「관세법」에 따라 세관장이 과세표준 또는 세액을 결정 또는 경정하기 전에 수입하는 자가 대통령령으로 정하는 바에 따라 수정신고 등을 하는 경우(제3호에 따라 수정신고하는 경우는 제외한다)
2. 「관세법」에 따라 세관장이 과세표준 또는 세액을 결정 또는 경정하는 경우(수입하는 자가 해당 재화의 수입과 관련하여 다음 각 목의 어느 하나에 해당하지 아니하는 경우로 한정한다)
   가. 「관세법」 제270조(제271조 제2항에 따른 미수범의 경우를 포함한다), 제270조의2 또는 제276조를 위반하여 고발되거나 같은 법 제311조에 따라 통고처분을 받은 경우
   나. 「관세법」 제42조 제2항에 따른 부정한 행위 또는 「자유무역협정의 이행을 위한 관세법의 특례에 관한 법률」 제36조 제1항 제1호 단서에 따른 부정한 행위로 관세의 과세표준 또는 세액을 과소신고한 경우
   다. 수입자가 과세표준 또는 세액을 신고하면서 관세조사 등을 통하여 이미

통지받은 오류를 다음 신고 시에도 반복하는 등 대통령령으로 정하는 중대한 잘못이 있는 경우

3. 수입하는 자가 세관공무원의 관세조사 등 대통령령으로 정하는 행위가 발생하여 과세표준 또는 세액이 결정 또는 경정될 것을 미리 알고 그 결정·경정 전에 「관세법」에 따라 수정신고하는 경우(해당 재화의 수입과 관련하여 제2호 각 목의 어느 하나에 해당하지 아니하는 경우로 한정한다)

③ 세관장은 제2항 제2호 또는 제3호의 결정·경정 또는 수정신고에 따라 수정수입세금계산서를 발급한 후 수입하는 자가 제2항 제2호 각 목의 어느 하나에 해당하는 사실을 알게 된 경우에는 이미 발급한 수정수입세금계산서를 그 수정 전으로 되돌리는 내용의 수정수입세금계산서를 발급하여야 한다.

④ 세관장은 제2항 제2호 가목에 해당하여 같은 항 제2호 또는 제3호에 따라 수정수입세금계산서를 발급하지 아니하였거나 제3항에 따라 수정수입세금계산서를 다시 발급한 이후에 수입하는 자가 무죄 취지의 불기소 처분이나 무죄 확정판결을 받은 경우에는 당초 세관장이 결정 또는 경정한 내용이나 수입하는 자가 수정신고한 내용으로 수정수입세금계산서를 발급하여야 한다.

⑤ 수입하는 자는 제2항 또는 제4항에도 불구하고 세관장이 수정수입세금계산서를 발급하지 아니하는 경우 「국세기본법」 제26조의2 제1항이나 같은 조 제6항 제1호에 따른 기간 내에 대통령령으로 정하는 바에 따라 세관장에게 수정수입세금계산서의 발급을 신청할 수 있다.

⑥ 제2항부터 제4항까지의 규정에 따라 수정수입세금계산서를 발급한 세관장은 제54조를 준용하여 작성한 수정된 매출처별 세금계산서합계표를 해당 세관 소재지를 관할하는 세무서장에게 제출하여야 한다.

⑦ 제1항부터 제6항까지에서 규정한 사항 외에 수입세금계산서 또는 수정수입세금계산서의 작성과 발급 등에 필요한 사항은 대통령령으로 정한다.

## 1. 수입세금계산서의 의의

수입되는 재화에 대하여는 세관장이 세금계산서를 수입자에게 발급한다(부법 제35조 제1항). 이 때 발행하는 세금계산서를 '수입세금계산서'라 한다. 수입세금계산서 발급에 관하여는 사업자가 재화 또는 용역을 공급하는 경우에 발급하는 세금계산서 관련 규정을 준용하도록 되어 있다.

부가가치세는 재화를 수입하는 자가 사업자이든 비사업자이든 납부하여야

하지만, 수입세금계산서는 재화를 수입하는 사업자가 발급받아 매입세액공제를 받는 근거자료이기 때문에 중요한 의의를 갖는다.

## 2. 수정수입세금계산서

### 가. 의 의

세관장은 「관세법」에 따라 과세표준 또는 세액을 결정 또는 경정하기 전에 「관세법」에 따른 수정신고 등에 따라 부가가치세를 납부받거나, 과세표준 및 세액의 결정·경정 등의 경우 세액을 징수 또는 환급하는 경우에 수입자에게 수정한 수입세금계산서를 발급하여야 한다. 이를 '수정수입세금계산서'라 한다.

### 나. 발급하는 경우

세관장이 수정수입세금계산서를 발급하여야 하는 경우는 다음과 같다(부법 제35조 제2항).

(1) 「관세법」에 따라 세관장이 과세표준 또는 세액을 결정 또는 경정하기 전에 수입하는 자가 수정신고 등을 하는 경우(제1호)

가령 세관장은 과세표준 또는 세액을 결정 또는 경정하기 전에 「관세법」 제106조의 위약물품에 해당하여 부가가치세를 환급하는 등 부가가치세를 납부받거나 징수 또는 환급하는 경우에 수입자에게 수정한 수입세금계산서를 발급하여야 한다.

(2) 세관장이 과세표준 또는 세액을 결정 또는 경정하는 경우(제2호)

① 수입하는 자가 해당 재화의 수입과 관련하여 「관세법」상 관세포탈죄, 가격조작죄, 허위신고죄로 고발되거나 통고처분을 받은 경우

② 「관세법」 제42조 제2항에 따른 부정한 행위 또는 「자유무역협정의 이행을 위한 관세법의 특례에 관한 법률」 제36조 제1항 제1호 단서에 따른 부당한 방법으로 관세의 과세표준 또는 세액을 과소신고한 경우

③ 수입자가 과세표준 또는 세액을 신고하면서 관세조사 등을 통하여 이미 통지받은 오류를 다음 신고시에도 반복하는 등 중대한 잘못이 있는 경우는 제외한다. 여기서 '중대한 잘못이 있는 경우'란 다음의 것을 말한다(부령 제72조 제4항).

㉮ 「관세법」 제37조의4 제1항 및 제2항에 따라 세관장이 과세가격의 결정과 관계되는 자료 및 증명자료를 제출하도록 요구하였으나 수입자가 같은 조 제3항에 따른 기한까지 제출하지 않거나 거짓의 자료를 제출하는 경우

㉯ 다음 각 목의 어느 하나에 해당하는 심사 또는 조사를 통하여 과세표준 또는 세액의 과소신고에 관한 오류를 통지받은 후에도 법 제50조에 따른 부가가치세에 관한 다음 신고 시에도 그 오류를 반복하는 경우

가. 「관세법」 제38조 제2항에 따른 심사

나. 「관세법」 제110조 제2항 제1호 및 제2호에 따른 조사 중 과세표준 또는 세액의 결정·경정을 위한 조사

다. 「관세법」 제255조의2에 따른 심사(같은 법 시행령 제259조의2 제1항 제1호의 기준에 따라 과세표준 또는 세액의 결정 · 경정에 관련하여 심사하는 경우로 한정한다)

라. 「자유무역협정의 이행을 위한 관세법의 특례에 관한 법률」 제17조 제1항에 따른 조사

㉰ 「관세법」 제38조의2 제2항에 따라 보정신청을 하도록 통지하였으나 정당한 사유 없이 수입자가 같은 조 제1항에 따른 신청 또는 같은 법 제38조의3 제1항에 따른 수정신고를 하지 않은 경우

㉱ 「관세법 시행령」 제15조 제1항 제1호에 따른 사항을 적은 서류 또는 같은 조 제5항 각 호에 해당하는 과세자료의 내용이 객관적 사실과 명백히 다른 경우 등 해당 서류 또는 과세자료에 중대한 하자가 있는 경우(수입자의 착오 또는 경미한 과실로 인한 경우는 제외한다)

(3) 수입하는 자가 세관 공무원의 관세조사 등 일정한 행위가 발생하여 과세표준 또는 세액이 결정 또는 경정된 것을 미리 알고 그 결정·경정 전에 「관세법」에 따라 수정신고하는 경우(제3호)

여기서 '세관 공무원의 관세조사 등 일정한 행위'란 과세 조사 또는 관세 범칙사건에 대한 조사를 통지하는 행위 및 세관공무원이 과세자료의 수집 또는 민원 등의 처리를 위하여 현지출장이나 확인업무에 착수하는 행위를 의미한다(부령 제72조 제3항). 다만 해당 재화의 수입과 관련하여 세관장이 과세표준 또는 세액을 결정 또는 경정하는 경우는 이에 해당하지 아니한다.

한편 수정신고 및 세관장의 결정 또는 경정으로 인해 수정수입세금계산서를 발급한 후 수입하는 자가 관세법 위반으로 고발되거나 통고처분을 받는 경우 등에 해당하는 사실을 세관장이 알게된 경우 이미 발급한 수정수입세금계산서를 수정 전으로 되돌리는 수정수입세금계산서를 발급하여야 한다(부법 제35조 제3항). 그러나 세관장이 이처럼 수정수입세금계산서를 다시 발급한 이후에 수입하는 자가 무죄 취지의 불기소 처분이나 무죄 확정판결을 받은 경우에는 당초 세관장이 결정 또는 경정한 내용이나 수입하는 자가 수정신고한 내용으로 수정수입세금계산서를 발급하여야 한다(동조 제4항).

세관장이 수정수입세금계산서를 발급하는 때에는 부가가치세를 납부받거나 징수 또는 환급한 날을 작성일로 적고, 비고란에 최초 수입세금계산서 발급일 등을 덧붙여 적은 후 추가되는 금액은 검은색 글씨로 쓰고, 차감되는 금액은 붉은색 글씨로 쓰거나 음(-)의 표시를 하여 발급해야 한다(부령 제72조 제5항). 이때 수정수입세금계산서를 발급한 세관장은 수정된 매출처별 세금계산서 합계표를 해당 세관 소재지 관할 세무서장에게 제출하여야 한다(동조 제6항).

### 다. 수정수입세금계산서 발급 신청

수입하는 자는 세관장이 수정수입세금계산서를 발급하지 아니하는 경우 세관장에게 수정수입세금계산서의 발급을 신청할 수 있는데(부법 제35조 제5항). 이처럼 수정수입세금계산서를 발급받으려는 자는 수정수입세금계산서 발급신청서를 해당 부가가치세를 징수한 세관장에게 제출하여야 한다(부령 제72조 제6항). 신청을 받은 세관장은 신청을 받은 날부터 2개월 이내에 수정수입세금계산서를 발급하거나 발급할 이유가 없다는 뜻을 신청인에게 통지하여야 한다(부령 제72조 제7항).

### 라. 수정수입세금계산서 발급의 제한

구법에서는 수정세금계산서 발급 가능 사유를 예외적으로 규정하고 있었으나 현행법은 발급제한 사유를 규정하는 네거티브 방식으로 전환하였다. 즉 과거에는 미발급이 원칙이고 예외적으로 발급하는 것으로 하였으나 개정 법에서는 발급을 원칙으로 하되 예외적으로 발급을 제한하도록 규정하여 납세자가 실제 부담한 부가가치세를 공제받도록 한 것이다.

예를 들어 구법의 규정에 따르면 수입자에게 중대한 과실 등이 있는 경우에 수정수입계산서의 발급이 제한되었다. 즉 구법이 개정되기 전에는 납세자가 경정된 세액을 납부하였더라도 세관장이 납세자의 납세신고 등과 관련하여 납세자에게 중대한 과실이 있다고 보거나, 납세자의 귀책사유 등을 이유로 수정수입세금계산서를 발급하지 않거나 거절할 수 있었던 것이다. 당시의 이러한 입법취지는 재화를 수입하는 자가 관세의 과세가격과 부가가치세의 과세표준을 성실신고하도록 유인하고, 만일 부실신고를 하면 부가가치세 매입세액 불공제의 불이익을 주기 위한 것으로 생각된다.

그러나 이와 같은 수정수입세금계산서의 발급 제한은 부가가치세 등의 탈루를 방지하기 위한 제재적 성격의 제도인데 다소 과도한 제재라는 지적이 많았다. 특히 수정세금계산서의 발급은 수입부가가치세에 따른 매입세액공제를 위하여 필수적인 절차일 뿐 아니라, 전단계세액공제법을 채택한 부가가치세제의 원리상 원칙적으로 발급되어야 한다는 점에서 그 제한은 극히 예외적이어야 한다.

요컨대 이러한 문제점이 지적되었던 수정수입세금계산서 발급 제한에 관한 구법의 규정을 개정하여 수정수입세금계산서 발급 사유를 네거티브 방식으로 전환한 것은 납세의무자의 정당한 권리 보호를 위한 합리적인 조치로 평가된다.

## X. 영수증

**第36條(영수증 등)** ① 제32조에도 불구하고 다음 각 호의 어느 하나에 해당하는 자가 재화 또는 용역을 공급(부가가치세가 면제되는 재화 또는 용역의 공급은 제외한다)하는 경우에는 제15조 및 제16조에 따른 재화 또는 용역의 공급시기에 대통령령으로 정하는 바에 따라 그 공급을 받은 자에게 세금계산서를 발급하는 대신 영수증을 발급하여야 한다.

1. 주로 사업자가 아닌 자에게 재화 또는 용역을 공급하는 사업자로서 대통령령으로 정하는 사업자
2. 간이과세자 중 다음 각 목의 어느 하나에 해당하는 자
   가. 직전 연도의 공급대가의 합계액(직전 과세기간에 신규로 사업을 시작한 개인사업자의 경우 제61조 제2항에 따라 환산한 금액)이 4천800만원 미만

인 자

나. 신규로 사업을 시작하는 개인사업자로서 제61조 제4항에 따라 간이과세자로 하는 최초의 과세기간 중에 있는 자

② 제32조에도 불구하고 「전기사업법」 제2조 제2호에 따른 전기사업자가 산업용이 아닌 전력을 공급하는 경우 등 대통령령으로 정하는 경우 해당 사업자는 영수증을 발급할 수 있다. 이 경우 해당 사업자가 영수증을 발급하지 아니하면 세금계산서를 발급하여야 한다.

③ 제1항 및 제2항에도 불구하고 재화 또는 용역을 공급받는 자가 사업자등록증을 제시하고 세금계산서의 발급을 요구하는 경우로서 대통령령으로 정하는 경우에는 세금계산서를 발급하여야 한다.

④ 제1항 및 제2항에도 불구하고 영수증을 발급하는 사업자는 금전등록기를 설치하여 영수증을 대신하여 공급대가를 적은 계산서를 발급할 수 있다. 이 경우 사업자가 계산서를 발급하고 해당 감사테이프를 보관한 경우에는 제1항에 따른 영수증을 발급하고 제71조에 따른 장부의 작성을 이행한 것으로 보며, 현금수입을 기준으로 부가가치세를 부과할 수 있다.

⑤ 제46조 제1항에 따른 신용카드매출전표 등은 제1항에 따른 영수증으로 본다.

⑥ 영수증 및 계산서의 기재사항 및 작성 등에 필요한 사항은 대통령령으로 정한다.

제36조의2(간이과세자의 영수증 발급 적용기간) ① 제36조 제1항 제2호 가목에 따라 영수증 발급에 관한 규정이 적용되거나 적용되지 아니하게 되는 기간은 1역년의 공급대가의 합계액(신규로 사업을 시작한 개인사업자의 경우 제61조 제2항에 따라 환산한 금액)이 4천800만원에 미달하거나 그 이상이 되는 해의 다음 해의 7월 1일부터 그 다음 해의 6월 30일까지로 한다.

② 제36조 제1항 제2호 나목에 따라 영수증 발급에 관한 규정이 적용되는 기간은 사업 개시일부터 사업을 시작한 해의 다음 해의 6월 30일까지로 한다.

③ 제1항 및 제2항에서 규정한 영수증 발급 적용기간에 관하여 필요한 사항은 대통령령으로 정한다.

## 1. 의 의

영수증은 필요적 기재사항 중 공급받는 자와 부가가치세액을 따로 기재하지 아니하는 약식 세금계산서를 말한다. 영수증상의 금액은 통상 부가가치세액이 포함된 금액, 즉 공급대가로 기재된다. 영수증은 주로 비사업자인 일반 최종

소비자를 상대로 하는 비교적 소액거래에 사용되는 것이다. 영수증에는 공급가액과 세액이 구분 기재되지 아니하므로 영수증을 발급받은 사업자는 자기의 매출세액에서 매입세액을 공제받지 못한다.

영수증은 다음과 같은 계산서로 갈음할 수 있다. 다만 공급자의 등록번호, 상호 또는 성명, 공급대가 및 작성연월일이 적혀 있어야 영수증으로 본다.[32]

① 여객운송사업자가 발급하는 승차권·승선권·항공권

② 공연장·유기장의 사업자가 발급하는 입장권·관람권

③ 금전등록기계산서와 신용카드가맹사업자가 발급하는 계산서

④ 전기사업자가 발급하는 비산업용 전력사용료에 대한 영수증

⑤ 그 밖에 이와 유사한 계산서

## 2. 발급의무자

소비자에게 재화 또는 용역을 공급하는 사업자로서 다음의 사업자가 재화 또는 용역을 공급하는 경우에는 재화 또는 용역의 공급시기에 공급을 받은 자에게 세금계산서를 발급하는 대신 영수증을 발급하여야 한다(부법 제36조 제1항).

(1) 주로 사업자가 아닌 자에게 재화·용역을 공급하는 다음의 사업자(제1호)

① 소매업

② 음식점업(다과점업 포함)

③ 숙박업

④ 미용·욕탕 및 유사 서비스업

⑤ 여객운송업

⑥ 입장권을 발행하여 영위하는 사업

⑦ 변호사업·심판변론인업·변리사업·법무사업·공인회계사업·세무사업·경영지도사업·기술지도사업·감정평가사업·손해사정인업·통관업·기술사업·건축사업·도선사업·측량사업·공인노무사업·의사업·한의사업·약사업·한약사업·수의사업과 그 밖에 이와 유사한 사업서비스업으로서 기획재정부령으로 정하는 것에 따른 사업 및 행정사업. 다만, 사업자에게 공급하는 것은 제외한다.

---

32) 통칙 36-73-1.

⑧ 우정사업조직이 우편업무 중 소포우편물을 방문접수하여 배달하는 용역을 공급하는 사업

⑨ 의료법에 따른 의사·치과의사·한의사·조산사 또는 간호사가 제공하는 용역

⑩ 수의사법에 따른 수의사가 제공하는 용역

⑪ 무도학원과 자동차운전학원

⑫ 공인인증기관이 인증서를 발급하는 용역

⑬ 간편사업자등록을 한 사업자가 국내에 전자적 용역을 공급하는 사업

⑭ 주로 사업자가 아닌 소비자에게 재화 또는 용역을 공급하는 사업으로서 아래의 사업

㉮ 도정업과 떡류 제조업 중 떡방앗간

㉯ 양복점업, 양장점업 및 양화점업

㉰ 주거용 건물공급업(주거용 건물을 자영건설하는 경우를 포함)

㉱ 운수업과 주차장 운영업

㉲ 부동산중개업

㉳ 사회서비스업과 개인서비스업

㉴ 가사서비스업

㉵ 도로 및 관련시설 운영업

㉶ 자동차 제조업 및 자동차 판매업

㉷ 주거용 건물 수리·보수 및 개량업

㉸ 그 밖에 이와 유사한 사업으로서 세금계산서를 발급할 수 없거나 발급하는 것이 현저히 곤란한 사업

(2) 간이과세자 중 다음에 해당하는 자(제2호)

① 직전 연도의 공급대가의 합계액(직전 과세기간에 신규로 사업을 시작한 개인사업자의 경우 제61조 제2항에 따라 환산한 금액)이 4천800만원 미만인 자

종전에 모든 간이과세자는 영수증을 발급해야 했지만 개정법은 직전 연도 공급대가 합계액이 4천800만원 미만인 간이과세자를 제외하고는 세금계산서를 발급하도록 하였다. 이 경우 영수증 발급에 관한 규정이 적용되거나 적용되지

아니하게 되는 기간은 1역년의 공급대가의 합계액(신규로 사업을 시작한 개인사업자의 경우 제61조 제2항에 따라 환산한 금액)이 4천800만원에 미달하거나 그 이상이 되는 해의 다음 해의 7월 1일부터 그 다음 해의 6월 30일까지로 한다.

② 신규로 사업을 시작하는 개인사업자로서 제61조 제4항에 따라 간이과세자로 하는 최초의 과세기간 중에 있는 자

이 경우 영수증 발급에 관한 규정이 적용되는 기간은 사업 개시일부터 사업을 시작한 해의 다음 해의 6월 30일까지로 한다.

### 3. 특수사업자 등

영수증 발급대상자 외에도 다음에 해당하는 경우에는 영수증을 발급할 수 있다. 이 경우 해당 사업자가 영수증을 발급하지 아니하면 세금계산서를 발급하여야 한다(부법 제36조 제2항).

① 임시사업장개설 사업자가 그 임시사업장에서 사업자가 아닌 소비자에게 재화 또는 용역을 공급하는 경우

② 전기사업자가 산업용이 아닌 전력을 공급하는 경우

③ 전기통신사업자가 전기통신용역을 제공하는 경우

④ 도시가스사업자가 산업용이 아닌 도시가스를 공급하는 경우

⑤ 한국지역난방공사가 산업용이 아닌 열을 공급하는 경우

⑥ 방송사업자가 사업자가 아닌 자에게 방송용역을 제공하는 경우

⑦ 인터넷 멀티미디어 방송 제공사업자가 사업자가 아닌 자에게 방송용역을 제공하는 경우

### 4. 영수증 대신 세금계산서를 발급해야 하는 경우

영수증을 발급해야 하는 사업 중 소매업·음식점업·숙박업·전세버스운송사업·변호사업·변리사업·세무사업 등 인적 용역, 소포 및 우편물 배달사업, 인증서 발급용역 등의 경우에는 공급받는 사업자가 사업자등록증을 제시하고 세금계산서의 발급을 요구하는 때에는 영수증 대신 세금계산서를 발급하여야 한다(부령 제73조 제3항).

### 5. 간이과세자의 영수증 발급 적용기간

영수증 발급에 관한 규정이 적용되거나 적용되지 아니하게 되는 기간은 1역년의 공급대가의 합계액(신규로 사업을 시작한 개인사업자의 경우 환산한 금액)이 4천 8백만원에 미달하거나 그 이상이 되는 해의 다음 해의 7월 1일부터 그 다음 해의 6월 30일까지로 한다(부법 제36조의2 제1항). 한편 영수증 발급에 관한 규정이 적용되는 기간은 사업개시일부터 사업을 시작한 해의 다음 해 6월 30일까지로 한다(동조 제2항).

이때 관할 세무서장은 영수증 발급 적용기간에 관한 규정이 적용되거나 적용되지 않게 되는 기간이 시작되기 20일 전까지 그 사실을 해당 간이과세자에게 통지하고 사업자등록증을 정정하여 과세기간 개시 당일까지 발급하여야 한다(부령 제73조의2 제1항). 다만 간이과세자에 관한 규정이 적용되지 아니하는 사실을 해당 사업자의 관할 세무서장이 통지하는 경우에는 위와 같은 사실을 통지하지 않는다(부령 제73조의2 제2항).

위와 같이 간이과세자에 대하여 영수증 발급 적용기간에 관한 규정이 적용되는 경우에는 간이과세자로부터 재화 또는 용역을 공급받은 사업자가 사업자등록증을 제시하고 세금계산서의 발급을 요구하더라도 간이과세자는 세금계산서를 발급하지 아니하고 영수증을 발급한다(부령 제73조 제10항).

## 제 3 절 납부(환급)세액의 계산

**제37조(납부세액 등의 계산)** ① 매출세액은 제29조에 따른 과세표준에 제30조의 세율을 적용하여 계산한 금액으로 한다.
② 납부세액은 제1항에 따른 매출세액(제45조 제1항에 따른 대손세액을 뺀 금액으로 한다)에서 제38조에 따른 매입세액, 그 밖에 이 법 및 다른 법률에 따라 공제되는 매입세액을 뺀 금액으로 한다. 이 경우 매출세액을 초과하는 부분의 매입세액은 환급세액으로 한다.
③ 제2항에 따른 납부세액을 기준으로 사업자가 최종 납부하거나 환급받을 세액은

다음 계산식에 따라 계산한다.

납부하거나 환급받을 세액 = A - B + C
A : 제2항에 따른 납부세액 또는 환급세액
B : 제46조, 제47조 및 그 밖에 이 법 및 다른 법률에서 정하는 공제세액
C : 제60조 및 「국세기본법」 제47조의2부터 제47조의5까지의 규정에 따른 가산세

## Ⅰ. 납부(환급)세액의 의의

부가가치세의 납부세액이란 부가가치세의 과세표준 신고와 함께 사업자가 정부에 납부하여야 할 세액을 말한다. 우리나라의 부가가치세제는 전단계세액공제법을 채택하고 있는 관계로 납부할 부가가치세액은 자기가 공급한 재화 또는 용역에 대한 세액(매출세액)에서 자기의 사업을 위하여 사용되었거나 사용될 재화 또는 용역을 매입할 때 부담한 세액(매입세액)을 공제하여 계산한다. 이 경우 매입세액이 매출세액을 초과하는 경우에 그 초과액은 환급세액으로 한다(부법 제37조 제2항).

납부세액을 기준으로 사업자가 최종 납부하거나 환급받을 세액은 다음 계산식에 따라 계산한다(동조 제3항).

납부하거나 환급받을 세액 = ① - ② + ③

① 매출세액에서 매입세액을 뺀 납부세액 또는 환급세액

② 「부가가치세법」 제46조(신용카드 등의 사용에 따른 세액공제), 제47조(전자세금계산서 발급·전송에 대한 세액공제) 및 그 밖에 「부가가치세법」 및 다른 법률에서 정하는 공제세액

③ 「부가가치세법」 제60조 및 「국세기본법」 제47조의2부터 제47조의5까지의 규정에 따른 가산세

부가가치세 외의 다른 세목에서 납부세액의 개념은 과세표준에 세율을 적용하여 계산된 산출세액에서 세액공제 또는 기납부세액을 공제한 후에 실제 납부하여야 하는 세액을 의미한다. 하지만 부가가치세에서는 단지 매출세액에서

매입세액을 공제하여 산출한 것을 말하는 용어인 점에서 그 개념을 구분하여야 한다. 납부세액에서 법 제46조 및 제47조의 신용카드 등의 사용에 따른 세액공제를 해야 실제 납부세액이 산출된다.

## Ⅱ. 매출세액의 계산

매출세액은 일정 기간의 재화 또는 용역의 공급가액의 합계액, 즉 과세표준에 세율을 적용하여 계산한 금액이다(부법 제37조 제1항). 보통의 세목에서는 이렇게 계산된 것이 납부할 세액의 기초가 되는 산출세액이지만 부가가치세에서는 납부할 세액을 구하는 중간단계에 불과한 점에 주의하여야 한다.

이와 같이 계산하면 거래징수하지 않은 공급의제에 대하여도 매출세액이 발생하므로 「부가가치세법」상 매출세액과 실제 거래징수한 부가가치세의 합계액이 반드시 일치한다고 말할 수 없다. 그리고 영세율이 적용되는 수출하는 재화 등의 경우에는 적용하는 세율이 영이기 때문에 과세표준은 산출되어도 매출세액이 영이 된다.

## Ⅲ. 매입세액의 계산 및 공제

제38조(공제하는 매입세액) ① 매출세액에서 공제하는 매입세액은 다음 각 호의 금액을 말한다.

1. 사업자가 자기의 사업을 위하여 사용하였거나 사용할 목적으로 공급받은 재화 또는 용역에 대한 부가가치세액(제52조 제4항에 따라 납부한 부가가치세액을 포함한다)
2. 사업자가 자기의 사업을 위하여 사용하였거나 사용할 목적으로 수입하는 재화의 수입에 대한 부가가치세액

② 제1항 제1호에 따른 매입세액은 재화 또는 용역을 공급받는 시기가 속하는 과세기간의 매출세액에서 공제한다.

③ 제1항 제2호에 따른 매입세액은 재화의 수입시기가 속하는 과세기간의 매출세액에서 공제한다.

## 1. 매입세액의 공제

### 가. 매입세액의 의의

매입세액이란 사업자가 재화 또는 용역을 공급받을 때 부담한 부가가치세액을 말한다. 사업자가 재화 또는 용역을 공급받을 때 거래징수로 부담한 매입세액 또는 재화를 수입할 때 부담한 매입세액은 납부세액 계산에서 공제하는 것이다. 이러한 매입세액은 해당 거래의 전단계까지 납부된 부가가치세 합계액과 일치한다. 해당 거래단계의 부가가치세 과세표준에는 전단계까지 이미 과세된 부가가치가 포함되지만 매입세액을 공제함으로써 전단계까지 이미 과세된 부가가치에 대한 중복과세가 회피된다. 그리하여 매입세액공제는 부가가치세에서 누적효과의 발생을 방지하는 제도적 장치로서 중요한 의미를 갖는다.

현행법은 매입세액공제의 법적 성질에 대하여 분명히 규정한 바 없다. 하지만 「부가가치세법」상 매입세액공제가 「소득세법」 또는 「상속세 및 증여세법」 체계에서의 세액공제와 그 성격이 확연히 다르다는 점에 대하여는 이론이 없는 것으로 보인다. 그리고 매입세액공제가 납세의무자에 대한 특전인가 아니면 권리인가 하는 점도 불분명하다. 매입세액공제는 부가가치세 납부세액 계산구조에 내재하는 필수불가결 제도로서 누적과세를 배제하여 적정한 담세력을 파악하게 한다. 그러므로 매입세액공제는 절차법상의 특전이 아니라 실체법상으로 권리성을 인정해야 한다는 견해가 타당하다 할 것이다.33)

따라서 매입세액이 매출세액을 초과하여 환급세액이 발생한다면 그것은 단순히 부당이득의 성질을 띠는 것이 아니라, 「부가가치세법」에 의하여 그 존부나 범위가 구체적으로 확정되고 조세정책적 관점에서 특별히 인정되는 공법상 의무라고 봄이 타당하다. 판례에서는 부가가치세 환급세액 지급청구에 대하여 종전에는 일반적 민사소송으로 보았으나 태도를 변경하여 부당이득금의 존부나 범위가 「부가가치세법」상 납부세액 계산구조에 의하여 정해진다는 이유로 공법상 당사자소송으로 보고 있는 것도 위와 같은 매입세액공제의 성질과 무관하지 않다고 생각한다.34)

---

33) 金子 宏編, 『租税法の發展』, 有斐閣, 2010, 278면; 野一色直人, "消費税における課税對象", 『税法學』 제573호, 2015, 238면.

34) 대법원 2013.4.18. 선고 2010두11733 전원합의체 판결.

매입세액공제를 위한 구체적 입법방법에는 두 가지가 있다. 하나는 우리나라와 EU 가입국가 등이 채택하고 있는 방식으로 각 거래단계에서 발급된 세금계산서나 청구서에 부담한 매입세액이 명확히 기재되어 있는 것을 요건으로 하여 공제를 인정하는 '인보이스(Invoice) 방식'이다. 다른 하나는 세금계산서 등에 매입세액의 기재를 요건으로 하지 아니하고 장부상 기재된 과세기간 내의 매입금액에 단순히 부가가치세율을 곱한 금액을 매입세액으로 보고서 공제를 인정하는 장부방식이다. 장부방식은 실제 매입에 있어서 부가가치세를 부담하였는지가 객관적 증거에 의하여 밝혀져야 한다는 점에서 문제점이 있다는 비판이 많다.[35] 따라서 우리나라의 인보이스 방식이 더 타당한 제도라고 생각한다.

### 나. 공제의 대상

① 사업자가 자기의 사업을 위하여 사용하였거나 사용할 목적으로 공급받은 재화 또는 용역에 대한 부가가치세액(사업양수인의 대리납부에 의한 부가가치세액을 포함)과 ② 사업자가 자기의 사업을 위하여 사용하였거나 사용할 목적으로 수입하는 재화의 수입에 대한 부가가치세액이다(부법 제38조 제1항). 이것을 구체적으로 설명하면 다음과 같다.

#### (1) 자기의 사업을 위한 것

모든 재화 또는 용역의 공급 및 재화의 수입이 매입세액공제의 대상이 되는 것이 아니라 사업관련성이 있어야 한다. 여기서 '사업'이란 과세사업만을 의미하므로 면세사업에 관련된 매입세액은 공제될 수 없다. 재화 또는 용역을 공급하는 사업을 기준으로 매입세액 공제 여부를 판단하는 것이며, 지출한 비용이 면세사업을 위한 것이냐 과세사업을 위한 것이냐에 따라 매입세액 공제 여부를 판단하는 것이 아니다.[36] 따라서 과세사업을 위하여 지출한 매입세액은 그것이 설사 면세되는 재화 또는 용역에 관련된 것이라 할지라도 매입세액공제에 관한 원칙적 규정에 근거하여 당연히 이를 매출세액에서 공제하여야 하는 것이다.

---

35) 增田英敏, "イギリスの附加價値税の法構造", 『納税者保護と法の支配』, 信山社, 2007, 521면.

36) 대법원 1995.12.31. 선고 94누1449 전원합의체 판결. 동 판결에서는 골프장 내의 골프코스인 부지공사와 관련된 매입세액은 과세사업인 골프장업을 영위하기 위하여 지출한 세액이므로 (비록 토지를 위해 지출한) 비용이라도 토지 그 자체를 공급하는 것이 아니므로 불공제대상이 되는 매입세액에 해당하지 않는 것으로 판시하고 있다.

'자기의 사업'이란 자기계산에 따른 사업을 말한다. 사업을 위한 것이어야 하므로 제품을 제조하는 데 원재료로 사용하거나 상품으로 판매하는 것, 그 외에 비품·건물 등 고정자산으로 사용하는 것도 사업과 관련성이 있는 매입세액에 포함된다.

사업과 관련이 없는 매입세액, 즉 자기의 개인적 사용·소비를 위한 재화·용역의 구입에 따른 매입세액은 공제될 수 없다. 예를 들어, 상가관리용역을 제공하는 법인이 상가관리용역의 제공과 직접 관련 없이 시장 내 상가건물 등의 수선과 관련하여 시공사로부터 발급받은 세금계산서상의 매입세액은 공제될 수 없다.[37)]

(2) 사용하였거나 사용할 목적

이미 부가가치의 창출에 투입되어 그 사용이 완료되거나 아직 사용되지 않았지만 앞으로 사용될 예정인 것을 포함한다. 따라서 매입세액은 해당 재화 등의 사용시점에 불구하고 그것을 공급받거나 수입한 과세기간의 매출세액에서 공제하게 된다. 과세사업과 관련만 있으면 충분하고 재화 또는 용역의 매출세액과 매입세액을 동시에 대응시키지 아니하므로, 가령 매입세액을 공제받은 재화를 미사용 상태로 보유하고 있는 경우에도 매입세액을 공제할 수 있는 것이다.

아직 사용되지 않은 재화 등에 대한 매입세액을 공제하는 취지는 사업자가 부담한 매입세액을 조기에 회수할 수 있게 하여 불필요한 자금압박을 방지하기 위한 데 있다. 재화 등을 매입할 때 부담한 매입세액을 그 재화 등이 사용되는 시점까지 공제해 주지 않는다면 사업자는 그 기간 동안 불필요한 자금의 부담을 지게 될 것이다. 만일 매입한 재화를 면세사업에 전용하거나 과세사업에 사용하지 않음으로써 개인적 공급이나 폐업할 때 남은 재화 등 간주의제에 해당하는 때에는 매출세액을 발생시킬 뿐만 아니라 이미 공제받은 매입세액을 환수하거나 납부세액을 재계산하게 된다.

(3) 재화 또는 용역의 공급 및 재화의 수입에 대한 매입세액

재화 또는 용역을 공급받을 때 거래상대방에게 거래징수당한 세액 또는 재화를 수입할 때 세관장에게 징수당한 세액을 말한다. 재화나 용역을 공급받거나

---

37) 국심 2004중31, 2004.6.9.

수입할 때 거래징수 또는 징수당한 사실이 입증되어야 하므로 세금계산서를 발급받아 이를 집계한 매입처별 세금계산서합계표 등을 신고·납부할 때에 제출하여야 한다.

### 다. 공제시기

매입세액은 해당 재화 또는 용역을 공급받은 시기가 속하는 과세기간의 매출세액에서 공제한다. 그리고 수입재화에 대한 매입세액은 재화의 수입시기가 속하는 과세기간의 매출세액에서 공제한다.

해당 과세기간에 공급받은 재화 또는 용역을 사용하였는지 여부 및 해당 재화 또는 용역을 공급한 자가 거래징수한 부가가치세를 실제 납부하였는지 여부를 불문하고 공급받은 날이 속하는 과세기간의 매출세액에서 공제하는 것이다.

### 라. 공제사업장

「부가가치세법」은 사업장을 납세지로 하고 있고 원칙적으로 사업자등록이나 세액의 신고·납부를 사업장마다 하도록 하고 있다. 그런데 매입세액은 발급받은 세금계산서에 근거하여 공제하는 것이므로 공제하는 사업장과의 실질적인 관련성을 엄격히 적용하지 아니한다. 매입세액공제가 누적효과를 제거하기 위한 것이라는 측면과 엄격한 사업장 개념을 적용하기 어려운 납세 현실도 고려한 것으로 볼 수 있다. 따라서 발급받은 세금계산서에 공급받는 자와 사업자등록번호가 기재된 사업장의 매입세액으로 공제하면 되고, 그 매입세액을 부담한 재화 또는 용역을 사용하거나 소비하는 사업장과 반드시 일치해야 할 관계가 없다.[38] 예를 들어, 둘 이상의 사업장이 있는 사업자가 제조장에서 사용하거나 소비할 재화를 본사에서 계약·결제하고 구입하였으나 수송편의상 해당 재화를 직접 제조장으로 운송받는 경우, 공급받는 자를 본사 또는 제조장 어느 쪽 명의로 하든지 세금계산서를 발급받을 수 있고 본사 또는 제조장 중 어느 한 곳에서 매입세액을 공제할 수 있다.

### 마. 매입자발행세금계산서에 따른 매입세액공제 특례

매입자발행세금계산서를 발급한 신청인은 법에 따른 예정신고 및 확정신고

---

38) 최명근·나성길, 앞의 책, 365면; 한장석·김용관, 앞의 책, 752면.

또는 「국세기본법」 제45조의2 제1항에 따른 경정청구시 기획재정부령이 정하는 매입자발행세금계산서합계표를 제출한 경우 매입자발행세금계산서에 기재된 매입세액을 「부가가치세법」 제37조, 제38조 및 제63조 제3항에 따라 해당 재화 또는 용역의 공급시기에 해당하는 과세기간의 매출세액 또는 납부세액에서 매입세액으로 공제받을 수 있다.

## 2. 매입세액의 불공제

제39조(공제하지 아니하는 매입세액) ① 제38조에도 불구하고 다음 각 호의 매입세액은 매출세액에서 공제하지 아니한다.

1. 제54조 제1항 및 제3항에 따라 매입처별 세금계산서합계표를 제출하지 아니한 경우의 매입세액 또는 제출한 매입처별 세금계산서합계표의 기재사항 중 거래처별 등록번호 또는 공급가액의 전부 또는 일부가 적히지 아니하였거나 사실과 다르게 적힌 경우 그 기재사항이 적히지 아니한 부분 또는 사실과 다르게 적힌 부분의 매입세액. 다만, 대통령령으로 정하는 경우의 매입세액은 제외한다.
2. 세금계산서 또는 수입세금계산서를 발급받지 아니한 경우 또는 발급받은 세금계산서 또는 수입세금계산서에 제32조 제1항 제1호부터 제4호까지의 규정에 따른 기재사항(이하 "필요적 기재사항"이라 한다)의 전부 또는 일부가 적히지 아니하였거나 사실과 다르게 적힌 경우의 매입세액(공급가액이 사실과 다르게 적힌 경우에는 실제 공급가액과 사실과 다르게 적힌 금액의 차액에 해당하는 세액을 말한다). 다만, 대통령령으로 정하는 경우의 매입세액은 제외한다.
3. 삭제
4. 사업과 직접 관련이 없는 지출로서 대통령령으로 정하는 것에 대한 매입세액
5. 「개별소비세법」 제1조 제2항 제3호에 따른 자동차(운수업, 자동차판매업 등 대통령령으로 정하는 업종에 직접 영업으로 사용되는 것은 제외한다)의 구입과 임차 및 유지에 관한 매입세액
6. 기업업무추진비 및 이와 유사한 비용으로서 대통령령으로 정하는 비용의 지출에 관련된 매입세액
7. 면세사업 등에 관련된 매입세액(면세사업 등을 위한 투자에 관련된 매입세액을 포함한다)과 대통령령으로 정하는 토지에 관련된 매입세액

8. 제8조에 따른 사업자등록을 신청하기 전의 매입세액. 다만, 공급시기가 속하는 과세기간이 끝난 후 20일 이내에 등록을 신청한 경우 등록신청일부터 공급시기가 속하는 과세기간 기산일(제5조 제1항에 따른 과세기간의 기산일을 말한다)까지 역산한 기간 내의 것은 제외한다.

② 제1항에 따라 공제되지 아니하는 매입세액의 범위에 관하여 필요한 사항은 대통령령으로 정한다.

부가가치세 납부세액을 결정하는 가장 중요한 요소가 되는 매입세액의 불공제는 부가가치세의 본질과 관련하여 중요한 문제가 된다. 그리하여 본래는 납부세액을 계산할 때 당연히 매입세액을 공제해야 함에도 불구하고 부가가치세에서 핵심적 제도인 세금계산서 수수의 엄격성을 담보하기 위한 제재수단 또는 정책적 이유로 극히 예외적으로 매입세액이 공제되지 아니하는 경우를 법 제39조 제1항에서 열거하고 있다. 허위세금계산서에 따른 매입세액 등과 같이 과세절차의 편의나 조세정책상 공제를 부인하는 경우는 물론이고, 사업과 관련이 없는 지출에 대한 매입세액 또는 면세사업 등과 같이 부가가치세의 원리상 당연한 경우도 포함하고 있다.

매입세액의 공제 여부는 부가가치세 납부세액을 계산하는 가장 중요한 요소이기 때문에 이를 임의적 해석에 따라 결정하는 것은 타당하지 않다. 과세사업자가 매입세액이 불공제되는 경우에 해당하면 불공제된 매입세액은 다음 단계 사업자나 최종소비자에게 전가되어 결국 부가가치세 흐름에 혼란이 발생하여 가격구조의 변화와 누적과세를 초래하게 된다. 이로 인하여 부가가치세의 핵심구조가 붕괴되어 일반판매세와 차이가 없게 된다. 아울러 납세의무자들은 매입세액 불공제로 인한 조세부담을 회피하기 위하여 정상적으로 매입세액이 공제되는 방향으로 경제흐름을 선택함으로써 조세의 중립성을 훼손하는 결과가 된다. 따라서 매입세액불공제 규정은 제한적·열거적 성질로 보아 되도록 엄격히 해석하여야 할 것이다.[39]

그러므로 매입세액은 원칙적으로 공제가 허용되고 예외적으로 법조항에 해당하는 경우에만 불공제하는 것으로 해석하여야 한다. 이로 인해 매입세액을 공

39) 대법원 1995.12.21. 선고 94누1449 전원합의체 판결.

제받을 수 있는 지위는 단순한 반사적 이익이 아니라 권리의 성질을 갖는다고 보아야 한다. 이런 점에서 매입세액의 공제를 부인하는 것이 납세의무자에 대한 제재를 의미하는 것이라기보다 세법상의 의무를 위반한 데에 대한 제재라고 생각할 수 있다.

법에서 열거한 매입세액이 공제되지 아니하는 구체적인 경우는 다음과 같다(부법 제39조 제1항).

### 가. 매입처별 세금계산서합계표 미제출 또는 부실기재

#### (1) 원 칙

과세사업자가 매입세액을 공제받기 위해서는 재화 등을 공급받을 때 세금계산서를 발급받은 다음 이에 근거하여 매입처별 세금계산서합계표를 작성하고 이를 예정신고하거나 확정신고하는 때에 관할 세무서장에게 제출하여야 한다(부법 제54조 제1항, 제3항). 이 같은 사항을 이행하지 아니하여 매입처별 세금계산서합계표를 제출하지 않은 경우 또는 제출한 매입처별 세금계산서합계표의 기재사항 중 거래처별 등록번호 또는 공급가액의 전부나 일부가 적히지 않았거나 사실과 다르게 적힌 경우의 매입세액은 공제하지 않는다. 여기서 공급가액이 사실과 다르게 적힌 경우의 매입세액이란 실제 공급가액과 사실과 다르게 적힌 금액의 차액에 해당하는 세액을 의미한다(부법 제39조 제1항 제1호).

전단계세액공제방식을 채택하고 있는 현행 「부가가치세법」에서는 매입세액과 매출세액을 정확히 파악할 수 있는 거래상황에 대한 증빙자료의 존재가 필수불가결이다. 이를 위하여 세금계산서제도가 마련되어 있는데 이를 집계한 매입처별 세금계산서합계표의 제출 및 충실기재의무를 태만히 하거나 불이행한 경우에는 매입세액을 공제하지 아니하는 것이다.

#### (2) 예 외

위와 같은 원칙에도 불구하고 다음의 경우에는 예외적으로 매입세액공제가 가능한 것으로 하고 있다(부령 제74조).

① 발급받은 세금계산서에 대한 매입처별 세금계산서합계표 또는 신용카드 매출전표 수령명세서를 과세표준 수정신고서와 함께 제출하는 경우(제1호)

② 발급받은 세금계산서에 대한 매입처별 세금계산서합계표 또는 신용카드

매출전표 수령명세서를 경정청구서와 함께 제출하여 경정기관이 경정하는 경우(제2호)

③ 발급받은 세금계산서에 대한 매입처별 세금계산서합계표 또는 신용카드매출전표 수령명세서를 기한 후 과세표준신고서와 함께 제출하여 관할 세무서장이 결정하는 경우(제3호)

④ 발급받은 세금계산서에 대한 매입처별 세금계산서합계표의 거래처별 등록번호 또는 공급가액이 착오로 사실과 다르게 적힌 경우로서 발급받은 세금계산서에 의하여 거래사실이 확인되는 경우(제4호)

⑤ 경정을 하는 경우 사업자가 발급받은 세금계산서 또는 신용카드매출전표 등을 경정기관의 확인을 거쳐 정부에 제출하는 경우(제5호)

### 나. 세금계산서 미수령 또는 부실기재

세금계산서나 수입세금계산서를 발급받지 아니한 경우 또는 발급받은 세금계산서 또는 수입세금계산서에 필요적 기재사항의 전부 또는 일부가 적히지 아니하였거나 사실과 다르게 적힌 경우의 매입세액은 공제하지 않는다. 다만 공급가액이 사실과 다르게 적힌 경우에는 실제 공급가액과 사실과 다르게 적힌 금액의 차액에 해당하는 세액 상당의 매입세액을 공제하지 않는다(부법 제39조 제1항 제2호).[40)]

#### (1) 불공제의 취지

우리나라가 채택한 부가가치세 과세방법인 전단계세액공제법은 사업자가 거래징수한 매출세액에서 거래징수당한 매입세액을 차감하여 납부세액을 계산한다. 그 결과 사업자가 창출한 부가가치에 대해 세율을 적용한 것과 일치하게 된다. 만일 거래징수와 세금계산서의 수수가 제대로 이행되지 아니하여 매입세액공제가 적정하게 이루어지지 않는다면 납부세액은 그가 창출한 부가가치에 대

---

40) 이 규정이 헌법상 과잉금지의 원칙에 위배되는 것은 아닌지 문제가 된 바 있으나, 헌법재판소 2002.8.29. 선고 2000헌바50, 2002헌바56(병합) 결정에서 세금계산서의 필요적 기재사항의 전부 또는 일부가 사실과 다르게 기재된 경우에 매입세액을 공제하지 않도록 규정하고 있는 것은 부가가치세제 운영의 기초가 되는 세금계산서의 정확성과 진실성을 확보하기 위해 일종의 제재장치를 마련한 것으로서, 세금계산서가 부가가치세제를 유지하는 핵심적 역할을 하고 있는 점 등에 비추어 보면 위 규정이 지나치게 가혹하여 헌법상 과잉금지의 원칙 등에 어긋나는 것이라고 볼 수는 없다고 하였다.

해 세율을 적용한 것과 차이가 있게 된다. 과세관청은 각 거래단계의 사업자가 제출한 세금계산서를 상호 대조해 봄으로써 허위의 세금계산서 제출로 인한 매입세액공제를 방지할 수 있고 누가 매출액을 축소 또는 누락하는지도 알 수 있다. 이러한 의미에서 세금계산서의 적정한 수수는 전단계세액공제법을 채택하고 있는 부가가치세제에 있어서 그 성패를 좌우하는 근간이 될 정도로 중요하다.

부가가치세 행정실무에서 가장 골치 아픈 문제는 재화 또는 용역을 공급함이 없이 세금계산서를 발급하는 가공세금계산서와 공급자 및 공급받는 자가 다른 위장세금계산서의 성행이다. 가공세금계산서만 매매하는 소위 자료상은 사업장을 가지지 아니하고 실물거래 없이 허위의 세금계산서를 발행하여 판매한다. 이는 사업자의 가공원가 계산이나 매입세액 부당공제 등 탈세행위를 조장하거나 그 원인을 제공한다. 이로 인해 부가가치세의 근간이 흔들리고 과세관청은 많은 행정력을 낭비하고 있는 것이 현실이다.

한편 자료상으로부터 가공거래로 세금계산서를 수취한 사업자들은 매입거래에 대한 금융자료 자체가 없거나 허위로 금융거래가 있음을 가장하기 위하여 주로 현금으로 거래액을 상대방의 계좌에 송금하고 당일 날 그 금액 상당을 인출하여 되돌려 받는 수법을 취한다.

부가가치세의 세액산출방식이 제대로 기능하기 위해서는 이와 같은 가공 또는 허위의 세금계산서를 엄격히 규제하여야 한다. 법에서는 허위세금계산서 등의 발급을 방지하기 위하여 일정한 경우 그 매입세액은 실제 거래징수당한 사실이 세금계산서 등에 의하여 입증된다 하더라도 공제받을 수 없게 하였다.

이와 관련하여 실무에서 문제가 되는 것은 세금계산서의 기재 내용이 사실과 부합한다는 점을 누가 입증해야 하는가, 실물거래가 있는데 세금계산서의 기재가 다소 사실과 다른 경우 예외 없이 매입세액공제를 허용하지 않는 것이 타당한가 하는 점이다.

일반적으로 사업자가 정상적인 거래관계에서 수취한 세금계산서는 매입세액을 공제받기 위한 증빙자료로서 사실에 부합하는 것으로 추정될 것이다. 그러므로 거래과정에서 수취한 세금계산서가 매입세액의 공제가 부인되는 '사실과 다른 세금계산서'에 해당한다는 점에 관한 증명책임은 과세관청이 부담함이 원칙이다.[41]

---

41) 대법원 2009.6.23. 선고 2008두13446 판결.

그러나 세금계산서를 발급한 사업자가 자료상 행위를 한 사실이 확인되는 경우라면 그 사업자로부터 수취한 세금계산서가 가공거래에 따른 자료가 아니라는 사실은 매입세액 등을 공제 받으려는 사업자가 입증하여야 할 것이다.

(2) 사실과 다르게 적힌 세금계산서

**① 공급자 또는 공급받는 자가 사실과 다른 경우**

세금계산서는 사업자가 재화 또는 용역을 공급받는 자에게 발급하여야 한다. 여기서 '사업자'는 재화 등을 공급받는 사업자와 명목상의 법률관계를 형성하고 있는 자가 아니라 공급받는 자에게 실제로 재화 또는 용역을 공급하는 거래행위를 한 자로 해석하여야 한다. 한편 '공급받는 자'란 계약상 또는 법률상의 원인에 의하여 재화 등을 제공받는 자를 의미하므로, 계약상 원인에 의하여 '공급받는 자'가 누구인가를 결정함에 있어서는 해당 재화 등 공급의 원인이 되는 계약의 당사자 및 그 내용과 재화 등의 공급은 누구를 위하여 이루어지는 것이며 그 대가의 지급관계는 어떠한지 등 제반 사정을 고려하여야 한다.

세금계산서는 공급받는 자가 실제 거래관계에 있는 직접 상대방으로부터 발급받아야 사실에 부합하는 것이지만, 거래실태는 매우 다양하고 복잡하여 세금계산서의 적정 수수 여부를 따지기가 쉽지 않다.

이 경우 거래 당사자가 사실과 다르게 기재된 세금계산서(소위 위장세금계산서)인지 여부는 재화 또는 용역 공급계약서상의 거래 당사자, 거래대금의 수령인, 공급한 재화 등의 소유형태, 재화 등의 실제 제공자 등을 종합적으로 검토하여 판단하여야 할 것이다.

종합건설업면허가 없는 사업자가 종합건설면허가 있는 회사의 명의를 빌려 공사도급계약을 체결하고 공사를 시공한 경우로서 만일 이러한 사실을 알고 있는 거래상대방에게 종합건설면허가 있는 회사 명의의 세금계산서를 발급하였다면 이는 사실과 다른 세금계산서로서 상대방은 그 세금계산서로 매입세액공제를 받을 수 없다.[42] 세금계산서상의 공급자와 실제 공급자가 다른 경우는 건축공사 도급계약에서 자주 나타난다. 예를 들면, 시공자로 계약한 건설회사가 공사를 수행하지 아니하고 건축주가 직접 시공하는 경우로서 원도급자와 하도급자 간의

42) 대법원 1997.3.28. 선고 96다48930·48947 판결.

공사대금과 관련하여 건축주가 하도급업자에게 공사대금을 직접 지급하면서 공사를 직영하는 때에 건설업체 또는 원도급업자 명의의 세금계산서를 수수한다면 사실과 다른 세금계산서로 볼 수 있을 것이다.[43] 이와 달리 공사는 건설회사가 직접 시공하였으나 확실한 공사의 담보를 위하여 공사대금만을 제3자 명의의 통장으로 입금하게 한 경우에는 건설회사로부터 발급받은 세금계산서를 사실과 다른 것으로 볼 수 없다.[44]

판례를 보면, 사업자가 용역을 공급받음에 있어서 상대방 거래처가 위장사업자라는 사실을 몰랐고 또 모르는 데 과실이 없었다면 그 거래처로부터 발급받은 세금계산서에 의하여 소정의 기간 내에 실지 그대로 「부가가치세법」상 예정신고 및 확정신고를 한 이상 그에 대한 부가가치세를 산정함에 있어서 매입세액을 공제하는 것이 타당하다.[45] 여기서 공급받는 자가 그와 같은 명의위장 사실을 알지 못한 데에 과실이 없다는 점은 매입세액의 공제 내지 환급을 주장하는 자가 입증하여야 한다.[46]

한편 공급받는 자를 사실과 다르게 기재한 세금계산서의 경우에 판례는 부실기재의 엄격성을 다소 완화하고 있다. 예컨대 중기대여업자들이 구입대금의 일부를 분담하여 기중기 11대를 공동으로 구입하면서 소유권이전등록은 자신들이 설립한 회사의 명의로 마친 경우에는 공급받는 자를 위 회사가 아닌 중기대여업자들 개인으로 하여 발급받은 각 세금계산서가 공급받는 자를 사실과 다르게 기재한 것이라고 할 수 없다고 하였다. 이와 같이 공동사업자로서 동업을 한 것이 아니라 비용절감을 위하여 인적·물적 설비 또는 사업용 자산을 공동으로 이용한 것에 불과하다면 각자의 명의로 세금계산서를 받은 경우 사실과 다른 세금계산서로 보지 않는다.[47] 여러 개의 사업장을 둔 사업자가 하나의 사업장을 위한 용역을 공급받으면서 다른 총괄사업장 명의로 공급계약을 체결하고 그 대금을 지급한 후 세금계산서를 교부받은 경우에도 용역을 공급받는 자를 총괄사업장으로 보아 사실과 다른 세금계산서에 해당하지 않는 것으로 보았다.[48]

43) 국심 2005중1772, 2006.1.20.
44) 국심 2005서1900, 2006.7.27.
45) 대법원 1987.9.22. 선고 87누252 판결.
46) 대법원 1997.6.27. 선고 97누4920 판결.
47) 대법원 2002.1.8. 선고 2000두79 판결.
48) 대법원 2009.5.14. 선고 2007두4896 판결.

② **재화 또는 용역의 공급시기 이후에 발급받은 세금계산서**

과거 판례는 세금계산서에 거래일자를 실제 공급일자와 다르게 적어 발급했더라도 재화 또는 용역의 공급일이 속하는 동일 과세기간 내에 세금계산서를 발급받은 경우라면 형식상 사실과 다르게 적힌 세금계산서일지라도 매입세액공제가 가능하다고 보았다.[49] 이러한 판례의 태도를 받아들여 현행법은 재화 또는 용역의 공급시기 이후에 발급받은 세금계산서로서 해당 공급시기가 속하는 과세기간에 대한 확정신고기한까지 발급받은 경우에 대하여는 매입세액공제를 허용하고 있다(부령 제75조 제3호). 또한 세금계산서 발급 특례규정에 따라 재화 등의 공급일이 속하는 다음 달 10일까지 세금계산서를 발급하면 되는 경우에도 사실과 다른 세금계산서로 보지 아니하므로 매입세액을 공제받을 수 있다.

문제는 세금계산서를 공급시기 이후에 작성하는 경우로 작성일자를 실제 공급시기로 소급하여 작성하는 경우와 작성일자를 공급시기 이후의 실제 작성일자로 하여 작성하는 경우이다.

대법원은 2004.11.18. 선고 2002두5771 전원합의체 판결에서 매입세액의 공제가 부인되는 '세금계산서의 필요적 기재사항의 일부인 작성연월일이 사실과 다르게 기재된 경우'라 함은 세금계산서의 실제작성일이 거래사실과 다른 경우를 의미하고, 그러한 경우에도 그 세금계산서의 나머지 기재대로 거래사실이 확인된다면 위 거래사실에 대한 매입세액은 공제되어야 하지만, 이는 어디까지나 세금계산서의 실제작성일이 속하는 과세기간과 사실상의 거래시기가 속하는 과세기간이 동일한 경우(이러한 경우이면 세금계산서상의 '작성연월일'이 실제작성일로 기재되든, 사실상의 거래시기 또는 어느 특정 시기로 소급하여 기재되든, 묻지 아니한다)에 한한다고 판단하였다.

그 이유는 세금계산서가 부가가치세액을 정하기 위한 증빙서류로서 그것을 거래시기에 발행·교부하게 하는 것은 그 증빙서류의 진실을 담보하기 위한 것이기도 하지만, 나아가 전단계세액공제법을 채택하고 있는 현행 부가가치세법 체계에서 세금계산서제도는 당사자 간의 거래를 노출시킴으로써 부가가치세뿐 아니라 소득세와 법인세의 세원포착을 용이하게 하는 납세자 간 상호검증의 기

49) 대법원 2008.1.18. 선고 2007두15049 판결; 대법원 1997.3.14. 선고 96다42550 판결.

능을 갖고 있으며, 세액의 산정 및 상호검증이 과세기간별로 행하여지는 부가가치세의 특성상 위와 같은 상호검증기능이 제대로 작동하기 위해서는 세금계산서의 작성 및 교부가 그 거래시기가 속하는 과세기간 내에 정상적으로 이루어지는 것이 필수적이기 때문이라 할 것이므로, 과세기간이 경과한 후에 작성한 세금계산서는 작성일자를 공급시기로 소급하여 작성하였다 하더라도 필요적 기재사항의 일부가 사실과 다르게 기재된 세금계산서에 해당하므로 이 경우 매입세액은 매출세액에서 공제되어서는 아니된다고 판시하였다.[50]

그러나 납세의무자가 아무런 귀책사유 없이 세금계산서를 공급시기 이후에 발급받은 경우에 구제받을 방법이 없고, 매입세액공제는 부가가치세에서 중복과세를 배제하기 위한 기본구조라는 점에서 매입세액공제를 제한하는 해석이라는 비판이 있다.[51]

이 후에 나온 판례는, 재화 또는 용역의 공급시기가 속하는 과세기간이 경과한 후에 발급일자를 공급시기가 속하는 과세기간 내로 소급하여 작성·교부했다 하더라도 그 세금계산서의 기재사항에 의하여 거래사실이 확인되는 경우에는 매입세액으로 공제하여야 한다는 입장이다.[52] 재화의 공급시기에 바로 세금계산서를 교부할 수 없는 납세 현실 등을 감안하고, 과세기간을 단위로 과세되는 부가가치세법 체제 아래에서 부득이 과세기간을 지키지 못하여 당해 재화를 공급받은 자가 공급자에게 거래징수당한 매입세액을 공제받지 못하게 되는 문제점 등을 완화하는 데 그 취지가 있는 점, 법조항에서 과세기간에 따라 그 적용범위를 제한하고 있지 아니한 점 등에 비추어 보면, 비록 당해 재화의 공급시기가 속하는 과세기간이 경과한 후에 발행일자를 공급시기가 속하는 과세기간 내로 소급하여 작성·교부한 세금계산서라 하더라도 '사실과 다른 세금계산서'에 해당하지 아니한다고 하였다. '부실세금계산서'를 지나치게 엄격하게 해석하고 있지 아니한 타당한 판결이라고 생각한다.

---

50) 이와 동일한 취지의 판례로 대법원 2008.9.11. 선고 2006두9900 판결; 대법원 2005.6.23. 선고 2004두10425 판결.

51) 이영선, "과세기간 경과 후 세금계산서를 소급 작성한 경우 매입세액 공제 여부에 관하여", 『인권과 정의』, 제351호, 대한변호사협회, 2005. 11; 유철형, "소급하여 작성한 세금계산서와 사실과 다른 세금계산서", 『조세판례백선』, 박영사, 2005, 519면.

52) 대법원 2010.8.19. 선고 2008두5520 판결.

한편 현행 법령에서는 앞의 판례의 입장을 반영하여 납세 편의 제고를 위하여 매입세액공제가 가능한 세금계산서 수취기한을 원칙적으로 재화·용역의 공급시기로 하되 예외적으로 매입세액공제를 폭넓게 인정하고 있다.

(3) 매입세액 불공제의 예외

다음에 해당하는 경우에는 예외적으로 매입세액공제가 허용된다(부령 제75조).

① 사업자등록을 신청한 사업자가 사업자등록증 발급일까지의 거래에 대하여 해당 사업자 또는 대표자의 주민등록번호를 적어 발급받은 경우(제1호)

② 발급받은 세금계산서의 필요적 기재사항 중 일부가 착오로 적혔으나 그 세금계산서에 적힌 나머지 필요적 기재사항 또는 임의적 기재사항으로 보아 거래사실이 확인되는 경우(제2호)

③ 재화 또는 용역의 공급시기 이후에 발급받은 세금계산서로서 해당 공급시기가 속하는 과세기간에 대한 확정신고기한까지 발급받은 경우(제3호)

④ 발급받은 전자세금계산서로서 국세청장에게 전송되지 아니하였으나 발급한 사실이 확인되는 경우(제4호)

⑤ 전자세금계산서 외의 세금계산서로서 재화 또는 용역의 공급시기가 속하는 과세기간에 대한 확정신고기한까지 발급받았고 그 거래사실도 확인되는 경우(제5호)

⑥ 실제로 재화나 용역을 공급하거나 공급받은 사업장이 아닌 사업장을 적은 세금계산서를 발급받았더라도 그 사업장이 총괄하여 납부하거나 사업자 단위 과세 사업자에 해당하는 사업장인 경우로서 그 재화나 용역을 실제로 공급한 사업자가 사업장 관할 세무서장에게 해당 과세기간에 대한 납부세액을 신고하고 납부한 경우(제6호)

⑦ 재화 또는 용역의 공급시기가 속하는 과세기간에 대한 확정신고기한이 지난 후 세금계산서를 발급받았더라도 그 세금계산서의 발급일이 확정신고기한 다음 날부터 1년 이내인 경우로서 다음 어느 하나에 해당하는 경우(제7호)

㉮ 「국세기본법」 시행령 제25조 제1항에 따른 과세표준수정신고서와 같은 영 제25조의3에 따른 경정청구서를 세금계산서와 함께 제출하는 경우

㉯ 해당 거래사실이 확인되어 납세지 관할 세무서장, 납세지 관할 지방국

세청장 또는 국세청장이 결정 또는 경정하는 경우

⑧ 재화 또는 용역의 공급시기 전에 세금계산서를 발급받았더라도 재화 또는 용역의 공급시기가 그 세금계산서의 발급일부터 6개월 이내에 도래하고 해당 거래사실이 확인되어 법 제57조에 따라 납세지 관할 세무서장 등이 결정 또는 경정하는 경우(제8호)

⑨ 다음과 같이 거래사실이 확인되고 거래당사자가 관할 세무서장에게 해당 납부세액을 신고하고 납부한 경우(제9호)

㉮ 거래의 실질이 위탁매매 또는 대리인에 의한 매매에 해당함에도 불구하고 거래 당사자 간 계약에 따라 위탁매매 또는 대리인에 의한 매매가 아닌 거래로 하여 세금계산서를 발급받은 경우로서 그 거래사실이 확인되고 거래 당사자가 납세지 관할 세무서장에게 해당 납부세액을 신고하고 납부한 경우

㉯ 거래의 실질이 위탁매매 또는 대리인에 의한 매매에 해당하지 않음에도 불구하고 거래 당사자 간 계약에 따라 위탁매매 또는 대리인에 의한 매매로 하여 세금계산서를 발급받은 경우

㉰ 거래의 실질이 용역의 공급에 대한 주선·중개에 해당함에도 불구하고 거래당사자간 계약에 따라 용역의 공급에 대한 주선·중개로 하여 세금계산서를 발급받은 경우

㉱ 거래의 실질이 용역의 공급에 대한 주선·중개에 해당하지 않음에도 불구하고 거래 당사자 간 계약에 따라 용역의 공급에 대한 주선·중개로 하여 세금계산서를 발급받은 경우

㉲ 다른 사업자로부터 사업(용역을 공급하는 사업으로 한정함)을 위탁받아 수행하는 사업자가 위탁받은 사업의 수행에 필요한 비용을 사업을 위탁한 사업자로부터 지급받아 지출한 경우로서 해당 비용을 공급가액에 포함해야 함에도 불구하고 거래 당사자 간 계약에 따라 이를 공급가액에서 제외하여 세금계산서를 발급받은 경우

㉳ 다른 사업자로부터 사업을 위탁받아 수행하는 사업자가 위탁받은 사업의 수행에 필요한 비용을 사업을 위탁한 사업자로부터 지급받아 지출한 경우로서 해당 비용을 공급가액에서 제외해야 함에도 불구하고 거래 당사자 간 계약에 따라 이를 공급가액에 포함하여 세금계산서를 발급받은 경우

㉳ 매출할인에 따른 할인액 등 공급가액에 포함하지 않아야 함에도 불구하고 거래 당사자 간 계약에 따라 해당 금액을 장려금이나 이와 유사한 금액으로 보고 이를 공급가액에 포함하여 세금계산서를 발급받은 경우

⑪ 부가가치세를 납부하여야 하는 수탁자가 위탁자를 공급받는 자로 하여 발급된 세금계산서의 부가가치세액을 매출세액에서 공제받으려고 하는 경우로서 그 거래사실이 확인되고 공급하는 자가 납세지 관할 세무서장에게 해당 납부세액을 신고하고 납부한 경우(제11호)

⑫ 부가가치세를 납부하여야 하는 위탁자가 수탁자를 공급받는 자로 하여 발급된 세금계산서의 부가가치세액을 매출세액에서 공제받으려고 하는 경우로서 그 거래사실이 확인되고 공급하는 자가 납세지 관할 세무서장에게 해당 납부세액을 신고하고 납부한 경우(제12호)

### 다. 사업과 직접 관련이 없는 지출에 대한 매입세액

#### (1) 취 지

사업과 직접 관련이 없는 지출에 대한 매입세액은 공제하지 않는다(제4호). 사업과 직접 관련이 없는 지출은 공급자나 그 상대방이 누리는 개인적 소비로 볼 수 있으므로 그에 대한 매입세액을 공제하지 아니하는 것이다. 그런데 어떤 소비지출이 사업상의 경비인지 개인적 소비를 위한 비용인지를 판단하는 것은 매우 어려운 문제이다. 이에 대해서 구체적으로 살펴보기로 한다.

#### (2) 사업과 직접 관련성

여기서의 '사업'은 과세사업을 의미하는 것으로 해석된다. 과세사업이 아닌 면세사업을 위하여 지출한 부가가치세를 공제해 줄 이유가 없기 때문이다. 사업과 직접 관련이 없는 지출의 범위는 「소득세법」 시행령 제78조 또는 「법인세법」 시행령 제48조, 제49조 제3항 및 제50조에 규정하는 바에 따른다고 규정하고 있으나(부령 제77조) 「소득세법」이나 「법인세법」을 준용하여 판정하는 것이 적정한지는 따져봐야 할 부분이 있다. 소득세와 법인세는 인세의 성격을 가지므로 납세지를 주소지로 하고 있지만 부가가치세는 물세의 성격을 가지고 사업장 단위로 과세한다는 점에서 차이가 있으므로 이를 감안하여 해석하여야 할 것이다. 법인의 경우 해당 법인이 직접 사용하지 아니하고 다른 사람이 주로 사용하고

있는 장소·건축물·물건 등의 유지비·관리비·사용료와 이에 관계되는 지출금은 사업과 관련이 없다고 본다.

한편 법인의 업무범위는 각 사업연도 종료일 현재의 법인등기부상 목적사업으로 정해진 업무로 규정되어 있으므로[53] 사업관련성 여부를 판단하는 데 법인등기부상 목적사업을 확인하여야 할 것이다. 실무에서는 건물신축에 있어서 매입세액이 사업과 직접 관련이 있는지 여부의 판단이 어려운 경우가 있다. 예를 들어, 신축건물 중 고유목적사업인 임대사업에 제공하지 않고 자가사무실로 이용하는 부분의 매입세액은 공제하지 아니하며,[54] 건물의 신축 당시부터 그 용도를 다가구주택으로 한 경우는 사업자등록상의 음식점이나 숙박업용으로 사용하기 위하여 건축한 것으로 인정하기 어려울 것이다. 수입업자가 세관장으로부터 수입세금계산서를 발급받은 경우에 재화의 수입이 실질적으로 수입자인 국내사업자의 책임과 계산으로 이루어진 수입이라면 해당 세금계산서의 매입세액은 국내사업자의 매출세액에서 공제받을 수 있다. 그러나 국제거래가 DDP(관세지급인도조건)거래조건[55]으로 수입과 관련된 관세 및 부가가치세를 외국 수출업체가 대납한 경우로서 해당 재화의 수입주체가 실질적으로 외국수출업체인 경우에는 그 매입세액은 공제할 수 없다.

부가가치세가 과세되는 재화 또는 용역의 공급과 관련이 있는지 여부는 구체적으로 지출의 목적과 경위 및 사업내용과의 연관성과 그 사용실태 등에 비추어 해당 지출이 사업의 수행에 필요하였는지를 확인하여 개별적으로 판단하여야 할 것이다.[56] 예를 들어, 제조업을 영위하는 회사가 거래처 접대 및 임원 등이 사용하기 위하여 법인명의로 골프회원권 또는 콘도회원권을 취득한 경우는 사업과 직접 관련이 없다고 볼 수 있지만 임직원 복리후생 목적의 골프회원권 또는 콘도회원권이라면 매입세액공제가 인정된다.[57]

---

53) 「법인세법」 시행규칙 제26조 제2항 제2호.

54) 국심 88중842, 1988.11.3.

55) 매도인이 물품을 수입국의 지정된 장소에서 매수인이 임의처분 가능한 상태로 인도하는 것으로 매도인은 물품을 수입통관을 수행한 상태로 지정 인도 장소에서 인도하기 위해 필요한 제세공과금을 포함한 비용과 위험을 부담해야 하는 무역거래조건이다.

56) 대법원 2012.7.26. 선고 2010두12552 판결. 이 판결의 평석으로 조윤희, "매입세액 공제의 요건인 사업 관련성의 의미", 『조세판례백선 2』, 박영사, 2015, 603면 이하.

57) 심사 2003-3071, 2003.9.22.

후술하는 비영업용 승용차의 구입 및 유지 내지 기업업무추진비 등의 비용에 해당하는 매입세액도 자기의 사업을 위하여 사용되었거나 사용될 재화 또는 용역의 공급에 대한 세액이 아닌 경우에 해당하므로 이는 일반규정인 사업과 직접 관련이 없는 지출에 대한 매입세액불공제와 특별규정의 관계라고 보아야 할 것이다.

### 라. 「개별소비세법」에 따른 자동차의 구입과 임차 및 유지에 관한 매입세액

「개별소비세법」 제1조 제2항 제3호에 따른 자동차의 구입과 임차 및 유지에 관한 매입세액은 원칙적으로 공제하지 아니한다(제5호). 「개별소비세법」 제1조 제2항 제3호에 따른 자동차는 주로 사람과 수송을 목적으로 제작된 배기량이 2천 씨씨를 초과하는 승용자동차와 캠핑용자동차, 배기량이 2천 씨씨 이하인 승용자동차(배기량이 1천 씨씨 이하인 것으로서 대통령령으로 정하는 규격의 것은 제외)와 이륜자동차, 전기승용자동차(「자동차관리법」 제3조 제2항에 따른 세부기준을 고려하여 대통령령으로 정하는 규격의 것은 제외)를 말한다.

「개별소비세법」상의 승용자동차는 사업을 위해 사용될 수 있으나 사업과 관련 없이 단순히 임직원의 편의를 위해 사용되는 등 개인적 목적의 소비에 사용되는 경우도 있다. 그러나 과세기술상 이를 구분하기가 사실상 매우 어렵기 때문에 영업용으로 사용하는 것이 아닌 구입 및 임차에 관한 매입세액은 공제하지 아니하겠다는 취지이다. 이와 유사한 입법례는 프랑스 등 외국의 경우에서도 찾아볼 수 있으나 매우 행정편의적인 규정이 아닐 수 없다. 과거 승용자동차를 사치품으로 여겨 특별소비세를 부과했던 시대에 이를 개인적 소비로 본데서 연유한 것으로 보기도 하는데,[58] 개별소비세 과세대상 승용자동차의 업무관련성 여부를 판단하여 매입세액을 공제하는 개선방안을 검토해 보아야 할 것이다.

종전에는 법문에 '임차'를 포함하고 있지 아니하여 '구입'에 '임차'도 포함되는지 논란이 되었다.[59] 현행법은 구입의 경우와 별도로 임차의 경우도 명문화함으로써 비영업용 승용자동차의 구입뿐 아니라 자동차 대여업체로부터의 렌탈 등 임차에 관한 매입세액도 공제하지 아니하고 있다.

58) 이창희, 앞의 책, 1042면.
59) 대법원 2006.8.25. 선고 2006두105599 판결.

그러나 운수업·자동차판매업·자동차임대업·운전학원업·기계경비업무를 하는 경비업 및 이와 유사한 업종에 차량을 직접 영업으로 사용하는 자동차에 관하여는 매입세액공제가 허용된다(부령 제78조).

여행업자가 관광객에게 교통·음식·숙박 등 여행용역을 일괄하여 제공하기로 계약하고 자동차임대업자로부터 개별소비세 과세대상 승용자동차를 임차하여 관광객에게 제공하면서 그 대가를 과세표준에 포함하는 경우에 승용자동차의 임차에 관련된 매입세액을 매출세액에서 공제할 수 있는지 문제된다. 이 경우는 승용자동차를 직접 영업에 사용하기 위한 것이 명백하고 자동차임대업과 유사한 사업을 영위한 것으로 보아야 하므로 매입세액공제가 가능하다고 해석해야 할 것이다. 승용자동차 임차 관련 매입세액을 공제하지 아니하면 관광객으로부터 받은 승용차사용료에 대하여 다시 중복과세되는 문제가 발생할 것이기 때문이다.

비영업용 승용자동차의 유지에 관한 매입세액도 공제되지 아니하는데 여기서 '유지'란 구입한 자동차를 운행하거나 정상적으로 기능하도록 관리하는 것을 의미한다. 따라서 비영업용 소형승용자동차의 자본적 지출에 해당하는 수선비·연료비·소모품비·주차료 등에 대한 매입세액은 공제되지 아니한다.

### 마. 기업업무추진비 및 이와 유사한 비용의 지출에 관련된 매입세액

기업업무추진비 및 이와 유사한 비용의 지출에 관련된 매입세액은 공제하지 아니한다(제6호). '기업업무추진비 및 이와 유사한 비용'이란 「소득세법」 제35조 및 「법인세법」 제25조에 규정하는 기업업무추진비 및 이와 유사한 비용의 지출을 말한다(부령 제79조). 즉 접대비·교제비·기밀비 및 그 밖의 명목 여하에 불구하고 이와 유사한 비용으로서 업무와 관련하여 지출한 금액을 말한다. 매입세액이 불공제되는 비용은 「소득세법」 및 「법인세법」에서 규정하고 있는 소정의 필요경비 또는 손금 인정 한도액을 넘는 부분뿐만 아니라 기업업무추진비 및 이와 유사한 비용 전액이 해당한다고 해석된다.

이처럼 접대를 위한 지출 관련 매입세액을 불공제하는 이유는 기업업무추진비 그 밖의 이와 유사한 비용도 사업을 위해 사용될 수 있으나, 단순히 임직원의 개인적인 목적으로 지출되는 경우도 많을 뿐만 아니라 이를 구분하기가 사실상 매우 어렵기 때문이다. 아울러 부가가치세 상당액을 사업자가 부담하도록 함으로써 접대비 등의 지출을 억제하는 목적도 있다. 하지만 업무와 관련된 비용으로 부가가치 창출에 기여함에도 불구하고 매입세액의 공제를 전혀 인정하지 않는 것은 자기단계에서 창출한 부가가치에 대한 세액 이상으로 부가가치세를 납부하는 결과가 되므로 입법적 재검토가 필요하다.

### 바. 면세사업 및 토지관련 매입세액

면세사업 등에 관련된 매입세액(면세사업을 위한 투자에 관련된 매입세액을 포함)과 토지에 관련된 매입세액은 매출세액에서 공제하지 않는다(제7호).

#### (1) 면세사업 관련 매입세액

부가가치세가 면제되는 재화 또는 용역을 공급하는 사업이란 「부가가치세법」 제26조 및 「조세특례제한법」 제106조의 규정에 따라 부가가치세가 면제되는 재화 또는 용역을 공급하는 사업을 말한다. 면세사업 관련 매입세액은 그 거래의 본질적 특성으로 인해 당연히 불공제하여야 한다. 왜냐하면 「부가가치세법」 제38조 제1항에 따르면 매입세액공제의 대상이 되는 것은 과세사업과 관련성이 있어야 하고 면세사업에 관련된 매입세액은 본래 공제될 수 없기 때문이다. 따라서 이 규정은 확인적 의미에 불과하다.

#### (2) 토지에 관련된 매입세액

토지는 부가가치를 창출하는 데에 투입하는 본원적 요소로서 감가상각이 되지 아니하여 그 가치가 감소하지 아니하므로 소비행위가 일어나지 아니한다. 즉 토지의 가치를 증가시키는 토지관련 매입세액은 부가가치가 아니므로 공제하지 않는 것이 부가가치세의 기본원리에 부합한다. 따라서 토지의 조성 등을 위한 '자본적 지출'에 관련된 매입세액은 공제하지 않는다(제7호). 여기서 '자본적 지출'이란 고정자산의 내용연수를 연장하거나 그 가치를 현실적으로 증가시키는 데에 소요된 비용을 말하는데 '수익적 지출'의 상대적인 개념이다.

토지의 조성 등을 위한 자본적 지출이 과세사업을 영위하기 위한 것이라고 하더라도 이에 관련된 매입세액을 공제하지 아니하는 입법취지는 다음과 같다. 토지는 본래 부가가치세가 면제되는 재화로 되어 있으며 토지의 조성 등을 위한 자본적 지출은 해당 토지의 취득원가에 산입되었다가 해당 토지의 양도시 양도차익을 산정하는 과정에서 취득가액에 산입된다. 따라서 토지에 대한 면세의 기본원리상 이를 매입세액으로 공제해서는 안 되는 것이다.[60] 그렇다면 매입세액으로 공제하지 아니하는 토지관련 매입세액 규정은 토지의 양도차익을 수익하는 해당 토지의 소유자에게만 적용하여야 한다. 가령 골프장을 운영하는 법인이 지방자치단체 소유의 토지를 대부받아 대중골프장을 조성한 다음, 이를 사용한 후 모든 시설물을 지방자치단체에 기부채납하기로 한 경우에는 자기의 사업을 위하여 사용된 재화 또는 용역의 공급이 타인 소유 토지의 가치를 현실적으로 증가시키게 된다. 판례는 회사가 지방자치단체 소유의 토지를 대부받아 골프장으로 조성한 후 일정 기간 사용하되 그 골프장은 기부채납하기로 공유재산대부계약을 체결한 사안에서, 회사가 골프장을 조성하면서 지출한 토목공사와 토사매입 등의 토지 조성비용과 관련된 매입세액은 매입세액 불공제대상인 토지관련 매입세액에 해당하지 않는다고 하였다.[61]

토지의 조성 등을 위한 자본적 지출에 관련된 매입세액은 다음에 해당하는 것을 말한다(부령 제80조).

① 토지의 취득 및 형질변경, 공장부지 및 택지의 조성 등에 관련된 매입세액(제1호)

예를 들어, 제조업자가 공장부지 조성을 위하여 공장부지정지공사, 도로 및 포장공사, 배수로설치공사와 그 밖의 부대시설공사 등 건설용역을 제공하는 사업자로부터 제공받은 경우 그 건설공사에 대한 매입세액은 매출세액에서 공제되지 아니한다. 도(道)에서 보유하고 있는 토지를 개발하여 골프장 운영업과 숙박시설 운영업을 영위하고자 도시계획관련 용역수행계약을 체결하고 그 대가를 지급하면서 부담하는 부가가치세 등이 여기에 해당한다.[62]

② 건축물이 있는 토지를 취득하여 그 건축물을 철거하고 토지만을 사용하는 경우에는 철거한 건축물의 취득 및 철거비용에 관련된 매입세액(제2호)

예를 들어, 부동산 임대업을 영위하는 사업자가 주차장 운영업을 영위하기 위하여 기존건물을 철거하는 경우는 주차장 운영을 위한 토지의 조성과정에 해

60) 헌법재판소 2010.6.24. 선고 2007헌바125 결정 참조.
61) 대법원 2010.1.14. 선고 2007두20744 판결. 이 판결에 대한 평석으로 박민, “임차한 토지에 지출된 토지조성비용에 대한 매입세액 공제 여부”, 『조세판례백선2』, 박영사, 2015, 596면.
62) 예규, 재소비 1082, 2004.9.30.

당하므로 기존건물의 철거와 관련된 매입세액은 매출세액에서 공제되지 아니하는 것이다.[63] 여기서 '토지만을 사용하는 경우'란 토지를 나대지로 사용하는 경우뿐만 아니라 신축건물의 부지로 사용하는 경우를 포함한다.[64]

③ 토지의 가치를 현실적으로 증가시켜 토지의 취득원가를 구성하는 비용에 관련된 매입세액(제3호)

판례를 보면, 토지의 이용편의를 위하여 해당 토지에 이르는 진입도로를 개설하여 국가 등에 이를 무상으로 제공한 경우, 그 도로로 된 토지의 가액 및 도로개설비용은 해당 토지에 대한 자본적 지출에 해당한다.[65]

이와 관련하여 골프장의 경우 가장 문제가 되고 있다. 일반적으로 골프장을 조성하기 위한 공사로는 배수시설인 맹암거공사, 석축공사, 낙석망 설치공사, 잔디조성공사, 조경공사, 그린과 티 및 벙커의 조성공사, 연못공사, 도로공사 등이 있다. 이 중 잔디조성, 조경, 그린과 티 및 벙커의 조성 등에 소요된 공사비용은 골프장 조성을 위한 토지의 개량 등을 위하여 지출한 비용으로 그 지출로 인하여 토지의 가치가 현실적으로 증가되는 자본적 지출에 해당하지만,[66] 맹암거·낙석망·석축·연못·도로공사 등은 토지와는 별개의 구축물 설치공사에 해당하여 매입세액공제가 허용된다 할 것이다.

### 사. 사업자등록 전 매입세액

「부가가치세법」에 따른 사업자등록을 신청하기 전의 매입세액은 공제하지 않는다. 다만 공급시기가 속하는 과세기간이 지난 후 20일 이내에 등록 신청한 경우 등록신청일부터 공급시기가 속하는 과세기간 기산일까지 역산한 기간 이내의 것은 매입세액으로 공제한다(부법 제39조 제1항 제8호).

이와 같이 예외를 허용하는 이유는 신규로 사업을 개시한 자는 사업개시일로부터 20일 이내에 사업자등록을 하도록 규정하고 있는 「부가가치세법」 제8조 제1항에 따라 사업개시 후 20일이 되는 날에 사업자등록을 한 자의 매입세액공제를 인정해 주어야 하기 때문이다. '사업자등록을 하기 전의 매입세액'에서 '등

---

63) 예규, 부가 46015-2172, 1998.9.24.
64) 대법원 2008.2.1. 선고 2007두2524 판결.
65) 대법원 2022.1.27. 선고 2017두51983 판결.
66) 대법원 2006.7.28. 선고 2004두13844 판결.

록'이란 등록신청일을 기준으로 한다. 적법한 등록을 의미하므로 부적법한 사업자등록신청이 수리되지 아니한 경우에는 매입세액을 공제할 수 없다.67) 나아가 부가가치세의 납세의무가 있는 사업자의 사업자등록만을 의미한다. 부가가치세의 면세사업자는 그 등록의무가 없기 때문이다.

부가가치세의 면세사업자인지 또는 과세사업자인지 여부를 불문하고 사업자가 '면세사업자용'이라고 기재된 사업자등록증을 발급받은 것만으로는 사업자등록을 한 것이라고 볼 수 없다. 그러므로 면세사업자로 사업자등록을 하고 있던 기간 중에 발생한 매입세액은 여기의 '사업자등록을 하기 전의 매입세액'에 해당하여 이를 매출세액에서 공제할 수 없다.68) 예를 들어, 자산유동화회사가 주업태를 금융업으로 하고 주종목을 자산유동화업으로 하여 사업자등록신청을 하고 과세관청으로부터 면세법인사업자용으로 기재된 사업자등록증을 발급받은 후 건물을 매수하면서 부가가치세를 지급한 경우, 나중에 사업자등록정정신고를 하여 부동산 임대를 추가하더라도 그 매입세액이 사업자등록정정일로부터 역산하여 20일 이전의 것이면 부동산임대업에 관한 매출세액에서 공제할 수 없다.69)

판례에 의하면, 납세의무자가 사업자등록을 마친 후 사업을 영위해 왔고 과세관청이 내부지침에 의거하여 사업자등록을 직권으로 말소한 후 미등록사업자로 분류하여 매입세액을 매출세액에서 공제하지 아니하고 미등록가산세를 적용하였으나 납세의무자가 사업을 계속하여 왔다면 등록된 사업자에 해당한다. 따라서 과세기간 중 매출세액과 매입세액이 발생하였다면 그와 같은 매입세액은 매출세액에서 공제하지 아니할 경우의 하나인 사업자등록을 하기 전의 매입세액에 해당하는 것이라 할 수 없고 또 이를 사업자등록신청을 하지 아니한 때에 해당한다 하여 가산세를 부과할 수도 없다.70)

공제대상이 되는 등록 전 매입세액인지 여부를 판단함에 있어서 그 시기는 대금지급시점이 아니라 「부가가치세법」 제15조 및 제16조에서 규정하는 공급시기를 기준으로 한다. 이에 따라 용역의 공급시기는 원칙적으로 그 역무의 제공이 완료되는 때라 할 것이므로 상가공사에서 사용승인일 이후에 공사대금을 지

67) 대법원 2003.11.27. 선고 2002두318 판결; 대법원 1999.10.22. 선고 97누15814 판결.
68) 대법원 2004.3.12. 선고 2002두5146 판결.
69) 대법원 2004.12.9. 선고 2004두9418 판결.
70) 대법원 1993.12.10. 선고 93누17355 판결.

급하고 세금계산서를 발급받은 경우 용역의 공급시기는 상가의 사용승인일이 된다.[71] 이와 달리 부동산 임대업자가 공급받은 신축한 임대용 건물에 대한 준공검사가 사업자등록 신청 후에 이루어졌다고 하더라도 실제 건설역무의 제공이 그 전에 완료되었다면, 그 용역의 공급에 대한 매입세액은 사업자등록신청을 하기 전의 매입세액에 해당하여 이를 매출세액에서 공제할 수 없다.[72]

### 아. 비과세사업 관련 매입세액

부가가치세가 과세되지 아니하는 재화 또는 용역을 공급하는 사업의 경우 매출세액이 발생하지 아니하고 이와 관련된 매입세액도 면세사업의 경우에 준하여 공제하지 아니한다.

과거에는 법에서 부가가치세 거래를 과세거래와 면세거래로 양분하여 규정함으로써 과세사업과 비과세사업 겸영시 해석상 과세대상과 면세대상을 겸영하는 경우에 적용하는 구 「부가가치세법」 시행령 제61조(현행 「부가가치세법」 시행령 제81조)의 유추적용 문제가 논란이 되었다. 판례는 비과세사업 관련 부분은 위 시행령 제61조를 유추적용함에 따라 매입세액을 매출세액에서 공제할 수 없다고 판단하였으나 이는 조세법률주의에 위배된다는 비판이 있었다.[73] 이러한 지적에 따라 현행법에서는 명문으로 비과세를 면세에 준하여 규정하고 있다. 따라서 법 제39조 제1항 제7호에서 명문으로 '면세사업 등'이라고 표현한 것은 비과세사업을 면세사업과 함축하여 표현한 것으로 해석하여야 한다.[74]

판례에 따르면, 부가가치세 비과세사업으로 한국방송공사의 일반방송용역,[75] 카지노 사업 중 도박수입에 관한 사업,[76] 한국교육방송공사의 용역 중 수신료 등에 의하여 이루어지는 부분[77] 등을 들 수 있다.

---

71) 대법원 2008.4.10. 선고 2008두433 판결.
72) 대법원 1996.12.10. 선고 96누13781 판결.
73) 유철형, "과세사업과 비과세사업 겸영시 구 부가가치세법 시행령 제61조의 유추적용 여부", 『조세판례백선2』, 박영사, 2015, 521면.
74) 일본 「소비세법」에서 우리나라 면세에 해당하는 개념을 비과세라고 하는 것도 이와 같은 이유이다.
75) 대법원 2000.2.25. 선고 98다47184 판결.
76) 대법원 2006.10.27. 선고 2004두13288 판결.
77) 대법원 2011.9.8. 선고 2009두16268 판결.

## 3. 공통매입세액의 안분계산

**제40조(공통매입세액의 안분)** 사업자가 과세사업과 면세사업 등을 겸영하는 경우에 과세사업과 면세사업 등에 관련된 매입세액의 계산은 실지귀속에 따라 하되, 실지귀속을 구분할 수 없는 매입세액(이하 "공통매입세액"이라 한다)은 총공급가액에 대한 면세공급가액의 비율 등 대통령령으로 정하는 기준(이하 "공통매입세액 안분기준"이라 한다)을 적용하여 대통령령으로 정하는 바에 따라 안분하여 계산한다.

### 가. 의 의

부가가치세 납부세액 계산에서 과세사업 관련 매입세액은 공제되지만 면세사업 및 비과세사업 관련 매입세액은 공제되지 않는다. 따라서 사업자가 과세사업과 면세사업(비과세사업을 포함)을 겸영하는 경우에 과세사업과 면세사업 등에 공통으로 사용되는 재화나 용역의 매입세액 공제 여부를 어떻게 판단하여야 할 것인가 하는 문제가 발생한다.

#### (1) 실지귀속이 명확한 공통매입세액

과세사업과 면세사업 간 구분이 명확하다면 원칙적으로 그 실지귀속에 따라 매입세액 공제 여부를 판단한다. 예를 들어, 과세사업인 광고사업과 면세사업 인 출판사업을 겸영하지만 매입세액에 상당하는 재화 또는 용역을 면세사업인 월간지 기사의 제작 및 편집 등을 위하여 사용하였다면 그 매입세액은 면세사업에만 관련된 것으로서 매출세액에서 공제할 것이 아니다.

또 면세사업인 시내버스 여객운송업과 과세사업인 광고매체 제공업을 겸영하는 경우에 버스구입비, 유류비, 수리를 위한 부품비 등은 면세사업인 여객운송업을 위하여 필수적으로 소요되는 비용으로서 여객운송업 회사가 광고사업을 영위하지 않는 경우에도 당연히 필요로 하는 것이고, 광고물의 설계·제작·설치·관리에 소요되는 비용은 회사를 대리한 운송사업조합과 시내버스 광고사업 대행계약을 체결한 신문사가 전적으로 부담하고 있어 광고물의 부착에 따라 동 회사에 버스구입비, 유류비, 수리를 위한 부품비 등이 추가로 소요되는 것이 아닌 이상, 위 매입세액은 모두 면세사업인 여객운송업에만 관련된 매입세액에 해당하여 매출세액에서 공제할 수 없는 것이다.[78] 그리고 건물을 취득하여 과세사업과 면세사업에 공통으로 사용하는 경우 그 실지 사용면적이 분명히 구분되는 경우에는 그 실지 사용면적비율에 따라 공제대상 매입세액을 계산한다.

(2) 실지귀속을 구분할 수 없는 공통매입세액

실지귀속을 구분할 수 없는 공통매입세액은 부득이 획일적인 방법으로 안분계산하여 면세사업 등에 관련된 매입세액을 불공제할 수밖에 없다. 즉 과세사업의 매출세액에서 공제받을 수 있는 부분과 공제받지 못하는 부분으로 구분 계산하여야 하는데 이를 '공통매입세액의 안분계산'이라 한다(부법 제40조). 예를 들어, 병원의 주차장 건축에 따른 매입세액이 면세사업인 의료업과 과세사업인 주차장업에 공통되어 실지귀속을 구분할 수 없는 공통매입세액인 경우, 그중 면세사업에 관련된 매입세액은 주차장업에 대한 공급가액과 의료업에 대한 수입금액의 합계액 중 의료업에 대한 수입금액이 차지하는 비율에 따라 안분계산하여야 한다. 마찬가지로 퇴비공장 건설공사를 도급주고 건설회사로부터 받은 세금계산서의 매입세액이 과세사업인 사업장폐기물처리용역과 면세사업인 생활폐기물처리용역에 공통된 경우에도 역시 안분계산하여야 한다.

다만 도축업을 영위하는 사업자가 공통매입세액을 과세사업과 면세사업에 관련 도축 두수에 따라 안분하는 경우는 안분계산을 적용하지 아니한다(부칙 제54조 제1항).

### 나. 공통매입세액 안분기준

(1) 안분계산의 방법

공통매입세액 중 면세사업 등에 관련된 매입세액은 다음 계산식에 따라 안분하여 계산한다(부령 제81조 제1항). 다만 예정신고를 할 때에는 예정신고기간에 있어서 총원가액에 대한 면세공급가액(면세사업 등에 대한 공급가액과 사업자가 해당 면세사업 등과 관련하여 받았으나 법 제29조의 과세표준에 포함되지 아니하는 국고보조금과 공공보조금 및 이와 유사한 금액의 합계액을 말한다)의 비율에 따라 안분하여 계산하고 확정신고를 할 때에 정산한다.

---

78) 대법원 2013.12.26. 선고 2013두17336 판결.

$$\text{면세사업 등에 관련된 매입세액} = \text{공통매입세액} \times \frac{\text{면세공급가액}}{\text{총공급가액}}$$

여기서 총공급가액은 공통매입세액과 관련된 해당 과세기간의 과세사업에 대한 공급가액과 면세사업 등에 대한 수입금액의 합계액으로 한다. 또 면세공급가액은 공통매입세액과 관련된 해당 과세기간의 면세사업 등에 대한 수입금액으로 한다(부가칙 제54조 제1항).

만일 박물관업과 부동산임대업 등 과세사업과 면세사업을 겸영하는 법인사업자가 국고보조금을 받는 경우에 국고보조금을 총공급가액과 면세공급가액에 포함시킬 것인지 여부가 명문규정이 없어 문제가 된다.[79] 얼핏 국고보조금은 재화 또는 용역을 제공하고 받은 대가가 아니므로 법 제29조 제5항 제4호에 따라 당연히 총공급가액에 포함시키지 않아야 할 것으로 보인다. 그렇지만 이는 국고보조금 상당을 사실상 과세사업에 포함시켜 매입세액공제를 해주는 결과가 된다. 더욱이 법인의 전체 수입에서 국고보조금이 차지하는 비율이 높을수록 매우 부당한 결과가 초래된다. 이에 따라 면세공급가액에 과세표준에 포함되지 아니하는 국고보조금과 공공보조금 및 이와 유사한 금액의 합계액을 포함하여 계산하는 것으로 하였다.

계속사업자가 과세사업과 면세사업에 공통으로 사용되는 재화를 공급받은 과세기간 중에 해당 재화를 공급하면서 직전 과세기간의 공급가액 실적에 따라 과세표준을 안분계산한 경우에는 그 재화에 대한 매입세액의 안분계산도 직전 과세기간의 공급가액실적을 기준으로 한다(부가칙 제54조 제3항). 이 경우 시간상으로는 매입이 공급보다 먼저 일어나지만 공급에 대하여는 공급시기에 안분계산을 하며 매입에 대하여는 매입시기에 관계없이 신고서 작성과정에서 안분계산을 하기 때문에 공급에 대한 안분계산 기준을 매입에 대하여도 적용하는 것이다.

(2) 안분계산의 배제

공통매입세액의 안분계산은 면세사업 등에 관련된 매입세액을 계산하여 불

79) 예를 들어, 독립기념관은 주차료·임대업·기념품판매 등 과세사업 수입과 입장료 등 면세사업 수입 및 정부 국고보조금 수입으로 운영되고 있다.

공제하기 위한 것이지만 다음의 경우에는 안분계산을 생략하고 해당 재화 또는 용역의 매입세액을 전액 공제한다(부령 제81조 제2항). 이와 같이 안분계산의 예외를 둔 것은 총공급가액에서 면세가액의 비중이 매우 적은 경우 이를 무시하고 간편하게 계산함으로써 납세순응도를 높이기 위한 것으로 해석된다.

① 해당 과세기간의 총공급가액 중 면세공급가액이 5퍼센트 미만인 경우의 공통매입세액. 다만 공통매입세액이 5백만원 이상인 경우는 제외한다(제1호).

② 해당 과세기간 중의 공통매입세액이 5만원 미만인 경우의 매입세액(제2호)

③ 재화를 공급하는 날이 속하는 과세기간에 신규로 사업을 개시한 사업자가 해당 과세기간에 공급한 공통사용재화에 대한 매입세액(제3호)

(3) 전기통신사업자와 한국철도공사의 경우

「전기통신사업법」에 따른 전기통신사업자의 경우와 「한국철도공사법」에 따른 한국철도공사의 경우에는 전국적으로 여러 종류의 사업을 영위하면서 각각 그 과세사업 및 면세사업의 범위가 다양하다.[80] 이에 따라 사업장 단위로 안분계산을 할 경우에 발생하는 어려움을 고려하고 납세편의를 위하여 예외적으로 관련 사업부문별 면세비율에 의하여 안분계산할 수 있게 하였다. 그리하여 실지귀속을 구분하기 어려운 재화 또는 용역에 대해서만 공통매입세액을 다음과 같이 안분하여 계산할 수 있다(부령 제81조 제3항).

$$\text{면세사업 등에 관련된 매입세액} = \text{공통매입세액} \times \frac{\text{전 사업장의 면세공급가액}}{\text{전 사업장의 총공급가액}}$$

여기서 '전 사업장의 총공급가액'은 해당 과세기간의 모든 사업장(전기통신사업법에 따른 전기통신사업자의 경우에는 공통매입세액과 관련된 해당 과세기간의 모든 사업장)의 과세사업에 대한 공급가액과 면세사업에 대한 수입금액의 합계액으로 하고, '전 사업장의 면세공급가액'은 해당 과세기간의 모든 사업장(전기통신사업법에 따른 전기통신사업자의 경우에는 공통매입세액과 관련된 해당 과세기간의 모든 사업장)

---

80) 이들 사업의 경우 사업장이 전국적으로 많은데 컴퓨터·책상·피복 등은 관련 사업장을 특정하여 실지귀속을 정하기 어려운 재화 등이다.

의 면세사업에 대한 수입금액으로 한다(부가칙 제54조 제3항).

예를 들면, 한국철도공사가 매입한 주요 재화와 용역은 경유·기관차구입비, 일반철도선로 등 사용료, 고속열차차량 구입비 등으로 각 사업부문별 매입세액이 구분된다. 그러므로 원칙적으로 사업부문별 면세사업 비율을 적용하되 컴퓨터·책상·피복 등 관련 사업장을 특정하여 실지귀속을 정하기 어려운 재화 등에 한하여 전 사업장의 총공급가액을 기준으로 면세사업 비율을 적용하여야 한다.

(4) 공급가액이 없는 경우 안분계산방법

해당 과세기간 중 과세사업과 면세사업의 공급가액이 없거나 그 어느 한 사업의 공급가액이 없는 경우에 앞의 계산식을 적용할 수 없으므로 해당 과세기간에 대한 안분계산은 다음의 순서에 따른다. 다만 건물 또는 구축물을 신축하거나 취득하여 과세사업과 면세사업  등에 제공할 예정면적을 구분할 수 있는 경우에는 아래 ③의 방법을 ①과 ②의 방법에 우선하여 적용한다(부령 제81조 제4항).

① 총매입가액(공통매입가액은 제외)에 대한 면세사업 등에 관련된 매입가액의 비율(제1호)
② 총예정공급가액에 대한 면세사업 등에 관련된 예정공급가액의 비율(제2호)
③ 총예정사용면적에 대한 면세사업 등에 관련된 예정사용면적의 비율(제3호)

예를 들어, 주택신축판매업을 영위하는 법인이 주상복합건물을 신축하면서 국민주택규모 이하에 해당하는 면세주택의 예정사용면적비율을 75%로 계산하여 부가가치세를 신고하는 경우에는 공통매입세액에 면세사업에 관련된 예정사용면적이 총예정사용면적에서 차지하는 비율(75%)을 곱한 금액을 면세사업과 관련된 매입세액으로 보는 것이다.

판례에 따르면, 매출세액에서 공제하지 아니하는 매입세액의 범위를 정하기 위하여 공통매입세액의 안분계산방식 등을 규정한 시행령 제81조 제4항 규정은 법률에서 구체적으로 범위를 정하여 위임받은 사항에 관하여 「헌법」 제75조에 따라 대통령이 발한 법규명령이고, 기타 입법취지 등에 비추어 보면 위의 각 규정은 거기서 정하고 있는 안분계산방식과 순서에 구애됨이 없이 언제든지 다른 방식으로 공통매입가액을 안분할 수 있는 예시규정에 불과한 것으로 볼 수는 없다. 그러므로 실지귀속을 구분할 수 없는 공통매입세액은 위의 각 규정에서 정한 안분계산방식과 순서에 따르는 것이 현저하게 불합리하다고 볼 만한 특별한 사정이 없는 한 위의 각 규정에 따라 안분계산하여야 한다.[81)]

토지를 제외한 건물 또는 구축물에 대하여 ③의 방법인 예정사용면적의 비율을 적용하여 공통매입세액을 안분계산하였을 때에는 그 후 과세사업과 면세사업의 공급가액이 모두 있게 되어 통상 공통매입세액 중 면세사업 등에 관련된 매입세액의 계산식(부령 제81조 제1항)에 따라 공통매입세액을 계산할 수 있는 경우에도 과세사업과 면세사업의 사용면적이 확정되기 전의 과세기간까지는 위 ③의 방법을 적용하고 과세사업과 면세사업 등의 사용면적이 확정되는 과세기간에 아래에서 설명하는 「부가가치세법」 시행령 제82조 제2호에 따라 공통매입세액을 정산한다(부령 제81조 제5항).

가령 사업자가 건물을 신축하여 1층부터 4층까지는 부동산임대업에 사용하고 5층 부분은 의료업에 사용할 예정이었다고 하자. 동 건물의 신축에 관련된 매입세액이 발생한 과세기간에 과세·면세사업의 공급가액이 없어 면세사업에 관련된 매입세액을 예정사용면적 비율에 따라 안분계산하고, 과세·면세사업의 사용면적이 확정된 과세기간에 사용면적에 따라 정산하게 된다. 그 후 과세와 면세사업에 사용하던 중 엘리베이터 설치와 대수선 비용 등 해당 건물에 대한 자본적 지출 관련 공통매입세액이 발생한 경우에 공통매입세액 안분계산은 공급가액이 있다 하더라도 사용면적비율로 안분하여 계산하도록 한 것이다. 종전에는 구 「부가가치세법」의 규정 내용 및 취지와 부가가치세 비과세사업에 관련된 매입세액 역시 과세사업의 매출세액에서 공제받을 수 없는 것으로서 면세사업에 관련된 매입세액과 다를 바 없다는 점 등에 비추어 볼 때, 위와 같은 안분계산방법은 동일한 사업자가 부가가치세 과세사업과 비과세사업을 겸영하는 경우에도 적용된다는 것이 판례의 입장이었다.[82)] 이러한 판례의 입장을 반영하여 비과세사업 관련 매입세액은 불공제대상으로 명문화 했으나, 현행법은 비과세사업을 면세사업과 마찬가지로 취급함으로써 당연히 매입세액을 매출세액에서 공제하지 아니하는 것으로 보아 종전 규정을 삭제하였다.

---

81) 대법원 2012.11.29. 선고 2010두4810 판결.
82) 대법원 2006.10.27. 선고 2004두13288 판결.

(5) 둘 이상의 사업장이 있는 경우

과세사업과 면세사업을 ‘동일한 사업장’에서 겸영할 때에만 안분할 수 있는지, 아니면 사업장을 달리하여 과세·면세사업을 겸영할 때에도 안분규정이 적용되는지 여부가 문제된다. 판례를 보면 과세사업과 면세사업 등을 겸영하고 있는 특정 지역 지점과 본점이 있는 경우, 부가가치세는 사업장 과세의 원칙에 따라 사업장마다 납부하여야 하고 원칙적으로 각 사업장 소재지가 납세지가 되며 각 사업장은 과세상 독립된 장소적 단위가 된다. 그러므로 그 지점의 공통매입세액 중 매출세액에서 공제하지 아니하는 면세사업 등에 관련된 매입세액은 특별한 사정이 없는 한 그 지점만의 총공급가액에 대한 면세공급가액 등의 비율에 의하여 안분계산하여야 한다.[83)]

이 경우 사업주체별로 여러 종류의 과세사업과 면세사업에 관련된 전체의 공통매입세액을 전체 사업의 해당 과세기간의 총공급가액에 대한 총면세공급가액(비과세공급가액 포함)의 비율에 의하여 계산할 것이 아니라, 어느 과세사업과 면세사업에만 관련된 공통매입세액으로 구분하여 이를 그 공통매입세액에 관련된 사업부분만의 해당 과세기간의 총공급가액에 대한 면세공급가액(비과세공급가액 포함)의 비율에 의하여 계산하는 방법에 의하여야 한다.[84)]

학설은 매입세액공제에서 장소적 한계를 두고 있지 아니하고 있는 것과의 균형상 공통매입세액에 관해서도 동일 사업장을 기준으로 하는 제약은 없다고 보고, 동일인의 권리주체에 해당되는 이상 사업장을 달리하여 과세사업과 면세사업을 운영하더라도 위 안분규정이 적용되어야 한다고 보았다.[85)] 납세자의 세부담 측면에서 매입세액 안분계산을 적용하는 경우의 과세·면세 비율이 지점과 본점을 합쳐 사업자 전체를 하나의 사업자로 볼 때의 전체적인 공급가액 비율과 같기만 하면 된다는 생각이다. 그런데 판례는 부가가치세는 장소적인 과세단위인 사업장 과세원칙이 적용되어야 하므로 어느 한 지점의 공통매입세액 중 매출세액에서 공제하지 아니하는 면세사업 등에 관련된 매입세액은 특별한 사정이 없는 한 그 지점만의 총공급가액에 대한 면세공급가액 등의 비율에 의하여 안분

83) 대법원 2012.5.9. 선고 2010두23170 판결.
84) 대법원 2010.3.25. 선고 2007두18017 판결; 대법원 2009.5.14. 선고 2007두4896 판결.
85) 최명근·나성길, 앞의 책, 376면; 허이훈, “공통매입세액 안분계산에 관한 제문제”, 『행정재판실무연구 III 재판자료 제120집』, 법원도서관, 2010, 765면.

계산하여야 한다고 판시한 것이다.

### 다. 공통매입세액의 정산

사업자가 해당 과세기간 중 과세사업과 면세사업의 공급가액이 없거나 그 어느 한 사업의 공급가액이 없어서 매입세액을 안분하여 계산한 경우에는 해당 재화의 취득으로 과세사업과 면세사업의 공급가액 또는 과세사업과 면세사업의 사용면적이 확정되는 과세기간에 대한 납부세액을 확정신고할 때에는 다음의 계산식에 의하여 정산한다. 다만 예정신고를 할 때에는 예정신고기간에 있어서 총공급가액에 대한 면세공급가액의 비율과 총사용면적에 대한 면세 또는 비과세 사용면적의 비율에 따라 안분하여 계산하고 확정신고를 할 때에 정산한다(부령 제82조).

**① 당초에 매입가액 또는 예정공급가액의 비율로 공통매입세액을 안분하여 계산한 경우**(제1호)

$$\text{가산되거나 공제되는 세액} = \text{총공통매입세액} \times \left(1 - \frac{\text{과세사업과 면세사업의 공급가액이 확정되는 과세기간의 면세공급가액}}{\text{과세사업과 면세사업 등의 공급가액이 확정되는 과세기간의 총공급가액}}\right) - \text{이미 공제한 세액}$$

**② 당초에 예정사용면적의 비율로 공통매입세액을 안분하여 계산한 경우**(제2호)

$$\text{가산되거나 공제되는 세액} = \text{총공통매입세액} \times \left(1 - \frac{\text{과세사업과 면세사업의 사용면적이 확정되는 과세기간의 면세사용면적}}{\text{과세사업과 면세사업 등의 사용면적이 확정되는 과세기간의 총사용면적}}\right) - \text{이미 공제한 세액}$$

이와 같이 정산하는 것은 재화 등의 투입 여부와 관계없이 재화 등을 공급받은 날이 속하는 과세기간에 공제받을 수 있기 때문에 사업과 관련하여 취득한 재화를 향후 공통사용할 예정으로도 매입세액을 안분계산하기 때문이다

공통매입세액의 정산에서 해당 과세기간의 총공급가액 중 면세공급가액이 5퍼센트 미만인 경우에 공통매입세액 안분계산을 생략하고 해당 재화의 매입세액을 전액 공제하는 안분계산 제외규정이 따로 없음에 주의를 요한다.

# Ⅳ. 납부세액 또는 환급세액의 재계산

**제41조(공통매입세액 재계산)** 감가상각자산에 대하여 공통매입세액의 안분계산에 따라 매입세액이 공제된 후 공통매입세액 안분기준에 따른 비율과 감가상각자산의 취득일이 속하는 과세기간(그 후의 과세기간에 재계산한 때는 그 재계산한 과세기간)에 적용되었던 공통매입세액 안분기준에 따른 비율이 5퍼센트 이상 차이가 나면 대통령령으로 정하는 바에 따라 납부세액 또는 환급세액을 다시 계산하여 제49조에 따른 해당 과세기간의 확정신고와 함께 관할 세무서장에게 신고·납부하여야 한다.

## 1. 의 의

면세사업과 과세사업을 겸영하는 경우로서 공통매입세액의 실질귀속이 불분명한 때에는 매입세액 안분계산방법에 따라 면세 관련 매입세액은 불공제하고 나머지 부분에 대하여는 그 거래시기가 속하는 과세기간의 매출세액에서 공제한다. 그런데 사업자가 취득한 재화는 취득한 과세기간에만 사용되는 것이 아니라 그 후에도 계속하여 사용되므로 그 이후의 면세사업이 차지하는 비율을 감안하지 않고 취득 당시의 비율로만 계산할 경우 부당하게 매입세액을 공제해 주는 결과가 발생할 수 있다.

달리 말하면 공통매입세액 안분계산에 의해 매입세액을 공제한 후 나중에 면세사업의 비중이 증가 또는 감소하는 경우에는 당초에 공제된 매입세액이 과대해지거나 과소해지게 된다. 따라서 그 과대공제되거나 과소공제된 매입세액을 납부세액에 가산하거나 환급세액에 가산하여야 타당한 것이다. 이를 '공통매입세액의 재계산'이라 한다. 다만 공통매입세액을 부담한 재화가 내구자본재인 경우에 그 사용기간이 장기간이므로 감가상각자산에만 이를 적용한다.

## 2. 요 건

재계산의 대상이 되는 자산은 감가상각자산에 한하며 이는 과세사업과 면세사업에 공통으로 사용되고 있는 것이어야 한다. 납부세액 또는 환급세액의 재계산은 감가상각자산에 대한 매입세액이 공통매입세액의 안분계산에 따라 공제된 후 총공급가액에 대한 면세공급가액의 비율 또는 총사용면적에 대한 면세사용면적의 비율과 해당 감가상각자산의 취득일이 속하는 과세기간(그 후의 과세기간에 재계산한 때는 그 재계산한 과세기간)에 적용하였던 비율 간의 차이가 5퍼센트 이상인 경우에만 적용한다(부령 제83조 제1항).

### 3. 재계산의 방법

다음 계산식에 의해 계산된 금액을 납부세액에 가산하거나 환급세액에 가산한다(부령 제83조 제2항).

#### 가. 건물 또는 구축물

$$\text{가산되거나 공제되는 세액} = \text{해당 재화의 매입세액} \times \left(1 - \frac{5}{100} \times \text{경과된 과세기간의 수}\right)$$
$$\times \text{증가되거나 감소된 면세공급가액의 비율 또는 증가되거나 감소된 면세사용면적의 비율}$$

#### 나. 그 밖의 감가상각자산

$$\text{가산되거나 공제되는 세액} = \text{해당 재화의 매입세액} \times \left(1 - \frac{25}{100} \times \text{경과된 과세기간의 수}\right)$$
$$\times \text{증가되거나 감소된 면세공급가액의 비율 또는 증가되거나 감소된 면세사용면적의 비율}$$

경과된 과세기간의 수는 건물·구축물의 경우에는 20을 초과할 때에는 20으로, 그 밖의 감가상각자산의 경우에 4를 초과할 때에는 4를 한도로 한다(부령 제66조 제2항). 이것은 과세기간 단위로 계산하며 해당 취득일이 속하는 과세기간의 총공급가액에 대한 면세공급가액의 비율로 안분하여 계산한 경우에는 증가되거나 감소된 면세공급가액의 비율에 따라 재계산하고, 해당 취득일이 속하는 과세기간의 총사용면적에 대한 면세사용면적의 비율로 안분하여 계산한 경우에는 증가되거나 감소된 면세사용면적의 비율에 따라 재계산한다(부령 제83조 제3항).

과세기간의 개시일 후에 감가상각자산을 취득하거나 재계산대상에 해당하게 된 경우에는 그 과세기간의 개시일에 해당 재화를 취득하거나 재계산대상의 적용비율간 차이가 5퍼센트 이상에 해당하게 된 것으로 보고 계산한다(부령 제83조 제5항).

### 다. 계산 사례

아래 사례를 들어 위 재계산을 적용해보기로 한다. (주)A은행은 2020. 1. 9. 건물을 신축 완료하여 일부는 지점으로 사용하고 나머지는 임대하기로 결정하였다. 2021년 제1기 확정신고를 하는 때에 납부·환급세액을 재계산하여 납부세액에 가산(또는 공제)해야 할 금액은 얼마인지 계산해보기로 한다.

(1) 건물의 신축에 관련된 매입세액은 50,000,000원이다.

(2) 은행업과 임대업 관련 공급가액 및 사용면적에 관한 자료는 아래와 같다(단, 주어진 자료의 금액은 부가가치세가 포함되지 아니한 금액이며 세금계산서 등의 증명서류는 적법하게 발급·수령하였다).

| 구 분 | 공급가액 | | 사용면적 | |
|---|---|---|---|---|
| | 은행업 | 임대업 | 은행업 | 임대업 |
| 신축시 예정공급가액과 예정사용면적 | 70,000,000원 | 30,000,000원 | 720m$^2$ | 480m$^2$ |
| 2020년 제2기 | 85,000,000원 | 15,000,000원 | 756m$^2$ | 444m$^2$ |
| 2021년 제1기 | 90,000,000원 | 10,000,000원 | 840m$^2$ | 360m$^2$ |

* 은행업의 공급가액은 전액 금융·보험용역에 해당함.

「부가가치세법」 시행령 제81조 내지 제83조에 따르면, 건물신축 중에는 예정사용면적비율로 공통매입세액을 안분계산하고 사용면적비율이 확정되면 확정사용면적비율로 공통매입세액을 정산한 뒤 실제사용면적비율의 증감에 따라 납부세액 또는 환급세액의 재계산을 하여야 한다. 여기서 주의할 점은 공통매입세액의 정산에 있어서 그 비율의 5% 미만 여부를 따지지 않는다는 것이다. 위 사례에서 명확하지는 않지만 2021년 제1기 이전까지의 공통매입세액에 대한 안분과 정산이 적법하게 이루어졌다고 본다면, 2020년 제1기의 자료는 예정사용면적비율이 아닌 실제사용면적비율이어야 한다. 즉 2021년 제1기에는 2020년 제2기의 정산비율과 2021년 제1기의 사용면적비율을 비교하여 재계산을 하여야 한다. 따라서 이 경우에 다음과 같이 계산하여 납부세액이 3,150,000원 가산되어야 한다.

| 매입세액 50,000,000원 | 은행 | 임대 | 면세 비율 | 매입세액 불공제(누적) |
|---|---|---|---|---|
| 20년 1기(예정) | 720 | 480 | 60% (=720/1,200) | 50,000,000원 × 60% = 30,000,000원 |
| 20년 2기(확정), 정산 | 756 | 444 | 63% (=756/1,200) | 50,000,000원 × 63% - 30,000,000원 = 1,500,000원 |
| 21년 1기(확정), 재계산 | 840 | 360 | 70% (=840/1,200) | 50,000,000원 × (1 - 5%×2기) × (70% - 63%) = 3,150,000원 |

### 4. 재계산된 세액의 신고납부

해당 사업자는 재계산된 세액을 해당 과세기간에 대한 확정신고와 함께 관할 세무서장에게 이를 신고·납부하여야 한다(부법 제41조). 예정신고 시에는 재계산을 하지 아니한다.

### 5. 재계산의 적용 배제

#### 가. 재화의 간주공급에 해당하는 경우

과세사업에 사용하던 감가상각자산이 자가공급, 개인적 공급, 사업상 증여, 폐업시의 잔존재화 등 공급으로 의제되는 경우에는 재계산을 배제한다(부령 제83조 제4항). 예를 들어, 취득 당시 이미 공통사용재화로서 매입세액을 안분계산에 의하여 공제받은 다음 그 후 과세기간에 계속 사용하고 있는 감가상각자산의 면세비율이 증가하였다고 하여 그 증가부분을 면세전용으로 공급의제한 다음 재계산하는 것은 불합리하다. 재화의 공급의제 자체를 매입세액공제를 정산하는 또 하나의 방법으로 볼 수 있기 때문이다.

#### 나. 공통사용재화의 공급에 해당하는 경우

과세사업과 면세사업 등에 공통으로 사용하던 재화를 공급하는 경우에 해당 재화를 공급하는 날이 속하는 과세기간에는 그 재화에 대한 재계산을 배제한다(부가칙 제55조 제3항). 매입세액 안분계산에 의하여 공제받은 매입세액과 과세표준 안분계산에 의하여 발생한 매출세액은 서로 대응된다고 보기 때문이다. 따라서 해당 재화를 공급한 날이 속하는 과세기간에는 납부세액 또는 환급세액을 재계산할 필요가 없다. 「부가가치세법」 시행령 제81조 제2항에 따라서 공통사용재화의 안분계산을 생략하는 경우에 해당되어 공급가액을 전액 과세표준으로 한 경우에도 재계산 대상으로 할 수 없다. 판례를 보면, 총공급가액 중 면세공급가액의 비율이 무시해도 무방할 정도로 미미한 경우, 즉 5퍼센트 미만인 경우에는 계산의 편의와 납세자의 이익을 위하여 공통매입세액 전액을 공제하도록 하고 있으므로 이 경우 재계산 대상이 아닌 것으로 판단한 바 있다.[86]

## V. 면세농수산물등 의제매입세액공제

**제42조(면세농산물등 의제매입세액 공제특례)** ① 사업자가 제26조 제1항 제1호 또는 제27조 제1호에 따라 부가가치세를 면제받아 공급받거나 수입한 농산물·축산물·수산물 또는 임산물(이하 "면세농산물등"이라 한다)을 원재료로 하여 제조·가공한 재화 또는 창출한 용역의 공급에 대하여 부가가치세가 과세되는 경우(제28조에 따라 면세를 포기하고 영세율을 적용받는 경우는 제외한다)에는 면세농산물 등을 공급받거나 수입할 때 매입세액이 있는 것으로 보아 면세농산물 등의 가액(대통령령으로 정하는 금액을 한도로 한다)에 다음의 표의 구분에 따른 율을 곱하여 계산한다.

| 구 분 | | 율 |
|---|---|---|
| 1. 음식점업 | 가. 「개별소비세법」 제1조 제4항에 따른 과세유흥장소의 경영자 | 102분의 2 |
| | 나. 가목 외의 음식점업을 경영하는 사업자 중 개인사업자 | 108분의 8 (과세표준 2억원 이하인 경우에는 2026년 12월 31일까지 109분의 9) |
| | 다. 가목 및 나목 외의 사업자 | 106분의 6 |

86) 대법원 1984.7.24. 선고 83누225 판결.

<table>
<tr><td rowspan="3">2. 제조업</td><td>가. 과자점업, 도정업, 제분업 및 떡류 제조업 중 떡방앗간을 경영하는 개인사업자</td><td>106분의 6</td></tr>
<tr><td>나. 가목 외의 제조업을 경영하는 사업자 중 「조세특례제한법」 제6조 제1항에 따른 중소기업 및 개인사업자</td><td>104분의 4</td></tr>
<tr><td>다. 가목 및 나목 외의 사업자</td><td>102분의 2</td></tr>
<tr><td colspan="2">3. 제1호 및 제2호 외의 사업</td><td>102분의 2</td></tr>
</table>

② 제1항을 적용받으려는 사업자는 제48조 및 제49조에 따른 신고와 함께 대통령령으로 정하는 바에 따라 면세농산물 등을 공급받은 사실을 증명하는 서류를 납세지 관할 세무서장에게 제출하여야 한다.
③ 제1항 및 제2항에서 규정한 사항 외에 면세농산물의 범위 등 면세농산물 등의 의제매입세액공제액 계산에 필요한 사항은 대통령령으로 정한다.

## 1. 의 의

사업자가 가공되지 아니한 식료품으로 제공하는 농산물 등에 대해 부가가치세를 면제받아 공급하거나 외국에서 수입한 농산물·축산물·수산물 또는 임산물을 원재료로 하여 제조·가공한 재화 또는 창출한 용역의 공급에 대하여 부가가치세가 과세되는 경우(면세를 포기하고 영세율을 적용받는 경우 제외)에는 면세농산물 등을 공급받거나 수입할 때 매입세액이 있는 것으로 보아 일정한 금액을 매입세액으로 공제할 수 있다(부법 제42조).

이와 같이 세금계산서 없이도 일정한 금액을 매입세액으로 의제하여 공제하는 것을 '의제매입세액공제'라 한다. 외국 일부 국가에서는 사업자가 소비자에게서 중고물품을 사는 경우에도 의제매입세액공제를 적용하고 있다. 그러나 이 경우 과세사업자가 다른 사업자에게서 부가가치세를 부담하지 않고 산 물품을 마치 비사업자인 소비자에게서 산 것처럼 위장한다면 부당하게 매입세액공제를 받을 우려가 있다. 우리나라의 경우 후술하는 바와 같이 재활용폐자원 및 중고자동차를 수집하는 사업자가 국가·지방자치단체 또는 「부가가치세법」상 비사업자 등으로부터 재활용폐자원 및 중고자동차를 취득하는 경우에 매입세액공제를 인정하는 특례를 두고 있다(조특법 제108조).

## 2. 제도의 취지

의제매입세액공제가 필요한 이유는 납부세액 계산을 할 때 전 단계에서 부담한 매입세액을 매출세액에서 공제하는 부가가치세의 납부세액 계산구조 때문이다. 현행과 같은 제도에서 유통과정의 중간단계에 면세를 적용할 경우 면세사업자는 그가 사업상 필요한 재화나 용역을 구입할 때에 거래징수당한 부가가치세를 공제받거나 환급받지 못한다. 그러므로 면세사업자가 매입세액을 스스로 부담한다든지 가격인상이라는 방법을 통하여 거래상대방에게 전가시키게 된다. 이 경우 면세사업자가 구입단계에서 거래징수로 지급한 부가가치세액은 여전히 재화의 가액에 포함되어 있다고 볼 수 있다.

이에 따라 과세사업자가 면세로 구입한 재화 또는 용역을 원재료로 하여 새로 창출한 재화나 용역에 대하여 부가가치세를 과세하게 되면 가격에 전가된 매입세액에 대하여 다시 과세하는 문제가 발생하고 이를 누적효과라 함은 앞에서 설명한 바 있다. 누적효과가 발생하는 것은 과세단계의 과세표준에 면세단계 및 그 전단계의 부가가치가 포함되어 있음에도 불구하고 매입세액공제가 이루어지지 않기 때문이다. 이 문제를 해결하기 위해서는 과세단계의 사업자가 세금계산서를 발급받지 못하더라도 일정 부분의 매입세액을 공제해 줄 필요가 있다. 의제매입세액공제는 이러한 취지에서 마련된 제도로서 면세매입세액 상당액만큼 소비자부담을 완화시킴으로써 당초의 면세효과를 최종소비자에게까지 유지시켜 소비자가격 인하를 도모하기 위한 것이다.

## 3. 공제의 요건

### 가. 적용대상자

「부가가치세법」 제42조 제1항에는 사업자라고만 되어 있지만 해석상 의제매입세액공제를 받을 수 있는 사업자는 사업자등록을 한 과세사업자에 한한다. 사업자등록을 하지 않은 경우에는 의제매입세액공제가 허용되지 않는다. 과거 간이과세자에게도 의제매입세액공제를 인정하였지만 2020.12.22. 법 개정으로 폐지되었기 때문에 일반과세자에게만 적용된다.

### 나. 면세농산물 등을 원재료로 사용

사업자가 면세로 공급받은 농산물 등을 원재료로 직접 사용하여 제조·가공한 재화 또는 창출한 용역의 공급이 국내에서 과세되는 경우여야 한다. 국내에서 과세되는 경우에 한하기 때문에 면세포기신고를 한 자가 면세농산물을 단순히 냉동하여 수출하는 경우에는 의제매입세액공제의 적용을 배제한다. 여기서 '면세농산물'이란 면세로 공급받은 농산물·축산물·수산물 또는 임산물을 말하며 이에는 원시적 1차 가공을 거친 것, 단순가공 식료품, 1차 가공과정에서 발생하는 부산물, 미가공 식료품을 단순히 혼합한 것 및 소금을 포함한다(부령 제84조 제1항). 타인에게 면세농수산물 등을 사용하거나 소비하게 하는 사업상증여 등은 이에 해당되지 아니한다.

### 다. 증빙서류의 제출

의제매입세액공제를 적용받으려는 사업자는 면세농산물 등을 공급받은 사실을 증명하는 서류를 사업장 관할 세무서장에게 제출하여야 한다(부법 제42조 제2항). 의제매입세액의 공제를 받으려는 사업자는 다음 중 하나에 해당하는 서류를 관할 세무서장에게 제출하여야 한다(부령 제84조 제5항).

① 매입처별 세금계산서합계표(제1호)

② 신용카드매출전표수령명세서(제2호)

제조업을 영위하는 사업자가 농어민으로부터 면세농산물 등을 직접 공급받는 경우에는 의제매입세액 공제신고서만 제출한다(부령 제84조 제5항 후단).

이러한 증빙서류는 원칙적으로 예정신고 및 확정신고와 함께 제출하여야 하지만, 수정신고나 경정 등의 청구 또는 기한후신고와 함께 제출하거나 경정에 있어서 경정기관의 확인을 거쳐 제출하는 경우에도 의제매입세액공제를 적용한다. 농어민은 통계청장이 고시하는 한국표준산업분류상의 농업 중 작물재배업, 축산업, 작물재배 및 축산 복합농업에 종사하거나 임업, 어업 및 소금 채취업에 종사하는 개인을 말한다(부령 제84조 제6항).

매입세액의 공제 여부에 관하여 매입처별 세금계산서를 제출하지 아니한 경우 또는 세금계산서에 적힌 필요적 기재사항이 다른 경우 등에 매입세액공제가 인정되지 아니하는 것은 일반의 거래와 동일하게 적용한다(부령 제84조 제7항).

## 4. 의제매입세액의 계산

매입세액으로서 공제할 수 있는 면세농산물 등은 부가가치세를 면제받아 공급받은 농산물·축산물 또는 임산물로 한다. 이를 적용하는 때에는 면세농산물 등의 가액에 일정 공제율을 곱하여 계산한 금액을 매입세액으로 의제하여 매출세액에서 공제한다(부령 제84조 제1항, 제2항).

### 가. 공제금액

#### (1) 면세농산물 등의 가액

면세농산물 등의 가액은 운임 등의 부대비용을 제외한 매입원가로 계산하며 수입되는 농산물 등 대하여 매입세액을 계산하는 경우에는 관세의 과세가격으로 한다(부가칙 제56조 제1항).

#### (2) 사업별 공제율

① 「개별소비세법」에 따른 과세유흥장소의 경영자는 102분의 2

② 과세유흥장소의 경영자 외의 음식점을 경영하는 사업자 중 개인사업자는 108분의 8(과세표준 4억원 이하인 경우는 2026. 12. 31.까지 109분의 9)

③ 과세유흥장소의 경영자 외의 음식점을 경영하는 사업자 중 개인 외의 사업자인 경우는 106분의 6

④ 제조업 중 과자점업·도정업·제분업 및 떡류 제조업 중 떡방앗간을 경영하는 개인사업자는 106분의 6

⑤ 제조업 중 위 과자점업 등 외의 제조업을 경영하는 사업자 중 「조세특례제한법」 제5조 제1항에 따른 중소기업 및 개인사업자는 104분의 4

⑥ 음식점업 및 제조업 외의 사업자는 102분의 2

### 나. 공제대상 금액의 한도

매입세액으로서 공제할 수 있는 금액의 한도는 법인사업자와 개인사업자를 구분하여 정하고 있다. 법인사업자의 경우 원칙적으로 해당 과세기간에 해당 사업자가 면세농산물 등과 관련하여 공급한 과세표준에 100분의 30을 곱하여 계산한 금액에 공제율을 곱한 금액으로 한다. 개인사업자에 대해서는 과세표준이 2억원 이하인 경우에는 100분의 50, 과세표준이 2억원 초과인 경우에는 100분의 40을 곱하여 계산한다(부령 제84조 제2항).

### 다. 계산 사례

(주)A는 수산물 도매업과 통조림 제조업을 겸영하고 있다. 다음 자료에 의하여 해당 과세기간의 의제매입세액을 계산해보기로 한다.

* 수산물 매입과 사용명세

① 수산물 매입원가 250,000,000원

② 사용명세(판매분 800킬로그램, 통조림 제조분 1,200킬로그램 등, 합계 2,000킬로그램)

* 해당 과세기간의 공급가액명세(부가가치세 제외)

① 수산물 공급가액 400,000,000원

② 통조림 공급가액 500,000,000원

(1) 해당 과세기간의 공제대상 금액

**① 통조림 제조에 사용한 해당 과세기간의 매입가액**

$$250{,}000{,}000\text{원} \times \frac{1{,}200}{2{,}000} = 150{,}000{,}000\text{원}$$

**② 공제대상 금액의 한도액 계산**

$$500{,}000{,}000\text{원}(\text{과세대상 통조림 공급가액}) \times 30\% = 150{,}000{,}000\text{원} \times \frac{2}{102}$$

(2) 의제매입세액공제액은 $150{,}000{,}000\text{원} \times \frac{2}{102} = 2{,}941{,}176\text{원}$

### 라. 제조업에 대한 1역년 공제한도 특례

제1기 과세기간에 공급받은 면세농산물 등의 가액을 1역년에 공급받은 면세농산물 등의 가액으로 나누어 계산한 비율이 100분의 75 이상이거나 100분의 25 미만일 것과, 해당 과세기간이 속하는 1역년 동안 계속하여 제조업을 영위하였을 것의 요건을 모두 충족하는 사업자는 제2기 과세기간에 대한 납부세액을 확정신고할 때, 1역년에 공급받은 면세농산물 등의 가액에 공제율을 곱한 금액에서 제1기 과세기간에 위에 따라 매입세액으로 공제받은 금액을 차감한 금액을 매입세액으로 공제할 수 있다.

이 경우 1역년의 매입세액으로서 공제할 수 있는 금액의 한도는 법인사업자의 경우 1역년에 면세농산물 등과 관련하여 공급한 과세표준 합계액에 100분의 30을 곱하여 계산한 금액에 공제율을 곱한 금액으로 한다. 개인사업자에 대해서는 과세표준 합계액이 4억원 이하인 경우에는 100분의 50, 과세표준 합계액이 4억원 초과인 경우에는 100분의 40을 곱하여 적용한다(부령 제84조 제3항).

### 5. 의제매입세액의 안분계산

사업자가 과세사업과 면세사업을 겸영하는 경우에는 면세농산물 등의 실지귀속에 따라 과세사업에 사용되었거나 사용될 부분에 대해서만 의제매입세액공제를 적용하여야 할 것이다. 그러나 그 실지귀속을 구분할 수 없는 경우에는 해당 과세기간의 공급가액에 따라 매입세액 안분계산법을 준용하여 안분계산한 의제매입세액을 공제한다(부가칙 제56조 제4항).

### 6. 의제매입세액의 재계산

의제매입세액은 실제로 면세농산물 등을 과세사업에 사용하는 시점에서 공제하는 것이 아니라 구입한 날이 속하는 과세기간에 과세사업에 사용될 것으로 예정하여 공제한다. 이로써 그 후에 예정과는 달리 과세재화의 제조·가공이나 과세용역의 창출에 사용되지 아니하고 과세기간에 그대로 양도 또는 인도하거나 면세사업 그 밖의 목적을 위하여 사용 또는 소비하는 경우에는 그 공제한 의제매입세액의 금액이 과대해지는 결과가 발생한다. 이에 따라 의제매입세액으로 공제한 금액을 재계산할 필요가 있다. 누적효과가 발생하지 아니하는 의제매입세액 부분은 공제에서 배제하여야 타당하기 때문이다. 다시 말해 정당한 의제매입세액공제액으로 정산하는 절차가 필요하다. 이를 위하여 매입세액을 공제 받은 면세농산물 등이 양도·인도된 때 또는 면세재화의 제조·가공이나 면세용역의 창출 그 밖의 목적을 위하여 사용하거나 소비된 때가 속하는 과세기간의 예정신고 또는 확정신고를 할 때 납부세액에 가산하거나 환급세액에서 공제하여야 한다(부령 제84조 제4항).

## 7. 재활용폐자원·중고자동차에 대한 매입세액공제

### 가. 의제매입세액의 공제

재활용폐자원 및 중고자동차를 수집하는 사업자가 세금계산서를 발급할 수 없는 사업자 등 대통령령으로 정하는 자로부터 재활용폐자원 및 중고자동차를 취득하여(재활용폐자원의 경우 2025. 12. 31.까지, 중고자동차는 2025. 12. 31.까지 취득한 것에 한함) 제조 또는 가공하거나 이를 공급하는 경우에는 취득가액에 다음의 값을 곱하여 계산한 금액을 매출세액에서 매입세액으로 공제할 수 있다(조특법 제108조 제1항).

① 재활용폐자원 103분의 3

② 중고자동차 110분의 10

이것을 「조세특례제한법」상 의제매입세액공제라 한다. 여기서 '중고자동차'란 자동차의 제작자로부터 자동차를 취득한 때부터 사실상 그 성능을 유지할 수 없을 때까지의 자동차를 말한다.[87] 하지만 제작회사로부터 출고되었으나 운행된 사실이 전혀 없는 차량은 사실상 신차이므로 중고자동차로 보아 매입세액공제 특례를 인정할 수 없다.[88]

재활용폐자원을 수집하는 사업자가 재활용폐자원에 대한 부가가치세 매입세액공제 특례를 적용받는 경우에는 부가가치세 확정신고를 할 때 해당 과세기간에 해당 사업자가 공급한 재활용폐자원과 관련한 부가가치세 과세표준에 100분의 80(2007년 12월 31일까지 취득한 재활용폐자원에 대해서는 100분의 90을 적용)을 곱하여 계산한 금액에서 세금계산서를 발급받고 매입한 재활용폐자원 매입가액(해당 사업자의 사업용 고정자산 매입가액은 제외)을 뺀 금액을 한도로 하여 계산한 매입세액을 매출세액에서 공제할 수 있다. 이 경우 「부가가치세법」 제48조에 따른 예정신고 및 같은 법 제59조 제2항에 따른 환급신고를 할 때 이미 재활용폐자원 매입세액공제를 받은 경우에는 같은 법 제49조에 따른 확정신고를 할 때 정산하여야 한다(조특법 제108조 제2항).

### 나. 취 지

부가가치세 이론상 중고품의 판매가격 전액에 대하여 과세하는 것은 다음

---

87) 「조세특례제한법」 통칙 108-110-3.

88) 국심 2005중3126, 2005.12.29; 국심 2004서2107, 2004.10.11.

과 같은 몇 가지 문제점이 있다.[89] 첫째, 중고품의 신품 출고시 이미 부가가치세가 과세된 경우에 중고품을 판매하는 자가 사업자등록을 하지 아니한 개인으로부터 구입한 중고품 가격 전액에 대하여 과세하면 이중과세의 문제가 생긴다. 둘째, 중고품을 취급하는 사업자에 의하여 아무런 부가가치가 창출되지 아니한 경우 중고품의 구입은 제3자 간에 단순히 재화가 이동하는 것에 지나지 아니하여 새로운 소비활동으로 볼 수 없다. 셋째, 전단계세액공제법에서 중고품 취급업자에 의한 중고품의 판매는 부가가치세 과세대상이 되지만 중고업자는 사업자가 아닌 개인들로부터 매입한 가액에 관해서 매입세액 공제를 받을 수 없다. 그 결과 그 세액이 판매가액에 포함되면 과세의 누적효과가 일어날 가능성이 있다.

그리하여 유럽 등 많은 국가에서 중고품에 대하여 과세를 하지만 이중과세를 회피하거나 누적효과를 방지하기 위한 특례조치를 두고 있다. 우리나라도 폐자원이나 중고자동차를 수집하여 재생업체에 판매하는 사업자가 폐자원 등을 수집할 때 부가가치세를 부담하지 않는 경우에도 그 구입가격의 일정률에 해당하는 금액을 매입세액으로 간주하여 매출세액에서 공제받을 수 있게 하고 있다. 이 제도의 취지는 폐자원 또는 중고자동차를 수집하여 판매하는 사업자가 세금계산서를 발행할 수 없는 일반가계로부터 재화를 구입하여 재생업체에 판매하는 경우에 매입가액 중 일정액을 부가가치세 매입세액으로 공제하여 주기 위한 것이다. 이 밖에도 재활용이 가능한 폐자원 및 중고자동차의 수집과 재활용을 촉진하고자 하는 취지도 담겨 있는 것으로 이해된다.

### 다. 적용대상 사업자

재활용폐자원 및 중고품을 수집하는 사업자로서 매입세액공제를 받을 수 있는 사업자는 다음과 같다(조특령 제110조 제3항).

① 「폐기물관리법」에 의하여 폐기물중간처리업 허가를 받은 자(폐기물을 재활용하는 경우에 한함) 또는 폐기물재활용신고를 한 자(제1호)

② 「자동차관리법」에 의하여 자동차매매업 등록을 한 자(제2호)

③ 「한국환경공단법」에 의하여 설립된 한국환경공단(제3호)

④ 중고자동차를 수출하는 자(제4호)

---

89) 대표적인 예를 들면 자동차·미술품·골동품·가구·서적·골프채 등이 중고품 매매에 해당한다.

⑤ 재활용폐자원을 수집하는 자(제5호)

## Ⅵ. 면세사업용 감가상각자산의 과세사업용 전환시 매입세액공제

**제43조(면세사업 등을 위한 감가상각자산의 과세사업 전환 시 매입세액공제 특례)** 사업자는 제39조 제1항 제7호에 따라 매입세액이 공제되지 아니한 면세사업 등을 위한 감가상각자산을 과세사업에 사용하거나 소비하는 경우 대통령령으로 정하는 바에 따라 계산한 금액을 그 과세사업에 사용하거나 소비하는 날이 속하는 과세기간의 매입세액으로 공제할 수 있다.

### 1. 의 의

사업자가 부가가치세가 면제되는 재화 또는 용역을 공급하는 사업에 관련된 매입세액(투자에 관련된 매입세액 포함)과 토지관련 매입세액(부법 제39조 제1항 제7호)에 해당되어 그 매입세액이 공제되지 아니한 면세사업 등을 위한 감가상각자산을 과세사업에 사용하거나 소비하는 경우에는 일정한 금액을 그 과세사업에 사용하거나 소비하는 날이 속하는 과세기간에 매입세액으로 공제할 수 있다(부법 제43조).

### 2. 적용 요건

면세사업 등과 관련하여 당초 매입세액이 공제되지 아니한 감가상각자산을 그 대상으로 한다. 「부가가치세법」 시행령 제85조 제5항은 이를 적용받기 위하여 확정신고와 함께 과세사업전환 감가상각자산 신고를 하여야 한다고 규정하고 있으나 이는 임의규정으로 보아야 한다. 매입세액공제의 취지가 누적효과를 완화 또는 제거하는 데 있으므로 이 같은 신고를 하지 아니하였더라도 매입세액공제가 가능한 것으로 해석하여야 타당하기 때문이다.

### 3. 공제되는 매입세액의 계산

#### 가. 과세사업에 사용 또는 소비하는 경우

사업자가 매입세액이 공제되지 아니한 감가상각자산을 과세사업에 사용하거나 소비하는 경우 공제하는 세액은 다음의 계산식에 따라 계산한 금액으로 한다. 이 경우 경과된 과세기간의 수에 관하여는 안분계산의 경우(부령 제66조 제2항 후단)를 준용한다(부령 제85조 제1항).

(1) 건물 또는 구축물

$$\text{공제되는 세액} = \text{취득 당시 해당 재화의 면세사업 등과 관련하여 공제되지 아니한 매입세액} \times \left(1 - \frac{5}{100} \times \text{경과된 과세기간의 수}\right)$$

(2) 그 밖의 감가상각자산

$$\text{공제되는 세액} = \text{취득 당시 해당 재화의 면세사업 등과 관련하여 공제되지 아니한 매입세액} \times \left(1 - \frac{25}{100} \times \text{경과된 과세기간의 수}\right)$$

### 나. 과세사업과 면세사업에 공통으로 사용 또는 소비하는 경우

사업자가 매입세액이 공제되지 아니한 감가상각자산을 과세사업과 면세사업에 공통으로 사용하거나 소비하는 때에 공제하는 세액은 다음의 계산식에 따라 계산한 금액으로 하되, 그 과세사업에 따른 과세공급가액이 총공급가액 중 5퍼센트 미만일 때에는 공제세액이 없는 것으로 본다. 이 경우 경과된 과세기간의 수에 관하여는 앞과 같다(부령 제85조 제2항).

(1) 건물 또는 구축물

$$\text{공제되는 세액} = \text{취득 당시 해당 재화의 면세사업 등과 관련하여 공제되지 아니한 매입세액} \times \left(1 - \frac{5}{100} \times \text{경과된 과세기간의 수}\right) \times \left(\frac{\text{과세사업에 사용·소비한 날이 속하는 과세기간의 과세공급가액}}{\text{과세사업에 사용·소비한 날이 속하는 과세기간의 총공급가액}}\right)$$

(2) 그 밖의 감가상각자산

$$공제되는\ 세액 = 취득\ 당시\ 해당\ 재화의\ 면세사업\ 등과\ 관련하여\ 공제되지\ 아니한\ 매입세액 \times \left(1 - \frac{25}{100} \times 경과된\ 과세기간의\ 수\right) \times \left(\frac{과세사업에\ 사용\cdot소비한\ 날이\ 속하는\ 과세기간의\ 과세공급가액}{과세사업에\ 사용\cdot소비한\ 날이\ 속하는\ 과세기간의\ 총공급가액}\right)$$

위에서 '총공급가액'이란 면세사업용 감가상각자산을 과세사업에 사용하거나 소비한 날이 속하는 과세기간의 과세사업에 대한 공급가액과 면세사업에 대한 수입금액의 합계액을 말한다(부가칙 제57조).

(3) 공급가액이 없는 경우 안분계산방법

위 사항을 적용함에 있어서 해당 과세기간 중 과세사업과 면세사업의 공급가액이 없거나 그 어느 한 사업의 공급가액이 없는 경우에 그 과세기간에서의 안분계산은 다음의 순서에 의한다. 다만 취득시 면세사업 등과 관련하여 매입세액이 공제되지 아니한 건물에 대하여 과세사업과 면세사업 등에 제공할 예정면적을 구분할 수 있는 경우에는 아래 ③을 ①과 ②에 우선하여 적용한다(부령 제85조 제3항).

① 총매입가액에 대한 과세사업에 관련된 매입가액의 비율(제1호)

② 총예정공급가액에 대한 과세사업에 관련된 예정공급가액의 비율(제2호)

③ 총예정사용면적에 대한 과세사업에 관련된 예정사용면적의 비율(제3호)

### 다. 공통매입세액의 정산

위와 같이 안분계산한 매입세액을 공제한 경우에는 면세사업용 감가상각자산의 과세사업용 사용 또는 소비로 과세사업과 면세사업의 공급가액 또는 과세사업과 면세사업의 사용면적이 확정되는 과세기간에 대한 납부세액을 확정신고할 때에 다음의 계산식에 따라 정산한다(부령 제85조 제4항).

(1) 매입가액 및 예정공급가액 비율에 따라 공제매입세액을 안분계산한 경우 (제1호)

① 건물 또는 구축물

가산 또는 공제되는 세액 = 취득 당시 해당 재화의 면세사업 등과 관련하여 공제되지 아니한 매입세액

$$\times \left(1 - \frac{5}{100} \times \text{경과된 과세기간의 수}\right)$$

$$\times \left(\frac{\text{과세사업과 면세사업 등의 공급가액이 확정되는 과세기간의 과세공급가액}}{\text{과세사업과 면세사업 등의 공급가액이 확정되는 과세기간의 총공급가액}}\right) - \text{이미 공제한 매입세액}$$

② 그 밖의 감가상각자산

가산 또는 공제되는 세액 = 취득 당시 해당 재화의 면세사업 등과 관련하여 공제되지 아니한 매입세액

$$\times \left(1 - \frac{25}{100} \times \text{경과된 과세기간의 수}\right)$$

$$\times \left(\frac{\text{과세사업과 면세사업 등의 공급가액이 확정되는 과세기간의 과세공급가액}}{\text{과세사업과 면세사업 등의 공급가액이 확정되는 과세기간의 총공급가액}}\right) - \text{이미 공제한 매입세액}$$

(2) 예정사용면적 비율에 따라 공제매입세액을 안분 계산한 경우(제2호)

가산 또는 공제되는 세액 = 취득 당시 해당 재화의 면세사업 등과 관련하여 공제되지 아니한 매입세액

$$\times \left(1 - \frac{5}{100} \times \text{경과된 과세기간의 수}\right)$$

$$\times \left(\frac{\text{과세사업과 면세사업 등의 사용면적이 확정되는 과세기간의 과세사용면적}}{\text{과세사업과 면세사업 등의 공급가액이 확정되는 과세기간의 총사용면적}}\right) - \text{이미 공제한 매입세액}$$

## 4. 공제의 절차

사업자가 매입세액이 공제되지 아니한 감가상각자산을 과세사업에 사용 또는 소비하는 때에는 그 과세사업에 사용하거나 소비하는 날이 속하는 과세기간에 대한 확정신고와 함께 과세사업전환 감가상각자산신고서에 의하여 각 사업장

관할 세무서장에게 신고하여야 한다(부령 제85조 제5항). 위와 같이 공제될 매입세액을 계산함에 있어서 경과된 과세기간의 수를 계산할 때 과세기간 개시일 후에 감가상각자산을 취득하는 경우에는 그 과세기간 개시일에 그 재화를 취득한 것으로 본다(부령 제85조 제6항).

## Ⅶ. 재고매입세액공제

**제44조(일반과세자로 변경 시 재고품 등에 대한 매입세액 공제특례)** ① 간이과세자가 일반과세자로 변경되면 그 변경 당시의 재고품, 건설 중인 자산 및 감가상각자산(이하 이 조에서 "재고품 등"이라 한다)에 대하여 대통령령으로 정하는 바에 따라 계산한 금액을 매입세액으로 공제할 수 있다.
② 재고품 등의 범위, 그 적용시기 등 재고품 등의 매입세액의 공제에 필요한 사항은 대통령령으로 정한다.

### 1. 의 의

간이과세자가 일반과세자로 변경된 경우에 그 변경 당시의 재고품과 건설 중인 자산 및 감가상각자산에 대한 매입세액을 일반과세자로 변경 후의 납부세액계산에서 매입세액으로 공제할 수 있다(부법 제44조 제1항). 이를 '재고매입세액공제'라 한다.

### 2. 제도의 취지

간이과세자는 재화 또는 용역을 공급받거나 재화를 수입하는 때 거래징수당한 매입세액을 전액 공제받지 못하고 해당 업종의 부가가치율을 곱한 일정 금액만 공제받기 때문에 공제받지 못한 부가가치세액이 원가에 산입되게 된다.

이 후 일반과세자로서 이를 거래상대방에게 공급하는 때에 그 공급가액의 10%의 세율을 곱하여 매출세액을 계산한다면 간이과세자로 있을 때 공제받지 못한 매입세액 상당액이 포함된 가액에 대하여 다시 부가가치세를 과세하는 중복과세가 발생한다. 이를 시정하기 위한 제도가 재고매입세액공제이다. 즉 일반과세자로 전환되는 시점에 공제받지 못한 잔여 매입세액을 공제받도록 하여 중복과세 또는 누적과세를 방지하려는 데에 그 입법취지가 있다.

### 3. 공제대상

재고매입세액공제를 받을 수 있는 자는 간이과세자가 일반과세자로 변경되는 「부가가치세법」상 사업자이다. 이 경우에 공제대상이 되는 재화는 그 변경이 되는 날 현재의 재고품과 건설 중인 자산 및 감가상각자산으로서 법 제38조부터 제43조까지 매입세액 공제대상인 경우에 한한다.

재고품은 상품, 제품(반제품 및 재공품을 포함), 재료(부재료를 포함), 건설 중인 자산을 말하고, 감가상각자산은 건물 또는 구축물의 경우에는 취득·건설 또는 신축 후 10년 이내의 것, 그 밖의 감가상각자산의 경우에는 취득 또는 제작 후 2년 이내의 것으로 한정한다(부령 제86조 제1항 제5호).

재고매입세액공제를 받기 위해서는 간이과세자가 일반과세자로 변경되는 날 현재의 재고품과 건설 중인 자산 및 감가상각자산에 대하여 일반과세자로 전환하는 때의 재고품 등 신고서를 작성하여 그 변경되는 날의 직전 과세기간에 대한 신고와 함께 각 납세지 관할 세무서장에게 신고(국세정보통신망에 의한 신고를 포함)하여야 한다(부령 제86조 제1항 후단).

### 4. 재고품 등의 가액

재고매입세액을 계산하는 재고품과 감가상각자산의 금액은 장부 또는 세금계산서에 의하여 확인되는 취득가액(부가가치세를 포함)으로 한다(부령 제86조 제2항).

### 5. 재고매입세액의 계산

재고매입세액을 계산하는 방법은 자산의 종류에 따라 다음과 같이 구분된다. 아래 계산식에서 경과된 과세기간의 수는 과세기간 단위로 계산하되 건물 또는 구축물의 경과된 과세기간의 수가 20을 초과하는 때에는 20으로, 그 밖의 감가상각자산의 경과된 과세기간의 수가 4를 초과하는 때에는 4로 한다(부령 제86조 제3항, 제66조 제2항 후단). 경과된 과세기간의 수를 계산함에 있어서 과세기간의 개시일 후에 감가상각자산을 취득한 경우에는 그 과세기간의 개시일에 해당 재화를 취득한 것으로 본다.

가. 재고품

$$\text{재고매입세액} = \text{재고금액} \times \frac{10}{110} \times (1 - 0.5\% \times \frac{10}{110})$$

나. 건설 중인 자산

$$\text{재고매입세액} = \text{해당 건설 중인 자산과 관련된 공제대상매입세액} \times (1 - 0.5\% \times \frac{10}{110})$$

다. 감가상각자산으로서 타인으로부터 매입한 자산

(1) 건물 또는 구축물

$$\text{재고매입세액} = \text{취득가액} \times (1 - \frac{10}{100} \times \text{경과된 과세기간의 수}) \times \frac{10}{110} \times (1 - 0.5\% \times \frac{10}{110})$$

(2) 그 밖의 감가상각자산

$$\text{재고매입세액} = \text{취득가액} \times (1 - \frac{50}{100} \times \text{경과된 과세기간의 수}) \times \frac{10}{110} \times (1 - 1.5\% \times \frac{10}{110})$$

라. 감가상각자산으로서 사업자가 직접 제작·건설 또는 신축한 자산

(1) 건물 또는 구축물

$$\text{재고매입세액} = \text{해당 자산의 건설 또는 신축과 관련된 공제대상 매입세액} \times (1 - \frac{10}{100} \times \text{경과된 과세기간의 수}) \times (1 - 1.5\% \times \frac{10}{110})$$

(2) 그 밖의 감각상각자산

$$\text{재고매입세액} = \text{해당 자산의 건설 또는 신축과 관련된 공제대상 매입세액} \times \left(1 - \frac{50}{100} \times \text{경과된 과세기간의 수}\right) \times \left(1 - 1.5\% \times \frac{10}{110}\right)$$

## 6. 적용의 배제

일반과세자가 간이과세자로 변경된 후에 다시 일반과세자로 변경되는 경우에는 간이과세자로 변경된 때에 재고납부세액의 가산·납부 규정(부령 제112조 제7항)을 적용받지 않은 재고품 및 감가상각자산에 대하여는 재고매입세액의 규정을 적용하지 않는다(부령 제86조 제5항).

## 7. 공제절차

재고매입세액공제를 받기 위해서는 간이과세자가 일반과세자로 변경되는 날 현재의 재고품 등을 변경되는 날 직전 과세기간에 대한 신고와 함께 일반과세자로 전환하는 때의 재고품 등 신고서에 의하여 각 사업장 관할 세무서장에게 신고하여야 한다. 그런데 간이과세자에서 일반과세자로 변경되는 사업자가 위 법령에서 정하는 기한 내에 일반과세자로 전환되는 때의 재고품 및 감가상각자산을 신고하지 아니한 경우 재고매입세액공제가 배제되는지 여부가 문제될 수 있다. 위 신고기한 내에 재고품 및 감가상각자산을 신고하지 아니한 경우에도 재고매입세액공제가 배제되지 않는다는 것이 판례의 입장이다.[90] 지연신고 등에 매입세액공제를 제한하는 규정이 없는 법문언의 형식과 재고매입세액공제의 취지에 비추어 볼 때 판례의 입장은 타당하다고 생각한다.

위 신고를 받은 관할 세무서장은 재고매입세액으로서 공제할 수 있는 재고금액을 조사하여 승인하고 위 신고기한 경과 후 1월 이내에 해당 사업자에게 공제될 재고매입세액을 통지하여야 한다. 이 경우 그 기한 내에 통지하지 아니하면 해당 사업자가 신고한 재고금액을 승인한 것으로 본다(부령 제86조 제6항).

---

90) 대법원 2012.7.26. 선고 2010두2845 판결.

### 8. 공제시기와 경정

결정된 재고매입세액은 그 승인을 얻은 날이 속하는 예정신고기간 또는 과세기간의 매출세액에서 공제한다(부령 제86조 제7항). 승인하거나 승인한 것으로 보는 재고매입세액의 내용에 오류가 있거나 내용이 누락된 경우에는 재고매입세액을 조사하여 경정한다(부령 제86조 제8항).

## Ⅷ. 대손세액공제

**제45조(대손세액의 공제특례)** ① 사업자는 부가가치세가 과세되는 재화 또는 용역을 공급하고 외상매출금이나 그 밖의 매출채권(부가가치세를 포함한 것을 말한다)의 전부 또는 일부가 공급을 받은 자의 파산·강제집행이나 그 밖에 대통령령으로 정하는 사유로 대손되어 회수할 수 없는 경우에는 다음의 계계산식에 따라 계산한 금액(이하 "대손세액"이라 한다)을 그 대손이 확정된 날이 속하는 과세기간의 매출세액에서 뺄 수 있다. 다만, 그 사업자가 대손되어 회수할 수 없는 금액(이하 "대손금액"이라 한다)의 전부 또는 일부를 회수한 경우에는 회수한 대손금액에 관련된 대손세액을 회수한 날이 속하는 과세기간의 매출세액에 더한다.

대손세액 = 대손금액 × 110분의 10

② 제1항을 적용받고자 하는 사업자는 제49조에 따른 신고와 함께 대통령령으로 정하는 바에 따라 대손금액이 발생한 사실을 증명하는 서류를 제출하여야 한다.
③ 제1항 및 제2항을 적용할 때 재화 또는 용역을 공급받은 사업자가 대손세액에 해당하는 금액의 전부 또는 일부를 제38조에 따라 매입세액으로 공제받은 경우로서 그 사업자가 폐업하기 전에 재화 또는 용역을 공급하는 자가 제1항에 따른 대손세액공제를 받은 경우에는 그 재화 또는 용역을 공급받은 사업자는 관련 대손세액에 해당하는 금액을 대손이 확정된 날이 속하는 과세기간에 자신의 매입세액에서 뺀다. 다만, 그 공급을 받은 사업자가 대손세액에 해당하는 금액을 빼지 아니한 경우에는 대통령령으로 정하는 바에 따라 그 사업자의 관할 세무서장이 빼야 할 매입세액을 결정 또는 경정하여야 한다.
④ 제3항에 따라 매입세액에서 대손세액에 해당하는 금액을 뺀(관할 세무서장이 결정 또는 경정한 경우를 포함한다) 해당 사업자가 대손금액의 전부 또는 일부를 변제한 경우에는 대통령령으로 정하는 바에 따라 변제한 대손금액에 관련된 대손세액에 해당하는 금액을 변제한 날이 속하는 과세기간의 매입세액에 더한다.

⑤ 제1항부터 제3항까지에서 규정한 사항 외에 대손세액 공제의 범위 및 절차에 관하여 필요한 사항은 대통령령으로 정한다.

## 1. 의 의

사업자가 부가가치세가 과세되는 재화 또는 용역을 공급하고 외상매출금이나 그 밖의 매출채권(부가가치세를 포함한 것을 말함)의 전부 또는 일부가 공급받은 자의 파산·강제집행 등 사유로 회수할 수 없는 경우가 있다. 이 경우 대손세액을 그 대손이 확정된 날이 속하는 과세기간의 매출세액에서 뺄 수 있다(부법 제45조 제1항). 이를 '대손세액공제'라 한다. 여기서 '파산·강제집행이나 그 밖의 사유'란 「소득세법」·「법인세법」상 대손금으로 인정되는 사유를 말한다(부령 제87조 제1항).

## 2. 제도의 취지

「부가가치세법」상 재화나 용역을 공급한 사업자는 거래상대방의 파산·강제집행 등의 사유로 자기가 공급한 재화나 용역에 대한 부가가치세를 거래징수하지 못하는 경우에도 부가가치세를 신고하고 납부하여야 한다. 이에 따라 그 신고에 따른 부가가치세를 재화나 용역을 공급한 사업자가 부담하게 됨으로써 경제적 손실을 입게 된다. 이렇게 되면 공급받는 자는 실제로 거래징수당하지 아니한 부가가치세를 매입세액으로 공제받을 수 있는 반면, 공급자는 거래상대방으로부터 부가가치세를 거래징수하지 못하면서 부가가치세를 신고하고 납부해야 하는 문제점이 발생한다. 이러한 불합리한 결과를 방지하기 위하여 대손세액을 매출세액에서 공제할 수 있도록 하고 있다. 반면에 이 경우 공급받은 자는 그 세액을 매입세액에서 빼야 한다.

## 3. 대손세액 공제사유

공급받는 자에게 「소득세법」 시행령 제55조 제2항 및 「법인세법」 시행령 제19조의2 제1항에 따라 대손금으로 인정되는 사유가 발생하여 매출채권을 회수할 수 없는 경우에 한한다(부령 제87조 제1항). 예컨대 「법인세법」 시행령에 규정된 대손사유에 해당하는 것은 다음과 같다.

① 「상법」에 따른 소멸시효가 완성된 외상매출금 및 미수금(제1호)

② 「어음법」에 따른 소멸시효가 완성된 어음(제2호)

③ 「수표법」에 따른 소멸시효가 완성된 수표(제3호)

④ 「민법」에 따른 소멸시효가 완성된 대여금 및 선급금(제4호)

⑤ 「채무자 회생 및 파산에 관한 법률」에 따른 회생계획인가의 결정 또는 법원의 면책결정에 따라 회수불능으로 확정된 채권(제5호)

⑥ 「서민의 금융생활지원에 관한 법률」에 따른 채무조정을 받아 같은 법 제75조의 신용회복지원협약에 따라 면책으로 확정된 채권(제5호의2)

⑦ 「민사집행법」 제102조에 따라 채무자의 재산에 대한 경매가 취소된 압류채권(제6호)

⑧ 물품의 수출 또는 외국에서의 용역제공으로 발생한 채권으로서 무역에 관한 법령에 따라 한국무역보험공사로부터 회수불능으로 확정된 채권(제7호)

⑨ 채무자의 파산, 강제집행, 형의 집행, 사업의 폐지, 사망, 실종 또는 행방불명으로 회수할 수 없는 채권(제8호)

㉮ 파산(강제화의를 포함)

법원이 파산을 선고하게 되면 채무자의 모든 재산은 파산재단에 귀속되고 파산절차에 의하여 모든 재산을 환가하여 파산채권자에게 배당하게 된다. 사업자는 파산절차에 의하여도 배당을 받지 못한 채권이 있는 경우에 회수할 수 없는 채권으로서 대손세액 공제대상이 되므로, 회수할 수 없는 채권이 확정되는 시기는 파산선고의 시가가 아니라 파산관재인이 최후 배당액을 결정·통지하여 배당이 확정되었을 때로 볼 것이다.

㉯ 「민사소송법」에 따른 강제집행

본래의 의미의 강제집행과 담보권 실행을 위한 경매를 포함하나 강제집행 등에 의하여 변제에 충당하고도 일부 채권이 남아 있는 경우에 그 잔여채권에 대하여 대손세액 공제를 할 수 있다. 재화 또는 용역을 공급한 사업자가 대손세액공제를 받기 위하여 재화 또는 용역을 공급받은 사업자의 모든 재산에 대하여 강제집행을 하여도 동 매출채권을 회수하지 못한 경우에 한한다. 그러므로 단순히 공급받는 자의 소재불명으로 압류집행이 불가능한 경우 또는 채무자의 일부 재산에 대하여만 강제집행을 하는 경우에는 적용하지 아니한다.

㉰ 사망·실종선고

사망만으로 대손채권이 되지 아니하고 상속인이 없거나 상속의 포기 등으로 상속재산으로 채권액을 회수할 수 없는 경우에만 대손세액 공제를 받을 수 있다. 실종선고의 경우는 단순히 행방불명된 경우가 아니라 법원의 실종선고를 받음으로써 실종기간의 만료일에 사망한 것으로 보게 된다.

⑩ 부도발생일부터 6개월 이상 지난 수표 또는 어음상의 채권 및 외상매출금(중소기업의 외상매출금으로서 부도발생일 이전의 것에 한정). 다만 해당 법인이 채무자의 재산에 대하여 저당권을 설정하고 있는 경우는 제외한다(제9호).

'부도'란 수표는 그 표면에, 어음은 부전을 사용하여 지급에 응할 수 없는 사유를 적어 반환하는 것을 말한다. 부도발생일이란 금융기관이 해당 수표 또는 어음에 대하여 부도를 확인한 날을 말한다. 부도발생일로부터 6개월 이상 지난 수표 또는 어음상의 채권 및 외상매출금은 채무자의 재산에 대하여 저당권을 설정하고 있는 경우를 제외하고는 해당 채무자의 부도 발생 후 「채무자 회생 및 파산에 관한 법률」에 따른 법원의 재산보전처분명령과는 관계없이 법인이 회수할 수 없다고 판단하여 대손금으로 계상한 사업연도에 손금산입한다.[91]

한편 회생절차개시를 신청함에 따라 법원의 재산보전처분 결정으로 지급이 거절된 부도어음의 경우에는 법적으로 가해진 지급제한이므로 무거래·거래잔액부족 등에 의한 부도와는 성격이 다른 것으로 보고, 실제 부도발생일로부터 6개월 이상 경과된 경우 또는 회생계획인가 결정일 이후에만 대손세액 공제를 받을 수 있다고 해석하여야 하는지 문제가 된다. 회생절차개시 신청을 함에 따라 법원의 재산보전처분명령으로 지급이 거절되었다면 이를 부도 발생으로 볼 것이 아니라, 「채무자 회생 및 파산에 관한 법률」에 따른 회생계획인가의 결정 또는 법원의 면책에 따라 회수불능으로 확정되었을 때 대손세액 공제를 받아야 한다는 입장도 있다.[92] 하지만 부도반환 사유에는 법적으로 가해진 지급제한도 포함하는 것으로 보는 입장이 타당하다고 본다. 따라서 회생계획인가의 결정에 따른 회수불능으로 확정되지 아니하였더라도 법원에서 재산보전처분명령을 하는 때에 부도 발생으로 간주하고 그 재산보전처분명령일로부터 6개월이 지난 어음상

91) 「법인세법」 기본통칙 19의2…7.
92) 예규, 부가-445, 2011.4.28.

의 채권은 대손세액공제를 받을 수 있다고 해석하여야 한다.[93)]

⑪ 중소기업의 외상매출금 및 미수금으로서 회수기일이 2년 이상 지난 외상매출금 등. 다만 특수관계인과의 거래로 인하여 발생한 외상매출금은 제외한다(제9호의2).

⑫ 재판상 화해 등 확정판결과 동일한 효력을 가지는 것으로서 회수불능으로 확정된 채권(제10호)

⑬ 회수기일이 6개월 이상 지난 채권 중 채권가액이 30만원 이하(채무자별 채권가액의 합계액을 기준 함)인 채권(제11호)

⑭ 「법인세법」 시행령 제61조 제2항 각 호 외의 부분 단서에 따른 금융회사 등의 채권(같은 항 제13호에 따른 여신전문금융회사인 신기술사업금융업자의 경우에는 신기술사업자에 대한 것에 한정) 중 다음의 채권(제12호)

㉮ 금융감독원장이 기획재정부장관과 협의하여 정한 대손처리기준에 따라 금융회사 등이 금융감독원장으로부터 대손금으로 승인받은 것

㉯ 금융감독원장이 ㉮의 기준에 해당한다고 인정하여 대손처리를 요구한 채권으로 금융회사 등이 대손금으로 계상한 것

⑮ 「벤처투자촉진에 관한 법률」 제2조 제10호에 따른 중소기업창업투자회사의 창업자에 대한 채권으로서 중소벤처기업부장관이 기획재정부장관과 협의하여 정한 기준에 해당한다고 인정한 것(제13호)

## 4. 대손세액 공제의 범위

대손세액 공제는 사업자가 부가가치세가 과세되는 재화 또는 용역을 공급한 후 그 공급일로부터 10년이 지난 날이 속하는 과세기간에 대한 확정신고기한까지 대손세액 공제의 사유로 인하여 확정되는 대손세액(결정 또는 경정으로 증가된 과세표준에 대하여 부가가치세액을 납부한 경우 해당 대손세액을 포함)으로 한다(부령 제87조 제2항).

## 5. 대손세액의 계산

대손세액으로 매출세액에서 공제받을 세액은 다음의 계산식에 의하여 계산

93) 조심 2011중2173, 2011.11.24.

한 금액으로 한다. 다만 대손세액을 공제받은 후 대손금액의 전부 또는 일부를 회수한 경우에는 회수한 대손금액에 관련된 대손세액을 회수한 날이 속하는 과세기간의 매출세액에 가산한다(부법 제45조 제1항).

| 대손세액 = 대손금액 × 110분의 10 |
|---|

### 6. 대손세액 공제의 절차

대손세액 공제를 적용받고자 하는 사업자는 부가가치세 확정신고서에 대손세액공제신고서와 대손금액이 발생한 사실을 증명하는 서류를 첨부하여 관할 세무서장에게 제출하여야 한다(부법 제45조 제2항).

공급자가 대손세액을 매출세액에서 차감한 경우 공급자의 관할 세무서장은 대손세액 공제 사실을 공급받는 자의 관할 세무서장에게 통지하여야 하며, 공급받은 자가 관련 대손세액에 해당하는 금액을 매입세액에서 차감하여 신고하지 아니한 경우에는 공급받은 사업자의 관할 세무서장이 이를 결정하거나 경정하여야 한다(부령 제87조 제3항). 이 때 신고불성실가산세와 납부불성실가산세는 적용하지 않는다.

### 7. 공급받은 사업자의 매입세액 차감

재화 또는 용역을 공급받은 사업자가 대손세액에 해당하는 금액의 전부 또는 일부를 매입세액으로 공제받은 경우로서 그 사업자가 폐업하기 전에 재화 또는 용역을 공급하는 자가 대손세액을 공제받은 경우에는 그 재화 또는 용역을 공급받은 사업자는 관련 대손세액에 해당하는 금액을 대손이 확정된 날이 속하는 과세기간에 자신의 매입세액에서 뺀다. 다만 그 공급을 받은 사업자가 대손세액에 해당하는 금액을 빼지 아니한 경우에는 그 사업자의 관할 세무서장이 빼야 할 매입세액을 결정 또는 경정하여야 한다(부법 제45조 제3항).

그리고 매입세액에서 대손세액에 해당하는 금액을 뺀(관할 세무서장이 결정 또는 경정한 경우를 포함한다) 해당 사업자가 대손금액의 전부 또는 일부를 변제한 경우에는 대통령령으로 정하는 바에 따라 변제한 대손금액에 관련된 대손세액에 해당하는 금액을 변제한 날이 속하는 과세기간의 매입세액에 더한다(동조 제4항). 이 경우에도 부가가치세 확정신고서에 대손세액변제신고서와 변제사실을 증명하는 서류를 첨부하여 관할 세무서장에게 제출하여야 한다(부령 제87조 제4항).

## 제 4 절 세액공제

**제46조(신용카드 등의 사용에 따른 세액공제 등)** ① 제1호에 해당하는 사업자가 부가가치세가 과세되는 재화 또는 용역을 공급하고 제34조 제1항에 따른 세금계산서의 발급시기에 제2호에 해당하는 거래증빙서류(이하 이 조에서 "신용카드매출전표등"이라 한다)를 발급하거나 대통령령으로 정하는 전자적 결제수단에 의하여 대금을 결제받는 경우에는 제3호에 따른 금액을 납부세액에서 공제한다.

1. 사업자: 다음 각 목의 어느 하나에 해당하는 사업자
   가. 주로 사업자가 아닌 자에게 재화 또는 용역을 공급하는 사업으로서 대통령령으로 정하는 사업을 하는 사업자(법인사업자와 직전 연도의 재화 또는 용역의 공급가액의 합계액이 대통령령으로 정하는 금액을 초과하는 개인사업자는 제외한다)
   나. 제36조 제1항 제2호에 해당하는 간이과세자
2. 거래증빙서류: 다음 각 목의 어느 하나에 해당하는 서류
   가. 「여신전문금융업법」에 따른 신용카드매출전표
   나. 「조세특례제한법」 제126조의3에 따른 현금영수증
   다. 그 밖에 이와 유사한 것으로 대통령령으로 정하는 것
3. 공제금액(연간 500만원을 한도로 하되, 2026년 12월 31일까지는 연간 1천만원을 한도로 한다): 발급금액 또는 결제금액의 1퍼센트(2026년 12월 31일까지는 1.3퍼센트로 한다)

② 제1항을 적용할 때 공제받는 금액이 그 금액을 차감하기 전의 납부할 세액[제37조 제2항에 따른 납부세액에서 이 법, 「국세기본법」 및 「조세특례제한법」에 따라 빼거나 더할 세액(제60조 및 「국세기본법」 제47조의2부터 제47조의4까지의 규정에 따른 가산세는 제외한다)을 빼거나 더하여 계산한 세액을 말하며, 그 계산한 세액이

"0"보다 작으면 "0"으로 본다]을 초과하면 그 초과하는 부분은 없는 것으로 본다.
③ 사업자가 대통령령으로 정하는 사업자로부터 재화 또는 용역을 공급받고 부가가치세액이 별도로 구분되는 신용카드매출전표등을 발급받은 경우로서 다음 각 호의 요건을 모두 충족하는 경우 그 부가가치세액은 제38조 제1항 또는 제63조 제3항에 따라 공제할 수 있는 매입세액으로 본다.

1. 대통령령으로 정하는 신용카드매출전표등 수령명세서를 제출할 것
2. 신용카드매출전표등을 제71조 제3항을 준용하여 보관할 것. 이 경우 대통령령으로 정하는 방법으로 증명 자료를 보관하는 경우에는 신용카드매출전표등을 보관하는 것으로 본다.
3. 간이과세자가 제36조의2 제1항 및 제2항에 따라 영수증을 발급하여야 하는 기간에 발급한 신용카드매출전표등이 아닐 것

④ 국세청장은 주로 사업자가 아닌 소비자에게 재화 또는 용역을 공급하는 사업자로서 대통령령으로 정하는 자에 대하여 납세관리에 필요하다고 인정하면 「여신전문금융업법」에 따른 신용카드가맹점 가입 대상자 또는 「조세특례제한법」 제126조의3에 따른 현금영수증가맹점 가입 대상자로 지정하여 신용카드가맹점 또는 현금영수증가맹점으로 가입하도록 지도할 수 있다.
⑤ 제1항부터 제4항까지에서 규정한 사항 외에 신용카드매출전표등에 따른 세액공제의 범위, 신용카드가맹점 가입 대상자 또는 현금영수증가맹점 가입 대상자의 지정 및 그 밖에 필요한 사항은 대통령령으로 정한다.

## Ⅰ. 신용카드 등의 사용에 따른 세액공제

### 1. 신용카드매출전표 등 발급

주로 사업자가 아닌 자에게 재화 또는 용역을 공급하는 사업으로서 영수증 발급대상 사업을 하는 사업자와 간이과세자가 부가가치세가 과세되는 재화 또는 용역을 공급하고 세금계산서의 발급시기에 신용카드매출전표나 현금영수증 또는 그 밖에 이와 유사한 것을 발급하거나 전자적 결제 수단에 의하여 대금을 결제받는 경우에는 일정한 금액을 납부세액에서 공제한다(부법 제46조 제1항).

다만 법인사업자와 직전 연도의 재화 또는 용역의 공급가액의 합계액이 일정한 금액을 초과하는 개인사업자는 제외한다. 이처럼 개정법에서는 신용카드

등 매출세액공제 적용대상에서 직전 연도의 재화 또는 용역의 공급가액의 합계액이 10억원을 초과하는 개인사업자를 제외하여 법인사업자와의 형평성을 제고하였다(부령 제88조 제3항).

공제금액은 연간 500만원을 한도(2026년 12. 31.까지는 연간 1천만원을 한도로 함)로 하되 발급금액 또는 결제금액에 1퍼센트(2026년 12월 31일까지는 1.3퍼센트)로 한다. 이를 적용할 때 공제받는 금액이 그 금액을 차감하기 전의 납부할 세액(납부세액에서 「부가가치세법」, 「국세기본법」 및 「조세특례제한법」에 따라 빼거나 더할 세액(가산세는 제외)을 빼거나 더하여 계산한 세액을 말하며 그 계산한 세액이 "0"보다 작으면 "0"으로 본다)을 초과하면 그 초과하는 부분은 없는 것으로 본다(부법 제46조 제2항).

세금계산서 발급시기에 발급하는 '그 밖에 이와 유사한 것'이란 「여신전문금융업법」에 따른 ① 직불카드영수증, ② 결제대행업체를 통한 신용카드매출전표, ③ 선불카드영수증(실제 명의가 확인되는 것으로 한정)과 「조세특례제한법」 제126조의3에 따른 현금영수증(부가통신사업자가 통신판매업자를 대신하여 발급하는 현금영수증을 포함), ④ 「전자금융거래법」에 따른 직불전자지급수단 영수증, ⑤ 전자지급결제대행에 관한 업무를 하는 금융회사 또는 전자금융업자를 통한 신용카드매출전표를 말한다(부령 제88조 제4항). 또 '전자적 결제수단'이란 카드 또는 컴퓨터 등 전자적인 매체에 화폐가치를 저장하였다가 재화 또는 용역을 구매할 때 지급하는 결제수단(전자화폐)일 것과 전자화폐를 발행하는 사업자가 결제명세를 가맹사업자별로 구분하여 관리하는 것을 말한다(부령 제88조 제1항).

### 2. 신용카드 사용에 따른 매입세액 인정

사업자가 법령이 정하는 일정 사업자로부터 재화 또는 용역을 공급받고 부가가치세액이 별도로 구분되는 신용카드매출전표 등을 발급받은 경우로서 다음의 몇 가지 요건을 갖추면 그 부가가치세액은 공제할 수 있는 매입세액으로 본다(부법 제46조 제3항).

① 신용카드매출전표 등(부령 제74조 제1호) 수령명세서를 제출할 것

② 신용카드매출전표 등을 보관할 것

이 경우 「소득세법」 제160조의2 제4항 또는 「법인세법」 제116조 제4항에 따른 방법으로 증명 자료를 보관하는 경우에는 신용카드매출전표 등을 보관하는

것으로 본다.

③ 간이과세자가 영수증을 발급하여야 하는 기간에 발급한 신용카드매출전표 등이 아닐 것

이는 공급받는 자에게 매입세액공제를 허용함으로써 신용카드가맹점의 판매경쟁상의 애로를 해소하기 위한 것이다. 여기서 '일정한 사업자'란 다음에 해당하지 않는 사업을 경영하는 사업자로서 영수증을 발급해야 하는 간이사업자에 해당하지 않는 사업자를 말한다(부령 제88조 제5항).

① 목욕·이발·미용업

② 여객운송업(전세버스운송사업은 제외)

③ 입장권을 발행하여 경영하는 사업

④ 「부가가치세법」 시행령 제35조 제1호 단서의 용역을 공급하는 사업

⑤ 「부가가치세법」 시행령 제35조 제5호 단서에 해당하지 아니하는 것으로서 수의사가 제공하는 동물의 진료용역

⑥ 「부가가치세법」 시행령 제36조 제2항 제1호 및 제2호의 용역을 공급하는 사업

## 3. 신용카드가맹점 가입에 관한 행정지도

국세청장은 주로 사업자가 아닌 소비자에게 재화 또는 용역을 공급하는 사업자로서 아래의 사업자에 대하여 납세관리에 필요하다고 인정되는 경우에는 그 사업자를 신용카드가맹점 가입대상자 또는 현금영수증가맹점 가입대상자로 지정하여 신용카드가맹점 또는 현금영수증가맹점으로 가입하도록 지도할 수 있다(부법 제46조 제4항).

이에 해당하는 사업자는 소매업·음식점업·숙박업 또는 그 밖에 주로 사업자가 아닌 소비자를 대상으로 하는 사업을 경영하는 자로서 사업규모 및 지역 등을 고려하여 국세청장이 정하는 자를 말한다(부령 제88조 제8항).

국세청장은 납세보전에 필요한 범위에서 ① 신용카드매출전표와 현금영수증의 발행 및 보급, ② 신용카드가맹점과 현금영수증가맹점 가입대상자의 지정절차, ③ 그 밖에 납세보전 관련 업무의 집행에 필요한 사항을 정할 수 있다(부령 제88조 제9항).

## 4. 현금거래의 확인 등

사용금액에 대하여 소득공제를 받을 수 있는 재화나 용역을 제공하는 사업자로부터 재화 또는 용역을 공급받은 자가 그 대가를 현금으로 지급하였으나 현금영수증을 발급받지 못한 경우에는 그 현금거래 사실에 관하여 관할 세무서장의 확인을 받은 경우에 현금영수증을 발급받은 것으로 본다(조특법 제126조의5 제2항). 위와 같이 현금영수증을 발급받은 것으로 보는 경우 현금영수증을 발급하지 아니한 사업자에 대해서는 해당 금액에 대하여 신용카드 등의 사용에 따른 세액공제를 적용하지 아니한다(동조 제2항). 현금거래 사실의 확인을 신청하려는 자는 거래일부터 3년 이내에 현금거래확인신청서에 거래사실을 객관적으로 입증할 수 있는 거래증빙을 첨부하여 세무서장·지방국세청장 또는 국세청장에게 제출하여야 한다(조특령 제121조의5 제2항).

현금거래확인신청서를 접수받은 세무서장·지방국세청장 또는 국세청장은 거래사실의 확인이 요청된 재화 또는 용역을 공급한 자의 관할 세무서장에게 해당 현금거래확인신청서 및 거래증빙을 송부하여야 한다(조특령 제121조의5 제3항). 신청서를 송부받은 공급자의 관할 세무서장은 신청인의 신청내용과 제출한 증빙자료를 검토하여 거래사실 여부를 확인하여야 한다. 이 경우 거래사실의 존재 및 그 내용에 대한 입증책임은 신청인에게 있다(조특령 제121조의5 제4항). 공급자의 관할 세무서장은 신청일의 다음 달 말일까지 국세청장이 정하는 바에 따라 현금거래사실 여부를 확인하고 그 사실을 신청인에게 통지하여야 한다. 다만 사업자의 일시 부재 등 기획재정부령이 정하는 불가피한 사유가 있는 경우에는 거래사실 확인기간을 20일 이내의 범위에서 연장할 수 있다(조특령 제121조의5 제5항).

현금거래 사실이 확인된 경우 현금영수증가맹점 가입 여부에 관계없이 신청인이 「조세특례제한법」 제126조의3 제4항에 따른 현금영수증을 교부받은 것으로 본다(조특령 제121조의5 제6항). 사업자가 「부가가치세법」 제55조에 따라 제출한 수입금액명세서에 기재된 수입금액 중 기획재정부령으로 정한 현금거래수입금액을 납세지 관할 세무서장이 부가가치세 예정신고기한 또는 확정신고기한의 종료일의 다음 달 말일까지 국세청 현금영수증시스템에 입력한 경우, 그 거래에 대하여는 법 제126조의5 제1항에 따라 확인을 받은 현금영수증을 교부받은 것으로 본다(조특령 제121조의5 제7항). 사업자로부터 재화 또는 용역을 공급받은 자가 현금영수증시스템 입력기한의 다음 날부터 입력내용을 조회한 결과 현금거래수입금액 명세가 누락되거나 수입금액이 실제보다 적게 입력된 것을 안 때에는 거래일로부터 3년 이내에 현금거래 사실의 확인을 신청할 수 있다(조특령 제121조의5 제8항).

## Ⅱ. 전자세금계산서 발급 전송에 대한 세액공제 특례

**제47조(전자세금계산서 발급 전송에 대한 세액공제 특례)** ① 개인사업자가 전자세금계산서를 2024년 12월 31일까지 발급(전자세금계산서 발급명세를 제32조 제3항에 따른 기한까지 국세청장에게 전송한 경우로 한정한다)하는 경우에는 전자세금계산서 발급 건수에 따라 대통령령으로 정하는 금액을 해당 과세기간의 부가가치세 납부세액에서 공제할 수 있다. 이 경우 공제한도는 대통령령으로 정한다.
② 제1항에 따른 세액공제를 적용받으려는 개인사업자는 제48조 및 제49조에 따라 신고할 때 기획재정부령으로 정하는 전자세금계산서 발급세액공제신고서를 납세지 관할 세무서장에게 제출하여야 한다.

개인사업자가 전자세금계산서를 2024년 12월 31일까지 발급(전자세금계산서 발급명세를 제32조 제3항에 따른 기한까지 국세청장에게 전송한 경우로 한정)하는 경우에는 전자세금계산서 발급건수에 따라 200원을 해당 과세기간의 부가가치세 납부세액에서 연간 100만원을 한도로 공제할 수 있다(부법 제47조 제1항).

세액공제를 적용받으려는 개인사업자는 예정신고 및 확정신고할 때 전자세금계산서 발급세액공제신고서를 납세지 관할 세무서장에게 제출하여야 한다(동조 제2항).

# 제7장

# 신고와 납부 등

## 제1절 신고와 납부

**제48조(예정신고와 납부)** ① 사업자는 각 과세기간 중 다음 표에 따른 기간(이하 "예정신고기간"이라 한다)이 끝난 후 25일 이내에 대통령령으로 정하는 바에 따라 각 예정신고기간에 대한 과세표준과 납부세액 또는 환급세액을 납세지 관할 세무서장에게 신고하여야 한다. 다만, 신규로 사업을 시작하거나 시작하려는 자에 대한 최초의 예정신고기간은 사업 개시일(제8조 제1항 단서에 따라 사업 개시일 이전에 사업자등록을 신청한 경우에는 그 신청일을 말한다)부터 그 날이 속하는 예정신고기간의 종료일까지로 한다.

| 구 분 | 예정신고기간 |
|---|---|
| 제1기 | 1월 1일부터 3월 31일까지 |
| 제2기 | 7월 1일부터 9월 30일까지 |

② 사업자는 제1항에 따른 신고(이하 "예정신고"라 한다)를 할 때 그 예정신고기간의 납부세액을 부가가치세 예정신고서와 함께 각 납세지 관할 세무서장(제51조의 경우에는 주된 사업장의 관할 세무서장을 말한다)에게 납부하거나 「국세징수법」에 따른 납부서를 작성하여 한국은행(그 대리점을 포함한다) 또는 체신관서(이하 "한국은행 등"이라 한다)에 납부하여야 한다.

③ 납세지 관할 세무서장은 제1항 및 제2항에도 불구하고 개인사업자와 대통령령으로 정하는 법인사업자에 대하여는 각 예정신고기간마다 직전(直前) 과세기간에 대한 납부세액(제46조 제1항, 제47조 제1항 또는 「조세특례제한법」 제104조의8 제2항, 제106조의7 제1항에 따라 납부세액에서 공제하거나 경감한 세액이 있는 경우에는 그 세액을 뺀 금액으로 하고, 제57조에 따른 결정 또는 경정과 「국세기본법」 제45조 및 제45조의2에 따른 수정신고 및 경정청구에 따른 결정이 있는 경우에는 그 내용이 반영된 금액으로 한다)의 50퍼센트(1천원 미만인 단수가 있을 때에는 그 단수금액은 버린다)로 결정하여 대통령령으로 정하는 바에 따라 해당 예정신고기간이 끝난 후 25일까지 징수한다. 다만, 다음 각 호의 어느 하나에 해당하는 경우에는 징수하지 아니한다.

1. 징수하여야 할 금액이 50만원 미만인 경우
2. 간이과세자에서 해당 과세기간 개시일 현재 일반과세자로 변경된 경우

> 3. 「국세징수법」 제13조 제1항 각 호의 어느 하나에 해당하는 사유로 관할 세무서장이 징수하여야 할 금액을 사업자가 납부할 수 없다고 인정되는 경우
>
> ④ 제3항에도 불구하고 휴업 또는 사업 부진으로 인하여 사업실적이 악화된 경우 등 대통령령으로 정하는 사유가 있는 개인사업자는 제1항에 따라 예정신고를 하고 제2항에 따라 예정신고기간의 납부세액을 납부할 수 있다. 이 경우 제3항 본문에 따른 결정은 없었던 것으로 본다.

## Ⅰ. 개 요

조세법상 납세의무의 확정방법에는 크게 신고납세방식과 부과과세방식의 두 가지가 있는데 부가가치세는 납세의무자의 신고에 의하여 납세의무가 확정되는 신고납세방식이다. 따라서 납세의무자가 과세표준과 세액을 신고하는 것은 조세채권을 구체적으로 확정시키는 효력이 있다. 현행 「부가가치세법」은 1역년을 2기로 나누어 각 6개월을 과세기간으로 하고 있다. 이에 따라 사업자(간이과세자 제외)는 부가가치세의 과세표준과 세액을 각 과세기간별로 신고하고 납부하여야 한다. 부가가치세의 신고 및 납부의무는 과세사업자에게만 있으므로 면세사업자는 과세표준 및 세액을 신고할 의무가 없다.

한편 「부가가치세법」은 각 과세기간의 중간에 예정신고하고 납부를 하도록 하였다. 예정신고 및 납부제도는 「소득세법」 등의 중간예납제도와 비슷한 취지로 납세의무자에게는 세액의 일시납부에 대한 자금부담을 덜어 주고 조세채권자의 입장에 있는 정부도 조세수입의 평균성을 확보하여 연중 균등한 조세징수를 할 수 있도록 한 것이다. 그런데 예정신고와 납부는 법인사업자에 적용하는 것이며 개인사업자에게는 예정결정과 납부를 고지하는 것으로 하여 편의를 도모하고 있다.

## Ⅱ. 예정신고와 납부

### 1. 의 의

과세사업자는 각 과세기간 중 예정신고기간이 끝난 후 25일 이내에 각 예

정신고기간에 대한 과세표준과 납부세액 또는 환급세액을 사업장 관할 세무서장에게 신고하여야 한다(부법 제48조 제1항). 다만 신규로 사업을 시작하거나 시작하려는 자에 대한 최초의 예정신고기간은 사업개시일(사업개시일 이전에 사업자등록을 신청한 경우에는 그 신청일)부터 그 날이 속하는 예정신고기간의 종료일까지로 한다.

아울러 예정신고기간 동안의 납부세액을 사업장 관할 세무서장에게 납부하거나 국세징수법에 따른 납부서를 작성하여 한국은행 또는 체신관서에 납부하여야 한다(동조 제2항). 반면에 예정신고한 환급세액의 환급에 관하여는 특별한 규정이 없으므로 예정신고기간에 환급하지 않고 확정신고할 때 정산하게 된다.

부가가치세의 예정신고와 납부에서는 세법규정에 따른 가산세(부법 제60조 및 국기법 제47조의2부터 제47조의4까지)는 적용하지 아니하고 신용카드 사용에 따른 세액공제(부법 제46조) 및 전자세금계산서 발급에 대한 세액공제(부법 제47조 제1항)에 따른 공제세액을 적용한다(부령 제90조 제1항).

외국법인의 경우는 종전에 특례를 두어 예정신고기간 종료 후 50일 이내에 신고하고 납부하도록 하였으나, 국내외 사업자간 형평을 제고한다는 입장에서 현재는 내국법인과 마찬가지로 예정신고기간 말일부터 25일로 신고기한을 일원화하였다.

## 2. 예정신고기간과 대상

「부가가치세법」은 사업자에게 예정신고기간에 대한 과세표준과 세액을 그 예정신고기간 종료일로부터 25일 이내에 신고하고 납부하도록 하고 있다. 예정신고기간은 다음과 같다(부법 제48조 제1항).

### 가. 일반적인 경우

제1기분 예정신고기간은 1월 1일부터 3월 31일까지, 제2기분 예정신고기간은 7월 1일부터 9월 30일까지이다.

### 나. 신규사업자의 경우

사업개시일로부터 그 날이 속하는 예정신고기간의 종료일까지, 사업개시 전에 사업자등록을 한 경우는 등록일로부터 그 날이 속하는 예정신고기간 종료일까지이다.

### 다. 예정신고 대상

예정신고의 대상은 예정신고기간에 대한 과세표준과 납부세액 또는 환급세액이다. 영세율 또는 사업설비투자 등으로 인하여 예정신고기한 이전에 이미 신고한 조기환급신고분은 예정신고의 대상에서 제외한다(부령 제90조 제2항 단서).

판례에 의하면, 부가가치세는 사업장마다 과세함이 원칙이므로 지점사업장의 공급가액에 관하여 지점사업장등록을 아니한 탓으로 이를 본점의 공급가액에 포함시키고, 본점의 공급가액으로서 계산한 부가가치세의 예정 및 확정신고를 본점 관할 세무서장에게 제출하였다면 이 신고는 본점과 별개 사업장인 지점의 예정 및 확정신고로서의 효력이 없다.[1)]

## 3. 예정신고시 제출서류

### 가. 일반적인 경우

부가가치세 예정신고를 할 때에는 부가가치세 예정신고서와 함께 다음 사항을 적은 서류를 각 사업장 관할 세무서장에게 제출하여야 한다(부령 제90조 제2항). 만일 각 예정신고와 함께 매출·매입처별 세금계산서합계표를 제출하지 못하는 경우에는 해당 예정신고기간이 속하는 과세기간의 확정신고와 함께 이를 제출할 수 있다.

① 사업자의 인적사항, 납부세액 및 그 계산근거, 공제세액 및 그 계산근거, 매출·매입처별 세금계산서합계표 제출내용, 그 밖의 참고사항을 적은 부가가치세 예정신고서

② 「부가가치세법」 제39조의 규정에 따라 공제받지 못할 매입세액이 있는 경우에는 공제받지 못할 매입세액 명세서(이하 부령 제90조 제3항)

③ 신용카드매출전표 등을 발행한 사업자는 신용카드매출전표 등 발행금액 집계표

④ 전자적 결제수단에 의하여 매출하여 공제받는 경우에는 기획재정부령이

---

1) 대법원 1985.6.11. 선고 84누502 판결.

정하는 전자화폐결제 명세서

⑤ 신용카드매출전표 등에 관한 규정에 의하여 매입세액을 공제받는 경우에는 신용카드매출전표 등 수취명세서

⑥ 부동산임대업자의 경우에는 부동산임대 공급가액명세서와 임대차계약서 사본(사업장을 임대한 후 임대차계약을 갱신한 경우에만 해당)

⑦ 「부가가치세법」 제55조 제1항에서 규정하는 사업을 하는 사업자는 현금매출명세서

⑧ 건물·기계장치 등을 취득하는 경우에는 건물 등 감가상각자산 취득명세서

⑨ 사업자 단위 과세 사업자인 경우에는 사업자 단위 과세의 사업장별 부가가치세 과세표준 및 납부세액(환급세액) 신고명세서

⑩ 「부가가치세법」 또는 「조세특례제한법」에 따라 영세율을 적용하여 재화 또는 용역을 공급한 경우 영세율 매출명세서

### 나. 영세율이 적용되는 경우

부가가치세 예정신고서에 다음 서류를 첨부하여 제출하여야 한다. 다만 부득이한 사유로 인하여 해당 서류를 첨부할 수 없는 때에는 국세청장이 정하는 서류로써 이에 갈음할 수 있다(부령 제101조 제1항).

① 내국물품의 수출의 경우에는 기획재정부령이 정하는 수출실적명세서(전자계산조직에 의하여 처리된 테이프 또는 디스켓을 포함). 다만 소포우편에 의하여 수출한 경우에는 해당 우체국장이 발행하는 소포수령증(제1호)

② 「대외무역법」에 따른 수출 중 국내의 사업장에서 거래가 이루어지는 경우에는 수출계약서 사본 또는 외국환은행이 발급하는 외화입금증명서(제2호)

③ 내국신용장 또는 구매확인서에 의하여 공급하는 재화 및 임가공용역의 경우에는 내국신용장이나 구매확인서 전자발급명세서 또는 내국신용장 사본(제3호)

④ 한국국제협력단법에 공급하는 재화의 경우에는 한국국제협력단이 발급한 공급사실을 증명할 수 있는 서류(제4호)

⑤ 한국국제보건의료단이 교부한 공급사실을 증명할 수 있는 서류(제5호)

⑥ 대한적십자사가 교부한 공급사실을 증명할 수 있는 서류(제6호)

⑦ 비거주자 또는 외국법인과 직접 계약하는 경우에는 비거주자와 계약한 사실을 입증할 수 있는 관계증빙서류와 외국환은행이 발행하는 외화입금증명서 서류(제7호)

⑧ 외국환은행이 발급하는 외화입금증명서 또는 국외에서 제공하는 용역에 관한 계약서(제8호)

⑨ 외국환은행이 발급하는 외화입금증명서. 다만 항공기의 외국항행용역에 관하여는 공급가액확정명세서(제9호)

⑩ 외국환은행이 발급하는 외화입금증명서(제10호)

⑪ 수출재화 임가공용역의 경우에는 임가공계약서 사본(수출재화 임가공용역을 해당 수출업자와 동일한 장소에서 제공하는 경우를 제외)과 해당 수출업자가 발급한 납품사실을 증명할 수 있는 서류(수출업자와 직접 도급계약을 한 분에 한함) 또는 수출대금입금증명서 서류(제11호)

⑫ 외국항행 선박 및 항공기·원양어선에 공급하는 경우에는 관할 세관장이 발급하는 선(기)적완료 증명서. 다만 「전기통신사업법」에 따른 전기통신사업에 있어서는 용역공급기록표로 하고, 「개별소비세법」 시행령 제20조 제2항 제3호 및 「교통·에너지·환경세법」 시행령 제17조 제2항 제2호에 따른 석유류 면세의 경우 유류공급명세서(제12호)

⑬ 국내 주재 외국정부기관 등에 공급하는 경우에는 외국환은행이 발급하는 수출(군납)대금입금증명서 또는 관할 세무서장이 발급하는 군납완료증명서 또는 해당 외국정부기관 등이 발급한 납품 또는 용역공급 사실을 증명할 수 있는 서류. 다만 전력·가스 그 밖의 공급단위를 구획할 수 없는 재화를 계속적으로 공급하는 사업에 있어서는 재화공급기록표, 「전기통신사업법」에 따른 전기통신사업에 있어서는 용역공급기록표(제13호)

⑭ 외국환은행이 발급하는 외화입금증명서. 다만 외화 현금으로 받는 경우에는 관광알선수수료명세표 및 외화매입증명서(제14호)

⑮ 외국인관광객에게 공급하는 기념품의 경우에는 외국인물품판매기록표(제15호)

⑯ 외국환은행이 발급하는 외화입금증명서 또는 외화매입증명서(제16호)

⑰ 외교관·외교사절 등이 외교관면세점에서 공급받는 재화 및 「조세특례제

한법」 시행령 제108조의 경우에는 외교관면세판매기록표(제17호)

## 4. 개인사업자에 대한 예정결정 등

### 가. 예정결정

사업자(간이과세자 제외)는 예정신고로 인하여 매 3개월마다 부가가치세를 신고하고 납부하여야 한다. 이렇게 되면 신고할 때마다 부가가치세를 납부하고 세금계산서를 제출하는 등 납세자의 납세협력비용과 과세관청의 행정력이 과도하게 발생하거나 소모되는 문제가 있다.

이에 따라 납세지 관할 세무서장은 개인사업자에 대하여는 각 예정신고기간마다 직전 과세기간에 대한 납부세액(「부가가치세법」 또는 「조세특례제한법」에 따라 납부세액에서 공제하거나 경감한 세액이 있는 경우에는 그 세액을 뺀 금액, 결정 또는 경정과 「국세기본법」 제45조 및 제45조의2에 따른 수정신고 및 경정청구에 따른 결정이 있는 경우에는 그 내용이 반영된 금액)의 50퍼센트를 곱한 금액(1천원 미만의 단수가 있을 때에는 그 단수금액은 버린다)을 결정하여 해당 예정신고기간이 끝난 후 25일까지 징수한다(부법 제48조 제3항).

여기서 '직전 과세기간에 대한 납부세액'은 직전 납기에 실제로 납부한 세액을 기준으로 하므로 납부세액에서 공제 또는 경감한 세액이 있는 경우에는 그 세액을 차감한 금액으로 한다. 예를 들어, 매출세액에서 매입세액을 공제한 납부세액에서 신용카드 등으로 결제한 금액의 1.3% 또는 2.6% 세액공제, 전자신고시 1만원 세액공제, 그리고 전자세금계산서 발급세액공제(건당 200원) 등을 한 금액으로 한다.

다만 ① 징수하여야 할 금액이 50만원 미만이거나, ② 간이과세자에서 해당 과세기간 개시일 현재 일반과세자로 변경된 경우, ③ 사업자가 재난이나 도난으로 재산에 심한 손실을 입는 등 「국세징수법」 제13조 제1항 각 호의 어느 하나에 해당하는 사유로 관할 세무서장이 징수하여야 할 금액을 사업자가 납부할 수 없다고 인정되는 경우에는 징수하지 아니한다(동조 제3항 제1호 내지 제3호).

개인사업자에 대한 예정결정이 있는 경우임에도 사업자가 임의로 예정신고를 한 경우에는 해당 예정결정은 없었던 것으로 본다(동조 제4항).

### 나. 임의 예정신고

개인사업자는 예정결정에 의하여 납부세액을 징수하는 것이 원칙이지만, 사업 부진 등으로 사업실적이 악화된 다음의 사업자는 예외적으로 개인사업자라 하더라도 자신의 선택에 의하여 예정신고나 납부를 할 수 있다(부법 제48조 제4항; 부령 제90조 제6항).

① 휴업 또는 사업의 부진 등으로 인하여 각 예정신고기간의 공급가액 또는 납부세액이 직전 과세기간의 공급가액 또는 납부세액의 3분의 1에 미달하는 자(제1호)

② 각 예정신고기간분에 대하여 조기환급을 받고자 하는 자(제2호)

### 다. 예정신고와 확정신고의 관계

「부가가치세법」은 예정신고 및 납부 의무의 불성실에 대하여는 가산세를 적용하고 예정신고기간에 세액을 납부하지 아니하는 경우에는 「국세징수법」에 따라 징수하도록 하고 있다(부법 제58조). 부가가치세는 신고납부방식의 조세이므로 납세의무자가 과세표준과 세액을 정부에 신고하는 때 납세의무가 확정된다. 그런데 구 「부가가치세법」에는 「소득세법」의 경우와 같이 예정신고를 하지 아니한 경우나 예정신고 등에 탈루가 있는 경우에 결정이나 경정을 하여야 하는지에 관한 규정이 없어 납세의무의 확정에 예정신고가 포함되는지 문제되었다.

가령 사업의 양수도에 있어서 사업양도인이 중간예납해야 할 부가가치세를 납부하지 아니한 경우 사업양수인이 제2차 납세의무를 지게 되는지 여부를 가리는 기준이 되는 납세의무의 확정시기를 판단할 때 예정신고도 포함하는지 여부에 대하여 과거에는 긍정설과 부정설로 견해가 대립하였다.

긍정설은 예정신고기간에 대한 부가가치세 납세의무는 예정신고에 의하여 확정된다는 견해이다.[2] ① 법령에서 부가가치세 납세의무의 확정시기를 과세표준과 세액을 정부에 신고하는 때로 규정하면서 신고범위에서 예정신고를 제외하고 있지 않은 점, ② 「국세기본법」상 법정기일에서 예정신고 납부하는 부가가치세를 신고납세방식의 조세에 포함하고 있는 점, ③ 납세의무의 확정이란 추상적

---

2) 이성식, 『부가가치세법해설』, 조세신보사, 2012, 1014면; 대법원 2011.12.8. 선고 2010두3428 판결.

으로 성립된 납세의무의 내용이 징수절차로 나아갈 수 있을 정도로 구체화된 상태를 의미하는데 예정신고를 한 과세표준과 세액은 확정신고 대상에서 제외되므로 그 단계에서 구체화되었다고 할 수 있는 점, ④ 예정신고를 한 납세의무자가 세액을 납부하지 아니하는 경우 징수절차로 나아갈 수 있는 점 등을 논거로 한다.

부정설은 부가가치세의 납세의무는 해당 과세기간이 종료하는 때에 성립하고 그에 대한 과세표준과 세액의 확정신고시에 확정되므로 예정신고에는 과세표준과 세액을 확정하는 효력이 없다는 견해이다.[3] ① 예정신고기간의 신고에 대한 경정청구가 규정되어 있지 않은 점, ② 예정신고할 때 누락한 부분을 확정신고할 때에 신고할 수 있게 한 것으로 보아 예정신고는 해당 과세기간의 종료 후 확정신고할 때에 정산함을 전제로 예납하는 것에 불과하다는 점 등을 논거로 한다.

판례는 위 긍정설에 따라 부가가치세 예정신고에 의해 납세의무는 확정된 것으로 보았다.[4] 하지만 예정신고는 국가의 조기 세수확보를 위한 장치로서 예납적 성격을 가지므로 납세의무자의 과세관청에 대한 순수한 납세협력의무라고 이해하여야 타당하다. 따라서 부가가치세는 확정신고에 의하여만 납세의무를 확정시키는 효력이 있고, 예정신고는 예정신고기간의 납세의무를 확정시키는 효력조차 없는 것으로 해석하는 것이 타당하다는 점에서 판례의 입장은 문제가 있다.

그런데 현행법은 판례의 취지를 존중하여 「부가가치세법」 제57조를 개정·보완하였다. 즉 확정신고와 마찬가지로 예정신고기간에 예정신고를 하지 아니하거나 그 내용에 오류가 있는 경우 바로 관할 세무서장이 조사하여 결정 또는 경정하도록 함으로써 긍정설의 논리와 같은 입장을 취하고 있다.

## Ⅲ. 확정신고와 납부

제49조(확정신고와 납부) ① 사업자는 각 과세기간에 대한 과세표준과 납부세액 또는 환급세액을 그 과세기간이 끝난 후 25일(폐업하는 경우 제5조 제3항에 따른 폐

3) 최명근·나성길, 『부가가치세법론』, 세경사, 2005, 497면.
4) 대법원 2011.12.8. 선고 2010두3428 판결.

업일이 속한 달의 다음 달 25일) 이내에 대통령령으로 정하는 바에 따라 납세지 관할 세무서장에게 신고하여야 한다. 다만, 제48조 제1항 및 제4항에 따라 예정신고를 한 사업자 또는 제59조 제2항에 따라 조기에 환급을 받기 위하여 신고한 사업자는 이미 신고한 과세표준과 납부한 납부세액 또는 환급받은 환급세액은 신고하지 아니한다.

② 사업자는 제1항에 따른 신고(이하 "확정신고"라 한다)를 할 때 다음 각 호의 금액을 확정신고 시의 납부세액에서 빼고 부가가치세 확정신고서와 함께 각 납세지 관할 세무서장(제51조의 경우에는 주된 사업장 소재지의 관할 세무서장을 말한다)에게 납부하거나 「국세징수법」에 따른 납부서를 작성하여 한국은행 등에 납부하여야 한다.

1. 제59조 제2항에 따라 조기 환급을 받을 환급세액 중 환급되지 아니한 세액
2. 제48조 제3항 본문에 따라 징수되는 금액

## 1. 확정신고 기간 및 대상

### 가. 확정신고 기간

사업자는 각 과세기간에 대한 과세표준과 납부세액을 그 과세기간이 끝난 후 25일 이내에 각 사업장 관할 세무서장에게 신고하고 해당 신고와 함께 과세기간에 대한 납부세액을 사업장 관할 세무서장에게 납부하여야 한다(부법 제49조 제1항, 제2항). 만일 폐업하는 경우는 폐업일이 속한 달의 다음 달 25일 이내이다. 외국법인의 경우도 신고기간 종료 후 25일 이내에 신고하고 납부하도록 하고 있다.

다만 예정신고를 한 사업자 또는 조기환급을 받기 위하여 신고한 사업자는 이미 신고한 과세표준과 납부한 납부세액 또는 환급받은 환급세액은 신고하지 아니한다.

### 나. 확정신고 대상

확정신고의 대상은 각 과세기간에 대한 과세표준과 납부세액 또는 환급세액이다. 다만 예정신고에 따라 신고한 환급세액 중 법 제59조 제2항에 따라 조기환급을 받을 환급세액 중 환급되지 아니한 세액과 법 제48조 제3항 본문에 따라 징수되는 금액을 확정신고 시의 납부세액에서 뺀다(부법 제49조 제2항). 그리

고 예정신고한 환급세액은 확정신고시의 납부세액에서 공제한다.

법인의 합병으로 인한 소멸법인의 최종과세기간분에 대한 확정신고는 합병 후 존속하는 법인 또는 합병으로 인하여 설립된 법인이 소멸법인을 해당 과세기간의 납세의무자로 하여 소멸법인의 사업장 관할 세무서장에게 신고하여야 한다.[5] 사업을 양도하고 폐업한 사업자는 폐업일이 속하는 과세기간의 개시일로부터 폐업일까지의 과세기간분에 대한 확정신고를 하여야 한다.[6]

### 다. 확정신고시 제출서류

#### (1) 확정신고서

확정신고에 있어서는 다음 사항을 기재한 부가가치세 확정신고서를 각 납세지 관할 세무서장에게 제출하여야 한다(부령 제91조 제1항).

① 사업자의 인적사항(제1호)

② 납부세액 및 그 계산근거(제2호)

③ 가산세액·공제세액 및 그 계산근거(제3호)

④ 매출·매입처별 세금계산서합계표 제출 내용(제4호)

⑤ 그 밖의 참고사항(제5호)

#### (2) 첨부서류

아울러 부가가치세 확정신고서를 제출하는 경우 다음 서류를 함께 제출하여야 한다(부령 제91조 제2항).

① 재화의 공급으로 보지 아니하는 규정에 의하여 사업을 양도하는 경우에는 사업양도신고서(제1호)

② 「부가가치세법」 제39조에 따라 공제받지 못할 매입세액이 있는 경우에는 기획재정부령이 정하는 공제받지 못할 매입세액 명세서(제2호)

③ 신용카드매출전표 등을 발행한 사업자는 기획재정부령이 정하는 신용카드매출전표 등 발행금액 집계표(제3호)

④ 전자적 결제수단에 의하여 매출하여 공제받는 경우에는 기획재정부령이 정하는 전자화폐결제명세서(제4호)

---

5) 통칙 49-91-1.
6) 통칙 49-91-2.

⑤ 신용카드매출전표 등에 관한 규정에 의하여 매입세액을 공제받는 경우에는 신용카드매출전표 등 수령명세서(제5호)

⑥ 부동산임대업자의 경우에는 부동산임대 공급가액명세서와 임대차계약서 사본(사업장을 임대한 후 임대차계약을 갱신한 경우에만 제출)(제6호)

⑦ 부동산관리업을 영위하는 사업자의 경우에는 건물관리명세서. 다만 주거용 건물관리는 제외한다(제7호).

⑧ 음식·숙박업자 및 그 밖의 서비스업자의 경우에는 사업장현황명세서(제8호)

⑨ 「부가가치세법」 제55조 제1항에서 규정하는 사업을 하는 사업자는 현금매출명세서(제9호)

⑩ 건물·기계장치 등을 취득하는 경우에는 건물 등 감가상각자산 취득명세서(제10호)

⑪ 사업자 단위 과세 사업자인 경우에는 사업자 단위 과세의 사업장별 부가가치세 과세표준 및 납부세액(환급세액)신고명세서(제11호)

⑫ 「부가가치세법」 또는 「조세특례제한법」에 따라 영세율을 적용하여 재화 또는 용역을 공급한 경우 기획재정부령으로 정하는 영세율 매출명세서(제12호)

### 2. 확정신고의 효과

사업자의 확정신고에 의하여 추상적 납세의무가 구체적인 조세채무로 확정된다. 예정신고기간에 신고하고 납부한 과세표준과 세액은 과세기간에 걸쳐 정산된다. 확정신고와 함께 신고한 세액을 납부하지 아니하거나 납부한 세액이 신고한 세액에 미달하는 경우에는 그 세액을 「국세징수법」에 따라 징수한다(부법 제58조 제1항). 또 확정신고를 하지 아니하여 과세관청이 결정하거나 납세의무자의 과세표준 신고를 경정한 경우에는 추가로 납부하여야 할 세액을 징수한다(동조 제2항). 만일 매출세액이 매입세액보다 적은 사업자는 환급을 받게 된다(부법 제59조 제1항).

## Ⅳ. 재화의 수입에 대한 신고와 납부

**제50조(재화의 수입에 대한 신고·납부)** 제3조 제2호의 납세의무자가 재화의 수입에 대하여 「관세법」에 따라 관세를 세관장에게 신고하고 납부하는 경우에는 재화의 수입에 대한 부가가치세를 함께 신고하고 납부하여야 한다.

**제50조의2(재화의 수입에 대한 부가가치세 납부의 유예)** ① 세관장은 매출액에서 수출액이 차지하는 비율 등 대통령령으로 정하는 요건을 충족하는 중소·중견사업자(이하 이 조에서 "중소·중견사업자"라 한다)가 물품을 제조·가공하기 위한 원재료 등 대통령령으로 정하는 재화의 수입에 대하여 부가가치세의 납부유예를 미리 신청하는 경우에는 제50조에도 불구하고 해당 재화를 수입할 때 부가가치세의 납부를 유예할 수 있다.

② 제1항에 따라 납부를 유예받은 중소·중견사업자는 납세지 관할 세무서장에게 제48조에 따른 예정신고 또는 제49조에 따른 확정신고 등을 할 때 대통령령으로 정하는 바에 따라 그 납부가 유예된 세액을 정산하거나 납부하여야 한다. 이 경우 납세지 관할 세무서장에게 납부한 세액은 세관장에게 납부한 것으로 본다.

③ 세관장은 제1항에 따라 부가가치세의 납부가 유예된 중소·중견사업자가 국세를 체납하는 등 대통령령으로 정하는 사유에 해당하는 경우에는 그 납부의 유예를 취소할 수 있다. 이 경우 세관장은 해당 중소·중견사업자에게 그 취소 사실을 통지하여야 한다.

④ 제1항부터 제3항까지의 규정에 따른 납부유예의 신청 절차, 납부유예 기간 및 그 밖에 납부유예에 필요한 사항은 대통령령으로 정한다.

### 1. 신고와 납부

재화의 수입에 대한 부가가가치세는 관세를 세관장에게 신고하고 납부하는 때에 함께 신고하고 납부하여야 한다(부법 제50조). 재화의 수입에 대한 의의 및 과세거래 여부에 관하여는 앞에서 자세히 설명하였다.

### 2. 납부의 유예

세관장은 매출액에서 수출액이 차지하는 비율 등 대통령령으로 정하는 요건을 충족하는 중소사업자가 물품을 제조·가공하기 위한 원재료 등 대통령령으로 정하는 재화의 수입에 대하여 부가가치세의 납부유예를 미리 신청하는 경우에는 해당 재화를 수입할 때 부가가치세의 납부를 유예할 수 있다(부법 제50조의2 제1항).

수입부가가치세 납부유예의 적용요건은 ① 제조업을 주된 사업으로 하는 「조세특례제한법」상 중소·중견기업이고, ② 직전년도 수출(영세율) 공급가액이 총공급가액의 30% 또는 50억원 이상(중소기업)이거나 30% 이상(중견기업)이며, ③ 3년 이상 계속 사업을 하고 2년 이상 체납이 없을 것으로 하나, 체납세액이 발생했다 할지라도 납부기한 경과 후 15일 이내에 당해 체납세액을 완납한 경우에는 수입부가가치세 납부유예를 적용받을 수 있다(부령 제91조의2 제1항). 또한 납부유예 적용 재화는 원재료 등 해당 사업자의 사업과 관련된 재화여야 한다(부령 제91조의2 제2항).

중소·중견사업자는 직전 사업연도에 대한 「법인세법」 제60조 또는 제76조의17에 따른 신고기한 또는 직전 사업연도에 대한 법 제49조에 따른 신고기한의 만료일 중 늦은 날부터 3개월 이내에 관할 세무서장에게 수입부가가치세 납부유예 요건의 충족 여부의 확인을 요청할 수 있다(부령 제91조의2 제3항). 중소·중견사업자로부터 수입부가가치세 납부유예 요건의 충족 여부에 관한 요청을 받은 관할 세무서장은 그 요청일부터 1개월 이내에 확인서를 그 해당 중소·중견사업자에게 발급하여야 한다(부령 제91조의2 제4항).

관할 세무서장으로부터 확인서를 발급받은 중소·중견사업자는 그 확인서를 첨부하여 부가가치세 납부유예 적용 신청서를 관할 세관장에게 제출하여야 하며(부령 제91조의2 제5항), 해당 중소·중견사업자로부터 납부유예의 신청을 받은 관할 세관장은 신청일부터 1개월 이내에 납부유예의 승인 여부를 결정하여 중소·중견사업자에게 통지하여야 한다(부령 제91조의2 제7항). 이처럼 수입부가가치세 납부유예는 세관장에게 신청하여 승인을 받아야 하고 승인을 받으면 1년간 수입재화에 대해 납부유예를 받은 것으로 본다(부령 제91조의2 제8항).

한편 납부를 유예받은 중소·중견사업자는 납세지 관할 세무서장에게 예정신고 또는 확정신고 등을 할 때 대통령령으로 정하는 바에 따라 그 납부가 유예된 세액을 정산하거나 납부하여야 한다. 정산하는 방법은 매입세액에서 차감하는 방법으로 한다. 이 경우 납세지 관할 세무서장에게 납부한 세액은 세관장에게 납부한 것으로 본다(부령 제91조의2 제9항). 또한 세관장은 부가가치세의 납부가 유예된 중소·중견사업자가 국세를 체납하는 등 대통령령으로 정하는 사유에 해당하는 경우에는 그 납부의 유예를 취소할 수 있으며, 이 경우 세관장은 해당 중소·중견사업자에게 그 취소 사실을 통지하여야 한다(부령 제91조의2 제10항).

개정법에서는 최근 수출 중소기업 등의 자금부담 완화를 위하여 일정 요건을 갖춘 중소·중견사업자에 대하여 재화를 수입하는 때에 세관장에게 납부하던 부가가치세의 납부를 유예하고, 이후 세무서장에게 납부세액 등을 신고할 때 납부가 유예된 부가가치세를 납부하도록 하여 수출기업 부가가치세 납부부담을 완화한 것으로 풀이된다.

## Ⅴ. 주사업장 총괄 납부

**제51조(주사업장 총괄 납부)** ① 사업장이 둘 이상인 사업자(사업장이 하나이나 추가로 사업장을 개설하려는 사업자를 포함한다)가 대통령령으로 정하는 바에 따라 주된 사업장의 관할 세무서장에게 주사업장 총괄 납부를 신청한 경우에는 대통령령으로 정하는 바에 따라 납부할 세액을 주된 사업장에서 총괄하여 납부할 수 있다.
② 주사업장 총괄 납부의 변경 및 적용 제외 등에 필요한 사항은 대통령령으로 정한다.

### 1. 의 의

'주사업장 총괄 납부'란 한 사업자가 둘 이상의 사업장을 갖고 있는 경우 각 사업장의 납부세액 또는 환급세액을 통산하여 주된 사업장에서 납부하거나 환급받을 수 있게 한 것이다(부법 제51조 제1항).

「부가가치세법」 제6조는 "사업자의 부가가치세 납세지는 각 사업장의 소재지로 한다"고 하여 사업장을 그 납세지로 정하고 있는데 이를 '사업장 과세의 원칙'이라 한다. 사업장 과세의 원칙에 따라 둘 이상의 사업장을 가진 사업자는 각 사업장별로 납세의무를 지게 되므로 각 사업장별로 각각 납부세액을 계산하여 이를 각 사업장 관할 세무서장에게 신고하고 납부하여야 한다. 만일 어느 한 사업장에서 납부세액이 발생하고 어느 한 사업장에서 환급세액이 발생하게 되는 경우 환급받을 세액은 법 제59조 제1항에 따라 확정신고기한이 지난 후 30일 이내에 환급하게 되므로 납부와 환급 사이에 기간 차이가 발생한다. 이로 인하여 납세자에게 자금상의 부담을 줄 우려가 있다. 이를 방지하고 납세편의 및 세무행정의 능률을 기하는 취지에서 도입된 것이 주사업장 총괄 납부이다.

유의할 점은 주사업장 총괄 납부는 말 그대로 납부만을 총괄할 뿐이지 과세표준 및 세액의 신고, 세금계산서합계표 제출, 그 밖의 의무는 각 사업장별로 하여야 한다.

## 2. 주사업장 총괄 납부의 신청

### 가. 주사업장 총괄 납부 대상자

주사업장 총괄 납부 대상자는 둘 이상의 사업장이 있는 법인 및 개인이다. 개인의 경우 과거에는 일반과세자에 한하였으나 현재 이러한 제한은 없어졌으므로 간이과세자도 총괄 납부할 수 있다고 해석해야 할 것이다.

주사업장 총괄 납부는 사업자의 각 사업장이 생산 및 유통과정에서 사업장 간 내부거래가 이루어지는 등 상호 연관관계를 가지고 있어 각 사업장별로 납부하는 것보다 전체 사업장을 하나의 사업장으로 보아 납부하는 것이 적당할 때 신청하는 것이 편리하다. 예를 들어, 주된 사업장은 제조업을 영위하는 곳으로서 원재료 매입 등 주로 매입만 발생하고 종된 사업장은 도매업을 행하는 곳으로서 제품 판매 등 주로 매출만 발생하는 경우가 총괄 납부에 가장 적합한 것이다.

### 나. 주된 사업장

법인의 경우 본점(주사무소 포함) 또는 지점(분사무소 포함)을 주된 사업장으로 할 수 있고 개인의 경우 주사무소를 주된 사업장으로 할 수 있다(부령 제92조 제1항).

### 다. 신 청

주된 사업장에서 총괄하여 납부하고자 하는 자는 ① 사업자의 인적사항, ② 총괄 납부 신청사유, ③ 그 밖의 참고사항 등을 기재한 주사업장 총괄 납부 신청서를 그 총괄 납부를 하고자 하는 과세기간 개시 20일 전에 주된 사업장의 관할 세무서장에게 제출(국세정보통신망에 의한 제출을 포함)하여야 한다(부령

제92조 제2항).

만일 신규로 사업을 개시하는 자가 주된 사업장에서 총괄하여 납부하고자 하는 경우에는 주된 사업장의 사업자등록증을 받은 날부터 20일 이내에 주사업장 총괄 납부 신청서를 주된 사업장의 관할 세무서장에게 제출(국세정보통신망에 의한 제출을 포함)하여야 한다(부령 제92조 제3항).

종전에는 주사업장 총괄 납부 신청을 받은 세무서장이 조세채권 확보 및 납세관리에서 주된 사업장에서 총괄 납부하는 것이 적당한지 여부를 판정하여 신청일로부터 20일 이내에 총괄 납부의 승인 여부를 신청자에게 통지하였다. 그리하여 종전에는 세무서장이 생산과정 또는 유통과정에 비추어 승인 여부를 판단하도록 하였으나, 2010년부터는 사업자의 신청만으로 총괄 납부를 허용하는 것으로 승인요건을 폐지하여 납세편의를 도모하고 있다. 신규로 사업을 시작하는 자가 주사업장 총괄 납부를 신청하였을 때에는 해당 신청일이 속하는 과세기간부터 총괄하여 납부한다(부령 제92조 제4항).

### 3. 총괄 납부의 효력

#### 가. 주사업장 총괄 납부(또는 환급)

주사업장 총괄 납부 사업자는 각 사업장별로 계산된 납부세액 또는 환급세액을 통산한 후의 잔액을 주된 사업장 관할 세무서장에게 납부하거나 환급받게 된다. 설명한 바와 같이 총괄 납부는 납부에 국한되는 것일 뿐이다. 따라서 사업장별 과세의 원칙은 여전히 지켜진다. 이 점을 구체적으로 살펴보면 다음과 같다.

① 총괄 납부 사업자는 과세표준과 매출세액 또는 매입세액을 각각 사업장별로 산정하고 납부세액을 계산하여 이를 각 사업장 관할 세무서장에게 각각 신고하여야 한다. 다시 말해서 매출세액과 매입세액을 각 사업장 간에 통산하여 납부세액을 총액으로 계산해서는 안 된다.

② 총괄 납부의 경우에도 세금계산서는 각 사업장별로 작성해서 발급하여야 한다.

③ 경정처분도 여전히 각 사업장 관할 세무서장이 행한다.[7] 이에 따라 국세

7) 대법원 1989.6.27. 선고 88누9497 판결을 보면, “주사업장 총괄 납부 승인을 받은 사업자라 하더라도 부가가치세는 사업장마다 납부하여야 한다는 기본원칙에 따라 그 과세표준 및

청장·지방국세청장 또는 각 사업장 관할 세무서장이 총괄 납부한 과세기간에 대하여 과세표준과 납부세액 또는 환급세액을 경정한 때에는 이를 총괄 납부하는 주된 사업장의 관할 세무서장에게 통지하여야 한다(부령 제93조 제1항).

④ 만일 종된 사업장분을 주된 사업장에 합산하여 신고하고 종된 사업장 관할 세무서장에게는 신고하지 아니한 경우에 종된 사업장분은 무신고가 된다. 또 종된 사업장분을 총괄 납부하지 않고 종된 사업장에서 납부한 경우에 납부불성실가산세가 적용된다. 그리고 만일 종된 사업장분을 주된 사업장 명의로 세금계산서를 발급한 경우에 종된 사업장은 세금계산서 미발급가산세 및 신고불성실가산세를 적용받게 된다.

### 나. 판매목적 다른 사업장 반출의 경우

둘 이상의 사업장이 있는 사업자가 자기의 사업과 관련하여 생산하거나 취득한 재화를 타인에게 직접 판매할 목적으로 다른 사업장에 반출하는 것은 재화의 공급으로 간주한다. 그러나 총괄 납부신청을 한 사업자가 총괄 납부의 적용을 받는 과세기간에 반출하는 경우는 재화의 공급으로 보지 아니한다(부법 제10조 제3항 제2호).

따라서 총괄 납부신청을 한 사업자가 총괄 납부를 하는 과세기간에 직매장으로 반출하는 것은 재화의 공급이 아니므로 원칙적으로 세금계산서를 발급해서는 안 된다. 그럼에도 불구하고 세금계산서를 발급하였다면 이는 허위의 세금계산서로서 세금계산서를 발급받은 상대방은 이를 근거로 매입세액공제를 할 수 없고 주된 사업장에서는 매출세액의 초과신고가 되어 경정에 따른 환급대상이 된다.[8] 이러한 문제를 해결하고자 위 경우에 사업자가 세금계산서를 발급하여 예정신고 또는 확정신고를 한 경우에는 아예 재화의 공급으로 보도록 하였다(제2호 단서).

총괄 납부 사업자도 아니고 뒤에 보는 사업자 단위 신고 납부사업자도 아닌

---

세액의 신고는 각 사업장에서 소관세무서장에게 하여야 하며, 총괄 납부 승인제도는 단지 그 세액의 납부 또는 그 환급만을 주된 사업장에서 총괄 처리케 함으로써 사업자의 자금관리 등 편의와 세무관서의 행정능률을 제고하려는 것에 불과함으로 어느 사업장에서 한 과세표준 및 세액의 신고에 오류나 탈루가 있을 때에는 그 소관세무서장이 이를 조사하여 경정처분을 한다"고 판시한 바 있다.

8) 대법원 1989.6.27. 선고 88누9497 판결.

법인이 부가가치세 확정신고를 할 때 본점에서 지점으로 재화를 공급하고 매출세금계산서를 발행하였으나 본점은 매출액을 누락하고 지점은 매입액을 누락한 경우 본점에서 납부할 매출세액과 지점에서 환급받을 매입세액이 동일하다면 결과적으로 부가가치세가 과소납부되지 아니하였다고 볼 수 있다.

이 경우에 납부불성실가산세를 부과할 수 있는지에 관하여 견해가 대립한다. 부정설은 이 같은 경우 본점과 지점 간에 정상적으로 세금계산서를 수수하고 세액을 신고하고 납부하였다면 본점에서 납부할 매출세액과 지점에서 공제받을 매입세액이 동일하여 법인 전체로는 부가가치세가 과소납부되지 아니하였다고 볼 수 있고, 지점 매입액을 본점 매입액으로 또는 본점 매출액을 지점 매출액으로 잘못 신고하고 납부하는 경우에도 납부불성실가산세를 부과하지 않는 실무예에 비추어 볼 때 가산세를 부과하지 아니함이 옳다고 한다.[9] 이에 반하여 긍정설은 총괄 납부 사업자가 아닌 법인의 본점과 지점은 「부가가치세법」상 별도의 사업장으로서 각각 사업자등록, 세금계산서 수수, 신고 및 납부 등의 납세협력의무를 수행하므로 사업장 간 매출에 대하여 무신고·무납부한 경우는 가산세를 당연히 부과해야 한다고 한다.[10]

생각건대, 사업자 단위 신고 납부가 「부가가치세법」상 기본원칙이고 부정설을 따를 경우 주사업장 총괄 납부 또는 사업자 단위 신고 납부 등이 유명무실화될 우려가 있다는 점에서 긍정설에 따라야 할 것이다.

### 4. 주사업장 총괄 납부의 변경

#### 가. 주사업장 총괄 납부의 변경신청

주사업장 총괄 납부 사업자는 다음의 사유가 발생한 경우에 사업자의 인적사항·변경사유 등이 적힌 주사업장 총괄 납부 변경신청서를 다음 각 관할 세무서장에 제출하여 총괄 납부 변경신청을 하여야 한다(부령 제93조 제1항).

① 종된 사업장을 신설하는 경우에는 그 신설하는 종된 사업장 관할 세무서장(제1호)

② 종된 사업장을 주된 사업장으로 변경하려는 경우에는 주된 사업장으로

9) 국심 2006서252 2007.2.1; 국심 2005서225 2006.2.7. 등 참조.
10) 통칙 22-0-7.

변경하려는 사업장 관할 세무서장(제2호)

③ 사업자등록 정정사유가 발생하는 경우에는 그 정정사유가 발생한 사업장 관할 세무서장(제3호)

④ 일부 종된 사업장을 총괄 납부 대상 사업장에서 제외하려는 경우에는 주된 사업장 관할 세무서장(제4호)

⑤ 기존의 사업장을 총괄 납부 대상 사업장에 추가하려는 경우에는 주된 사업장 관할 세무서장(제5호)

### 나. 주사업장 총괄 납부 변경의 효력

주사업장 총괄 납부 변경신청서를 제출하였을 때에는 그 변경신청서를 제출한 날이 속하는 과세기간부터 총괄하여 납부한다(부령 제93조 제2항).

## 5. 주사업장 총괄 납부의 적용 제외 및 포기

### 가. 주사업장 총괄 납부의 적용 제외

주사업장 총괄 납부 사업자가 다음 어느 하나에 해당하는 경우에는 주된 사업장 관할 세무서장은 주사업장 총괄 납부를 적용하지 아니할 수 있다(부령 제94조 제1항).

① 사업내용의 변경으로 총괄 납부가 부적당하다고 인정되는 경우(제1호)

② 주된 사업장의 이동이 빈번한 때(제2호)

③ 그 밖의 사정변경으로 인하여 총괄 납부가 적당하지 아니하게 된 경우(제3호)

### 나. 주사업장 총괄 납부의 포기

주사업장 총괄 납부 사업자가 주사업장 총괄 납부를 포기하고 각 사업장에서 납부하려고 할 때에는 그 납부하려는 과세기간 개시 20일 전에 ① 사업자의 인적사항, ② 총괄 납부 포기사유, ③ 그 밖의 참고사항을 적은 주사업장 총괄 납부 포기신고서를 주된 사업장 관할 세무서장에게 제출(국세정보통신망에 의한 제출을 포함)하여야 한다(부령 제94조 제2항).

주사업장 총괄 납부를 적용하지 아니하게 되거나 포기한 경우에 주된 사업장 관할 세무서장은 지체 없이 그 내용을 해당 사업자와 주된 사업장 이외의 사업장 관할 세무서장에게 통지하여야 한다(부령 제94조 제3항). 주사업장 총괄 납부를 적용하지 아니하게 되거나 포기한 경우에는 그 적용을 하지 아니하게 된 날 또는 포기한 날이 속하는 과세기간의 다음 과세기간부터 각 사업장에서 납부하여야 한다(부령 제94조 제4항).

## Ⅵ. 사업자 단위 신고 납부

### 1. 의 의

최근 정보통신기술의 발전에 따라 많은 기업들이 자원의 장소별 관리방식에서 생산·자재·영업·회계·자금 등의 전 부문에 걸쳐 전사적 기업자원관리방식인 ERP시스템으로 전환하여 업무의 효율성을 제고하고 있다.[11] 이러한 기업에 대하여 부가가치세 납세편의를 제고하고자 2005년 1월 1일부터 사업자 단위 신고 납부제도를 도입하여 일정 요건을 갖춘 사업자에 한하여 본점 또는 주사무소에서 사업자 단위로 세액을 일괄하여 신고·납부할 수 있게 하였다.

2008년 1월 1일부터는 이를 사업자 단위 과세제도로 전환하여 EU와 일본 등이 채택한 사업자 단위 과세를 특별한 요건 없이 사업자 단위로 등록한 모든 사업자에게 허용하고, 사업자등록 및 세금계산서의 발급도 본점 또는 주사무소에서 일괄하여 할 수 있도록 함으로써 국제적 기준에 맞추어 사업자의 부담을 완화하고 납세편의를 제고하고 있다.

### 2. 사업자 단위 과세 사업자

「부가가치세법」상 사업장 과세의 원칙에 대한 예외로서 앞서 본 주사업장 총괄 납부와 사업자 단위 과세가 있다.

사업장이 둘 이상인 사업자는 사업자 단위로 해당 사업자의 본점 또는 주사무소 관할 세무서장에게 등록을 신청할 수 있다. 이 경우 등록한 사업자를 '사업자 단위 과세 사업자'라 한다(부법 제8조 제3항).

---

11) ERP(Enterprise Resource Planning)란 재무·회계·생산관리·재고관리 및 인사관리 등 전사적인 데이터를 일원화시켜 관리할 수 있고, 경영자원을 계획적이고 효율적으로 운용하여 생산성을 극대화하는 정보시스템이다.

### 3. 사업자 단위 과세 적용 사업자 등록

사업장 단위로 등록한 사업자가 사업자 단위 과세 사업자로 변경하려면 사업자 단위 과세 사업자로 적용받으려는 과세기간 개시 20일 전까지 사업자의 본점 또는 주사무소 관할 세무서장에게 변경등록을 신청하여야 한다(부법 제8조 제4항).

이 경우 사업자 단위로 등록하려는 사업자는 본점 또는 주사무소에 대하여 ① 사업자의 인적사항, ② 사업자등록 신청사유, ③ 사업개시 연월일 또는 사업장 설치 착수 연월일, ④ 그 밖의 참고 사항을 적은 사업자등록신청서를 본점 또는 주사무소 관할 세무서장에게 제출하여야 한다(부령 제11조 제2항).

### 4. 사업자 단위 신고 납부의 효력

본점 또는 주사무소에서 사업자 단위로 세액을 일괄하여 신고하고 납부할 수 있다. 사업자 단위 과세 등록을 한 사업자는 세금계산서 발급, 부가가치세 신고·납부·경정 등의 납세의무를 본점 또는 주사무소에서 이행할 수 있다.[12] 사업자 단위 과세 사업자가 사업자 단위 과세의 적용을 받는 과세기간 동안에 자기의 다른 사업장에 반출하는 경우는 재화의 공급으로 보지 아니한다(부법 제10조 제3항 제1호).

### 5. 사업자 단위 과세의 포기

사업자 단위 과세 사업자가 각 사업장별로 신고·납부하거나 주사업장 총괄 납부를 하려는 경우에는 각 사업장별로 신고 및 납부하려는 과세기간이 시작하기 20일 전까지 사업자 단위 과세 포기신고서를 사업자 단위 과세 적용 사업장 관할 세무서장에게 제출하여야 한다. 사업자 단위 과세 포기신고서에는 ① 사업자의 인적사항, ② 사업자 단위 과세 포기사유, ③ 그 밖의 참고사항을 기재하여야 한다(부령 제17조 제1항). 사업자 단위 과세 적용 사업장 관할 세무서장은 사업자 단위 과세 포기신고서의 처리 결과를 지체 없이 해당 사업자와 종된 사업장의 관할 세무서장에게 통지하여야 한다(부령 제17조 제2항). 사업자 단위 과세를

---

12) 집행기준 5-0-2.

포기한 경우에는 그 포기한 날이 속하는 과세기간의 다음 과세기간부터 사업자 단위 과세 포기신고서에 적은 내용에 따라 각 사업장별로 신고·납부하거나 주 사업장 총괄 납부를 하여야 한다(부령 제17조 제3항).

## 제 2 절 대리납부 등

**제52조(대리납부)** ① 다음 각 호의 어느 하나에 해당하는 자(이하 이 조, 제53조 및 제53조의2에서 "국외사업자"라 한다)로부터 국내에서 용역 또는 권리(이하 이 조 및 제53조에서 "용역 등"이라 한다)를 공급(국내에 반입하는 것으로서 제50조에 따라 관세와 함께 부가가치세를 신고·납부하여야 하는 재화의 수입에 해당하지 아니하는 경우를 포함한다. 이하 이 조 및 제53조에서 같다)받는 자(공급받은 그 용역 등을 과세사업에 제공하는 경우는 제외하되, 제39조에 따라 매입세액이 공제되지 아니하는 용역 등을 공급받는 경우는 포함한다)는 그 대가를 지급하는 때에 그 대가를 받은 자로부터 부가가치세를 징수하여야 한다.

1. 「소득세법」 제120조 또는 「법인세법」 제94조에 따른 국내사업장(이하 이 조에서 "국내사업장"이라 한다)이 없는 비거주자 또는 외국법인
2. 국내사업장이 있는 비거주자 또는 외국법인(비거주자 또는 외국법인의 국내사업장과 관련 없이 용역 등을 공급하는 경우로서 대통령령으로 정하는 경우만 해당한다)

② 제1항에 따라 부가가치세를 징수한 자는 대통령령으로 정하는 바에 따라 부가가치세 대리납부신고서를 제출하고, 제48조 제2항 및 제49조 제2항을 준용하여 부가가치세를 납부하여야 한다.

③ 제1항과 제2항을 적용할 때 공급받은 용역 등을 과세사업과 면세사업 등에 공통으로 사용하여 그 실지귀속을 구분할 수 없는 경우의 안분계산방법 등에 관하여 필요한 사항은 대통령령으로 정한다.

④ 제10조 제9항 제2호 본문에 따른 사업의 양도(이에 해당하는지 분명하지 아니한 경우를 포함한다)에 따라 그 사업을 양수받는 자는 그 대가를 지급하는 때에 같은 호 본문 및 제31조에도 불구하고 그 대가를 받은 자로부터 부가가치세를 징수

하여 그 대가를 지급하는 날이 속하는 달의 다음 달 25일까지 제49조 제2항을 준용하여 대통령령으로 정하는 바에 따라 사업장 관할 세무서장에게 납부할 수 있다.

## Ⅰ. 의의와 취지

재화 또는 용역을 공급하는 사업자가 우리나라 과세권이 미치지 아니하는 곳에 사업장을 가지고 있는 경우에는 부가가치세를 거래징수할 수 없다. 이 경우 재화의 수입에 대하여는 세관장이 부가가치세를 거래징수하여 납부하도록 하고 있으나, 용역 또는 권리를 수입하는 경우에 있어서는 그 성질상 세관장이 수입시점에 과세대상 거래사실을 포착하여 부가가치세를 과세하기가 어렵다. 예를 들어, 비거주자 또는 외국법인 등이 국내에 소유하고 있는 부동산 등을 임대하거나 국내에서 권리를 제공하여 사용하게 하는 등의 용역을 공급하고 국내의 소비자는 그 대가를 외국에 지급하는 경우이다.

법은 소비지 과세원칙에 입각하여 국내사업장이 없는 비거주자 등이 공급(국내에 반입하는 것으로서 관세와 함께 부가가치세를 신고·납부하여야 하는 재화의 수입에 해당하지 아니하는 경우를 포함)하는 용역에 대하여 수입하는 때에 과세하지 아니하고 제공하는 용역의 대가를 지급하는 때에 과세하도록 하고 있다. 그리고 용역을 공급받는 자가 그 대가를 받은 자로부터 부가가치세를 징수하도록 하고 있다(부법 제52조). 즉 그 대가를 지급하는 자가 국외의 용역공급자를 대신하여 자기로부터 부가가치세를 징수하여 납부하여야 한다. 이것을 '대리납부'라 한다.

만일 외국의 사업자가 제공하는 용역의 수입에 대하여 과세하지 아니하게 되면 결과적으로 국내사업자가 공급하는 용역에 대하여만 부가가치세를 과세하게 되므로, 외국의 사업자가 제공하는 용역은 국내사업자가 공급하는 용역과 비교하여 가격경쟁력이 크게 유리하게 된다. 대리납부의 취지는 이러한 과세의 불공평성을 제거하고 국내사업자와 용역공급에 있어서 과세의 중립성을 유지하기 위한 데 있다.

## Ⅱ. 대리납부의 대상

### 1. 국내사업장이 없는 비거주자·외국법인 등이 공급하는 용역 등

「소득세법」 제120조 또는 「법인세법」 제94조에 따른 국내사업장이 없는 비거주자 또는 외국법인이 공급하는 용역과 권리는 부가가치세의 대리납부 대상이다(부법 제52조 제1항 제1호). 국외사업자와 거래가 증가함에 따라 비거주자 또는 외국법인 등으로부터 용역이나 권리를 공급받는 경우가 많아졌다. 이 경우에도 공급받는 자가 부가가치세를 대리납부하도록 하여 국내외 사업자간 과세형평을 제고하고 있다. 예를 들어, 국내사업장이 없는 외국법인의 특허권을 국내의 거주자가 매입한 경우 국내의 거주자가 부가가치세를 징수하여 대리신고·납부하여야 한다.

국내에 사업장이 없는 외국법인과 기술도입계약을 체결하여 동 법인소속의 기술자로부터 기술용역을 제공받고 기술자의 체재경비를 지급하는 경우에 해당 체재경비가 용역의 대가에 포함되는 때에는 그 대가를 지급하는 때에 부가가치세를 징수하여 대리납부하여야 한다.[13)]

### 2. 국내사업장이 있는 비거주자·외국법인 등이 공급하는 용역 등

국내사업장이 있는 비거주자 또는 외국법인이 공급하는 용역과 권리로서 그 비거주자 또는 외국법인의 국내사업장과 관련 없이 용역 등을 제공하는 다음의 경우는 부가가치세 대리납부의 대상이 된다(부법 제52조 제1항 제2호; 부령 제95조 제4항).

① 국내사업장에 실질적으로 관련되지 아니하거나 그 국내사업장에 귀속되지 아니한 국내원천소득에 대한 원천징수대상(「소득세법」 제156조 제1항 본문 또는 「법인세법」 제98조 제1항 본문)에 해당하는 경우

② 그 외의 경우로서 해당 용역 등의 제공이 국내사업장에 귀속되지 아니하는 경우

종전에는 비거주자 등의 국내사업장이 있는 경우에는 제공하는 용역과 국

---

13) 통칙 52-95-4.

내사업장과의 관련 여부에 관계없이 국내사업장에서 신고·납부하도록 하였으나, 현행법은 국내사업장과 관련 있는 부분은 국내사업장의 공급으로 보고 국내사업장과 관련 없는 부분은 대리납부의 대상으로 하고 있다.

### 3. 선박·항공기 등의 이용대가

비거주자 또는 외국법인이 우리나라에서 공급하는 외국항행용역(선원부 용선계약에 따른 외국항행용역을 포함)은 대리납부대상이 되지 아니하나 선박 및 항공기를 나용선(기)계약에 따라 용선(기)료를 지급하는 때에는 대리납부를 하여야 한다.[14]

## Ⅲ. 대리납부 의무자

대리납부 의무자는 국내사업장이 없는 비거주자·외국법인 등으로부터 용역 또는 권리를 공급받는 자 또는 국내사업장을 두고 있는 비거주자·외국법인 등으로부터 그 국내사업장과 관련 없는 용역 또는 권리를 공급받는 자이다. 대리납부 의무자는 「부가가치세법」상 사업자 여부와는 관계가 없으므로 비사업자인 개인의 경우에도 납부의무자가 될 수 있다. 그러나 현행 「부가가치세법」상 용역과 권리의 공급을 받는 자가 공급받은 그 용역과 권리를 과세사업에 제공하는 경우에 대해서는 대리납부의무를 면제하고 있다(부법 제52조 제1항 괄호).

그 이유는 공급받은 해당 용역을 과세사업에 제공함에도 대리납부를 하게 되면 사업자가 자기로부터 부가가치세를 징수하여 납부한 다음 미리 낸 수입부가가치세를 매입세액으로 공제받게 될 것이기 때문이다. 이 경우 세수에는 실질적으로 기여하지 않으면서 납세의무자와 과세관청의 업무량만 증가시켜 세무행정이 복잡해지는 등 문제점이 있으므로 납세의무자의 편의를 도모하기 위해 면제한 것이다. 이에 반하여 법 제39조에 따라 매입세액이 공제되지 아니하는 용역 등을 공급받는 경우는 대리납부 의무가 있다. 예를 들어, 국내사업장이 없는 외국법인 등으로부터 골프장 조성을 위한 용역을 제공받는 경우로서 해당 용역의 매입이 토지의 조성 등을 위한 자본적 지출에 해당하는 경우 용역을 공급받

---

14) 통칙 52-95-2.

은 자는 대리납부의 의무를 부담하는 것이다.

이와 같이 대리납부 의무자는 원칙적으로 면세사업자 또는 사업자가 아닌 자에 해당하는 소비자에 국한된다. 과세사업자는 공급받은 해당 용역을 주로 과세사업과 관련 없이 소비하는 경우에 한하여 대리납부의무를 지게 된다. 그러나 개인소비자에게 부가가치세의 대리납부의무를 강제하는 것은 불가능에 가깝기 때문에 실제로는 대규모 면세사업자에 의해 대리납부의무가 이행되고 있는 실정이다.

## Ⅳ. 대리납부의 절차

용역을 공급받는 자가 대리징수한 부가가치세는 대리납부신고서의 제출과 함께 사업장 또는 주소지 관할 세무서장에게 납부하여야 한다(부법 제52조 제2항). 이 경우 예정신고납부 또는 확정신고납부의 규정이 준용된다. 그러나 대리납부신고서는 과세표준신고서가 아니므로 수정신고의 대상이 될 수 없다.

## Ⅴ. 대리납부세액의 계산

대리납부세액의 계산은 특별한 규정이 없지만 거래징수와 다를 바 없으므로 용역의 대가에 세율을 곱하여 계산한다. 그런데 거래당사자 간에 부가가치세액의 징수 및 부담에 대하여 별도의 계약이 있는 경우에는 해당 계약에 따르고, 별도의 계약이 없이 용역대가의 전액을 지급하는 때에는 해당 용역대가에 부가가치세가 제외되어 있는 것으로 하여 계산한다. 그리고 부가가치세액의 징수 및 부담에 대하여 별도의 계약이 없이 용역대가에서 부가가치세액을 공제하여 지급하는 때에는 해당 용역대가에 부가가치세가 포함되어 있는 것으로 하여 계산하여야 하는 것이다.[15)]

이 경우 외국법인으로부터 공급받은 용역이 과세사업과 면세사업에 공통으로 사용되어 그 실질귀속을 구분할 수 없는 경우의 면세사업에 사용된 용역의 과세표준은 다음 계산식에 의하여 계산한 금액으로 한다(부법 제52조 제2항). 다

15) 통칙 52-95-3.

만 과세기간 중 과세사업과 면세사업 등의 공급가액이 없거나 그 어느 한 사업에 공급가액이 없으면 그 과세기간에 대한 안분계산은 겸영사업자의 공통매입세액 안분계산과 정산 규정을 준용한다(부령 제95조 제2항).

$$\text{과세표준} = \text{해당 용역 등의 총공급가액} \times \frac{\text{대가의 지급일이 속하는 과세기간의 면세공급가액}}{\text{대가의 지급일이 속하는 과세기간의 총공급가액}}$$

대리납부세액을 계산함에 있어서 대가를 외화로 지급하는 때에는 다음에 규정하는 금액을 그 대가로 한다(부령 제95조 제3항).

① 원화를 외화로 매입하여 지급하는 경우에는 지급일 현재의 대고객외국환매도율에 따라 계산한 금액

② 보유 중인 외화로 지급하는 경우에는 지급일 현재의 기준환율 또는 재정환율에 따라 계산한 금액

재화의 공급으로 보지 아니하는 사업의 양도(부법 제10조 제8항 제2호)에 따라 그 사업을 양수받은 자는 그 대가를 지급하는 때에 그 대가를 받은 자로부터 부가가치세를 징수하여 그 대가를 지급하는 날이 속하는 달의 말일까지 확정신고와 함께 사업장 관할 세무서장에게 납부할 수 있다(부법 제52조 제4항).

이 경우 사업을 양수받는 자가 그 대가를 받은 자로부터 징수한 부가가치세는 다음 사항을 적은 부가가치세 대리납부신고서와 함께 사업장 관할 세무서장에게 납부하거나 「국세징수법」에 따른 납부서를 작성하여 한국은행 또는 체신관서에 납부하여야 한다(부령 제95조 제5항).

① 사업양수자의 인적사항

② 사업의 양수에 따른 대가를 받은 자의 인적사항

③ 사업의 양수에 따른 대가의 가액과 부가가치세액

④ 그 밖의 참고 사항

## Ⅵ. 신탁 관련 제2차 납세의무 등에 대한 납부 특례

**제52조의2(신탁 관련 제2차 납세의무 등에 대한 납부 특례)** ① 제3조 제2항에 따라 부가가치세를 납부하여야 하는 수탁자의 관할 세무서장은 제3조의2 제1항에 따른 제2차 납세의무자로부터 수탁자의 부가가치세등을 징수하려면 다음 각 호의 사항을 적은 납부고지서를 제2차 납세의무자에게 발급하여야 한다. 이 경우 수탁자의 관할 세무서장은 제2차 납세의무자의 관할 세무서장과 수탁자에게 그 사실을 통지하여야 한다.

1. 징수하려는 부가가치세등의 과세기간, 세액 및 그 산출근거
2. 납부하여야 할 기한 및 납부장소
3. 제2차 납세의무자로부터 징수할 금액 및 그 산출 근거
4. 그 밖에 부가가치세등의 징수를 위하여 필요한 사항

② 제3조 제3항에 따라 부가가치세를 납부하여야 하는 위탁자의 관할 세무서장은 제3조의2 제2항에 따라 수탁자로부터 위탁자의 부가가치세등을 징수하려면 다음 각 호의 사항을 적은 납부고지서를 수탁자에게 발급하여야 한다. 이 경우 수탁자의 관할 세무서장과 위탁자에게 그 사실을 통지하여야 한다.

1. 부가가치세등의 과세기간, 세액 및 그 산출 근거
2. 납부하여야 할 기한 및 납부장소
3. 그 밖에 부가가치세등의 징수를 위하여 필요한 사항

③ 제2항에 따른 고지가 있은 후 납세의무자인 위탁자가 신탁의 이익을 받을 권리를 포기 또는 이전하거나 신탁재산을 양도하는 등의 경우에도 제2항에 따라 고지된 부분에 대한 납세의무에는 영향을 미치지 아니한다.

④ 신탁재산의 수탁자가 변경되는 경우에 새로운 수탁자는 제2항에 따라 이전의 수탁자에게 고지된 납세의무를 승계한다.

⑤ 제2항에 따른 납세의무자인 위탁자의 관할 세무서장은 최초의 수탁자에 대한 신탁 설정일을 기준으로 제3조의2제2항에 따라 그 신탁재산에 대한 현재 수탁자에게 위탁자의 부가가치세등을 징수할 수 있다.

⑥ 신탁재산에 대하여 「국세징수법」에 따라 강제징수를 하는 경우 「국세기본법」 제35조 제1항에도 불구하고 수탁자는 「신탁법」 제48조 제1항에 따른 신탁재산의 보존 및 개량을 위하여 지출한 필요비 또는 유익비의 우선변제를 받을 권리가 있다.

⑦ 제1항부터 제6항까지에서 규정한 사항 외에 제2차 납세의무 및 물적납세의무의 납부 등에 필요한 사항은 대통령령으로 정한다.

법에서는 부가가치세, 가산금 또는 체납처분비를 체납한 납세의무자에게 신탁재산이 있는 경우로서 그 납세의무자의 다른 재산에 대하여 체납처분을 하여도 징수할 금액에 미치지 못할 경우에는 수탁자가 그 신탁재산으로써 부가가치세의 납세의무를 이행하도록 규정하고 있다. 구체적으로 신탁의 설정일 이후에 「국세기본법」에 규정한 법정기일이 도래하는 부가가치세 또는 가산금 등이 그 신탁재산과 관련하여 발생한 경우와 그 체납에 따른 체납처분비 등이 이 경우에 속한다(부법 제3조의2).

이 때 납세의무자의 관할 세무서장은 수탁자의 주소 또는 거소를 관할하는 세무서장과 납세의무자에게 그 사실을 통지하고 ① 부가가치세 등의 과세기간, 세액 및 그 산출 근거, ② 부가가치세 등의 납부기한 및 납부장소, ③ 그 밖에 부가가치세 등의 징수를 위해 필요한 사항 등을 적은 납부통지서를 수탁자에게 고지하여야 한다(부법 52조의2 제1항). 만일 이러한 고지가 있은 후 납세의무자가 신탁의 이익을 받을 권리를 포기 또는 이전하거나 신탁재산을 양도하더라도 그 고지에 따른 납세의무에는 영향을 미치지 아니하며(동조 제2항), 신탁재산의 수탁자가 변경되더라도 새로운 수탁자는 이전의 수탁자에게 이미 고지된 납세의무를 승계하게 된다(동조 제3항). 따라서 납세의무자의 관할 세무서장은 최초 수탁자에 대한 신탁 설정일을 기준으로 신탁재산에 대한 현재의 수탁자에게 납세의무자의 부가가치세 등을 징수할 수 있게 된다(동조 제4항).

다만 이처럼 신탁재산에 대하여 「국세징수법」에 따라 체납처분을 하는 경우 「국세기본법」 제35조 제1항에도 불구하고 수탁자는 「신탁법」 제48조 제1항에 따른 신탁재산의 보존 및 개량을 위하여 지출한 필요비 또는 유익비의 우선변제를 받을 권리가 있음에 유의해야 한다(동조 제4항).

## Ⅶ. 국외사업자의 용역 등 공급에 관한 특례

**제53조(국외사업자의 용역 등 공급에 관한 특례)** ① 국외사업자가 제8조에 따른 사업자등록의 대상으로서 다음 각 호의 어느 하나에 해당하는 자(이하, "위탁매매인등"이라 한다)를 통하여 국내에서 용역등을 공급하는 경우에는 해당 위탁매매인등이

해당 용역등을 공급한 것으로 본다.

1. 위탁매매인
2. 준위탁매매인
3. 대리인
4. 중개인(구매자로부터 거래대금을 수취하여 판매자에게 지급하는 경우에 한정한다.)

② 국외사업자로부터 권리를 공급받는 경우에는 제19조 제1항에도 불구하고 공급받는 자의 국내에 있는 사업장의 소재지 또는 주소지를 해당 권리가 공급되는 장소로 본다.

## 1. 위탁매매인 등을 통한 용역 등의 공급

국내사업장이 없는 비거주자 또는 외국법인이 위탁매매인·준위탁매매인·대리인에 의하여 대리납부의무가 있는 용역 또는 권리를 공급하는 경우에는 위탁매매인·준위탁매매인·대리인이 해당 용역 등을 공급한 것으로 본다. 이 경우 위탁매매인 또는 대리인에 의한 매매를 할 때 위탁자 또는 본인이 직접 재화를 공급한 것으로 본다고 규정한 법 제10조 제7항의 적용을 배제하고 있는 것이다(부법 제53조 제1항).

이는 국내사업장이 없는 비거주자 등이 국내의 위탁매매인을 통하여 공급받는 자에게 용역 또는 권리 등을 공급하는 경우에 현실적으로 대리납부의무가 이행되지 아니하는 현실을 감안하여 직접 위탁매매인 등이 해당 용역 등을 공급하는 것으로 한 것이다. 이 경우 세금계산서 발급시 용역 등을 공급하는 비거주자 등의 상호와 주소를 부기하여야 한다.

## 2. 공급장소의 특례

국내사업장이 없는 비거주자 또는 외국법인 등 대리납부 대상이 되는 용역 등을 공급하는 자로부터 권리를 공급받는 경우에는 재화의 이동이 시작되는 장소 또는 재화가 공급되는 시기에 재화가 있는 장소를 공급장소로 규정한 법 제19조 제1항에도 불구하고 공급받는 자의 사업장 또는 주소지를 해당 권리가 공급되는 장소로 본다(동조 제2항).

## Ⅷ. 전자적 용역을 공급하는 국외사업자의 사업자등록 및 납부 등에 관한 특례

제53조의2(전자적 용역을 공급하는 국외사업자의 사업자등록 및 납부 등에 관한 특례) ① 국외사업자가 정보통신망(「정보통신망 이용촉진 및 정보보호 등에 관한 법률」 제2조 제1항 제1호에 따른 정보통신망을 말한다. 이하 이 조에서 같다)을 통하여 이동통신단말장치 또는 컴퓨터 등으로 공급하는 용역으로서 다음 각 호의 어느 하나에 해당하는 용역(이하 "전자적 용역"이라 한다)을 국내에 제공하는 경우[제8조, 「소득세법」 제168조 제1항 또는 「법인세법」 제111조 제1항에 따라 사업자등록을 한 자(이하 이 조에서 "등록사업자"라 한다)의 과세사업 또는 면세사업에 대하여 용역을 공급하는 경우는 제외한다]에는 사업의 개시일부터 20일 이내에 대통령령으로 정하는 간편한 방법으로 사업자등록(이하 "간편사업자등록"이라 한다)을 하여야 한다.

1. 게임·음성·동영상 파일 또는 소프트웨어 등 대통령령으로 정하는 용역
2. 광고를 게재하는 용역
3. 「클라우드컴퓨팅 발전 및 이용자 보호에 관한 법률」 제2조 제3호에 따른 클라우드컴퓨팅서비스
4. 재화 또는 용역을 중개하는 용역으로서 대통령령으로 정하는 용역
5. 그 밖에 제1호부터 제4호까지와 유사한 용역으로서 대통령령으로 정하는 용역

② 국외사업자가 다음 각 호의 어느 하나에 해당하는 제3자(제52조 제1항 각 호의 어느 하나에 해당하는 비거주자 또는 외국법인을 포함한다)를 통하여 국내에 전자적 용역을 공급하는 경우(등록사업자의 과세사업 또는 면세사업에 대하여 용역을 공급하는 경우나 국외사업자의 용역등 공급 특례에 관한 제53조가 적용되는 경우는 제외한다)에는 그 제3자가 해당 전자적 용역을 공급한 것으로 보며, 그 제3자는 사업의 개시일부터 20일 이내에 간편사업자등록을 하여야 한다.

1. 정보통신망 등을 이용하여 전자적 용역의 거래가 가능하도록 오픈마켓이나 그와 유사한 것을 운영하고 관련 서비스를 제공하는 자
2. 전자적 용역의 거래에서 중개에 관한 행위 등을 하는 자로서 구매자로부터 거래대금을 수취하여 판매자에게 지급하는 자
3. 그 밖에 제1호 및 제2호와 유사하게 전자적 용역의 거래에 관여하는 자로서

대통령령으로 정하는 자
③ 삭제 〈2020. 12. 22.〉
④ 제52조에도 불구하고 간편사업자등록을 한 자는 대통령령으로 정하는 방법으로 제48조 제1항 · 제2항 및 제49조에 따른 신고 및 납부를 하여야 한다.
⑤ 간편사업자등록을 한 자는 해당 전자적 용역의 공급과 관련하여 제38조 및 제39조에 따라 공제되는 매입세액 외에는 매출세액 또는 납부세액에서 공제하지 아니한다.
⑥ 간편사업자등록을 한 자는 전자적 용역의 공급에 대한 거래명세(등록사업자의 과세사업 또는 면세사업에 대하여 용역을 공급하는 경우의 거래명세를 포함한다)를 그 거래사실이 속하는 과세기간에 대한 확정신고 기한이 지난 후 5년간 보관하여야 한다. 이 경우 거래명세에 포함되어야 할 구체적인 내용은 대통령령으로 정한다.
⑦ 국세청장은 부가가치세 신고의 적정성을 확인하기 위하여 간편사업자등록을 한 자에게 기획재정부령으로 정하는 전자적 용역 거래명세서(이하 이 조에서 "전자적 용역 거래명세서"라 한다)를 제출할 것을 요구할 수 있다.
⑧ 간편사업자등록을 한 자는 제7항에 따른 요구를 받은 날부터 60일 이내에 전자적 용역 거래명세서를 국세청장에게 제출하여야 한다.
⑨ 국세청장은 제1항 또는 제2항에 따라 간편사업자등록을 한 자가 국내에서 폐업한 경우(사실상 폐업한 경우로서 대통령령으로 정하는 경우를 포함한다) 간편사업자등록을 말소할 수 있다.
⑩ 간편사업자등록을 한 자의 납세지, 전자적 용역의 공급시기와 간편사업자등록 등에 관하여 그 밖에 필요한 사항은 대통령령으로 정한다.

## 1. 디지털 거래와 부가가치세

전자적 용역의 국제거래에 대한 문제는 오래 전부터 전자상거래 또는 디지털 거래에 대한 부가가치세 문제로 논의되어 왔다. 하지만 전자상거래에 대한 개념정의나 디지털 거래에 있어서 재화와 용역의 구분 등에 대하여 논란이 많았음에도 불구하고 특별한 법규정을 두지 않고 전자적 용역 등의 국제거래에 대한 부가가치세 과세 문제를 방치하다시피 하였다. 그 이유는 전자상거래에 대한 부가가치세 과세 문제에 대하여 적극적인 유럽의 입장과 그 반대인 미국의 소극적인 태도에 따라 우리나라로서는 관망하는 분위기 때문이었다.

그런데 OECD는 1998년 캐나다 오타와 각료회의에서 중립성·효율성·효과성·공정성·유연성의 다섯 가지 기본원칙을 정한 이후 본격적으로 이 문제를 연구하였는바,[16] 유럽연합은 디지털 서비스를 방송서비스[17]·통신서비스[18]·e-서비스[19]로 크게 구분하고 국제무역거래에 있어서 이를 용역으로 보는 입장을 취하는 지침을 발표하였다.[20] 이와 별도로 최근 OECD는 가이드 라인을 제정하여 디지털 상품을 포함한 용역 및 무형자산 등의 국제거래에 있어서 소비가 일어난 곳에 과세권이 있다는 소비지 과세원칙을 명확히 하였다.[21]

우리나라는 2014년 법 개정을 통하여 디지털화되어 거래되는 상품을 '전자적 용역'으로 보아 과세하고 국내에 공급하는 외국 사업자가 국내에서 간편사업자등록을 하도록 하는 내용의 특례를 규정하여 2015년 7월부터 시행하고 있다. 이는 외국의 사업자가 국내에 공급하여 국내에서 소비되는 전자적 용역의 거래에 대하여 부가가치세를 과세함으로써 우리나라에서 소비되는 전자적 용역을 제공하여 부가가치세를 납부하는 국내 전자적 상품의 개발자와 과세형평을 제고하고 과세기반을 확대하기 위한 것으로 해석할 수 있다.

## 2. 용역공급의 특례

현행 법령은 디지털 방식의 상품거래를 재화 또는 용역으로 명확히 구분하지 아니하고 용역에 해당하는 것만을 규정하고 있다. 이에 따라 비거주자·외국법인이 전자적 용역을 국내에 공급하는 경우에 대하여 공급과 사업자등록 등에 관한 특례가 규정되어 있다.

즉 국외사업자가 정보통신망과 이동통신단말장치 또는 컴퓨터 등을 이용하

16) 이미정, "국제적 디지털 거래의 부가가치세 과세에 대한 연구", 서울시립대학교 세무학박사 학위논문, 2015, 제4장 제1절 참조.

17) 영상 및 오디오 콘텐츠를 통해 통신 네트워크나 미디어 서비스 공급자를 통해 실시간으로 전송하는 서비스.

18) 신호·문자·이미지·소리 등을 전선이나 광섬유 등을 통해 전송하는 모든 서비스.

19) 인터넷 또는 전기 네트워크를 통해 제공되는 서비스로서 제공수단이 자동화되어 최소한의 인적 개입을 요구하며 정보기술 없이는 운용이 불가능한 서비스.

20) EEC 2008 지침(Council Directive 2008. 8. EC).

21) OECD, International VAT/GST, Guidelines, 2014. 그리고 B2C거래에 대하여는 외국사업자에 대한 간편사업자등록을 고려하도록 권고하고, B2B거래에 대하여는 공급받는 자가 대리납부를 통하여 신고와 납부의무를 지도록 지침을 두고 있다. OECD, "Addressing the Tax Challenges of the Digital Economy Action 1, 2014 Deliverable", 2014b.

여 ① 게임·음성·동영상 파일 또는 소프트웨어, ② 광고, ③ 클라우드컴퓨팅서비스, ④ 재화 또는 용역을 중개하는 용역, ⑤ 그 밖에 이와 유사한 대통령령으로 정하는 용역을 공급하는 때에는, 국내에서 해당 사업의 개시일로부터 20일 이내에 '간편사업자등록'을 하고 국내에서 공급한 용역의 대가에 기초하여 산출한 부가가치세를 예정신고기한 및 확정신고기한 내에 각각 신고·납부하여야 한다(부법 제53조의2 제1항, 제4항).

다만 「부가가치세법」·「소득세법」·「법인세법」에 따라 사업자등록을 한 자의 과세사업 또는 면세사업에 대하여 용역을 공급하는 경우 등 국외사업자가 국내사업자의 사업과 관련하여 전자적 용역을 공급하는 경우는 부가가치세의 과세대상에서 제외하고 있다. 이는 전자적 용역을 공급받은 국내사업자가 매입세액공제를 받지 못하는 문제를 해결하기 위하여 부가가치세 과세대상에 관한 규정을 수정·보완한 것이다.

'이동통신단말장치 또는 컴퓨터 등을 이용하여 공급하는 게임·음성·동영상 파일 또는 소프트웨어 등 용역'이란 정보통신망을 이용하여 공급받는 것으로서 이동통신단말장치 또는 컴퓨터 등에 저장되어 구동되거나, 저장되지 아니하고 실시간으로 사용할 수 있는 것으로 게임·음성·동영상 파일·전자문서 또는 소프트웨어와 같은 저작물 등으로서 광 또는 전자적 방식으로 처리하여 부호·문자·음성·음향 및 영상 등의 형태로 제작 또는 가공된 것과 이에 따른 전자적 용역을 개선시키는 것을 말한다(부령 제96조의2 제1항). 여기서 '개선'의 의의는 입법취지에 비추어 볼 때 '업데이트'를 의미한다고 볼 수 있다. 또 '재화 또는 용역을 중개하는 용역'이란 국내에서 물품 또는 장소 등을 대여하거나 사용·소비할 수 있도록 중개하거나 국내에서 재화 또는 용역을 공급하거나 공급받을 수 있도록 중개하는 것을 의미한다(부령 제96조의2 제2항).

한편 법 제52조 제1항에 규정한 국외사업자가 다음의 어느 하나에 해당하는 제3자를 통하여 국내에 전자적 용역을 공급하는 경우에는 그 제3자가 해당 전자적 용역을 공급한 것으로 본다. 따라서 그 제3자 또한 사업의 개시일부터 20일 이내에 간편사업자등록을 하여야 한다(부법 제53조의2 제2항).

① 정보통신망 등을 이용하여 전자적 용역의 거래가 가능하도록 오픈마켓이나 그와 유사한 것을 운영하고 관련 서비스를 제공하는 자

② 전자적 용역의 거래에서 중개에 관한 행위 등을 하는 자로서 구매자로부터 거래대금을 수취하여 판매자에게 지급하는 자

③ 그 밖에 위 ① 및 ②와 유사하게 전자적 용역의 거래에 관여하는 자로서 대통령령으로 정하는 자

위와 같이 전자적 용역이 공급된다고 볼 때 부가가치세 면제 해당 여부가 논란이 된다. 전자적 용역의 특례규정에 면세 여부에 대한 명확한 언급은 없지만 일반적인 면세규정의 적용이 있다고 해석하여야 한다. 가령 해외 전자도서 등의 경우 실물 도서와 달리 취급할 필요가 없어 보이므로 면세로 해석하여야 할 것이다.

### 3. 간편사업자등록

국외사업자(비거주자·외국법인 포함)가 국내에 전자적 용역을 공급하거나 제3자를 통하여 국내에 전자적 용역을 공급하는 경우에는 그 사업의 개시일로부터 20일 이내에 간편사업자등록을 신청하여야 한다(부법 제53조의2 제1항, 제2항). 이는 부가가치세 과세 측면에서 요구하는 사업자등록으로서 의미를 가지며 법인세 등의 관점에서의 사업장과 동일하게 취급해서는 안 된다는 것이 OECD의 입장이다. 즉 소비지국에서 간편사업자등록을 하도록 하였다고 하여 이를 고정사업장의 개념으로 보는 것은 아니라고 한다.22)

한편 국세청장은 부가가치세 신고의 적정성을 확인하기 위하여 간편사업자등록을 한 자에게 기획재정부령으로 정하는 전자적 용역 거래명세서의 제출을 요구할 수 있는바, 간편사업자등록을 한 자는 그 요구를 받은 날부터 60일 이내에 전자적 용역 거래명세서를 국세청장에게 제출하여야 한다(부법 제53조의2 제7항, 제8항). 국세청장은 또한 간편사업자등록을 한 자가 국내에서 폐업한 경우(사실상 폐업한 경우 포함)에는 간편사업자등록을 말소할 수 있다(부법 제53조의2 제9항).

현행법에 따라 간편사업자등록을 하려는 사업자는 국세정보통신망에 접속하여 다음 사항을 입력하는 방식으로 국세청장에게 간편사업자등록을 하여야 한다(부령 제96조의2 제3항).

---

22) 이미정, 앞의 박사 학위논문, 제4장 제1절 참조.

① 사업자 및 대표자의 이름과 전화번호, 우편주소, 이메일 주소 및 웹사이트 주소 등의 연락처. 이 경우 법인인 사업자가 법인 이름과 다른 이름으로 거래하는 경우 거래이름을 포함한다.

② 등록국가·주소 및 등록번호 등 용역을 제공하는 사업장이 소재하는 국외 사업자 등록 관련 정보

③ 제공하는 전자적 용역의 종류와 국내에 전자적 용역을 공급하는 사업개시일 및 그 밖에 간편사업자등록을 위하여 필요한 사항으로서 기획재정부령으로 정하는 것

국세청장은 간편사업자등록을 한 자에 대하여 간편사업자등록번호를 부여하고 사업자(납세관리인이 있는 경우 납세관리인을 포함)에게 통지(정보통신망을 이용한 통지를 포함)하여야 한다(부령 제96조의2 제4항).

간편사업자등록을 한 자의 부가가치세 신고 및 납부를 하려는 사업자는 국세정보통신망에 접속하여 ① 사업자이름 및 간편사업자등록번호, ② 신고기간 동안 국내에 공급한 전자적 용역의 총 공급가액, ③ 공제받을 매입세액 및 납부할 세액 등을 입력하는 방식으로 부가가치세 예정신고 및 확정신고를 하여야 한다(부령 제96조의2 제5항).

납부는 국세청장이 정하는 바에 따라 외국환은행의 계좌에 납입하는 방식으로 한다(부령 제96조의2 제6항). 간편사업자등록자가 국내에 공급한 전자적 용역의 대가를 외국통화나 그 밖의 외국환으로 받은 경우에는 과세기간 종료일(예정신고 및 납부에 대해서는 예정신고기간 종료일을 말한다)의 기준환율을 적용하여 환가한 금액을 과세표준으로 할 수 있다. 이 경우 국세청장은 정보통신망을 이용하여 통지하거나 국세정보통신망에 고시하는 방법 등으로 사업자(납세관리인이 있는 경우 납세관리인을 포함한다)에게 기준환율을 알려야 한다(부령 제96조의2 제7항).

국내로 공급되는 전자적 용역의 공급시기는 다음의 시기 중 빠른 때로 한다(부령 제96조의2 제8항).

① 구매자가 공급하는 자로부터 전자적 용역을 제공받은 때

② 구매자가 전자적 용역을 구매하기 위하여 대금의 결제를 완료한 때

이처럼 간편사업자등록을 한 자에 대하여는 해당 전자적 용역의 공급과 관련하여 「부가가치세법」 규정에 따라 공제되는 매입세액 외에는 매출세액 또는

납부세액에서 공제하지 아니하며(부법 제53조의2 제5항), 전자적 용역의 공급에 대하여 대통령령으로 정하는 거래명세(등록사업자의 과세사업 또는 면세사업에 대하여 용역을 공급하는 경우의 거래명세 포함)를 그 거래사실이 속하는 과세기간에 대한 확정신고 기한이 지난 후 5년간 보관하여야 한다(부법 제53조의2 제6항).

## 제3절 제출서류 등

### Ⅰ. 세금계산서합계표의 제출

**제54조(세금계산서합계표의 제출)** ① 사업자는 세금계산서 또는 수입세금계산서를 발급하였거나 발급받은 경우에는 다음 각 호의 사항을 적은 매출처별 세금계산서합계표와 매입처별 세금계산서합계표(이하 "매출·매입처별 세금계산서합계표"라 한다)를 해당 예정신고 또는 확정신고(제48조 제3항 본문이 적용되는 경우는 해당 과세기간의 확정신고를 말한다)를 할 때 함께 제출하여야 한다.

1. 공급하는 사업자 및 공급받는 사업자의 등록번호와 성명 또는 명칭
2. 거래기간
3. 작성 연월일
4. 거래기간의 공급가액의 합계액 및 세액의 합계액
5. 그 밖에 대통령령으로 정하는 사항

② 제32조 제2항 또는 제5항에 따라 전자세금계산서를 발급하거나 발급받고 제32조 제3항 및 제5항에 따른 전자세금계산서 발급명세를 해당 재화 또는 용역의 공급시기가 속하는 과세기간(예정신고의 경우에는 예정신고기간) 마지막 날의 다음 달 11일까지 국세청장에게 전송한 경우에는 제1항에도 불구하고 해당 예정신고 또는 확정신고(제48조 제3항 본문이 적용되는 경우에는 해당 과세기간의 확정신고) 시 매출·매입처별 세금계산서합계표를 제출하지 아니할 수 있다.

③ 제48조 제1항 및 제4항에 따라 예정신고를 하는 사업자가 각 예정신고와 함께 매출·매입처별 세금계산서합계표를 제출하지 못하는 경우에는 해당 예정신고기간이 속하는 과세기간의 확정신고를 할 때 함께 제출할 수 있다.

④ 수입세금계산서를 발급한 세관장은 제1항과 제2항을 준용하여 매출처별 세금계산서합계표를 해당 세관 소재지를 관할하는 세무서장에게 제출하여야 한다.
⑤ 세금계산서를 발급받은 국가, 지방자치단체, 지방자치단체조합, 그 밖에 대통령령으로 정하는 자는 매입처별 세금계산서합계표를 해당 과세기간이 끝난 후 25일 이내에 납세지 관할 세무서장에게 제출하여야 한다.
⑥ 제1항부터 제5항까지에서 규정한 사항 외에 매출·매입처별 세금계산서합계표의 작성과 제출에 필요한 사항은 대통령령으로 정한다.

## 1. 의 의

「부가가치세법」은 공급자로서 발급한 세금계산서는 매출처별 세금계산서합계표로 제출하도록 하고 공급받은 자로서 발급받은 세금계산서는 매입처별 세금계산서합계표로 하여 부가가치세를 신고할 때에 정부에 제출하도록 규정하고 있다. 여기에는 공급하는 사업자 및 공급하는 사업자의 등록번호와 성명 또는 명칭·거래기간·작성일자·거래기간의 공급가액의 합계액 및 세액의 합계액과 그 외 사항을 기재하여야 한다.

세금계산서합계표를 제출하게 하는 이유는 부가가치세를 신고할 때에 납부세액 또는 환급세액의 계산근거로 활용하고 근거과세를 구현하는 데 있다. 따라서 부가가치세의 신고·납부의무가 없는 자에게도 매출·매입처별 세금계산서합계표의 제출의무를 부여하고 있으나 이는 순수한 납세자의 협력의무에 불과하다. 구 「부가가치세법」(1993.12.31.법률 제4663호로 개정되기 전) 시행 당시에는 사업자가 예정신고 또는 확정신고와 함께 과세관청에 세금계산서를 제출하여야 했다. 그 후 법 개정을 통하여 세금계산서 대신 매출·매입처별 세금계산서합계표를 제출하는 것으로 대체된 것이다.[23] 이와 같이 세금계산서합계표의 제출로 변경된 이유는 납세자의 납세비용 등의 부담을 완화하고 부가가치세 신고 및 납부절차를 간소화하기 위한 것이다.

23) 김승호, “가공거래에 대한 매출·매입처별 세금계산서합계표 부실기재가산세”, 『조세연구 3』, 세경사, 2003, 71면 참조.

## 2. 사업자의 제출의무

사업자가 세금계산서를 발급하였거나 발급받은 때에는 다음 사항을 적은 매출처별 세금계산서합계표와 매입처별 세금계산서합계표를 해당 예정신고 또는 확정신고와 함께 제출하여야 한다. 다만 예정신고를 하는 대신 정부가 결정·고지하여 징수하는 경우에는 해당 과세기간에 대한 확정신고와 함께 제출하여야 한다(부법 제54조 제1항).

① 공급하는 사업자 및 공급받는 사업자의 등록번호와 성명 또는 명칭

② 거래기간

③ 작성 연월일

④ 거래기간의 공급가액의 합계액 및 세액의 합계액

⑤ 그 밖에 대통령령으로 정하는 사항

전자세금계산서를 발급하거나 발급받고 전자세금계산서 발급명세를 해당 재화 또는 용역의 공급시기가 속하는 과세기간(예정신고의 경우에는 예정신고기간) 마지막 날의 다음 달 11일까지 국세청장에게 전송한 경우에는 해당 예정신고 또는 확정신고(개인사업자와 직전 과세기간 공급가액의 합계액이 1억5천만원 미만인 법인사업자로서 법 제48조 제3항에 따라 직전 과세기간에 대한 납부세액의 50%를 해당 예정신고기간이 끝난 후 25일까지 징수하는 경우는 해당 과세기간에 확정신고)시 매출·매입처별 세금계산서합계표를 제출하지 아니할 수 있다(동조 제2항).

예정신고를 하는 사업자가 각 예정신고와 함께 매출·매입처별 세금계산서합계표를 제출하지 못하는 경우에는 해당 예정신고기간이 속하는 과세기간의 확정신고와 함께 이를 제출할 수 있다(동조 제3항).

## 3. 사업자 외의 자의 제출의무

### 가. 세관장의 제출의무

세금계산서를 발급한 세관장은 사업자의 경우를 준용하여 매출처별 세금계산서합계표를 해당 세관 소재지를 관할하는 세무서장에게 제출하여야 한다(부법 제54조 제4항).

### 나. 면세사업자 등의 제출의무

세금계산서를 발급받은 국가·지방자치단체·지방자치단체조합 및 그 밖의 법령에 정한 자 등은 부가가치세의 납세의무가 없는 경우에도 매입처별 세금계산서합계표를 해당 과세기간 종료 후 25일 이내에 사업장 관할 세무서장에게 제출하여야 한다(부법 제54조 제5항). 여기서 그 밖에 법령이 정한 자는 다음과 같다(부령 제99조).

① 부가가치세가 면제되는 사업자 중 소득세 또는 법인세의 납세의무가 있는 자(「조세특례제한법」에 의하여 소득세 또는 법인세가 면제되는 자를 포함)(제1호)

② 「민법」 제32조에 따라 설립된 법인(제2호)

③ 특별법에 따라 설립된 법인(제3호)

④ 각급학교 기성회·후원회 또는 이와 유사한 단체(제4호)

## Ⅱ. 현금매출명세서 등의 제출

**제55조(현금매출명세서 등의 제출)** ① 다음 각 호의 사업 중 해당 업종의 특성 및 세원관리를 고려하여 대통령령으로 정하는 사업을 하는 사업자는 예정신고 또는 확정신고를 할 때 기획재정부령으로 정하는 현금매출명세서를 함께 제출하여야 한다.

1. 부동산업
2. 전문서비스업, 과학서비스업 및 기술서비스업
3. 보건업
4. 그 밖의 개인서비스업

② 부동산임대업자는 기획재정부령으로 정하는 부동산임대공급가액명세서를 예정신고 또는 확정신고를 할 때 함께 제출하여야 한다.

③ 현금매출명세서 및 부동산임대공급가액명세서의 작성과 제출 등에 필요한 사항은 대통령령으로 정한다.

### 1. 의　의

해당 업종의 특성 및 세원관리를 고려하여 법령이 정하는 사업을 하는 사업자는 현금매출명세서를 예정신고 또는 확정신고와 함께 제출하여야 한다. 현금매출이 많은 것으로 인정되는 사업자에게 특별히 부과하고 있는 납세협력의무이다. 아울러 부동산임대업자는 부동산임대공급가액명세서를 예정신고 또는 확정신고와 함께 제출하여야 한다(부법 제55조 제2항).

### 2. 대상 업종

사회서비스업 및 간이과세 배제 전문직 사업자 등을 포함하는데, 현금매출명세서를 제출하여야 하는 대상은 다음과 같다(동조 제1항).

① 부동산업(제1호)

② 전문서비스업, 과학서비스업 및 기술서비스업(제2호)

변호사·회계사·수의사 등이 이에 속한다.

③ 보건업(제3호)

병원·의원 중 부가가치세가 과세되는 의료용역을 제공하는 자가 이에 속한다.

④ 그 밖의 개인서비스업(제4호)

예식장업, 부동산중개업, 보건업(병원, 의원)과 간이과세 배제 전문직 사업자가 영위하는 사업(부령 제109조 제2항 제7호)이 이에 속한다(부령 제100조).

# 제8장

# 경정과 징수

## 제 1 절 결정과 경정

**제57조(결정과 경정)** ① 납세지 관할 세무서장, 납세지 관할 지방국세청장 또는 국세청장(이하 이 조에서 "납세지 관할 세무서장 등"이라 한다)은 사업자가 다음 각 호의 어느 하나에 해당하는 경우에만 해당 예정신고기간 및 과세기간에 대한 부가가치세의 과세표준과 납부세액 또는 환급세액을 조사하여 결정 또는 경정한다.

1. 예정신고 또는 확정신고를 하지 아니한 경우
2. 예정신고 또는 확정신고를 한 내용에 오류가 있거나 내용이 누락된 경우
3. 확정신고를 할 때 매출처별 세금계산서합계표 또는 매입처별 세금계산서합계표를 제출하지 아니하거나 제출한 매출처별 세금계산서합계표 또는 매입처별 세금계산서합계표에 기재사항의 전부 또는 일부가 적혀 있지 아니하거나 사실과 다르게 적혀 있는 경우
4. 그 밖에 대통령령으로 정하는 사유로 부가가치세를 포탈할 우려가 있는 경우

② 납세지 관할 세무서장 등은 제1항에 따라 각 예정신고기간 및 과세기간에 대한 과세표준과 납부세액 또는 환급세액을 조사하여 결정 또는 경정하는 경우에는 세금계산서, 수입세금계산서, 장부 또는 그 밖의 증명 자료를 근거로 하여야 한다. 다만, 다음 각 호의 어느 하나에 해당하면 대통령령으로 정하는 바에 따라 추계할 수 있다.

1. 과세표준을 계산할 때 필요한 세금계산서, 수입세금계산서, 장부 또는 그 밖의 증명 자료가 없거나 그 중요한 부분이 갖추어지지 아니한 경우
2. 세금계산서, 수입세금계산서, 장부 또는 그 밖의 증명 자료의 내용이 시설규모, 종업원 수와 원자재·상품·제품 또는 각종 요금의 시가에 비추어 거짓임이 명백한 경우
3. 세금계산서, 수입세금계산서, 장부 또는 그 밖의 증명 자료의 내용이 원자재 사용량, 동력 사용량이나 그 밖의 조업 상황에 비추어 거짓임이 명백한 경우

③ 납세지 관할 세무서장 등은 제1항 및 제2항에 따라 결정하거나 경정한 과세표준과 납부세액 또는 환급세액에 오류가 있거나 누락된 내용이 발견되면 즉시 다시 경정한다.

## Ⅰ. 결정과 경정의 사유

부가가치세는 납세의무의 확정방식으로 신고납세방식을 채택하고 있는데 과세관청은 경정처분으로써 납세의무자가 한 당초의 과세표준과 납부세액에 관한 신고내용을 변경할 수 있다. 납세의무자의 신고에 오류 또는 탈루가 있는 경우에 과세관청이 적정한 조세채무의 징수를 위하여 납세의무자가 신고한 과세표준을 바로잡아 과세하는 것이다. 조세채무의 확정에 있어서 무신고인 경우에 과세관청이 하는 처분을 결정이라 하고, 과소신고인 경우에 하는 처분을 경정이라 한다. 이러한 과세관청의 결정과 경정권은 납세의무자의 자진신고와 납부를 기다려 본 후에 비로소 행사되는 제2차적 또는 보충적 권한이다.

사업장 관할 세무서장, 지방국세청장 또는 국세청장은 사업자가 다음에 해당하는 경우에만 해당 예정신고기간 및 과세기간에 대한 부가가치세의 과세표준과 납부세액 또는 환급세액을 조사하여 결정 또는 경정한다(부법 제57조 제1항).

① 예정신고 또는 확정신고를 하지 아니한 경우(제1호)

② 예정신고 또는 확정신고를 한 내용에 오류가 있거나 내용이 누락된 경우(제2호)

③ 확정신고를 할 때 매출처별 세금계산서합계표 또는 매입처별 세금계산서합계표를 제출하지 아니하거나, 제출한 매출처별 세금계산서합계표 또는 매입처별 세금계산서합계표에 기재사항의 전부 또는 일부가 적혀 있지 아니하거나 사실과 다르게 적혀 있는 경우(제3호)

④ 그 밖에 다음의 사유로 인하여 부가가치세를 포탈할 우려가 있는 경우(부령 제103조 제1항)

㉮ 사업장의 이동이 빈번한 때(제1호)

㉯ 사업장의 이동이 빈번하다고 인정되는 지역에 사업장이 있을 경우(제2호)

㉰ 휴업 또는 폐업 상태에 있을 경우(제3호)

㉱ 신용카드가맹점 또는 현금영수증가맹점 가입 대상으로 지정받은 사업자가 정당한 사유 없이 신용카드가맹점 또는 현금영수증가맹점으로 가입하지 아니한 경우로서 사업규모나 영업상황으로 보아 신고내용이 불성실하다고 판단되는 경우(제4호)

㉲ 조기환급 신고의 내용에 오류가 있거나 내용이 누락된 경우(제5호)

한편 영세한 사업자를 보호하기 위하여 경정에 제한을 두는 사업이 있다. 세금계산서 대신 영수증을 발급하는 사업(부령 제73조 제1항) 중 국세청장이 정하는 업종을 경영하는 사업자로서 같은 장소에서 계속하여 5년 이상 사업을 경영한 자에 대해서는 객관적인 증명자료로 보아 과소하게 신고한 것이 분명한 경우에만 경정할 수 있다(부령 제103조 제2항).

명의위장사업자와 거래한 선의의 사업자에 대하여는 불이익을 주지 아니한다. 즉 사업자가 거래상대방의 사업자등록을 확인하고 거래에 따른 세금계산서를 발급하거나 발급받은 경우로서 거래상대방이 관계기관의 조사로 인하여 명의위장사업자로 판정되었다 하더라도 해당 사업자를 선의의 거래당사자로 볼 수 있는 때에는 경정 또는 「조세범처벌법」에 따른 처벌 등 불이익한 처분을 받지 아니하는 것으로 하고 있다.[1)]

## Ⅱ. 결정과 경정의 방법

### 1. 실지조사

#### 가. 근거과세의 원칙

과세관청은 부과처분과 결정·경정에 있어서 납세의무자가 세법에 의하여 장부를 비치·기장하고 있는 때에는 해당 국세의 과세표준의 조사와 결정은 그 비치·기장한 장부와 관계되는 증빙자료에 의하여야 한다(국기법 제16조). 이를 '근거과세의 원칙'이라 한다.

「부가가치세법」에서도 납세지 관할 세무서장 등이 각 예정신고기간 및 과세기간에 대한 과세표준과 납부세액 또는 환급세액을 조사하여 결정 또는 경정하는 경우에는 세금계산서, 수입세금계산서, 장부 또는 그 밖의 증명 자료를 근거로 하여야 한다고 함으로써 이를 재차 규정하고 있다(부법 제57조 제2항). 이처럼 직접적인 자료에 의하여 결정 또는 경정하는 것을 실지조사라 하는데 특별한 사정이 없는 한 실지조사의 방법이 결정과 경정의 대원칙이다. 이와 같이 과세

---

1) 통칙 57-103-1.

표준과 세액 등 신고 내용에 오류 또는 탈루가 있어 이를 경정함에 있어서는 장부나 증빙에 의함이 원칙이지만, 다른 자료에 의하여 그 신고내용에 오류 또는 탈루가 있음이 인정되고 실지조사가 가능한 경우에는 그 다른 자료에 의하여서도 이를 경정할 수 있다.[2] 수사기관에서의 진술내용을 담은 문서도 그 진정성립과 내용의 합리성이 인정되는 경우에는 위의 다른 자료에 해당한다.[3]

### 나. 확인서에 근거한 과세

납세의무자가 매출누락 사실을 자인하는 확인서를 작성해서 과세관청에 제출하고 이를 근거로 과세하는 경우가 있다. 이 때 그 확인서가 실지조사의 근거가 될 수 있는 증빙서류에 해당하는지 여부가 문제된다. 판례는 다음과 같이 대체로 소극적 입장을 취하고 있다.[4]

법인의 소득금액을 결정함에 있어 익금에 산입할 수익이 있었는지의 여부나 그 수익액이 얼마인지에 대한 입증책임은 원칙적으로 과세관청에 있는 것이고, 또 일반적으로 납세의무자의 신고내용에 오류 또는 탈루가 있어 이를 경정함에 있어서는 장부나 증빙에 의함이 원칙이라고 하겠으나, 진정성립과 내용의 합리성이 인정되는 다른 자료에 의하여 그 신고내용에 오류 또는 탈루가 있음이 인정되고 실지조사가 가능한 때에는 그 다른 자료에 의하여서도 이를 경정할 수 있지만, 납세의무자가 제출한 매출누락 사실을 자인하는 확인서에 매출사실의 구체적 내용이 들어 있지 않아 그 증거가치를 쉽게 부인할 수 없을 정도의 신빙성이 인정되지 아니한다면, 비록 납세의무자의 확인서라고 하더라도 이는 실지조사의 근거로 될 수 있는 장부 또는 증빙서류에 갈음하는 다른 자료에 해당되지 아니한다.

## 2. 추계조사

부득이한 사유로 과세표준과 세액을 파악할 수 없는 경우에는 과세관청이 추계를 할 수 있다. 이를 '추계조사'라 하는데 이는 실지조사의 예외적·보충적 수단이라 할 것이다.

---

2) 대법원 2003.11.27. 선고 2002두2673 판결.
3) 대법원 1995.6.30. 선고 94누149 판결.
4) 대법원 2003.6.24. 선고 2001두7770 판결; 대법원 1998.7.10. 선고 96누14227 판결.

판례에 의하면, 단일한 과세목적물에 대하여 실지조사와 추계조사를 혼합하여 과세표준액을 정하는 것은 「부가가치세법」에서 인정하는 과세방식이 아니다.[5] 예를 들어, 과세관청이 특정 연도 제1기분 매출누락분과 제2기분 매출누락분의 매출액에 관하여는 추계의 방법으로 과세표준을 산정하고 그 외의 나머지 매출누락분 및 신고분의 매출액에 관하여는 실지조사의 방법으로 과세표준을 산정하는 것은 위법하다.

### 가. 보충성

과세관청이 과세표준 등을 결정·경정함에 있어서 실지조사방법이 원칙이므로 추계조사방법은 예외적으로 실지조사를 할 수 없는 때에 인정된다. 과세관청이 납세자가 과세표준과 세액을 신고하면서 제출한 세금계산서, 장부 그 밖의 증거가 불성실한 것으로 보인다는 이유로 인하여 납세자로 하여금 새로운 자료를 제출하게 하여 실지조사를 하더라도 과세표준과 세액을 결정할 수 없음이 명백한 경우까지 실지조사를 하여야 하는 것은 아니다. 이러한 경우 추계에 따른 과세처분을 해도 위법한 것은 아니다.

만일 과세관청이 실지조사가 불가능하다고 판단하여 추계조사방법에 의해 경정하였다면 추계요건이 있었다는 점과 추계방법의 합리성에 관하여 과세관청이 입증하여야 한다.[6] 과세관청이 관계 규정이 정한 방법과 절차에 따라 추계하였다면 합리성과 타당성은 일단 증명된 것으로 보고 구체적인 내용이 현저하게 불합리하여 수입금액의 실액을 반영하기에 적절하지 않다는 점에 관하여는 납세자가 증명하여야 한다.

### 나. 추계사유

추계조사는 예외적인 조세채무의 확정수단이므로 다음의 법정 추계사유는 열거적 성격으로 보아 엄격하게 해석하여야 한다(부법 제57조 제2항 단서).

① 과세표준을 계산할 때 필요한 세금계산서, 수입세금계산서, 장부 또는 그 밖의 증명 자료가 없거나 그 중요한 부분이 갖추어지지 아니한 경우(제1호)

② 세금계산서, 수입세금계산서, 장부 또는 그 밖의 증명 자료의 내용이 시

---

5) 대법원 2001.12.24. 선고 99두9193 판결; 대법원 1992.5.12. 선고 90누3140 판결 등.
6) 대법원 2010.10.14. 선고 2008두7687 판결.

설규모, 종업원 수, 원자재, 상품, 제품 또는 각종 요금의 시가에 비추어 거짓임이 명백한 경우(제2호)

③ 세금계산서, 수입세금계산서, 장부 또는 그 밖의 증명 자료의 내용이 원자재 사용량, 동력 사용량이나 그 밖의 조업 상황에 비추어 거짓임이 명백한 경우(제3호)

추계사유에 관련된 판례를 살펴보면, 장부나 증빙서류의 일부가 미비되거나 허위로 된 것이 있다고 하여도 다른 장부나 증빙서류에 의하여 가액의 조사가 가능한 경우에는 추계과세를 할 수 없는 것이므로, 과세관청이 납세의무자의 부가가치세 신고내용 중 재화의 판매가격이 저렴하다는 이유로 납세의무자에게 새로운 자료의 제시를 요구하거나 실제의 매출가액을 밝히기 위한 어떠한 조치를 취한 바 없이 추계조사 결과에 이른 것은 위법하다.[7] 또 부가가치세의 납세의무자가 과세관청에 제시한 증빙이 미흡한 것이더라도 사안이 비교적 단순한 부동산임대수입의 경우에서는 납세의무자가 제출한 임대차계약서의 내용을 임차인에게 확인하는 등의 방법으로 용이하게 그 임대수입을 조사할 수 있음에도 불구하고 추계조사의 방법으로 과세표준과 세액을 결정하는 것은 위법하다.[8]

### 다. 추계의 방법

추계조사를 함에 있어서는 그 추계의 방법과 내용이 가장 진실에 가까운 실액을 반영할 수 있는 합리성과 타당성이 있어야 하며 조사대상 사업자의 특수한 사정도 고려되어야 한다. 추계의 방법은 다음에 정하고 있는 방법 중 가장 적당하다고 인정되는 방법에 의한다(부령 제104조 제1항).

① 장부의 기록이 정당하다고 인정되고 신고가 성실하여 경정을 받지 아니한 같은 업종과 같은 현황의 다른 사업자와 권형에 따라 계산하는 방법(제1호)

② 국세청장이 업종별로 투입 원재료에 대하여 조사한 생산수율이 있을 때에는 생산수율을 적용하여 계산한 생산량에 그 과세기간 중에 공급한 수량의 시가를 적용하여 계산하는 방법(제2호)

③ 국세청장이 사업의 종류·지역 등을 고려하여 사업과 관련된 종업원·객실·사업장·차량·수도·전기 등 인적·물적 시설의 수량 또는 가액과 매출액의

7) 대법원 1990.5.25. 선고 90누2147 판결.
8) 대법원 1996.9.24. 선고 96누3579 판결; 대법원 1990.1.23. 선고 89누2844 판결.

관계를 정한 영업효율이 있을 때에는 영업효율을 적용하여 계산하는 방법(제3호)

④ 국세청장이 사업의 종류별·지역별로 정한 다음에 해당하는 기준에 따라 계산하는 방법(제4호)

㉮ 생산에 투입되는 원·부재료 중에서 일부 또는 전체의 수량과 생산량의 관계를 정한 원단위 투입량

㉯ 인건비·임차료·재료비·수도광열비 그 밖의 영업비용 중에서 일부 또는 전체의 비용과 매출액의 관계를 정한 비용관계비율

㉰ 일정 기간 동안의 평균재고금액과 매출액 또는 매출원가와의 관계를 정한 상품회전율

㉱ 일정 기간 동안의 매출액과 매출총이익의 비율을 정한 매매총이익률

㉲ 일정 기간 동안의 매출액과 부가가치액의 비율을 정한 부가가치율

⑤ 추계 경정·결정 대상 사업자에 대하여 위 ②부터 ④까지의 비율을 산정할 수 있는 경우에는 그 비율을 적용하여 계산하는 방법(제5호)

⑥ 주로 최종소비자를 대상으로 거래하는 음식 및 숙박업과 서비스업에 대하여는 국세청장이 정하는 입회조사기준에 의하여 계산하는 방법(제6호)[9]

이상과 같이 법령에서 정한 방법으로 추계과세를 하였다 하더라도 그 추계방법에 의한다면 불합리하게 된다고 볼 만한 특수한 사정이 있는 경우라면 그러한 특수한 사정을 참작하지 아니하고 행하여진 추계과세는 그 추계방법과 내용에 합리성과 타당성을 인정할 수 없어 위법하다고 보는 것이 판례의 입장이다.[10]

### 라. 매입세액 공제의 제한

추계방법에 의하여 납부세액을 계산하는 경우에 공제하는 매입세액은 재화나 용역을 공급받을 때 발급받은 세금계산서를 관할 세무서장에게 제출하고 그 기재내용이 분명한 부분으로 공제를 한정한다. 다만 재해 그 밖의 불가항력으로 인하여 발급받은 세금계산서가 소멸됨으로써 이를 제출하지 못하게 되었을 때에

---

9) 국세청 고시 제91-4호(1991.2.19)에 의하면 입회조사는 3개월 요일을 안분하여 2회 이상, 1 과세기간 중 최소한 4회 이상 실시하고 입회조사 당일 영업개시 시간부터 영업 종료시까지의 수입금액을 조사하여 해당 과세기간의 과세표준은 동 입회조사에 의한 1일 평균입회조사금액×영업일수로 계산한다.

10) 대법원 1996.7.30. 선고 94누15202 판결.

는 해당 사업자에게 공급한 거래상대방이 제출한 세금계산서에 의하여 확인되는 것을 납부세액으로 한다(부령 제104조 제2항).

## Ⅲ. 재경정

사업장 관할 세무서장, 지방국세청장 또는 국세청장은 결정하거나 경정한 과세표준과 납부세액 또는 환급세액에 오류가 있거나 누락된 내용이 발견되면 즉시 다시 경정한다(부법 제57조 제3항). 이를 '재경정'이라 한다.

# 제 2 절 징 수

**제58조(징수)** ① 납세지 관할 세무서장은 사업자가 예정신고 또는 확정신고를 할 때에 신고한 납부세액을 납부하지 아니하거나 납부하여야 할 세액보다 적게 납부한 경우에는 그 세액을 「국세징수법」에 따라 징수하고, 제57조에 따라 결정 또는 경정을 한 경우에는 추가로 납부하여야 할 세액을 「국세징수법」에 따라 징수한다.
② 재화의 수입에 대한 부가가치세는 세관장이 「관세법」에 따라 징수한다.
**제58조의2(신탁재산에 대한 강제징수의 특례)** 제3조 제2항에 따라 수탁자가 납부하여야 하는 부가가치세가 체납된 경우에는 「국세징수법」 제31조에도 불구하고 해당 신탁재산에 대해서만 강제징수를 할 수 있다.

## Ⅰ. 의 의

납세의무자가 스스로 신고를 하든지 정부가 결정과 경정을 하여 납세의무를 확정하든지 그 확정된 세액은 납부하여야 한다. 만일 납세의무자가 스스로 납부하지 않으면 정부가 「국세징수법」에 따른 강제징수절차에 따라 징수권을 발동한다.

## Ⅱ. 불성실납부세액에 대한 징수

사업장 관할 세무서장은 사업자가 예정신고 또는 확정신고를 하는 때에 신고한 납부세액에 미달하게 납부한 경우에는 그 미달세액(결정 또는 경정을 한 경우에는 추가로 납부하여야 할 세액)을 「국세징수법」에 따라 징수한다(부법 제58조 제1항).

## Ⅲ. 재화의 수입에 대한 징수

### 1. 징수방법

재화의 수입에 대한 부가가치세는 세관장이 「관세법」에 따라 징수한다(부법 제58조 제2항). 이에 따라 세관장이 부가가치세를 징수하는 때에는 「관세법」 제11조, 제16조부터 제19조까지, 제38조, 제38조의2부터 제38조의4까지, 제39조, 제41조, 제43조, 제46조 및 제106조에 따른다(부령 제105조).

### 2. 위약물품 수입의 경우

세관장으로부터 부가가치세를 징수당한 수입재화가 「관세법」 제106조에 규정하는 위약물품에 해당하는 경우에는 관할 세관장은 부가가치세를 지체 없이 환급하여야 한다. 이 경우 세관장은 수정수입세금계산서를 수입자에게 발급하고 이를 관할 세무서장에게 제출하여야 한다. 「관세법」상 '위약물품'이란 수입신고가 수리된 물품이 계약내용과 상이한 것을 말한다. 이 경우 해당 물품을 수입신고일로부터 1년 내에 보세구역에 반입하여 수출하거나 세관장의 승인을 얻어 폐기한 때에는 관세를 환급한다(관세법 제106조).

## Ⅳ. 신탁재산에 대한 강제징수의 특례

수탁자가 납부하여야 하는 부가가치세가 체납된 경우에는 「국세징수법」 제31조(압류 등)에도 불구하고 해당 신탁재산에만 강제징수를 할 수 있다(부법 제58조의2).

## 제 3 절 환 급

제59조(환급) ① 납세지 관할 세무서장은 각 과세기간별로 그 과세기간에 대한 환급세액을 확정신고한 사업자에게 그 확정신고기한이 지난 후 30일 이내(제2항 각 호의 어느 하나에 해당하는 경우에는 15일 이내)에 대통령령으로 정하는 바에 따라 환급하여야 한다.

② 제1항에도 불구하고 납세지 관할 세무서장은 다음 각 호의 어느 하나에 해당하여 환급을 신고한 사업자에게 대통령령으로 정하는 바에 따라 환급세액을 조기에 환급할 수 있다.

1. 사업자가 제21조부터 제24조까지의 규정에 따른 영세율을 적용받는 경우
2. 사업자가 대통령령으로 정하는 사업 설비를 신설·취득·확장 또는 증축하는 경우
3. 사업자가 대통령령으로 정하는 재무구조개선계획을 이행중인 경우

### Ⅰ. 일반환급

일반적으로 '환급'이란 납세의무자가 납부한 세액 중 세법상 납부하여야 할 금액을 초과하여 납부한 부분을 되돌려 주는 것을 말한다. 부가가치세는 납부세액을 계산함에 있어서 매입세액이 매출세액을 초과하는 경우에 구조적으로 환급세액이 발생하게 된다. 이 경우 사업장 관할 세무서장은 각 과세기간별로 해당 과세기간에 대한 환급세액을 사업자에게 그 확정신고기한이 지난 후 30일 이내에 환급하여야 한다(부법 제59조 제1항).

그런데 예정신고기간에 대한 환급세액은 원칙적으로 이를 환급하지 않고 확정신고시 납부할 세액에서 정산하도록 하고 있다. 관할 세무서장은 법 제57조에 따른 조사 후 결정·경정에 의하여 추가로 발생한 환급세액이 있는 경우에는 지체 없이 사업자에게 환급하여야 한다(부령 제106조 제2항).

## Ⅱ. 조기환급

일반환급에 대한 예외로서 조기(확정신고기한이 지난 후 15일 이내)에 세액을 환급해 주는 조기환급제도를 두고 있다.

### 1. 조기환급 대상

조기환급제도를 둔 취지는 구조적으로 그리고 거액의 환급세액이 발생하는 경우에 신속히 부가가치세를 환급함으로써 사업자의 자금압박을 덜어 주고 세제 지원을 통해 수출과 투자를 촉진하기 위한 데 있다. 사업장 관할 세무서장은 사업자가 다음에 해당하는 경우에는 환급세액을 사업자에게 조기환급할 수 있다(부법 제59조 제2항).

#### 가. 사업자가 영세율을 적용받는 경우(제1호)

조기환급을 받을 수 있는 사업자는 해당 영세율 등 조기환급 신고기간·예정신고기간 또는 과세기간 중에 법 제21조부터 제24조까지의 규정 및 「조세특례제한법」 제105조에 따라 각 신고기간 단위별로 영세율의 적용대상이 되는 과세표준이 있는 경우에 한한다.[11)]

#### 나. 사업자가 사업 설비를 신설·취득·확장 또는 증축하는 경우(제2호)

사업설비란 「소득세법」 시행령 제62조 및 「법인세법」 시행령 제24조에 따른 감가상각자산을 말한다(부령 제107조 제2항). 부가가치세 신고서상 매입금액란에는 일반매입과 고정자산매입이 구분되어 있어 설비투자 등의 고정자산매입이 있는 경우에는 조기환급대상으로 분류하고 있다. 부동산임대업을 영위하고자 하는 자가 임대사업에 제공할 건물을 취득하는 경우 또는 제조업을 영위하는 사업자가 제조장을 이전하기 위하여 새로운 제조장을 건설하는 경우 등이 이에 해당하여 조기환급대상이 된다.

#### 다. 사업자가 재무구조개선계획을 이행 중인 경우(제3호)

---

11) 통칙 59-107-1.

## 2. 조기환급 신고방법

환급세액을 조기환급받고자 하는 사업자는 조기환급기간 종료일로부터 25일 이내에 조기환급기간에 대한 과세표준과 환급세액을 관할 세무서장에게 신고하여야 한다. 이것을 '영세율 등 조기환급신고'라고 한다. 이러한 신고에서는 조기환급신고서와 함께 해당 과세표준에 대한 영세율 등 조기환급신고서에 해당 과세표준에 대한 영세율 첨부서류와 매출·매입처별 세금계산서합계표를 제출하여야 한다(부령 제107조 제5항).

조기환급을 받고자 하는 사업자가 예정신고서 또는 확정신고서를 제출한 경우에는 환급에 관하여 신고한 것으로 본다. 다만 사업설비의 신설·취득·확장 또는 증축에 해당하는 경우에는 사업설비의 종류·용도, 설비예정일자, 설비일자, 공급받은 재화 또는 용역과 그 매입세액 및 그 밖의 참고사항을 기재한 건물 등 감가상각자산 취득명세서를 그 신고서에 첨부하여야 하며, 재무구조개선계획을 이행하는 중에는 재무구조개선계획서를 그 신고서에 첨부하여야 한다(부령 제107조 제3항 단서).

실무에서는 조기환급신청시 건물 등 감가상각자산 취득명세서가 첨부되어 있지 아니하더라도 고정자산매입이 사실인 경우 일반적으로 조기환급 대상으로 분류하여 현지 확인·조사 후 환급결정을 하게 된다.

사업장이 둘 이상인 경우 사업자가 어느 한 사업장에서 조기환급사유가 발생하는 경우 해당 사업장의 거래분만을 조기환급신고할 수 있다. 다만 주사업장 총괄 납부 사업자의 경우에는 그러하지 아니하다.[12)]

## 3. 조기환급기간

사업장 관할 세무서장은 조기환급신고가 있는 경우에 각 과세기간별로 해당 과세기간의 환급세액을 그 확정신고기한 경과 후 15일 이내에 사업자에게 환급하여야 한다(부령 제107조 제1항). 그럼에도 불구하고 예정신고기간 중 또는 과세기간 최종 3개월 중 매월 또는 매 2월에 조기환급이 적용되는 사업자가 조기환급기간이 끝난 날부터 25일 이내에 조기환급기간에 대한 과세표준과 환급세

12) 통칙 59-107-3.

액을 관할 세무서장에게 신고하는 경우에는 조기환급기간에 대한 환급세액을 각 조기환급기간별로 해당 조기환급신고기한이 지난 후 15일 이내에 사업자에게 환급하여야 한다(부령 제107조 제4항).

즉 제1기 과세기간의 경우에는 1월·2월·3월·4월·5월·6월(매월의 경우) 또는 1월·2월, 4월·5월(매 2월의 경우)이 조기환급기간이다. 따라서 사업자는 매월별로 신고를 하거나 1월과 2월분을 합하여 신고하고 3월분은 따로 신고할 수 있다.

### 4. 조기환급세액

조기환급세액은 영의 세율이 적용되는 공급분에 관련된 매입세액·시설투자에 관련된 매입세액 또는 국내공급분에 대한 매입세액을 구분하지 아니하고 사업장별로 해당 매출세액에서 매입세액을 공제하여 계산한다.[13]

## Ⅲ. 환급소송의 형태

### 1. 공법상 당사자소송

통상 정부가 세액을 환급해 주는 것은 「민법」상 부당이득의 법리에 근거한다. 따라서 환급세액이 발생하면 별도의 정부결정 없이도 환급권자에게 반환되어야 한다. 그러므로 부가가치세 환급에 관한 「부가가치세법」 제59조는 정부가 이미 부당이득으로서 그 존재와 범위가 확정되어 있는 과오납부액이나 환급세액이 있는 때에 납세의무자의 환급신청을 기다릴 것 없이 이를 즉시 반환하는 것이 정의와 공평에 합당하다는 법리를 선언하고 있는 것이다.

만일 정부가 스스로 반환하지 아니하면 납세의무자가 이미 그 존재와 범위가 확정되어 있는 과오납부액이나 환급세액을 부당이득의 반환을 구하는 민사소송으로 그 환급을 청구할 수 있다는 것이 과거 판례의 확고한 입장이었다.[14] 그런데 대법원은 부가가치세 환급세액 지급청구에 대한 종전의 태도를 변경하여 부당이득금의 존부나 범위가 「부가가치세법」상 납부세액 계산구조에 의하여 정

13) 통칙 59-107-2.
14) 대법원 1991.7.9. 선고 91다13342 판결; 대법원 1989.6.15. 선고 88누6436 전원합의체 판결.

해진다는 이유로 부가가치세 환급세액 지급청구는 민사소송이 아니라 「행정소송법」 제3조 제2호에 규정된 당사자소송의 절차에 따라야 한다고 함으로써 공법상 당사자소송으로 보고 있다.[15]

부가가치세 환급세액 지급청구가 당사자소송의 대상인지 여부에 대하여 적극설을 취한 대법원의 논리는 아래와 같다.

부가가치세법령이 환급세액의 정의 규정 및 그 지급시기와 산출방법에 관한 구체적인 규정과 함께 부가가치세 납세의무를 부담하는 사업자(납세의무자)에 대한 국가의 환급세액 지급의무를 규정한 이유는, 입법자가 과세 및 징수의 편의를 도모하고 중복과세를 방지하는 등의 조세정책적 목적을 달성하기 위한 입법적 결단을 통하여, 최종소비자에 이르기 전의 각 거래단계에서 재화 또는 용역을 공급하는 사업자가 그 공급을 받는 사업자로부터 매출세액을 징수하여 국가에 납부하고, 그 세액을 징수당한 사업자는 이를 국가로부터 매입세액으로 공제·환급받는 과정을 통하여 그 세액의 부담을 다음 단계의 사업자에게 차례로 전가하여 궁극적으로 최종소비자에게 이를 부담시키는 것을 근간으로 하는 전단계세액공제제도를 채택한 결과, 어느 과세기간에 거래징수된 세액이 거래징수를 한 세액보다 많은 경우에는 그 납세의무자가 창출한 부가가치에 상응하는 세액보다 많은 세액이 거래징수되게 되므로 이를 조정하기 위한 과세기술상 조세정책적인 요청에 따라 특별히 인정한 것이라고 할 수 있다.

따라서 이와 같은 부가가치세법령의 내용과 형식 및 입법 취지 등에 비추어 보면, 납세의무자에 대한 국가의 부가가치세 환급세액 지급의무는 그 납세의무자로부터 어느 과세기간에 과다하게 거래징수된 세액 상당을 국가가 실제로 납부받았는지와 관계없이 부가가치세법령의 규정에 의하여 직접 발생하는 것으로서, 그 법적 성질은 정의와 공평의 관념에서 수익자와 손실자 사이의 재산상태 조정을 위해 인정되는 부당이득 반환의무가 아니라 부가가치세법령에 의하여 그 존부나 범위가 구체적으로 확정되고 조세정책적 관점에서 특별히 인정되는 공법상 의무라고 봄이 타당하다.

종래 과오납금 등 환급청구를 민사소송의 형식으로 제기하여도 사법체계나 소송실무의 관점에서 크게 문제되지 아니하였고, 실제 민사소송과 당사자소송의

15) 대법원 2013.3.21. 선고 2011다95564 전원합의체 판결.

구별실익이 크지 않다는 점에서 부가가치세 환급소송의 형식을 어떻게 해석하든지 납세자 권리구제 측면에서 중요한 문제는 아니라고 생각한다. 다만 다른 세금의 경우에는 환급청구를 여전히 민사소송에 의해야 한다면 차라리 「행정소송법」을 개정하여 공법상 당사자소송의 축을 확대하고 통일적인 제도를 확립해야 할 것이다.

### 2. 경정처분취소청구 소송

과세관청이 납세의무자가 당초에 신고한 과세표준과 납부세액 또는 환급세액에 누락이나 오류가 있다고 하여 「부가가치세법」 제57조 제1항에 따라 환급세액을 줄이거나 납부세액을 증액하는 경정처분을 하는 경우가 있다. 이 때는 당초의 신고에 의하여 발생한 조세채무의 확정력은 더 이상 유지될 수 없다. 따라서 납세의무자가 그와 같은 과세관청의 경정처분에 불복하여 당초 신고한 환급세액을 지급받기 위해서는 과세관청의 경정처분에 대한 취소소송을 제기하는 방법에 의하여야 한다. 이를 민사소송에 의하여 구하는 것은 부적법하다는 것이 판례의 태도이다.16)

## 제 4 절 가산세

**제60조(가산세)** ① 사업자 또는 국외사업자가 다음 각 호의 어느 하나에 해당하면 각 호에 따른 금액을 납부세액에 더하거나 환급세액에서 뺀다.

1. 제8조 제1항 본문에 따른 기한까지 등록을 신청하지 아니한 경우에는 사업 개시일부터 등록을 신청한 날의 직전일까지의 공급가액의 합계액의 1퍼센트

1의2. 제53조의2 제1항 및 제2항에 따른 기한까지 등록을 하지 아니한 경우에는 사업 개시일부터 등록한 날의 직전일까지의 공급가액 합계액의 1퍼센트

2. 대통령령으로 정하는 타인의 명의로 제8조에 따른 사업자등록을 하거나 그

16) 대법원 2001.10.26. 선고 2000두7520 판결; 대법원 1996.9.6. 선고 95다4063 판결; 대법원 1996.4.12. 선고 94다34005 판결 참조.

타인 명의의 제8조에 따른 사업자등록을 이용하여 사업을 하는 것으로 확인되는 경우 그 타인 명의의 사업 개시일부터 실제 사업을 하는 것으로 확인되는 날의 직전일까지의 공급가액의 합계액의 1퍼센트

② 사업자가 다음 각 호의 어느 하나에 해당하면 각 호에 따른 금액을 납부세액에 더하거나 환급세액에서 뺀다. 이 경우 제1호 또는 제2호가 적용되는 부분은 제3호부터 제5호까지를 적용하지 아니하고, 제5호가 적용되는 부분은 제3호 및 제4호를 적용하지 아니한다.

1. 제34조에 따른 세금계산서의 발급시기가 지난 후 해당 재화 또는 용역의 공급시기가 속하는 과세기간[제34조 제3항에 따라 세금계산서를 발급하는 경우 재화 또는 용역의 공급일이 속하는 과세기간 말의 다음 달 10일(그 날이 공휴일 또는 토요일인 경우에는 바로 다음 영업일)]에 대한 확정신고기한까지 세금계산서를 발급하는 경우 그 공급가액의 1퍼센트
2. 제34조에 따른 세금계산서의 발급시기가 지난 후 해당 재화 또는 용역의 공급시기가 속하는 과세기간에 대한 확정신고기한까지 세금계산서를 발급하지 아니한 경우 그 공급가액의 2퍼센트. 다만, 다음 각 목의 어느 하나에 해당하는 경우에는 그 공급가액의 1퍼센트로 한다.
   가. 제32조 제2항에 따라 전자세금계산서를 발급하여야 할 의무가 있는 자가 전자세금계산서를 발급하지 아니하고 제34조에 따른 세금계산서의 발급시기에 전자세금계산서 외의 세금계산서를 발급한 경우
   나. 둘 이상의 사업장을 가진 사업자가 재화 또는 용역을 공급한 사업장 명의로 세금계산서를 발급하지 아니하고 제34조에 따른 세금계산서의 발급시기에 자신의 다른 사업장 명의로 세금계산서를 발급한 경우
3. 제32조 제3항에 따른 기한이 지난 후 재화 또는 용역의 공급시기가 속하는 과세기간에 대한 확정신고기한까지 국세청장에게 전자세금계산서 발급명세를 전송하는 경우 그 공급가액의 0.3퍼센트
4. 제32조 제3항에 따른 기한이 지난 후 재화 또는 용역의 공급시기가 속하는 과세기간에 대한 확정신고기한까지 국세청장에게 전자세금계산서의 발급명세를 전송하지 아니한 경우 그 공급가액의 0.5퍼센트
5. 세금계산서의 필요적 기재사항의 전부 또는 일부가 착오 또는 과실로 적혀 있지 아니하거나 사실과 다른 경우 그 공급가액의 1퍼센트. 다만, 대통령령으로 정하는 바에 따라 거래사실이 확인되는 경우는 제외한다.

③ 사업자가 다음 각 호의 어느 하나에 해당하는 경우에는 해당 각 호에 따른 금액을 납부세액에 더하거나 환급세액에서 뺀다.

1. 재화 또는 용역을 공급하지 아니하고 세금계산서 또는 제46조 제3항에 따른 신용카드매출전표등(이하 "세금계산서등"이라 한다)을 발급한 경우: 그 세금계산서등에 적힌 공급가액의 3퍼센트
2. 재화 또는 용역을 공급받지 아니하고 세금계산서등을 발급받은 경우: 그 세금계산서등에 적힌 공급가액의 3퍼센트
3. 재화 또는 용역을 공급하고 실제로 재화 또는 용역을 공급하는 자가 아닌 자 또는 실제로 재화 또는 용역을 공급받는 자가 아닌 자의 명의로 세금계산서등을 발급한 경우: 그 공급가액의 2퍼센트
4. 재화 또는 용역을 공급받고 실제로 재화 또는 용역을 공급하는 자가 아닌 자의 명의로 세금계산서등을 발급받은 경우: 그 공급가액의 2퍼센트
5. 재화 또는 용역을 공급하고 세금계산서등의 공급가액을 과다하게 기재한 경우: 실제보다 과다하게 기재한 부분에 대한 공급가액의 2퍼센트
6. 재화 또는 용역의 공급을 받고 제5호가 적용되는 세금계산서등을 발급받은 경우: 실제보다 과다하게 기재된 부분에 대한 공급가액의 2퍼센트

④ 사업자가 아닌 자가 재화 또는 용역을 공급하지 아니하고 세금계산서를 발급하거나 재화 또는 용역을 공급받지 아니하고 세금계산서를 발급받으면 사업자로 보고 그 세금계산서에 적힌 공급가액에 3퍼센트를 그 세금계산서를 발급하거나 발급받은 자에게 납세지 관할 세무서장이 가산세로 징수한다. 이 경우 제37조 제2항에 따른 납부세액은 0으로 본다.

⑤ 사업자가 다음 각 호의 어느 하나에 해당하는 경우에는 각 호의 구분에 따른 금액을 납부세액에 더하거나 환급세액에서 뺀다.

1. 제46조 제3항에 따라 발급받은 신용카드매출전표등을 제48조 제1항·제4항 또는 제49조 제1항에 따라 예정신고 또는 확정신고를 할 때 제출하여 매입세액을 공제받지 아니하고 대통령령으로 정하는 사유로 매입세액을 공제받은 경우: 그 공급가액의 0.5퍼센트
2. 매입세액을 공제받기 위하여 제46조 제3항 제1호에 따라 제출한 신용카드매출전표등 수령명세서에 공급가액을 과다하게 적은 경우: 실제보다 과다하게 적은 공급가액(착오로 기재된 경우로서 신용카드매출전표등에 따라 거래사실이 확인되는 부분의 공급가액은 제외한다)의 0.5퍼센트

⑥ 사업자가 다음 각 호의 어느 하나에 해당하면 각 호에 따른 금액을 납부세액에 더하거나 환급세액에서 뺀다. 다만, 제54조 제1항에 따라 제출한 매출처별 세금계산서합계표의 기재사항이 착오로 적힌 경우로서 사업자가 발급한 세금계산서에 따라 거래사실이 확인되는 부분의 공급가액에 대하여는 그러하지 아니하다.

1. 제54조 제1항 및 제3항에 따른 매출처별 세금계산서합계표를 제출하지 아니한 경우에는 매출처별 세금계산서합계표를 제출하지 아니한 부분의 공급가액의 0.5퍼센트
2. 제54조 제1항 및 제3항에 따라 제출한 매출처별 세금계산서합계표의 기재사항 중 거래처별 등록번호 또는 공급가액의 전부 또는 일부가 적혀 있지 아니하거나 사실과 다르게 적혀 있는 경우에는 매출처별 세금계산서합계표의 기재사항이 적혀 있지 아니하거나 사실과 다르게 적혀 있는 부분의 공급가액의 0.5퍼센트
3. 제54조 제3항에 따라 예정신고를 할 때 제출하지 못하여 해당 예정신고기간이 속하는 과세기간에 확정신고를 할 때 매출처별 세금계산서합계표를 제출하는 경우로서 제2호에 해당하지 아니하는 경우에는 그 공급가액의 0.3퍼센트

⑦ 사업자가 다음 각 호의 어느 하나에 해당하면 각 호에 따른 금액을 납부세액에 더하거나 환급세액에서 뺀다. 다만, 매입처별 세금계산서합계표의 기재사항이 착오로 적힌 경우로서 사업자가 수령한 세금계산서 또는 수입세금계산서에 따라 거래사실이 확인되는 부분의 공급가액에 대하여는 그러하지 아니하다.

1. 제39조 제1항 제2호 단서에 따라 매입세액을 공제받는 경우로서 대통령령으로 정하는 경우에는 매입처별 세금계산서합계표에 따르지 아니하고 세금계산서 또는 수입세금계산서에 따라 공제받은 매입세액에 해당하는 공급가액의 0.5퍼센트
2. 제54조 제1항 및 제3항에 따른 매입처별 세금계산서합계표를 제출하지 아니한 경우 또는 제출한 매입처별 세금계산서합계표의 기재사항 중 거래처별 등록번호 또는 공급가액의 전부 또는 일부가 적혀 있지 아니하거나 사실과 다르게 적혀 있는 경우에는 매입처별 세금계산서합계표에 따르지 아니하고 세금계산서 또는 수입세금계산서에 따라 공제받은 매입세액에 해당하는 공급가액의 0.5퍼센트. 다만, 대통령령으로 정하는 경우는 제외한다.
3. 제54조 제1항 및 제3항에 따라 제출한 매입처별 세금계산서합계표의 기재사항 중 공급가액을 사실과 다르게 과다하게 적어 신고한 경우에는 제출한 매

입처별 세금계산서합계표의 기재사항 중 사실과 다르게 과다하게 적어 신고한 공급가액의 0.5퍼센트

⑧ 사업자가 제55조 제1항에 따른 현금매출명세서 또는 같은 조 제2항에 따른 부동산임대공급가액명세서를 제출하지 아니하거나 제출한 수입금액(현금매출명세서의 경우에는 현금매출을 말한다. 이하 이 항에서 같다)이 사실과 다르게 적혀 있으면 제출하지 아니한 부분의 수입금액 또는 제출한 수입금액과 실제 수입금액과의 차액의 1퍼센트를 납부세액에 더하거나 환급세액에서 뺀다.

⑨ 제1항부터 제7항까지를 적용할 때에 제1항부터 제3항까지의 규정이 적용되는 부분에는 다음 각 호의 구분에 따른 규정을 각각 적용하지 아니한다.

1. 제1항이 적용되는 부분: 제2항(제2호는 제외한다)·제5항 및 제6항
2. 제2항(제2호는 제외한다)이 적용되는 부분: 제6항
3. 제2항 제2호 또는 제3항이 적용되는 부분: 제1항·제6항 및 제7항
4. 제3항 제3호가 적용되는 부분: 제2항 제2호 본문
5. 제3항 제5호가 적용되는 부분: 제2항 제5호 본문

⑩ 「법인세법」 제75조의6 제2항 제3호 또는 「소득세법」 제81조 제11항 제3호의 가산세를 적용받는 부분은 제2항 제2호 및 제6항 제2호의 가산세를 적용하지 아니한다.

## Ⅰ. 개 요

가산세는 과세권의 행사 및 조세채권의 실현을 용이하게 하기 위하여 납세의무자가 정당한 이유 없이 세법에 규정된 각종 신고 또는 납부의무 등 세법상의 협력의무를 이행하지 않는 경우에 법이 정하는 바에 따라서 산출한 세액에 가산하여 부과하는 행정상의 제재이다. 가산세 부과에서 납세의무자의 고의나 과실은 고려되지 않는다.[17)]

종전에는 각 개별 세법에서 신고·납부 불성실가산세를 규정하고 있었으나 각 개별 세법의 이들 가산세 규정을 총칙적 사항으로 「국세기본법」 제47조의2 내지 제47조의4에서 규정하고 있다. 아울러 무신고 또는 과소신고시 종전에는 일률적으로 10퍼센트 가산세를 적용하였으나 현행법은 그 유형에 따라 20퍼센

17) 대법원 2003.12.11. 선고 200두4761 판결.

트 또는 40퍼센트를 적용함으로써 중과하고 있다. 그 외에도 「부가가치세법」 고유의 가산세가 규정되어 있다.

구법에서 명문규정은 없었지만 납세의무자에게 그 의무의 태만을 탓할 수 없는 정당한 사유가 있는 경우에는 가산세를 부과하지 아니하는 것이 종전 판례의 입장이었다.[18] 이를 「국세기본법」에 명문화하여 가산세 부과의 원인이 되는 사유가 천재·지변 등 「국세기본법」 제6조 제1항의 규정에 따른 기한연장 사유에 해당하거나 납세의무자가 의무를 불이행한 것에 대하여 정당한 사유가 있는 때에는 해당 가산세를 부과하지 아니한다(국기법 제48조).

## Ⅱ. 「부가가치세법」에 따른 가산세

사업자가 아래 가산세 부과사유에 해당하면 가산세 금액을 납부세액에 더하거나 환급세액에서 뺀다(부법 제60조 제1항).

### 1. 사업자미등록 가산세

사업자 또는 국외사업자가 사업장마다 법정기한(사업 개시일로부터 20일)까지 관할 세무서에 사업자등록을 신청하지 아니한 경우에는 사업개시일로부터 등록을 신청한 날의 직전일까지의 공급가액의 합계액의 1퍼센트에 해당하는 금액이다(제1호). 이러한 사업자미등록 가산세는 개인 및 법인 모두 동일하게 적용한다. 한편 전자적 용역을 공급하는 국외사업자가 사업의 개시일로부터 20일 이내에 간편사업자 등록을 하지 아니한 경우에는 사업 개시일부터 등록한 날의 직전일까지의 공급가액 합계액의 1퍼센트를 가산세로 부과한다(1의2호).

### 2. 위장사업자 가산세

사업자가 자기의 계산과 책임으로 사업을 경영하지 아니하는 자의 명의로 사업자등록을 하거나 그 타인 명의의 사업자등록을 이용하여 사업을 하는 것으로 확인되는 경우에는 그 타인 명의의 사업개시일로부터 실제 사업을 하는 것으로 확인되는 날의 직전일까지의 공급가액 합계액의 1퍼센트에 해당하는 금액을

18) 대법원 2001.1.30. 선고 99두7876 판결.

가산세로 한다(제2호). 다만 사업자의 배우자 및 상속으로 인하여 피상속인이 경영하던 사업이 승계되는 경우 그 피상속인(상속개시일부터 상속세 과세표준 신고기한까지의 기간 동안 상속인이 피상속인 명의의 사업자등록을 활용하여 사업을 하는 경우로 한정)의 명의로 사업자등록을 한 경우에는 가산세를 적용하지 아니한다(부령 제108조 제1항).

## 3. 세금계산서 관련 가산세

세금계산서 관련 가산세는 재화 또는 용역을 공급한 사업자에게 적용되는 것이 원칙이다. 재화 또는 용역을 공급받은 자는 원칙적으로 세금계산서 관련 가산세를 적용받지 않는다. 다만 예외적으로 공급받은 사업자에게 가산세가 적용되는 경우도 있다. 사업자가 다음에 해당하면 그에 따른 금액을 납부세액에 더하거나 환급세액에서 뺀다(부법 제60조 제2항).

### 가. 세금계산서 지연발급·미발급 등

① 세금계산서를 세금계산서의 발급시기가 지난 후 해당 재화 또는 용역의 공급시기가 속하는 과세기간[법 제34조 제3항에 따라 세금계산서를 발급하는 경우 재화 또는 용역의 공급일이 속하는 과세기간 말의 다음 달 10일(그 날이 공휴일 또는 토요일인 경우에는 바로 다음 영업일)]에 대한 확정신고기한까지 세금계산서를 발급하는 경우 그 공급가액의 1퍼센트(제1호)

② 세금계산서를 세금계산서의 발급시기가 지난 후 재화 또는 용역의 공급시기가 속하는 과세기간[법 제34조 제3항에 따라 세금계산서를 발급하는 경우 재화 또는 용역의 공급일이 속하는 과세기간 말의 다음 달 10일(그 날이 공휴일 또는 토요일인 경우에는 바로 다음 영업일)]에 대한 확정신고기한까지 세금계산서를 발급하지 아니한 경우 그 공급가액의 2퍼센트(제2호). 다만 전자세금계산서를 발급하여야 할 의무가 있는 자가 전자세금계산서를 발급하지 아니하고 법 제34조에 따른 세금계산서의 발급시기에 전자세금계산서 외의 세금계산서를 발급한 경우 및 둘 이상의 사업장을 보유한 사업자가 재화 또는 용역을 공급한 사업장이 아닌 자신의 다른 사업장 명의로 세금계산서를 발급한 경우에는 그 공급가액의 1퍼센트로 한다(제2호 가목 및 나목).

③ 전자세금계산서 발급 기한이 지난 후 재화 또는 용역의 공급시기가 속하

는 과세기간에 대한 확정신고기한까지 국세청장에게 전자세금계산서 발급명세를 전송하는 경우 그 공급가액의 0.3퍼센트(제3호)

④ 전자세금계산서 발급 기한이 지난 후 재화 또는 용역의 공급시기가 속하는 과세기간에 대한 확정신고기한까지 국세청장에게 전자세금계산서 발급명세를 전송하지 아니한 경우 그 공급가액의 0.5퍼센트(제4호)

⑤ 세금계산서의 필요적 기재사항의 전부 또는 일부가 착오 또는 과실로 적혀 있지 아니하거나 사실과 다른 경우 그 공급가액의 1퍼센트. 다만 대통령령으로 정하는 바에 따라 거래사실이 확인되는 경우는 제외한다.

### 나. 세금계산서 부실기재

세금계산서의 필요적 기재사항의 전부 또는 일부가 착오 또는 과실로 적혀 있지 아니하거나 사실과 다른 경우 그 공급가액의 0.5퍼센트를 가산세로 한다(부법 제60조 제2항 제5호). 다만 사업자가 발급한 세금계산서의 필요적 기재사항 중 일부가 착오나 과실로 사실과 다르게 적혔으나 해당 세금계산서에 적힌 나머지 필요적 기재사항 또는 임의적 기재사항으로 보아 거래사실이 확인되는 경우에는 위에서 말하는 사실과 다른 세금계산서로 보지 아니한다(부령 제108조 제3항).

판례를 보면, 법인의 지점이 별도로 사업자등록을 하고 부동산임대업에 제공해 오던 건물을 양도하면서 건물의 매각에 관한 세금계산서상 공급자의 등록번호란에는 본점의 사업자등록번호, 상호란에는 단순히 해당 법인, 사업장 주소란에도 본점의 사업장 주소가 각 기재되어 있을 뿐이고, 별도로 사업자등록을 한 위 지점이 거래한 사실을 확인할 수 있는 다른 기재사항이 전혀 없다면 그 세금계산서의 기재사항으로 보아 위 지점의 거래사실을 확인할 수 있는 경우에 해당한다고 볼 수 없다고 하였다.[19]

### 다. 세금계산서 가공발급

사업자가 다음 중 어느 하나에 해당하는 경우에는 아래 금액을 납부세액에 더하거나 환급세액에서 뺀다(부법 제60조 제3항).

① 재화 또는 용역을 공급하지 아니하고 세금계산서 또는 제46조 제3항에 따른 신용카드매출전표등(이하 '세금계산서등'이라 한다)을 발급한 경우: 그 세금계

19) 대법원 1998.9.18. 선고 97누20625 판결.

산서등에 적힌 공급가액의 3퍼센트(제1호)

② 재화 또는 용역을 공급받지 아니하고 세금계산서등을 발급받은 경우: 그 세금계산서등에 적힌 공급가액의 3퍼센트(제2호)

③ 재화 또는 용역을 공급하고 실제로 재화 또는 용역을 공급하는 자가 아닌 자 또는 실제로 재화 또는 용역을 공급받는 자가 아닌 자의 명의로 세금계산서등을 발급한 경우: 그 공급가액의 2퍼센트(제3호)

④ 재화 또는 용역을 공급받고 실제로 재화 또는 용역을 공급하는 자가 아닌 자의 명의로 세금계산서등을 발급받은 경우: 그 공급가액의 2퍼센트(제4호)

⑤ 재화 또는 용역을 공급하고 세금계산서등의 공급가액을 과다하게 기재한 경우: 실제보다 과다하게 기재한 부분에 대한 공급가액의 2퍼센트(제5호)

⑥ 재화 또는 용역의 공급을 받고 제5호가 적용되는 세금계산서등을 발급받은 경우: 실제보다 과다하게 기재된 부분에 대한 공급가액의 2퍼센트(제6호)

한편 사업자가 아닌 자가 재화 또는 용역을 공급하지 아니하고 세금계산서를 발급하거나 재화 또는 용역을 공급받지 아니하고 세금계산서를 발급받으면 사업자로 보고 그 세금계산서에 적힌 공급가액의 3퍼센트를 그 세금계산서를 발급하거나 발급받은 자에게 납세지 관할 세무서장이 가산세로 징수한다. 이 경우 납부세액은 0으로 본다(부법 제60조 제4항).

### 라. 신용카드매출전표 등을 발급받아 예정신고·확정신고 등을 할 때에 제출하여 매입세액을 공제받지 아니한 경우

사업자가 신용카드매출전표등을 발급받아 예정신고 또는 확정신고를 할 때에 제출하여 매입세액을 공제받지 아니하고 경정을 하는 경우로서, 사업자가 발급받은 세금계산서 또는 발급받은 신용카드매출전표등을 경정기관의 확인을 거쳐 해당 경정기관에 제출하는 때에는 다음의 구분에 따른 금액을 납부세액에 더하거나 환급세액에서 뺀다(부법 제60조 제5항).

① 발급받은 신용카드매출전표등을 예정신고 또는 확정신고를 할 때 제출하여 매입세액을 공제받지 아니하고 대통령령으로 정하는 사유로 매입세액을 공제받은 경우: 그 공급가액의 0.5퍼센트(제1호)

② 매입세액을 공제받기 위하여 제출한 신용카드매출전표등 수령명세서에

공급가액을 과다하게 적은 경우: 실제보다 과다하게 적은 공급가액(착오로 기재된 경우로서 신용카드매출전표등에 따라 거래사실이 확인되는 부분의 공급가액은 제외한다)의 0.5퍼센트(제2호)

### 4. 매출처별 세금계산서합계표 관련 가산세

매출처별 또는 매입처별 세금계산서합계표 불성실가산세의 주된 목적은 부가가치세의 납세의무를 지는 사업자에게 세금계산서합계표의 기재사항을 사실대로 정확하게 기재하여 과세관청에 제출할 의무를 부과하는 데 있다. 이는 과세권의 행사와 조세채권의 실현을 용이하게 하기 위한 것이다.

사업자가 다음에 해당하면 아래 금액을 납부세액에 더하거나 환급세액에서 뺀다. 다만 제출한 매출처별 세금계산서합계표의 기재사항이 착오로 적힌 경우로서 사업자가 발급한 세금계산서에 따라 거래사실이 확인되는 부분의 공급가액에 대하여는 그러하지 아니하다(동조 제6항).

① 매출처별 세금계산서합계표를 제출하지 아니한 경우에는 매출처별 세금계산서합계표를 제출하지 아니한 부분의 공급가액의 0.5퍼센트(제1호)

② 제출한 매출처별 세금계산서합계표의 기재사항 중 거래처별 등록번호 또는 공급가액의 전부 또는 일부가 적혀 있지 아니하거나 사실과 다르게 적혀 있는 경우에는 매출처별 세금계산서합계표의 기재사항이 적혀 있지 아니하거나 사실과 다르게 적혀 있는 부분의 공급가액의 0.5퍼센트(제2호)

③ 예정신고를 할 때 제출하지 못하여 해당 예정신고기간이 속하는 과세기간에 확정신고를 할 때 매출처별 세금계산서합계표를 제출하는 경우로서 상기 ②에 해당하지 아니하는 경우에는 그 공급가액의 0.3퍼센트(제3호)

여기서 '거래처별 등록번호'는 특별한 사정이 없는 한 「부가가치세법」상 사업자등록에 의하여 발급받은 등록번호라고 해석하여야 할 것이다. 면세사업자가 사업자등록신청을 하여 등록증을 발급받는 경우가 종종 있는데 부가가치세의 납세의무가 없는 면세사업자는 「부가가치세법」상의 사업자등록의무도 없다고 할 것이므로, 이는 「소득세법」상의 사업자등록을 한 것이거나 「부가가치세법」상의 고유번호를 받은 것으로 볼 수 있을 뿐 「부가가치세법」 소정의 사업자등록을 한 것이라고는 볼 수 없다. 따라서 면세사업자의 고유번호 또는 「소득세법」상 등록번호는 여기서 말하는 '거래처별 등록번호'에 해당한다고 할 수 없다.

한편 부가가치세 면세사업자에 대한 공급분에 관하여 매출처별 세금계산서 합계표를 제출함에 있어 해당 면세사업자의 고유번호 대신 주민등록번호를 기재하였다고 하더라도 합계표 부실기재 가산세의 부과대상에 해당하지 않는다는 것이 판례의 입장이다.[20] 다른 판례에 의하면, 재화를 공급하는 사업자가 가공거래로 인한 가공의 매출금액과 가공의 매입금액을 각 합산하여 기재함으로써 매출·매입처별 세금계산서합계표의 공급가액을 사실과 다르게 기재하였다면, 사업자는 그 가공거래 부분에 대하여 부가가치세 납세의무를 부담하는지 여부와는 상관없이 사실과 다르게 기재된 세금계산서합계표의 공급가액에 대하여 소정의 매출·매입처별 세금계산서합계표 부실기재가산세를 납부할 의무가 있다.[21]

가산세는 징수절차의 편의상 해당 세법이 정하는 국세의 세목으로 하여 그 세법에 의하여 산출된 본세의 세액에 가산하여 함께 징수하는 것일 뿐, 세법이 정하는 바에 의하여 성립 확정되는 국세와 본질적으로 그 성질이 다른 것으로 보고 있는 것이다.

### 5. 매입처별 세금계산서합계표 관련 가산세

사업자가 다음에 해당하면 아래 금액을 납부세액에 더하거나 환급세액에서 뺀다. 다만 매입처별 세금계산서합계표의 기재사항이 착오로 적힌 경우로서 사업자가 수령한 세금계산서 또는 수입세금계산서에 따라 거래사실이 확인되는 부분의 공급가액에 대하여는 그러하지 아니하다(동조 제7항).

① 세금계산서 등의 필요적 기재사항이 사실과 다르게 적힌 경우 등 법령에 따라 매입세액을 공제받는 경우에는 매입처별 세금계산서합계표에 따르지 아니하고 세금계산서 또는 수입세금계산서에 따라 공제받은 매입세액에 해당하는 공급가액의 0.5퍼센트(제1호)

② 매입처별 세금계산서합계표를 제출하지 아니한 경우 또는 제출한 매입처별 세금계산서합계표의 기재사항 중 거래처별 등록번호 또는 공급가액의 전부 또는 일부가 적혀 있지 아니하거나 사실과 다르게 적혀 있는 경우에는 매입처별

20) 대법원 2003.12.26. 선고 2002두10032 판결.
21) 대법원 2003.5.16. 선고 2001두1772 판결.

세금계산서합계표에 따르지 아니하고 세금계산서 또는 수입세금계산서에 따라 공제받은 매입세액에 해당하는 공급가액의 0.5퍼센트(제2호). 다만 매입처별 세금계산서합계표를 제출하지 아니한 경우 등에 대한 매입세액 공제에 관하여 규정한 「부가가치세법」 시행령 제74조 제1호부터 제4호까지의 경우 중 어느 하나에 해당하는 경우는 제외한다(부령 제108조 제6항).

③ 매입처별 세금계산서합계표의 기재사항 중 공급가액을 사실과 다르게 과다하게 적어 신고한 경우에는 제출한 매입처별 세금계산서합계표의 기재사항 중 사실과 다르게 과다하게 적어 신고한 공급가액의 0.5퍼센트(제3호)

### 6. 현금매출명세서 등 부실기재 가산세

사업자가 현금매출명세서 또는 부동산임대공급가액명세서를 제출하지 아니하거나 제출한 수입금액(현금매출명세서의 경우에는 현금매출을 말한다)이 사실과 다르게 적혀 있으면 제출하지 아니한 부분의 수입금액 또는 제출한 수입금액과 실제 수입금액과의 차액의 1퍼센트를 납부세액에 더하거나 환급세액에서 뺀다(부법 제60조 제8항).

### 7. 중복 적용의 배제

사업자에게 미등록 가산세, 위장사업자 가산세, 세금계산서 관련 가산세, 세금계산서 지연발급 또는 미발급 가산세, 세금계산서 부실기재 가산세 및 가공발급 가산세가 적용되는 경우에는 다음 구분에 따른 규정을 각각 적용하지 아니한다(부법 제60조 제9항).

① 사업자미등록 가산세(동조 제1항)가 적용되는 경우: 세금계산서 과세기간 내 지연발급 및 미발급 가산세(동조 제2항), 과세기간 후 미발급 가산세(동조 제2항 제2호는 제외), 신용카드매출전표 등을 발급받아 예정신고 또는 확정신고 등을 할 때에 제출하여 매입세액을 공제받지 아니한 경우의 가산세(동조 제5항) 및 매출처별 세금계산서합계표 관련 가산세(동조 제6항)

② 세금계산서 과세기간 내 지연발급 및 미발급 가산세(동조 제2항)가 적용되는 경우(동조 제2항 제2호의 과세기간 후 미발급 가산세는 제외): 매출처별 세금계산서합계표 관련 가산세(동조 제6항)

③ 세금계산서 과세기간 후 미발급 가산세(동조 제2항 제2호) 또는 세금계산서 가공발급 가산세(동조 제3항)가 적용되는 경우: 사업자미등록 가산세 및 위장사업자 가산세(동조 제1항), 매출처별 세금계산서합계표 관련 가산세(동조 제6항), 매입처별 세금계산서합계표 관련 가산세(동조 제7항)

④ 세금계산서 가공발급의 경우로서 허위명의로 세금계산서를 발급한 경우(동조 제3항 제3호): 세금계산서 지연발급 및 미발급 관련 가산세 중 과세기간 후 미발급 가산세(동조 제2항 제2호 본문)

⑤ 재화 또는 용역을 공급하고 세금계산서 등의 공급가액을 과다하게 기재한 경우(동조 제3항 제5호): 사실과 다른 세금계산서의 발급에 대한 가산세(동조 제2항 제5호 본문)

이 밖에 사업자가 「법인세법」상 현금영수증 미발급 관련 가산세(제75조의6 제2항 제3호) 또는 「소득세법」상 현금영수증 미발급 관련 가산세(제81조의9 제2항 제3호)를 적용받는 부분에 대하여는 「부가가치세법」상 세금계산서 미발급 관련 가산세 중 과세기간 후 미발급 가산세(동조 제2항 제2호) 및 매출처별 세금계산서합계표 관련 가산세 중 등록번호 또는 공급가액이 부실기재되어 있거나 사실과 다른 경우의 가산세(동조 제6항 제2호)를 적용하지 아니한다(동조 제10항).

## Ⅲ. 「국세기본법」에 따른 가산세

### 1. 신고불성실 가산세

#### 가. 일반 무신고 가산세

사업자가 법정신고기한까지 「부가가치세법」에 따른 부가가치세의 과세표준 신고(예정신고 및 중간신고를 포함)를 하지 아니한 경우에는 그 신고로 납부하여야 할 세액(무신고납부세액)의 100분의 20에 상당하는 금액을 가산세로 한다(국기법 제47조의2 제1항 제2호). 하지만 「국세기본법」 및 「부가가치세법」에 따른 가산세와 「부가가치세법」에 따라 가산하여 납부하여야 할 이자 상당 가산액이 있는 경우 그 금액은 무신고납부세액에서 제외한다.

다만 「부가가치세법」에 따른 사업자가 예정신고 및 확정신고를 하지 아니한 경우로서 같은 법 또는 「조세특례제한법」에 따른 영세율이 적용되는 과세표준이 있는 경우에는 무신고납부세액의 100분의 20에 상당하는 금액과 영세율 과세표준의 1천분의 5에 상당하는 금액을 합한 금액을 가산세로 한다(국기법 제47조의2 제2항 제2호).

### 나. 부정무신고 가산세

부정행위로 법정신고기한까지 「부가가치세법」에 따른 과세표준 신고를 하지 아니한 경우에는 무신고납부세액의 100분의 40(국제거래에서 발생한 부정행위로 부가가치세의 과세표준 신고를 하지 아니한 경우에는 100분의 60)에 상당하는 금액을 가산세로 한다(동조 제1항 제1호). 다만 「부가가치세법」에 따른 사업자가 예정신고 및 확정신고를 하지 아니한 경우로서 영세율 과세표준이 있는 경우에는 무신고납부세액의 100분의 40(국제거래에서 발생한 부정행위로 부가가치세의 과세표준 신고를 하지 아니한 경우에는 100분의 60)에 상당하는 금액과 영세율 과세표준의 1천분의 5에 상당하는 금액을 합한 금액을 가산세로 한다(동조 제2항 제2호).

여기서 '부정행위'란 납세의무자가 국세의 과세표준 또는 세액 계산의 기초가 되는 사실의 전부 또는 일부를 은폐하거나 가장하는 것에 기초하여 국세의 과세표준 또는 세액의 신고의무를 위반하는 것을 말한다고 해석할 수 있다.[22] 문제는 가산세 요건으로서 부정행위가 「조세범처벌법」 제3조 제7항의 '사기나 그 밖의 부정한 행위'와 같은 개념으로 해석하여야 하는가 하는 점인데, 종전 「조세범처벌법」상의 부정행위 개념과 다소 다른 의미였던 부정행위의 유형을 열거하였다가 현행법에서 전부 삭제한 것은 양자를 동일하게 해석하기 위한 취지로 보이므로 서로 다르게 해석해야 할 이유가 없다고 생각된다.

따라서 '부정한 방법'이란 납세자가 국세의 과세표준 또는 세액 계산의 기초가 되는 사실의 전부 또는 일부를 은폐하거나 가장하는 것에 기초하여 조세의 부과와 징수를 불가능하게 하거나 현저히 곤란하게 하는 아래의 적극적인 행위를 말한다.[23]

① 이중장부의 작성 등 장부의 거짓 기록

22) 김두형, 『로스쿨 조세법 기초이론』, 한국학술정보(주), 2012, 389면.
23) 집행기준 47의2-0-2.

② 거짓증명 또는 거짓 문서의 작성 및 수취

③ 장부와 기록의 파기

④ 재산의 은닉이나 소득·수익·행위·거래의 조작 또는 은폐

⑤ 고의적으로 장부를 작성하지 아니하거나 비치하지 아니하는 행위 또는 계산서·세금계산서·세금계산서합계표의 조작

⑥ 「조세특례제한법」 제24조 제1항 제4호에 따른 전사적 기업자원관리설비의 조작 또는 전자세금계산서의 조작

⑦ 그 밖에 위계에 의한 행위 또는 부정한 행위

다만 「부가가치세법」상 간이과세자로서 납부의무가 면제되는 경우(부법 제69조), 「부가가치세법」에 따른 대손세액(부법 제45조 제3항 단서)에 상당하는 부분에 대해서는 가산세를 적용하지 아니한다(국기법 제47조의2 제3항, 제4항).

부가가치세나 양도소득세 또는 상속세·증여세 신고에 있어서 세액공제 또는 감면 등으로 납부할 세액이 없는 경우에 신고를 하지 아니하는 경우가 많다. 법령상 납부의무는 없다 하더라도 신고의무는 있는데 신고에 소극적인 납세자들의 관행을 고려하여 납부할 세액이 없는 경우 가산세를 적용하지 아니하는 것으로 한 것이다.

### 다. 중복 적용의 배제

예정신고 및 중간신고와 관련하여 무신고가산세 또는 과소신고·초과환급신고가산세에 따라 가산세가 부과되는 부분에 대해서는 확정신고와 관련하여 위 무신고가산세를 적용하지 아니한다(동조 제5항).

또 무신고가산세를 적용할 때 「소득세법」 제81조 제8항, 제13항, 제115조 또는 「법인세법」 제76조 제1항이 동시에 적용되는 경우에는 그중 가산세액이 큰 가산세만 적용하고 가산세액이 같은 경우에는 위 무신고가산세만 적용한다(동조 6항).

## 2. 과소신고·초과환급신고 가산세

납세의무자가 부가가치세를 신고기한 이내에 신고는 하였지만 신고하여야 할 과세표준에 미치지 못하는 경우 또는 신고한 환급세액이 「부가가치세법」에 따라

신고하여야 할 환급세액을 초과하는 경우에 그 신고불성실에 대하여 과소신고·초과환급신고 가산세가 부과된다. 여기의 가산세는 「부가가치세법」에 따른 사업자가 아닌 자가 환급세액을 신고한 경우에도 적용한다(국기법 제47조의3 제3항).

### 가. 일반과소신고·초과환급신고 가산세

납세의무자가 법정신고기한까지 「부가가치세법」에 따른 과세표준 신고(예정신고 및 중간신고를 포함)를 한 경우로서 납부할 세액을 신고하여야 할 세액보다 적게 신고(과소신고)하거나 환급받을 세액을 신고하여야 할 금액보다 많이 신고(초과신고)한 경우에는 과소신고한 납부세액과 초과신고한 환급세액을 합한 금액(과소신고납부세액 등)의 100분의 10에 상당하는 금액을 가산세로 한다. 다만 「국세기본법」 및 「부가가치세법」에 따른 가산세와 「부가가치세법」에 따라 가산하여 납부하여야 할 이자 상당 가산액이 있는 경우 그 금액은 과소신고납부세액에서 제외한다(동조 제1항 제2호).

「부가가치세법」에 따른 사업자가 예정신고 및 확정신고를 한 경우로서 영세율 과세표준을 과소신고(신고하지 아니한 경우를 포함)한 경우에는 과소신고납부세액등의 100분의 10에 상당하는 금액과 그 과소신고된 영세율 과세표준의 1천분의 5에 상당하는 금액을 합한 금액을 가산세로 한다(동조 제2항 제2호).

### 나. 부정과소신고·초과환급신고 가산세

납세의무자가 부정행위로 과소신고하거나 초과환급신고한 과세표준이 있는 경우에는 가산세를 중과하여 적용한다(동조 제1항 제1호).

'부정과소신고'란 가공의 채무, 명의신탁 등의 사유로 미달신고한 경우로서 재산평가기관(감정기관 또는 회계법인)과 통모하여 시가에 비하여 낮게 평가한 경우는 매매사실의 가액에 대한 허위의 증빙자료를 제출한 경우 등을 포함하는 것으로 해석하여야 할 것이다.[24] 하지만 조세징수를 불가능하게 할 적극적인 부정행위가 없다면 여기에 해당하지 아니한다.

① 부정행위로 과소신고하거나 초과신고한 경우에는 다음의 금액을 합한 금액

㉮ 부정행위로 인한 과소신고납부세액 등의 100분의 40(국제거래에서 발생

24) 구 「상속세 및 증여세법」 시행령 제80조 제1항 참조.

한 부정행위로 과소신고하거나 초과신고한 경우에는 100분의 60)에 상당하는 금액

㉯ 과소신고납부세액 등에서 부정행위로 인한 과소신고납부세액 등을 뺀 금액의 100분의 10에 상당하는 금액

② 「부가가치세법」에 따른 사업자가 예정신고 및 확정신고를 한 경우로서 부정행위로 영세율 과세표준을 과소신고(신고하지 아니한 경우를 포함)한 경우에는 위 ①에도 불구하고 ①에 따른 금액에 그 과소신고된 영세율 과세표준의 1천분의 5에 상당하는 금액을 합한 금액으로 한다(동조 제2항 제2호).

위 ①과 ②는 「부가가치세법」에 따른 사업자가 아닌 자가 환급세액을 신고한 경우에도 적용한다(동조 제3항).

### 다. 적용의 배제

「부가가치세법」 제45조 제3항 단서에서 규정하고 있는 대손세액 관련 결정 또는 경정이 이루어지는 경우에는, 이와 관련하여 과소신고하거나 초과신고한 부분에 대해서는 위의 가산세를 적용하지 아니한다(동조 제4항 제2호). 무신고가산세에 관한 규정인 「국세기본법」 제47조의2 제3항, 제5항 및 제6항은 과소신고 가산세 등에 준용한다(동조 제6항).

## 3. 납부·환급불성실 가산세

### 가. 가산세의 적용

납세의무자(연대납세의무자와 납세자를 갈음하여 납부할 의무가 생긴 제2차 납세의무자 및 보증인을 포함)가 「부가가치세법」에 따른 납부기한까지 부가가치세의 납부(중간예납·예정신고납부·중간신고납부를 포함)를 하지 아니한 경우 또는 납부하여야 할 세액보다 적게 납부하거나 환급받아야 할 세액보다 많이 환급받은 경우에는 다음의 금액을 합한 금액을 가산세로 한다(국기법 제47조의4 제1항).

① 납부하지 아니한 세액 또는 과소납부분 세액(세법에 따라 가산하여 납부하여야 할 이자 상당 가산액이 있는 경우에는 그 금액을 더한다) × 납부기한의 다음 날부터 자진납부일 또는 납세고지일까지의 기간 × 금융회사 등이 연체대출금에 대하여 적용하는 이자율 등을 고려하여 대통령령으로 정하는 이자율(제1호)

② 초과환급받은 세액(세법에 따라 가산하여 납부하여야 할 이자 상당 가산액이 있

는 경우에는 그 금액을 더한다) × 환급받은 날의 다음 날부터 자진납부일 또는 납세고지일까지의 기간 × 금융회사 등이 연체대출금에 대하여 적용하는 이자율 등을 고려하여 대통령령으로 정하는 이자율(제2호)

납부·환급불성실가산세는 「부가가치세법」에 따른 사업자가 아닌 자가 부가가치세액을 환급받은 경우에도 적용한다(동조 제2항).

만일 주사업장 총괄 납부 사업자가 본점 사업장의 매입세액을 지점 사업장의 매입세액으로 공제한 경우 주사업장과 종된 사업장의 매입세액신고액을 합하여 전체적으로 보면 매입세액이 과다신고 되지 아니하였고, 이에 따라 부가가치세를 과소납부하지 아니한 경우 납부불성실가산세는 적용하지 아니하나 신고불성실가산세 부과는 면할 수 없다. 다만 거래상대방이 위장사업자라는 사실을 알지 못하였으며 또 그 알지 못한 데에 잘못이 없는 선의의 거래당사자가 그 세금계산서에 의하여 부가가치세 예정신고 및 확정신고를 한 경우에는 그로 인하여 실지사업자가 아닌 자가 공급자로 되었더라도 소정의 기간 내에 그 매입세액은 공제되어야 하고 나아가 신고불성실가산세·납부불성실가산세도 부과할 수 없다.[25]

### 나. 적용의 배제

다음에 해당하는 경우에는 가산세를 적용하지 아니한다(동조 제3항).

① 「부가가치세법」에 따른 사업자가 같은 법에 따른 납부기한까지 어느 사업장에 대한 부가가치세를 다른 사업장에 대한 부가가치세에 더하여 신고·납부한 경우(제1호)

② 「부가가치세법」 제45조 제3항 단서에 따른 대손세액에 상당하는 부분(제2호)

### 다. 중복적용의 배제

원천징수납부 등 불성실에 따른 가산세(「국세기본법」 제47조의5)가 부과되는 부분에 대해서는 부가가치세의 납부와 관련하여 위 가산세를 부과하지 아니한다(동조 제4항). 또 중간예납·예정신고납부·중간신고납부와 관련하여 위 가산세가 부과되는 부분에 대해서는 확정신고납부와 관련하여 위 가산세를 부과하지 아니

25) 대법원 1989.10.24. 선고 89누2134 판결; 대법원 1984.3.13. 선고 83누281 판결; 대법원 1983.12.13. 선고 83누492 판결 등 다수.

한다(동조 제5항).

#### 라. 기 타

부가가치세를 과세기간을 잘못 적용하여 신고하고 납부한 경우에는 가산세를 적용할 때 실제 신고하고 납부한 날에 실제 신고하고 납부한 금액의 범위에서 당초 신고·납부하였어야 할 과세기간에 대한 부가가치세를 자진 납부한 것으로 본다. 다만 해당 부가가치세의 신고가 부정행위에 해당하는 경우에는 그러하지 아니하다(동조 제6항).

### 4. 가산세의 한도

「부가가치세법」 제60조 제1항(사업자 미등록, 간이과세자에 준용되는 경우를 포함), 제2항(세금계산서 부실기재 등) 제1호·제3호부터 제5호까지 및 제5항부터 제8항(매출·매입처별세금계산서, 수입금액명세서 등 부실기재)의 규정에 따른 가산세에 대하여는 그 의무위반의 종류별로 각각 1억원을 한도로 한다. 다만 해당 의무를 고의적으로 위반한 경우에는 그러하지 아니하다(국기법 제49조 제1항).

## Ⅳ. 가산세의 감면 등

### 1. 가산세의 감면

#### 가. 기한연장사유에 의한 감면

정부는 「부가가치세법」에 의하여 부과하였거나 부과할 가산세에 있어서 그 부과의 원인이 되는 사유가 「국세기본법」 제6조 제1항에 따른 기한연장사유에 해당하는 때에는 이를 감면한다(국기법 제48조 제1항 제1호). 이에 해당하는 사유는 다음과 같다.

① 천재·지변이 발생한 경우

② 납세자가 화재·전화 그 밖의 재해를 입거나 도난을 당한 경우

③ 납세자 또는 그 동거가족이 질병으로 위중하거나 사망하여 상중인 경우

④ 납세자가 그 사업에서 심각한 손해를 입거나 그 사업이 중대한 위기에 처한 경우(납부의 경우만 해당)

⑤ 정전, 프로그램의 오류, 그 밖의 부득이한 사유로 한국은행(그 대리점을 포함한다) 또는 체신관서의 정보통신망의 정상적인 가동이 불가능한 경우

⑥ 금융회사 등(한국은행 국고대리점 및 국고수납대리점인 금융회사 등만 해당) 또는 체신관서의 휴무, 그 밖에 부득이한 사유로 인하여 정상적인 세금납부가 곤란하다고 국세청장이 인정하는 경우

⑦ 권한 있는 기관에 장부나 서류가 압수 또는 영치된 경우

⑧ 납세자의 형편, 경제적 사정 등을 고려하여 기한의 연장이 필요하다고 인정되는 경우로서 국세청장이 정하는 기준에 해당하는 경우(납부의 경우만 해당한다)

⑨ 「세무사법」 제2조 제3호에 따라 납세자의 장부 작성을 대행하는 세무사(같은 법 제16조의4에 따라 등록한 세무법인을 포함) 또는 같은 법 제20조의2에 따른 공인회계사(「공인회계사법」 제24조에 따라 등록한 회계법인을 포함)가 화재, 전화, 그 밖의 재해를 입거나 도난을 당한 경우

⑩ 위 ②·③ 또는 ⑦에 준하는 사유가 있는 경우

### 나. 정당한 사유에 의한 감면

납세의무자가 의무를 불이행한 것에 대하여 정당한 사유가 있는 때에는 해당 가산세를 부과하지 아니한다(국기법 제48조 제1항 제2호). 종전에 비록 명문의 규정은 없었지만 납세의무자에게 그 의무의 태만을 탓할 수 없는 정당한 사유가 있는 경우에는 가산세를 부과하지 않는 것으로 보던 판례의 입장을 「국세기본법」에 명문화한 것이다.[26)]

#### (1) 정당한 사유

「국세기본법」 또는 개별 세법에 따라 가산세를 부과하는 경우 납세의무자가 의무를 불이행한 것에 대하여 정당한 사유가 있는 때에는 해당 가산세를 부과하지 아니한다. 하지만 가산세가 면제되는 '정당한 사유'가 무엇인지에 대하여 세법은 침묵을 지키고 있다. 따라서 판례와 행정해석에 의존하여 해석할 수밖에 없다. 예를 들어, 「부가가치세법」에서 당기의 매출을 전기의 매출로 신고하여 납부하고 당기의 매출을 무신고하는 경우 납부불성실가산세는 적용하지 아니하

26) 대법원 2001.1.30. 선고 99두7876 판결.

며,[27] 총괄납부승인을 받은 사업자가 본부사업장 명의로 발행된 세금계산서를 해당 법인의 매입세액으로 잘못 신고한 경우로서 거래사실이 확인되는 것은 정당한 사유가 있어 납부불성실가산세가 부과되지 아니한다.[28]

(2) 판례의 태도

판례는 법령의 무지 또는 오인은 정당한 사유가 아니라고 본다.[29] 그 외 세무공무원의 잘못된 설명을 믿고 신고·납부의무를 이행하지 아니하였다 하더라도 그것이 관계법령에 어긋나는 것임이 명백한 때,[30] 납세의무자가 대법원과 다른 견해에 선 국세심판소의 결정 취지를 그대로 믿어 법에 규정된 신고·납부의무 등을 해태한 경우,[31] 납세자가 「국세기본법」 기본통칙이 자신에게도 적용되는 것으로 오해하고 이를 신뢰하여 신고·납부의무를 불이행한 경우,[32] 감정평가법인의 감정평가액이 공정성과 합리성을 갖추지 못하여 구 「부가가치세법」 시행령 제48조의2 제4항 제3호 소정의 실지거래가액으로 볼 수 없는 경우 그 감정평가액에 따라 부가가치세를 과소신고·납부한 경우[33] 등은 그 정당한 사유에 해당한다고 볼 수 없다.

### 다. 경미한 의무위반 등에 대한 가산세액 감면

가산세 부과원인이 되는 사유가 기한연장 사유에 해당하거나 의무 불이행에 정당한 사유가 있어 가산세를 감면받는 경우 외에도 다음에 해당하는 경우에는 해당 가산세액에서 다음에 정하는 금액을 감면한다(국기법 제48조 제2항).

(1) 법정신고기한이 지난 후 수정신고한 경우(제1호)

과소신고가산세(「국세기본법」 제47조의3)만 해당하며 구체적 감면세액은 다음과 같다.

① 법정신고기한이 지난 후 1개월 이내에 수정신고한 경우: 해당 가산세액의 100분의 90에 상당하는 금액

---

27) 국심 2005부2505, 2005.12.12.
28) 국심 2005서575, 2005.4.7.
29) 대법원 1999.9.17. 선고 98두16705 판결.
30) 대법원 2004.9.24. 선고 2003두10350 판결; 대법원 1997.8.22. 선고 96누15404 판결.
31) 대법원 1999.8.20. 선고 99두3515 판결.
32) 대법원 2002.2.8. 선고 2000두1652 판결.
33) 대법원 2001.1.30. 선고 99두7876 판결.

② 법정신고기한이 지난 후 1개월 초과 3개월 이내에 수정신고한 경우: 해당 가산세액의 100분의 75에 상당하는 금액

③ 법정신고기한이 지난 후 3개월 초과 6개월 이내에 수정신고한 경우: 해당 가산세액의 100분의 50에 상당하는 금액

④ 법정신고기한이 지난 후 6개월 초과 1년 이내에 수정신고한 경우: 해당 가산세액의 100분의 30에 상당하는 금액

⑤ 법정신고기한이 지난 후 1년 초과 1년 6개월 이내에 수정신고한 경우: 해당 가산세액의 100분의 20에 상당하는 금액

⑥ 법정신고기한이 지난 후 1년 6개월 초과 2년 이내에 수정신고한 경우: 해당 가산세액의 100분의 10에 상당하는 금액

다만 과세표준과 세액을 경정할 것을 미리 알고 과세표준수정신고서를 제출한 경우는 제외한다. 이에 해당하는 것은 부가가치세에 관하여 세무공무원이 조사에 착수한 것을 알고 과세표준신고서를 제출한 경우와 부가가치세에 관하여 관할 세무서장으로부터 과세자료 해명통지를 받고 과세표준수정신고서를 제출한 경우이다(국기법 시행령 제29조).

(2) 법정신고기한 경과 후 기한후신고를 한 경우(제2호)

무신고가산세(「국세기본법」 제47조의2)만 해당하며 과세표준과 세액을 경정할 것을 미리 알고 과세표준수정신고서를 제출한 경우는 제외한다.

① 법정신고기한이 지난 후 1개월 이내에 기한 후 신고·납부를 한 경우: 해당 가산세액의 100분의 50에 상당하는 금액

② 법정신고기한이 지난 후 1개월 초과 3개월 이내에 기한 후 신고·납부를 한 경우: 해당 가산세액의 100분의 30에 상당하는 금액

③ 법정신고기한이 지난 후 3개월 초과 6개월 이내에 기한 후 신고·납부를 한 경우: 해당 가산세액의 100분의 20에 상당하는 금액

(3) 경미한 의무위반 등에 해당하는 아래의 경우에 해당 가산세액의 100분의 50에 상당하는 금액(제3호)

① 과세전적부심사 결정·통지기간에 그 결과를 통지하지 아니한 경우

결정·통지가 지연됨으로써 해당 기간에 부과되는 납부·환급불성실가산세

(「국세기본법」 제47조의4)만 해당한다.

② 「부가가치세법」에 따른 제출·신고·가입·등록·개설의 기한이 지난 후 1개월 이내에 「부가가치세법」에 따른 제출 등의 의무를 이행하는 경우

제출 등의 의무위반에 대하여 세법에 따라 부과되는 가산세만 해당한다.

### 라. 감면의 배제

앞에서 부분적으로 설명하였듯이 과세표준과 세액을 경정할 것을 미리 알고 과세표준수정신고서를 제출하거나, 과세표준과 세액을 경정할 것을 미리 알고 기한 후 신고서를 제출한 경우에는 감면을 적용하지 아니한다. '경정할 것을 미리 알고'란 해당 국세에 관하여 세무공무원이 조사에 착수한 것을 알거나, 해당 국세에 관하여 관할 세무서장으로부터 과세자료 해명통지를 받은 경우 등 납세의무자가 과세표준과 세액을 신고·납부한 데에 대한 과세관청의 적정성 검토 또는 성실성에 대한 의심을 말하는 것으로 폭넓게 해석할 수 있다(국기법 시행령 제29조).

## 2. 가산세 감면 등의 신청

가산세의 감면 등을 받으려는 자는 다음의 사항을 기재한 신청서를 관할 세무서장(세관장 또는 지방자치단체의 장을 포함)에게 제출하여야 한다(국기령 제28조 제2항).

① 감면을 받고자 하는 가산세에 관계되는 국세의 세목 및 부과연도와 가산세의 종류 및 금액

② 해당 의무를 이행할 수 없었던 사유(정당한 사유 등이 있는 경우)

감면신청자는 그 사유를 증명할 수 있는 문건이 있는 때에는 이를 첨부하여야 한다(동조 제3항). 관할 세무서장은 위 신청서를 제출받은 때에는 그 승인 여부를 통지하여야 한다(동조 제4항).

# 제 9 장

# 간이과세

제 1 절 영세사업자와 간이과세

제 2 절 간이과세의 범위

제 3 절 과세유형의 전환

제 4 절 과세표준 및 세액의 계산

제 5 절 신고와 납부

# 제1절 영세사업자와 간이과세

## Ⅰ. 간이과세 제도

### 1. 간이과세의 특례

부가가치세는 원칙적으로 국내에서 대가를 받고 재화를 공급하거나 용역을 제공하는 모든 사업자를 납세의무자로 하고 있지만, 사업의 규모가 영세한 자는 세법지식이나 계산능력의 면에서 자기 스스로 과세표준과 세액을 계산하여 부가가치세를 신고·납부하기 어려운 것이 현실이다. 또한 영세사업자들은 주로 최종소비자에게 재화 등을 공급하는 위치에 있어 과세특례를 적용한다고 해도 부가가치세제의 본질을 크게 해치는 문제에서 자유롭다. 이에 따라 사업규모가 영세하고 기장능력이 없는 사업자들에게 납세의무 이행의 편의를 도모하고 세무행정의 능률화를 도모하기 위한 규정들을 두고 있다. 부가가치세의 특례제도는 여러 차례 제도적인 변화를 거쳐 2000년 파행적 운영으로 비난받던 과세특례제도를 폐지함으로써 현행과 같은 간이과세제도로 정착되었다.[1)]

부가가치세제를 시행하고 있는 국가에서는 거의 예외 없이 납세사무 부담 및 세무행정상의 관점에서 소규모사업자(영세사업자)에 대하여 특례조치를 두고 있는 것이 일반적이다. 일본을 제외한 OECD 회원국에서 채택하고 있는 과세특례조치는 다음과 같이 크게 네 가지로 대별된다.[2)] 첫째, 매출액이 일정한 금액 이하인 사업자에 대하여 부가가치세를 면제하는 방법이다. 둘째, 영세사업자에 대하여 간이과세방식을 인정하는 방법이다. 여기에는 프랑스의 경우처럼 영세사업자에 대하여 그가 제공하는 자료를 기초로 세무당국과 납세의무자의 협의에 의하여 세액을 확정하는 제도와 일정 금액 미만 매출자에 대하여는 개산방식에 의하여 납부세액을 산정하는 방법이 있다. 셋째, 사업자의 납세협력에 따르는 비용을 보상하기 위하여 사업자의 세액을 경감하는 방법이다. 넷째, 영세사

1) 이에 관하여는 우무신·조재형, "부가가치세 과세특례제도의 폐지방향에 관한 연구", 『세무학연구』 제7호, 한국세무학회, 1996, 263~267면 참조.

2) 知念 裕, 『附加價値税の理論と實際』, 税務經理協會, 1995, 35면 이하 참조.

업자에 대하여 납세에 따른 업무를 줄이고 자금의 활용에도 여유를 가지도록 과세기간의 연장을 인정하는 방법이다.

EEC 제6차 부가가치세 지침에서는 연간 매출액이 5천 유로 이하인 영세사업자는 면세사업자로 규정하고, 그 외의 소규모사업자에 대하여는 개산방식에 따른 간편한 세액계산방식을 인정하고 있다.

## 2. 간이과세자

「부가가치세법」에 따라 간이과세의 특례규정을 적용받는 사업자를 '간이과세자'라 한다. 간이과세자는 부가가치세를 포함한 연간 공급대가가 8천만원 미만인 개인사업자만 해당된다. 간이과세제도는 세금계산서를 발행하지 아니하고 업종별 부가가치율에 따라 간단하게 계산된 부가가치세를 내면 납세의무가 종료되므로 일반과세자에 비하여 상대적으로 낮은 부가가치세의 부담을 지게 된다. 이 때문에 자영업자들로 하여금 간이과세자의 자격을 갖기 위해 매출외형을 축소하거나 세금계산서 수수관행을 문란하게 하는 등 탈세의 유혹을 초래한다. 사실상 부가가치세를 적게 내기 위한 방편으로 활용되고 있는 실정이다.

그리하여 간이과세제도는 부가가치세제의 정상화와 사업소득의 탈루 방지, 세원의 확대 등을 도모하기 위하여 폐지되어야 한다는 주장이 지속적으로 제기되어 왔다.[3] 정부도 투명한 납세환경을 조성하고 성실납세를 유도하기 위하여 간이과세자의 적용대상을 꾸준히 축소하는 노력을 기울여 왔다. 하지만 정치권에서는 영세사업자를 지원한다는 뜻에서 이 제도를 유지하려는 입장이 강한 편이다. 최근 구법 하에서 간이과세특례의 기준이 되는 연간 공급대가 4,800만원이 오래 전에 결정된 것이고, 그동안 인플레이션이나 국민소득 증가에 비추어 볼 때 간이과세제도 기준금액을 조정할 필요성이 있어 간이과세특례의 기준금액을 직전 연도 공급대가 합계액 8천만원부터 8천만원의 130퍼센트 범위 내에서 대통령령으로 정하도록 하였다.

생각건대 OECD 회원국 등 부가가치세를 시행하고 있는 대부분의 나라에

3) 서희열·김승철, "간이과세제도의 평가와 개선방안에 관한 연구", 『세무학연구』 제9호, 1997, 140면; 허강무, "조세법에 있어서 실질적 법치주의에 관한 소고", 『헌법학연구』 제12권 제1호, 2006, 244면.

서 납세사무 부담 및 세무행정상의 관점에서 소규모사업자에 대하여 특례조치를 두고 있는 것이 일반적이고, 매출액이 일정한 금액 이하인 사업자에 대하여 간이과세방식을 인정하는 방법은 이러한 소규모사업자를 위한 일종의 특례조치에 해당한다. 다만 부가가치세제에서 간이과세제도는 과세특례에 해당하는 것이므로 그 적용대상자가 많지 않아야 타당한 측면이 있다.

## Ⅱ. 간이과세의 특징

### 1. 전단계세액공제법의 배제

「부가가치세법」은 원칙적으로 매출세액에서 세금계산서 등에 의해 확인되는 매입세액을 차감하여 납부세액을 계산하는 전단계세액공제법을 채택하고 있다. 그러나 간이과세자에게는 실제의 매입세액을 공제하는 대신 업종별 부가가치율을 적용하는 보다 간편한 과세방식을 적용하고 있다. 본래 전단계세액공제법에 의한 부가가치세제가 바르게 작동하기 위해서는 매입세액공제의 필수자료로서 세금계산서의 적정한 수수와 그 합계표의 제출 및 사후적 검증을 위한 장부의 기재를 핵심적 사항으로 한다.

그런데 세법에 관한 지식이나 계산능력 등 세무능력이 부족한 영세사업자에게는 이러한 납세협력의무의 이행을 기대하기 어렵다. 실제로 영세사업자들은 재화 등을 매입할 때 세금계산서를 제대로 발급받지 못하는 사례가 많다. 이로 인하여 매입세액공제를 충분히 받지 못하게 됨으로써 부가가치세의 부담이 과다해지는 결과가 된다. 따라서 영세사업자에게는 실제의 매입세액을 공제하는 방식 대신에 보다 간편한 방식으로 납부세액을 계산하도록 할 필요성이 있다. 이러한 취지에서 간이과세제도가 마련된 것이다.

### 2. 세금계산서의 발급 금지

간이과세자의 경우에 매입세액공제를 배제하게 되면 누적효과가 발생할 위험성이 있다. 그러나 영세사업자는 재화 또는 용역을 다른 사업자에게 공급하는 경우보다 주로 최종소비자에게 공급하는 것이 보통이므로 그러한 문제점은 크지 않은 것으로 파악되고 있다. 한편으로 간이과세자는 세금계산서를 발급할 수 없고 영수증만 발급할 수 있게 하여 주로 사업자에게 재화 등을 공급하는 영세사업자로 하여금 세금계산서의 발급을 위하여 간이과세를 포기하도록 유도하고 있다. 즉 세금계산서의 발급 금지로 인하여 실제로 간이과세의 적용 확대를 방지하고 있는 것이다. 이것은 간이과세로 말미암은 누적효과의 발생을 최소화하기 위한 것이다.

다만 직전연도 공급대가 합계액이 4천800만원 이상인 간이과세자는 세금계산서 발급의무가 있다는 점에 주의를 요한다.

### 3. 납부세액의 계산구조

간이과세는 과세표준에 정부에서 정한 업종별 부가가치율을 적용하여 산정한 부가가치액에 세율을 곱하여 납부세액을 계산하는 구조로 되어 있다. 이는 전단계거래액공제법에서 일정 기간 동안 사업자가 공급한 매출가액에서 전단계 거래액인 매입가액을 공제한 금액을 부가가치로 보아 이를 과세표준으로 하는 것과 유사하다.

여기서 주의할 것은 우리나라 「부가가치세법」은 간이과세의 경우에도 정책적으로 일부 매입세액공제를 허용하고 있다는 점이다. 부가가치액을 과세표준으로 하여 산출한 세액을 납부세액으로 하면 되는 것이지 일반과세자의 경우처럼 다시 매입세액을 공제한다는 것은 부가가치세의 원리에 비추어 볼 때 문제가 있어 보인다. 하지만 이것은 간이과세자가 매입세금계산서를 성실하게 발급받도록 유도함으로써 간이과세로 인하여 부가가치세의 흐름이 왜곡되지 않도록 하기 위한 장치로 이해된다.

이를 더 상세히 설명하면, 간이과세자에게는 「부가가치세법」 시행령에 규정된 업종별 부가가치율을 확일적으로 적용하기 때문에 실제의 매입자료는 납부세액의 계산에 전혀 영향을 주지 않게 된다. 이런 이유로 간이과세자는 매입거래를 할 때 세금계산서를 받지 않으려는 경향을 갖게 되어 정상적인 부가가치세의 흐름을 왜곡시킬 수 있다. 이러한 우려를 방지하기 위하여 간이과세자가 발급받은 세금계산서의 매입세액 중 일정률에 해당하는 금액을 납부세액에서 공제해 주고 있다. 그러나 이러한 매입세금계산서 등에 따른 세액공제는 일반과세자에게 적용되는 매입세액공제와 같은 구조적 차원의 제도가 아니라 신용카드매출전표 발행 등에 대한 세액공제와 같은 정책적 유인수단에 불과하다는 점에 주의하여야 한다. 그리하여 이를 납부세액의 계산과정에서 공제하는 것이 아니라 차가감 납부세액의 계산과정에서 공제하는 것으로 하고 있다.

### 4. 과세기간

영세사업자의 부가가치세 신고부담을 줄여 주기 위하여 간이과세자의 과세기간을 1년으로 함으로써 일반과세자와 달리 부가가치세 신고 횟수를 연 2회에서 1회로 줄이고 있다.

## 제 2 절 간이과세의 범위

**제61조(간이과세의 적용 범위)** ① 직전 연도의 공급대가의 합계액이 8천만원부터 8천만원의 130퍼센트에 해당하는 금액까지의 범위에서 대통령령으로 정하는 금액에 미달하는 개인사업자는 이 법에서 달리 정하고 있는 경우를 제외하고는 제4장부터 제6장까지의 규정에도 불구하고 이 장의 규정을 적용받는다. 다만, 다음 각 호의 어느 하나에 해당하는 사업자는 간이과세자로 보지 아니한다.

1. 간이과세가 적용되지 아니하는 다른 사업장을 보유하고 있는 사업자
2. 업종, 규모, 지역 등을 고려하여 대통령령으로 정하는 사업자
3. 부동산임대업 또는 「개별소비세법」 제1조 제4항에 따른 과세유흥장소(이하 "과세유흥장소"라 한다)를 경영하는 사업자로서 해당 업종의 직전 연도의 공급대가의 합계액이 4천800만원 이상인 사업자
4. 둘 이상의 사업장이 있는 사업자로서 그 둘 이상의 사업장의 직전 연도의 공급대가의 합계액이 제1항 각 호 외의 부분 본문에 따른 금액 이상인 사업자. 다만, 부동산임대업 또는 과세유흥장소에 해당하는 사업장을 둘 이상 경영하고 있는 사업자의 경우 그 둘 이상의 사업장의 직전 연도의 공급대가(하나의 사업장에서 둘 이상의 사업을 겸영하는 사업자의 경우 부동산임대업 또는 과세유흥장소의 공급대가만을 말한다)의 합계액이 4천800만원 이상인 사업자로

한다.

② 직전 과세기간에 신규로 사업을 시작한 개인사업자에 대하여는 그 사업 개시일부터 그 과세기간 종료일까지의 공급대가를 합한 금액을 12개월로 환산한 금액을 기준으로 하여 제1항을 적용한다. 이 경우 1개월 미만의 끝수가 있으면 1개월로 한다.

③ 신규로 사업을 시작하는 개인사업자는 사업을 시작한 날이 속하는 연도의 공급대가의 합계액이 제1항 및 제2항에 따른 금액에 미달될 것으로 예상되면 제8조 제1항 또는 제3항에 따른 등록을 신청할 때 대통령령으로 정하는 바에 따라 납세지 관할 세무서장에게 간이과세의 적용 여부를 함께 신고하여야 한다.

④ 제3항에 따른 신고를 한 개인사업자는 최초의 과세기간에는 간이과세자로 한다. 다만, 제1항 단서에 해당하는 사업자인 경우는 그러하지 아니하다.

⑤ 제8조 제1항 또는 제3항에 따른 등록을 하지 아니한 개인사업자로서 사업을 시작한 날이 속하는 연도의 공급대가의 합계액이 제1항 및 제2항에 따른 금액에 미달하면 최초의 과세기간에는 간이과세자로 한다. 다만, 제1항 단서에 해당하는 사업자는 그러하지 아니하다.

⑥ 제68조 제1항에 따라 결정 또는 경정한 공급대가의 합계액이 제1항 및 제2항에 따른 금액 이상인 개인사업자는 그 결정 또는 경정한 날이 속하는 과세기간까지 간이과세자로 본다.

## Ⅰ. 일반적인 기준

간이과세자란 직전 연도의 재화와 용역의 공급에 대한 대가(부가가치세가 포함된 대가)의 합계액이 8천만원부터 8천만원의 130퍼센트에 해당하는 금액 이하의 범위에서 대통령령으로 정하는 금액에 미달하는 개인사업자를 말한다(부법 제61조 제1항). 현재 「부가가치세법」 시행령에서는 이를 8천만원으로 정하고 있다(부령 제109조 제1항).

간이과세 적용 기준금액이 종전에는 직전 연도의 공급대가 합계액 4천800만원 미만이었던 것에서 8천만원으로 상향되었지만 부동산임대업 또는 과세유흥장소를 경영하는 사업자에 대해서는 그대로 4천800만원 기준을 유지하는 데에 주의하여야 한다.

여기서 '직전 연도'란 직전 사업연도 1월 1일부터 12월 31일까지를 말하며 공급가액에 부가가치세를 포함한 대가를 '공급대가'라 한다. 개인사업자만 해당하므로 법인은 간이과세자가 될 수 없다. 직전 과세기간에 신규로 사업을 시작한 개인사업자에 대한 직전 연도의 공급대가의 계산은 그 사업개시일로부터 그 과세기간 종료일까지의 공급대가의 합계액을 12개월로 환산한 금액을 기준으로 한다. 이 경우 1월 미만의 끝수가 있으면 1개월로 한다(부법 제61조 제2항).

간이과세자로 보는 기준금액을 계산함에 있어서 직전 1역년 중 휴업하거나 신규로 사업을 시작한 사업자나 사업을 양수한 사업자인 경우에는 휴업기간 또는 사업개시 전의 기간이나 사업양수 전의 기간을 제외한 나머지 기간에 대한 재화 또는 용역의 공급대가의 합계액을 12개월로 환산한 금액을 기준으로 하며, 휴업한 개인사업자인 경우로서 직전 1역년 중 공급대가가 없는 경우에는 신규로 사업을 시작한 것으로 본다. 이 경우에 1개월 미만의 끝수가 있으면 1개월로 한다(부령 제109조 제3항).

## Ⅱ. 간이과세 적용배제 사업

공급대가의 수준에 관계없이 다음의 사업자는 간이과세자로 보지 아니한다(부법 제61조 제1항 단서).

### 1. 간이과세가 적용되지 아니하는 다른 사업장을 보유하고 있는 사업자(제1호)

일반과세가 적용되는 사업장을 보유하고 있는 사업자는 모든 사업장에 대하여 간이과세 적용을 배제한다. 영세사업자의 납세편의를 도모한다는 간이과세 제도의 취지에 비추어 볼 때 기장능력 등 세무능력이 충분한 사업자는 일부 사업장의 공급대가 능력이 부족하더라도 간이과세를 적용받게 하는 것이 형평에 어긋나기 때문이다. 그러나 부가가치세 간이과세가 적용되는 개인택시운송업, 용달 및 개별 화물자동차운송업과 그 밖의 도로화물운송업, 이용업, 미용업 등에 대해서는 이를 적용하지 아니하므로 간이과세가 적용되지 아니하는 다른 사업장을 보유한 경우에도 간이과세가 적용된다(조특법 제106조 제5항).

다만 간이과세자가 간이과세의 적용이 배제되는 사업을 신규로 겸영하는 경우에는 해당 사업의 개시일이 속하는 과세기간의 다음 과세기간부터 간이과세의 적용을 배제하여 일반과세자에 관한 규정을 적용하나(부령 제110조 제4항), 이에 따라 일반과세자로 전환된 사업자로서 해당 연도 공급대가의 합계액이 간이과세자의 적용범위에 해당되는 사업자가 당해 일반과세대상 사업을 폐지하는 경우에는 해당 사업의 폐지일이 속하는 연도의 다음 연도 7월 1일부터 간이과세자에 관한 규정을 적용한다(부령 제110조 제5항).

## 2. 업종·규모·지역 등을 감안하여 정한 사업자(제2호)

업종·규모·지역 등을 감안하여 영세사업자로 보기 어려워 간이과세를 적용받을 수 없게 한 사업도 있는데 그 구체적인 내용은 다음과 같다(부령 제109조 제2항).

① 광업(부령 제109조 제2항 제1호)

② 제조업. 다만 주로 최종소비자에게 직접 재화를 공급하는 다음의 사업은 제외한다(부령 제109조 제2항 제2호).

과자점업·도정업·제분업·떡방앗간·양복점업·양장점업·양화점업 및 그 밖에 최종소비자에 대한 매출비중이나 거래유형 등을 고려하여 주로 최종소비자에게 직접 재화를 공급한다고 고시하는 사업(부가칙 제71조 제1항)

③ 도매업(소매업을 겸영하는 경우는 포함하나 재생용 재료 수집 및 판매업 제외) 및 상품중개업(부령 제109조 제2항 제3호)

④ 부동산매매업(부령 제109조 제2항 제4호)

⑤「개별소비세법」제1조 제4항에 해당하는 과세유흥장소를 영위하는 사업자로서 기재부령으로 정하는 것(부령 제109조 제2항 제5호)

특별시·광역시·특별자치시 및「제주특별자치도 설치 및 국제자유도시 조성을 위한 특별법」제15조 제2항에 따라 설치된 행정시 및 시 지역(광역시 및 도농복합형태의 시 지역의 읍면지역 제외)과 국세청장이 사업현황과 사업규모 등을 고려하여 간이과세 적용대상에서 제외하는 것이 필요하다고 인정하여 고시하는 지역(부가칙 제71조 제2항)

⑥ 부동산임대업으로서 다음에 정하는 것(부령 제109조 제2항 제6호)

특별시·광역시·특별자치시·행정시 및 시 지역에 소재하는 부동산임대사업장을 영위하는 사업으로서 국세청장이 정하는 규모 이상의 사업(부가칙 제71조 제3항)

⑦ 변호사업·심판변론인업·변리사업·법무사업·공인회계사업·세무사업·경영지도사업·기술지도사업·감정평가사업·손해사정인업·통관업·기술사업·건축사업·도선사업·측량사업·공인노무사업·의사업·한의사업·약사업·한약사업·수의사업 및 그 밖에 이와 유사한 사업서비스업으로서 기획재정부령이 정하는 것(부령 제109조 제2항 제7호)

⑧ 「부가가치세법」 시행령 제23조에 따라 일반과세자로부터 양수한 사업(부령 제109조 제2항 제8호)

다만 앞의 ①부터 ⑦까지와 ⑨ 또는 ⑩에 해당하지 아니하는 경우로서 사업을 양수한 이후 간이과세 적용에 따른 공급대가의 합계액이 8천만원에 미달하는 경우는 제외한다.

⑨ 사업장의 소재지 및 사업의 종류와 규모 등을 감안하여 국세청장이 정하는 기준에 해당하는 것(부령 제109조 제2항 제9호)

⑩ 「소득세법」 시행령 제208조 제5항에 해당하지 아니하는 개인사업자(전전년도 복식부기의무자)가 경영하는 사업(부령 제109조 제2항 제10호)

이 경우 「소득세법」 시행령 제208조 제5항을 적용할 때 같은 항 제1호 중 '해당 과세기간'은 '해당 과세기간 또는 직전 과세기간'으로, 같은 항 제2호 각 목 외의 부분 중 '직전 과세기간'은 '전전 과세기간'으로, '수입금액(결정 또는 경정으로 증가된 수입금액을 포함)의 합계액'은 '수입금액(결정 또는 경정으로 증가된 수입금액을 포함하되 과세유형 전환일 현재 폐업한 사업장의 수입금액은 제외)의 합계액'으로 보며, 결정·경정 또는 수정신고로 인하여 수입금액의 합계액이 증가함으로써 전전년도 기준 복식부기의무자에 해당하게 되는 경우에는 그 결정·경정 또는 수정신고한 날이 속하는 과세기간까지는 전전년도 기준 복식부기의무자로 보지 아니한다.

⑪ 전기·가스·증기 및 수도 사업(부령 제109조 제2항 제12호)

⑫ 건설업. 다만 주로 최종소비자에게 재화 또는 용역을 공급하는 사업으로서 기획재정부령이 정한 사업은 제외(부령 제109조 제2항 제13호)

⑬ 전문·과학·기술 서비스업, 사업시설관리·사업지원 및 임대서비스업 등

최종소비자에게 직접 용역을 공급하는 사업으로서 기획재정부령이 정하는 사업은 제외(부령 제109조 제2항 제14호)

3. 부동산임대업 또는 「개별소비세법」 제1조 제4항에 해당하는 과세유흥장소를 경영하는 사업자로서 해당 업종의 직전 연도의 공급대가의 합계액이 4천800만원 이상인 사업자(제3호)

부동산임대업이나 과세유흥장소를 경영하는 사업자는 공급대가의 규모에 크게 관계없이 영세사업자로 보기 어려운 점이 있는 것을 고려한 것으로 보인다.

4. 둘 이상의 사업장이 있는 사업자로서 그 둘 이상의 사업장의 직전 연도의 공급대가의 합계액이 제1항 각 호 외의 부분 본문에 따른 금액 이상인 사업자(제4호)

다만 부동산임대업 또는 과세유흥장소에 해당하는 사업장을 둘 이상 경영하고 있는 사업자의 경우 그 둘 이상의 사업장의 직전 연도의 공급대가(하나의 사업장에서 둘 이상의 사업을 겸영하는 사업자의 경우 부동산임대업 또는 과세유흥장소의 공급대가만을 말한다)의 합계액이 4천800만원 이상인 사업자로 한다.

## Ⅲ. 신규사업자의 간이과세 적용

직전년 또는 직전 과세기간에 신규로 사업을 개시한 개인사업자에 대하여는 그 사업개시일부터 그 과세기간 종료일까지의 공급대가의 합계액을 12월로 환산한 금액을 기준으로 하여 기준금액에 미달하는지 여부를 판정한다. 이 경우에 1월 미만의 끝수가 있는 때에는 이를 1개월로 한다(부법 제61조 제2항). 다만 신규로 사업을 개시한 경우에는 최초의 과세기간에 대한 확정신고 후 개시하는 과세기간부터 기산한다(부령 제109조 제3항).

신규로 사업을 시작하는 개인사업자는 사업을 시작한 날이 속하는 연도에 있어서 공급대가의 합계액이 기준금액(8천만원)에 미달될 것이라고 예상되면 사업자등록을 신청할 때 납세지 관할 세무서장에게 간이과세 적용 여부를 함께 신고하여야 한다(부법 제61조 제3항).

간이과세를 적용받으려는 사업자는 사업자등록신청서와 함께 다음 사항을 적은 간이과세적용신고서를 관할 세무서장에게 제출(국세정보통신망에 의한 제출을 포함)하여야 한다. 다만 사업자등록신청서에 연간공급대가예상액과 그 밖의 참고 사항을 적어 제출한 경우에는 간이과세적용신고서를 제출한 것으로 본다(부령 제109조 제4항).

① 사업자의 인적사항

② 사업시설착수 연월일 또는 사업 개시 연월일

③ 연간공급대가예상액

④ 그 밖의 참고 사항

이처럼 간이과세 적용신고를 한 개인사업자는 최초의 과세기간에는 간이과세자로 한다. 다만 간이과세 배제사업을 영위하는 자는 그러하지 아니하다(부법 제61조 제4항).

## Ⅳ. 미등록사업자의 간이과세 적용

사업자등록을 하지 아니한 개인사업자는 사업을 시작한 날이 속하는 연도의 공급대가의 합계액이 8천만원(사업기간이 1역년 미만인 경우 12월로 환산한 금액)에 미달하면 최초의 과세기간에는 간이과세자로 한다. 다만 간이과세 배제사업을 영위하는 자는 그러하지 아니하다(부법 제61조 제5항).

한편 실질사업자의 직전 1역년의 공급대가가 8천만원에 미달함에도 불구하고 단지 관할 세무서에 사업자등록을 하지 않았다는 이유만으로 간이과세자에 해당하지 않는다고 볼 수 없다.[4)]

## Ⅴ. 결정 또는 경정의 경우

간이과세자의 공급대가가 결정 또는 경정됨으로 인하여 간이과세의 기준금액 이상인 경우 그 결정 또는 경정한 날이 속하는 과세기간까지 간이과세자로 본다(부법 제61조 제6항).

---

4) 대법원 2010.1.28. 선고 2009도12663 판결.

만일 사업시작과 함께 간이과세자로 등록하였으나 간이과세자에 대한 결정 또는 경정한 공급대가가 연간 8천만원 이상인 개인사업자는 그 결정 또는 경정한 날이 속하는 과세기간까지 간이과세자로 보는 것이다. 가령 2021년 1기~2기의 공급대가가 8천만원 이상인 간이과세자에 대하여 2022. 7. 5. 경정하였다면 2023년 1기분부터 '일반과세자로 유형전환되는 것이다.

## 제 3 절 과세유형의 전환

**제62조(간이과세와 일반과세의 적용기간)** ① 제61조에 따라 간이과세자에 관한 규정이 적용되거나 적용되지 아니하게 되는 기간은 1역년(歷年)의 공급대가의 합계액이 대통령령으로 정하는 금액에 미달하거나 그 이상이 되는 해의 다음 해의 7월 1일부터 그 다음 해의 6월 30일까지로 한다.
② 제1항에도 불구하고 신규로 사업을 개시한 사업자의 경우 제61조에 따라 간이과세자에 관한 규정이 적용되거나 적용되지 아니하게 되는 기간은 최초로 사업을 개시한 해의 다음 해의 7월 1일부터 그 다음 해의 6월 30일까지로 한다.
③ 간이과세 및 일반과세의 적용시기에 관하여 필요한 사항은 대통령령으로 정한다.

### Ⅰ. 의 의

부가가치세 일반과세자는 일정한 요건에 해당하면 간이과세자로 전환할 수 있고 간이과세자는 간이과세를 포기하고 일반과세자로 전환할 수 있다. 이를 '과세유형의 전환'이라 한다. 과세유형의 전환이 있을 때에는 그 적용기간과 과세유형 변경통지 여부에 주의를 하여야 한다.

### Ⅱ. 과세유형 적용기간

#### 1. 계속사업자

간이과세자에 관한 규정이 적용되거나 적용되지 아니하게 되는 기간은 1역년의 공급대가의 합계액이 8천만원에 미달되거나 그 이상이 되는 해의 다음 해의 7월 1일부터 그 다음 해의 6월 30일까지로 한다(부법 제62조 제1항).

### 2. 신규사업자

신규로 사업을 개시한 사업자의 경우 간이과세자의 규정이 적용되거나 적용되지 아니하게 되는 기간은 최초로 사업을 개시한 해의 다음 해의 7월 1일부터 그 다음 해의 6월 30일까지로 한다(동조 제2항).

### 3. 간이과세의 적용 배제 종목을 신규로 겸영하는 경우

간이과세자가 간이과세의 적용이 배제되는 사업을 신규로 겸영하는 경우에도 해당 사업의 개시일이 속하는 과세기간의 다음 과세기간부터 간이과세자에 관한 규정을 적용하지 아니한다(부령 제110조 제4항).

## Ⅲ. 과세유형의 변경통지

과세유형이 변경되는 경우에 해당 사업자의 관할 세무서장은 간이과세자에 관한 규정이 적용되거나 적용되지 아니하게 되는 과세기간 개시 20일 전까지 그 사실을 통지하여야 하며, 사업자등록증을 정정하여 과세기간 개시 당일까지 발급하여야 한다(부령 제110조 제1항). 이는 훈시적 규정에 불과하다.

위 시기에 간이과세자에 관한 규정이 적용되는 사업자에게는 위 통지와 관계없이 위 시기에 간이과세자에 관한 규정을 적용한다. 다만 부동산임대업을 경영하는 사업자의 경우에는 통지를 받은 날이 속하는 과세기간까지는 일반과세자에 관한 규정을 적용한다(부령 제110조 제2항). 따라서 일반과세자에서 간이과세자로 변경될 경우 과세관청의 과세유형 전환 사실에 대한 통지가 없었다 하여 간이과세자로 전환되지 않는 것은 아니다.

이에 반하여 위 시기에 간이과세자에 관한 규정이 적용되지 아니하는 사업자에 대해서는 통지를 받은 날이 속하는 과세기간까지는 간이과세자에 관한 규정을 적용한다(부령 제110조 제3항). 그리하여 간이과세자로 변경되는 경우에는 원칙적으로 통지를 요하지 않으나 일반과세자로 변경되는 경우에는 필수적으로 통지를 요하는 것으로 해석된다.

과세유형의 변경 여부가 사업자등록의 정정 여부와 관련 있는 것도 아니다. 「부가가치세법」상 사업자등록은 과세관청으로 하여금 사업자의 인적사항과 사업 개시일 등 과세자료를 그 대장에 등재하여 이를 정확하게 파악하게 하기 위한 것에 불과하므로, 간이과세자로 정정된 사업자등록증을 발급하였는지 여부에 따라 간이과세규정의 적용 여부가 좌우된다고 할 수 없다는 것이 판례의 입장이다.[5]

## Ⅳ. 간이과세 적용 여부

간이과세가 적용되지 아니하는 다른 사업장(기준사업장)을 보유하고 있는 경우로 그 다른 사업장(기준사업장)의 1역년의 공급대가 합계액이 8천만원에 미달하는 경우에는 과세유형 변경기간 동안에 기준사업장과 일반과세로 전환된 사업장 모두에 간이과세에 관한 규정을 적용한다(부령 제110조 제6항). 다만 일반과세로 전환된 사업장의 1역년의 공급대가 합계액이 8천만원 이상이거나 업종·규모·지역 등을 고려하여 시행령에서 정한 사업자(부법 제61조 제1항 제2호)에 해당하는 경우에는 그러하지 아니하다(부령 제110조 제4항, 제5항).

간이과세자가 간이과세의 포기신고를 하는 경우(부법 제70조)에는 일반과세자에 관한 규정을 적용받으려는 달이 속하는 과세기간의 다음 과세기간부터 해당 사업장 외의 사업장에 간이과세자에 관한 규정을 적용하지 아니한다(부령 제110조 제7항).

간이과세자가 일반과세자에 관한 규정을 적용받는 사업장을 신규로 개설하는 경우에는 해당 사업 개시일이 속하는 과세기간의 다음 과세기간부터 간이과세자에 관한 규정을 적용하지 아니한다(부령 제110조 제8항).

기준사업장이 폐업되는 경우에는 일반과세로 전환된 사업장에 대하여 기준사업장의 폐업일이 속하는 연도의 다음 연도부터 간이과세자에 관한 규정을 적용한다. 다만 일반과세로 전환된 사업장의 1역년의 공급대가 합계액이 8천만원 이상이거나 업종·규모·지역 등을 고려하여 시행령에서 정한 사업자(부법 제61조 제1항 제2호)에 해당하는 경우에는 그러하지 아니하다(부령 제110조 제9항).

5) 대법원 1998.4.14. 선고 96누7939 판결; 대법원 1992.2.25. 선고 91누6415 판결.

## 제 4 절 과세표준 및 세액의 계산

**제63조(간이과세자의 과세표준과 세액)** ① 간이과세자의 과세표준은 해당 과세기간(제66조 제2항에 따라 신고하고 납부하는 경우에는 같은 조 제1항에 따른 예정부과기간을 말한다. 이하 이 조에서 같다)의 공급대가의 합계액으로 한다.

② 간이과세자의 납부세액은 다음의 계산식에 따라 계산한 금액으로 한다. 이 경우 둘 이상의 업종을 겸영하는 간이과세자의 경우에는 각각의 업종별로 계산한 금액의 합계액을 납부세액으로 한다.

| 납부세액 = 제1항에 따른 과세표준 × 직전 3년간 신고된 업종별 평균 부가가치율 등을 고려하여 5퍼센트에서 50퍼센트의 범위에서 대통령령으로 정하는 해당 업종의 부가가치율 × 10퍼센트 |
|---|

③ 간이과세자가 다른 사업자로부터 세금계산서 등을 발급받아 대통령령으로 정하는 바에 따라 제54조 제1항에 따른 매입처별 세금계산서합계표 또는 대통령령으로 정하는 신용카드매출전표 등 수령명세서를 납세지 관할 세무서장에게 제출하는 경우에는 다음 각 호에 따라 계산한 금액을 과세기간에 대한 납부세액에서 공제한다. 다만, 제39조에 따라 공제되지 아니하는 매입세액은 그러하지 아니하다.

1. 해당 과세기간에 세금계산서등을 발급받은 재화와 용역의 공급대가에 0.5퍼센트를 곱한 금액
2. 삭제 〈2020.12.22.〉
3. 간이과세자가 과세사업과 면세사업등을 겸영하는 경우에는 대통령령으로 정하는 바에 따라 계산한 금액

④ 간이과세자(제36조 제1항 제2호 각 목의 어느 하나에 해당하는 간이과세자는 제외한다)가 전자세금계산서를 2024년 12월 31일까지 발급(전자세금계산서 발급명세를 제32조 제3항에 따른 기한까지 국세청장에게 전송한 경우로 한정한다)하고 기획재정부령으로 정하는 전자세금계산서 발급세액공제신고서를 납세지 관할 세무서장에게 제출한 경우의 해당 과세기간에 대한 부가가치세액 공제에 관하여는 제47조 제1항을 준용한다.

⑤ 간이과세자에 대한 과세표준의 계산은 제29조를 준용한다.

⑥ 간이과세자의 경우 제3항, 제4항 및 제46조 제1항 따라 공제하는 금액의 합계액이 각 과세기간의 납부세액을 초과하는 경우에는 그 초과하는 부분은 없는 것으

로 본다.
⑦ 제68조 제1항에 따라 결정 또는 경정하거나 「국세기본법」 제45조에 따라 수정신고한 간이과세자의 해당 연도의 공급대가의 합계액이 제61조 제1항에 따른 금액 이상인 경우 대통령령으로 정하는 과세기간의 납부세액은 제2항에도 불구하고 제37조를 준용하여 계산한 금액으로 한다. 이 경우 공급가액은 공급대가에 110분의 100을 곱한 금액으로 하고, 매입세액을 계산할 때에는 세금계산서 등을 받은 부분에 대하여 제3항에 따라 공제받은 세액은 매입세액으로 공제하지 아니한다.

## Ⅰ. 세액의 계산

### 1. 과세표준과 세액

간이과세자의 과세표준은 해당 과세기간(예정신고의 경우는 예정부과기간)의 공급대가 합계액으로 한다(부법 제63조 제1항). 간이과세자에 대한 과세표준은 재화 또는 용역의 공급대가로서 부가가치세가 포함된 금액이다. 이와 같이 일반과세자의 과세표준이 부가가치세를 제외한 공급가액의 합계인 것과는 다르다. 그 밖에 간이과세자에 대한 과세표준의 계산은 일반과세자에 대한 과세표준계산 규정인 법 제29조를 준용한다(동조 제4항).

과세표준에 해당 업종의 부가가치율을 곱하고 이 금액에 세율을 적용하여 계산한 금액을 납부세액으로 한다. 둘 이상의 업종을 겸영하는 경우에는 각각의 업종별로 계산한 금액의 합계액을 납부세액으로 한다(동조 제2항). 이것은 일반과세자의 경우 매출세액에서 매입세액을 공제한 것을 납부세액이라고 부르는 것과 다르다. 간이과세자의 경우 납부세액에서 「부가가치세법」 소정의 매입세액을 공제한 실질 납부세액을 '차감납부세액'이라 한다.

### 2. 납부세액의 계산

간이과세자의 납부세액은 다음의 계산식에 따라 계산한 금액이다.

> 납부세액 = 과세표준 × 직전 3년간 신고된 업종별 평균 부가가치율 등을 고려하여 5퍼센트에서 50퍼센트의 범위에서 대통령령으로 정하는 해당 업종의 부가가치율 × 10퍼센트

해당 업종의 부가가치율은 업종에 따라 다르게 되어 있다. 현행법상 해당 업종의 부가가치율은 다음과 같다(부령 제111조 제2항).

① 소매업, 재생용 재료 수집 및 판매업, 음식점업: 15퍼센트

② 제조업, 농업·임업·어업, 소화물 전문 운송업: 20퍼센트

③ 숙박업: 25퍼센트

④ 건설업, 운수업 및 창고업, 정보통신업: 30퍼센트

⑤ 금융 및 보험 관련 서비스업, 전문·과학 및 기술 서비스업(인물사진 및 행사용 영상 촬영업 제외), 사업시설관리·사업지원 및 임대서비스업, 부동산 관련 서비스업, 부동산임대업: 40퍼센트

⑥ 그 밖의 서비스업: 30퍼센트

한편 간이과세자가 둘 이상의 업종에 공통으로 사용하던 재화를 공급하여 업종별 실지귀속을 구분할 수 없는 경우에는 다음의 계산식에 따라 부가가치율을 계산하여야 한다. 휴업 등으로 인해 해당 과세기간의 공급대가가 없을 때는 그 재화를 공급한 날에 가장 가까운 과세기간의 공급대가에 따라 계산한다(부령 제111조 제5항).

$$\text{해당 재화와 관련된 각 업종별 부가가치율} \times \frac{\text{해당 재화의 공급일이 속하는 과세기간의 해당 재화와 관련된 각 업종의 공급대가}}{\text{해당 재화의 공급일이 속하는 과세기간의 해당 재화와 관련된 각 업종의 총공급대가}}$$

### 3. 매입세액공제

간이과세자는 일반과세자와 달리 납부세액계산에서 실제 매입세액을 공제하지 아니하지만 정책적 견지에서 일정한 경우 소정의 매입세액공제를 인정하고 있다. 간이과세자가 다른 사업자로부터 세금계산서 등을 발급받은 경우 매입처별 세금계산서합계표 또는 신용카드매출전표등 수령명세서를 납세지 관할 세무

서장에게 제출하는 경우에는 다음 구분과 같이 계산한 금액을 과세기간에 대한 납부세액에서 공제한다(부법 제63조 제3항).

### 가. 해당 과세기간에 세금계산서등을 발급받은 재화와 용역의 공급대가에 0.5퍼센트를 곱한 금액(제1호)

매입세액공제를 받기 위해서는 매입처별 세금계산서합계표, 신용카드매출전표 등 수령명세서를 확정신고와 함께 사업장 관할 세무서장에게 제출하여야 한다. 종전에는 세금계산서를 제출하고 관할 세무서장은 제출한 세금계산서의 진위 여부를 확인한 다음 되돌려 주었으나, 현재는 납세의무자와의 마찰 및 불필요한 행정부담을 줄이기 위해 세금계산서의 제출을 요구하지 않고 있다. 한편 결정·경정을 할 때 해당 간이과세자가 보관하고 있는 세금계산서 등을 결정·경정기관의 확인을 거쳐 관할 세무서장에게 제출하는 경우에도 앞의 경우와 마찬가지로 계산한 금액을 납부세액에서 공제한다(부령 제111조 제3항).

### 나. 간이과세자가 과세사업과 면세사업 등을 겸영하는 경우에는 안분계산한 금액(제3호)

간이과세자가 과세사업과 면세사업을 겸영하는 경우에는 공제액의 계산에 있어서 과세사업과 면세사업의 실지귀속에 의하되 과세사업과 면세사업의 실지귀속을 구분할 수 없는 부분에 대하여는 다음 계산식에 의하여 계산한다(부령 제111조 제7항).

$$\text{납부세액에서 공제할 세액} = \text{해당 과세기간에 발급받은 세금계산서 등을 발급받은 재화와 용역의 공급대가 합계액} \times \frac{\text{해당 과세기간의 과세공급대가}}{\text{해당 과세기간의 총공급대가}} \times 0.5\text{퍼센트}$$

### 다. 과세표준 계산과 매입세액 불공제

간이과세자에 대한 과세표준의 계산은 일반과세자에 적용되는 법 제29조를 준용한다(부법 제63조 제5항) 다만 법 제39조에 따라 일반과세자에게 공제되지 아니하는 매입세액은 간이과세자의 경우에도 매입세액을 공제하지 아니한다(부법 제63조 제3항 단서). 따라서 간이과세자가 다른 사업자로부터 발급받아 관할 세무서장에 제출하는 세금계산서에 필요적 기재사항의 전부 또는 일부가 기재되지 아니하였거나 그 내용이 사실과 다른 경우 또는 매입처별 세금계산서합계표의 기재사항 중 거래처별 등록번호나 공급가액의 전부 또는 일부가 기재되지 아니하였거나 사실과 다르게 기재된 경우에는 매입세액공제를 적용하지 아니한다.

### 4. 환급의 배제

간이과세자에게는 부가가치세 거래징수규정이 적용되지 아니하므로 각종 세액공제는 납부세액을 한도로 인정하는 것이 타당하다. 따라서 간이과세의 경우 매입세액·신용카드매출세액공제액이 각 과세기간의 납부세액을 초과하는 때에는 그 초과하는 부분은 없는 것으로 본다(부법 제63조 제6항). 따라서 간이과세자에게는 「부가가치세법」상 환급세액이 발생하지 아니한다.

### 5. 경정 등 납부세액 계산의 특례

「부가가치세법」에 따라 결정 또는 경정하거나 「국세기본법」 제45조에 따라 수정신고한 간이과세자의 해당 연도의 공급대가가 간이과세 범위인 8천만원 이상인 경우 결정·경정 과세기간의 다음 과세기간(다만 결정·경정 과세기간이 신규로 사업을 시작한 자의 최초 과세기간인 경우에는 해당 과세기간의 다음 과세기간)의 납부세액은 간이과세자 특례규정에도 불구하고 일반과세자에 대한 「부가가치세법」 제37조를 준용하여 계산한 금액으로 한다. 이 경우 공급가액은 공급대가에 110분의 100을 곱한 금액으로 하고 매입세액을 계산할 때에는 세금계산서 등을 받은 부분에 대하여 「부가가치세법」 제63조 제3항에 따라 공제받은 세액은 매입세액으로 공제하지 아니한다(부법 제63조 제7항; 부령 제111조 제8항).

이와 같이 결정 또는 경정한 공급대가가 간이과세 기준금액 이상인 개인사업자는 그 결정·경정한 날이 속하는 과세기간까지 간이과세자로 본다. 그럼에도 그 결정 또는 경정 과세기간의 다음 과세기간부터는 일반과세자에 대한 규정을 준용하여 납부세액을 계산한다. 한편 간이과세자는 본래 세금계산서 발행의무가 없기 때문에 세금계산서 관련 가산세를 적용받지 않는다. 그러나 이처럼 납부세액계산의 특례가 적용되는 경우에는 세금계산서 등을 발급받아 경정할 때 경정기관의 확인을 거쳐 매입세액공제를 받게 되면 예외적으로 공급가액의 1퍼센트 상당액의 세금계산서 관련 가산세를 적용받는다.

## Ⅱ. 재고납부세액의 가산

제64조(간이과세자로 변경되는 경우의 재고품 등 매입세액 가산) 일반과세자가 간이과세자로 변경되면 변경 당시의 재고품, 건설 중인 자산 및 감가상각자산(제38조부터 제43조까지의 규정에 따라 공제받은 경우만 해당하되, 제10조 제9항 제2호에 따른 사업양도에 의하여 사업양수자가 양수한 자산으로서 사업양도자가 매입세액을 공제받은 재화를 포함한다)에 대하여 대통령령으로 정하는 바에 따라 계산한 금액을 제63조 제2항에 따른 납부세액에 더하여야 한다.

### 1. 의 의

과세유형이 변경될 때 일반과세자와 간이과세자의 매입세액 공제율의 차이로 인한 세액 차이를 조정하여 매입세액을 추가로 공제하거나 또는 납부세액을 가산하여야 한다. 일반과세자의 경우에 거래상대방으로부터 거래징수된 매입세액 전액을 공제받는 반면, 간이과세자의 경우는 거래징수된 세액에 대하여 해당 업종의 부가가치율을 곱한 금액만을 공제받기 때문이다.

이 점을 감안하여 볼 때 일반과세자에서 간이과세자로 전환되는 시점에 남아 있는 재고재화 등은 일반과세자의 지위가 아닌 간이과세자의 지위에서 사용할 것이므로 이미 이루어진 매입세액공제는 취소되어야 한다. 즉 일반과세자로서 이미 공제받은 매입세액을 다시 납부하게 하는 매입세액의 정산절차가 필요하게 된다. 이를 '재고납부세액의 가산'이라 한다.

이것은 간이과세자에서 일반과세자로 변경되는 경우에는 변경일 현재의 재고품 등에 대해서 매입세액공제가 이루어져 있지 않으므로 추가적으로 매입세액공제를 허용하는 '재고매입세액의 공제'와 대비된다.

### 2. 재고품 및 감가상각자산의 신고

과세유형이 변경되는 경우에는 그 변경되는 날 현재 다음의 재고품 및 감가상각자산(사업양도에 의하여 사업양수자가 양수한 자산으로서 사업양도자가 매입세액을 공제받은 재화를 포함)을 과세유형이 변경되는 날의 직전 과세기간에 대한 확정신고와 함께 각 사업장 관할 세무서장에게 신고하여야 한다(부령 제112조 제1항). 여기의 신고에는 국세정보통신망에 의한 신고를 포함하고 간이과세자로 전환되는 경우에 재고품 및 감가상각자산은 매입세액을 공제받은 것에 한한다.

① 상품

② 제품(반제품 및 재공품을 포함)

③ 재료(부재료를 포함)

④ 건설 중인 자산

⑤ 감가상각자산(건물 및 구축물의 경우에는 취득·건설 또는 신축 후 10년 이내의 것, 그 밖의 감가상각자산의 경우에는 취득 또는 제작 후 2년 이내의 것에 한정함)

재고품 및 감가상각자산의 금액은 장부 또는 세금계산서에 의하여 확인되는 해당 재고품 등의 취득가액으로 한다. 다만 장부 또는 세금계산서가 없거나 기장이 누락된 경우 해당 재고품 및 감가상각자산의 가액은 시가에 따른다(부령 제112조 제2항).

### 3. 재고납부세액의 계산

일반과세자가 간이과세자로 변경되는 경우에 해당 사업자는 다음 산식에 의해 계산된 재고납부세액을 납부세액에 가산하여 납부하여야 한다(부령 제112조 제3항).

#### 가. 재고품인 경우(제1호)

$$\text{재고납부세액} = \text{재고금액} \times \frac{10}{100} \times (1 - 0.5\text{퍼센트} \times \frac{110}{10})$$

#### 나. 건설 중인 자산인 경우(제2호)

$$\text{재고납부세액} = \text{해당 건설 중인 자산과 관련하여 공제받은 매입세액} \times (1 - 0.5\text{퍼센트} \times \frac{110}{10})$$

#### 다. 감가상각자산으로서 다른 사람으로부터 매입한 자산인 경우(제3호)

(1) 건물 또는 구축물

$$\text{재고납부세액} = \text{취득가액} \times (1 - \frac{5}{100} \times \text{경과된 과세기간의 수}) \times \frac{10}{100} \times (1 - 0.5\text{퍼센트} \times \frac{110}{10})$$

(2) 그 밖의 감가상각자산

$$\text{재고납부세액} = \text{취득가액} \times (1 - \frac{25}{100} \times \text{경과된 과세기간의 수}) \times \frac{10}{100} \times (1 - 0.5\text{퍼센트} \times \frac{110}{10})$$

### 라. 감가상각자산으로서 사업자가 직접 제작, 건설 또는 신축한 자산(제4호)

(1) 건물 또는 구축물

재고납부세액 = 해당 자산의 건설 또는 신축과 관련된 공제받은 매입세액(장부 또는 세금계산서가 없거나 기장이 누락된 경우는 재고품 등 시가의 10퍼센트에 해당하는 세액)

$$\times (1 - \frac{5}{100} \times \text{경과된 과세기간의 수}) \times (1 - 0.5\text{퍼센트} \times \frac{110}{10})$$

(2) 그 밖의 감가상각자산

재고납부세액 = 해당 자산의 제작과 관련하여 공제받은 매입세액(장부 또는 세금계산서가 없거나 기장이 누락된 경우는 재고품 등 시가의 10퍼센트에 해당하는 세액)

$$\times (1 - \frac{25}{100} \times \text{경과된 과세기간의 수}) \times (1 - 0.5\text{퍼센트} \times \frac{110}{10})$$

## 4. 승인과 납부

신고를 받은 관할 세무서장은 재고금액을 조사·승인하고 간이과세자로 변경된 날부터 90일 이내에 해당 사업자에게 납부할 재고납부세액을 통지하여야 한다. 그 기한 내에 통지하지 않는 때에는 해당 사업자가 신고한 재고금액을 승인한 것으로 본다(부령 제112조 제5항).

그런데 해당 사업자가 재고품 및 감가상각자산의 신고를 하지 아니하거나 과소신고한 경우 관할 세무서장은 재고금액을 조사하여 해당 재고납부세액을 결정하고 통지하여야 한다(부령 제112조 제6항).

결정된 재고납부세액은 간이과세자로 변경된 날이 속하는 과세기간에 대한 확정신고를 할 때 납부할 세액에 더하여 납부한다(부령 제112조 제7항). 승인하거나 승인한 것으로 보는 재고납부세액의 내용에 오류 또는 탈루가 있는 경우에는 재고납부세액을 조사하여 경정한다(부령 제112조 제8항).

## 제 5 절 신고와 납부

**제66조(예정부과와 납부)** ① 사업장 관할세무서장은 제67조에도 불구하고 간이과세자에 대하여 직전 과세기간에 대한 납부세액(제46조 제1항, 제63조 제3항, 제4항 또는 「조세특례제한법」 제104조의8 제2항에 따라 납부세액에서 공제하거나 경감한 세액이 있는 경우에는 그 세액을 뺀 금액으로 하고, 제68조에 따른 결정 또는 경정과 「국세기본법」 제45조 및 제45조의2에 따른 수정신고 및 경정청구에 따른 결정이 있는 경우에는 그 내용이 반영된 금액으로 한다)의 50퍼센트(직전 과세기간이 제5조 제4항 제1호의 과세기간에 해당하는 경우에는 직전 과세기간에 대한 납부세액의 전액을 말하며, 1천원 미만의 단수가 있을 때에는 그 단수금액은 버린다)를 1월 1일부터 6월 30일(이하 이 조에서 "예정부과기간"이라 한다)까지의 납부세액으로 결정하여 대통령령으로 정하는 바에 따라 예정부과기간이 끝난 후 25일 이내(이하 "예정부과기한"이라 한다)까지 징수한다. 다만, 다음 각 호의 어느 하나에 해당하는 경우에는 징수하지 아니한다.

1. 징수하여야 할 금액이 50만원 미만인 경우
2. 제5조 제4항 제2호의 과세기간이 적용되는 간이과세자의 경우
3. 「국세징수법」 제13조 제1항 각 호의 어느 하나에 해당하는 사유로 관할 세무서장이 징수하여야 할 금액을 간이과세자가 납부할 수 없다고 인정되는 경우

② 제1항에도 불구하고 대통령령으로 정하는 간이과세자는 예정부과기간의 과세표준과 납부세액을 예정부과기한까지 사업장 관할 세무서장에게 신고할 수 있다.
③ 제1항에도 불구하고 제32조 또는 제36조 제3항에 따라 예정부과기간에 세금계산서를 발급한 간이과세자는 예정부과기간의 과세표준과 납부세액을 예정부과기한까지 사업장 관할 세무서장에게 신고하여야 한다.
④ 제1항 본문에 따른 결정이 있는 경우 간이과세자가 제2항 또는 제3항에 따라 신고를 한 경우에는 그 결정이 없었던 것으로 본다.

⑤ 제2항 또는 제3항에 따라 신고하는 간이과세자는 예정부과기간의 납부세액을 대통령령으로 정하는 바에 따라 사업장 관할 세무서장에게 납부하여야 한다.
⑥ 제2항 또는 제3항에 따라 신고하는 간이과세자는 대통령령으로 정하는 바에 따라 매출·매입처별 세금계산서합계표를 제2항 또는 제3항에 따른 신고를 할 때 제출하여야 한다. 다만, 매출·매입처별 세금계산서합계표를 제2항 또는 제3항에 따른 신고를 할 때 제출하지 못하는 경우에는 제67조 제1항에 따른 신고를 할 때 이를 제출할 수 있다.

# Ⅰ. 신고와 납부

## 1. 예정부과와 징수

사업장 관할 세무서장은 간이과세자에 대하여 직전 과세기간에 대한 납부세액(「부가가치세법」 제46조 제1항, 제63조 제3항 또는 「조세특례제한법」 제104조의8 제2항에 따라 납부세액에서 공제하거나 경감한 세액이 있는 경우에는 그 세액을 뺀 금액으로 하고, 「부가가치세법」 제68조에 따른 결정 또는 경정과 「국세기본법」 제45조 및 제45조의2에 따른 수정신고 및 경정청구에 따른 결정이 있는 경우에는 그 내용이 반영된 금액으로 한다)의 50%(직전 과세기간이 「부가가치세법」 제5조 제4항 제1호의 과세기간에 해당하는 경우에는 직전 과세기간에 대한 납부세액의 전액을 말하며, 1천원 미만의 단수가 있을 때에는 그 단수금액은 버린다)를 1월 1일부터 6월 30일(예정부과기간)까지의 납부세액으로 결정한다. 관할 세무서장은 부가가치세액에 대하여 예정부과기간이 끝난 후 25일 이내까지 징수한다(부법 제66조 제1항).

다만 ① 징수하여야 할 금액이 50만원 미만이거나, ② 일반과세자에서 과세기간 개시일 현재 간이과세자로 변경된 경우, ③ 「국세징수법」 제13조 제1항 각 호의 어느 하나에 해당하는 사유로 관할 세무서장이 징수하여야 할 금액을 간이과세자가 납부할 수 없다고 인정되는 경우에는 이를 징수하지 아니한다.

한편 휴업 또는 사업부진 등으로 인하여 예정부과기간의 공급가액 또는 납부세액이 직전 예정부과기간의 공급가액 또는 납부세액의 3분의 1에 미달하는 간이과세자는 예정부과기간의 과세표준과 납부세액을 예정부과기한까지 사업장 관할 세무서장에게 신고할 수 있다(부법 제63조 제2항; 부령 제114조 제2항).

다만 간이과세자가 예정부과기간에 세금계산서를 발급한 경우에는 예정부과기간의 사업자 인적사항, 납부세액(또는 가산세액) 및 그 계산근거와 매출·매입처별 세금계산서합계표, 과세표준과 납부세액 등을 예정부과기한까지 사업장 관할 세무서장에게 제출하여야 하며(부법 제66조 제2항; 부령 114조 제3항), 관할 세무서장의 예정부과결정이 있는 경우이지만 간이과세자가 스스로 신고·납부한 경우에는 그 결정이 없었던 것으로 본다(부법 제66조 제4항). 신고하는 간이과세자는 예정부과기간의 납부세액을 사업장 관할 세무서장에게 납부하여야 한다(부법 제66조 제5항). 아울러 해당 신고를 하는 간이과세자는 매입처별 세금계산서합계표를 그 신고하는 때에 제출하여야 하나 매입처별세금계산서합계표를 신고할 때 제출하지 못하는 경우에는 확정신고와 함께 제출할 수 있다(부법 제66조 제6항).

## 2. 신고와 납부

**제67조(간이과세자의 신고와 납부)** ① 간이과세자는 과세기간의 과세표준과 납부세액을 그 과세기간이 끝난 후 25일(폐업하는 경우 제5조 제3항에 따른 폐업일이 속한 달의 다음 달 25일) 이내에 대통령령으로 정하는 바에 따라 납세지 관할 세무서장에게 확정신고를 하고 납세지 관할 세무서장 또는 한국은행 등에 납부하여야 한다.
② 제1항에 따라 부가가치세를 납부하는 경우 제66조 제1항 본문 및 같은 조 제5항에 따라 납부한 세액은 공제하고 납부한다.
③ 간이과세자는 대통령령으로 정하는 바에 따라 매출·매입처별 세금계산서합계표를 제1항에 따른 해당 신고를 할 때 함께 제출하여야 한다.

### 가. 신 고

간이과세자는 과세기간의 과세표준과 납부세액을 그 과세기간이 끝난 후 25일(폐업하는 경우에는 폐업일이 속한 달의 다음 달 25일) 이내에 납세지 관할 세무서장에게 확정신고하고 납부하여야 한다(부법 제67조 제1항). 간이과세의 부가가치세 신고에 있어서는 사업자의 인적사항, 납부세액 및 그 계산근거, 가산세액 및 그 계산근거, 매출·매입처별 세금계산서합계표 제출 내용 등을 적은 간이과세자 부가가치세신고서를 관할 세무서장에게 제출(국세정보통신망에 의한 제출을 포함)하여야 한다(부령 제114조 제3항). 종전과 달리 간이과세자도 세금계산서 발급 대상에 포함됨에 따라 간이과세자가 납부세액을 신고할 때에 매입처별 세금계산서합계표 외에 매출처별 세금계산서합계표도 제출하도록 한 것이다.

간이과세자가 영세율의 적용을 받는 경우에는 그 신고서에 영세율 첨부서류를 첨부하여 제출하여야 한다(부령 제114조 제6항). 해당 신고서에 그 서류를 첨부하지 아니한 부분에 대하여는 신고로 보지 아니한다(부령 제114조 제7항).

### 나. 납 부

간이과세자가 부가가치세를 납부함에 있어서는 예정부과에 따라 납부한 세액은 공제하고 납부한다(부법 제67조 제2항). 아울러 해당 예정부과기간 또는 과세기간의 납부세액에서 가산세 부과사유에 해당하는 때에는 계산한 가산세를 가산하고, 세금계산서 또는 신용카드매출전표를 발급받은 경우의 매입세액을 차감한 세액을 간이과세자가 부가가치세신고서와 함께 납부하거나, 「국세징수법」에 따른 납부서에 의하여 납세지 관할 세무서장 또는 한국은행 등에 납부하여야 한다(부령 제114조 제4항).

간이과세자가 다른 사업자로부터 발급받아 관할 세무서장에게 제출하는 매입처별 세금계산서합계표의 기재사항 중 거래처별 등록번호나 공급가액의 전부 또는 일부가 적히지 아니하였거나 사실과 다르게 적힌 경우에는 이에 따른 매입세액공제를 적용하지 않는다(부령 제114조 제5항).

## 3. 매출·매입처별 세금계산서합계표 등의 제출

간이과세자는 부가가치세의 신고를 할 때 그 신고서와 함께 ① 사업자의 인적사항, ② 납부세액 및 그 계산 근거, ③ 가산세액 및 그 계산 근거, ④ 매출·매입처별세금계산서합계표를 해당 신고와 함께 사업장 관할 세무서장에게 제출하여야 한다(부령 제114조 제3항). 간이과세자는 영수증만을 발급하므로 세금계산서를 제출할 의무는 없다.

## Ⅱ. 결정·경정 및 징수와 가산세

**제68조(간이과세자에 대한 결정·경정과 징수)** ① 간이과세자에 대한 과세표준과 납부세액의 결정 또는 경정에 관하여는 제57조를 준용한다.
② 간이과세자에 대한 가산세 부과에 관하여는 제60조 제1항을 준용한다. 이 경우 제60조 제1항 각 호 중 "공급가액"은 "공급대가"로 하고, "1퍼센트"는 "0.5퍼센트"로 한다.
③ 세금계산서 등을 발급받고 제63조 제3항에 따라 공제받지 아니한 경우로서 제57조 제1항에 따른 해당 결정 또는 경정 기관의 확인을 거쳐 제63조 제6항 전단에 따라 납부세액을 계산할 때 매입세액으로 공제받는 경우에는 그 공급가액의 1퍼센트를 납부세액에 더하거나 환급세액에서 뺀다.
④ 간이과세자에 대한 부가가치세의 징수에 관하여는 제58조를 준용한다.
**제68조의2(간이과세자에 대한 가산세)** ① 간이과세자에 대한 가산세 부과에 관하여는 제60조 제1항·제2항 및 같은 조 제3항 제1호·제3호·제5호를 준용한다. 이 경우 제60조 제1항 각 호 중 "공급가액"은 "공급대가"로, "1퍼센트"는 "0.5퍼센트"로 본다.
② 간이과세자가 다음 각 호의 어느 하나에 해당하는 경우 다음 각 호의 구분에 따른 금액을 납부세액에 더하거나 환급세액에서 뺀다.

1. 제32조에 따라 세금계산서를 발급하여야 하는 사업자로부터 재화 또는 용역을 공급받고 세금계산서를 발급받지 아니한 경우(제36조의2 제1항 및 제2항에 따라 영수증을 발급하여야 하는 기간에 세금계산서를 발급받지 아니한 경우는 제외한다): 그 공급대가의 0.5퍼센트
2. 세금계산서등을 발급받고 제63조 제3항에 따라 공제받지 아니한 경우로서 제57조 제1항에 따른 해당 결정 또는 경정 기관의 확인을 거쳐 제63조 제7항 전단에 따라 납부세액을 계산할 때 매입세액으로 공제받는 경우: 그 공급가액의 0.5퍼센트

③ 간이과세자가 다음 각 호의 어느 하나에 해당하는 경우 다음 각 호의 구분에 따른 금액을 납부세액에 더하거나 환급세액에서 뺀다. 다만, 제66조 제6항 또는 제67조 제3항에 따라 제출한 매출처별 세금계산서합계표의 기재사항이 착오로 적힌 경우로서 사업자가 발급한 세금계산서에 따라 거래사실이 확인되는 부분의 공급가액에 대해서는 그러하지 아니하다.

1. 제66조 제6항 또는 제67조 제3항에 따라 매출처별 세금계산서합계표를 제출하지 아니한 경우: 매출처별 세금계산서합계표를 제출하지 아니한 부분에 대한 공급가액의 0.5퍼센트
2. 제66조 제6항 또는 제67조 제3항에 따라 제출한 매출처별 세금계산서합계표의 기재사항 중 거래처별 등록번호 또는 공급가액의 전부 또는 일부가 적혀 있지 아니하거나 사실과 다르게 적혀 있는 경우: 매출처별 세금계산서합계표의 기재사항이 적혀 있지 아니하거나 사실과 다르게 적혀 있는 부분에 대한 공급가액의 0.5퍼센트
3. 제66조 제6항 단서에 따라 신고를 할 때 제출하지 못하여 해당 예정부과기간이 속하는 과세기간에 확정신고를 할 때 매출처별 세금계산서합계표를 제출하는 경우로서 제2호에 해당하지 아니하는 경우: 그 공급가액의 0.3퍼센트

④ 제1항부터 제3항까지를 적용할 때에 제1항에 따라 준용을 하는 부분에 대해서는 다음 각 호의 구분에 따른 규정을 각각 적용하지 아니한다.

1. 제60조 제1항이 준용되는 부분: 제60조 제2항(제2호는 제외한다), 이 조 제2항 제2호 및 제3항
2. 제60조 제2항(제2호는 제외한다)이 준용되는 부분: 이 조 제3항
3. 제60조 제2항 제2호 또는 제3항 제1호·제3호·제5호가 준용되는 부분: 제60조 제1항 및 이 조 제3항
4. 제60조 제3항 제3호가 준용되는 부분: 제60조 제2항 제2호 본문
5. 제60조 제3항 제5호가 준용되는 부분: 제60조 제2항 제5호 본문

⑤ 「소득세법」 제81조의9 제2항 제3호의 가산세를 적용받는 부분에 대해서는 제60조 제2항 제2호 및 이 조 제3항 제2호의 가산세를 적용하지 아니한다.

### 1. 간이과세자에 대한 결정·경정과 징수

간이과세사업자의 과세표준 신고 및 납부가 누락되거나 오류가 있을 때에는 간이과세자에 대한 과세표준과 납부세액은 일반과세자의 경우를 준용하여 결정 또는 경정할 수 있으며(부법 제68조 제1항), 간이과세자에 대한 부가가치세의 징수에 관하여도 일반과세자에 대한 규정을 준용할 수 있다(동조 제4항).

### 2. 간이과세자에 대한 가산세

간이과세자에 대하여 가산세 부과의 사유가 발생하는 경우에는 일반과세자

에 대한 가산세에 관한 규정 중 법 제60조 제1항·제2항 및 같은 조 제3항 제1호·제3호·제5호를 준용하는바, 이 때 법 제60조 제1항 각 호 중 "공급가액"은 "공급대가"로, "1퍼센트"는 "0.5퍼센트"로 본다(부법 제68조의2 제1항).[6] 간이과세자에 대한 가산세 부과 관련 규정을 자세히 살펴보면 아래와 같다.

① 간이과세자가 세금계산서를 발급하여야 하는 사업자로부터 재화 또는 용역을 공급받고 세금계산서를 발급받지 아니한 경우(영수증을 발급하여야 하는 기간에 세금계산서를 발급받지 아니한 경우는 제외한다): 그 공급대가의 0.5퍼센트에 해당하는 금액을 납부세액에 더하거나 환급세액에서 뺀다(동조 제2항 제1호).

② 세금계산서 등을 발급받았으나 관련 규정에 따라 공제받지 아니한 경우로서 결정 또는 경정 기관의 확인을 거쳐 제63조 제6항 전단에 따라 납부세액을 계산할 때 매입세액으로 공제받는 경우: 그 공급가액의 0.5퍼센트에 해당하는 금액을 납부세액에 더하거나 환급세액에서 뺀다(동조 제2항 제2호).

한편 간이과세자가 다음의 어느 하나에 해당하는 경우에는 각각 해당 가산세율을 적용하여 산출한 금액을 납부세액에 더하거나 환급세액에서 뺀다. 그러나 관련 규정(부법 제66조 제6항 또는 제67조 제3항)에 따라 제출한 매출처별 세금계산서합계표의 기재사항이 착오로 적힌 경우로서 사업자가 발급한 세금계산서에 따라 거래사실이 확인되는 부분의 공급가액에 대해서는 그러하지 아니하다(동조 제3항).

① 매출처별 세금계산서합계표를 제출하지 아니한 경우: 매출처별 세금계산서합계표를 제출하지 아니한 부분에 대한 공급가액의 0.5퍼센트에 해당하는 금

---

6) 이처럼 간이과세자에 대한 가산세의 부과와 관련하여 일반과세자에 관한 규정을 적용하더라도 다음의 경우에는 그 적용을 배제한다(부법 제68조의2 제4항).
1. 제60조 제1항이 준용되는 부분: 제60조 제2항(제2호는 제외한다), 이 조 제2항 제2호 및 제3항.
2. 제60조 제2항(제2호는 제외한다)이 준용되는 부분: 이 조 제3항.
3. 제60조 제2항 제2호 또는 제3항 제1호·제3호·제5호가 준용되는 부분: 제60조 제1항 및 이 조 제3항.
4. 제60조 제3항 제3호가 준용되는 부분: 제60조 제2항 제2호 본문.
5. 제60조 제3항 제5호가 준용되는 부분: 제60조 제2항 제5호 본문.

마찬가지로 「소득세법」 제81조의9 제2항 제3호의 가산세를 적용받는 부분에 대해서는 법 제60조 제2항 제2호 및 이 조 제3항 제2호의 가산세를 적용하지 아니한다(부법 제68조의2 제5항).

액을 납부세액에 더하거나 환급세액에서 뺀다(제1호).

② 매출처별 세금계산서합계표의 기재사항 중 거래처별 등록번호 또는 공급가액의 전부 또는 일부가 적혀 있지 아니하거나 사실과 다르게 적혀 있는 경우: 매출처별 세금계산서합계표의 기재사항이 적혀 있지 아니하거나 사실과 다르게 적혀 있는 부분에 대한 공급가액의 0.5퍼센트에 해당하는 금액을 납부세액에 더하거나 환급세액에서 뺀다(제2호).

③ 관련 규정에 따라 신고를 할 때 제출하지 못하여 해당 예정부과기간이 속하는 과세기간에 확정신고를 할 때 매출처별 세금계산서합계표를 제출하는 경우로서 위 ②에 해당하지 아니하는 경우: 그 공급가액의 0.3퍼센트에 해당하는 금액을 납부세액에 더하거나 환급세액에서 뺀다(제3호).

## Ⅲ. 납부의무의 면제

**제69조(간이과세자에 대한 납부의무의 면제)** ① 간이과세자의 해당 과세기간에 대한 공급대가의 합계액이 4천800만원 미만이면 제66조 및 제67조에도 불구하고 제63조 제2항에 따른 납부의무를 면제한다. 다만, 제64조에 따라 납부세액에 더하여야 할 세액은 그러하지 아니하다.

② 제1항에 따라 납부할 의무를 면제하는 경우에 대하여는 제60조 제1항을 적용하지 아니한다. 다만, 제8조 제1항에 따른 기한까지 사업자등록을 신청하지 아니한 경우(대통령령으로 정하는 고정 사업장이 없는 경우는 제외한다)에는 제60조 제1항 제1호를 적용하되, 제60조 제1항 제1호 중 "1퍼센트"를 "0.5퍼센트와 5만원 중 큰 금액"으로 한다.

③ 제1항을 적용할 때 다음 각 호의 경우에는 같은 호의 공급대가의 합계액을 12개월로 환산한 금액을 기준으로 한다. 이 경우 1개월 미만의 끝수가 있으면 1개월로 한다.

1. 해당 과세기간에 신규로 사업을 시작한 간이과세자는 그 사업 개시일부터 그 과세기간 종료일까지의 공급대가의 합계액
2. 휴업자·폐업자 및 과세기간 중 과세유형을 전환한 간이과세자는 그 과세기간 개시일부터 휴업일·폐업일 및 과세유형 전환일까지의 공급대가의 합계액
3. 제5조 제4항 각 호에 따른 과세기간의 적용을 받는 간이과세자는 해당 과세

기간의 공급대가의 합계액
④ 제1항에 따라 납부의무가 면제되는 사업자가 자진 납부한 사실이 확인되면 납세지 관할 세무서장은 납부한 금액을 환급하여야 한다.

### 1. 의 의

간이과세자의 해당 과세기간에 대한 공급대가가 4천800만원 미만인 경우에는 해당 과세기간에 대한 납부세액의 납부의무를 면제한다(부법 제69조 제1항). 신고·납세사무의 부담 경감이라는 측면에서 과세기간의 공급대가를 기준으로 일정액 이하인 사업자에 대하여 납부의무를 면제하는 것으로 해석할 수 있다. 이것은 소규모 사업자에 대한 것이지만 일종의 인적 비과세에 해당하는 성질을 가진다.

2014년 현재 프랑스·영국·독일 등은 대체로 연매출 5만 달러 내지 8만 유로 이하를 납부면제점으로 규정하고 있으며, 일본의 경우 과세매상고가 1천만엔 이하의 사업자에 대하여 선택적으로 신고·납부의무를 면제하고 있다.[7] 반면에 납부면제점을 가지지 아니하는 국가로 칠레·스페인·멕시코·터키를 들 수 있다.[8]

납부의무가 면제되는 간이과세자가 부가가치세를 자진 납부한 사실이 확인되는 경우에 관할 세무서장은 납부한 금액을 환급하여야 한다(동조 제4항). 조세법률주의에 따른 합법성의 원칙에 근거하여 납부한 부가가치세를 납세의무자에게 반환해 주어야 함은 당연하다.

### 2. 면제대상

일반과세자가 간이과세자로 전환할 때 계산하는 재고납부세액은 이미 공제받은 세액이므로 납부하도록 하는 것이 타당하다. 따라서 일반과세자가 간이과세자로 전환되어 재고납부세액이 있는 경우에 납부세액에 더해야 할 세액은 면제대상에서 제외한다(동조 제1항 단서).

---

7) 일본 소비세법 제9조 제1항, 제4항.
8) OECD, Chapter 2 "Value added taxes: Rates and Structure", *Consumption Tax Trends 2014*, 2014, p.66.

간이과세자가 이에 해당하여 납부의무를 면제하는 경우 가산세도 부과하지 않는다. 다만 기한 내에 사업자등록을 하지 아니한 경우에는 미등록가산세 규정을 준용하되 고정된 물적 시설을 갖추지 아니하고 공부에 등록된 사업장 소재지가 없는 경우는 제외한다. 가산세는 납부세액 등의 0.5퍼센트에 해당하는 금액과 5만원 중 큰 금액으로 한다(동조 제2항).

납부의무의 면제를 적용함에 있어서 다음에 해당하는 간이과세자에 대하여는 공급대가의 합계액을 12개월로 환산한 금액을 기준으로 한다. 이 경우 1개월 미만의 끝수가 있는 때에는 이를 1개월로 한다(동조 제3항).

① 해당 과세기간에 신규로 사업을 시작한 간이과세자는 그 사업개시일부터 그 과세기간 종료일까지의 공급대가의 합계액

② 휴업자·폐업자 및 과세기간 중 과세유형을 전환한 간이과세자는 그 과세기간 개시일부터 휴업일·폐업일 및 과세유형 전환일까지의 공급대가의 합계액

③ 과세유형 전환에 따른 과세기간의 적용을 받는 간이과세자는 해당 과세기간의 공급대가의 합계액

## Ⅳ. 간이과세의 포기

**제70조(간이과세의 포기)** ① 간이과세자 또는 제62조에 따라 간이과세자에 관한 규정을 적용받게 되는 일반과세자가 간이과세자에 관한 규정의 적용을 포기하고 일반과세자에 관한 규정을 적용받으려는 경우에는 제61조 제1항에도 불구하고 제4장부터 제6장까지의 규정을 적용받을 수 있다. 이 경우 적용받으려는 달의 전달의 마지막 날까지 대통령령으로 정하는 바에 따라 납세지 관할 세무서장에게 신고하여야 한다.

② 신규로 사업을 시작하는 개인사업자가 제8조 제1항 또는 제3항에 따른 사업자등록을 신청할 때 대통령령으로 정하는 바에 따라 납세지 관할 세무서장에게 간이과세자에 관한 규정의 적용을 포기하고 일반과세자에 관한 규정을 적용받으려고 신고한 경우에는 제61조 제1항에도 불구하고 제4장부터 제6장까지의 규정을 적용받을 수 있다.

③ 제1항과 제2항에 따라 신고한 개인사업자는 다음 각 호의 구분에 따른 날부터 3

년이 되는 날이 속하는 과세기간까지는 간이과세자에 관한 규정을 적용받지 못한다.
1. 제1항에 따라 신고한 경우: 일반과세자에 관한 규정을 적용받으려는 달의 1일
2. 제2항에 따라 신고한 경우: 사업 개시일이 속하는 달의 1일

### 1. 의 의

간이과세자 또는 간이과세자에 관한 규정을 적용받게 되는 일반과세자가 간이과세자에 대한 규정의 적용을 포기하고 일반과세자에 관한 규정을 적용받을 수 있다(부법 제70조). 간이과세를 포기할 수 있도록 하는 주된 취지는 세금계산서를 발급하지 못함에 따른 판매경쟁상의 애로를 해소하고 일반과세자처럼 세액환급을 받을 수 없는 제도상의 불이익을 면할 수 있도록 하기 위한 데 있다.

### 2. 포기의 절차

간이과세를 포기하고 일반과세자에 관한 규정을 적용받고자 하는 자는 일반과세를 적용받으려는 달의 전달의 마지막 날까지 사업장 관할 세무서장에게 간이과세포기신고서를 제출(국세정보통신망에 의한 제출을 포함)하여야 한다(부법 제70조 제1항). 간이과세포기신고서에는 사업자의 인적사항과 간이과세를 포기하고자 하는 과세기간 및 그 밖의 참고사항을 적어야 한다(부령 제116조 제1항).

### 3. 포기의 효력

간이과세의 포기를 신고한 자는 일반과세자로서 과세된다. 이에 따라 일반과세자에 대한 과세표준과 세액, 신고·납부, 경정·징수·환급에 관한 「부가가치세법」이 적용된다. 포기하고자 하는 과세기간은 일반과세의 적용을 받고자 하는 달의 1일 또는 사업개시일이 속하는 달의 1일부터 3년이 되는 날이 속하는 과세기간이어야 한다(부법 제70조 제3항). 즉 한번 간이과세포기를 하면 최소 3년은 경과하여야 다시 과세유형을 전환할 수 있는 것으로 하고 있는데 행정상의 안정성을 확보하기 위한 것이다. 그 기간이 경과한 후 다시 간이과세를 적용받기 위해서는 그 적용대상에 해당하여야 할 뿐 아니라 적용받고자 하는 과세기간의 개시 10일 전까지 간이과세 적용 신고를 하여야 한다(부령 제116조 제2항).

# 제10장

# 보 칙

# 제1절 장부의 작성·보관의무

**제71조(장부의 작성·보관)** ① 사업자는 자기의 납부세액 또는 환급세액과 관계되는 모든 거래사실을 대통령령으로 정하는 바에 따라 장부에 기록하여 사업장에 갖추어 두어야 한다.
② 사업자가 부가가치세가 과세되는 재화 또는 용역의 공급과 함께 부가가치세가 면제되는 재화 또는 용역을 공급하거나 제42조 제1항을 적용받는 경우에는 과세되는 공급과 면세되는 공급 및 면세농산물 등을 공급받은 사실을 각각 구분하여 장부에 기록하여야 한다.
③ 사업자는 제1항 및 제2항에 따라 기록한 장부와 제32조, 제35조 및 제36조에 따라 발급하거나 발급받은 세금계산서, 수입세금계산서 또는 영수증을 그 거래사실이 속하는 과세기간에 대한 확정신고 기한 후 5년간 보존하여야 한다. 다만, 제32조에 따라 전자세금계산서를 발급한 사업자가 국세청장에게 전자세금계산서 발급명세를 전송한 경우에는 그러하지 아니하다.
④ 사업자가 「법인세법」 제112조 및 「소득세법」 제160조에 따라 장부기록의무를 이행한 경우에는 제1항에 따른 장부기록의무를 이행한 것으로 본다.

## Ⅰ. 장부기록의 의의

「국세기본법」 제16조 제1항은 "납세의무자가 세법에 따라 장부를 갖추어 기록하고 있는 경우에는 해당 국세 과세표준의 조사와 결정은 그 장부와 이에 관계되는 증거자료에 의하여야 한다"고 규정하고 있다. 여기서 '장부'란 사업의 재산상태와 그 손익의 거래내용에 관련된 변동상황을 빠짐없이 이중으로 기록하여 계산한 부기형식의 문서를 말한다.

「국세기본법」의 규정은 객관적인 자료에 근거하여 과세하라는 뜻이지만 과세관청뿐 아니라 납세의무자에게도 해당되는 근거납세의 원칙으로서 적정한 납세신고를 유지하기 위한 납세의무자의 책임과 의무를 정한 것이다. 기장의무는 납세를 위한 객관적인 자료를 확보하는 데 필요한 납세의무자의 세무관청에 대한 협력의무라고 말할 수 있다. 특히 신고납세제도에서 납세의무자의 협력은 자신의 거래내역과 소득을 산정하기 위한 정확한 장부와 기록을 갖춘 경우에만 가능하다. 나아가 납세의무자가 과세관청의 처분에 대항하여 불복쟁송을 제기할 때도 기장을 한 자료와 서류는 과세처분의 위법을 다툴 수 있는 유력한 증빙자료로 사용될 수 있다. 이를 위하여 무엇보다도 납세의무자가 평소 자신의 거래내역을 성실히 장부에 기재하는 것이 중요하다.

하지만 대부분의 영세사업자 등은 거래의 기장을 하고 있지 아니하거나 기장은 하고 있어도 그에 기한 납세신고를 성실히 하고 있지 않은 것이 문제이다. 소규모 영세사업자라 하여 신고납세제도의 핵심인 기장의무 등에서 면제되거나 예외로 취급하는 것은 타당하지 않다. 그렇지만 실제로 많은 소규모 영세사업자에게 장부에 기한 정확한 신고·납부를 요구하는 것은 현실적이지 못한 것도 사실이다. 그리하여 생각할 수 있는 것은 기장의 수준을 모두에게 동일하게 요구하는 것이 아니라 사업규모에 따라서 달리 요구하는 방법이다. 즉 사업규모에 따라서 납세의무자 스스로 작성한 기장의 형식을 가급적 폭넓게 인정하고 존중할 것이 요청된다. 세법상 응능부담의 원칙은 사업자의 기장 수준에서도 요구되는 원칙이라고 볼 수 있기 때문이다.1)

## Ⅱ. 장부작성의무의 내용

사업자는 자기의 납부세액 또는 환급세액과 관계되는 모든 거래사실을 법이 정하는 바에 의하여 장부에 기록하고 사업장에 갖추어 두어야 한다(부법 제71조 제1항). 사업자가 부가가치세가 부과되는 재화 또는 용역의 공급과 함께 부가가치세가 면제되는 재화 또는 용역을 공급하거나 면세농산물 등 의제매입세액공제특례(부법 제42조 제1항)를 적용받는 경우에는 과세되는 공급과 면세되는 공급 및 면세농산물 등을 공급받은 사실을 각각 구분하여 장부에 기록하여야 한다(부법 제71조 제2항). 이러한 장부 등에 대한 기록과 보관 의무는 그 본질이 납세의무자의 협력의무이다.

이에 따라 과세사업자는 「부가가치세법」상 장부기록의무가 있으나 부가가치세가 면제되는 사업자는 「소득세법」 또는 「법인세법」상 장부기록의무만 있

1) 浦野廣明, 『納税者の権利と法』, 新日本出版社, 1998, 111면.

다. 기장의무에 의하여 장부에 기록하여야 할 거래사실은 다음과 같다(부령 제117조 제1항).

① 공급한 자와 공급받은 자
② 공급한 품목과 공급받은 품목
③ 공급가액과 공급받은 가액
④ 매출세액과 매입세액
⑤ 공급한 시기와 공급받은 시기
⑥ 그 밖의 참고사항

간이과세자는 공급가액과 부가가치세액을 합계한 공급대가를 기록할 수 있다(부령 제117조 제2항). 사업자가 「법인세법」 제112조 및 「소득세법」 제160조에 따라 장부기록의무를 이행한 경우에는 「부가가치세법」상 장부기록의무를 이행한 것으로 본다(부법 제71조 제4항).

## Ⅲ. 보관의무

「국세기본법」 제85조의3 제1항은 "납세자는 각 세법에서 규정하는 바에 따라 모든 거래에 관한 장부 및 증거서류를 성실하게 작성하여 갖춰 두어야 한다"고 규정하고 있다. 「부가가치세법」에서도 이와 유사하게 장부 등 보관의무를 규정하고 있다. 「부가가치세법」상 사업자는 기록한 장부와 발급하거나 발급받은 세금계산서나 수입세금계산서 또는 영수증을 그 거래사실이 속하는 과세기간에 대한 확정신고 기한 후 5년간 보존하여야 한다. 다만 전자세금계산서를 발급한 사업자가 국세청장에게 전자세금계산서 발급명세를 전송한 경우에는 그러하지 아니하다(부법 제71조 제3항).

간이과세자는 기장능력이 부족함을 감안하여 법 소정의 기장의무를 충실히 이행하지 않더라도 발급받았거나 발급한 세금계산서 또는 영수증을 보관한 때에는 기장의무를 이행한 것으로 본다(부령 제117조 제3항).

'기록한 장부'란 「소득세법」상 간편장부(「소득세법」 제146조)와 복식부기장부(「소득세법」 제160조 제3항) 등을 말하는데 사업자는 위 장부, 세금계산서 또는 영수증을 정보처리장치, 전산테이프 또는 디스켓 등의 전자적 형태로 보존할 수 있다(부령 제117조 제4항).

문제는 장부 등의 보관기간이 너무 짧다는 것이다. 보존기간인 5년을 경과하여 거래상대방에 대한 세무조사 등 특수한 사정으로 과세처분이 이루어지는 경우에 납세자에게 입증책임이 돌아가는 특별한 사안에서 납세자의 입증을 불가능하게 하는 경우가 있다. 한편 기간을 늘리면 납세자의 납세협력의무만 가중되는 문제점이 있으나 오늘날 전자서류제도가 보편화되고 있는 점을 감안할 때 위 보관기간을 다소 늘려야 할 것으로 생각된다.

## 제 2 절 부가가치세의 세액에 관한 특례

**제72조(부가가치세의 세액 등에 관한 특례)** ① 제37조 및 제63조에도 불구하고 납부세액에서 이 법 및 다른 법률에서 규정하고 있는 부가가치세의 감면세액 및 공제세액을 빼고 가산세를 더한 세액의 1천분의 747을 부가가치세로, 1천분의 253을 지방소비세로 한다.

② 부가가치세와 「지방세법」에 따른 지방소비세를 신고·납부·경정 및 환급할 경우에는 부가가치세와 지방소비세를 합한 금액을 신고·납부·경정 및 환급한다.

### Ⅰ. 지방소비세의 도입

우리나라의 경우 지방자치단체의 재정자립도가 매우 낮고 자주재원이 열악하다. 지방정부의 재원이 부족하게 된 원인에 대하여는 현행 조세체계를 거론하는 견해가 많다. 조세체계가 국세 중심으로 되어 있어 다른 선진국에 비하여 지방세수 비중이 낮고 국세와 지방세 사이에 세입과 세출의 괴리가 매우 크다. 또한 지방세제는 소득·재산 중심으로 되어 있어 소비의 질적·양적 증대에 따른 지방재정의 신장과 연결되지 못하는 구조를 가지고 있다는 분석이다.2)

2) 최명근, "지방소비세 도입의 필요성과 그 구상", 『지방세』 제67호, 한국지방재정공제회, 2001. 9, 6면.

그동안 지방재정 확충방안으로 연구된 것은 첫째, 국세와 지방세의 세원 조정을 통한 지방세 비중의 증가, 둘째, 각 지방자치단체에 지방세의 과세표준과 세율을 결정할 수 있는 과세자주권을 부여하는 방안, 셋째, 중앙정부와 지방정부가 공동으로 이용할 수 있도록 과세권을 설정하는 방식으로 세원공동방식(tax base sharing system)이었다.

한국은 일본의 경험에 따라 위 셋째 방법을 채택하여 2009년 지방소비세와 지방소득세의 도입을 확정하고 이에 대한 후속조치로 2010년 1월 1일 지방소비세와 지방소득세의 도입을 규정한 「지방세법」을 개정하였다. 소득과세나 소비과세의 비중을 높이기 위하여 종전의 소득할주민세를 지방소득세로 개편하고 부가가치세의 일정 비율을 지방으로 배분하는 지방소비세를 도입한 것이다. 지방소비세의 배분방법은 당초 부가가치세의 5%를 지역별 소비지출 정도 기준에 의해 각 도지사에게 조정교부금 형태로 지원하는 것이었다. 그 후 2014년부터 11%로 조정하였는데 2019년부터는 부가가치세의 15%로, 2020년부터는 21%를 지방소비세로 하였다가 2022년부터는 25.3%로 인상하였다.

## Ⅱ. 지방소비세와 부가가치세

2013년 6월 7일 「지방세법」의 일부개정에 의하여 종전의 「지방세법」 제6장에 제65조부터 제73조까지를 신설하여 지방소비세가 도입되었다. 지방소비세의 과세대상·납세의무자·납세지 등에서 「부가가치세법」을 준용하고 있고, 지방소비세와 관련하여 「지방세법」에 따로 규정되어 있지 아니한 사항에 관하여는 「부가가치세법」을 준용하도록 하고 있다(지법 제73조). 지방소비세의 과세표준은 「부가가치세법」에 따른 부가가치세의 납부세액에서 「부가가치세법」 및 다른 법률에 따라 부가가치세의 감면세액 및 공제세액을 빼고 가산세를 더하여 계산한 세액으로 하고 있다(지법 제69조 제1항). 2022년부터 지방소비세의 세액은 위와 같이 산정한 과세표준에 1000분의 253을 적용하여 계산한 금액으로 계산한다(동조 제2항).

한편 지방소비세의 도입과 동시에 「부가가치세법」 제72조를 신설하여 부가가치세의 세액 등에 관한 특례를 두었다. 따라서 2022년부터 부가가치세의 세율은 100분의 10으로 한다는 규정에도 불구하고 납부세액에서 「부가가치세법」 및 다른 법률에서 규정하고 있는 부가가치세의 감면세액 및 공제세액을 빼고 가산세를 더한 세액의 1000분의 747을 부가가치세로 하고 있다(부법 제72조 제1항). 그러므로 이렇게 산출된 전체 부가가치세 납부세액의 1000분의 747은 부가가치세, 나머지 1000분의 253은 지방소비세로 징수하는 것이다. 결과적으로 지방소비세가 과세되어도 경우 납세의무자나 담세자인 최종소비자의 실질 세부담은 늘지 않으면서 공급가액에 대한 실질세율은 부가가치세가 7.47%, 지방소비세가 2.53%가 되는 셈이다.

## Ⅲ. 신고와 납부 등

지방소비세와 부가가치세를 신고·납부·경정 및 환급할 경우에는 「지방세법」 제69조 제2항에도 불구하고 같은 항에 따른 지방소비세와 「부가가치세법」 제72조에 따른 부가가치세가 합쳐진 금액으로 신고·납부·경정 및 환급하여야 한다(지법 제70조 제1항). 또한 「부가가치세법」에 따라 부가가치세를 신고·납부한 경우에는 지방소비세도 신고·납부한 것으로 본다(동조 제2항). 부가가치세와 「지방세법」에 따른 지방소비세를 신고·납부·경정 및 환급할 경우에는 부가가치세와 지방소비세를 합친 금액을 신고·납부·경정 및 환급한다(부법 제72조 제2항).

이와 같이 「지방세법」은 지방소비세의 징수에 대하여 신고·납부의 방법에 의한다고 규정하고 있음과 동시에 중간신고와 납부, 확정신고와 납부, 경정·결정권 등을 부가가치세와 함께 처리하도록 하여 관할 세무서장 또는 세관장을 절차의 상대방으로 하고 있다. 납세의무자가 부가가치세는 국가에 신고·납부하고 지방소비세는 소비가 일어나는 지방자치단체에 신고·납부하게 하는 것은 이중의 업무로 번잡하며 사무부담이 생긴다. 납세절차의 간소화와 납세의무자의 사무부담의 경감을 위하여 지방소비세의 부과·징수는 국가가 부가가치세의 부과·징수절차에 의하여 부가가치세의 부과·징수와 함께 하도록 한 것이다.

그러므로 지방소비세의 납세의무자는 부가가치세의 신고와 함께 세무서장에게 지방소비세를 신고하여야 하고 부가가치세와 함께 지방소비세를 국가에 납부하여야 한다. 한편 수입재화의 신고·부과·징수·납부 및 경정과 환급에 대하여도 동일하므로 과세 수입재화에 대한 부가가치세의 신고서를 제출할 의무가 있는 자는 부가가치세액 및 이를 과세표준으로 하여 산정한 지방소비세액 등을 기재한 신고서를 부가가치세 신고와 함께 세관장에게 제출하여야 한다.

## 제 3 절 납세관리인

**제73조(납세관리인)** ① 개인사업자가 다음 각 호의 어느 하나에 해당하는 경우에는 부가가치세에 관한 신고·납부·환급, 그 밖에 필요한 사항을 처리하는 납세관리인을 정하여야 한다.

1. 사업자가 사업장에 통상적으로 머무르지 아니하는 경우
2. 사업자가 6개월 이상 국외에 체류하려는 경우

② 사업자는 제1항의 경우 외에도 부가가치세에 관한 신고·납부·환급, 그 밖에 필요한 사항을 처리하게 하기 위하여 대통령령으로 정하는 자를 납세관리인으로 정할 수 있다.

③ 제1항과 제2항에 따라 납세관리인을 정한 사업자는 대통령령으로 정하는 바에 따라 납세지 관할 세무서장에게 신고하여야 한다. 이를 변경한 경우에도 또한 같다.

### Ⅰ. 대 상

개인사업자가 다음에 해당하는 경우에는 부가가치세에 관한 신고·납부·환급, 그 밖의 필요한 사항을 처리하는 납세관리인을 정하여야 한다(부법 제73조 제1항).

① 사업자가 사업장에 통상적으로 머무르지 아니하는 경우(제1호)

② 6개월 이상 국외에 체류하려는 경우(제2호)

사업자는 그 외에 부가가치세에 관한 신고·납부·환급 등 그 밖의 필요한 사항을 처리하게 하기 위하여 「세무사법」 제6조에 의하여 등록한 자, 다단계판매업자(「부가가치세법 시행령」 제11조 제8항 단서규정에 따른 다단계판매원 외의 다단계

판매원이 다단계판매업자를 납세관리인으로 선정하는 경우로 한정함), 「자본시장과 금융투자업에 관한 법률」에 따른 신탁업자(신탁업 중 부동산에 관한 신탁업에 한정함)를 납세관리인으로 정할 수 있다(부령 제118조 제1항).

## Ⅱ. 신 고

납세관리인을 선정하거나 변경한 사업자는 사업자의 인적사항, 납세관리인의 주소·성명 및 주민등록번호, 그 밖의 참고사항을 적은 납세관리인 선정(변경) 신고서를 지체없이 관할 세무서장에게 제출하여야 한다. 납세관리인의 주소 또는 거소가 변경된 경우에도 같다(부령 제118조 제2항).

# 제 4 절 질문·조사와 자료제출

**제74조(질문·조사)** ① 부가가치세에 관한 사무에 종사하는 공무원은 부가가치세에 관한 업무를 위하여 필요하면 납세의무자, 납세의무자와 거래를 하는 자, 납세의무자가 가입한 동업조합 또는 이에 준하는 단체에 부가가치세와 관계되는 사항을 질문하거나 그 장부·서류나 그 밖의 물건을 조사할 수 있다.
② 납세지 관할 세무서장은 부가가치세의 납세보전 또는 조사를 위하여 납세의무자에게 장부·서류 또는 그 밖의 물건을 제출하게 하거나 그 밖에 필요한 사항을 명할 수 있다.
③ 부가가치세에 관한 사무에 종사하는 공무원이 제1항에 따른 질문 또는 조사를 할 때에는 그 권한을 표시하는 조사원증을 지니고 이를 관계인에게 보여주어야 한다.
④ 제1항 또는 제2항을 적용하는 경우 부가가치세에 관한 사무에 종사하는 공무원은 직무상 필요한 범위 외에 다른 목적 등을 위하여 그 권한을 남용해서는 아니 된다.
**제76조(과태료)** ① 납세지 관할 세무서장은 제74조 제2항에 따른 납세보전 또는 조사를 위한 명령을 위반한 자에게는 2천만원 이하의 과태료를 부과한다.
② 제1항에 따른 과태료의 부과기준에 대해서는 대통령령으로 정한다.

## Ⅰ. 의 의

적정한 과세표준과 세액의 산출을 위하여 세무공무원이 행하는 납세의무자에 대한 질문·조사를 '세무조사'라 한다. 세무조사란 세무관청이 조세행정 목적을 달성하기 위하여 하는 조세의 부과·징수와 세원의 근거 확보를 위한 정보 및 자료의 수집활동행위를 말한다. 이것은 구체적으로 세무관청이 피조사자인 납세의무자에게 질문·검사권을 행사함으로써 행해진다. 세무조사는 신고납세방식을 채택하고 있는 부가가치세에서 납세신고를 담보하는 제도이다.

납세의무자가 납세신고를 전혀 하지 않거나 불성실한 신고를 하는 경우에 보충적으로 세무관청의 과세권이 발동되는데 적정한 과세표준과 세액을 산출하기 위하여 불가피하게 납세의무자에 대한 조사가 필요하다. 세무조사의 궁극적 목적은 불성실한 납세의무자의 처벌이 아니라 납세의무자의 자발적인 납세협력을 유도하여 성실신고를 통한 공평과세를 실현하는 데 있다. 따라서 납세의무자가 세무관청의 질문·검사에 순응하고 그 질문에 답변하여야 할 세법상 의무는 조세법을 공정하게 적용하고 조세행정을 원활하게 운영하기 위한 기초로서 매우 중요한 의미를 갖는다.

## Ⅱ. 세무조사의 법적 성격

세무조사는 행정조사의 일종으로서 원칙적으로 피조사자가 질문과 검사를 거부하여도 실력으로 강제할 수 없다. 다만, 「조세범처벌법」은 정당한 사유 없는 납세자의 질문·검사의 거부를 처벌하고 있으므로(조처법 제17조 제5호) 납세의무자는 적법한 범위 내의 질문·검사에 대하여 질문에 답하고 장부 등의 검사를 받아야 할 의무가 있다. 그러므로 세무조사는 그 조사에서 물리적 강제력은 동원되지 않지만 조사에 응하지 않으면 안 된다는 의미에서 순수한 임의조사가 아니라 간접 강제조사라고 해야 할 것이다.[3)]

---

3) 김두형, 『로스쿨 조세법 기초이론』, 한국학술정보(주), 2012, 260면.

## Ⅲ. 납세보전을 위한 질문·조사 및 수색권

「국세기본법」에서 세무조사에 관한 절차규정을 두는 한편 개별 세법에서 세무조사의 근거규정을 두고 있다. 이에 따라 법에서 부가가치세에 관한 업무를 위하여 필요하면 납세의무자, 납세의무자와 거래를 하는 자, 납세의무자가 가입한 동업조합 또는 이에 준하는 단체에 부가가치세와 관계되는 사항을 질문하거나 그 장부·서류나 그 밖의 물건을 조사할 수 있다고 규정하고 있다(부법 제74조 제1항).

사업장 관할 세무서장은 부가가치세의 납세보전 또는 조사를 위하여 납세의무자에 대하여 장부·서류 그 밖의 물건을 제출하게 하거나 그 밖에 필요한 사항을 명할 수 있다(동조 제2항). 이 명령에 위반하는 자에 대하여는 2천만원 이하의 과태료를 부과한다(부법 제76조 제1항; 조처법 제17조). 부가가치세에 관한 사무에 종사하는 공무원이 질문 또는 조사를 할 때에는 그 권한을 표시하는 조사원증을 지니고 이를 관계인에게 보여 주어야 한다(부법 제74조 제3항).

국세청장, 관할 지방국세청장 또는 관할 세무서장은 사업자에게 세금계산서의 발급, 금전등록기의 설치·사용, 신용카드조회기 설치·사용, 현금영수증 발급장치의 설치·사용, 표찰의 게시, 업종별 표시 및 그 밖에 납세보전을 위한 단속에 필요한 사항을 명할 수 있다(부령 제119조).

## Ⅳ. 자료제출

**제75조(자료제출)** ① 다음 각 호의 어느 하나에 해당하는 자는 재화 또는 용역의 공급과 관련하여 국내에서 판매 또는 결제를 대행하거나 중개하는 경우 대통령령으로 정하는 바에 따라 관련 명세를 매 분기 말일의 다음 달 15일까지 납세지 관할 지방 국세청장 또는 납세지 관할 세무서장에게 제출하여야 한다.

1. 「전기통신사업법」 제5조에 따른 부가통신사업자로서 「전자상거래 등에서의 소비자보호에 관한 법률」 제2조 제3호에 따른 통신판매업자의 판매를 대행 또는 중개하는 자
2. 「여신전문금융업법」 제2조 제5호 나목에 따른 결제대행업체

3. 「전자금융거래법」 제2조 제4호에 따른 전자금융업자
4. 「외국환거래법」 제8조 제4항에 따른 전문외국환업무취급업자
5. 그 밖에 제1호부터 제4호까지의 사업자와 유사한 사업을 수행하는 자로서 대통령령으로 정하는 자

② 국세청장, 납세지 관할 지방국세청장 또는 납세지 관할 세무서장은 제1항에 따라 관련 명세를 제출하여야 하는 자가 관련 명세를 제출하지 아니하거나 사실과 다르게 제출한 경우 그 시정에 필요한 사항을 명할 수 있다.

「부가가치세법」에서는 관련 법령에 의거 국내에서 판매 또는 결제를 대행하거나 중개하는 자에 대하여 관련 명세를 매 분기 말일의 다음 달 15일까지 국세청장에게 제출하도록 규정하고 있다(부법 제75조). 즉 다음에 해당하는 사업자는 월별 거래 명세를 매 분기 말일의 다음 달 15일까지 국세청장에게 전자적 방법으로 제출하여야 한다(부령 제121조 제1항).

① 「전기통신사업법」에서 규정하고 있는 부가통신사업자로서 「전자상거래 등에서의 소비자보호에 관한 법률」 제2조 제3호에 따른 통신판매업자의 판매를 대행 또는 중개하는 자

② 「여신전문금융업법」 제2조 제5호 나목에 따른 결제대행업체

③ 「전자금융거래법」 제2조 제4호에 따른 전자금융업자

④ 「외국환거래법」 제8조 제4항에 따른 전문외국환업무취급업자

⑤ 그 밖에 제1호부터 제4호까지의 사업자와 유사한 사업을 수행하는 자로서 대통령령으로 정하는 자

## Ⅴ. 과태료의 부과

**제76조(과태료)** ① 국세청장, 납세지 관할 지방국세청장 또는 납세지 관할 세무서장은 다음 각 호의 어느 하나에 해당하는 자에게 2천만원 이하의 과태료를 부과한다.
1. 제74조 제2항에 따른 납세보전 또는 조사를 위한 명령을 위반한 자
2. 제75조 제2항에 따른 시정 명령을 위반한 자

② 제1항에 따른 과태료의 부과기준에 대해서는 대통령령으로 정한다.

「부가가치세법」에서는 납세보전 또는 조사를 위한 명령을 위반하거나 재화 또는 용역의 공급과 관련하여 국내에서 판매 또는 결제를 대행하거나 중개하는 경우에 제출해야 하는 관련 명세를 제출하지 아니하여 시정명령을 받았으나 이를 위반한 자에 대하여 2천만원 이하의 과태료를 부과하도록 규정하고 있다(법 제76조 제1항).

다만 관할 세무서장은 다음의 어느 하나에 해당하는 경우 개별기준에 따른 과태료 금액의 2분의 1 범위에서 그 금액을 줄여 부과할 수 있다. 그러나 과태료를 체납하고 있는 위반행위자에 대하여는 이를 적용하지 아니한다(부령 제122조 별표).

① 위반행위가 사소한 부주의나 오류로 인한 것으로 인정되는 경우

② 위반행위자가 법 위반상태를 시정하거나 해소하기 위해 노력한 사실이 인정되는 경우

③ 그 밖에 위반행위의 정도·동기·결과 등을 고려하여 과태료 금액을 줄일 필요가 있다고 인정되는 경우

한편 관할 세무서장은 다음의 어느 하나에 해당하는 경우 개별기준에 따른 과태료 금액의 2분의 1 범위에서 그 금액을 늘려 부과할 수 있다. 다만 늘리는 경우에도 법 제76조에 따른 과태료 금액의 상한을 넘을 수 없다.

① 위반행위가 고의나 중대한 과실에 따른 것으로 인정되는 경우

② 그 밖에 위반행위의 정도·동기·결과 등을 고려하여 과태료 금액을 늘릴 필요가 있다고 인정되는 경우

위에서 과태료를 경감하는 등에 있어서 기준이 되는 과태료 금액의 '개별기준'은 구체적으로 아래와 같다.

| 기준수입금액 | 과태료 |
|---|---|
| 1,000억원 초과 | 2,000만원 |
| 500억원 초과 ~ 1,000억원 이하 | 1,500만원 |
| 100억원 초과 ~ 500억원 이하 | 1,000만원 |
| 100억원 이하 | 500만원 |

여기서 '수입금액'이란 위반행위를 한 날이 속한 연도의 직전 연도 연간 부가가치세 과세표준(면세사업 수입금액 포함)을 의미하는데, 신고금액을 기준으로 하되 결정·경정된 금액이 있는 경우 결정·경정된 금액을 기준으로 한다. 다만, 위반행위를 한 날이 속한 연도의 직전 연도 중에 사업을 시작한 경우에는 해당 연도의 수입금액을 연간 금액으로 환산한 금액을 수입금액으로 하며, 수입금액이 확인되지 않는 경우에는 연간 수입금액이 100억원 이하인 것으로 본다.

한편 신용카드 거래승인 대행사업자 또는 신용카드 조회기 판매사업자가 신용카드 거래승인 또는 신용카드 조회기의 설치 등에 관한 명령을 위반한 경우 및 전자세금계산서 발급 시스템을 구축·운영하는 사업자가 전자세금계산서 발급 방법 등 전자세금계산서 발급 시스템의 구축·운영에 관한 명령을 위반한 경우에는 최고 500만원까지 과태료를 부과한다.[4] 또한 봉사료를 공급가액에서 제외하려는 사업자가 봉사료 지급대장 작성에 관한 명령을 위반하여 이를 작성하지 않거나 거짓으로 작성한 경우에는 최고 2,000만원의 과태료를 부과한다.[5]

이때 위반행위의 횟수에 따른 과태료의 가중된 부과기준은 최근 3년간 같은 위반행위로 과태료 부과처분을 받은 경우에 적용한다. 이 경우 기간의 계산은 위반행위에 대하여 과태료 부과처분을 받은 날과 그 처분 후에 다시 같은 위반행위를 하여 적발한 날을 기준으로 한다. 가중된 부과처분을 하는 경우 가중처분의 적용 차수는 그 위반행위 전 부과처분 차수(과태료 부과처분이 둘 이상 있었던 경우에는 높은 차수를 의미함)의 다음 차수로 한다.

---

4) 구체적으로 1차 위반의 경우는 100만원의 과태료가 부과되며 2차 위반의 경우는 200만원으로 하되 3차 이상 위반하는 경우에는 500만원의 과태료를 부과한다.

5) 구체적으로 1차 위반의 경우는 미작성 또는 거짓작성 금액의 8/100에 해당하는 금액을 과태료로 부과하며 2차 위반의 경우에는 미작성 또는 거짓작성 금액의 16/100에 해당하는 금액을 과태료로 부과하나, 3차 이상 위반의 경우에는 미작성 또는 거짓작성 금액의 24/100에 해당하는 금액을 과태료로 부과하되 최고 한도액은 각각 2,000만원으로 한다.

# 참고문헌

〈저 서〉

김두천, 『부가가치세법의 이론과 실제』, 조세통람사, 1987
김두형, 『로스쿨 조세법 기초이론』, 한국학술정보(주), 2012
송쌍종, 『부가가치세법론』, 조세문화사, 2014
유호림, 『최신 중국세법』, 세학사, 2011
이성식, 『부가가치세법해설』, 조세신보사, 2012
이창희, 『세법강의』, 박영사, 2014
이태로·한만수, 『조세법강의』, 박영사, 2013
임승순, 『조세법』, 박영사, 2015
최명근·나성길, 『부가가치세법론』, 세경사, 2005
한장석·김용관, 『부가가치세』, 광교TNS, 2003
金子 宏, 『租稅法』, 有斐閣, 2014
金子 宏編, 『租稅法の發展』, 有斐閣, 2010
北野弘久編, 『日本稅制の總點檢』, 勁草書房, 2010
監査法人 トーマツ編, 『歐洲主要國の稅法』,中央經濟社, 2002
水野忠恒, 『消費稅の制度と理論』, 弘文堂, 1999
宮島 洋 編, 『消費課稅の理論と課題』, 稅務經理協會, 1999
浦野廣明, 『納稅者の權利と法』, 新日本出版社, 1998
知念 裕, 『附加價値稅の理論と實際』, 稅務經理協會, 1995
中里 實, 『キヤツシユフローリスク·課稅』, 有斐閣, 1999
Bickley, James M., *Value Added Tax*, Novinka, 2003
Council Directive 2008. 8. EC
Doralt & Ruppe, *Steuerrecht, Band I*, 9 Auflage, LexisNexis, 2007
Ernst & Young, *VAT & SALES TAXES WORLDWIDE*, John Wiley& Sons, 1995

Goy, David & Walters, John, *VAT AND PROPERTY*, SWEET&MAXWELL, 1989

Klaus, Tipke & Joachim, Lang, *Steuerrecht*, 20. Aufl., Köln: Verlag Dr. Otto Schmidt KG, 2010

Melhardt & Tumpel, *UStG Kommentar*, 1 Auflage, Linde, 2012

OECD, Chapter 2 "Value added taxes: Rates and Structure", *Consumption Tax Trends 2014*, 2014

OECD, International VAT/GST, Guidelines, 2014

Schenk, Alan & Oldman, Oliver, *Value Added Tax*, Transnational Publishers. Inc. 2001

Schenk, Alan, *Value Added Tax: A Comparative Approach*, Transnational Publishers. 2015

Weidenbaum, Murray L., Raboy, David G., & Christian, Ernest S., *The Value-Added Tax: Orthodoxy and New Thinking*, Kluwer Academic Publishers, 1989

〈논 문〉

강성모·박훈, "2014년도 국세기본법 및 부가가치세법 판례회고", 『조세법연구 21-1』, 한국세법학회편, 2015

강성모, "부가가치세 공급의제에 관한 연구", 서울대학교 박사학위논문, 2013

고종주, "시설물(양회저장시설)의 기부채납이 재화의 공급인지의 여부와 그 공급시기", 『대법원 판례해설』 1996년 상반기, 통권 제25호

김승호, "가공거래에 대한 매출·매입처별 세금계산서합계표 부실기재가산세", 『조세연구』, 제3집, 세경사, 2003

김완석·이중교, "면세금지금 변칙거래의 매입세액공제에 관한 연구 — 유럽지역 회전목마형 사기거래(carousel fraud)와의 비교법적 고찰을 중심으로", 『조세연구』, 제10-1집, 세경사, 2010

김용대, "2000년 부가가치세법 판례 회고", 『조세법연구 Ⅶ』, 한국세법학회, 2001

김정식, "면세사업자가 과세사업을 겸영하는 경우에 발생하는 사업자등록에 관한 문제점", 『계간 세무사』, 2015 여름, 한국세무사회, 2015

김중곤, "부가가치세법상의 사업자 및 사업관련성에 관한 연구", 『조세법연구 Ⅵ』, 한국세법학회, 2000

박 민, "부가치세법상 과세와 면세의 구별기준에 관한 연구", 『조세법연구 Ⅷ-2』, 한국세법학회, 2002

# 찾아보기

[저자 약력]

**김 두 형**(金斗炯)

연세대학교 법과대학 법학사
연세대학교 법과대학 법학석사
경희대학교 법학박사
제26회 사법시험
법무법인 청와 대표변호사
강남대학교 세무학과 조교수
숙명여자대학교 법과대학 부교수
한국세법학회 이사, 한국세무학회 이사, 한국조세연구포럼 부회장
한국관세학회 회장
사법시험, 행정고등고시, 공인회계사, 세무사, 변리사, 공인중개사, 관세사 등 출제위원
서울지방국세청 과세전적부 심사위원
한국세무사회 한국조세연구소 연구위원
국세청 국세법령해석 심의위원
조세심판원 비상임심판관
기획재정부 세제발전심의위원회 위원
관세청 관세심사위원
한국조세법학회 회장
(현) 경희대학교 법학전문대학원 교수·변호사·세무사

저 서
부가가치세법론, 피앤씨미디어, 2016
상속세 및 증여세법 강의, (주)광교이택스, 2012
로스쿨 조세법 기초이론, 한국학술정보(주), 2011
부가가치세법, 한일조세연구소, 2004

유 호 림 (劉虎林)

중국인민대학 재정금융학원 경제학(세무학)박사
장춘세무대학 재정학전공 경제학(세무학)석사
주중한국대사관 경제전문가
신한금융그룹(신한은행) 미래전략연구소
강남대학교 세무학과 조교수·부교수·교수
서울대학교 중국최고위과정, 연세대학교·고려대학교·경희대학교 법무대학원 등 출강
한국세무학회 총무이사·편집위원장·한중교류위원장, 한국조세연구포럼 편집위원 등
중부지방국세청 국세심사위원
한국세무사회 한국조세연구소 연구위원
중국인민대학 재정금융학원 객원교수, 중국 중앙재경대학 재정세무학원 특임연구위원
Singapore Economic Review(SSCI) 심사위원
법무부 법무정책위원회 정책위원, 법무부 규제심사위원회 심사위원
한국세무학회 부학회장, 국세청 자체평가위원 및 적극행정위원
(현) 강남대학교 정경학부 세무학전공 교수

저 서
중국상장기업의 조세부담분석(중문), [중국, 북경] 경제과학출판사, 2008
중국세법(한글), 세학사, 2011
중국 중장기 경제개혁과제와 전망(공저), KIEP, 2013
중국의 번영을 위한 전략적 선택(역서, 원저자: 리이닝, 멍샤오쑤, 리위앤차오, 리커창 등 4인), 타임스퀘어, 2015
세무학개론(안창남, 박일렬, 성용운, 유호림, 두서영 공저), 탐진, 2021

제4판
**부가가치세법론**

초판발행 2016년 2월 28일
제2판발행 2020년 6월 15일
제3판발행 2022년 2월 28일
제4판발행 2024년 2월 28일

지은이 김두형·유호림
펴낸이 김중용

편 집 심성보·김인숙

펴낸곳 도서출판 정독
경기도 고양시 일산서구 하이파크로 113, 102-204
등록 제406-2014-000093호
전 화 031)924-7203 팩 스 02)718-8554
홈페이지 www.jeongdok.co.kr 이메일 admin@jeongdok.co.kr
ISBN 979-11-6858-206-4 93360



정 가 32,000원